·项/目/管/理/核/心/资/源/库·

项目管理案例集
（第6版）

[美] 哈罗德·科兹纳 著
（Harold Kerzner）

王丽珍　刘秀东　张　晖　译

PROJECT
MANAGEMENT
CASE STUDIES
Sixth Edition

电子工业出版社
Publishing House of Electronics Industry
北京·BEIJING

Project Management Case Studies, Sixth Edition by Harold Kerzner
ISBN: 9781119821991
Copyright © 2021 by John Wiley & Sons, Inc.
Simplified Chinese translation edition copyright © 2023 by Publishing House of Electronics Industry Co., Ltd
All rights reserved. This translation published under license.
Copies of this book sold without a Wiley sticker on the cover are unauthorized and illegal.

本书简体中文字版经由 John Wiley & Sons, Inc.授权电子工业出版社独家出版发行。未经书面许可，不得以任何方式抄袭、复制或节录本书中的任何内容。

本书封底贴有 Wiley 防伪标签，无标签者不得销售。

版权贸易合同登记号 图字：01-2022-3375

图书在版编目（CIP）数据

项目管理案例集：第 6 版 /（美）哈罗德·科兹纳（Harold Kerzner）著；王丽珍，刘秀东，张晖译. —北京：电子工业出版社，2023.6
书名原文：Project Management Case Studies, Sixth Edition
ISBN 978-7-121-45607-7

Ⅰ. ①项… Ⅱ. ①哈… ②王… ③刘… ④张… Ⅲ. ①项目管理—案例—汇编 Ⅳ. ①F224.5

中国国家版本馆 CIP 数据核字（2023）第 103895 号

责任编辑：刘淑敏
印　　刷：北京七彩京通数码快印有限公司
装　　订：北京七彩京通数码快印有限公司
出版发行：电子工业出版社
　　　　　北京市海淀区万寿路 173 信箱　邮编：100036
开　　本：787×1092　1/16　印张：27.5　字数：658 千字
版　　次：2008 年 4 月第 1 版（原著第 2 版）
　　　　　2023 年 6 月第 4 版（原著第 6 版）
印　　次：2023 年 8 月第 3 次印刷
定　　价：138.00 元

凡所购买电子工业出版社图书有缺损问题，请向购买书店调换。若书店售缺，请与本社发行部联系，联系及邮购电话：(010) 88254888，88258888。

质量投诉请发邮件至 zlts@phei.com.cn，盗版侵权举报请发邮件至 dbqq@phei.com.cn。

本书咨询联系方式：(010) 88254199，sjb@phei.com.cn。

译者序

从翻译完上一版后，一直期待科兹纳先生再次更新。

打开新书，果然不负众望。本书的案例，从各个领域、各个角度深入剖析项目经理在管理项目过程中会遇到的各类问题，本书的经验教训和最佳实践能给遇到困难的项目经理提供解决思路和办法，是一本不可多得的"解题秘籍"。

多年来，本人一直跟踪本书多个版本的翻译，每个版本（间隔四年左右）的翻译不仅是对项目管理理解的提升，也为我个人再次学习项目管理新知识和新体系提供了素材和基础。对《项目管理案例集》，我想站在译者和读者的双重角度，谈一下如何更好地读懂这本书。

第一，案例的精心选取。耐心读完本书后，你会发现书中选取的案例多数是"失败的"案例或"处于困境的"案例，这些案例是科兹纳先生精心选取的。项目的成功难以复制，但是项目的失败是可以重复的（基于墨菲定律）。因此，本书提供的案例能够为项目经理遇到的现实问题提供解决思路和办法。

第二，小项目案例与大型项目案例。本书提供了各个领域、各种规模大小的项目研究案例。这些项目研究案例不仅可以用于课堂讨论，也可以用在实际的项目管理中。同时，案例后还附带了针对案例的思考问题，读者在仔细考虑案例本身以及案例背后的管理问题后，能更好地深入理解项目管理知识。

第三，创新管理的见解。在第6版，最大的更新就是新增了有关于创新管理的案例，尤其是《乐高：品牌管理》研究案例。作为陪伴很多儿童成长的知名品牌，乐高一直勇于挑战创新。相信读完这个案例，你会从中受益。我和科兹纳先生一样，相信在未来，乐高也可以一直引领全球的创新活动。

第6版的翻译工作是在王丽珍、刘秀冬、张晖的共同合作下完成的。能与几位优秀的译者一起工作是我的幸运，期待与他们再次合作。此外，感谢出版社的编辑，正是因为你的努力，才能让本书成功地面市。

本书在翻译过程中难免存在一些疏漏，感谢大家的批评指正！祝阅读愉快！

前　言

除了在职培训，案例研究和情景分析也是学习项目管理的最好方式。项目经理需要找到问题的解决方案，而案例研究是实现这一目标的绝佳方法。案例研究能帮助读者分析案例中哪些做法是合理的，存在哪些问题，以及应该提出哪些建议来防止同类问题再次发生。本书选用的案例既适用于本科生和研究生阶段的项目管理课程，也适用于项目管理各种认证考试的培训项目。

情景分析是较小的案例研究，集中解决一两个问题；案例研究则关注大量相互关联的问题。本书的目录列出了案例分析和情景分析的几大类别，但需要强调的是，大型案例研究，如科文公司、蓝蜘蛛项目、铱星的起伏和重生，都可以以单独主题的形式体现。还有的案例研究非常适合做团队练习，比如对项目管理指标的需求和新加坡软件团队等。其他小案例或迷你案例可以在上课时进行讨论。

在本版中小的案例研究或情景分析是应教师的要求提供的，它们既可以用于课堂上的讨论，也可以用于团队中的分析。这些小案例还可以用于布置课堂作业或课后作业。

案例本身或指导教师手册几乎提供了所有的案例研究和情景分析的延伸问题，帮助读者分析案例。指导教师手册的延伸问题由指导教师提供。指导教师手册可以从 John Wiley&Sons 出版社获得，仅供教师使用。

大多数案例研究都是真实的，但是公司的名称及相关人员的名字都进行了修改。

有些教师不喜欢使用超过 10 年或 20 年的案例。但是，这些"老案例"的背景状况和现在是一样的。遗憾的是，我们似乎仍在重复当年的错误。

本版增加了 11 个新案例，案例研究中的延伸问题反映了项目经理可能面临的问题。新案例包括：

- 赞恩公司：这个案例说明，当公司"一刀切"的方法不能再用于许多新项目时，公司面临的挑战。
- 红石集团：该公司的航空航天部门一直成功地使用项目管理，但该部门只专注于大型政府合同。当他们决定在新的商业产品部门实施项目管理时，他们决定让航空航天部门的人担任关键职位，尽管新部门的项目要小得多，也需要运用不同的工具和技术。
- 桑多拉公司：该案例讨论了企业环境因素对项目执行的影响。
- 吉尔的困境：该案例讨论了项目经理在被告知不向客户提供风险管理信息时所面临的困境。

- 柏林勃兰登堡机场：该案例介绍了当大型项目治理失败，人们没有充分考虑风险问题的细节时会发生什么。
- 塞拉电信：该案例讨论了公司在项目范围变更上面临的挑战。
- 政府智库：该案例介绍了政府在试图让竞争对手分享政府合同信息方面所面临的挑战。
- LXT 国际公司：该案例讨论了公司在试图创建一个危机仪表板，为管理层提供关于何时介入项目的信息时所面临的挑战。
- 乐高：品牌管理：该案例讨论了乐高在创新活动中要维护乐高的品牌形象时所面临的挑战。
- 西蒙工程公司：该案例介绍了当公司被告知他们的投标书需要提供公司的项目管理成熟度级别时所面临的挑战。
- 北极星软件公司：该案例介绍了公司的IT项目如何在项目管理中报告其成熟度级别。

目录

第1章 项目管理方法论 ················ 1
    雷克斯汽车公司 ················ 1
    弗雷斯卫生保健公司 ············ 2
    克拉克水龙头公司 ·············· 3
    制定方法体系 ··················· 4
    柯妮科公司 ······················ 6
    并购难题 ························ 8
    赞恩公司 ······················· 14

第2章 项目管理的实施 ············· 17
    康姆斯工程公司 ··············· 17
    威廉姆斯机床公司 ············· 18
    难以驾驭的员工 ··············· 19
    梅肯公司 ······················· 20
    科尔多瓦研究小组 ············· 21
    科迪斯塑料公司 ··············· 21
    企业资源规划项目 ············· 22
    项目的优先级 ················· 28
    向高层推销项目管理 ········· 29
    新的CIO ······················· 31
    无形的发起人 ················· 33
    平衡分析决策（A） ··········· 35
    平衡分析决策（B） ··········· 38
    项目审计 ······················· 39

第3章 项目管理文化 ················ 41
    考莫工具和模具公司（A） ······ 41
    考莫工具和模具公司（B） ······ 43
    阿帕切族金属制品公司 ······· 45
    哈勒专业制造公司 ············· 46

    科罗纳多通信公司 ············· 46
    光芒国际 ······················· 48
    执行理事 ······················· 49
    红石集团 ······················· 52

第4章 项目管理组织结构 ············ 54
    恒星通信公司 ················· 54
    法戈食品公司 ················· 57
    政府项目管理 ················· 59
    瀑布工程公司 ················· 60
    怀特制造公司 ················· 63
    马堤希建筑公司 ··············· 64

第5章 人力资源协商 ················ 66
    杜克化学公司 ················· 66
    美国国际电子 ················· 68
    卡尔逊项目 ···················· 70
    沟通失败 ······················· 71

第6章 项目估算 ······················ 75
    卡皮塔尔工业制造公司 ········ 75
    珀西公司的小项目成本估计 ···· 76
    科里电子公司 ················· 77
    卡姆登建筑公司 ··············· 80
    估算问题 ······················· 82
    新加坡软件集团公司（A） ······ 83
    新加坡软件集团公司（B） ······ 87
    新加坡软件集团公司（C） ······ 88
    新加坡软件集团公司（D） ······ 88
    投标还是不投标 ··············· 89

第7章 项目规划 ········· 91
格列森公司 ········· 91
特劳希工程公司（A）········ 94
特劳希工程公司（B）········ 95
佩顿公司 ········· 95
金科制造公司 ········· 96
一生的机会 ········· 99

第8章 项目进度计划 ········· 102
克罗斯拜制造公司 ········· 102
进度困境 ········· 104

第9章 项目执行 ········· 107
蓝蜘蛛项目 ········· 107
科文公司 ········· 118
昆腾电信 ········· 125
特罗菲项目 ········· 126
马戈公司 ········· 128
项目超支 ········· 129
自动化评估项目 ········· 131
铱星的起伏和重生——项目管理视角 ········· 132
医疗保健合伙公司 ········· 154
麦克罗伊航空航天公司 ········· 158
不好的员工 ········· 159
首席员工 ········· 160
团队会议 ········· 161
管理控制狂 ········· 162
技能储存项目 ········· 164

第10章 项目控制 ········· 166
两位老板的麻烦 ········· 166
"浴缸"时期 ········· 167
不负责任的发起人 ········· 169
对项目管理指标的需求（A）········ 170
对项目管理指标的需求（B）········ 173
对项目管理指标的需求（C）········ 176
对项目管理指标的需求（D）········ 178
对项目管理指标的需求（E）········ 180
对项目管理指标的需求（F）········ 183
对项目管理指标的需求（G）········ 187
对项目管理指标的需求（H）········ 188

第11章 项目风险管理 ········· 191
"挑战者"号航天飞机的灾难 ·· 191
帕克电信公司 ········· 224
卢克索科技公司 ········· 225
阿尔特斯公司 ········· 228
阿克梅公司 ········· 230
风险管理部门 ········· 232
桑多拉公司 ········· 234

第12章 冲突管理 ········· 236
迈尔制造的新实验室使用安排 ········· 236
实验室安全设备使用安排 ······· 237
泰思达国际 ········· 238
优先级问题 ········· 240

第13章 道德规范 ········· 241
项目管理诉讼 ········· 241
管理危机项目 ········· 242
这是欺诈吗 ········· 253
管理储备 ········· 255
吉尔的困境 ········· 257

第14章 管理范围变更 ········· 259
柏林勃兰登堡机场 ········· 259
塞拉电信 ········· 266

第15章 薪资管理 ········· 268
照相机生产公司（A）········ 268
照相机生产公司（B）········ 270

照相机生产公司（C）……… 271
照相机生产公司（D）……… 274
克利夫兰第一银行……………… 278
杰克逊工业……………………… 280

第 16 章 时间管理……………… 282
时间管理练习………………… 282

第 17 章 管理创新项目………… 292
政府智库……………………… 292
LXT 国际公司………………… 293
乐高：品牌管理……………… 296

第 18 章 评估项目管理的成熟度……308
西蒙工程公司………………… 308
北极星软件公司……………… 309

第 19 章 产业特性：建筑业…… 311
罗伯特·L.弗兰克建筑公司…… 311
莱尔建筑项目………………… 317

第 20 章 产业特性：迪士尼主题公园……………………………… 324
迪士尼（A）：幻想工程项目管理………………………………… 324
迪士尼（B）：幻想工程项目管理——鬼屋…………………… 332
迪士尼（C）：迪士尼主题公园和企业环境因素……………… 344

迪士尼（D）：迪士尼乐园的全球化……………………………… 357
迪士尼（E）：香港迪士尼乐园的竞争对手——香港海洋公园… 367

第 21 章 产业特性：奥林匹克运动会…………………………… 372
奥林匹克（A）：你愿意管理主办城市的奥运会项目吗…… 372
奥林匹克（B）：奥运会、项目管理和 PMI 的道德规范与职业操守……………………………… 391
奥林匹克（C）：你想管理奥运村运动员的饮食类项目吗… 395
奥林匹克（D）：管理奥运场馆的健康风险…………………… 400

第 22 章 产业特性：商用飞机……404
波音 787：梦幻客机的电池问题……………………………… 404
空客 A380……………………… 409

第 23 章 敏捷开发与 Scrum 项目管理………………………… 421
敏捷（A）：了解实施风险…… 421
敏捷（B）：项目管理思想…… 426
敏捷（C）：管理和报告项目敏捷性………………………… 427

第 1 章

项目管理方法论

当公司在项目管理方面进入成熟阶段后，显而易见在项目管理过程中有必要使用某种标准化的方法。也许，理想的解决办法就是所有项目都使用一套唯一的方法论，不论这些项目是新产品开发项目、信息系统项目还是客户服务项目。然而，某些组织认为有些时候有必要运用多套方法论，如信息系统项目运用一套方法论，新产品开发项目运用另一套方法论。

如果组织文化是抗拒改变的，那么接受与实施一种新的项目管理方法论将是一件非常困难的事。强有力的行政领导可能是必要的，这样才能迅速克服变革的障碍。这些障碍存在于各级管理层中，员工级也不例外。这些改变需要员工放弃他们原有的舒适圈，寻求新的社会群体。

雷克斯汽车公司

雷克斯汽车公司（Lakes Automotive）是底特律汽车工业的一家一级供应商。1995—1999 年，雷克斯汽车公司实施了一个基于 9 生命周期阶段的项目管理方法体系。接下来的 10 年内，其全世界 60 000 名员工接受并使用了这种管理方法，管理层对结果十分满意。此外，雷克斯汽车公司的客户对该管理方法感到满意，并向雷克斯汽车公司颁发了质量奖，每个人都将其归功于该项目管理方法的执行情况。

2015 年 2 月，雷克斯汽车公司决定为其客户提供额外的产品。公司兼并了另一家一级供应商——Pelex 汽车产品（Pelex Automotive Products，PAP）公司。PAP 公司在项目管理方面，同样拥有良好的声誉，且能提供高质量产品。该公司的许多产品都与雷克斯汽车公司提供的产品类似。

由于来自两家公司的员工在未来的工作中会密切合作，因此需要一种可以同时被两家公司接受的单一项目管理方法。PAP 公司采用的是 5 生命周期阶段的良好管理方法。5 生命周期阶段的管理方法体系和前面提到的 9 生命周期阶段的管理方法体系有各自的优势和劣势，同时深得客户的喜欢。

问题

1. 公司应该怎样融合不同的项目管理方法体系？

2. 怎样使员工改变那些被人们认为是成功的工作习惯？
3. 在重新设计一个成功的方法体系的过程中，客户应发挥什么样的作用？
4. 如果客户不希望改变现有的方法体系，那么公司该怎么办？
5. 如果客户对新融合的方法体系不是很满意，那么公司该怎么办？

弗雷斯卫生保健公司

2014年7月，弗雷斯卫生保健公司（以下简称弗雷斯公司）的高级管理层意识到这样一个事实：弗雷斯公司将来的发展速度很大程度上取决于其实施项目管理的速度和效果。在过去的几年中，直线经理在管理直线团队的同时，也充当着项目经理的角色。由于直线经理关注的只是与他们有关的直线活动而不是项目工作，所以项目的结果往往不太好，多数会延期并预算超支。因此，人们意识到需要将项目管理确定为一个既定的职业岗位，并且必须为项目管理实施一些结构化的过程。

弗雷斯公司聘用了一名顾问，为50名员工做了初步的项目管理培训。这50名员工是从300名期望得到项目管理培训的人员中挑选出来的。受训员工中的几位后来被选入高级管理委员会中，为弗雷斯公司设计一个项目管理的阶段—关卡模式。

接下来的两个月，委员会确定了3种不同的阶段—关卡模式：一种用于信息系统，一种用于提供新产品/服务，最后一种用于吸引新的公司客户。这3种模式存在某些共性。虽然个人兴趣影响采用哪种模式，但是一切都要依据严格的政策和程序进行。

这3种模式被应用1年之后，公司发现，在决定如何将合适的项目经理委派到正确的项目时遇到了问题。项目经理需要对3种模式（方法体系）都熟悉。事实上，被选中的项目经理只熟悉某种特定的模式。

此后的6个月内，公司逐步将这3种模式（方法体系）整合为一个单一体系。这个新的体系关注指导方针而不是那些政策与程序。整个组织都支持新的单一方法体系。在为期4天的培训计划中，前3天请顾问来指导那些没有接受过项目管理培训的员工。第4天，由内部专家提供培训，教会其他员工使用新的方法体系。项目的成功率有了显著提高。

 问题

1. 为什么在开始阶段开发单一方法体系如此困难？
2. 为什么最初的3种方法体系都有严格的政策和程序？
3. 你认为该机构后来愿意接受单一的方法体系的原因是什么？
4. 为什么单一的方法体系侧重指导方针而不是政策和程序？
5. 培训计划第4天的培训内容对于方法体系是否有意义？在3天的培训之后马上进行此项培训是否有意义？
6. 为什么不让顾问提供新的单一方法体系的培训？

克拉克水龙头公司

▶ 背景

截至 2010 年，克拉克水龙头公司（Clark Faucet Company）（以下简称克拉克公司）已成为商用和家用水龙头的第三大供应商。该市场竞争非常激烈，消费者会从美观设计和质量上评价水龙头，每种水龙头必须是可用的而且至少要提供 25 种不同的颜色。普通消费者把水龙头看成艺术品，不考虑价格；而批发商（零售商）更注重价格。

克拉克公司没有投入大量资金在广播电台、电视台或因特网上做广告，只花费了少量资金在专业杂志上投放广告。克拉克公司的广告资金与营销资金大部分投到了每半年举办一次的家庭及园艺贸易展览中，以及每年一次的建筑商贸易展览中。一个大型建筑商可以购置 5 000 多个部件，来装饰一个新建成的酒店或公寓。错过在这些贸易展览上展示新产品的机会，很容易导致 6~12 个月的收入损失。

▶ 文化

克拉克公司具有非合作式的文化。销售人员和工程人员从来不沟通。工程人员希望自由地设计新产品，销售人员则希望获得最终批准以确保设计的产品能够被卖出去。

销售人员和工程人员之间的矛盾曾经非常激烈，这导致了早期实行项目管理尝试的失败。在这种情况下，没有人愿意做项目经理；职能团队成员拒绝参加团队会议，他们将大部分时间投入了自己感兴趣的项目中而不是那些需要的工作中，他们的直线经理也对项目管理表现得不太积极。

项目管理如此令人讨厌，以至于采购经理拒绝指派他的下属参与项目。相反，他要求所有项目工作都由他来完成。最终，他在下属周围建起了一道坚实的屏障，声称这样可以避免他的下属介入工程人员与销售人员的持续冲突中。

▶ 高层管理者的决策

执行委员会要求，必须马上尝试实施良好的项目管理，不仅新产品开发需要项目管理，而且特殊产品和产品改进同样需要项目管理。主管营销和工程的副总裁不情愿地同意尝试消除分歧，但是他们对改变不抱任何希望。

尽管看上去很奇怪，但没有人清楚冲突的起因及麻烦是怎样产生的。高级管理层从外面聘请了一位顾问来识别问题、提供建议与备选方案，并充当调解人。顾问的工作必须从访谈开始。

▶ 与工程人员访谈

以下是与工程人员访谈时整理的意见：
- 我们的工作量过重。如果营销人员不干涉工程，我们就能完成我们的工作。
- 营销人员不知道我们除新产品开发外还有很多其他工作要做。

- 营销人员应该将他们的时间花在乡村俱乐部和酒吧，这样我们这些工程人员就会不受干扰，顺利地完成工作。
- 营销人员希望每个工程人员都停下手头的工作来解决市场危机。我敢说，问题多数情况下是因为营销人员预先不知道他们一开始想要什么，这就导致方案改来改去。我们为什么不能在每个项目的开始就清晰地界定好问题呢？

▶ 与营销人员访谈

以下是与营销人员访谈时整理的意见：
- 我们的生计依赖于贸易展览的收入。由于新产品开发需要 4～6 个月的周期，我们不得不催促工程人员以满足我们的市场营销计划。为什么工程人员就不能理解这些贸易展览的重要性呢？
- 由于开发新产品需要时间（4～6 个月），我们有时不得不在需求定义不完善的情况下仓促启动项目。当客户在贸易展览中向我们提供一个新产品的想法的时候，我们将马上启动该项目以期在下次贸易展览中介绍。然后，我们又会向客户咨询更多的细节和规范说明。有时，我们需要与客户沟通几个月才能得到我们想要的信息。我清楚这对工程人员来说是麻烦，但我们也无可奈何。

顾问翻来覆去地研究这些意见，但他仍然很困惑。"为什么工程人员不能理解营销人员的困难"这个问题困扰着他。接下来，在对一位工程经理访谈的时候，他得到了如下意见："我们目前有 375 个不同的项目正在进行中，其中包括营销人员提出的，为什么营销人员就不能理解我们的困难呢？"

🔍 问题

1. 案例中存在的关键问题是什么？
2. 有什么方法解决这个问题？
3. 在这种情况下，你认为仍然可以实现卓越的项目管理吗？如果可以，该怎样实现？你建议采取哪些步骤？
4. 考虑到现有的非合作文化，构建一个良好甚至卓越的合作性项目管理文化需要多长时间？
5. 促成营销人员与工程人员同意采用单一的项目管理方法体系的障碍是什么？
6. 如果基准评价研究显示营销人员和工程人员都有问题，那么将发生什么？
7. 项目优先级评价应该包含在单一的项目管理方法体系内，还是由该方法体系以外的委员会来评价？

制定方法体系

▶ 背景

约翰·康普顿（John Compton）是一家公司的董事长，他在高层会议上直率地陈述了他的想法：

> 我们在市场上将不再具有竞争力。几乎所有我们希望投标的邀请建议书（Requests for Proposal，RFP）都要求我们在投标书中确定我们会使用的项目管理方法体系，如果我们被授予合同的话。我们目前没有项目管理方法体系，而只是根据《PMBOK®指南》制定了一些模板。但是，我们的竞争者都有项目管理方法体系。
>
> 一年多来，我一直要求制定一套方法体系，但是我得到的总是各种各样的借口。显然，你们中有些人担心一旦方法体系被制定和使用，你们会失去某些权力和权威。的确，你们中的某些人会失去权力，但要知道这和失去工作相比好得多。我希望6个月内能看到所有的项目都开始使用方法体系，否则我就亲自处理。我简直不能相信我的高级经理们害怕开发一个项目管理方法体系。

▶ 关键问题

高级经理们知道实施项目管理方法体系无法避免了，他们必须采取主动。去年，公司专门聘请了一位专家花了3小时介绍项目管理的好处，以及实施企业项目管理方法体系（Enterprise Project Management Methodology，EPM）能给企业带来的价值。在那次培训中，专家介绍，如果企业能成立专门的项目管理办公室（Project Management Office，PMO）来承担领导角色，那么开发和实施EPM的时间是可以缩短的。同时，他介绍了负责PMO的高级经理的权力肯定会比其他经理大，因为他掌管着企业所有的项目管理知识产权。正因为高级经理们对此深有体会，除非他们能预先判断他们的部门所受的影响，否则他们不会支持项目管理。所以，项目管理方法体系的实施在企业内受到了影响。

PMO不愿意向企业首席信息官报告工作。PMO由少数有经验的项目经理组成，他们都希望带头制定方法体系。PMO认为启动项目管理方法体系首先要完成5个步骤。在这5个步骤完成之后，高层管理委员会就会收到一份关于所完成工作的简报。除这份简报之外，每个月还要报告进展情况。PMO认为要及时获得高级管理层的支持和签字是非常困难的。

第1步，确定生命周期阶段的数量。有些人希望生命周期有10～12个阶段。这意味着可能要召开10～12次阶段评审会，那么项目经理就要花大量时间准备开会所需的文件，而不是把时间用于管理项目。因此，决定项目的生命周期阶段应少于6个。

第2步，做出决策，决定方法体系是根据刚性的政策和程序制定的，还是根据常用的、非正式的表格、指南、检查单和模板制定的。PMO认为项目经理在应对客户时需要获得一些自由，因此非正式的方法会更好。同时，客户要求根据他们的业务需要制定方法体系，而非正式的方法能提供更大的灵活性。

第3步，仔细检查现有模板和检查表，看看可以从中获得什么。公司有少量的模板和检查表，但不是所有的项目经理都会采用。因此，决定根据《PMBOK®指南》制定一套标准化的文件，项目经理就可以根据客户和特定的项目选择适合的表格、指南、模板和检查表。

第 4 步，制定通过使用 EPM 系统获取最佳实践的方法。客户在他们的投标书中要求，在项目收尾前创建一套方法论，在此之前必须获取最佳实践并与客户共享。PMO 的大部分成员认为，这可以在最终的汇报会议上使用表格或检查清单来实现。

第 5 步，教育和培训。给项目配备人员的项目经理和职能组织需要接受有关方法体系的培训。PMO 认为，一个为期 1 天的培训就够了，而这对职能组织来说是很容易的。

问题

1. 从企业耗费如此长的时间来考虑是否需要开发一个 EPM 的企业文化来看，你能做出什么判断？
2. PMO 能加速方法体系的实施吗？
3. PMO 需要向首席信息官汇报吗？还是应该向其他人员汇报？
4. 为什么在 EPM 中生命周期阶段要少于 6 个？
5. 根据组成因素的灵活性设计 EPM 好不好？第一次建立一个 EPM 时，企业在设计过程中通常愿意采用正式的流程还是非正式的流程？
6. EPM 能帮助获取最佳实践吗？

柯妮科公司

▶ 背景

柯妮科公司（Honicker Corporation）是一家公认的优质汽车和卡车仪表盘制造商。它主要为美国的汽车和卡车制造商提供服务，不过很明显它现在有了成为全球供应商的机会。尽管柯妮科公司享誉世界，但多年来，该公司极端保守的高级管理层阻碍了其进军国际市场。

2009 年，公司新的管理团队上任后，这种保守主义逐步消失了。柯妮科公司的现金充裕，有较大的借款能力，在金融机构信用额度也很高。由于公司的债务相对较少，柯妮科公司获得了 AA 级的质量评价。柯妮科公司没有选择在不同的国家修建厂房，而是决定采用快速路线——在全球范围内收购 4 家公司进行扩张。4 家公司分别是阿尔法公司、贝塔公司、伽马公司和德尔塔公司。

被收购的 4 家公司都在各自的地理区域内提供服务，每家公司的高级管理层对当地的文化都非常了解，在客户和当地相关方中也享有声望。在假设公司所做出的必要的改革能够被执行的前提下，柯妮科公司决定维持 4 家公司的高层管理团队不变。

柯妮科公司希望 4 家公司都有能力向世界范围内任何一个柯妮科公司客户提供零件。但这说起来容易做起来难。柯妮科公司有一套运行良好的 EPM。柯妮科公司和它在美国的绝大部分客户及其他相关方都了解项目管理。柯妮科公司意识到最大的挑战是将所有的子公司置于同一项目管理成熟度水平上，并对其使用相同的公司范围内的 EPM 或是调整后的版本。柯妮科公司期望 4 家被收购的公司能够做出一些改变。

4 家被收购的公司处于不同的项目管理成熟度水平。阿尔法公司已经有一套 EPM，并且它认为自己的项目管理方法比柯妮科公司现在使用的更先进。贝塔公司刚刚开始学习项目管理,尽管它拥有几个向客户报告项目状况的项目管理模板,但是它没有任何正式的 EPM。伽马公司和德尔塔公司对项目管理一无所知。

更为糟糕的是,每个被收购公司所在地的法律又界定了其他需要服务的相关方,所有这些相关方都处于不同的项目管理成熟度水平。在一些国家,政府因为就业和采购法律等,会主动参与进来;在其他国家,政府仅在企业违反有关健康、安全或环境法律时才被动地参与进来。

开发一套让所有新收购的公司及它们的客户和其他相关方都满意的 EPM 确实是一项艰难的任务。

➤ 组建团队

柯妮科公司知道,在短时间内达成项目管理协议是一项巨大的挑战。柯妮科公司也知道不会有平等的收购,收购中总是有"房东"和"房客"之分的,而柯妮科公司就是"房东"。但是如果房东在其中施加影响,则可能疏远一些被收购的公司,从而使弊大于利。柯妮科公司的方法是将这件事作为一个项目来对待,把被收购的公司及其客户与当地的相关方都作为项目的相关方。使用相关方关系管理对在项目管理方法方面达成一致非常重要。

柯妮科公司要求每个被收购的公司派出 3 名人员进入由柯妮科公司人员领导的项目管理执行团队。柯妮科公司认为,理想的团队成员应当具备一些项目管理方面的知识或者从事项目管理的经验,还应当获得各自公司高层领导的授权,可以替各自公司做出决策。派出的人员还应当清楚来自其客户和当地相关方的需求。柯妮科公司希望各公司尽快达成一致的意见,即每家公司都要同意使用团队确认的项目管理方法体系。

4 家公司的高层管理者都向柯妮科公司发送了一份理解信,承诺会派遣合适的人员,并且同意使用该团队通过的方法。每个公司都表示,它们明白这个项目的重要性。

这个项目的第一步是就项目管理方法体系达成一致。第二步则是邀请客户和其他相关方审查该方法并提出反馈意见。这是非常重要的,因为客户和其他相关方最终都会接触该方法体系。

➤ 启动会议

柯妮科公司希望团队能在 6 个月内就公司范围内的 EPM 达成一致。但是启动会议结束后,柯妮科公司意识到就 EPM 达成一致可能需要 2 年的时间。第一次会议中出现了以下几个问题:

- 每个公司对于项目都有不同的时间要求。
- 每个公司对于项目的重要性看法都不同。
- 每个公司都有自己的文化,它们都希望最终设计与其文化相匹配。
- 每个公司对项目经理的职位和权力的看法都不同。
- 尽管发送了理解信,但是伽马和德尔塔两家公司并不理解它们在该项目中担任的角色以及与柯妮科公司的关系。
- 阿尔法公司想对该项目进行微型管理,认为其他公司也应当使用这种方法。

柯妮科公司的高层管理者要求参与启动会议的柯妮科公司代表准备一份记录所有与会人员观点的机密备忘录。这份备忘录中包含了以下评论：
- 不是所有参会代表都公开表达了他们对于该项目的真实感受。
- 有的公司希望该项目失败的意图很明显。
- 有的公司担心新 EPM 的运行会引起权利和职权的变化。
- 一些人担心新 EPM 的运行会使职能组织资源减少，从而缩减职能部门的人员规模以及降低职能部门的奖金。
- 一些人担心新系统的运行会引起公司文化以及与客户工作关系的变化。
- 一些人害怕学习和使用新系统。

很明显，这不是一项简单的任务。柯妮科公司不得不更为深入地了解各个公司及它们的需求和期望。柯妮科公司的管理层不得不向 4 家公司展示他们的观点是有价值的，并找出获得 4 家公司支持的方法。

问题

1. 柯妮科公司现在的方法是什么？
2. 你建议柯妮科公司首先做什么？
3. 如果经过各种尝试，伽马公司和德尔塔公司还是拒绝加入，柯妮科公司应该怎么办？
4. 如果阿尔法公司固执地坚持它的方法是最好的，并且拒绝让步，柯妮科公司应该怎么办？
5. 如果伽马公司和德尔塔公司认为它们的客户和其他相关方还没准备好接受该项目管理方法，它们希望不被干涉地去处理客户问题，柯妮科公司应该怎么办？
6. 在什么情况下，柯妮科公司应当妥协，让各个公司自行做出决断？
7. 让地理上分散的几家公司就文化和方法达成一致，这是简单的还是困难的？
8. 如果 4 家公司愿意和其他公司合作，你认为就接受使用新 EPM 达成一致需要多长时间？
9. 哪些相关方是有权力的，哪些是没有权力的？
10. 哪些相关方有权扼杀这个项目？
11. 为了赢得 4 家公司的支持，柯妮科公司应该做什么？
12. 如果不能赢得 4 家公司的支持，柯妮科公司应该怎样来管理反对方？
13. 如果 4 家公司同意使用该项目管理方法，但是随后一些客户反对使用该方法，那么柯妮科公司应该怎么办？

并购难题

背景

几乎每家公司都追求增长，因此这些公司必须制订战略计划，开发新产品和提供新服务，从而挖掘新市场。要迅速实现战略目标，有时还需要进行企业并购。然而，即使准备最充分的企业并购战略规划，也常常会失败。很多企业高层都认为，像并购这类的战略规划很少会真正实施，只有当两家公司真正合并时才会发生。对任何一次并购来说，成功实施是至关重要的。

▶ 成长计划

公司的成长体现在两个方面——内部和外部。内部成长是指公司从内部培育资源，耗费数年完成战略目标，获得市场地位。因为时间不充裕，所以内部成长需要关注公司的发展是否适合公司的项目管理方法体系和文化。

外部成长则更复杂一些。外部成长可以通过合并、收购及合资来实现。公司能通过兼并迅速地获取其需要的专门技术。有的公司偶尔进行并购，有的公司因为有足够的资金会进行持续并购。然而，很多公司会忽视并购后对项目管理的影响。项目管理方面的最佳实践不能从一家公司转移到另一家公司。并购对项目管理系统的影响通常是不可逆转的，但是合资不一样。

通常在实际并购后，项目管理会受到影响。并购能让公司迅速达成战略目标，这是内部成长所不能提供的，但前提是可以快速有效地完成各个公司间的资产和能力的共享或合并。这种协同效应能产生某个公司很难独自做到的机会。

并购需要关注两个要素：并购前的决策制定和并购后的过程整合。华尔街和金融机构似乎更关心并购后短期的财务影响，而对通过并购或更好的项目管理及集成过程带来的长期价值不感兴趣。20世纪90年代中期，很多公司都在资金不足的情况下急于并购，既不考虑对项目管理的影响，也不考虑项目管理知识和最佳实践是否能转移。所以，结果是失败的案例比成功的案例多得多。

公司急于并购时，通常很少花时间和精力在并购后的整合上。然而，这才是并购的真正影响所在。并购后，每个公司都会向对方的客户出售自己的产品，这可能在短期内让相关方感到高兴。长期而言，并购后的公司需要开发出新产品和新服务来满足双方市场需求。如果没有对双方的项目管理系统（如知识产权和工作等）进行整合，那么开发新产品和新服务是很难做到的。

如果并购前有足够的时间做决策，双方则可以仔细研究并购流程、共享资源、转让知识产权及合并运营管理；如果并购前没有解决这些问题，那么并购后的整合阶段就会出现一些不希望出现的结果。

▶ 战略时机问题

丽诺尔公司（Lenore）已经有50多年的历史了，它一直是汽车企业零配件的战略供应商。丽诺尔公司的市场份额仅次于它最大的竞争对手贝尔公司（Belle）。丽诺尔公司认为，美国汽车行业在2008—2010年的经济困境将在未来十年的中期逆转，会为它们带来增长的战略机会。

几乎所有的汽车企业的股价都遭受了重创，丽诺尔公司的股价也接近10年来的低点。但是丽诺尔公司拥有相当大的现金储备，并认为在市场恢复前进行一次或多次战略并购的时机来了。出于这种考虑，丽诺尔公司决定收购它的竞争对手贝尔公司。

▶ 收购前的决策制定

丽诺尔公司的高层明白，多数并购行为的目的是满足战略目标或财务目标。表 1-1 介绍了丽诺尔公司高层并购贝尔公司的 6 个原因，以及并购对丽诺尔公司的战略和财务目标可能产生的影响。因为股东和债权人希望快速获得回报的压力，而且达成战略目标的时间要比达成财务目标的时间长，所以一般都会选择财务目标。

表 1-1 并购原因及目标

并购原因	战略目标	财务目标
增加客户群	占有更多的市场份额	获得更多的现金流
提升业务能力	成为商业解决方案的提供者	获得更多的利润
提升竞争力	取消一些花费较多且冗余的流程	实现稳定的收入
缩短新产品上市时间	获得市场领导地位	实现收入的快速增长
缩短产品改进的上市时间	扩大产品线	实现稳定的收入
接近客户	物美价廉	单一来源采购

丽诺尔公司的高管充分了解并购带来的长期利益。这些利益包括：

- 联合运营的经济效益。
- 保证产品和服务的供应或需求。
- 获得其他方法不能获得的知识产权。
- 直接控制成本、质量和进度，而不是受供应商或分包商的限制。
- 开发新产品，提供新服务。
- 通过协同效应给竞争对手施加压力。
- 通过减少冗余的步骤降低成本。

丽诺尔公司提交了并购贝尔公司的意向书。经过几轮谈判，贝尔公司的董事会和股东接受了并购。3 个月后，并购完成。

▶ 并购后的整合

任何并购行为的根本目的是创造持续的价值，且该价值是公司合并前所不能达到的。要实现这些利益，达成战略目标和财务目标，关键要依赖两家公司的项目管理价值链整合，尤其是方法体系的整合。除非两家公司的方法体系和文化能相当快速地整合起来，否则目标可能无法按计划实现。

丽诺尔公司在收购贝尔公司时从来没有考虑过各自项目管理方法的兼容性。收购后不久，两家公司的项目管理体系整合失败。丽诺尔公司专门成立了一个整合小组，要求简要说明阻碍成功整合的关键问题。

整合小组找到 5 个妨碍项目管理方法成功整合的严重问题：

- 丽诺尔和贝尔两家公司的项目管理方法体系不同。
- 丽诺尔和贝尔两家公司的文化不同，整合很复杂。

- 两家公司存在工资和薪水方面的差距。
- 丽诺尔公司高估了贝尔公司人员的项目管理能力。
- 两家公司在项目管理职能和领导力方面有着明显的不同。

很明显,对丽诺尔公司来说,如果没有组织和文化的颠覆性改变,那么并购很难进行。丽诺尔公司以闪电般的速度匆忙进行了并购,但几乎没有考虑项目管理价值链该如何合并。

第一个问题是不能将项目管理方法体系与项目管理价值链进行整合。出现这种情况有以下4个原因:

- 并购前对彼此的项目管理缺乏了解。
- 并购前不清楚应该如何整合。
- 公司存在未被证实的项目管理领导能力。
- 存在"我们—他们"态度。

有的方法体系比较复杂,需要很长时间进行整合,尤其是每个组织有着不同的客户群及不同类型的项目。例如,某家公司制定了一套项目管理方法,为大型上市公司提供产品和服务。随后,该公司收购了一家专门为政府机构服务的小公司。因为政府机构对政府业务的强制要求,这家公司意识到整合方法体系几乎是不可能的,但为时已晚。结果,不仅方法体系未能整合,而且服务政府客户的这家小公司被允许作为子公司运作,拥有自己的专业产品和服务。预期的协同效应自然没有发生。

有些方法体系根本无法进行整合。更明智的做法是让组织独立运作,而不是错失市场中的机会。在这种情况下,大集团的各个组成部分分别实施自己的项目管理体系。

丽诺尔公司了解到贝尔公司有很多客户在海外,但不知道贝尔公司其实为每个客户都打造了不同的方法体系。而丽诺尔公司希望制定出一个能适用于所有客户的方法体系。

第二个问题是两家公司有着各自不同的文化。尽管项目管理是由一系列相关流程组成的,但是公司需要具备支持这些流程的文化。如果公司的文化反对项目管理,那么再好的计划也会失败。导致文化整合不成功的原因:

- 一家公司或两家公司都缺乏项目管理专有技术(如缺乏竞争力)。
- 反对变革。
- 反对技术转让。
- 反对转让任何一种知识产权。
- 不允许减少周期时间。
- 不允许删减高成本步骤。
- 坚持"重复工作"。
- 把对项目的批评视为对个人的批评。

不管在哪种经济形势下(好的或不好的)整合两种不同的文化都很困难。人们会反对任何改变他们习惯或"舒适区"的做法,即使他们知道这些改变是对公司有利的。

由于各国的文化差异,跨国并购的文化整合同样困难。几年前,美国的一家汽车供应商并购了欧洲的一家公司。这家美国公司主张推行项目管理,鼓励公司员工获取项目管理方面的证书。而欧洲的公司不怎么支持项目管理,不提倡员工获得项目管理的认证。

欧洲的子公司认为没有必要运用项目管理，认为欧洲的客户不像通用、福特和克莱斯勒那样重视项目管理。由于不能整合两家公司的方法体系，美国的母公司开始逐步地用美国的高层替换欧洲公司的高层，以便在所有的部门实施项目管理。这项任务足足耗费了5年时间。其间，美国的母公司认识到实施项目管理最大的困难不是来自欧洲客户对项目管理缺乏兴趣，而是来自员工反对改变习惯。

文化的整合可以产生良好的效果。大部分银行都是通过并购逐步扩大规模的。银行业流行一句话——并购或被并购。中西部的一家银行意识到了这一点，于是制定了一套项目管理体系。相比其他银行的并购而言，这套体系能让它用更少的时间整合被并购银行的文化。这家公司把项目管理当作公司的资产，给公司带来了很多好处。现在，许多银行都专门制定了用于并购的指南。

第三个问题是对现行工资和薪酬管理体系的影响。导致这些问题的原因包括：

- 担心裁员。
- 工资的差距。
- 责任的差距。
- 职业生涯发展的差距。
- 政策和程序的差异。
- 评估标准的差异。

当并购了一家公司且需要对其方法体系进行整合时，会对该公司的工资和薪酬管理体系造成极大的冲击。并购时，大家仅仅关心他们个人会受到怎样的影响，即使他们明白并购对公司最有利。

被并购的公司最大的担心在于害怕并购公司给它们编织了一个巨大的圈套。这样的话，被并购的公司会变得愤怒，甚至试图颠覆并购公司。这会破坏公司的价值，也会使员工进行自我保护，最终以损害项目管理系统为代价。

考虑到公司的未来，A公司决定并购B公司。A公司的项目管理系统相对比较弱，项目管理是一种兼职活动，不被视为一种职业。相比而言，B公司则推动项目管理认证，认为项目经理应该是专职职位。因此，B公司项目经理的工资明显比A公司同等级别员工的工资高。B公司的员工表达了他们的焦虑——"我们不希望我们的工资像A公司那样"，这种员工的自我保护会破坏公司的价值。

由于工资和薪酬管理体系的问题，A公司试图把B公司当作一个独立的子公司。但是，当差异变得明显时，A公司的项目经理试图迁移到B公司，以获得更高的认可和更高的薪水。最终，两家公司都以B公司项目经理的工资为标准了。

如果员工开始自我保护，则短期内会对合并后的项目管理增值链造成严重的破坏。因为如果不能获得更高的薪水，从事项目管理的员工也会要求至少获得与合并前一样的待遇。

第四个问题是并购后发现对项目管理能力的评估过于乐观。其主要原因包括：

- 缺少技术能力。
- 缺乏创新能力。
- 创新的速度慢。

- 缺乏协同性。
- 存在能力的过度。
- 不能整合最佳实践。

项目经理及那些积极参与项目管理增值链的员工很少参与并购前的决策制定，这导致很多决策是由不参与项目管理增值链的管理者制定的，所以他们对并购后的协同作用的评估过于乐观。

一家大公司的总裁召开了一次新闻发布会，宣布他的公司即将并购另一家公司。为了让参加新闻发布会的金融分析师满意，他很认真地介绍了合并后预期产生的协同效应，并提供了新产品上市的时间表。遗憾的是，这次发布会没有获得某些公司员工的认可，因为他们认为对公司能力的评估过于乐观，新产品的上市日期也不太可能实现。当新产品不能正常上市时，公司的股价迅速下跌，大家把责任都归咎于项目管理增值链整合的失败。

第五个问题是并购期间的领导失败。这主要包括：
- 领导不能有效管理变更。
- 领导不能有效合并方法体系。
- 领导不能有效发起项目。
- 全面领导失败。
- 隐形的领导。
- 微观领导。
- 认为并购就需要大规模重组。

对变更进行管理明显比不管理要好。对变更进行管理需要很强的领导力，尤其是并购期间需要管理变更的经验。

A 公司并购了 B 公司。B 公司有一套较成熟的项目管理体系，但这套体系与 A 公司的完全不同。A 公司决定，"我们应该按照我们的方法管理他们"，什么都不应该改变。于是 A 公司用有经验的经理替换掉了 B 公司的几名经理，几乎没有考虑 B 公司的项目管理价值链。B 公司的项目管理人员要接受不同人的命令，他们不了解这些人，而且在问题发生时不知道要向谁汇报。

随着领导问题的日益严重，A 公司开始不停地调动经理，这导致公司内出现了官僚化的项目管理价值链。可以预见，公司的绩效不升反降，战略目标也受到了极大的影响。

并购后不停地调动经理能增强公司间的互动，但是它只适用于垂直的命令系统。而在项目管理价值链中，主要的沟通流程是横向的，不是纵向的，增加管理层及替换有经验的经理会给整合运作带来严重的沟通障碍。

整合小组随后得出结论，任何领域的问题（无论是个人领域还是其他领域）都能导致项目管理价值链出现问题，例如：
- 不完善的可交付成果。
- 不能确保进度。
- 缺乏信任。
- 士气低下。

- 对所有新员工的严酷考验。
- 员工的高流动率。
- 不能有效转移项目管理知识产权。

A 公司已经意识到这是"贪多嚼不烂"的现象。现在的问题是如何在不牺牲并购目标的情况下以最短的时间纠正这些问题。

问题

1. 为什么在并购之前让高层考虑并购对项目管理的影响如此困难?
2. 表 1-1 介绍的并购目标现实吗?
3. 并购后需要多少时间产生经济效益?
4. 如果丽诺尔公司的项目管理体系更好,那么丽诺尔公司该怎么办?
5. 如果贝尔公司的项目管理体系更好,那么丽诺尔公司该怎么办?
6. 如果丽诺尔公司和贝尔公司都没有项目管理体系,那么丽诺尔公司该怎么办?
7. 如果丽诺尔公司的文化更好,那么丽诺尔公司该怎么办?
8. 如果贝尔公司的文化更好,那么丽诺尔公司该怎么办?
9. 丽诺尔公司该如何处理工资和薪酬管理体系方面的差异?
10. 公司进行并购时能否对公司的项目管理能力进行客观的评估?
11. 丽诺尔公司该如何处理领导风格方面的差异?

赞恩公司

▶ 背景

赞恩公司(Zane Corporation)是一家拥有多条产品线的中型公司。20 多年前,赞恩公司在其所有产品线中均实施了项目管理,但主要用于运营或传统项目,而不是战略或创新项目。赞恩公司认识到需要一种方法论,但它们得出了错误的结论,即需要一种单一的方法论。它们认为"一刀切"的方法能满足它们几乎所有的项目。高级管理层认为,这样可以使项目状态报告标准化,便于他们确定真实的绩效。赞恩公司知道,这种方法在许多公司都很有效,但它主要应用于传统或运营项目。

随着"一刀切"方法成为普遍做法,赞恩公司开始收集经验教训和最佳实践,以改进单一方法。项目管理仍然被视为一种方法,适用于定义合理、风险易于管理、灵活性有限的项目。高级管理层认为,项目管理标准化是有效公司治理的必要条件。

▶ 项目管理格局发生变化

赞恩公司从自己的成功、吸取的经验教训和最佳实践中认识到使用项目管理的好处,并公布了研究数据。此外,赞恩公司现在确信,公司内几乎所有的活动都可以被视为项目,因此它们通过项目来管理业务。

随着"一刀切"的方法开始应用于非传统或战略项目,单一方法的弱点变得明显。

战略项目尤其是那些涉及创新的项目，在项目启动时并不总是完全确定的，工作范围在项目执行期间可能频繁变化，现在的治理以委员会治理的形式出现，客户或企业所有者的参与显著增加，一些项目需要不同形式的项目领导。认识到一些非传统项目的真实状况变得越来越困难。

用于运营项目的传统风险管理方法似乎不足以用于战略项目。例如，战略项目需要强调 VUCA 分析的风险管理方法：

- 易变性（Volatility）。
- 不确定性（Uncertainty）。
- 复杂性（Complexity）。
- 模糊性（Ambiguity）。

显然，战略项目出现的风险更多，这些项目的需求可能会迅速变化，以满足动荡的业务需求。这一点在 IT 项目中变得非常明显，这些项目主要关注传统的瀑布式方法，几乎没有灵活性。敏捷方法的引入解决了一些 IT 问题，但也带来了其他问题。敏捷式是一种灵活的方法或框架，主要关注更好的风险管理活动，但需要大量的协作。每种方法或框架都有优缺点。

敏捷方法的引入给赞恩公司提供了一种选择，要么选择僵化的"一刀切"方法，要么选择非常灵活的敏捷框架。遗憾的是，并不是所有的项目都能完美地适应极其严格的或灵活的方法。有些是介于严格的瀑布式方法和灵活的敏捷框架之间的中间路线项目。

▶ 了解方法论

赞恩公司最初的信念是，方法论作为一套原则发挥作用，公司可以对其进行调整，然后将其应用于具有某种程度共性的特定情况或一组活动。在项目环境中，这些原则可能显示为要做的事情的列表、表单、指南、模板和检查表等。这些原则可以根据具体的项目生命周期阶段进行组织。

对于包括赞恩公司在内的大多数公司来说，项目管理方法通常使用瀑布式方法，即所有事情都是按顺序完成的。这种方法成为"指挥和控制"项目的主要工具，为执行工作和控制决策过程提供了某种程度的标准化模式。标准化和控制是有代价的，并且对该方法何时有效使用进行了一定程度的限制。赞恩公司发现的典型限制包括：

项目类型：大多数方法都假定项目的需求在项目开始时就被合理地定义好了。权衡的焦点在于时间和成本，而不是范围。这限制了该方法在传统项目或运营项目中的使用，因为这些项目在项目批准阶段得到了合理的理解，未知的情况有限。战略项目，例如那些涉及创新的项目，必须与战略业务目标相一致，而不是一份明确的工作说明书。由于存在大量的未知因素，而且这些因素可能会频繁变化，所以战略项目无法使用瀑布式方法轻松管理。

绩效跟踪：通过对项目需求的合理了解，主要使用时间、成本和范围三重约束来完成绩效跟踪。非传统或战略项目明显有更多的需要监控的限制，因此使用了其他跟踪系统，而不是项目管理方法。简单地说，传统方法应用于非运营项目时灵活性是有限的。

风险管理：风险管理对所有类型的项目都很重要。但是，对于非传统或战略项目而言，由于在项目生命周期中有大量未知因素会频繁变化，传统方法中包含的标准的风险管理实践可能不足以进行风险评估和降低风险。

治理：对于传统项目，治理是由作为项目发起人的单一个人提供的。该方法成为项目发起人指挥和控制的主要工具，他们错误地认为，只要监控时间、成本和范围限制就可以做出所有决策。

▶ 选择正确的框架

赞恩公司认识到，未来不仅仅是在瀑布式、敏捷式和迭代式之间做出选择，以决定哪一种方法最适合某个项目。需要根据每种方法的最佳特性创建新的框架，这种框架或许是一种混合方法，然后将其应用到项目中。赞恩公司现在有理由相信，未来一定会出现具有极大灵活性和定制能力的新框架，这将成为持续增长的必要条件。决定哪个框架最适合项目将是一个挑战，但项目团队将做出使用哪个框架的选择。

赞恩公司相信，未来的项目团队将通过确定哪种方法最适合他们的需求来开始每个项目。这将通过检查清单和解决项目特征的问题来完成，例如需求的灵活性、约束的灵活性、所需的领导类型、所需的团队技能水平，以及组织的文化。然后，这些问题的答案将被拼凑在一起，形成一个特定项目特有的框架。

🔍 问题

1. 在选择灵活的方法时，赞恩公司应该问自己哪些问题？
2. 可能出现哪些需要解决的问题？
3. 你认为需要解决的第一个问题是什么？
4. 不让销售人员管理创新项目是错误的还是正确的决定？
5. 建立一种项目管理方法来管理创新项目是否可行？

第 2 章

项目管理的实施

> 项目管理实施的第一步是识别从应用项目管理中所获得的真正利益。组织的各个部门都需要确认这些利益。然而，每个部门关注的利益点不同，所以它们都希望项目管理方法体系能按照各自的特定利益来进行设计。
>
> 另一个关键问题是整个组织对项目管理水平的支持不一致。这或许会延缓项目管理的实施。另外，组织中那些受项目推动的部门会马上支持实施项目管理，而那些不受项目推动的部门相对比较缓慢。

康姆斯工程公司

2013 年 6 月，康姆斯工程公司（Kombs Engineering）（曾经只有几个员工，以下简称康姆斯公司）已经成为一家年销售额 2 500 万美元的企业。它的业务基础源于美国能源部（Department of Energy，DOE）的两个合同，其中一个是 1 500 万美元，另一个是 800 万美元，剩下的 200 万美元是由各种 1.5 万～5 万美元的小工程组成的。康姆斯公司认为在未来几年，这些小工程的销售额会超过 1 000 万美元。

与 DOE 所签订的大型合同是一个为期 5 年的合同，每年 500 万美元。该合同于 2008 年签订，并于 2013 年到期。DOE 清楚地说明，尽管它对康姆斯公司的技术非常满意，但能否续签合同必须依法通过竞争性投标来确定。市场情报部门表示，美国能源部打算在 5 年的时间里每年花费 1 亿美元用于后续合同，初步授予日期为 2013 年 10 月。

2013 年 6 月 21 日，康姆斯公司接到了投标邀请书。投标邀请书技术方面的要求对康姆斯公司来说没有什么问题。如果仅考虑技术方面，康姆斯公司会毫无疑问地赢得合同。但一个严重的问题是，DOE 的投标邀请书中要求康姆斯公司有一个独立的部门来管理这个每年 1 亿美元的项目，并详细介绍项目管理系统将如何在康姆斯公司发挥作用。

康姆斯公司早期赢得 2008 年的投标时，并没有关于项目管理的特定要求。因此，康姆斯公司所有的项目都由传统的组织结构来完成，直线经理就是项目负责人。

2013 年 7 月，康姆斯公司聘请专业顾问对整个公司进行项目管理培训。这位顾问还与投标小组密切合作，帮助响应 DOE 的项目管理要求。投标书在 8 月的第二个星期正式提交给了 DOE。2013 年 9 月，DOE 向康姆斯公司提供了一份有关其标书的问题清单，其中 95%是与项目管理有关的。康姆斯公司对所有问题都做了回答。

2013年10月，康姆斯公司收到了未中标通知书。DOE在后来的会议上表明，康姆斯公司的项目管理系统毫无可信度。随后不久康姆斯公司就在市场上消失了。

 问题

1. 续签合同失败的原因是什么？
2. 你认为这种情况有可能避免吗？
3. 评审委员会认为项目管理与技术能力同样重要，你认可这种观点吗？

威廉姆斯机床公司

威廉姆斯机床公司（Williams Machine Tool Company，以下简称威廉姆斯公司）一直为用户提供高质量的产品。到1990年，它已成为美国第三大基础机床公司。该公司有着很高的利润和极低的人员流动率，薪酬水平和效益也是非常好的。

20世纪80年代到90年代，威廉姆斯公司的利润猛增到一个新的历史水平。威廉姆斯公司的成功源于一条标准制造机床生产线。威廉姆斯公司花费了大量的时间和精力来改善基本产品生产线，而不是致力于研发新产品。这条生产线如此成功，以至于其他合作的公司愿意为这些机床而改变自己的生产线，而不是要求威廉姆斯公司对其机床做重大改动。

20世纪80年代以前，威廉姆斯公司非常满意自身的状况，妄想这种由一条生产线带来成功的现象可以持续20多年。然而，20世纪90年代初期的经济大衰退迫使其管理者不得不重新考虑公司的未来。产量的减少导致了客户对标准机床需求的减少，越来越多的客户要求威廉姆斯公司对标准机床做重大改动或是进行全新的生产设计。

市场正在发生变化，高层管理者意识到需要做出新的战略调整。但是，基层管理者和工人（尤其是工程师）强烈反对。很多在威廉姆斯公司工作了20多年的员工认为不需要做出改变，他们相信昔日的辉煌在衰退结束后仍可恢复。

到1995年，大衰退已持续长达2年，威廉姆斯公司仍没有推出新的生产线。收入在下降，标准产品的销售量（包括改变的与未改变的）也在下降，但员工们仍反对变革。裁员变得迫在眉睫。

1996年，威廉姆斯公司被克洛克工程公司（Crock Engineering，以下简称克洛克公司）收购。克洛克公司的机床部门富有经验，并了解机床业务。克洛克公司同意威廉姆斯公司在1995—1996年作为一家独立的实体公司运行。但是直到1996年年底，威廉姆斯公司的财务报表出现赤字。克洛克公司用自己的员工替换了威廉姆斯公司的所有高层管理者，并对所有员工宣布，威廉姆斯公司将转型为特种机床制造商，曾经的"黄金时代"将一去不复返。在随后的12个月内，客户对特种产品的需求量增长了3倍多。克洛克公司明确表示，不支持新业务方向的员工将被解雇。

威廉姆斯公司的新任高层管理者意识到，这个拥有85年历史的传统管理走到了尽头。现在，公司需要提供定制化的产品。同时，企业文化需要加以变革——实施项目管

理、并行工程和全面质量管理。

通过花时间和资金培训员工，高层管理者实施的产品管理取得了显著效果。遗憾的是，那些工作了 20 多年的老员工仍不支持新文化。意识到这一问题后，管理层继续给项目管理提供实实在在的支持，并聘请了项目管理顾问与员工一起工作。该顾问在威廉姆斯事业部从 1996 年一直工作到 2001 年。1996—2001 年，克洛克公司的威廉姆斯事业部持续了 24 个季度的亏损。直到 2002 年 3 月 31 日，它才迎来 6 年来的第一次盈利。这要大大归功于项目管理系统的实施和成熟。2002 年 5 月，威廉姆斯事业部被出售，在公司迁到 2 400 公里外的地区后，80%以上的员工失去了工作。

问题

1. 项目管理能帮助改善标准机床生产线吗？
2. 你会如何应对那些拒绝接受项目管理的老员工？
3. 在市场环境发生改变时，谁应该对威廉姆斯公司的失败负责？
4. 公司被出售、员工被解雇是否与项目管理有关？
5. 克洛克公司是否应该保留威廉姆斯公司？如果是，该怎么做？
6. 克洛克公司是否早有意图出售威廉姆斯公司（比如对机床行业的发展不看好）？

难以驾驭的员工

提姆·阿斯顿（Tim Aston）3 个月前换了岗位，他现在的新职位是项目经理。起初，他梦想成为公司前所未有的、最好的项目经理。而今，他不敢确定项目管理是否值得他付出那么多的努力。他同项目主管菲尔·戴维斯（Phil Davies）进行了一次会谈。

提姆·阿斯顿："菲尔，我对现有情况不太满意，我似乎无法激励我的团队成员。每天下午 4 点 30 分，所有的人就开始收拾办公桌，然后回家。如果下午开会晚些，就有人中途退席，因为他们怕错过班车。我不得不把会议安排在上午。"

菲尔·戴维斯："提姆，你必须认识到，在项目环境中，人们总是把自己放在第一位，而把项目放在第二位。这就是我们组织的现有状况。"

提姆·阿斯顿："我告诉团队成员，在遇到困难的时候来找我。但我发现，成员们认为他们不需要帮助。我无法与他们有更多的沟通。"

菲尔·戴维斯："我们的成员平均年龄约为 46 岁，大多数人在这里工作了 20 多年。他们有自己的工作方式。你是过去 3 年中我们聘用的第一位项目经理，有些人或许不愿意看到一个 30 多岁的项目经理。"

提姆·阿斯顿："我在会计部门发现一个很聪明的家伙，他对项目管理很感兴趣。我问他的上司是否可以将他调到项目管理中担任职务，他的上司却笑着说，只要这个人干得好，他就永远不会将他调到公司的其他地方去。他的上司似乎更关心自己的个人利益，而不是考虑整个公司的利益。

"我们上周制定了一份测试日程表，客户的高层人员准备乘飞机来亲自检查。但是，我的两个成员说他们已经为即将到来的假期做好了安排，而且不接受任何变更。一个家伙准备去钓鱼，而另一个准备去社区同那些孤儿过上几天。显然，这两个家伙应该为测试更改他们原有的安排。"

菲尔·戴维斯："我们的团队成员中有的人肩负着社会义务，有的人有户外活动的喜好；我们鼓励他们去履行自己的社会义务，当然也希望他们的户外喜好不会妨碍工作。对于我们的成员，有一件事你要明白。他们的平均年龄已有 46 岁，许多人已经达到了公司的最高薪酬水平，而且不可能再获得职位提升。所以，他们需要其他的激励方式。你必须与他们共事并很好地激励他们，或许你应该去读几本有关人类行为方面的书籍。"

 问题

1. 提姆·阿斯顿是如何处理这些问题的？
2. 公司能帮助提姆·阿斯顿吗？
3. 你有哪些好的建议？

梅肯公司

梅肯公司（Macon, Inc.）已有 50 年的历史，其主要业务是为轮胎公司开发测试设备。该公司历来部门界限分明，并有非常专职的直线经理。公司有两大技术部门：机械工程部和电气工程部。两个部门都向同一个副总裁汇报工作。因为这个副总裁具有机械工程的背景，所以公司总是从机械工程的角度来关注项目。这些测试总是忽略电气控制系统的重要性，而实际上正是电气控制系统使得梅肯公司设备从与对手的竞争中脱颖而出。

由于部门间强烈的自主性，公司内部的竞争也很激烈。直线经理之间相互竞争，而不关心梅肯公司的最大利益。每位直线经理都认为（也希望）项目工期延误是由对方造成的，他们不能相互合作以避免项目工期延误。因此，工期一旦延误，直线经理们就互相指责，而问题也变得越来越糟。

梅肯公司的客户服务部门认为工程部门应该承担所有问题的责任。如果机器没有正确装配，那是工程师的错，因为他没有将文件写清楚；如果零件不合适，那也是工程师的错，因为他设计不正确。不论出现了什么问题，他们都认为是工程部门的错。

正如预料的那样，工程部门会将大多数问题推给生产部门，称生产部门要么没有正确装配机器，要么产品没有达到相应的质量水平。通常，工程师们设计出产品后就迫不及待地扔给生产人员，从来不会到加工现场协助装配。生产人员反馈给工程师的问题和建议也被工程师忽略了。工程师们总认为装配工的能力不能实现他们的设计水平。

生产人员最后对产品进行装配，并移交给客户。生产人员时常在工程师不知晓的情况下按照自己的观点更改设计，造成文档前后严重不一致。之后，客户服务人员会告知工程师文件不正确，再次引发所有部门之间的矛盾。

梅肯公司的总裁是项目管理的忠实支持者。但遗憾的是，他的提议没有被采纳，因为公司的传统文化太深厚了。公司的项目总是失败。某些项目的失败是由于缺少直线经

理的支持和重视。其中，一个项目的失败源于项目负责人不能有效控制项目范围。在不考虑项目完工日期的情况下，每天都增加新的工作量，所以项目进度一再延误。项目估算只是凭"直觉"，而不是依据大量可靠的数据。

发货日期的不断推迟使得客户对公司越来越没有信心。为了确保自身的利益，客户开始派自己的项目经理来监督项目。这些项目经理的主要监督作用是确保他们的订货能够按时交付和完成。如今，客户的介入程度正变得越来越高。

总裁认为有必要采取某些行动，以便提升公司的项目管理水平。问题是应该采取什么行动及什么时候开始行动。

问题

1. 追求卓越的项目管理能力的最大阻力来自哪里？
2. 要追求卓越的项目管理能力，需要制订什么样的计划？
3. 要实现卓越的项目管理能力，需要多长时间？
4. 如果梅肯公司的客户在项目管理上的能力持续提升，梅肯公司却停滞不前，请阐述梅肯公司可能面临的危险。

科尔多瓦研究小组

科尔多瓦研究小组（Cordova Research Group）30多年来主要从事对各类外部客户进行抽样和应用研究。然而由于研发资金逐步削减，科尔多瓦研究小组决定在进行研发的同时，转型为制造公司。研发文化与非正式项目管理相似，区别在于研发人员多数是具有高学历的技术专家。但是，要进入制造业，则需要雇用许多没有学历的新员工。

问题

1. 在案例中，哪些战略性问题需要得到解决？
2. 研究小组必须解决哪些与项目管理有关的问题？
3. 什么样的时间安排是合理的？
4. 如果要达到卓越的项目管理能力，应该采用正式的项目管理还是非正式的项目管理？

科迪斯塑料公司

科迪斯塑料公司（Cortez Plastics Company）正在遭受一个较大的困扰。由于公司的业务开始增长，组织内的文档工作也越来越多。以前运行良好的"非正式"项目管理文化开始逐步发生变化，慢慢地被正式的项目管理方法所取代。当认识到实施正式的项目管理方法的成本时，科迪斯塑料公司的高层管理者决定采取行动。

问题

1. 在公司的成长阶段，应该如何维持非正式的项目管理？
2. 如果公司正在慢慢地实施正式的项目管理，可以采取哪些措施回到非正式的项目管理？
3. 如果只有几个经理和员工赞同正式的项目管理方法，你该怎么办？

企业资源规划项目

"我怎么会让自己卷入这个项目？"杰里（Jerry）对着镜子里的自己说，"我一定是疯了，所以才会自愿加入这个项目。尽管 25 年来我一直从事项目管理工作，也认为自己是一名优秀的项目经理，但我仍然不知道该如何挽救一个即将失败的项目。这已经超出了我能处理的范围。当然，我不希望和前两位项目经理一样住进医院。"

背景

曼尼克斯公司（Mannix Corporation）为世界各地的企业提供 IT 业务解决方案。杰里的大部分职业生涯都是在这家公司度过的，并一直从事与项目管理有关的工作。在过去的 10 年内，曼尼克斯公司专注于企业资源规划（Enterprise Resource Planning，ERP）系统的开发。ERP 是一套能协调业务解决方案所需的所有资源、信息和活动的企业信息系统。ERP 是一个各部门都可用的简单数据库，信息能在数据库中进行实时存储和检索。但是，有的公司的 ERP 是以模块来显示的。这种模块化的软件设计意味着可以根据需要从不同的模块中进行选择、混合、匹配和添加，从而提高企业绩效。

1 年前，曼尼克斯公司从普莱隆公司（Prylon Company）获得了一份合同。该合同要求为普莱隆公司设计和安装一个简单的 ERP 数据系统。普莱隆公司没有一个完整的 ERP 系统，但该公司以前从不同的软件提供商那里购买过一些不同的模块。普莱隆公司曾经试图靠自己把这些模块集成到一个数据库中，但是没有成功。于是，普莱隆公司选择了曼尼克斯公司对这些模块进行整合。如果整合失败，曼尼克斯公司则有权删除这些模块，并重新设计数据库。

第一位项目经理的工作非常失败。当这位项目经理试图整合这些模块时，普莱隆公司的某些业务系统突然暂时无法运营了。这激怒了普莱隆公司的职能经理，因为他们不能登录需要进入的业务系统和日常运营系统。普莱隆公司要求曼尼克斯公司立即派遣另一位项目经理来接替这位项目经理。

第二位项目经理又是一位莽撞的人。他不了解普莱隆公司的业务，还拒绝深入了解该公司的业务需求和文化，并对普莱隆公司提出了额外的不切实际的要求。第二位项目经理不与普莱隆公司管理层沟通的行为惹恼了该公司，致使普莱隆公司想取消合同，重新招标。

▶ 高层决策

曼尼克斯公司的高管会见了普莱隆公司的高管，请求该公司再给一次机会。原合同的工期为 18 个月，现在已经过去一年了，预测要完成该项目可能至少还需要 1 年的时间。普莱隆公司不希望曼尼克斯公司再进行该项目。可是，如果重新招标，就意味着还需要 18 个月的时间，那么要成功运行 ERP 系统至少还需要 2 年的时间。如果曼尼克斯公司能成功，那么就能在一年内运行 ERP 系统。于是，曼尼克斯公司获得了第三次机会，但被告知要再派遣一位新的项目经理。

在获得项目可以继续进行下去的消息后，杰里被通知立刻参与高管会议。其中一位高管说：

> 杰里，我猜你可能知道我们在普莱隆公司的项目遇到了困难。多年来，普莱隆公司一直是我们最好的客户之一，我们不希望失去这个客户。
>
> 你是我们公司最优秀的项目经理。现在，我请求你担任这个项目的项目经理，并希望你能成功地完成项目。当然，你可以自己决定是否担任这个项目的项目经理。
>
> 前两位项目经理没抓住早期那些显示项目已经陷入困境的危险信号。项目不会突然就从"绿"变"红"的。这些早期的危险信号可能被误解了或者被忽视了。不管是哪种情况，这都使得我们的客户不满意。我们需要一位能扭转局面的项目经理。但是，我知道你以前从来没有接管过这类麻烦的项目。

杰里想了几分钟后，同意担任该项目的新项目经理。于是，一位高管说：

> 当项目偏离正常轨道后，要想把它拉回到正常轨道，要耗费巨大的成本和资源。但是，我们不能提供给你更多的资源，并且这个合同是一个固定总价合同。我们不得不考虑成本超支的问题。
>
> 我希望在挽救项目期间可以改变项目的某些特定需求。这个项目的最终目标不是按时完成项目，而是为普莱隆公司创造合理的价值和利益。但是，项目的工期越长，耗费的成本就越高。
>
> 我认为，你最大的困难将来自团队成员。你不可能独自完成这个项目，你需要团队，但是目前团队的士气非常低落。这个团队之前已经和两位项目经理合作过了。并不是所有的项目经理都有能力处理这个即将失败的项目，但是我认为你能做到。

▶ 与团队成员会面

杰里明白，他首先要解决团队士气问题。他知道团队成员在项目开始前都互有接触并在其他项目中合作过。会议期间，团队成员表达了他们对项目的看法，认为项目肯定会失败。他们认为之前的项目经理制造了很多不必要的工作，导致他们经常加班，给他们带来了很大的压力。甚至，有的团队成员还在不合适的时间被调走了。于是，公司专门为项目聘请了一名顾问来支持项目工作,但他们认为这使得情况变得更糟糕了。

很显然,杰里面临的是:
- 一个精疲力竭的团队。
- 一个情绪低落的团队。
- 一个士气低落的团队。
- 大批优秀的团队成员可能去其他更好的项目。
- 一个处于复苏时期但缺乏信心的团队。
- 愤怒的客户。
- 焦虑不安的管理层。
- 无形的发起人。
- 项目干系人要么不配合,要么干涉过多。

杰里告诉团队成员要挽救这个即将失败的项目,需要经历 6 个生命周期阶段。杰里在白板上画下一幅图(见图 2-1),并告诉团队成员这就是他的解决办法。

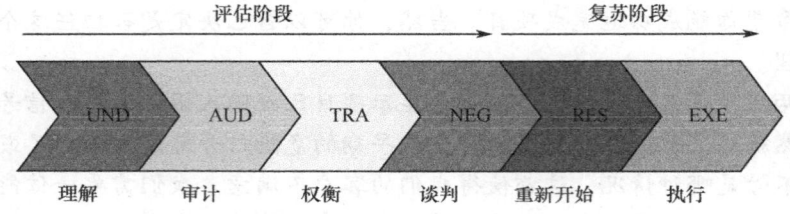

图 2-1　复苏项目的生命周期阶段

他还告诉团队成员不用再加班了,并且在他调查完这个项目的所有情况之前,团队成员可以自由活动。他说团队成员需要重新调整他们的生活和工作,这个项目并不是他们的一切。他还说,他会重新制订一个项目激励计划,以期成功地完成项目。杰里明白,让团队成员在一段时间内不从事项目工作是有风险的,因为团队成员可能在这段时间内为自己找到另一份工作。但是,他仍然对这次会议充满信心,并坚信团队成员会与他一起挽救这个项目。

▶ 理解阶段

杰里收集了与项目有关的所有文件、报告、备忘录和信件。他调查了项目的背景,并与了解普莱隆公司的曼尼克斯公司的高管们会了面。他还重新评估了项目的商业论证、预期的收益、假设及项目的目标。

为了确认上述因素是否有效,他不仅要评估事业环境因素,还需要与普莱隆公司的相关人员会面。这很有必要,因为普莱隆公司需要了解他并信任他。他也要了解普莱隆公司的需求和敏感性。

与普莱隆公司的会议进行得很顺利。普莱隆公司还是希望开发一套完整的、如之前所说的 ERP 系统,并接受了项目有可能延迟 6 个月的事实。但是,普莱隆公司也希望了解项目挽救计划(如果有这个计划),以便在同意项目重新启动之前做出决策。

▶ 审计阶段

在完成理解阶段之后,是时候重新召集团队并开始审计阶段了。首先,杰里给团队介绍了他与普莱隆公司会面的情况:
- 该项目对普莱隆公司来说还是有价值的。
- 该项目仍是普莱隆公司战略规划的一部分。
- 曼尼克斯公司向普莱隆公司承诺可以成功地完成项目。
- 项目所有的干系人都做出了承诺,但需要了解最终的项目挽救计划。
- 曼尼克斯公司和普莱隆公司都愿意积极参与挽救这个项目。

在审计阶段,杰里的下一项工作是提高团队士气。他之前已经让团队成员休息了一段时间,下一步就是让团队成员明白自己愿意倾听他们的问题或困难。首先,杰里希望团队成员能介绍项目中好的做法,进行这一步骤的目的是重建团队的士气。

杰里提出了3个问题:
- 原来的计划是否过于乐观?
- 是否存在某些政治因素导致团队进行积极或者消极的抵抗?
- 是否因为工作时间和工作量导致士气低落?

答案是:计划过于乐观;需求包不完善,导致了大量的变更;以前的两位项目经理认为客户永远都是对的,接受所有的变更,导致工作量增加。团队认为很多变更是不必要的。更糟的是,普莱隆公司的政治争斗也影响了项目团队。普莱隆公司的中高层直接与项目团队成员接触,要求他们做一些工作范围之外的事情。

杰里告诉团队成员,他会让他们免受普莱隆公司的干扰。也就是说,任何来自普莱隆公司的干扰、问题、请求或范围变更都要通过他的同意。看上去,团队成员对此非常满意。

审计阶段的下一个步骤是最重要的,即团队需要对到目前为止的绩效进行严格评估。作为审计阶段的一部分,团队需要运用根源分析法确定现在的问题和可能隐藏的问题。

识别了问题后,团队需要在原来的时间框架内确定可以做些什么,以及如果工期能够延长6个月又可以做些什么。团队在白板上列出了所有关键的可交付成果(见图2-2),并且在每个可交付成果旁边标识"必须有""最好有""可以等待""不需要"等信息。杰里只让团队成员在图2-2中列示了可交付成果,但没有要求他们对这些可交付成果进行具体分析。

▶ 权衡阶段

现在,所有的问题都列出来了,杰里便让团队成员寻找哪些可以进行权衡。杰里在图2-2旁边写出了下列问题:
- 哪些可以进行权衡?
- 预期有哪些损失?
- 可以做什么?不能做什么?
- 首先要解决哪些问题?
- 我们能挽回损失吗?

- 竞争性约束条件的优先级别改变了吗？
- 特性改变了吗？
- 有哪些风险？

于是，杰里和团队成员分析了所有的权衡机会，制定了一份可以提交给普莱隆公司高层的"制胜战术"。

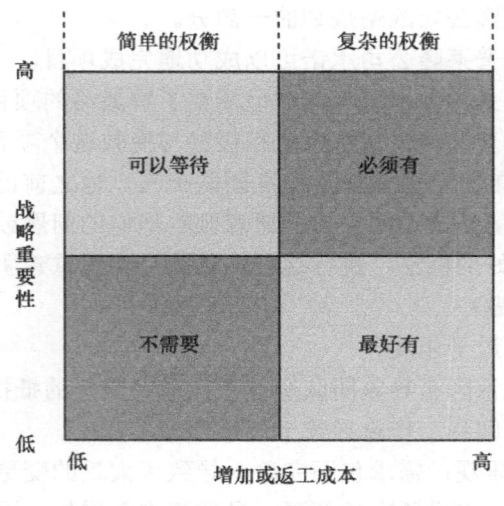

图 2-2　权衡分类

▶ 谈判阶段

在团队提出了一份包括各种选项的项目挽救计划之后，杰里需要把这份项目挽救计划提交给普莱隆公司。尽管让某些团队成员陪同项目经理进行陈述是常见的做法，但是为了履行让团队成员远离普莱隆公司干扰的承诺，杰里决定独自陈述。杰里知道有些问题自己可能回答不了，但是他仍认为这是最好的做法。

在陈述时，杰里首先介绍了自己一个人在这里进行陈述的原因，并且他现在是普莱隆公司和曼尼克斯公司之间唯一的沟通桥梁。他介绍了这么做的原因，以及这是目前唯一让他有信心按照新的进度计划实施这个项目的方法。杰里介绍了团队推荐的项目挽救计划，以及对于普莱隆公司来说目前最重要的是什么，如时间、成本价值和范围。杰里显得真诚可靠，他不停地保证不会给普莱隆公司任何不切实际的期望，项目工期的延误不会超过 6 个月，并且他会尽一切可能加快进度。杰里还说要做到这些，他需要来自普莱隆公司的有效支持。现在，他希望普莱隆公司能支持这个项目挽救计划。

杰里曾认为普莱隆公司可能需要一段时间讨论这个项目挽救计划，但是结果出乎他的意料，普莱隆公司董事会立刻投票同意了这个计划，并授权他实施计划。普莱隆公司唯一感到不开心的是杰里切断了普莱隆公司和曼尼克斯公司之间的联系，任何事情都要经过杰里的同意。但他们理解杰里的这种做法，并接受了这个计划。

▶ 重新开始阶段

回到曼尼克斯公司，杰里立刻召开团队会议，分享了这个好消息，并讨论了普莱隆公司对项目挽救计划做出的微小变更。杰里明白，重启一个即将失败的项目有 3 种选择：
- 全部麻醉：在项目具体的挽救计划完成之前，暂停所有工作。
- 部分麻醉：在范围确定之前，暂停部分工作。
- 范围调整：继续工作，但是必要时进行适度调整。

普莱隆公司对团队提出的项目挽救计划的认可使得第 3 种选择成为可能。杰里对团队成员的工作状况进行了表扬。当项目陷入困境时，通常会借助新的团队成员提出新的想法。但是，杰里认为和这些老员工在一起感到很舒服。

▶ **执行阶段**

现在可以进入执行阶段了，杰里准备了一份备忘录，并将它分发给所有的项目团队成员。备忘录记录了杰里对项目挽救计划的期望，具体包括：
- 我们必须清楚地了解过去所犯的错误，不允许再犯同样的错误。
- 我们必须确定范围。
- 我们必须严格执行范围变更控制流程。
- 有必要进行关键的健康检查。
- 进行有效的沟通是非常必要的。
- 我们必须具备高昂的士气。
- 我们需要进行积极的干系人管理，我会直接负责这项工作。
- 不要寄希望于公司的项目管理方法体系能拯救项目。因为负责项目挽救计划的是团队，而不是方法体系。
- 不要受到消极干系人的干扰，否则会增加团队成员的压力。
- 我会仔细管理干系人的期望。
- 我会尽量让团队成员远离政治斗争。

🔍 **问题**

1. 为什么普莱隆公司会给曼尼克斯公司第三次机会？
2. 项目是突然由"绿"变"红"的吗？如果是，导致这种情况发生的最可能的原因是什么？
3. ERP 项目适合采用固定总价合同吗？
4. 项目挽救期间，预测需求变更是合理的吗？
5. 挽救项目的最终目标是什么？
6. 项目挽救期间，干系人希望进行权衡吗？
7. 项目挽救期间，约束条件（如时间、成本等）通常会发生哪些变化？
8. 杰里刚接管项目时，为什么团队士气会低落？
9. 即将失败的项目通常具有哪些特征？
10. 杰里取消加班并让团队成员休息一段时间的目的是什么？
11. 问题 10 的风险有哪些？
12. 案例中介绍的项目挽救计划的生命周期阶段有哪些？每个阶段要完成哪些工作？

13. 假设在审计阶段，杰里发现是他的一位团队成员——他最好的朋友造成了大部分的问题，他应该如何处理？

14. 如果普莱隆公司在谈判阶段提出了一个曼尼克斯公司不能接受的项目挽救计划，杰里该怎么办？

项目的优先级

▶ 背景

工程部、市场部、制造部、研发部都有多个项目正在进行，每个部门都为自己的项目制定了优先级。问题在于员工可能同时参与多个项目，必须处理相互矛盾的优先级问题。

▶ 优先级问题

林克斯制造公司（Lynx Manufacturing）是一个低成本电缆电线制造商。这个行业本身被认为是一个低技术含量的行业，有些产品的生产方式数十年都没有发生变化。当然公司也有一些改进生产过程的项目，但少之又少。

工程、市场、制造和研发4个部门都有项目，但这些项目一般规模都很小且只需要使用自己部门的资源。

到了21世纪，制造技术开始发展，林克斯制造公司必须面对将对自身业务产生影响的技术革命。每个部门都列出了它们认为需要继续的项目清单，有些清单上的项目多达200个。这些项目比以前从事的项目更复杂，且团队成员来自所有部门。他们要么全职，要么兼职。

每个部门主管都将自己部门的项目的优先级制定得较高，尽管这些项目需要从其他部门获取资源。这就造成了许多严重的人事问题和数不清的冲突，例如：

- 每个部门都会保留最好的项目资源，即使有些（本部门之外的）项目对公司的总体成功更重要。
- 每个部门都会优先使用其他部门的员工来应对不好解决的问题，而不是自己部门的员工。
- 每个部门似乎对其他部门的项目毫不关心。
- 每个部门内的项目优先级可能因为部门主管的个人突发奇想而每天变化。
- 只有部门内的项目的成本和进度才是唯一重要的。
- 公司高层管理者不愿意介入部门之间的冲突。

部门之间工作关系已经恶化到了高层管理者不得不介入的地步。这4个部门未来几年想要完成的项目超过了350个，大部分项目都需要多部门员工共同参与来完成。

🔍 问题

1. 为什么高层管理者有必要介入冲突，而不是让部门主管自己解决冲突？
2. 要解决这类冲突，高层管理者应该怎么做？
3. 假设：制定一个包括4个部门所有项目的清单，有多少个项目需要编制优先级号或优先级代码？

4. 部门主管有权确定优先级吗？还是优先级的确定必须有高层管理者的参与？
5. 项目优先级清单多久需要审核一次？谁应该参加审核会议？
6. 假设有些部门主管拒绝根据优先级清单分配资源，而只关注自己的"宠物项目"（pet projects），这个问题应该怎么解决？

向高层推销项目管理

▶ 背景

虽然公司的销售额逐渐下滑，但列翁公司（Levon Corporation）的高管们拒绝接受员工的建议——实施项目管理能有效提升销售额的增长。不过最终，主管们同意听一次项目管理顾问的报告。

▶ 需要项目管理

近 20 年来，列翁公司是一家在电子零件生产方面取得了成功的制造企业。公司既是项目驱动公司，又不是项目驱动公司。公司的大部分业务是为全球的政府机构和私营企业提供和研发定制化产品。

不过，公司定制化业务（也就是项目驱动业务）逐渐受到影响。尽管列翁公司的声誉良好，但公司的大部分合同都是通过竞标获得的。最近，客户的需求建议书都对承包方的项目管理能力提出了要求，而列翁公司并不具备真正的项目管理能力。大多数客户都是根据打分法而不是最低评标价来确定中标商的。因此，列翁公司的标书在评标时分数会下降，因为公司不具备真正的项目管理能力。

销售人员和市场人员不断向公司的高层管理者表达他们的忧心，但是高层管理者置之不理。高层管理者担心，如果支持开展项目管理，那么公司的权利平衡就会被打破。无论谁控制了项目管理，其权力都会大于其他高管。

▶ 差距分析

最终，高管们很不情愿地答应聘请一位项目管理顾问。高管们要求顾问分析并说明列翁公司与其他同行之间的差距，并展示项目管理将如何使公司获益。高管们还要求顾问回答"一旦开始实施项目管理，高层管理者的职责是什么"这一问题。

经过几周的分析研究，顾问准备向高层管理者汇报。在报告中，顾问展示的第一张幻灯片是图 2-3 所示的内容。图中显示列翁公司的收益并没有他们想象的那么好。列翁公司的收益明显低于行业平均水平，而且列翁公司与同行业领头企业之间的差距越来越大。

顾问随后展示了图 2-4 所示的内容。顾问制定了项目管理成熟度要素，包括时间、成本、范围、风险应对能力、产品质量、客户界面和汇报体系等。顾问结合项目管理成熟度要素向管理层展示了列翁公司对项目管理的理解和所使用的项目管理方法体系远落后于行业的情况。

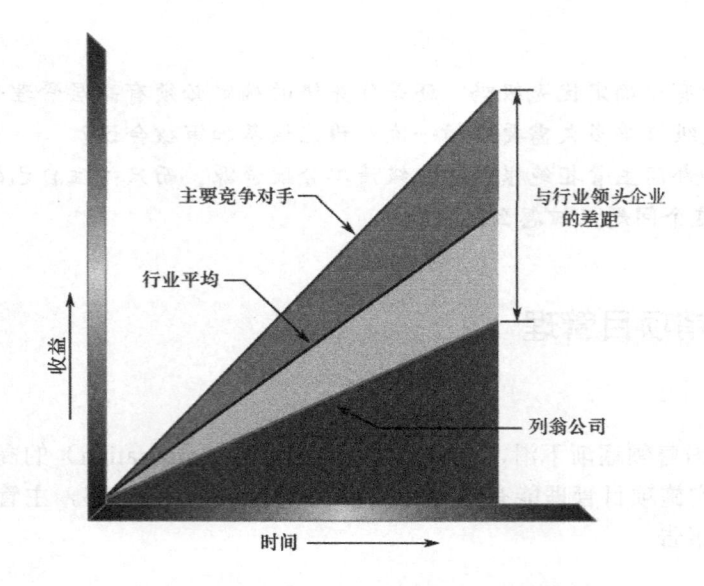

图 2-3　列翁公司与其他同行的差距分析

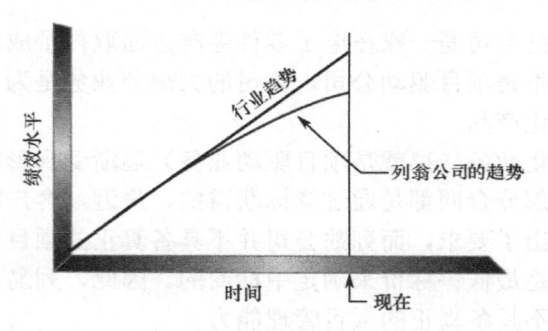

图 2-4　项目管理绩效趋势

接下来，顾问展示了图 2-5 所示的内容。图中显示除非列翁公司提高其项目管理能力，否则差距还会扩大。高管们似乎理解了，但顾问依旧能看出他们对实施项目管理尚存担忧。

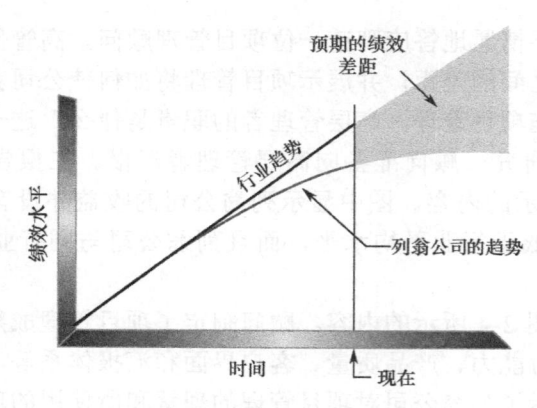

图 2-5　不断扩大的绩效差距

问题

1. 为什么高管拒绝接受自己员工的建议，却愿意倾听顾问的建议？
2. 顾问从列翁公司和行业内其他企业间的差距开始展示，这是正确的吗？
3. 为什么看了顾问的展示之后，高管们依然忧虑不安？
4. 顾问下一步应该展示什么以使高管们理解并支持项目管理？

新的 CIO

背景

玫瑰产业制造公司（Rose Industries）是一个家用电器产品制造商，该公司大部分业务是为公共部门和私营机构设计、开发和生产专业电子元器件。

拉尔夫·威廉姆斯（Ralph Williams）在玫瑰产业制造公司工作 45 年了。他最初在收发室工作，如今已成为公司的 CEO 兼总裁。现在是他担任 CEO 兼总裁的第 10 个年头。

玫瑰产业制造公司一直采用内部选拔制度，所有的管理人员都来自公司内部。玫瑰产业制造公司很难招聘到人才，尤其是那些有 MBA 背景的。因为玫瑰产业制造公司认为所有的新员工都必须从基层做起，逐步获得晋升。玫瑰产业制造公司的每个高层管理者都至少为公司服务了 30 年。

玫瑰产业制造公司不鼓励员工接受外部培训课程。如果你希望参加会议或研讨会，那么只能自费和利用休假时间。公司给员工提供了一些培训课程，但是这些课程都是由公司内部人员教授的，并且大多数与有效完成工作所需要的技能或者提升薪酬水平有关。公司还规定，每位员工一年内参与公司内部培训计划的时间总和不能超过 7 天。

公司没有学费报销政策。周边地区的夜校能提供大量的课程，帮助员工获得本科学位和研究生学位，但是员工需要自己承担费用。为了满足玫瑰产业制造公司员工的需求，周边地区的许多专业社会机构专门在周末而不是工作日举办会议、研讨会和学术会议。

是时候改变了

到 2003 年，玫瑰产业制造公司的极端保守政策影响到了公司的发展。公司与竞争对手的差距开始拉大，公司的销售总额也开始下降。尽管玫瑰产业制造公司一直被认为是一家低成本制造商，但是该公司的很多订单流向了高成本的竞争对手，因为这些竞争对手纷纷利用玫瑰产业制造公司较差的项目管理能力做广告。多年来，玫瑰产业制造公司一直没有意识到项目管理的价值所在，似乎还阻止其员工获得 PMP 证书。在招投标中，玫瑰产业制造公司从来没有把项目管理作为优势。玫瑰产业制造公司在管理项目时仅使用一些模板，而不是正式的项目管理方法体系。

玫瑰产业制造公司的信息系统也有点过时了。当需要软件时，特别是对于复杂的业务而言，玫瑰产业制造公司会使用市面上现成的软件，即使这些软件完全不能满足玫瑰产业制造公司的需求。玫瑰产业制造公司确实有一个信息技术部门，但该部门只能提供适应小业务需求的软件，不能提供系统的方法体系。

▶ 聘用首席信息官

拉尔夫·威廉姆斯是玫瑰产业制造公司的 CEO，他已经意识到了目前的严峻形势。他知道，公司不仅要变得擅长项目管理，还要改善信息系统，制定一套能用于项目管理和信息系统的方法体系。拉尔夫·威廉姆斯决定打破传统，从公司外部聘用一名首席信息官（Chief Information Officer，CIO）。

在经过广泛筛选和面试后，公司聘用了约翰·格林（John Green）。约翰曾为世界上最大的咨询公司之一服务了 20 年，他的实力毋庸置疑，他能为公司带来什么也毫无疑问。真正的问题是他能否改变这种企业文化，让大家接受他的新观点。如果员工能接受，需要多少时间。玫瑰产业制造公司的传统文化已经持续了几十年，让员工接受新的公司文化很难。约翰在聘用前已经被告知他将遇到挑战，不过他认为自己有能力应对这种挑战。

▶ 莽撞的人

在约翰上任的头两个星期中，他与公司各类人员进行了沟通，从而评估改变传统文化的难度。他发现，情况比想象中糟糕。

约翰根据多年来从事项目管理的经验，得出了有效的项目管理文化的 4 个特征：沟通、合作、团队合作及信任。通过沟通可以看出，公司没有项目管理，高级管理层也不愿意做出改变；由于缺乏有效的信息系统，公司内部沟通不畅；合作和团队合作也只在员工认为自身可以获得利益的情况下才发生；不信任的情况比信任的情况多。因此，公司目前不存在任何有效的项目管理。

最初，约翰认为他能在两年内做出必要的改变，但是经过沟通后，他认为可能需要 5 年的时间。如果真的需要 5 年，那么玫瑰产业制造公司也会在这 5 年内遭受更大的冲击。

于是，约翰提出了实施变革的 4 个步骤：

步骤 1：迅速聘用一些 PMP。

步骤 2：成立两个项目管理办公室，一个的职能相当于 IT 项目管理办公室，另一个的职能相当于公司或战略项目管理办公室。

步骤 3：IT 项目管理办公室为玫瑰产业制造公司制定一套 IT 系统开发方法。

步骤 4：公司项目管理办公室为玫瑰产业制造公司所有的项目（除 IT 项目外）制定一套企业项目管理方法体系。项目管理办公室也参与项目的投资组合选择、项目管理的战略规划及项目风险管理等。

约翰认为这个方法能迅速提升企业的项目管理能力，一些好的做法也能在两年内得到推广。现在，约翰需要做的就是说服高管们接受他的方案。

▶ 提交方案

在接下来的高层管理者会议上，约翰提出了他的方案，但是反响并不好。步骤 1 首先就遭到了参加会议的其他高管们的反对，他们认为没有必要聘用外部人员。因此，约翰只能对现有人员进行项目管理培训，且培训资金也有限。

约翰提出步骤2之后，高管们认为成立两个项目管理办公室就相当于在现有的组织结构的顶端再增加管理层。他们不仅没有意识到公司对项目管理办公室的需求以及项目管理办公室所带来的价值，还把项目管理办公室当作对他们权力的威胁。

在讨论步骤3时，他们认为既然现在的方法仍然可行，为什么还要制定一套系统开发方法。有的高管甚至不知道什么是系统开发方法及为什么需要制定它。

在讨论步骤4时，约翰提出除了高管，其他人也可以参与项目的投资组合选择。高管们对此表示非常愤怒，尤其是他们认为项目经理都不属于管理人员。显然，选择项目投资组合被认为是高管的工作。有的高管认为让高管以外的人参与战略规划和风险管理是一种极大的威胁，会影响他们的权力、威信和奖金。

现在，约翰很清楚谁在反对他，他明白要获得所有高管的支持是不可能的，至少在一个合理的时期内，他不可能仅靠自己实施变革。

两周后，约翰提交了辞职信。约翰认为玫瑰产业制造公司注定会失败，他不希望自己的声誉因此受到损害。

问题

1. 在约翰来之前，为什么玫瑰产业制造公司不能实施项目管理？
2. 内部选拔制度会影响公司的项目管理水平吗？
3. 考虑到玫瑰产业制造公司目前的项目管理水平，假设没有约翰，玫瑰产业制造公司要花多长时间才能具备一定程度的项目管理能力？
4. 在聘用首席信息官期间，有没有可能由高层管理者或者其他人来确定其工作的难度？如果有，可以提出哪些问题？
5. 在面试过程中，如何了解对方的承诺是有效的？
6. 约翰得出的有效管理文化的4个特征正确吗？
7. 约翰是否对他的4步骤方法过于乐观？
8. 为什么其他高管会对这个4步骤方法感到害怕？
9. 如果约翰决定留在玫瑰产业制造公司，基于其他高管的反应，他要如何调整4步骤方法？
10. 约翰离开公司的决定正确吗？
11. 对于玫瑰产业制造公司决定维持现状的策略，请预测一下该公司的未来。

无形的发起人

▶ 背景

有些高管喜欢对项目进行非常细致的管理；另一些高管则害怕做决策，因为如果他们做出了错误的决策，就有可能影响他们的职业生涯。在本案例中，公司总裁任命了一位副总裁担任项目发起人，项目需要为顾客设计和制造工具。但是，这位发起人不愿做任何决策。

▶ 任命副总裁

莫兰公司（Moreland Company）是在工具设计和制造方面久负盛名的公司。莫兰公司是项目驱动型公司，公司所有的收入都源自项目。莫兰公司的项目管理成熟度等级较高。

莫兰公司的前任工程部副总裁退休时，公司雇用了一名此前就职于其他制造业企业的高管来接替他。公司的新工程部副总裁艾尔·津克（Al Zink）有着丰富的工程学知识，不过他此前就职的公司并非项目驱动型公司。艾尔对项目管理不熟悉，也从未担任过项目发起人。由于艾尔缺乏担任发起人的相关经验，总裁为了让艾尔尽快熟悉业务，于是决定让他在一个中等规模的项目中担任发起人。该项目的项目经理是弗雷德·考特（Fred Culter），弗雷德有20多年的工程工具设计和制造经验。弗雷德直接向艾尔汇报项目情况。

▶ 弗雷德的窘境

弗雷德明白自己的处境，他要帮助艾尔，让他学会做一名项目发起人。这对弗雷德来说也是全新的经历，因为下属通常是不能训练上司如何处理工作的。艾尔能接受这一切吗？

弗雷德向艾尔解释项目发起人的角色，以及有的项目文件需要项目经理和项目发起人共同签字。一切似乎进展得很顺利。但是当弗雷德告诉艾尔，项目发起人最终要为项目的成败负责时，弗雷德可以感觉得到，艾尔对这种说法很不高兴。

艾尔意识到，作为发起人，若项目失败了，会毁掉他的职业生涯和声誉。艾尔开始感到很不舒服。但是他明白，如果他不担任这个项目的发起人，也要担任其他项目的发起人。艾尔清楚这个项目的风险较高，所以他想，如果他是一个无形的发起人，也许可以避免做任何重要决策。

在艾尔和弗雷德的首次会议中，艾尔向弗雷德要一份项目进度计划。弗雷德回答道："我现在正在制订进度计划。如果你不告诉我，你是想基于最佳时机、最低成本或最低风险中的哪个因素制订进度计划，我就无法完成计划。"

艾尔说他要考虑一下这个问题，并尽快回复弗雷德。到了第二周中期，弗雷德和艾尔在公司餐厅见面时，艾尔又问弗雷德："进度计划制订得怎么样了？"弗雷德回答："如果你不告诉我，你是想基于最佳时机、最低成本或最低风险中的哪个因素制订进度计划，我就无法完成计划。"

艾尔大怒，转身离开了。弗雷德很紧张，不明白艾尔为什么生气，担心艾尔会解除他的项目经理职位。但他还是坚持自己的原则，让艾尔做出决策。

在艾尔和弗雷德参加的每周发起人会议上，艾尔又一次问了同样的问题，而弗雷德还是给出了同样的回答。艾尔十分生气，并喊道："赶紧给我一份工期最短的计划。"

弗雷德终于迫使艾尔做出了第一个决策。两天后，弗雷德做好了进度计划，并呈递给艾尔让他签字。艾尔一直拖延并拒绝在进度计划上签字。艾尔相信，只要他不签字，弗雷德就会主动拿着没有艾尔签字的进度计划去实施项目了。

弗雷德不停地给艾尔发邮件问他什么时候可以签字，还是进度计划有什么错误需要修正。和预料的一样，艾尔一直没有回复他。弗雷德决定给艾尔施加压力，让艾尔以发起人的身份尽快做出决策。弗雷德给艾尔发了一封邮件：

> 我上周就把项目进度计划发给您了。如果您在本周五之前还不签字，那将会影响项目的完工日期。如果我在周五之前没有得到您的回复，无论您是否同意计划，我都会默认您同意了计划并开始实施。

这份邮件同时被发送给了总裁。第二天早晨，弗雷德就在办公桌上发现了进度计划，艾尔已经在上面签了字。

问题

1. 为什么某些高管不愿意担任项目发起人？
2. 高管可以被"强迫"担任项目发起人吗？
3. 项目发起人要为项目的成败负责，这是否正确？
4. 艾尔·津克的行为是否说明他想做个无形的发起人？
5. 弗雷德·考特让艾尔成为一名合格的发起人的做法是否恰当？
6. 设想一下，艾尔·津克和弗雷德·考特今后的工作关系会怎么样？

平衡分析决策（A）

▶ 背景

埃伦（Ellen）所在的韦恩公司（Wayne Corporation）已经具备了较高的项目管理成熟度等级。公司的项目管理办公室由多名有经验的项目经理组成，持续关注和维护公司项目管理的发展。

过去，高级管理层认为应该让职能经理管理所有的战略项目，而非项目经理。项目经理只能管理那些运营类项目。但是现在，高级管理层转变了他们的观点，允许项目经理管理长期的战略项目。

韦恩公司是一家以市场驱动为导向的公司，由高级管理层对项目进行审批，项目经理不参与项目审批立项过程。通常，在项目获得审批立项、进度计划以及成本基准已经确定之后，才任命项目经理。在项目审批过程中识别的约束条件和假设，一经确定，便不能再改变。但是，许多约束条件和关键假设妨碍了项目经理正常实施项目，给项目经理造成很多困扰。

▶ 竞争性约束条件

数年来，埃伦一直管理运营类项目，这类项目的工期比战略项目短得多，仅需要关注 3 个约束条件：时间、成本、范围。高管们明白，当需要进行权衡分析时，只要固定住两个约束条件即可。由于这类项目的平衡选择少，所以这种权衡分析相对简单。

但是，这一切要改变了。随着项目管理的发展，尤其是测量技术，韦恩公司的项目管理办公室提出要采用竞争性约束条件。如今，项目的约束条件多达 10 个。此外，战略项目还会受到事业环境因素的影响。平衡分析开始变得越来越复杂。

▶ 埃伦的困境

埃伦正在负责的项目对公司的系列产品很重要。为了达到公司的销售目标，市场部提出了新的产品质量要求，超出了现有产品的质量要求。此外，为了满足财务战略目标和期望，产品要在特定日期前上市。虽然要提升产品质量要求，但项目团队认为他们有信心在现有技术和能力的基础上达成目标。因此，市场部对外宣布，该产品能及时上市。

埃伦这个项目的一项重要工作是设计冻结日期（Freeze Date），即完成产品设计和蓝图，进入生产制造环节。生产制造计划是没有任何弹性的。如果不能在设计冻结日期之前完成蓝图，那么生产制造环节及上市时间就一定会受到影响。

随着项目的逐步进行，团队成员开始变得越来越不乐观了。团队成员认为除非延长工期或者把设计冻结日期推后，否则他们无法提供满足质量要求的产品。他们觉得只可以实现 90% 的质量要求，另外的 10% 则很困难。即使能够延长工期，另外的 10% 还需要技术突破。但是，这太不现实了。

相比只有 3 个约束条件（时间、成本以及范围）的运营类项目而言，埃伦不知道该如何对这个项目进行权衡分析。根据高管们针对这个项目提出的竞争性约束条件及事业环境因素，埃伦觉得她需要获得高管的帮助。

在与高管们的讨论中，埃伦提前准备了图 2-6。图中的实线代表团队目前的状况，但是远低于市场部和高管们的预期。如果进行权衡分析的话，项目团队能达到图中虚线的状况，不过仍低于预期的质量要求。但是，进行任何权衡分析都是有风险的。

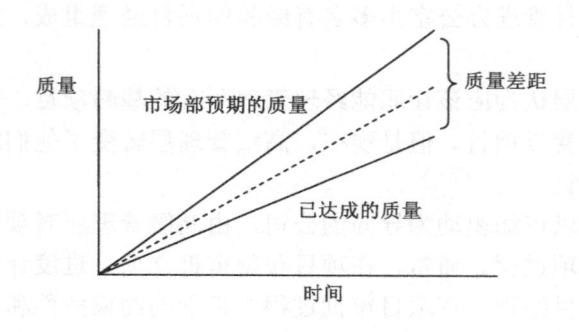

图 2-6　质量差距

埃伦明白能影响权衡决策的是项目管理方面的风险，而非业务方面的风险。她还准备了表 2-1，详细介绍了实施平衡决策对项目管理其他知识领域的影响。埃伦认为这张表能帮助高管制定出合适的平衡决策。

表 2-1 平衡分析造成的影响

知识领域	可能的影响
范围管理	提升质量需要对范围基准做出改变。提升质量通常伴随项目范围的变更，并且不能确保及时完成。因此，设计冻结日期必然会延后
进度管理	提升质量必然会延长工期。我们用多少时间提升质量，上市的时间就要推迟多久
成本管理	提升质量必然会增加项目成本基准。在增加额外时间的同时，还要增加额外的预算
风险管理	提升质量需要技术性的突破，同样伴随着高风险。项目团队成员即使时间充裕，也很难获得技术突破
人力资源管理	项目团队成员不具备技术突破所需要的技能，公司内部可能也难找到合适的人员。到了设计冻结日期，现有的团队成员可能派往其他的项目。推迟设计冻结日期可能影响其他项目的人员配置
采购管理	提升质量需要外包部分工作，这会造成知识产权方面的影响。我们必须考虑相关的法律风险。此外，承包商也不太可能达成我们的设计冻结日期

项目开始时，埃伦对达成期望的质量要求很有信心。现在，她开始怀疑自己是不是一位合格的项目经理。她最初的想法是要求获得更多的时间，推迟设计冻结日期。但是，她还是决定先与团队成员沟通，确定需要哪些额外的帮助。团队成员提供了表 2-2。

表 2-2 供考虑的方案

权衡分析选项	需要延长的时间量	期望达到的质量要求	成功概率
1	1 个月	93%	30%
2	2 个月	95%	20%
3	3 个月	96%	5%

显然，完全达成质量要求是不可能的。埃伦明白，在进行决策前还需要考虑高层管理者提出的事业环境因素。她决定亲自与负责市场和销售的副总裁谈谈。通过与副总裁的谈话，她获得了以下信息：
- 在项目启动时，市场部就明白他们提出的质量要求过高。
- 市场部可以接受目前达成的质量水平，但是销售额会有所下降。
- 如果可以提升 25%的质量水平的话，那么市场部愿意推迟上市时间。

埃伦现在知道该如何向高管们提出建议了。

问题

1. 为什么大部分项目最终都需要进行权衡分析？
2. 与运营类项目相比，为什么战略项目更需要进行权衡分析？
3. 与只需要权衡传统的三重约束条件的项目相比，竞争性约束条件越多的项目，为什么越需要进行权衡分析？
4. 韦恩公司的哪种文化导致了企业喜欢进行权衡分析？
5. 为什么设计冻结日期很重要？
6. 谁有权做出埃伦项目的权衡决策？

7. 埃伦会向高层管理者提出哪些与权衡分析有关的建议？
8. 高管们会做出哪些权衡分析决策？

平衡分析决策（B）

▶ 决策

韦恩公司希望能最大限度地提升质量水平，但是不肯推迟设计冻结日期。最后，达成了一个折中的建议。设计冻结日期推后一个月，埃伦尽量提升产品的质量。高管们明白无法达到预期的质量要求，但希望能尽量接近预期的质量要求，提升韦恩公司的竞争优势。

埃伦对高管们做出的决策感到很高兴，因为她再次获得了展示能力的机会。遗憾的是，提升质量要靠技术人员，这不是她能控制的。不过，她仍相信技术人员有能力提升质量，哪怕是小幅度提升。如果要大幅度提升质量，只能借助外部资源。

▶ 突破

在延长的 30 天内，技术团队带来了好消息。团队认为有可能实现技术突破。此外，不仅可以达成高管们要求的质量水平，甚至可以大幅度提升质量水平。他们希望能再获得额外的 3 个月时间。但是团队无法对实现技术突破做出保证，他们只是很有信心。

▶ 权衡分析

埃伦再次与高管们讨论了各种方案，如表 2-3 所示。

表 2-3　各种方案

选项	需要考虑的因素	权衡分析
1	尽快推出产品；维持更改后的产品设计日期（推迟 30 天之后的日期）；实现产品创收；对外公布产品上市。团队依旧进行技术突破，一旦突破完成，向市场推出下一代产品。如果这么做的话，购买上一代产品的消费者可能感到失望，因为两代产品相隔时间太短	研发费用增加；还需投入下一代产品的营销费用
2	尽快推出产品，实现产品创收。如果完成技术突破，推迟下一代产品的上市日期 1～2 年。这样的话，消费者不会感到失望	研发费用增加；团队成员仍要留在这个项目中
3	推迟设计冻结日期 3 个月，等待技术突破的完成。但在未来 4 个月甚至更长时间，产品无法实现创收。此外，竞争对手可能在这段时间推出相似的产品。如果无法完成技术突破，会造成额外的研发费用支出	预算增加，进度至少延误 3～4 个月
4	和选项 3 一样，但是要开始积极宣传新产品。因此，产品一旦上市，可以很快实现销售。但是，技术突破能否完成是一个很大的风险。如果我们销售的产品与宣传的不一致，消费者会感到失望	预算大幅度增加，进度延误

🔍 问题

表 2-3 介绍的 4 种方案都需要对时间、成本及质量进行权衡分析，你认为韦恩公司会选择哪种方案？

项目审计

▶ 背景

会议室异常安静，6 名高管坐在桌边反思。他们一直认为，公司的项目管理成熟度等级较高，远高于同行业的其他公司。但是公司聘用了外部专家对某些项目审计后，外部专家认为公司的项目管理水平并不尽如人意。此外，还有不少问题是由在座的这 6 名高管有意无意造成的。当然，这是高管们不乐意听到的。

▶ 历史

20 年来，斯皮尔电子（Spear Electronics）从一家小的电子制造商逐步成长为一家可以为客户提供定制化服务的公司。虽然斯皮尔电子有好几条商业产品线（可以在各类销售点销售的通用产品），但它大部分的业务都开始转型为客户提供定制化服务。斯皮尔电子想开拓全球市场，但是目前定制化服务、工程和制造都是由中东地区的子公司提供的。

随着定制化业务增长，斯皮尔电子开始意识到项目管理的重要性。这意味着斯皮尔电子要开始成为项目驱动型公司，将项目管理融入公司战略，把项目管理作为公司核心竞争力的一部分。

斯皮尔电子不认为教育学习能发挥重要作用，公司给员工提供的培训机会很少。斯皮尔电子为员工提供了为期 2 天的项目管理基础培训，仅限于那些愿意从事定制化服务项目的人参加。如果员工想进一步获得项目管理方面的证书，需要自己去参加相关培训（非工作时间）并承担费用。公司的高管从来没有接受过专门的项目管理培训，因为他们认为"偶尔"担任项目发起人不需要具备专门的项目管理知识。

当为定制化项目提供资金的客户要求了解斯皮尔电子的项目管理方法体系时，斯皮尔电子的高层成立了 PMO。PMO 由两人组成，职责是为公司制定企业项目管理方法体系。高管告知他们，6 个月内要全职在 PMO。但是 6 个月后，他们要回到以前的岗位。此外，PMO 直接向中层管理者报告。

▶ 项目审计决策

斯皮尔电子有 20 多个定制化项目同时进行，并且这些项目都是具有一定规模的。每位高管要担任 3~4 个项目的项目发起人。由于高管们不了解发起人的角色，其他工作又需要占用他们很多时间，所以他们认为只要没收到坏消息，就意味着项目的状态正常。事实上，公司以前很大一部分项目最后都是工期延长、成本超支的。遗憾的是，这种情况可能持续下去。

当一位高管主动参与他发起的一个项目时，他发现项目工期有可能延长。项目经理一直期望在项目完工日期到来前能改变这种状况。所以他决定，除非迫不得已，他不会向发起人汇报项目遇到的困难。这位高管意识到可能存在信息不对称的情况，因此他开始与其他项目经理沟通，确认是否也有类似的情况。在与项目经理们沟通后，发起人认为项目经理的确隐瞒了一些坏消息。于是，高管决定从外部聘请咨询公司对项目的健康状况进行审计。

➤ 健康检查报告

健康检查报告明确指出，项目存在很大的管理问题，具体如下：
- 绩效与基准不一致。大部分项目经理认为基准仅是为了项目启动制定的，他们可以用自己的方式管理，不需要考虑基准。
- 基准是根据预测目标制定的。既然不需要考虑基准，所以不需要达到预测目标。
- 项目的预期收益和价值最终没有实现。
- 客户和干系人未能及时做出某些重要的决策。
- 大多数项目没有制订风险应对计划。
- 项目没有足够的衡量指标，且这些衡量指标不能反映出项目的真实状态。咨询人员认为项目经理害怕使用衡量指标，因为指标会暴露出项目的问题。

报告还指出一个严重的问题，即公司的高管缺乏项目发起和项目治理的知识，例如：
- 发起人不了解他们与项目经理的角色差异。他们常与项目经理做同样的工作，导致双方出现冲突。此外，公司不能清晰界定各方的角色和决策权。
- 发起人不了解他们的决策制定权。发起人似乎有一个错误的观点——项目治理与公司治理是一样的。因此，项目经理没有获得足够的决策制定权。

此外，项目人员配置也存在严重的问题，具体包括：
- 项目经理依赖职能经理配置项目人员。
- 项目经理缺乏项目人员的具体信息（如团队人员的能力），因为公司假设职能经理会配置最合适的人员给项目。
- 配置后的项目人员仍受职能经理的领导。项目经理没有权利安排项目人员的假期和培训时间。此外，项目经理可能需要与其他项目争夺项目人员的时间，因为项目人员同时为多个项目工作。
- 项目经理不清楚配置给项目的人员是否分工恰当。
- 职能经理把最好的资源分配给了他可以直接影响的短期项目，因为这会直接影响他的年终奖金。对长期项目而言，只有在最后时刻才会获得关键的项目资源。
- 缺乏整体且持续的资源规划和项目人员配置计划，似乎这就是最好的做法。
- PMO 无权配置资源，无权制订资源计划，所以无法确保各个项目获得合适的资源。
- 斯皮尔电子储备的资源无法支撑同一时期过多的项目。
- 无价值的项目浪费了很多关键资源。
- 斯皮尔电子投标时没有考虑公司现有人员的技术能力。

➤ 恍然大悟

短暂的沉默后，高管们明白咨询人员的建议是正确的。显然，需要做出改变了。但是，要做出哪些改变？公司要如何提出这些问题呢？

第 3 章

项目管理文化

> 无论多好的项目管理方法体系都只是几页纸。这几页纸是否能真正转化为顶级的方法体系取决于组织文化,以及项目管理被接受与使用的快慢程度。那些具有信任、沟通、合作及团队精神文化的组织才能够具备卓越的项目管理。
>
> 创建良好的文化不是一朝一夕能够做到的,而是需要强有力的领导经过年复一年的实施才能完成。好的项目管理文化预示着好的领导能力。同样,如果高级管理层希望实现好的文化体系,必须提供与之匹配的有效领导。如果存在障碍,那么高级管理层必须积极主动地克服这些困难。

考莫工具和模具公司(A)

考莫工具和模具公司(Como Tool and Die,以下简称考莫公司)是一家汽车工业二级组件供应商,它最大的客户是福特汽车公司(Ford Motor Company,以下简称福特公司)。考莫公司在提供优质产品方面有着良好的声誉。20 世纪 80 年代和 90 年代初期,得益于提供的高质量产品,公司的业务一直在增长。考莫公司注重生产运作,但在实施项目管理中几乎没有做过什么尝试。所有的工作都由部门经理一个人控制,部门经理往往工作负担过重。

1996 年,考莫公司的文化发生了大转变。1996 年夏天,福特公司为一级和二级供应商制定了如下产品开发目标:

- 交货期:缩短 25%~35%。
- 内部资源:缩减 30%~40%。
- 原型:减少 30%~35%(在时间和成本上)。
- 持续改进工艺和降低成本。

为了提高供货基地的能力,福特公司对一级供应商进行了更大的投资,它们现在在汽车开发、上市、工艺改进和降低成本上负有较大的责任。为尽快完成这些目标,福特公司提出了 24 个月的限制期。福特公司的最终目标是成为一个全球性的、分散经营的汽车开发系统的制造商,能够实现从初始设备制造商(Original Equipment Manufacturers,OEMs)和二级供应商的效率和技术能力中获益。

▶ 战略转移：1996年

考莫公司意识到它不能再仅靠质量取胜，因为市场已经发生变化。考莫公司的战略计划是在保持行业领先地位的情况下跨入21世纪。战略计划的四个基本要素包括：

- 快速进入市场（快速开发和制造合适的产品）。
- 灵活的工艺过程（快速适应模型变化）。
- 灵活多样的产品（源自共享平台的多功能产品和快速应变的方法体系）。
- 精益生产（低成本、高质量、高速度和全球经济规模）。

该战略的实施可以确保未来项目管理的高成熟度，但是改变公司60年来的文化来支持项目管理不是一份简单的工作。

公司成立了一个工作组，工作组的任务是识别在向非正式项目管理系统转变过程中所涉及的公司文化问题。公司总裁认为，项目管理最终将成为公司文化，因此首先要解决公司文化问题。工作组识别了如下公司文化问题：

- 由于部门目标和个人目标与项目目标和客户目标不一致，导致现有的技术和职能部门不能系统有效地支持项目。
- 高级管理层必须承认要转变现有传统的、"不讲道理的"管理，公开认可项目管理、团队合作和授权的意义。
- 公司必须建立项目发起机制系统来支持项目经理，给项目经理授权管理项目。
- 公司必须培养项目经理树立风险管理及跨职能项目的文化意识。职能经理可以出于自身利益与项目经理就资源和工作时间来进行谈判，从而支持项目经理的工作。
- 公司必须改善信息系统，为制定政策和解决问题提供成本和进度绩效信息。
- 如果使用项目管理来监督过程和审核成本，可以保持现有的非正式文化。通过项目管理体系中的沟通、标准惯例和目标一致来消除官僚作风、文牍主义和避免浪费时间。

总而言之，工作组支持非正式项目管理，并认为所有的文化问题都可以克服。工作组明确了其中4个关键风险及其解决办法。

（1）信任他人与系统

解决办法：进行项目管理培训并加强对收益的理解。通过人际关系培训来提升相互之间的信任并遵守承诺，这将引起文化的改变。

（2）将使用了60年的传统纵向汇报关系转变为横向的项目管理汇报关系

解决办法：高级管理层发起项目，参与培训，鼓励新的组织关系的形成，全面支持项目管理的实施工作。

（3）资源能力约束和竞争

解决办法：与经理一起识别约束条件，制订替代方案，识别可替代的企业外部资源来支持项目。

（4）实施后的不和谐问题

解决办法：确定明确的期望，使人人都明白项目管理是公司的经营文化，也是每个项目经理的责任；将项目管理的实施作为管理激励计划的关键衡量指标；建立一个模板项目，记录该项目的工作情况和所取得的成就。

总裁意识到项目管理和战略计划是息息相关的。总裁想知道如果基础业务如预期增长的话，会发生什么，以及项目管理是否能进一步提高基础业务。为了回答这些问题，总裁准备了一份竞争优势清单，这些优势可以通过卓越的项目管理予以实现：

- 必须提高项目管理技术和技巧，尤其是那些大型、复杂的项目。
- 开发更多的基础组件及提升制造供应能力能给公司带来额外的能力。
- 通过规模经济，即有效地利用项目经理和熟练的员工，提高公司的获利能力。
- 通过大批量采购，建立更大的采购优势。
- 为了满足进度、预算和客户期望，必须引入相应的专业协作、项目状况报告和主动项目管理机制。
- 对于现有的资本密集型内部加工能力而言，对多级供应基地的有效项目管理更有助于提升销售额。

现在，车轮可以启动了。总裁及高管们召开了考莫公司所有员工参与的员工大会，宣布正式实施项目管理。总裁将自己的想法清楚地告诉了他的员工，希望在36个月内实现成熟的项目管理体系。

问题

1. 考莫公司是否有可能将项目管理作为自己的文化？
2. 客户对承包商如何管理项目能够产生多大的影响？
3. 考莫公司首先从文化问题着手是正确的吗？
4. 36个月的时间框架看起来可行吗？
5. 你认为考莫公司成功的概率有多大？
6. 当客户比你更了解项目管理时，将存在什么危险？
7. 客户在项目管理方面的知识是否会影响你的组织实施项目管理战略计划的方式？
8. 客户，尤其是有实力的客户，是否应该参与到你的组织实施项目管理战略计划中来？如果是这样，客户应该以何种方式参与，参与哪些方面？

考莫工具和模具公司（B）

到1997年，考莫公司在实施项目管理方面取得了部分成功。交货时间缩短了10%，但没有达到25%～35%的目标；内部资源消耗只缩减了5%；原型时间和成本也没有达到期望的30%～35%，只是降低了15%。

考莫公司的汽车客户对这种缓慢的进展以及不太成熟的项目管理系统显得不太满意。公司正在发生改变，但是速度太慢而不足以安抚客户。公司的计划是在36个月内实现卓越的项目管理，但是客户是否愿意再等上两年时间？还是考莫公司应该加快改变的脚步？

▶ 福特公司引进"大块"管理

1997年夏天，福特公司对其供应商宣布，福特公司正在制定一套"大块"管理系统。在该系统下，所有新汽车的金属结构将被分为3~4部分，每一部分将选择一个特定的供应商（大块经理），负责汽车该部分所有的组件。为缩短交货日期并获得供应商的支持，福特公司宣布不经过竞标就进行新工作（大块经理）的预先布置，随后再制定单价、加工成本和交货日期的目标协议，以及对价值工程工作进行公平的谈判。

大块经理的选择是基于项目管理能力的高低来决定的，其中包括大型项目管理技巧、协作能力、设计可行性、原型、加工、测试、过程采样及部件与组件的生产。大块经理类似于二级部件供应商，并在"开发—加工—上市"过程的各个阶段起到协调作用，协调多样化汽车项目的汽车制造工作。

▶ 战略转移：1997年

福特公司提到，"大块"经理的选择会在一年内进行。遗憾的是，考莫公司到那时候可能还不能实现卓越项目管理的目标，赢得大块经理的机会很小。

现在，考莫公司的汽车部门处在关键的十字路口上。考莫公司的管理层认为，公司有可能成为更低级别的组件供应商，但是公司以后的发展会成为问题。因为大块经理如果发现纵向集成的成本优势，从而自己生产与考莫公司同样的元器件，那么对考莫公司来说，这或许会带来毁灭性的后果。这对考莫公司来说是不可接受的。

第二种选择要求考莫公司向福特公司明确提出，考莫公司愿意成为大块经理。如果考莫公司被选中，那么其项目管理系统必须：

- 提供比以前所预期的更多的协调活动。
- 将并行工程实践整合到公司现有的项目管理方法体系中。
- 分散结构组织，以便加强与客户的合作关系。
- 制订更好的资源配置计划，以实现更高的效率。
- 加强事前规划与决策。
- 在按时交货的同时，消除浪费并降低成本。

如果考莫公司成为大块经理，也存在很大的风险。一方面，公司的成本与交货时间压力更大。另一方面，公司的大部分资源将不得不用来支持协调活动，而不是开发新产品。因此，公司就不能为客户带来价值持续提升的产品。最终，考莫公司也会因为不能满足客户对大块经理的期望而失去所有客户的订单。

考莫公司决定成为大块经理，并通知了福特公司。考莫公司发现，它原来制订的3年计划将不得不缩减至18个月完成。现在，每个人心中都有一个疑问："怎么办？"

🔍 问题

1. 在福特公司宣布大块经理战略之前，考莫公司实现卓越项目管理的动力是什么？现在的动力又是什么？

2. 考莫公司如何才能快速实现卓越项目管理？考虑到管理层目前的知识，它应该采取哪些步骤？

3. 考莫公司成功的概率有多大？请具体说明。
4. 你认为考莫公司应该竞争大块经理吗？
5. 想成为大块经理的决定会改变考莫公司实施项目管理战略规划的方式吗？
6. 想成为大块经理的决定会为考莫公司单一的项目管理方法体系带来立竿见影的变化吗？
7. 如果考莫公司已经存在单一的项目管理方法体系，那么对这一方法体系进行重大改变会遇到什么样的困难？在改变过程中存在什么样的阻力？管理层能充分预料到这些困难和阻力吗？

阿帕切族金属制品公司

阿帕切族金属制品公司（Apache Metals）是一家金属加工设备的初级设备制造商，其主要业务是为汽车行业、器械行业和建筑产品行业提供产品。它的每条生产线都是根据客户的具体应用情况、行业状况和客户需要进行定制的。

只有在销售部门签订合同以后，项目经理才会被指派到每个采购订单项目中。项目经理可以来自公司内的任何部门，任何人都可以被指派为项目经理。这些被任命的项目经理可能同时负责 10 个采购订单。

阿帕切族金属制品公司过去对项目管理没有足够的重视。甚至有一次，阿帕切族金属制品公司指派一名实习生来协调项目，结果以失败告终——销售额一度下降到了历史最低，每条生产线的成本平均超出 20%～25%。

2007 年 1 月，董事会组建了一个新的高管团队，以推动组织的高效项目管理。公司在现有人员中严格按照考核来选拔项目经理，考核的重点是良好的人际关系和沟通技巧。

为了提升项目管理系统的质量和有效性，公司采取了如下措施：
- 项目经理参与外部正式培训。
- 对未来的项目经理采用学徒制管理方式。
- 调整现有的方法体系，将项目经理放在核心位置。
- 让项目经理与客户进行更多的接触。

问题

1. 阿帕切族金属制品公司以前任命项目经理的方式存在哪些问题？
2. 2007 年开始推行的新方法是否能帮助公司实现卓越的项目管理？
3. 阿帕切族金属制品公司未来理想的项目经理需要具备哪些技能？
4. 在追求卓越项目管理过程中，要考虑哪些有关文化方面的问题？
5. 什么样的时间安排适合阿帕切族金属制品公司达成卓越的项目管理？需要做出哪些假设？

哈勒专业制造公司

在过去的几年中，哈勒专业制造公司（Haller Specialty Manufacturing）作为一家专业生产金属组件的公司并不怎么成功。公司的业务都是先由销售人员给客户报价，销售人员与客户签订合同之后，设计人员开始设计产品，生产部门再生产产品并把产品交付给客户。但是，为了满足制造能力，生产部门往往会改变工程设计方案。

除公司总裁外，生产部门的主管恐怕是该公司最有权力的人。他们一直都认为，公司的利润是由生产部门创造的，因此公司的战略规划也应由生产部门来主导。

为了维护客户关系，哈勒专业制造公司实施了项目管理。遗憾的是，生产部门的主管因为害怕失去权力，反对实施项目管理。

🔍 问题

1. 如果生产部门主管制造障碍，这种情况应该如何处理？
2. 如果障碍来自公司的中下管理层，这种情况又该如何处理？

科罗纳多通信公司

▶ 背景

科罗纳多通信公司（Coronado Communications, Inc., CCI）是一家规模中等的咨询公司。公司总部设在纽约，在美国超过 25 个大型城市设有分部。CCI 主要给各类希望改善通信系统的公司提供咨询，包括计算机硬件系统和联网系统。这 25 个分部都在各自的区域内单独提供服务。每当 CCI 收到了一份邀请建议书，公司就会决定哪个分部参与投标。

2009 年，弗雷德·莫尔斯（Fred Morse）接管 CCI，成为该公司的 CEO。尽管 CCI 是成功的，它通过招投标赢得了一定份额的合同，但是弗雷德认为如果在公司内部能建立起一种竞争的氛围，公司可以赢得更多合同。在弗雷德成为 CEO 之前，CCI 会决定由哪个分部参与投标。而弗雷德认为所有分部都可以参与任何一个合同的投标，这就意味着部门与部门之间会存在竞争。

▶ 竞争制度

以前，CCI 鼓励各个分部在需要的时候使用内部资源投标。如果芝加哥分部参与了一个项目的投标，并获得了这份合同，那么芝加哥分部就可以使用波士顿分部的资源完成合同。于是，波士顿分部的员工会被派遣到芝加哥，芝加哥分部会支付这些人的工资，但是芝加哥分部不会与波士顿分部分享利润。所有的利润只会体现在赢得合同的分部财务报表上。这种方法促进了部门之间的合作精神，因为芝加哥分部能获利，波士顿分部的员工（这些员工处于暂时"离职"状态）费用则计入该合同的直接费用账户，而不是间接费用账户。

在新的竞争制度中，波士顿分部有权向芝加哥分部按小时收费，这样工时产生的利润最终归波士顿分部所有。实际上，芝加哥分部把波士顿分部当成了一个承包商。如果芝加哥分部认为能在 CCI 外部以更低的价格获取资源，也可以从外部获取。

奖金制度也进行了修改。以前，每个分部的奖金是根据总利润进行平分的。现在，奖金是根据各个分部的盈利能力来决定的。工资能否增长也与各个分部的盈利能力相关。

多年来，公司制定了一套出色的项目管理方法体系，并取得了多个案例的成功。现在，公司仍然要求每个分部都使用方法体系，不过每个分部可以根据客户的要求做出相应的调整。

▶ 2 年后

使用这个竞争制度两年后，公司出现了下列情况：
- 公司的收入总额上升了 40%，但是利润率只有 9%，而在实施新的竞争制度前利润率为 15%。
- 为了获得新的业务，分部调低了利润率。
- 有的分部将它们的某些业务外包给了那些价格便宜的承包商，而不是从其他分部借调现有的资源。
- 因为无法提供更多的工作机会，有些分部不得不解雇了一些人才。
- 员工要求调往那些具有更多工作机会的分部。
- 以前分部之间是合作性的工作关系，如今变成了隐瞒信息和缺乏沟通的竞争性关系。
- 不再有统一的晋升和奖金制度。任何事情都是以各个分部每年的利润为前提的。
- 每个分部都建立了自己的项目管理方法体系。这种调整用于减少文档工作及降低使用方法体系的总成本。
- 客户习惯了旧的方法体系，不满意新方法体系带来的变化，因为客户在状态审查会议上获得的信息量更少了。客户还对方法体系在应对更新和变更方面不能尽快做出反应感到不满意。CCI 似乎离项目管理越来越远了。

🔍 问题

1. 你能提前预测到这些结果吗？
2. 公司文化发生了哪些变化？
3. 对公司文化进行大的调整，能提升项目管理能力吗？
4. 让每个分部都制定自己的项目管理方法体系现实吗？在这种情况下，当两个或更多的部门需要一起合作时会发生什么？
5. CCI 能改变吗？如果能，你会做什么？你估计要花多少时间进行调整？

光芒国际

▶ 背景

光芒国际（Radiance International，RI）花了 5 年多的时间成了在污染、环境公害和环境保护项目管理方面的全球领先者。它在全球有 10 个办事处，每个办事处约有 150 名员工，项目金额从几十万美元到几百万美元，项目周期为 6 个月到 2 年。

当 2008 年公司支出开始下降的时候，光芒国际的收入增长也停滞了。直线经理们以前将大部分时间花在与不同项目团队成员的沟通上，现在却是花费更多的时间写项目报告和备忘录，以此证明自己职位的合理性，以防被裁员。项目团队被要求提供更多的信息，以支持直线经理。这对项目产生了负面影响，迫使项目团队成员承担许多与他们的项目职责无关的工作。

▶ 重组计划

高级管理层决定基于项目管理的成熟度水平重组公司。多年来，公司的项目管理已经成熟至这样的水平：高层管理者十分放心地让项目经理制定项目方面和业务方面的决策，这些决策不需要高层管理者或直线经理持续提供指导。直线经理的职责仅仅是给项目配置资源，然后便不再插手。有些直线经理会要求参与到项目中，但事实上他们的干涉弊大于利。高层管理者很少干涉项目，因为他们信赖项目经理可以做出正确的决策。

于是，公司决定摒弃直线管理，采用池管理的概念。一名直线经理被任命为池经理，负责管理池中的 150 个职员。从前的直线经理有的被解雇，有的成为项目经理，有的则成为池内专家，这些留下来的直线经理没有被削减薪资。

项目经理是池的核心。公司有新项目时，高层管理者和池经理会决定任命哪个项目经理领导这个新项目。之后，项目经理就有权力与池内具有项目所需要专业技术的任何人交流沟通。如果这个人说明他可以为该项目工作，项目经理将提供给他一定的费用额度，授予他为自己的工作包做预算和制订进度计划的权利。如果这个人在不必要的情况下超支或延期了，项目经理也有权不再让他继续为项目工作。没有被项目经理聘用的池人员之后将被公司解聘。项目经理会在项目结束时填写每个团队成员的绩效考核表，并将它转交给池经理。池经理依据项目经理提供的信息，制定工资和奖金的最终决策。

这种公司文化培养了有效的团队协作、沟通、合作和信任。不论项目何时出现了问题，项目经理都可以站在池中间，介绍他的危机。之后，池内的 150 名人员会涌向项目经理，询问自己可以提供哪些帮助。这样的组织在面对复杂项目时能实现有效的群体思考和群体解决方案。这个系统运转良好，几乎不需要外部支持。每个星期甚至更长时间，项目发起人将走进项目经理办公室，问"有什么我需要了解的问题吗"这样的问题。如果项目经理回答"没有"，发起人就会说"我会在一两个星期后再和你沟通"，然后就离开了。

▶ 2年之后

2年之后，池管理运行得比预期更好。公司的项目可以提前完成，并低于预算；公司内充满了团队协作精神，光芒国际的每个办事处士气都时刻高涨；每个人都认同这种新文化，重组第1年之后没有一个人被解聘；即使在经济不景气的时候，公司业务依然繁忙。毫无疑问，光芒国际的池管理方法起作用了，并且运作得很好！

重组后的第3年年中，光芒国际的成功故事出现在全世界的商业杂志上。所有的评论都是有利的，这给光芒国际带来了更多的业务，也使光芒国际成了大型建筑公司的兼并目标。大型建筑公司认为兼并光芒国际是一个很好的发展机会。到第3年年末，光芒国际被一个大型建筑公司收购了。这个建筑公司信赖强大的直线管理，每个管理者直接管理大约10名员工。因此，光芒国际原来的池管理概念被摒弃了，光芒国际的每个办事处都设立了几个直线经理职位，并从建筑公司内部招募这些职员。并购后的一年内，公司就有几个员工离开了。

🔍 问题

1. 放弃所有的直线管理职位是个好主意吗？
2. 如果池管理不起作用，直线经理职位会被恢复吗？
3. 公司文化对池管理概念的重要性有多大？
4. 光芒国际有项目发起人吗？

执行理事

▶ 背景

理查德·达米安（Richard Damian）很兴奋，因为支持的政治党派在选举中获得了胜利。作为对他多年来支持该党派的回报，他取代了其他党派的人员，被任命为政府办事处的执行理事。达米安已经为政府工作30多年了，他这次的任期是4年。如果他支持的党派在下届仍然获胜的话，他还需要再担任4年的执行理事。

达米安深谙政治斗争。他避免卷入任何争议，即使不同意党派的立场，他也无条件地支持他的党派。以前，他知道如何让自己在幕后处理好事情，既不会被媒体盯上，也不让自己陷入各类风险中。但是，如今他要担任执行理事，他明白事情要变得不一样了，他是公众人物，会成为媒体追逐的目标。

▶ 因特网安全项目

达米安的前任深受因特网黑客的困扰，这些黑客通过非正常途径盗取了很多有关政府部门的专有信息。媒体把某些信息曝光了，因此他的前任遭受了大量攻击，政治生涯也受到了影响。媒体不停地询问达米安打算如何扭转局面，达米安说在他与他的执行团队制订计划之前，他不会回答这个问题。

达米安的前任曾经尝试使用政府内部的信息技术（Information Technology，IT）资源解决问题，但失败了，因为内部信息人员的 IT 安全知识不完善。此外，聘用外部 IT 资源的预算不足，政府的历史经验也表明很难辞退那些能力不佳的员工。达米安的前任还尝试求助于其他政府部门，但是这些部门的事务繁多，提供的支持有限。

项目必须外包！达米安指派了他的一名直系下属去指派项目经理，并开始进行招标，要求投标人不得少于 3 家。由于媒体施加的压力，时间是这个项目最重要的竞争性因素。达米安建议，因为这件事情已经拖了很久，所以可以接受非正式的报价，但是必须遵守政府的采购程序。

▶ 派项目经理

被指派的项目经理比达米安的级别低好几个等级。这位项目经理到办事处不到两年，具备一定的信息系统知识。但是项目经理和 IT 部门的其他人员一样，不了解 IT 安全知识。因此，办事处需要依赖外部人员的专业能力。

达米安认为"排名有先后"，他觉得不应该直接与报告级别不一致的人接触。他要求他的直系下属定期向他汇报项目的状态。

一个月后，达米安获知，已经有 3 家符合条件的投标方提供了报价。投标价在 150 万~175 万美元，工期在 3 个月左右。这 3 家投标方都提出，他们仅仅是给出了一个粗略的估算，除非在明确办事处现有的硬件和软件后，才可以给出最终的报价。此外，他们还表明希望获得一份成本补偿合同，而不是固定总价合同。

达米安着急开始项目，他指示采购部门立即向其中的一家供应商提供成本补偿合同，这与传统的采购程序不一致。不过，达米安认为这是一种需要迅速解决的特殊情况。两周后，合同签订，项目在 3 月 1 日启动。

▶ 项目开始

项目一开始，达米安就举行了一次新闻发布会，宣布安全系统正在调整，新系统将在 90 天内运行。虽然不了解系统该如何运行，他仍承诺会持续关注系统性能。媒体有点怀疑如何在这么短的时间内做出变化以及达米安所做出的承诺，他们开始提出问题。达米安明白如何玩"政治游戏"，他清楚他没有足够的信息回答可能面对的问题。于是，他拒绝了媒体的所有问题，并保证在下次新闻发布会上回答媒体的提问。

接下来的一个月，媒体不停地询问为什么达米安的办事处不提供任何与新安全系统状态相关的信息。传闻说项目有可能延期，且成本超支。达米安与项目办公地隔了几个楼层，他并不清楚项目的真实进展。下级人员在汇报项目进展信息时会有所过滤和隐瞒，尤其是坏消息，所以达米安认为项目没有问题。遗憾的是，这并不是项目的真实状况。

当达米安被告知项目至少会延期一个月且可能超支 50 万美元时，他召开了新闻发布会，向媒体发布了这个消息。为了挽回他的形象，他说他从未被告知项目存在风险。此外，他还说他会召集相关人员开会，彻底解决问题。再一次，达米安拒绝了媒体的提问。

▶ 问题爆发

达米安要求他的直系下属提供一个解决问题的简要方案。承包商传来消息,办事处现有的硬件和软件都已过时,现有的硬件无法运行新的软件,需要更换。承包商要求额外的 400 万美元用于更换硬件和软件。办事处的 IT 部门赞同进行更换。此外,这个变更会导致项目进度延期 6 个月。

这个项目的预算从 175 万美元已经变成了 600 万美元,并且可能还会增加。达米安意识到媒体会就安全问题对他进行攻击。因此,必须有人承担责任,这样他才不会被替换。他首先想到的是该项目的项目经理,但是每个人都明白不应该由项目经理承担责任。

这就是政治游戏!达米安再次召开了新闻发布会,他在新闻发布会上把现有的问题都推卸给了他的前任(隶属于其他党派)。他说,这些问题多年来一直存在,他的前任没有采取必要的纠正措施。此外,达米安还进一步说,他指派了他的一位直系下属担任这个项目的发起人,他每周都会收到项目的状态报告。

达米安尽其所能地玩起了政治游戏。他不仅把所有的问题都推卸给了另一个政党和他的前任,还宣称他的一名直接下属现在是项目发起人,从而避免自己卷入灾难。现在,达米安相信他不会再受到媒体批评了。

▶ 情况恶化

达米安的办事处没有直接采购计算机硬件和软件的权利,需要政府采购部门进行集中采购。但是,承包商推荐的硬件和软件不在政府的采购目录中。承包商要么在采购目录中选择,要么扩大采购目录范围。扩大采购目录范围需要 3~6 个月的时间,也会导致现有项目工期的延长。

承包商仔细评估了政府的采购目录之后,计算出成本应该增加至 500 万美元,而不是 400 万美元;项目的工期应该是 1 年半,而不是 3 个月,前提还是硬件可以准时交付。如果扩大采购目录范围,可以节省 100 万美元,但是工期要 2 年。

媒体越来越关注项目的状态,开始不停地攻击达米安作为执行理事的能力。又一次,达米安玩起了政治游戏!他召开了新闻发布会,介绍尽管工期和成本会受到影响,但他认为时间比成本更重要。此外,达米安还说他会亲自担任这个项目的发起人,虽然执行理事通常不会亲自担任这类项目的发起人。

达米安再次把责任推卸给了他的前任,说前几年解决这类问题的成本相对较低。他还向媒体介绍,之前担任项目发起人的直系下属会被调离,因此给媒体留下了一个印象,这位直系下属需要承担部分责任。

▶ 项目完工

项目最初的预算是 175 万美元,工期 3 个月;项目最终完工时花费 900 万美元,耗时两年半。测试阶段发现的程序错误又造成了加班、软件变更以及额外的硬件采购等各类问题。

这次,达米安还是玩起了政治游戏!他通知媒体项目已经完工,项目可以发挥安全防护的功能。此外，他还介绍正是因为他亲自负责这个项目，所以项目才可以成功完成。

🔍 问题

1. 安全问题可以内部解决吗？还是必须依靠外包解决？
2. 由于安全问题的敏感性，是否可以采用非正式程序接受供应商的报价？还是所有的采购必须经过正式的采购程序？
3. 为什么达米安希望组织中级别较低的人担任项目经理？
4. 为什么达米安希望他的直系下属向他汇报项目的状态，而不是直接让项目经理汇报？
5. 为什么3家投标方都希望获得成本补偿合同，而不是固定总价合同？
6. 在项目刚开始时，为什么达米安不愿意接受媒体的提问？
7. 在本案例中，达米安采取的措施受到了哪些因素的影响？

红石集团

红石集团（Redstone Inc.）是一家有着70多年历史的跨国公司。红石集团拥有多个业务部门从事多种业务，其中最赚钱的两个业务部门是航空航天部和商业产品部。

▶ 航空航天部

航空航天部专门提供航空航天和国防工业制造零部件，该部门有着自己独立的部门会计系统。为了参与政府合同的竞争性招标，航空航天部的政策和程序都与政府要求保持一致，其中大部分合同是有后续机会的多年合同。该部门有自己的文化，部门成员很少与红石集团的其他部门接触。

航空航天部的长期成功很大程度上归功于其研发人员在许多产品上取得了技术突破，这些产品最终出售给了政府。重要的创新资金都来自政府研发活动合同的资助。大多数较小的创新是由部门内部资助的低成本的增量式变更项目，这些创新与产品的质量改进和寻找降低生产成本的方法有关。

部门获得的合同金额都高达数百万美元，某些合同更是数亿美元。航空航天部独自开发了符合政府要求的状态报告系统，并采用了挣值法来显示项目的时间、成本和范围状态。这个状态报告系统只在航空航天部内部使用。

▶ 商业产品部

商业产品部（Commerical Products Division，CPD）是该公司中最赚钱的业务部门。CPD的成功在很大程度上是由于其全球客户对公司品牌的认可。大多数创新都是渐进式的，管理层对公司的成功和CPD的表现感到非常满意。然而，改变要来了。

市场部调查表明，消费者的品位正在发生变化。CPD的客户希望看到下一代产品具有更先进的功能，而不是对现有产品线进行小的增量更改。于是，CPD 的盈利能力和市场占有率开始下降。

CPD 的创新结构是高度非结构化的，项目管理活动通常在用非正式的方式进行。任何有各种创新想法的人都可以把时间花在隐形创新（没有外部合同资助）上。他们的上级经理最有可能为各种实验、测试或原型开发提供所需的资金。高级管理层过去一直对这种方式很满意，但由于创新是非结构化的，他们往往不知道有多少资金或资源正在用于集团各类隐形创新活动中。在创新项目被正式宣布之前，高级管理层无法知道员工在进行哪些创新活动。

高级管理层不愿担任任何重要项目的发起人，因为他们担心项目失败会损害他们的声誉和职业生涯。因此，中低级别的管理者被迫承担项目发起人的角色，也很难获得上级领导的支持。

▶ 挑战

红石集团的高级管理层担心，除非对 CPD 的内部创新过程进行控制，否则红石集团的财务状况很快会出现问题。最简单的解决办法是将航空航天部的创新管理过程复制到 CPD。

首先，高级管理层将航空航天部的两名中层经理派往 CPD。这两位经理都在航空航天部有超过 20 年的工作经验。其次，为了避免白费力气，经理们被要求使用航空航天部所有的表格、指导方针、模板和检查清单，还要采用挣值法来显示项目的时间、成本和范围状态。

🔍 问题

1. 红石集团是否有意增加 CPD 创新结构？
2. 为什么 CPD 的高层管理者没有带头在创新过程中增加结构和控制？
3. 从航空航天部调两位经验丰富的经理来领导 CPD 的创新开发活动是一个好主意吗？
4. 在 CPD 采用航空航天部的挣值软件程序是一个好主意吗？
5. 你认为未来几个月 CPD 的创新活动会发生哪些改变？

第4章

项目管理组织结构

> 在早期的项目管理中,存在一种观念:实施项目管理必须进行组织重构。项目管理的实践者声称,像矩阵式这类组织结构更有利于实施项目管理,而其他组织结构就不是很有效。事实上,任何一种组织结构都存在优点和缺点。
>
> 今天,我们对是否有必要进行组织重构提出了疑问。如果组织文化是合作的,那么项目管理是否可以在任何一种组织结构中实施?如果组织重构通常伴随着权力的变更和制衡,那么进行组织重构的同时能否实施有效的项目管理?

恒星通信公司

恒星通信公司(Quasar Communications Inc., QCI)是世界上最大的通信公司——国际通信系统(Communication Systems International)的一家分公司,具有30年历史、资产高达3.5亿美元。QCI的340名员工中有200多名是工程师。自从该公司30年前成立以来,工程师占据了公司所有的重要岗位,包括总裁和副总裁。例如,负责会计与财务工作的副总裁就同时具有普渡大学的电子工程学士学位和哈佛大学工商管理硕士学位。

1996年以前,QCI是一个传统的组织,采用垂直式的管理结构。1996年,QCI聘请了一家大型咨询公司对所有内部人员进行了项目管理培训。由于直线经理不愿意接受正式的项目管理,QCI采取了一种非正式的、分散的项目管理结构。在此结构下,项目经理要负责很多事情,但权力非常小。也就是说,在这种结构下,直线经理的权力没有发生什么变化。

1999年,QCI有了很大发展,其主要业务来自12家大客户与30~40家小客户。此时,QCI决定为项目经理制定单独的直线管理方式,从而使项目经理在公司有一个清晰的职业发展道路。同时,公司可以培养出一批致力于项目管理的专业人士。项目管理团队由一位副总裁领导,并由以下全职人员组成:

- 4个负责管理12个大客户业务的人员。
- 5个负责管理30~40个小客户业务的人员。
- 3个负责研究开发项目的人员。
- 1个负责资本设备项目的人员。

必要时,9个客户项目经理会同时管理两三个项目。因为客户并不是同时提出需求的，所以项目经理有可能一次只管理一个项目。负责研究开发和资本设备的项目经理要同时管理多个项目。

除上面提到的人员外，公司还有一个由 4 名产品经理组成的团队来负责产品盈利的生产线，同时向市场营销副总裁报告。

1999 年 10 月，负责项目管理的副总裁决定对项目经理面临的问题采取更积极的管理方式。他与每个项目经理进行了会面，从中发现了下面的问题。

▶ 研究开发项目管理方面

项目经理："我最大的困扰就是我不知道如何和这些连自己都不知道需要什么的团队一起工作。我的工作是开发可投入市场的新产品，然而我要与工程、市场、产品管理、生产、质量保证、财务和会计等各个部门合作。他们都想要详细的进度计划和产品成本细目分类表，但是我无法确定产品最终的功能和特征，也无法提供需要哪些材料，你说我该怎么办？上个月，我准备了一份新产品开发的详细进度计划，假设一切都按计划进行。我和研究开发工程团队一起制订了我们认为切实可行的计划。然而，市场部门将计划提前，因为他们想让产品更早地投入市场；生产部门将计划推后，他们声称需要更多时间来确认工程规格；财务和会计部门将计划提前，说公司管理层希望投资能迅速获得回报。我怎样做才能使他们皆大欢喜呢？"

副总裁："你认为谁的问题最严重？"

项目经理："很明显是市场部门！市场部门每个星期拿到项目状态报告备份后，就开始决定是否要取消该项目。有好几次，他们根本没有和我商量就取消了项目，而我才是项目的负责人。"

副总裁："市场部门清楚利润、风险、投资回报和竞争环境等各类内部消息，他们确实是决定是否取消项目的最佳人员。"

项目经理："我们现在所处的情况是项目经理负责的项目通常很难获得完整的信息资料。或许我们应该让研发项目经理向市场部门汇报，或者让市场部门给项目经理提供一些额外的信息。"

▶ 小客户项目管理方面

项目经理："我认为同时对 3 个优先权分配不合理的项目进行有效管理几乎是不可能的。那些优先权低的客户利益常常受到损害。然而，即使我们尽量给所有客户匹配合适的优先权，我也不知道该怎样分配自己在几个项目中的时间。"

项目经理："为什么所有精力都要投给大客户，而小客户就要受到怠慢？"

项目经理："有时，有些很小的项目会由同一个职能部门的员工完成。在这种情况下，直线经理认为他才是项目的真正管理者。例如，在我负责的一个项目中，直线经理答应为客户提供额外测试，而这些测试不包含在原有的工作范围说明书中，影响了项目的成本；在另一个项目中，直线经理对项目的技术问题进行了某些评论，而客户认为这些评论代表了公司的立场。我们的直线经理并没有意识到只有项目经理才能够对客户做出承诺（资源），公司立场也是如此。我知道大项目中也有类似情况，但在小项目中更为常见。"

➤ 大客户项目管理方面

项目经理："我们这些掌管大项目的人还要充当市场营销人员，有时还要引入项目。然而，每个人似乎都是我们的上司。市场营销人员经常看不起我们。每当我们引入一份大合同的时候，他们就蔑视我们，好像我们沾了他们的光，要不就是我们的运气好而已。同样，工程部门对我们也摆出了高高在上的态度，仅仅因为所有的经理和高层管理者都是从他们那里获得提升的。那些家伙根本就不遵守承诺。上个月，因为一位直线经理对我的要求迟迟没有反应，我写了一封偏激的备忘录给他，以至于我现在在他那里得不到任何支持。虽然这种现象不是经常发生，但一旦发生，就非常糟糕。"

项目经理："关于大项目，我们想知道当项目陷入困境时，我们该如何做？当项目可能失败时，我们该如何处理？有时，我们的一些大项目显然已经不能继续，理应放弃，然而高级管理层从我们进展良好的项目中攫取最好的资源去拯救那些'奄奄一息'的项目。结果，6个很有发展前景的项目和那个'崩盘'的项目都失败了，这与6个成功和1个失败显然是不同的。那么，为什么我们不能立即放弃那些无法挽回的项目呢？"

副总裁："我们不得不在客户面前保持良好形象。在很多公司，为了赶进度和控制成本，通常以牺牲产品性能为代价。但QCI不同，任何时候，我们的工程师都保持着职业诚信，即使牺牲时间和成本。这也是好几家公司与我们合作的原因所在。我们去年曾经有一个项目，当到达项目进度截止日期时，我们的工程师只做到了客户要求性能的75%。项目经理将结果展示给客户，客户决定更改他的规格要求以符合我们设计的产品要求。我们的工程师认为这是'在自己脸上抽嘴巴'，拒绝签字。问题最后到了需要总裁解决的地步。最后的结果就是如果公司愿意拿出额外的资金来实现最初规格要求，那么客户也同意再多等几个月。虽然成本遭受了损失，但如果影响我们的信誉和职业道德时，我们别无选择。"

➤ 资本设备项目管理方面

项目经理："我最大的不满就是计算机软件包安装的优先级制定。计算机项目要根据可行性分析、成本-利润分析和投资回报等因素制定优先级，我能够理解这种方式。但是，我的项目优先级总是最低，这样我就永远得不到足够的资源。"

项目经理："每次，我都会为资本设备项目制订出合理的进度计划，但生产部门总是出现问题。生产工人总是被拉走去支援生产，所以我不得不向所有人解释为什么我的项目总是拖后。为什么倒霉的总是我？"

副总裁认真权衡了项目经理的意见。现在，到了最困难的部分。在目前这种组织环境下，副总裁怎样做才能改变形势呢？

🔍 问题

1. 一位副总裁同时监督和管理13名项目经理合适吗？
2. 一位财务副总裁领导的13名项目经理与另一位市场营销副总裁领导的4名产品经理能有效合作吗？

3. 为什么研发项目经理存在内部冲突？
4. 市场部门有权要求研发项目经理向他汇报吗？
5. 小客户项目经理的主要困扰是什么？
6. 大型项目的项目经理是否允许参与市场部门的活动？
7. 公司是否可以让某些大型项目失败？
8. 公司是否可以形成这样的氛围：技术比项目重要得多？
9. 资本设备项目的优先级是否应该总比其他项目低得多？
10. 大型项目的管理主要存在哪些具体问题？
11. 研发项目的管理主要存在哪些具体问题？
12. QCI 具有哪些优势？
13. QCI 使用的是哪种项目管理组织结构？
14. 你能提供哪些好的建议？

法戈食品公司

　　法戈食品公司（Fargo Foods）是一家年产值 20 亿美元、在 22 个国家设有分公司的跨国食品制造公司。法戈食品公司的产品包括肉类、禽类、鱼类、蔬菜、维他命，以及猫粮和狗粮。法戈食品公司之所以能够在过去 8 年保持 12.5%的年增长率，主要是因为它的国外分公司较低的管理费用。

　　在过去的 5 年里，为了在不增加劳动成本的情况下提高生产能力，法戈食品公司将其大部分留存收益投入了资本设备项目上。在此期间，平均每年有 3 个新工厂建立并投产。此外，为了提高产能，每个工厂都进行了大幅度的改进和完善。

　　2010 年，法戈食品公司总裁对所有项目都实施了正式的矩阵式项目管理。至 2014 年，矩阵式项目管理已经不能有效运行。2014 年 12 月，作者通过与公司的主要经理和职能部门的员工会谈，对法戈食品公司的情况进行了调查。下面是几个关键问题和来自法戈食品公司的回答。

　　问题：请介绍一个参与的项目。

　　回答："项目始于想法，这个想法可以来自公司的任何一个角落。规划团队首先考虑这个想法并对其进行可行性分析。然后，他们与直线组织粗略估算该想法的时间和成本。最后，估算结果逐步反馈到规划团队、高级管理计划与筹划指导委员会。如果高层管理者决定启动这个项目，他们便会挑选一名项目经理，我们的工作也就开始了。"

　　问题：你认为这种安排有什么问题吗？

　　回答："你猜！我们的高层管理者总是认为粗略估算与详细估算、粗略进度计划与详细进度计划是相同的，所以他们想知道为什么直线经理无法给他们提供最好的资源。可想而知，我们的项目几乎每次要么以成本超支收场，要么就是进度延后。更糟糕的是，项目经理不愿意对项目投入精力。其实我真的不是怪他们，毕竟他们从来没有参与项目规划、制订进度计划和预算。我想不出怎样才能使项目经理愿意完成一个他既没有参加讨论，甚至对其中的假设或条件都一无所知的项目。最近，一些有经验的项目经理就此达成了共识，除非他们能够在项目一开始就制订自己的详细计划来摆脱规划团队对他们的限制，否则他们拒绝接受任何项目指派。如果项目经理提供不同的成本和进度计划（很明显他们会的），那么规划团队就会觉得颜面尽失。如果成本和进度计划彼此相同，那么规划团队便向高层管理者汇报，说项目经理总是不断地重新修订计划，这无异于在浪费金钱。"

问题：你认为有必要重新修订计划吗？

回答："当然有必要！规划团队的计划只是对工作粗略的计划，还要直线经理（真正的专家）从字里行间读出他们的意图，然后补充具体的细节说明。但是，项目经理制定了详细的工作说明，并将工作结构分解，以此降低每项工作失败的概率。要重新修订计划的另一个原因是项目启动时和项目开始实施时的基本原则可能发生变化。当然，还有一个原因是技术发生了变化，或者团队成员的能力更强，能够担任更高的职位。"

问题：你对高层管理者的干预有什么意见吗？

回答："在项目的进行过程中没有这种情况，但在启动阶段会有。高层管理者希望项目按期结束，但他们自己把时间浪费在了在对项目的批准上，结果往往是项目经理在启动项目时就发现已经落后进度一两个月了。另一个问题是，高层管理者在不改变项目里程碑的起始日期的情况下随意更改结束时间。在一个项目中，直线经理只能拼死拼活地用计划时间的一半去完成项目，接下来的项目还是这样，如此反复，经理们苦不堪言。现在，高层管理者认为直线经理无法对项目做出充分估计，所以他们（高层管理者）可以随意更改任何项目的里程碑时间。我希望他们能清楚他们对我们所做的一切。当我们把全部精力都放在一个项目上时，其他项目必然受到影响，我想我们的高层管理者并没有意识到这一点。"

问题：你对选择优秀的项目经理和项目工程师有什么看法吗？

回答："几年来，我们一直在犯一个严重的错误——我们总是挑选最好的技术专家作为项目经理。现在，我们的项目经理不像一个经理，反而更像一名普通员工。这些项目经理似乎对员工不是很有信心，总是尽量自己来做所有的工作。员工不是从直线经理那里获得技术指示，而是从项目经理和项目工程师那里获得。我曾听一名员工抱怨说：'这些项目经理真是折磨人，为什么他们就不能让我安心做我的工作呢？'现在，我们这些直线员工认为这就是我们将来进行项目管理的方式。然而在某种意义上，我并不这样认为。"

问题：你对直线经理与项目经理之间的沟通有什么看法？

回答："我们的项目经理是技术专家，所以他们觉得不向直线经理咨询也可以胜任所有的工程工作。有时，这种情况之所以发生，是因为缺乏足够的时间和资金，这是可以理解的。但是如果有充裕的时间和资金，他们也懒得走出象牙塔来和直线经理打交道，那么即使项目经理的预算是正确的，直线经理也会吹毛求疵。虽然我一点都不同情那些项目经理，但有一点我要提一下。有时，项目经理做完预算后会非常虔诚地征求直线经理的意见，而直线经理正忙得不可开交，因此看上两眼就说'看起来很不错，交给我吧'。然而，如果成本超支，项目经理却要承担责任。"

问题：你认为项目工程师应该被安置在什么职位上？

回答："回答这个问题有些难度。我们的项目工程师主要负责协调设计工作（如电力、民用等）。如果工程师负责协调设计部门的工作，设计经理则希望他们向自己汇报。

即使这些人成了助理项目经理，他们也不愿意放弃对这些工程师的控制。项目经理却希望项目工程师向他们汇报。项目经理希望工程师可以把精力投入项目中，并按照规定时间、成本和性能完成自己的工作。项目经理认为项目工程师可以在没有设计经理施加压力的情况下更好地按规定完成任务。如果我是设计经理，我肯定不愿意让外人来干预我手下人的行动。但是，我想这与人际关系技巧和态度有关。我不想看到项目经理与设计经理之间出现隔阂。"

问题：我知道你们组建了一个新的预算团队，你们为什么要那样做呢？

回答："以前我们有几种不同的预算方法，如初步预算、详细预算、10%完成预算等。项目经理通常是项目中第一个到位的人，他通常会做出粗略的估算。直线经理则像高层管理者与职能员工一样进行预算。由于我们处在一个变化相对较缓慢的环境中，我们应该有一套完善的标准及特定的预算部门来保持估算一致。既然我们大部分的工作都是基于初步预算进行的，那么问题就是'谁应该负责初步预算'，是那些知道预算标准而不知道预算过程的预算人员，还是那些清楚过程而不知道预算标准的项目工程师，或者精通项目管理的项目经理。现在，我们不知道把预算团队放在什么位置较为合适。工程副总裁下属有 3 个运作团队——项目管理团队、设计团队和采购团队。我们打算将预算团队放在采购团队中，但不知道效果怎么样。"

问题：我们应该怎样解决你所提到的问题？

回答："但愿我知道！"

政府项目管理

某个重要的政府机构的主要职能是监督政府项目的分包商，该机构的组织结构如图 4-1 所示。下面列出了某个项目办公室团队成员的重要特征。

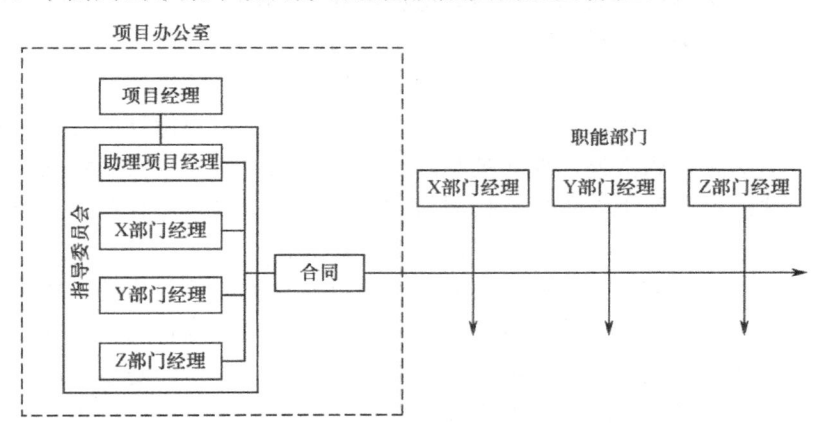

图 4-1　项目团队组织结构

- 项目经理：指导所有的项目活动，是分包商的信息汇聚点。
- 助理项目经理：担任指导委员会主席一职，负责联系内部职能团队和外部承包商。
- 部门经理：指导委员会成员，因为项目会使用其部门的人员。委员会成员必须由部门经理亲自担任，不能由职能员工担任。
- 合同官员：负责所有由项目办公室分配给内部职能团队和客户的工作授权，并确保所有要求的工作都符合合同的规定。同时，合同官员是所有承包商成本与合同信息的汇聚点。

问题

1. 请介绍此结构应该如何运行。
2. 请介绍此结构实际是怎样运行的。
3. 项目经理是否可以由退役军人担任？
4. 该结构有哪些优缺点？
5. 该结构可以用在企业中吗？

瀑布工程公司

瀑布工程公司（Falls Engineering）是一家位于纽约的化学和材料工厂，有员工950名，年产值达8.5亿美元。该工厂拥有两个截然不同的生产线：工业化学和计算机材料。两个部门由一位工厂经理管理，但相关的指令、战略规划和优先级都是由芝加哥的公司副总裁确定的。每个部门可以决定自己的部门副经理、项目清单、优先级清单和部门人员。化学事业部在公司已经有20年历史了，而材料事业部被说成这里的房客（采用租赁管理的方式）。材料事业部经理名义上向工厂经理汇报，实际上向公司副总裁汇报。瀑布工程公司组织结构如图4-2所示。

1998年，化学事业部拥有员工3 000人，到了2003年只剩下600人。2004年，材料事业部租赁了化学事业部的部分场地。材料事业部2000年价值5 000万美元，到了2004年增加到1.2亿美元。现在，材料事业部拥有员工350人。

所有的项目都是由工程和建造部门发起的，但通常为支持生产部门而进行。工程和建造部门的项目遍及整个组织，并分别由一个项目协调员负责指导。这个项目协调员原来是直线员工，除直线职责外，他还被临时抽调来协调他所在直线组织的项目。部门经理（向工厂经理汇报）基于技术特点指派协调员。协调员只有监督权，并不一定是好的计划者和谈判者。协调员向各自的直线经理汇报。

一般情况是，一个项目可以在任何一个有项目协调员的部门启动。协调员制订一个大的工作范围草案，并将其交给项目工程团队，由他们根据项目的大小来安排设计承包商。项目工程团队根据优先级将其编入他们的设计进度计划中，随后生成图纸和规格说明，同时接受报价。当60%~75%的设计完成后，建筑成本估算也产生了。估算和项目报告准备好后，必须经由工厂和芝加哥总部审批和授权。授权、完成设计、完成原材料订购，项目被移交给工厂的建造部门来实施。项目协调员在他们的领域内安排完成任务，并尽量减少对生产能力的干扰。这时，协调员扮演了项目经理的角色，他必须考虑时间、成本和绩效这些约束条件。

第4章　项目管理组织结构

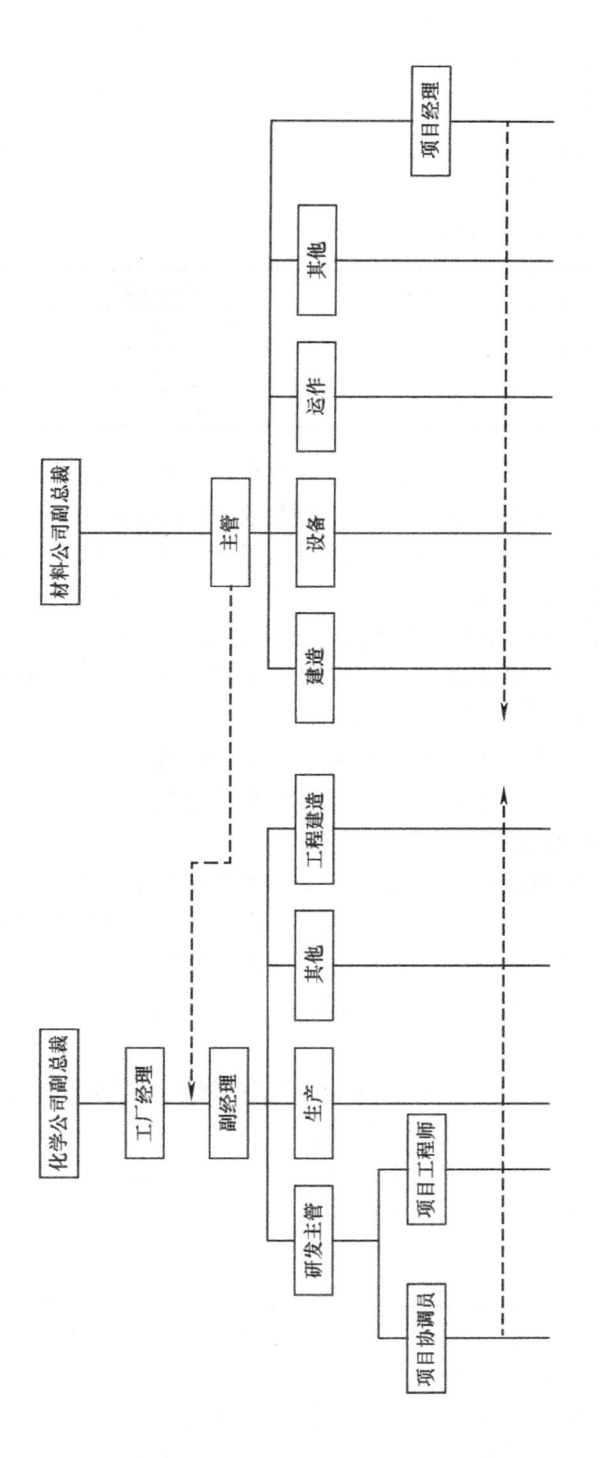

图 4-2　瀑布工程公司组织结构

瀑布工程公司有 300 多个项目要在 2006—2008 年完成。在最近的两年中，只有不到 10%的项目是在规定的时间、成本和绩效约束下完成的。直线经理发现对资源配置做承诺越来越难，因为事故经常出现，其中包括大量火灾事故。

所有人都知道利润来自生产部门。每当生产事故发生时，直线经理就会把所有的人员调离该项目，项目因此遭受更大的打击。虽然协调员针对紧急状况，已经试图在项目进度上留出了余地，但作用不大。

下面是 300 个工厂项目的细目分类：

项目数量	范围（万美元）	项目数量	范围（万美元）
120	<5	20	100~300
80	5~20	10	400~800
70	25~75		

此时，公司意识到必须对组织结构进行改革。为此，公司召开了一次由工厂经理、工厂高层管理者和公司的高层管理者参加的会议，目的是寻求彻底解决这一问题的方案。工厂经理决定就其员工对现有组织结构的看法进行一次调查。下面是员工们的意见：

- "麻烦最多的是那些低于 20 万美元的小项目。我们能不能对这些小项目实施非正式项目管理，而对那些大项目实施正式的项目管理？"
- "我们为什么一定要坚持使用计算机程序来控制资源？这些复杂的软件包根本没用，因为它们连火灾都没有考虑。"
- "项目协调员需要与两个部门的各个管理层沟通。"
- "我们的直线经理根本意识不到有效资源计划的必要性，而是由着性子随意分配资源，根本不考虑需求。"
- "有时，项目协调员根本不能让直线经理信守承诺。"
- "直线经理总是找项目协调员的麻烦，他们一直试图制订详细的进度计划。"
- "如果我们总是需要赶工，那么这是不是可以认为计划不完善呢？"
- "我们需要为项目协调员制定一条职业道路，只有这样才能培养一批优秀的规划者、沟通者与整合者。"
- "我发现有的项目协调员对项目工作没有兴趣，他们不能做到与不同职能部门的合作和沟通，可是他们担任了协调员。"
- "我们所提的任何一个组织体系都比现在的这个要好。"
- "必须有人来统领全局。我们做项目的时候根本不知道项目的状态、当前成本、风险及完工日期。"
- "如果那位管理者还是一直干涉我的项目，那么总有一天我会杀了他。"
- "近来，管理层做出一些改变，要求项目协调员做更多的文案工作。他们到底想要我们一个星期工作多长时间？"
- "我一直没有看到关于项目协调员工作岗位的文件说明。"
- "直到我们不得不进行项目协调时，我才知道谁是项目协调员。我总觉得系统体系不应该是这样子的。"

- "我清楚直线经理需要灵活多变,但我不希望看到每个星期都更改优先级。"
- "如果项目在计划不完善的情况下启动,那么管理层就无权总是让我们这些直线经理来救火。"
- "一旦项目进度计划拖后,为什么总是我们的直线经理承担责任,即使这是由于计划不当引起的。"
- "如果管理层不愿意聘用额外的人员,那么为什么总让直线经理去承担?也许我们应该拿掉一些没有意义的项目。我有时认为管理层有些异想天开,他们以为这些项目只要分配资金就可以顺利完成。"
- "我还从未看到过一个具有切实可行的截止日期的项目。"

在以工厂经理的角色准备好选择方案和建议之后,你可以尝试把自己看作公司的高层管理者。然后想一想,作为公司的高层管理者,你会批准这些提议吗?在你的决策中,你是否考虑了利润、销售、投资回报等问题?

问题

1. 请介绍租赁关系是如何体现的。
2. 每个部门是如何制定优先级的?
3. 工厂经理与材料部门负责人的工作关系是什么样的?
4. 名义上的汇报关系可以取消吗?可以的话,在什么样的背景下可以取消?
5. 可以制定一套统一的优先级吗?可以的话,谁要做出让步?
6. 项目协调员是如何挑选的?
7. 公司应该为项目协调员制定职业发展道路吗?
8. 项目协调员与项目经理的区别是什么?
9. 哪类项目需要项目协调员的参与?
10. 这些项目可以实施非正式项目管理吗?
11. 资本设备项目的哪些价值需要计算机记录?
12. 公司应该如何解决项目协调员的问题?
13. 谁应该为项目进度问题承担责任?如果估算是有问题的,谁又该承担责任?
14. 你可以对工厂经理提供哪些建议?对公司副总裁提供哪些建议?
15. 上一个问题的答案会存在政治因素吗?

怀特制造公司

2004 年,怀特制造公司(White Manufacturing)意识到了在制造部门实施项目管理的必要性,于是便成立了一个由 3 名成员组成的项目管理小组。虽然组织结构图(见图 4-3)上显示该小组向制造运作经理汇报,但实际上它对副总裁负责,并有权整合所有部门的工作。过去,副总裁一直由制造运作经理担任,制造运作工作则由来自制造工程部的前任制造经理指挥。

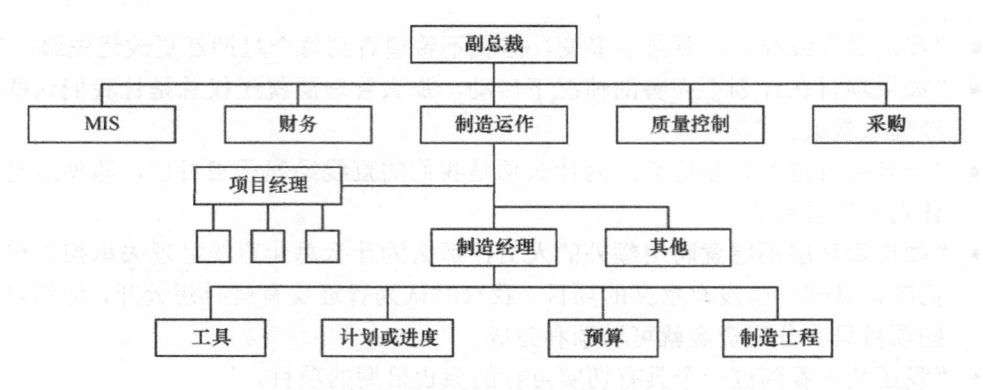

图 4-3 怀特制造公司组织结构

2007 年，制造经理在制造部门建立了矩阵结构，由制造工程师担任部门的项目经理。由于可以从一个地方获得所有的信息，因此这种结构对制造经理和部门项目经理都有好处。工作进行得非常顺畅。

2008 年 1 月，制造经理辞去了本应 3 月才到期的职务，所以制造运作部的经理认为他应该去填补这个空缺。但是在 2 月，副总裁宣布这个位置将从外部聘用人员来担任。他还说将进行一次组织结构重组，3 位项目经理将向制造经理汇报。当 3 位项目经理来见制造运作经理时，他说："我们已经高薪聘请了一名新经理。为了体现他的能力，我们会给他更多的职责。"

2008 年 3 月，新经理就位，并发表了两点声明：
1）没有他的允许，项目经理不得擅自做主。
2）取消部门的矩阵结构，部门经理负责所有事务的整合。

问题

1. 对于新任部门经理的举动，你有什么看法？
2. 如果你是项目经理，你会怎么办？

马堤希建筑公司

马堤希建筑公司（Martig Construction Company）是一家家族式的机械分包企业，其价值已从 2006 年的 500 万美元增长到了 2008 年的 2 500 万美元。尽管它的总收益增长很快，但其销售利润率大幅下降。"为什么会下降？"下面是我们调查后得到的一些结果。

1）自从 2008 年 7 月老马堤希去世以后，小马堤希就一直试图说服家族让他出售整个公司，但是没成功。作为公司总裁，小马堤希在过去的一年里平均每个月有 8 天在休假。尽管项目经理本该向小马堤希汇报工作，但实际上他们都好像在自己发号施令，并不断争权夺利。

2）整个估算部门只有约翰（John）一个人，他负责所有项目的估算。马堤希建筑公司的中标率是 1/7。一旦项目中标，公司就会任命一名项目经理，并要求他必须在预算内实施项目。虽然项目经理根本不参加估算,但是公司要求他向估算人员提供反馈信息以便更新基准。实际上,由于权利的争夺,项目经理基本不反馈任何信息。因为估算人员是小马堤希的好朋友,项目经理们认为下一个晋升为高管的将是他。

3)采购职能部门也应该直接向小马堤希汇报。一旦采购项目订货,项目经理就要承担采购责任。曾经有几次,项目经理被迫花很多时间来克服材料短缺的困难,或者寻找原材料。大多数项目经理认为他们35%的时间都花在了采购上。

4)现场主管认为自己才是真正的项目经理,至少与项目经理处在同一级别上。这些主管对没有参与采购感到很不满,所以想尽办法为难项目经理。因此,项目经理在现场花费的时间越多,项目的时间就越长,而且反馈到总部办公室的信息也被歪曲得不成样子。

问题

1. 本案例的主要问题是什么?
2. 你会如何解决这个问题?
3. 项目经理与现场主管的工作关系如何?
4. 马堤希建筑公司的采购部门发挥了作用吗?
5. 马堤希建筑公司的估算正确吗?

第 5 章

人力资源协商

在许多组织中,项目管理被认为存在多重汇报关系。例如,职员有可能同时向直线经理和几位项目经理汇报。这种多重汇报结构将在很大程度上影响项目经理进行资源协商的方式。项目经理必须清楚开展工作所需的技能等级、所需人员是专职的还是兼职的,以及该员工的工作时间。

某些人认为,现在的项目经理不再需要掌握专业技术,而是需要掌握沟通技术。如果真是这样,那么项目经理会发现,产品交付的协商比人员的协商更容易。这里争论的焦点在于项目经理是该管人还是管物。

杜克化学公司

杜克化学公司(Ducor Chemical)从它一个重要的客户那里得到一份研究开发合同。该客户与杜克化学公司签订了一份为期 12 个月的独家研究开发合同,目的是开发一种新型化学材料,用于其未来产品中。如果杜克化学公司能开发出该新型化学材料,那么它就可以得到一份长期的生产合同,为杜克化学公司在随后几年里带来巨额利润。

除了所需的各种实验室人员,该合同要求在项目期间派驻一名高级药剂师。过去,高级药剂师只供公司内部使用,而不为外部客户项目服务。这是杜克化学公司第一次将高级药剂师派给客户。由于公司只有 4 名高级药剂师,所以项目经理希望与实验室主管人员的协调过程能够顺利。

项目经理:"我知道你已经知道了这个项目的技术要求,因此你应该清楚指派最好药剂师的必要性。"

实验室主管:"我们所有的药剂师都很出色,他们其中的任何一个都能胜任这项工作。鉴于你的项目时间安排,我决定把约翰·速龙(John Thorton)派给你。"

项目经理:"我可真走运!你指派的恰恰是和我不能共事的那位。以前我已经感受了和他一起工作的那种煎熬。他极其自大,我们合作起来非常不愉快。"

实验室主管:"也许是吧,但是他完成了工作,不是吗?"

项目经理:"是的,他的确完成了工作。就技术而言,他能够胜任。但是,他骄傲自大的态度和嘲讽给我的团队造成一种令人泄气的氛围。之前那个项目的工期只有 3 个月的时间,但目前的这个项目至少需要 1 年,而且很有可能有后续工作。如果我将和他有很长一段时间被拴在一起，这对我来说简直无法忍受。"

实验室主管："我会和约翰谈的。我会让他闭嘴的。无论如何，你是一名出色的项目经理，你肯定知道应该如何与这些出色的技术人员打交道。"

项目经理："如果和他在一起工作 1 年以上，我肯定会精神崩溃。我相信你一定可以从其他 3 位高级药剂师中另指派一人。"

实验室主管："从我手上的其他项目来看，有 1 年时间的只有约翰一人。如果你的项目只有两三个月的话，我就可以给你指派其他的药剂师。"

项目经理："我想你根本没有考虑这个项目的最大利益就把约翰扔给了我。也许我们应该让发起人来解决这个冲突。"

实验室主管："首先，这不是冲突。其次，拿发起人来威胁我对你没有任何帮助。你将来还打算从我这里要资源或寻求支持吗？我的记忆力可是很好的。最后，我的职责是在保证公司最大利益的前提下满足你的要求。"

"你从我的角度来想想人员分配。你担心自己项目的最大利益，而我需要支持大约 20 个项目，我制定的决策要使整个公司获得最大利益，牺牲几个项目而保全一个项目对公司来说不是一个好的决策。我对制定公司决策负责，而你对制定项目决策负责。"

项目经理："我的薪水、晋升和将来的机会都押在了这个项目的成功上，而不是 20 个。"

实验室主管："如果要使项目管理成功，我们的关系必须是建立在相互信任基础上的伙伴关系。如果我说你能够在既定时间、成本和质量要求内完成可交付成果，你必须相信我。做出承诺并信守承诺是我的工作。"

项目经理："但员工的士气怎么办，那也是一个因素。还有一个重要的因素，客户想在我们这里每个月召开碰面会，以便了解进度。"

实验室主管："我知道。我已经看过需求文档。每月一次的会议有什么问题吗？"

项目经理："我以前和这个客户打过交道。开会时，他希望从事具体项目工作的人来提供有关技术状态的汇报，并不是项目经理。这就意味着约翰·速龙每个月至少与客户有一次直接交流。约翰是个做事不计后果的人，我们不知道从他嘴里会说出什么来。如果没有每月的碰面会，我或许会接受他。但根据以往的经验，他不知道什么时候该闭嘴。他会给我们的项目带来不可挽回的损失。"

实验室主管："我会提醒约翰·速龙的。此外，你放心，我将参加每次的客户碰面会，让约翰收敛点。依我看，就指派约翰了。这个话题到此结束！"

▶ 项目继续……

约翰·速龙被指派到这个项目中。在第二次碰面会上，约翰就开始向客户抱怨，认为他们的一些测试要求根本没有意义，是无事生非。更糟的是，约翰声称如果让自己独自进行这项工作的话，他会开发出比客户要求好得多的产品。

客户对约翰的言论极其不满，声称他们不仅要对项目现有的绩效进行评估，还要对杜克化学公司的承诺进行评估。评估之后，他们再决定是否要终止项目，或者将项目交给杜克化学公司的竞争对手。实验室主管根本就没有出现在前两次的客户碰面会上。

问题

1. 当项目经理只关心他的项目利益而直线经理希望做出对整个公司有利的决策时，我们该如何在他们之间建立合作伙伴关系？
2. 在人员协调的过程中，项目经理和直线经理谁更有发言权？
3. 该如何处理项目经理和直线经理间的不可调和的人员配置矛盾？
4. 外部客户在项目员工配置上是否具有发言权？
5. 如果员工表现不佳，我们该怎样将其调离？
6. 项目经理是否应该对人员配置和可交付成果进行协商？

美国国际电子

2004年2月13日，美国国际电子（American Electronics International，AEI）由于具有研发和生产一种先进的制导系统的资质，从而获得一个3 000万美元的合同。在此之前，在由同一家机构资助的另一个名为"面具"的项目中，AEI发现了一种具有高性能的新型材料。该材料可以很容易地取代现有领域的部件。这个名为"面具"的项目需要30个月来完成，需要测试15种部件。该项目的工期比AEI以前的任何一个项目都要长。AEI的人事部门关注的是将出现哪些人员配置问题。

背景

2002年6月，AEI获得一个为期1年的新材料开发项目。本·卡帝（Blen Carty）被任命为项目经理。他在该公司的项目管理和项目工程岗位上干了25年。最近的5年内，他作为研发项目的项目经理非常成功。

AEI采用的是矩阵式组织结构。本·卡帝非常清楚这种组织形式的问题。当有可能获得后续合同时，他就知道职能经理肯定不情愿让核心人员全职到他的项目中来，因为这样就要30个月不能对他们进行派遣。同样，项目办公室人员的配置也会遇到类似的困难。

在"面具"项目的建议书制定阶段，本·卡帝和项目管理总监约翰·华莱士（John Wallace）及工程部总监阿尔伯特·兰纳尔斯（Albert Runnels）博士召开了一次会议。会议的目的是满足客户的需求，将所有核心成员列在项目建议书中。

约翰·华莱士："我很难做出任何人员配置的承诺。你的项目开始的时候，我们的其他4个项目即将结束，几个新的项目也同时开始。我想，现在就确定人员名单还为时过早。"

本·卡帝："但是我们这个项目的需求建议书有这个要求。30个月的人员配置太长了，所以我们现在就应该考虑这个问题。"

兰纳尔斯博士："我们可以把最优秀的员工列入建议书中，例如，可从工程部增加几名博士，增强我们的管理阵容。只要一接到合同开始的通知，我们就会查找谁可以使用并给他分配任务。这在行业中是常见的做法。"

▶ 材料开发项目的完工

材料开发项目大获成功。从一开始，所有的事情就很顺利。本·卡帝将工程部的博士理查德·福莱格（Richard Flag）安排到项目管理办公室担任项目工程师。起初，这是一个冒险的举措。因为4年来，理查德在公司一直是研究人员。然而，在项目的具体实施过程中，理查德用实际行动证明他可以脱离研究开发工作，并有能力承担项目办公室工程师的必要职责。本·卡帝很欣赏理查德控制项目成本和指导各项具体活动的方式。

理查德与开发实验室的人员和经理建立了相当好的工作关系。只要能保持项目的正常进度，理查德允许实验室人员按照自己的节奏工作。理查德每周都会用10分钟时间向各个部门经理通报项目状况。部门经理都很喜欢这种方式，因为这样他们既能够得到项目整体状况的第一手资料（没有经过处理），也不必浪费时间开小组会议。

当有迹象表明就要签订后续合同的时候，本·卡帝将大部分时间花在走访客户和制订未来业务的详细计划上。这时，理查德既是项目经理，又是项目工程师。

客户项目管理办公室对理查德的工作相当满意。所有信息（无论是好的还是不好的）都会在理查德获得的第一时刻传送给客户，而且丝毫没有隐藏和掩饰。通过每个月的技术交流会议，理查德与客户项目管理办公室的所有人都混得很熟。

材料开发项目完成时，本·卡帝和约翰决定向上层管理者推荐几个项目办公室的人员。本·卡帝想让理查德担任项目总工程师。他将带领6名工程师，负责在项目时间、成本和绩效规格的约束条件内控制好所有的工程活动。这对理查德来说虽然是个全新的领域，但本·卡帝相信他能轻松地处理好。

遗憾的是，有谣言称拉里·吉尔伯特（Larry Gilbert）将要被任命为"面具"项目的项目总工程师。

▶ 人员选择问题

11月15日，兰纳尔斯博士和本·卡帝碰面，目的是为项目团队挑选核心成员。

兰纳尔斯博士："本·卡帝，是你挑选人员的时候了。我想让拉里·吉尔伯特担任总工程师。他人不错，又有15年的工作经验。你怎么看？"

本·卡帝："我希望继续留用理查德。他表现很好，而且客户也喜欢和他共事。"

兰纳尔斯博士："理查德没有担任该职位的经历。我们仍然可以将他继续留在项目办公室，协助拉里·吉尔伯特的工作。"

本·卡帝："我更倾向于让拉里·吉尔伯特来协助理查德的工作，但是我们似乎还没有让9级工程师辅佐7级工程师的先例。就我个人而言，我担心吉尔伯特与人共处的能力。他的管理方式太武断，职能部门的员工都拒绝和他一起工作。他把他们当成小孩，拿着一根大拐杖来回溜达。一个部门经理说，如果吉尔伯特成为他上司的话，其结果很可能就是切断了项目办公室与他所在部门的连接纽带。他的手下拒绝为独裁的人工作。我也从其他几位经理那里听到了类似的话。"

兰纳尔斯博士："你知道，吉尔伯特能完成工作。你必须教会他如何成为项目经理。你应该清楚，我们公司没有多少9级的工程师，我认为我们应该对我们的员工负责。我们不能将吉尔伯特放到更低的职位上。如果提升了理查德，项目被取消，那么把他派遣到哪里呢？他已经回不到原来的职能工程部门了！那是在后退。"

本·卡帝："可是吉尔伯特太固守他的那套方式了，他简直就是顽固不化。另外，这个项目30个月的工期太长了。如果他把事情弄糟，即使我们能让别人来代替，势必也会给客户带来不安。很多人都愿意到'面具'项目来工作，我们还有其他人选吗？"

兰纳尔斯博士："人们总是喜欢到长期项目中工作，因为那让他们有安全感。我们身为决策人员也喜欢长期的项目。遗憾的是，我们再没有其他的9级工程师了。当然，我们可以从其他项目中抽调一个，但我不想那么做。我们的工程师喜欢将一个项目从头做到尾。我想你最好和职能经理多花些时间来挑选最合适的人选。"

本·卡帝："我已经努力试过了，而且遇到一些麻烦。职能经理不愿意将那些核心人员派遣给我30个月。有一位经理想派两名员工到我们的项目中来，目的只是想让他们在工作中得到锻炼。我告诉他，高级管理层将这个项目定为战略规划，我们必须要优秀的人。然而，该经理只是笑了笑就走开了。"

兰纳尔斯博士："本·卡帝，你要知道我们不可能把所有优秀的人都弄过来，其他项目也需要人手。而且，如果都是经验丰富的人，那么成本就会超过我们的项目预算。你只能在现有的人员里进行选择。你把想要的人列个清单，我看看能做点什么。"

本·卡帝离开办公室时，他对兰纳尔斯博士能否帮他选到关键的人员感到怀疑。

问题

1. 谁来负责办公室人员的配置问题？
2. 本·卡帝与兰纳尔斯博士分别扮演了什么角色？
3. 你认为应该任命拉里·吉尔伯特吗？
4. 如果你是项目经理，你将如何与职能经理协商人员问题？

卡尔逊项目

"弗兰克（Frank），我对你的问题深表同情。"项目经理乔·麦吉（Joe McGee）说，"但是你也知道，我的职责是解决项目之间的冲突并进行协调。人员配置问题是你的事。"

弗兰克："罗伊斯·威廉姆斯（Royce Williams）的简历令人注目，但我不明白他为什么表现得如此懒散和毫不在乎。他具备15年的项目经验，而且其中10年是在项目管理办公室工作的。他很清楚他应该做什么。"

麦吉："我认为这与你毫不相干。我们其他的好员工早晚也会发生这些问题。你不能要求每个员工一直都是120%的投入。罗伊斯现在的工资是他拿的最高工资了。为了避税，他不能拿加班费。放心，他很快就会重新振作起来。"

弗兰克："卡尔逊项目（The Carlson Project）的截止日期马上就要到了。好在这是一个大项目，所以项目办公室有8个全职人员，还不包括我。我希望所有项目办公室的员工都是全职的，而且能够胜任两三种工作。我还有个员工能够干罗伊斯的活，这还算不错。但我不能总是让他既要干自己的活，又要干罗伊斯的活。这个可怜的家伙一周要工作 60～70 小时，罗伊斯却只干 40 小时。我觉得这有点不公平。"

麦吉："弗兰克，我有权解雇他，但是我不打算那样做。如果我们因为某些人不愿意免费加班就解雇他，这似乎有点不合适。去年，我们曾遇到过类似情况——一名员工拒绝在周一和周三的晚上加班，否则会干扰他的 MBA 课程，而且大家都知道他获得 MBA 后就会辞职，但是我对此无能为力。"

弗兰克："必须让别人代替罗伊斯。我和他及办公室的其他人员都谈过了。罗伊斯的态度看起来似乎没有影响其他成员的士气，但短期内还是有影响的。"

麦吉："只要有合适的人选，我们可以把他换到其他的项目中去。但是，我不会让他的薪酬影响我部门的预算，你的项目还能够养着他。你知道，一旦他被调离，就会流言四起，这将对你以后网罗项目人才造成一定影响。再给他一点时间，看你还有没有其他办法。从职能团队成员的角度来看，你认为哈伦·格林（Harlan Green）怎么样？"

弗兰克："两个月前，我们雇用了有 10 年工作经验的格斯·约翰逊（Gus Johnson）。在项目的前两周，他拼命工作，任务都能提前完成，而且没有任何问题。这也是我为什么想要他的原因。我与他很熟，他是个很不错的员工。然而，在接下来的两个星期内，他工作的速度明显慢了下来。我和他就此事谈过，他说如果他还那么努力工作的话，哈伦将不再与他一起工作。"

麦吉："你问他为什么了吗？"

弗兰克："我问了。首先，出于安全考虑，那个部门里的所有职员都是两三个人一起工作，所以格斯不可能单独干。哈伦不想改变绩效标准，因为他担心别人会被解雇。"

"第一周结束时，部门中已经没有人和格斯说话了。事实上，他们甚至不愿意和他一起喝咖啡。所以，格斯要么屈从于小组，要么就要被孤立起来。我对这件事也有部分责任，毕竟他是我引进来的。"

"我知道部门以前也发生过这种事情，可我一直没有机会和部门经理交谈。不过，我们约定下周进行会面。"

麦吉："这个事情总是有解决的办法的，而且不会很麻烦。但我再一次提醒你，那不是我的责任。你可以和部门经理通力合作来解决这件事。"

"是的，"弗兰克想，"如果我们的意见不一致怎么办？"

🔍 问题

你认为这个问题该如何解决？

沟通失败

▶ 背景

赫布（Herb）来公司已经 8 年多了，一直从事各种研发及产品改良项目。这些项目的客户多数为外部客户。赫布具有工程学博士学位，并且在他所从事的行业里是一位非常有声望的专家。因为他具备的专业技术,所以他大部分时间都可以独自工作,仅需要在项目团队会议期间与不同的项目团队会面。但是,这些就要被改变了。

赫布的公司刚从它的重要客户那获得了一个为期 2 年的合同。合同约定第一年进行研发性工作,第二年进行制造性工作。因为赫布具备研发和制造方面的知识,公司认为他最适合担任项目经理。遗憾的是,赫布从来没有接受过项目管理方面的培训,而且他很少参与项目团队的工作,所以任命赫布担任项目经理是有风险的。不过,管理层认为赫布能做好这份工作。

▶ 团队形成

赫布的团队共有 14 人,大部分人在项目的第一年是全职的。赫布每天都需要与爱丽丝（Alice）、鲍勃（Bob）、贝蒂（Betty）和弗兰克（Frank）接触。

- 爱丽丝有着丰富的经验,曾经与赫布共同工作过。爱丽丝来公司的时间比赫布长,负责协调研发人员的工作。
- 鲍勃来公司的时间也比赫布长,一直从事工程师的工作,他负责协调工程与制图方面的工作。
- 贝蒂相对来说是公司的新员工,她将负责所有的报告、记录管理及采购工作。
- 弗兰克来公司已经 5 年了,是一名制造工程师。与爱丽丝不一样,在制订制造计划前,弗兰克是兼职的。

在项目的头两个月中,工作看上去是按计划实施的,每个人都明白自己在项目中所承担的角色,没有产生问题。

▶ 星期五,13 日

每个星期五下午 2 点至 3 点,赫布会召开团队会议。赫布有点迷信,但是下个星期五是 13 日,这让他很烦恼。他想取消这次团队会议。

13 日上午 9 点,赫布如往常一样会见了项目发起人。两天前,赫布和项目发起人在走廊闲谈,项目发起人告诉赫布,他在星期五可能讨论未来 6 个月的现金流及如何降低项目支出的问题。因为项目发起人担心项目的某些支出。赫布一走进发起人的办公室,发起人就说:

> 你好像没准备报告。我再次要求你准备有关现金流的报告。

对此,赫布有点不高兴。他认为这只是一次闲谈,不需要准备报告。但是,赫布明白发起人有权制定项目的优先级,且质疑项目发起人的沟通技能是错误的。显然,这一天已经有一个不好的开始了。

上午 10 点,爱丽丝来到赫布的办公室。赫布从爱丽丝的表情上就能感觉到她有点焦虑。爱丽丝说:

> 赫布,我上个星期一就告诉过你公司准备提拔我,这个通知应该在今天早上发出。但是,我并没有获得提升。你为什么不为我写一封推荐信呢?

赫布回想起了当时的情景。爱丽丝的确告诉他她想获得提升，但是爱丽丝并没有要求他写一封推荐信。难道爱丽丝希望他能领会言外之意？

赫布对此进行了真诚的道歉，但这不能让爱丽丝感到高兴。显然，赫布的这个13日变得更糟了。

爱丽丝刚走出赫布的办公室，鲍勃又来了。赫布知道鲍勃遇到难题了。鲍勃说：

在我们上个月的一次团队会议中，你说和一些工程技术人员进行了沟通，告诉他们这个星期要分别进行70华氏度、90华氏度和110华氏度的测试，我们都知道规格要求是60华氏度、80华氏度和100华氏度。这种做法是我们通常的做法，它要求技术人员实施与规格要求不同的标准。

但是，工程技术人员显然忘了你所说的，他们是按照规格要求进行测试的。我本以为你会按照你的日程计划与他们进行谈话，但事实并非如此。不过，也可能是他们忘了。

我和我的工程技术人员打交道时，我的原则是"好记性不如烂笔头"。以后，你要让我与工程技术人员沟通，工程由我负责。此外，工程人员的请求应该先经过我的允许。

是的，13日这一天对赫布来说已经非常糟糕了。赫布在想，还有什么能使境况变得更糟呢？到了11点半，午饭时间快到了，赫布考虑是否要锁上办公室的门，关闭手机，这样就没人能找到他了。但是，看到前面走来的贝蒂和弗兰克的表情，赫布知道他们也遇到问题了。弗兰克首先说：

我刚从采购部门获知他们已经采购了我们在制造阶段才需要的某种材料。我们距离开始制造还有1年，并且如果最终的设计出现变化，我们将不会使用计划的原材料。此外，我的制造预算也不支持过早采购。我应该参与所有涉及制造的采购决策，我采购的材料会比贝蒂获得的更便宜。所以，制定采购决策怎么少得了我？

在赫布说话之前，贝蒂开口了：

赫布，上个月你要我调查采购这些材料的成本。我发现能从一个供应商那里获得非常优惠的价格，于是决定采购。我认为这是你要我做的。这也是我以前的公司常用的做法。

于是，赫布说：

我只是希望你确定这些材料的成本，不是让你做最终的决策，这不是你职责范围内的事情。

这个13日已经成了赫布职业生涯里最糟糕的一天了。赫布决定不给任何人机会了。

贝蒂和弗兰克一离开，赫布立马用电子邮件通知所有团队成员取消原定的下午 2 点至 3 点的团队会议。

问题

1. 在项目管理中，沟通技能到底有多重要？
2. 赫布是不是担任项目经理的合适人选？
3. 赫布与爱丽丝、鲍勃、贝蒂和弗兰克之间都存在沟通问题。对每个沟通问题而言，你认为沟通的哪个流程出现了故障（如编码、解码、反馈等）？

第 6 章

项 目 估 算

> 有些人认为项目成功的关键因素是估算的精确度。遗憾的是，并不是所有的公司都有估算数据库，也不是所有的公司都会进行很好的项目估算。一些公司愿意估算至工作分解结构的高层，而另一些公司只愿意估算工作分解结构低层次活动的持续时间和花费。
>
> 在项目驱动型和以招投标为主的组织中，好的估算是可以"拿捏"的，需要经过管理层的修改，因为他们相信低报价是会赢得工作的。这种估算过程很大程度上影响了项目经理与员工遵守项目财务底线的能力。

卡皮塔尔工业制造公司

2006 年夏天，卡皮塔尔工业制造公司（Capital Industries）承担了一个材料开发项目，目的是为中型汽车开发一种硬塑料缓冲器。2007 年 1 月，缓冲器项目（管理层是这样称呼的）开发了一种材料，该材料通过了所有的初步实验室测试。

进行全方位实验室测试之前还要进行三维压力分析。之所以要进行压力分析，是出于考察缓冲器在一定环境下能否正常工作的考虑。压力分析的成本要比公司原来估计的成本高。因为目前的成本支出已经与预算持平了，所以需要额外的资金投入。

缓冲器项目办公室的项目工程师弗兰克·埃伦（Frank Allen）被指派负责压力分析工作。他与工程分析部的职能经理进行了会面，讨论人员配置问题。

职能经理： "我想把保罗·特洛伊（Paul Troy）派到这个项目中。他是一位具有结构分析博士学位的新人，我相信他能干好。"

弗兰克·埃伦： "这是一个优先级别高的项目，我们需要有经验的人，而不是新人，不管他有没有博士学位。为什么不把这些新人派到其他项目中去锻炼一下呢？"

职能经理： "你们的项目人员必须接受部分在职培训。如果我们现在谈论的是装配生产线上的蓝领工人，我可能同意你的建议。但他是一名有着很好技术背景的大学毕业生。"

弗兰克·埃伦： "他或许有很好的背景，但是他没有任何经验。他需要监督和指导。这个任务需要他一个人独立完成，如果他失败了，你来负责。"

职能经理： "我已经将成本估算的资料给了他，我相信他会做得很好。在项目的实施过程中，我会和他保持紧密联系的。"

弗兰克·埃伦来找保罗·特洛伊要该项目的估算。

保罗·特洛伊："我估计需要 800 小时。"

弗兰克·埃伦："你估计得似乎偏低，大多数三维压力分析至少需要 1 000 小时。为什么你需要这么少的时间？"

保罗·特洛伊："三维分析？我认为那将是二维分析。但没有什么区别，过程是一样的。我可以处理。"

弗兰克·埃伦："好，我给你 1 000 小时。但是如果你超时了，我们都会不好过。"

弗兰克·埃伦密切关注着项目的进度。在成本用掉 50%的时候，项目工作只完成了 40%。看来，成本超出预算似乎不可避免了。职能经理仍然声称他在关注着项目工作，并认为困难是由新材料性质引起的，而且他的部门以前从来没有处理过这种类型的材料。

6 个月后，保罗·特洛伊宣布将在一周内完成工作，此时已经比计划晚了 2 个月。这 2 个月的推迟引起了严重的厂房和设备使用问题。缓冲器项目必须为那些等待全方位测试的人员支付费用。

星期一早晨，项目办公室接到上周的人工成本报告。周报显示出版和图形部门为编制最终报告花掉了 200 小时。弗兰克·埃伦对此非常恼火。他与保罗·特洛伊及职能经理开了一个会。

弗兰克·埃伦："谁让你准备正式报告了？我们需要的是关于结构失败时继续还是停止的决策。"

保罗·特洛伊："我不会提交任何非专业的报告。这份报告将成为经典。"

弗兰克·埃伦："超出成本 50%也会成为经典。我想你的估算有点离谱！"

保罗·特洛伊："这是我第一次进行三维压力分析，并且这是多大的一个项目啊！我完成了工作，不是吗？"

问题

1. 谁最适合制定与职能工作有关的估算？
2. 能否将这项任务委派给他人？
3. 能否将这项任务的估算工作委派给他人？
4. 保罗·特洛伊是否应该承担估算的工作？
5. 弗兰克·埃伦、保罗·特洛伊和职能经理之间的沟通存在问题吗？
6. 基于上述问题，弗兰克·埃伦应该更关注项目的进展吗？
7. 保罗·特洛伊是否意识到项目还存在时间和成本约束？
8. 项目办公室成员是否有必要了解人工成本？

珀西公司的小项目成本估计

2000 年 6 月，保罗大学毕业并获得工业工程学位。毕业后，他在珀西公司的制造事业部担任制造工程师。他的主要职责是为制造部门做估算工作。每个估算都要交给相应的项目办公室作为参考。一直以来，保罗估算的有效性都非常好。

2005年，保罗被提升为项目工程师，主要负责所有部门工作估算的协调。整整一年，保罗一直在学习，除为办公室的人事经理进行估算外，他不做任何估算工作。毕竟，他现在是在项目的管理部门，那里的工作只是"协调与整合"之类的词。

2006年，保罗被调去小项目部从事项目管理工作。这是一个专门为运行低成本的项目而成立的新部门。这些项目的管理原则是成本不能超出正式部门项目成本估算。其中有5个项目，保罗的估算都是"钱正好"。但是，进行第6个项目时，生产部超支了20 000美元。

2007年11月，公司召开会议来解决"为什么会出现成本超支"的问题。参会人员有总经理、所有部门经理和总监、项目经理和保罗。保罗开始担心该怎样为自己辩护。

问题

1. 保罗曾经为这类工作制定过价格吗？
2. 保罗曾经将他的估算提供给职能经理吗？
3. 小项目的这种情况能否获得纠正？
4. 职能经理是否愿意使用部门内的资源为小项目定价？
5. 本案例中的项目会存在哪些长期问题？
6. 缺少规划和控制的项目，会如何影响项目的最终成果？

科里电子公司

"杰夫，坦白地讲，我认为我们赢得这个2 000万美元项目的机会不大。当听他们说愿意接受我们的报价并开始合同谈判的时候，我确实很惊讶。作为合同的主要管理者，你要负责谈判。"科里电子公司（Cory Electric）的副总裁兼总经理格斯·贝尔（Gus Bell）说，"你有两周时间来准备资料和组建队伍，准备好后我再来见你。"

杰夫·斯托克斯（Jeff Stokes）是科里电子公司的首席谈判官。该公司年产值7.5亿美元，为美国多个公司提供电子元件。科里电子公司运用矩阵式组织结构长达15年，且一直运行良好。公司的工作分配标准也相当完善，但是职能经理职位过多。

两周之后，杰夫来与格斯·贝尔讨论谈判过程。

格斯·贝尔："你是否组建了一支合适的队伍？你最好确认一下你已经考虑了所有方面的工作人员。"

杰夫："算上我，谈判桌上一共有4个人：项目经理、开发工程工作包的首席项目工程师、开发生产工作包的首席生产工程师、从开始就一直参与的造价师。我们有一个很强大的队伍，可以应付任何问题。"

格斯·贝尔："好吧，我相信你的话，虽然我自己也有一份名单。我希望你能够为我们的股东带回这份利润高达160万美元的合同。你考虑了有关谈判成本可能出现的各种情况吗？"

杰夫："是的！我们的底价为 2 000 万美元，再加上 8%的利润。当然，利润率会随着谈判成本发生变化。我们能够以 1 500 万美元的成本对该项目投标，虽然比我们的目标少 500 万美元。但是，我们可以借助成本加激励合同，仍然获得 160 万美元的利润。各种情况的清单如表 6-1 所示。"

表 6-1 成本构成 单位：美元

谈判成本	%	谈判费用 预期费用	超支费用	总费用	合　计
15 000 000	14.00	1 600 000	500 000	2 100 000	17 100 000
16 000 000	12.50	1 600 000	400 000	2 000 000	18 000 000
17 000 000	11.18	1 600 000	300 000	1 900 000	18 900 000
18 000 000	10.00	1 600 000	200 000	1 800 000	19 800 000
19 000 000	8.95	1 600 000	100 000	1 700 000	20 700 000
20 000 000	8.00	1 600 000	0	1 600 000	21 600 000
21 000 000	7.14	1 600 000	−100 000	1 500 000	*22 500 000
22 000 000	6.36	1 600 000	−200 000	1 400 000	23 400 000
23 000 000	5.65	1 600 000	−300 000	1 300 000	24 300 000
24 000 000	5.00	1 600 000	−400 000	1 200 000	25 200 000

假定支出如下总费用：

21 000 000	7.61	
22 000 000	7.27	最低状态=20 000 000 美元
23 000 000	6.96	最小费用=1 600 000 美元=最低状态的 8%
24 000 000	6.67	分配比例=90%/10%

注：*买入合同。

格斯·贝尔："如果我们谈判的成本超过了预期费用，那么一定要让成本会计知道这件事情。如果我们希望用这些费用来弥补超支，我不想把所有费用都算在这个项目的账面利润计算中。我们能否调整费用率、一般成本（管理费用），以及我们的工资结构？"

杰夫："这有些困难。你知道，我们 20%的业务来自米特雷公司（Mitre Corporation）。如果我们公司不续签一个 2 年的后续合同，那么我们的费用就会急剧上升。我该使用哪个费用率呢？"

格斯·贝尔："为了避免我们的业务基础发生剧烈变化，我们在合同中增加一条再协商条款，并且要确保客户将其理解为条款和条件的一部分。还有其他附加条款和条件吗？"

杰夫："我已经看过了所有条款和条件，项目办公室职员及关键职能经理也看过了。唯一的关键条款是客户希望我们再指定一些新的原材料供应商。我们已经将两个新原材料供应商加入成本中了。"

格斯·贝尔："我们的建议书的不足之处是什么？我想应该有一些。"

杰夫："上个月，客户派了一个调查小组来检查我们的工作说明。我们的员工给我的印象就是所有都做好了，唯一的问题就是我们的学习曲线效率是多少。我们在建议书中写的是 45% 的学习曲线效率。基于我们以往的合同，客户指出我们的效率应该在 50%～55%。遗憾的是，客户所参考的都是 4 年前的合同。曾经参与那个项目的几个员工已经离开了公司，剩下的也被派到了其他项目中。我估计我们可以聚集 10% 的原来做过这个项目的老员工。学习曲线效率问题将是主要分歧所在。我们以前的项目学习曲线效率为 35%。我不明白，在这种环境下，他们怎么可以要求更高的学习曲线效率。"

  格斯·贝尔："如果那是唯一的不足，那么我们的处境还算不错。我们的审计结果一直很好，这非常不错。你是怎样安排谈判顺序的？"

  杰夫："我希望只是就底线价格进行谈判，但这似乎不太可能。我们可能就原材料、工时与学习曲线、费用率和利润进行谈判，希望能够按照这个顺序进行。"

  格斯·贝尔："你认为谈判成本有可能低于最低底线吗？"

  杰夫："我们的建议书报价是 2 200 万美元。我不认为如果低于底线会遇到什么障碍。学习曲线 5% 的变化就会引起大约 100 万美元的波动，所以我们应该做到万无一失。"

  "第一步将取决于客户。我希望客户能出 1 800 万～1 900 万美元。应用对分查找程序（the binary chop procedure）将有助于我们保持最低底线。"

  格斯·贝尔："你知道将与谁谈判吗？"

  杰夫："我知道，我以前曾经和他们打过交道。上次，谈判进行了 3 天。我想我们都达到了目的。我希望这次也能同样顺利。"

  格斯·贝尔："好的，杰夫，我相信我们为谈判准备好了。祝你好运。"

  谈判于星期一早晨 9 点开始。客户不同意建议书中的 2 200 万美元，他们只愿意出 1 500 万美元。经过 6 小时的激烈谈判，杰夫及其团队提出休会。杰夫马上打电话给格斯·贝尔。

  杰夫："他们对我们投标的还盘简直是荒谬的，他们还在逼我们反对他们的报价进行还盘。我不能那样做。一旦我们对他们的荒谬报价进行还盘，那么我们实际上就接受了他们的报价。现在，他们一直强调，如果我们不降价，那么就说明我们谈判的诚意不够。我想我们遇到麻烦了。"

  格斯·贝尔："客户为他们的标价做准备了吗？"

  杰夫："是的，做得非常好。我们明天将讨论建议书中的每个细节，按任务一项一项进行。除非在今后两天内他们的底线发生很大变化，否则谈判很可能要持续 1 个月。"

  格斯·贝尔："也许这是一个需要高层管理者参与谈判的项目。看一下对方是否和你一样，也在向副总裁和总经理汇报。如果不是，你要中止谈判，除非客户让一个与你级别相同的人参与谈判。如果有必要，我们将在我这个级别上进行谈判。"

问题

1. 谈判小组应该由几个人构成？
2. 项目经理的角色是什么？
3. 合同谈判期间，应该就哪些条款进行协商？
4. 合同各类条款的谈判顺序是什么？

5. 参与谈判的双方人员是否应该是同一级别的？
6. 公司应该参与远远低于成本估算的项目投标吗？如果参与，在什么条件下？

卡姆登建筑公司

"5 年来，关于我们为什么被从这个区域的建筑建设项目竞争中挤出来这个问题，我从你们的人那里听到的只有站不住脚的借口。"约瑟夫·卡姆登（Joseph Camden）总裁说，"借口、借口、借口，这就是我听到的所有的话！在过去的 5 年里，我们在这个地区的业务份额只有 15%，而且基本上都是以前建立起关系的客户。我们的增长速度实在是太糟糕了。似乎所有人的报价都比我们低，或许我们的投标过程尚有不足之处。如果你们 3 位副总裁还拿不出解决方案，我会在年终把这 3 个位置留给别人。"

"下个星期，我们会再次进行投标。我想赢得它，你们明白了吗？"

▶ 背景

从 1989 年到 1999 年的 10 年间，卡姆登建筑公司（Camden Construction Corporation）从资产只有 100 万美元的小公司成长为拥有 2 600 万美元的大建筑公司。卡姆登建筑公司的优势在于它与客户建立的良好关系。它在质量方面的名声要远远好于当地的其他竞争对手。

卡姆登建筑公司的大部分合同都是与长期客户签订的。这些客户希望采购来源单一，且愿意为质量和服务额外支付费用。随着 2008 年的经济衰退，卡姆登建筑公司发现只有参与市场竞争性招投标，才能维持其业务份额不下降。

2010 年，为竞标政府项目，卡姆登建筑公司被迫与其他公司进行联合体投标。虽然极大地降低了利润率，但为业务的增长提供了更大的保障。卡姆登建筑公司目前已经撤离了重要商业区的建筑市场领域。但是，如果能参与几个数百亿美元的摩天大楼项目，卡姆登建筑公司也能够淘得一桶金。

▶ 献策会议

2011 年 1 月 17 日，3 位副总裁开会讨论改进卡姆登建筑公司投标技巧的方式。

财务副总裁："伙计们，我不得不说，我们招投标的工作确实做得不好。我想我们不够重视项目招投标。现在是时候了。"

运作副总裁："我们现在需要获得每个竞争对手过去 5 年项目的清单。或许，我们可以从中发现一些投标的趋势。"

工程副总裁："我认为最主要的问题是每家公司的费用率。别忘了，联合体投标合同明确了参与员工的费用率。所以，除了工程设计包，所有公司都应该对类似工作采用相同的直接劳动工时和工资。"

财务副总裁："我想我能够得到我们竞争对手过去的投标记录，其中许多都是公开的。这样我们就可以开始了。"

运作副总裁："那有什么用吗？过去的是过去的，为什么不向前看呢？"

财务副总裁："我们要做的就是尽可能地增加成功的概率，同时将利润最大化。遗憾的是，两者不能兼得。我们必须找一个折中的办法。"

工程副总裁："你认为竞争对手也会调查我们过去的投标记录吗？"

财务副总裁："如果不调查，那么他们就太愚蠢了。我们要做的是确定竞争对手的利润目标和成本目标。我个人了解很多的竞争对手，而且对他们的利润目标很清楚。我们需要假定他们的直接成本和我们相同，否则我们很难做出比较。"

工程副总裁："我们能做些什么呢？"

财务副总裁："你必须告诉我开发工程设计包需要多长时间，以及相对于竞争对手的工资结构来说，我们工程设计人员的工资结构如何。另外，能否查一下竞争对手在工程设计活动中投入了多少资金，这将对我们很有帮助。"

"我们还需要从工程和运作角度来对我们将要投标的项目进行很好的估计。如果你们同意，我将把所有的数据收集在一起，两天后再和你们碰面。"

▶ 数据评审

两天后，几位高层管理者碰了面，并对数据进行了评审。财务副总裁提供了3个最有可能的竞争对手的项目报价数据（见表6-2）。这些公司为极致（Acme）、阿贾克斯（Ajax）和先锋（Pioneer）。财务副总裁陈述了如下观点：

表6-2　建议书数据汇总　　　　　　　　　　　　　　　　　　　　　单位：万美元

年　份	极　致	阿贾克斯	先　锋	卡姆登标价	卡姆登成本
2000	270	244	260	283	260
2000	260	250	233	243	220
2000	355	340	280	355	300
2001	836	830	838	866	800
2001	300	288	286	281	240
2001	570	560	540	547	500
2002	240*	375	378	362	322
2002	100*	190	180	188	160
2002	880	874	883	866	800
2003	410	318	320	312	280
2003	220	170	182	175	151
2004	400	300	307	316	283
2004	408	300*	433	449	400
2005	338	330	342	333	300
2005	817	808	800	811	700
2005	886	884	880	904	800
2006	384	385	380	376	325
2006	140	148	158	153	130
2007	197	193	188	200	165
2007	750	763	760	744	640

注：*买入合同。

（1）2003 年，极致的合同很多，人员配置成为它最棘手的问题。

（2）2000 年，先锋濒临破产。据估计，如果公司要生存，它需要赢得 1~2 个项目。

（3）2002 年，有两家公司很可能进行了并购。

（4）2004 年的合同都是创新类的项目。据估计，阿贾克斯之所以进行并购，就是为了进入一个新的领域。

工程副总裁和运作副总裁的数据表明，项目总成本大约为 500 万美元。"好的，"财务副总裁说，"我想知道我们应该如何进行投标，至少有赢得合同的机会。"

问题

1. 竞争对手多渴望获得合同？
2. 卡姆登建筑公司多渴望获得合同？
3. 竞争对手以往有哪些招投标业绩？
4. 卡姆登建筑公司以往有哪些招投标业绩？
5. 从成本角度来看，卡姆登建筑公司应该如何与竞争对手竞争？
6. 从技术角度来看，卡姆登建筑公司应该如何与竞争对手竞争？

估算问题

芭芭拉（Barbara）刚收到一个好消息：她被任命为公司刚竞标所得项目的项目经理。当芭芭拉的公司收到建议邀请书（Request for Proposal，RFP）时，由公司高级管理人员组成的委员会就对建议邀请书进行了审核。如果决定投标，建议邀请书就会被移交至提案部。提案部的一部分人员是估算人员，负责估算所有工作。如果估算小组遇到没有估算过的可交付成果或工作包，或者不能确定某项工作的时间和成本，那么估算小组就会向职能经理求助。

像芭芭拉这样的项目经理不经常参与竞标过程。通常来说，在公司竞标成功且他们被任命为项目经理之后，他们才会对项目有一个初步的认识。有些项目经理十分乐观并相信递交去竞标的估算，除非提交投标书和最终签订合同之日已经经过了一段相当长的时间。然而，芭芭拉有些悲观。她认为接受提交的估算就像玩俄罗斯轮盘赌一样，风险极大。芭芭拉倾向于对估算进行重新评估。

项目中一个最重要的工作包需要由 1 名 7 级全职员工历时 12 周完成。芭芭拉在从前的项目中也做过这种估算，她认为这个工作可能需要 1 名全职员工历时 14 周才能完成。芭芭拉问估算小组是怎么完成估算工作的。估算小组回答他们使用了三点估算法，乐观的话将耗时 4 周，最有可能用时 13 周，最多则为 16 周。

芭芭拉认为三点估算法是不准确的。4 周只能做一个小项目的估算，不可能完成芭芭拉负责的这种复杂大项目的工作包。因此，估算小组在使用三点估算法时并没有考虑到项目复杂性这个因素。如果估算小组使用了三角分布的三点估算，那么最终估算应当是 13 周。这就更接近芭芭拉估计的 14 周。尽管中间的差距只有短短 1 周，但这就有可能给芭芭拉的项目带来重大影响并可能导致延迟交付和由此带来的赔偿。

现在，芭芭拉还是很困惑，她去找皮特（Peter）谈话。皮特负责实施这项工作。芭芭拉此前同皮特合作过一些项目。皮特是一名9级员工，在这个工作包方面是专家。在皮特同芭芭拉的讨论中，皮特给出了如下评论："我看过工作包的估算数据，他们都将工作包估算为14周。我不明白为什么我们的估算小组倾向于使用三点估算法。"

芭芭拉问："通用数据库里考虑了项目的复杂性吗？"

皮特回答："有些数据库考虑项目的复杂性，但多数数据库默认项目复杂程度为平均水平。当项目复杂性是一个很重要的因素时，正如我们的项目一样，那么最好使用类比估算法。使用类比估算法，将这个工作包的复杂性和我所完成过的类似工作包的复杂性做一个比较，我认为估算时间是16~17周，而且前提是不会把我从这个项目中临时调到其他项目上去救急。对我来说，12周就完成这个工作包是不可能的。而且，投入更多的员工并不能缩短进度，反而会使情况变得更糟糕。"

随后，芭芭拉问："皮特，你是一名9级员工，也是个业务专家。如果任命一名7级员工，正如估算小组所说的那样，他要花多久才能完成工作？"

皮特回答："可能要20周左右。"

问题

1. 本案例中提到了多少种估算技术？
2. 如果每种估算的结果都是不同的，项目经理应当如何决定一种估算技术优于另一种估算技术？
3. 如果你是案例中的项目经理，你会选择哪种估算技术？

新加坡软件集团公司（A）

▶ 背景

新加坡软件集团（Singapore Software Group，SSG）是一家规模中等的集团公司，在过去的20年取得了显著的增长。这家公司最初只给环太平洋国家提供软件服务。现在，它的业务范围已经覆盖了整个亚洲地区，甚至与欧洲、南美及北美地区的一些公司也有合作。

SSG的优势在于软件开发、数据管理及管理信息系统。SSG建立了一个很好的市场基础：维持低风险的战略，依靠现金流的增长提高业绩而不是依靠银行贷款。这种低风险的战略要求SSG为客户提供高质量的产品，而不是扩展业务市场从而为其他软件开发市场提供产品和服务。尽管SSG在产品和服务质量、客户服务、价格等方面得到了客户的一致认同，但软件市场环境是一直处于变化之中的。

SSG已经意识到，在过去的几年中，其业务市场领域中的小公司的数量增加了4倍。这些公司都对SSG的核心业务造成了影响。其他东南亚国家的公司已经影响了SSG的基础客户和利润，因为这些国家的工资水平和生活水平更低。

在高层管理者的指示下，SSG 进行了 SWOT（优势、劣势、机会、威胁）分析。SSG 的优势很明显：优秀的专业人员，有朝气的年轻员工，对现有市场产品和服务的充分认识。SSG 的内在劣势也很明显：SSG 为员工提供培训和教育时，仅提供适合现有产品和服务的培训课程；为了以后的业务扩展，SSG 还需要投入大量的资金重新培训员工，或者招募新的具备专业技术的员工；扩展业务需要的时间很长。

SSG 的威胁在于它不清楚自己是否还能维持现有的增长率。SSG 预测增长速度会变缓，因为公司很多关键的客户正在寻找其他的合作商，因为这些合作商拥有 SSG 所不具备的技能。毫无疑问，SSG 如果能及时地提升技能并开发新的业务领域，那么它的业绩还是可以继续增长的。问题是"我们需要哪些技能""我们能提供哪些新产品"。SSG 可以进行合资，寻找合作伙伴，但是 SSG 更愿意单干。

▶ 增长的需求

面对问题，SSG 立即采取了措施：根据软件开发类型培训员工，如根据 iPhone、iPad 及其他屏幕接口软件进行员工培训。尽管这方面的经验不足，但 SSG 认为提供能用于触屏系统的软件是大势所趋，如支持游戏、通信、摄影和录像的软件。

SSG 认为不能仅靠公司内部进行单独培训，因为可用的时间有限。公司有必要聘请在计算机工程方面有经验的外部人员，而不仅仅是懂计算机程序设计的人。幸运的是，SSG 有能力吸引这一方面的专家。SSG 聘用的一些人员甚至来自它的竞争对手，这些竞争对手也一直在寻找进入这个市场的机会。

为了日后的增长，SSG 几乎花了 1 年时间和大量费用建立了 SSG 所需求的内部技能。在做了一些内部试验后，SSG 解决了第一代触屏电脑的某些软件缺陷，甚至某些实验结果还超出预期。但是，这仅仅是教育和研发，SSG 现在最需要的是新合同。

▶ 来自台湾科技公司的需求建议书

台湾科技公司（Taiwan Technologies，TT）是 SSG 最重要的客户之一。SSG 也是 TT 最喜欢的合作商，SSG 从 TT 获得的合同比其他客户都多。SSG 之所以能获得 TT 的合同，是因为 SSG 以前项目的绩效表现，而不是较低的投标价。

TT 正在为进入智能手机领域设计新产品，希望能与其他的智能手机提供商形成竞争。TT 的主要优势在于能够对任何产品进行重新设计，从而改善产品性能和质量。与其他智能手机供应商不一样的是，TT 不需要投入大量的研发费用，它是一家低成本的智能手机供应商。TT 的劣势在于它是一家制造型企业，在软件开发方面的能力有限。

TT 邀请了 5 家公司进行软件投标，SSG 就是其中的一家。问题在于 TT 的设计工作正在进行中，SSG 的研发要与 TT 的研发同时进行。TT 的设计只完成了一部分，最终的设计可能要等到 6 个月之后才能看到。

更糟糕的是，TT 要求这个合同是一个固定总价合同。通常，这种并行工作应该采用成本补偿合同。如果使用固定总价合同，SSG 的风险很大，尤其是下游的范围变更会导致返工。不过，有的风险能通过正式的变更控制程序来缓解。既然下游范围变更的数量和规模不可预知，那么聘用一位全职的项目经理来管理这个项目是非常必要的。

➤ 建议书碰头会

SSG 的高层管理者迅速做出了一个决定：SSG 参与投标。出席投标碰头会的人是来自各个部门的代表，这些人将来都要为项目提供支持。在会议上，公司的首席执行官宣布吉姆·柯比（Jim Kirby）将成为这个项目的项目经理，并且在项目持续期间全职管理项目。项目经理的工作量预计会达到 2 000 小时。

弗兰克·林（Frank Ling，业务分析师）：作为一名业务分析师，我的责任是确保这个项目的商业论证是正确的。下列这些信息对项目的规划能起到重要的作用：

- 市场对 TT 产品的需求可能高达一年 100 万美元。
- 下游产品的升级能为 SSG 提供一个长期的现金流。
- SSG 把这个项目当作战略计划中非常重要的一部分。
- 项目需要某些技术突破，可是我们仍不确定能不能实现突破。不过，我们有理由相信自己能做到。
- 即使我们的员工接受过这方面的培训，但对于 SSG 来说这仍是一个全新的领域。这是有风险的。
- 公司的法律人士认为，对于 SSG 来说，TT 的产品需求没有什么问题。

在 TT 最终完成产品描述和需求之前，我们认为商业论证会有所改变。就这一点而言，我会与吉姆·柯比保持紧密的联系，及时评估变更对商业论证和项目造成的影响。平行开发项目总是比较困难的。

凯瑟琳·詹姆斯（Kathryn James，人力资源部副总）：从项目的需求建议书来看，项目的开工日期是 2011 年 7 月 1 日，完工日期是 2012 年 6 月 30 日。SSG 通常在 12 月的头两个星期对员工的绩效进行评价，这样我们就能在来年 1 月的第一个星期及时地调整员工的生活费和工资。我们希望每年的调整幅度是 6%，那些获得提升的人员还能获得另外 10% 的调整。

既然这个项目的工期是 1 年，那么我们还需要考虑其他一些因素。去年，公司的每位员工都有：

- 3 个星期的带薪休假。
- 10 天的带薪假期。
- 4 天的病假。
- 5 天的公司培训假期。
- 2 天的陪审团义务。

这些费用属于公司的间接费用，但不属于直接劳动成本。

我会给你提供参与这个项目的各个部门的工资表（见表 6-3）。如果有加班，我预测员工会要求额外的 1.5 倍的工资。

表 6-3 中还包括了每个部门的间接费用分摊比率。但是，如果考虑加班，分摊比率可能就是平时的 50%。

表 6-3　2011 年的工资信息

部　门	工资等级	2011 年平均每小时工资（美元）	分摊比率（%）
项目经理	9	56	100
系统程序员	5	38	150
系统程序员	6	41	150
系统程序员	7	45	150
系统程序员	8	49	150
软件程序员	5	38	150
软件程序员	6	41	150
软件程序员	7	45	150
软件程序员	8	49	150
软件工程师	6	41	150
软件工程师	7	45	150
软件工程师	8	49	150
软件工程师	9	55	150
制造工程师	6	41	250
制造工程师	7	45	250
制造工程师	8	49	250
制造工程师	9	55	250

保罗·克雷顿（Paul Creightom，首席财务执行官）：凯瑟琳给你提供了我们部门的间接费用分摊比率。我们希望在项目进行期间分摊比率维持不变。此外，我们认为管理费用（General and Administrative，G&A）仍然维持 8%。我们所有的合同都包括管理费用，因为管理费用包括公司总部的费用。这个合同是一个固定总价合同，这类合同的风险非常大。为了减轻一些潜在的风险，我希望利润率是 15%。以前，我们从 TT 的合同中获得的利润率是 10%～15%，而固定总价合同通常使用较高的利润率。

我知道这是我们第一次面对这种类型的项目，风险很大。为了应对风险，我不反对增加管理储备金。但是，在增加大量的管理储备金之前，我要提醒你，我们的目的是赢得合同。

彭艾伦（Ellen Pang，电脑技术部副总）：我认为这个项目在 SSG 应该是优先级最高的项目。因此，我们会派遣最合适的人员成功地完成这个项目。我会派遣 5 名全职人员进入项目。这 5 名人员中，1 名是系统程序员，3 名是软件程序员，1 名是软件工程师。我相信他们每个人都能至少为项目服务 2 000 小时，这些时间可以均摊到每个月中。

我现在不能确定到底会派遣哪位员工，因为离开工日期还有几个月。但是，我承诺会派遣 5 名全职员工。此外，我还会聘用 1 位这个项目领域的专家，聘用他的成本估计是 75 000 美元。

唐迪俊（Eric Tong，制造部门副总）：我相信你们通过报纸和电视新闻已经了解到了有关智能手机制造商在外壳和封盖上遇到的问题。为了避免发生同样的问题，我会派遣 1 名精通工程质量的制造工程师，他大概能从 2012 年 1 月后为项目服务 600 小时。

需求建议书要求我们对不同尺寸的触屏进行试验，从而测试屏幕的尺寸和厚度是否会对软件造成影响。这可能也是其他供应商所遇到的问题。这个实验也包括制造工程师的一部分工作。

我估计材料成本是 6 000 美元。我们还应该考虑损耗成本，但我现在不确定到底有多少损耗成本。

布鲁斯·克莱（Bruce Clay，报价经理）：TT 希望 30 天内能收到建议书，我认为这个时间是足够的……足够让我们进行估计。表 6-4 是我们两年前为 TT 做的一个项目的建议书的复印件，我希望你们能借助这份文件更好地预估这个项目的报价。

表 6-4　常用的项目报价汇总

部　　门	直接人工			间接费用		
	小　时	价　格	美　元	%	美　元	合　计
工程部	1 000	42.00	42 000	110	46 200	88 200
制造部	500	35.00	17 500	200	35 000	52 500
				人工费总计		140 700
			其他：分包商	10 000		
			咨询师	2 000		12 000
			人工费和材料费合计			152 700
			公司管理费用：10%			15 270
						167 970
			利润：15%			25 196
						193 166

我需要一份加上你们个人估计的清单，这是进行风险管理的基础，也是范围变更的基础。

新加坡软件集团公司（B）

▶ 确定报价

你和团队已经仔细审查了项目的风险及成本。显然，项目的风险很大。如果这是一个成本补偿合同，风险就会减小很多。

你的团队需要做的是提醒高层管理者增加 15%的管理储备金，这样合同的报价就是 2 279 762 美元。你需要把建议书提交给高层管理者审阅和批准。因为公司有一个规定：报价超过 50 万美元的项目需要经过高层管理者评估和批准。你向高层管理者陈述了对风险的担心，建议高层管理者与 TT 商讨是否能把合同变更为成本补偿合同。

CEO 告诉你和团队，因为 SSG 之前与 TT 合作了大量的项目，所以他与 TT 的关系一直很好。他说：

台湾科技公司并不想更改合同类型。我已经和相关人员商讨过了，但是他们不愿意对方案进行任何更改。此外，我通过可靠的消息获知这个项目的预算只有 150 万美元，他们会把项目给这个报价的投标者。

CEO 要求你重新估算，并提前找出存在哪些风险，从而确定是否可以把报价控制为 150 万美元。

新加坡软件集团公司（C）

▶ 管理层的决定

你和团队再一次仔细评估了成本，并将结果提交给了管理层。你感到很惊讶，管理层对将损失 106 780 美元很满意。显然，管理层就这事已经考虑了很长时间，但是你毫不知情。

管理层告诉你，他们愿意向 TT 提交一份报价 150 万美元的标书。CEO 仔细研究了你的报价单后说：

> 我们需要一份详细介绍这 150 万美元构成的报价单。你可以从后往前推出数据。我希望报价单上显示的利润是 17 万美元，保留材料方面的损耗费用，但是要删除咨询人员的咨询费用，我们会用公司内部资金支付咨询人员的费用，不用在投标书列出这部分费用。此外，你还需要删除加班费用。你最好给我们提供总的人力成本，而不是分解后的各个部门的成本。

新加坡软件集团公司（D）

▶ 另一个重要决定

请记住，管理层永远都是正确的。你提交了一份报价为 150 万美元的标书，并成功地拿到了合同。你的工作进展得很顺利，尽管有少量的范围变更，但是到目前为止对成本和进度的影响都很有限。

到第 8 个月的月末时，你的团队取得了硬件和软件方面的一个重要突破。这个突破可能带来触屏技术的革命。你确信 TT 的竞争对手中没有一个拥有这项技术，因此产品生产出来后一定能迅速地占有大部分市场。这项技术也能用于台式电脑和笔记本电脑。

SSG 认为这项技术能给公司带来大量长期的现金流，但是还存在一个重要的隐患。因为这份合同是固定总价合同，知识产权归 TT 所有，SSG 只能有条件地使用这项技术，不能将这项技术出售给其他公司。

你将担心告知了管理层。1 周后，你和团队被要求出席高层管理会议。在会议上，CEO 说：

> 我已经向台湾科技公司表达了我们的观点。他们同意我们将固定总价合同变更为成本补偿合同。在成本分担比例上，除掉利润外，SSG 要承担 40%的成

本，TT 会支付剩下的 60%的费用，但是不能超过投标书中列出的总成本的 60%。这对于双方来说是双赢的。此外，TT 允许 SSG 拥有这项知识产权，但是要等到 TT 的产品上市 90 天之后。

于是，CEO 要求你重新估算，计算包括咨询人员的费用在内，SSG 需要承担多少成本。

投标还是不投标

▶ 背景

马文（Marvin）是公司的总裁兼首席执行官。现在，他要决定是投标还是不投标。过去，他的公司参与了许多符合其战略目标的竞标活动，取得了优异的成绩，但是参与当前的这个投标很困难。客户在投标邀请书中要求马文提供一些公司并不想公开的信息。如果马文不能按照投标邀请书中的要求公开相关信息，那么他的公司将被视为无响应。

▶ 竞标过程

马文的公司在通过竞标方式赢得合同方面非常成功。该公司是项目驱动型公司，所有收益都来自获得的合同。几乎所有的客户都向该公司提供长期和后续合同。几乎所有的合同都是固定总价合同。该公司的业务发展良好，现在仍处于上升阶段。

马文制定了一项政策：将销售额的 5%用于制定投标文件，即投标书（Bid-and-Proposal，B&P）预算。投标的成本是很高的，客户知道要求公司在投标上花费巨大可能导致某个项目的"零投标"。这最终会减少市场中的投标者，从而给该行业带来伤害。

马文的公司使用参数估算法和类比估算法来估计所有的合同报价，这样公司的员工可以按工作分解结构（Work Breakdown Structure，WBS）的级别 1 或级别 2 对工作进行估计。站在财务角度，对于一个从工作分解结构相关级别精确估计风险的项目来说，这是最节省成本的投标方式。多年来，该公司通过对估算过程的持续改善，估算中的不确定性被大大降低了。

▶ 新的投标邀请书

马文最重要的客户之一宣布，它将通过招标方式提供一个可能长达 10 年的合同。这份合同比马文之前签订的任何一个合同都大，可以在 10 年甚至更长的时间里提供良好的现金流，可见，赢得这份合同非常重要。

因为之前的合同都是固定总价合同，所以建议书中只需要提供 WBS 的上面两个层级的价格。这对于普通客户评价竞标者的成本已经足够。

投标邀请书公布了。这个项目的合同可能是成本补偿合同，投标邀请书里面有一个客户所创建的含有 5 级的 WBS。每个投标者都需要为 WBS 中的每个工作包提供报价信息，这样客户就可以比较不同投标者对同一工作包的成本。更为糟糕的是，投标者将不得不在项目执行过程中使用客户提供的 WBS 并且据此进行成本报告。

马文立刻意识到了其中的风险。如果马文决定竞标，那么公司将向客户展示其详细的成本结构，所有成本就将清楚地暴露在客户眼前。即使以后双方的合同仍为固定总价合同，详细的成本信息还是会对公司以后的竞标产生严重的影响。

马文与他的高层管理者举行了会议。在会议中，他们列出了投标的好处和坏处。

投标的好处：
- 一份有利可图的 10 年期（甚至更长时间）合同。
- 客户将马文的公司视为战略伙伴而不仅仅是供应商。
- 这份合同和将来的其他合同虽然可能存在较低的利润率，但是更大的商业份额能提升每股收益。
- 制定一个大项目的实施标准会帮助公司赢得更多大型合同。

投标的坏处：
- 公开公司成本结构。
- 竞争者能获取公司的成本结构信息，可能通过高薪挖走一部分公司的精英。
- 价格不具备竞争力，整个成本结构的暴露会对以后的竞标产生影响。
- 如果不参与竞标，公司将被从客户的投标者名单中剔除。
- 客户会迫使马文的公司接受更低的利润率。

马文问他的团队："我们应该参加竞标吗？"

问题

1. 马文和他的团队还应该考虑什么因素？
2. 马文的公司应该参加竞标吗？

第 7 章

项 目 规 划

对于任何项目来说，最重要的可能就是规划阶段了。如果能够有效地进行项目规划并让员工参与计划制订，那么项目成功的概率就会大大提高。然而，即使准备再充分的计划，也免不了发生变更。

好的项目规划从确定需求开始，如工作说明书、工作分解结构、规格、进度安排和支出曲线。制定好的项目规划要求项目经理能够理解商业论证及相关的假设和限制。

格列森公司

格列森公司（Greyson Corporation）是由来自加利福尼亚大学的 3 位科学家在 1970 年创建的。公司的主要目的是研究开发先进的军用武器。第二次世界大战后，格列森公司成为研发领域的领头羊。到了 20 世纪 80 年代中期，格列森公司聘用了大约 200 名科学家和工程师。

格列森公司只签订研发合同，这具有很大的优势。首先，所有的科学家和工程师都致力于研发活动，不必关心生产项目。其次，公司建立了一个功能强大的职能组织。职能经理要发挥项目经理的职责，职能部门也负责大部分的项目管理工作。各个部门之间的工作关系非常融洽。

到了 20 世纪 80 年代后期，格列森公司实行了新的管理制度，几乎所有的研发项目都需要获取相应的资质并制订合理的生产计划。因为格列森公司决定打入军用武器的生产制造领域，以获取生产制造领域的巨额利润。这就需要将机构由原来的职能式结构重组为矩阵式结构。人员配置问题产生了，但格列森公司能够处理。

1994 年，格列森公司参与了大力神导弹项目（Hercules missile）推进器单元的子合同，从而成功进入了航空航天市场。这个合同价值 2 亿美元，工期 5 年，同时极有可能有后续合同。1994—1998 年，格列森公司组建了一支主要由年轻、缺乏经验的大学生组成的技术队伍。大部分老员工继续在职能岗位任职。格列森公司从来没有解雇过员工。另外，格列森公司给所有员工都提供了很好的职业发展机会。

1997—2001 年，美国国防部在新式武器系统方面的采购量趋于下滑。格列森公司主要依靠它的两个主要生产项目维持发展。这两个项目分别是大力神导弹和秃鹰 II（Condor II），好在项目的发展前景较好。格列森公司还有大约 30 个小型研发合同和 2 个手持武器的小型生产项目。

由于研发经费越来越少，格列森公司决定关闭许多研发项目，用一些能够创造利润的生产合同取而代之。格列森公司相信自己在低成本方面的优势可以与任何对手抗衡。在这种思想的指导下，研发小组削减到了只能维持必要的内部活动的水平上。工程总监停止了所有招聘，除非应聘的人有特殊的才能。所有不必要的工程人员也都转岗到了生产部门。

2002 年，在开发、认证和测试海军的新型海王星导弹项目（The Navy's new Neptune missile）中，格列森公司开始了与卡梅伦航空航天公司（Cameron Aerospace Corporation）的竞争。这场争夺长达 10 个月，最终卡梅伦航空航天公司凭借技术优势赢得了合同。不过，格列森公司在火箭发动机开发与测试中得到了许多有价值的技术信息。海王星导弹项目的失利让格列森公司的管理层清楚地认识到航空航天技术发展速度太快，造成了格列森公司的被动地位。尽管资金有限，格列森公司仍然大幅度增加技术人员，并很快在研究开发类项目合同中取得了很大成功。

2005 年，格列森公司的航空航天业务基础已经很稳固，利润也提高了 30%，它从 1994 年的一家只有 200 人的小公司扩大为拥有 1 800 名员工的大型公司。始于 1994 年的大力神导弹项目每年都能为公司赢得后续合同，这对公司的发展功不可没，大力神导弹项目一直持续到了 2002 年。

相比而言，2005 年对卡梅伦航空航天公司来说是困难的一年。在这一年中，海王星导弹项目是卡梅伦航空航天公司唯一的一个大型项目。海王星导弹项目计划于 2005 年 8 月完成，而在 2006 年 1 月以前公司没有任何后续工作。卡梅伦航空航天公司预料在下一个合同到来之前，其间接费用将急剧提高。每台发动机的成本将从 55 000 美元增加到 1 月的 75 000 美元、3 月的 85 000 美元乃至 8 月的 125 000 美元。

2005 年 2 月，海军询问格列森公司是否愿意成为海王星导弹生产和认证项目的单一来源采购投标方，参与这个项目的投标。海军认为卡梅伦航空航天公司不是很稳定，如果卡梅伦航空航天公司决定退出航空航天业务，那么海军就要找一个更可靠的供应商。

对这个始于 2006 年的为期 30 多个月的海王星发动机的试验和认证项目，格列森公司以 3 000 万美元的标价提交了标书。目前对海王星导弹测试表明，其最低发动机寿命可以延至 2009 年 1 月。这就意味着接下来的 30 个月的生产资金不仅可以满足 2009 年的生产要求，还可以转到新供应商的重新认证上。

2005 年 8 月，在向海军交付了最后一台海王星火箭后，卡梅伦航空航天公司宣布如果公司不能立即获得海王星的后续合同，它将退出航空航天业务领域。

格列森公司聘请了卡梅伦航空航天公司负责海王星导弹项目的 35 名主要职员，于 2005 年 10 月开始工作。这些职员被分配到格列森公司的各个现有项目中，以便他们熟悉格列森公司的工作方法。格列森公司的低层管理人员对公司引入这 35 名职员有些不高兴，担心他们会妨碍格列森公司中原有人员的晋升。管理层强调这 35 人只做海王星导弹项目的工作。如果需要的话，其他空位将从大力神导弹项目和秃鹰Ⅱ项目中抽调人员来填补。格列森公司估计雇用这35人每个月的成本是15万美元，由公司管理费用负担。格列森公司认为如果没有这35个人，它将不能赢得这个单一来源的采购合同，而且其他的竞争者会将这35个人"抢"走，并形成一个公开招标的局面。

由于间接费用增加，格列森公司决定用最少的人承担合同谈判和档案编制工作。为了将成本降到最小，工程和项目管理总监授权给海王星导弹项目办公室自己做决策，不必向项目办公室汇报。鉴于项目办公室的人员在其他项目中的良好表现和丰富经验，公司高层管理者对他们充满信心。

但是，2005年12月，由于支出费用的急剧增加及基金限制，美国国防部宣布在2006年7月前不能开始认证项目。更为糟糕的是，项目工期被压缩为12个月完成25台发动机，不过仍然可以长期提供原材料的资金。

经过长期考虑之后，格列森公司决定维持目前策略，保留这35名职员，将他们派到公司的内部项目中去。海王星导弹项目办公室仍然为合同谈判做准备，并对短期项目和长期采购计划进行修订。

2006年5月，海军和格列森公司之间的合同谈判开始。在谈判一开始，海军就明确了3个要素：

（1）最大资金额度不能超过2005年30台发动机/30个月项目所做的报价。

（2）2006年下半年可动用资金不超过370万美元。

（3）合同类型调整为成本加奖励费用合同（Cost Plus Incentive Fee，CPIF）。

谈判在开始3个星期以后陷入了僵局。海军认为建议书中在学习曲线中的生产工时是错的，并进一步强调格列森公司引进了35名卡梅伦航空航天公司的员工及在2001年海王星导弹项目初期阶段与卡梅伦航空航天公司的竞标经验，格列森公司应该"明智"了很多才对。

因为谈判不能达成一致，海军和格列森公司的高层管理者决定会面，试图消除双方的分歧。最后，双方以2 850万美元达成一致，这比格列森公司最初的估算少了150万美元。但是，管理层认为"勒紧腰带"可以在预算内完成项目。

2006年7月1日，项目开始运作，项目办公室进行了部门预算分配。几乎所有的部门经理都非常生气，不仅是因为预算低于他们的早期估计，还因为那35名员工的工资高于部门的平均水平，甚至还要压缩投入人员的工时。所有的部门经理都声称，如果成本超支，都是项目办公室的责任，与他们没有关系。

2006年11月，格列森公司遇到了麻烦。海王星导弹项目成本虽然在预算控制范围内，但进度滞后了35%。部门经理拒绝对那些部门间联合承担的任务负责任。同时，项目办公室和部门经理间由于缺乏沟通带来了额外的消极因素。部门经理拒绝让他们的员工在周日加班。

即使这样，管理层仍然认为还是有可能赶上进度的。与其他项目中的员工相比，35名卡梅伦航空航天公司的员工做着非常值得称赞的工作。管理层认为成本超支情况还没有到关键阶段，公司现在还不用考虑筹措资金。

2006年12月，美国国防部宣布取消大力神导弹项目的采购。这给格列森公司的管理层带来了沉重的打击。他们不仅要面临解雇500名员工的风险，间接费用也会明显增加。其实，前一年就有迹象表明采购将取消了，但是管理层没有主动去应对，维持了公司原有的战略。

尽管格列森公司并没有成立单独的工会，但如果它在解聘员工时不先从那35名员工入手，则有可能发生大规模的罢工。

到2007年2月，成本状况变得清晰起来：
- 间接费用提升，海王星导弹项目的总成本要提高100万美元。
- 由于进度滞后，追赶进度需要更高的工资和费用，从而进一步提升了总成本。
- 库存成本逐渐增加。长期采购的物质也到了保存期限，成本影响可达100万美元。

副总裁兼总经理认为海王星导弹项目对格列森公司成功渡过难关至关重要。总监和部门领导都要对这个项目负责，他们可以考虑如下选择：
- 加班，力求赶上进度计划。
- 推迟项目活动，期望海军可以提供额外的资金。
- 重新评审现有材料的规格，以延长使用期，从而降低库存成本和采购成本。
- 解雇那些不重要的职员。
- 采购额外工具和设备（公司费用），以赶上进度计划目标。

2007年3月1日，格列森公司对内部项目的重要职员考虑优先加薪。同时，格列森公司解聘了700名员工，其中不乏经验丰富的人员。3月15日，格列森公司爆发了员工罢工。

问题

1. 本案例中的主要问题是什么？
2. 你认为该如何解决这个问题？

特劳希工程公司（A）

特劳希工程公司（Teloxy Engineering）接到一个一次性的合同，要求设计和生产10 000件新产品。在项目投标过程中，管理层希望该新产品可以以较低的成本设计和生产。其中生产该产品所需要的一个小部件可以在市场上以60美元（考虑了数量折扣）买到。因此，管理层为购买10 000件零件及零星支出所做的预算为65万美元。

在设计阶段，工程部门告诉你最终设计需要更高级一点的零件，而这种零件数量折扣后售价为每件72美元。新价格已经超出预算很多，这将导致成本超支。

你让生产部门研究是否可以生产出比从外部采购更便宜的这种零件。生产部门说他们可以生产10 000件，刚好满足你的合同要求。其启动成本为10万美元，每件原材料成本为40美元。特劳希工程公司以前从来没有生产过这种产品，生产部门对残次品的期望如下：

次品率（%）	0	10	20	30	40
发生概率（%）	10	20	30	25	15

所有残次品必须收回并进行修理，每件成本为 120 美元。

🔍 **问题**

1. 运用期望值计算，生产和购买该零件，哪种方式更划算一些？
2. 从战略角度考虑，为什么管理者有时不选择最划算的方式？

特劳希工程公司（B）

生产团队告诉你，他们找到了可以将产能从 10 000 件提高到 18 000 件的方法。这比原来提高了 8 000 件。但是，启动资金要 15 万美元，维修次品的成本仍然是每件 120 美元。

🔍 **问题**

1. 计算生产和购买该零件哪种方式更划算？
2. 如果生产 18 000 件而不是 10 000 件，次品率会发生变化吗？
3. 如果特劳希工程公司的管理层认为可以得到后续合同，问题 1 的答案会变吗？如果次品率随着学习曲线效率变为 15%、25%、40%、10% 和 5%，那么结果会怎样？

佩顿公司

佩顿公司（Payton Corporation）决定对政府的一个新研究开发项目发出的建议邀请书做出响应。工作说明书指出项目必须在 90 天内完成，合同类型是固定总价合同。

项目的主要工作将由开发实验室完成。根据政府的规定，估算成本要以整个部门平均数为基础，为每小时 19 美元。

佩顿公司以总计（成本加费用）305 000 美元的价款赢得了该合同。分析了第 1 周的人力成本报告后，公司发现开发实验室每小时的花销为 28.5 美元。项目经理决定与开发实验室经理讨论这个问题。

项目经理："很显然，你知道我为什么找你。照你这个花钱的速度，我们将超出预算 50%。"

实验室经理："那是你的问题，和我无关。我估算一项工作的成本时，是根据以往的标准来确定所需工时的。但是，定价部门以部门平均值为基础将工时核算金额。"

项目经理："好，那么我们为什么一直用最昂贵的员工呢？很显然，有许多低薪酬的员工可以胜任这项工作。"

实验室经理："是的，我手头的确有低薪酬的员工，但没有人能够按照合同要求在2个月内完成这项工作。我不得不使用那些在学习曲线之上的员工，他们当然不会廉价了。你应该让定价部门提高部门的平均成本。"

项目经理："我也希望能那样做，但是政府规定禁止那样做。如果有人查我们的账，或者将我们这次的标书与其他标书的工资结构进行比较，我们的麻烦就大了。完成任务的唯一合法途径就是为该项目中的那些高薪酬员工成立一个新的部门，那么平均部门工资就会合适了。"

"遗憾的是，仅为工期2个月的项目临时成立部门不合适，因为管理成本会受到限制。所以，长期项目经常采用这种方法。"

"为什么你不能增加工时来弥补增加的资金呢？"

实验室经理："我必须为我所估计的工时提供实验依据。如果要接受审计，那么我的饭碗就危险了。记住，我只能在投标书中提交所有工作的劳动证据。"

"或许，管理层下次再竞标短期项目的时候需要慎重考虑一下。你可以尝试与客户谈谈，看看他们是什么观点。"

项目经理："无论是在提交投标书之前向他们解释情况，还是谈判过后解释情况，他们的反应都是一样的。这次我很可能要丢掉圣诞节红包了。"

🔍 问题

1. 你认为问题的本质是什么？
2. 在本案例中，谁错了？
3. 如何才能扭转目前的局面？
4. 有什么办法可以避免案例中的情况再次发生？
5. 在长期（假定1年）项目中应该如何处理这种局面？假设涉及多个部门，同时除办公室之外没有成立新部门。
6. 如果偏离了最初的标准，客户愿意承担额外的费用吗？如果愿意，那么多少个月才算短期项目？

金科制造公司

▶ 背景

金科制造公司（Kemko Manufacturing）拥有50年的发展历史，在制造高质量的家用电器方面具有良好的口碑。20世纪90年代，金科制造公司通过收购其他公司而获得快速成长。金科制造公司现在拥有25家工厂，它们分布在美国、欧洲和亚洲。

起初，每家被收购的工厂都想保持自己的文化。如果工作可以按计划推进，这些被收购的公司允许保持自治，而不受金科制造公司的管理。但是随着金科制造公司收购了越来越多的公司，让每家工厂都保持自治变得越来越困难。

每家工厂都有自己的原材料采购和库存控制方式，每一美元的采购需求都需要得到公司的批准。每家工厂都有自己的采购文件，这给公司的信息处理造成了混乱。公司担心如果它不为所有工厂建立一套标准的采购和库存控制系统，它很有可能在不久的将来因为现金流问题和库存控制损失付出巨大的代价。

▶ 项目启动

因为项目的重要性，高层管理者任命信息技术主管珍妮特·亚当斯（Janet Adams）来接手项目。珍妮特在IT方面有超过30年的经验，也完全明白范围蔓延对于大型项目来说是一场浩劫。

珍妮特从IT部门挑选了自己的团队，设置了项目的初步启动日期。除了强制性地要求她的团队成员出席启动会议，她还要求每个工厂派出至少1名代表，所有的工厂代表都必须参加启动会议。在启动会议上，珍妮特说：

> 我要求你们全员出席，是因为我希望你们明白我将如何来管理这个项目。高层管理者给了我们一份项目时间表，而我最担心的就是"范围蔓延"。范围蔓延就是随着项目的进行，项目范围的扩大。我们许多其他的项目都因为范围蔓延而延期，从而增加了成本。我知道范围蔓延并不总是有害的，它可能发生在项目生命周期的任何阶段。
>
> 范围蔓延是危险的，这也是我要求所有工厂代表参加这次会议的原因。范围蔓延有很多原因，通常来说，是因为早期规划不完善导致的。当范围蔓延发生时，人们通常会说这是正常的，我们应该接受它。但是，这对于我来说是不可接受的！
>
> 这个项目不允许有范围变更，我说到做到。工厂代表必须根据自身需求提供给我们一个详细的需求工作包。在没有获得详细的需求列表之前，我不会允许项目正式开始。如果有必要，在准备需求文件时，我的团队会为你们提供一些指导。
>
> 一旦项目开始，就不允许再有范围变更。我知道可能有项目变更申请，但是这些申请会被汇总，之后作为一个新增项目来实施。这个项目将根据原始需求来执行。如果我允许范围变更发生，那么这个项目将一直做下去，无法收尾。我知道你们当中的一些人不喜欢这样，但这就是这个项目的运作方式。

房间中死一般寂静。珍妮特可以从工厂代表脸上的表情中读出，他们对她的言论感到不快。一些工厂认为，IT小组应该准备需求工作包。现在，珍妮特将这一责任转移给了他们——用户组，所以他们很不悦，尽管珍妮特清楚地表明用户的参与对于确认需求至关重要。

在几分钟的沉寂后，工厂代表们表示他们愿意做这件事，并且会正确地完成。许多工厂代表都了解用户需求文件，他们会一起工作，在需求方面达成一致。珍妮特再次表明，她的团队会为工厂代表们提供支持，但是相关责任要由工厂承担。工厂仅且仅能得到它们所要求的，因此它们必须预先对自己的需求有清楚的了解。

珍妮特对工厂代表们做演讲时，其团队的 IT 部人员坐在后排微笑。因为他们的工作变得更加简单，至少他们是这么认为的。珍妮特随后提到了团队中的 IT 部：

> 现在说一下 IT 人员。我们全体来参加会议的原因是我想要工厂代表听一听我将对 IT 团队说的话。过去，IT 团队因为范围蔓延和进度延期遭受了责备。所以，我想对 IT 人员说：
>
> - 确定自己明白工厂代表们提出的需求是 IT 团队的责任。你们不要在不久之后返回来告诉我你们不明白这些需求，认为它们没有被很好地定义。我会要求每名 IT 团队成员签署一份文件，表示你们读过需求文件，并且完全理解它们。
> - 不必追求完美。我希望你们完成这份工作。
> - 过去，我们受"功能完美主义"困扰，你们当中的许多人加入了不必要的附属功能。如果这个项目出现这种现象，我个人会把它视为你的失败，并体现在你的下一阶段的绩效考评中。
> - 有时，人们相信一个像这样的项目会有助于他的职业生涯，尤其是他们在追寻完美主义或花哨却不实用的附属功能时。相信我，这会产生反作用。
> - 不正当的政治交易是不被允许的。如果一位工厂代表向你们暗中寻求进行范围变更的方法，我希望了解这件事。如果你们未经我的允许进行范围变更，那么我们将长时间无法共事了。
> - 我，只有我，能够对范围变更进行签字授权。
> - 这个项目将使用详细规划，而不是滚动式规划。一旦有了清晰的需求定义，我们要立马开始工作。
>
> 现在，谁还有问题吗？

战线被绘制出来了。一些人认为珍妮特是在刁难团队，但是大多数人理解珍妮特为什么这么做。然而，这样做是否会奏效是一个问题。

问题

1. 珍妮特对工厂代表的要求合理吗？
2. 珍妮特对 IT 团队的要求正确吗？
3. 对 IT 项目来说，使用新增项目实行变更更好，还是在项目进行过程中允许变更更好？
4. 你认为随后会发生什么？

一生的机会

▶ 背景

项目经理在生活中会遇到很多机会，他们必须评估这些机会的风险和收益。本案例介绍了一位在大型公司拥有稳定职位的项目经理有机会加入一个新成立的公司，这个机会是一个很大的挑战。遗憾的是，某些重要的决定权虽然在项目经理手中，而这些决定将严重影响项目经理的未来和事业。

▶ 经济不景气的迹象

杰森（Jason）是一个高中科学老师，喜欢在他的地下室做实验。两年来，杰森进行了可用于电动车的长效电池的设计实验。杰森成功设计了两种不同的电池，它们的寿命比现在大企业设计的电池的寿命都要长。杰森获得了该项设计的专利，他想把该专利卖给大公司。遗憾的是，由于汽油的价格低，大公司对杰森的想法和专利并不感兴趣。

然而，经济学家预测在未来的 1 年内汽油的成本会上涨 50%，即从每加仑 2 美元上涨到每加仑 3 美元。如果这种预测变成现实，杰森认为电动汽车市场会迎来一次春天。

杰森认为是时候该自己单干了。作为一名高中科学老师，杰森每年的收入是 4 万多美元。他已经结婚，并且有两个孩子，显然自己单干的财务风险很大。尽管存在风险，他的家人对他想成立自己的公司仍表示支持。

杰森需要启动资金。他的家人能给他提供 5 万美元，但杰森知道这远远不够，这些钱还不够支撑两个月。杰森有一个朋友与投资银行家和个人投资者有联系，而且这个朋友还是一名会计。最初，杰森认为最好的方式是说服投资银行家给他的项目投资 200 万美元。这听起来很棒。但是，投资银行家们希望能获得公司 75% 的所有权及绝对的决策权。杰森不愿意这么做。

他的朋友能说服一些投资者提供 50 万美元的启动资金。这些投资者愿意仅获得公司 49% 的所有权。如果杰森能在第 1 年年末归还 50 万美元并支付 10 万美元的利润，他们可以归还公司 44% 的所有权。这意味着投资者不仅能拥有公司 5% 的所有权，还能在 1 年内收回成本及获得第 1 年利润的 20%。这个协议对杰森来说很有吸引力。他的朋友也愿意成为杰森公司的兼职会计，但要求每年获得 1 万美元及公司 10% 的所有权。没有投票权的所有权在第 3 年前是不会有任何效力的。

▶ 聘用项目经理

杰森认为他最后会以一个非常可观的价格转让他的专利。但是，这是有条件的——仅在电动车厂商决定使用他设计的电池的基础上，而这个市场非常有限。他可以与汽车制造厂商合作，执行安装工作。他还可以与政府部门合作，生产电动车。不论哪种情况，他都需要 1 名项目经理。

经过长时间的寻找，杰森聘用了克雷格（Craig）。克雷格是一位为汽车供应商服务了 20 年的项目经理，熟知电池的各个方面。克雷格的薪水是第 1 年 5 万美元，两年后还可以获得 35%的所有权。和上面介绍的一样，所有权并不代表投票权。

克雷格需要准备项目建议书和项目计划、进度计划、预算及干系人报告。在获得合同后，克雷格会是客户和公司的主要联系人。

很明显，启动资金的大部分将耗费在建议书的准备上，以说服大家为电动车和电池投资。因此，在启动资金用完之前，公司必须获得合同。现在的情况是，杰森从高级中学辞职，创办了他的新公司。

▶ 获得合同

建议书很快送到了各个汽车制造商的手上，之后却杳无音信。即使汽油的成本在不停地上涨，汽车制造商仍认为电动车没有前途。如果有必要，他们还会花费数亿美元与杰森的公司展开竞争。

政府部门则对杰森的想法很感兴趣。3 个月内，杰森的公司获得了 3 份政府合同，涵盖了现有的汽油混合动力车到电动车。

由于政府的合同，杰森和克雷格获得了 12.5 万美元的收入。他们租用了一个大型仓库，并把它改造成了一间可以工作的厂房。此外，他们还雇用了 4 名有执照的汽车维修工。

生活很美好。杰森的梦想很快就要实现了，他的收入将是高中老师时期的 3 倍。他也将很快就能偿还最初的 50 万美元的债务了。汽油的价格仍然在不停地上涨，已经接近每加仑 3 美元了。新闻媒体也开始关注电动车了。

▶ 几个月后

当政府的项目快要接近尾声时，杰森和克雷格开始为接下来的项目准备建议书。此时，汽油的价格开始下降，但是新闻媒体仍在关注电动车。

美国一家大的汽车制造商和一家电池生产商开始接触杰森，想要购买他的公司。如果杰森同意，那么杰森、克雷格及那名会计能在一夜之间变成百万富翁。

克雷格和那名会计希望出售公司，拿到他们的丰厚收益。但是，杰森希望获得"总裁"的头衔，并期望一直保有高中老师时期 3 倍的收入。克雷格试图告诉杰森，公司实际上没有任何业务计划，生活充满很多变数。如果政府不能续约，公司将会破产。

杰森拒绝接受克雷格的建议。汽车制造商和电池生产商告诉杰森，他们给他的期限只有 1 周。等待政府是否能续约的决定，1 周显然是不够的。那么，杰森就必须做出决定了。

杰森再一次拒绝出售公司。克雷格及那名会计告诉杰森，他们考虑通过法律途径迫使杰森出售公司。但是这个途径很难获得成功，因为他们不具有投票权。

杰森通知汽车制造商和电池生产商，他不准备出售公司。两周后，当杰森和他的团队完成了政府的合同之后，政府部门通知杰森不会再续约。在接下来不到 1 周的时间内，公司破产了。杰森继续回到学校担任科学老师，克雷格也幸运地回到了以前的工作单位。

问题

1. 杰森希望成立自己的公司的想法是正确的吗？
2. 克雷格放弃一份可能是15万美元的工作机会，担任杰森公司的项目经理，这个决策是正确的吗？
3. 项目经理如何能让高管们相信他做出的决定是正确的？杰森公司有哪些客户？公司的竞争者是谁？他们有哪些具有竞争力的经济实力？
4. 如果你是杰森，你会出售公司吗？如果出售，你会如何安排以后的生活？
5. 当项目经理每接受一个新的项目时，他的职业生涯就岌岌可危了。这种说法正确吗？我们可以把这种情况称为职业风险管理吗？

第8章

项目进度计划

> 完成项目规划后，下一步就要按照某些时间界限来规划项目。这需要对活动进行充分了解，清楚活动的必要深度、活动的相互依赖关系及活动的持续时间。

克罗斯拜制造公司

"我召开这次会议的目的是解决管理成本和控制系统（Management Cost and Control System，MCCS）中的主要问题。"威尔弗雷德·利文斯顿（Wilfred Livingston）总裁说，"我们一直苦于应用已过时的 MCCS 报告程序来尽力满足竞争需求。去年，由于我们没能达到客户的财务报告要求，我们被认为在 3 个大型政府合同中反应迟钝。最近，政府重新对克罗斯拜制造公司（Crosby Manufacturing Corporation）表示出了兴趣。如果我们能够将我们的项目财务报告过程计算机化，我们将在正面竞争中占有很大优势。如果我们能够立即做出变化的意图，客户甚至可能放弃财务报告要求。"

克罗斯拜制造公司是一家电子元器件制造公司，在利文斯顿成为总裁的 2005 年，其年产值为 2.5 亿美元。他的第一项主要举措就是将公司的 700 名员工重组为修正后的矩阵式结构。这次结构重组是利文斯顿为获得政府合同长期计划所开展的第一步工作。矩阵式结构为客户提供政府机构所关注的焦点问题。3 年后，矩阵式结构似乎开始发挥作用。现在，公司已经开始第二阶段的工作——改进 MCCS 政策。

2007 年 10 月 20 日，利文斯顿召集项目管理、成本核算、MIS、数据处理和规划部门的部门经理开会。

利文斯顿："我们必须用更先进的计算机替代现有的计算机，以便我们能够升级 MCCS 报告程序。为了发展，我们必须具备为客户保持两套甚至三套账本的能力。我们目前的计算机根本没有这个能力。我们正在讨论的这笔需要付出大量费用的项目不仅仅是为了迎合客户，对我们自身的业务基础和发展也是必需的。我们每周甚至每天都需要成本数据，以便更好地控制我们的项目。"

MIS 经理："我估计在设计、开发和执行过程中的第一步是可行性研究。我已经准备了大量以往在这种可行性研究中所包含的主要关键要素（见表 8-1）。"

表 8-1　可行性研究

- 研究目标
- 成本
- 效益
- 人工和基于计算机的解决方案
- 系统目标
- 输入要求
- 输出要求
- 处理要求
- 初步系统描述
- 供应商标书评估
- 财务分析
- 结论

利文斯顿："在可行性研究中，你考虑了哪些成本项目？"

MIS 经理："主要成本项目包括输入—输出需求、处理、存储能力，系统的租金、采购和租约，非经常性支出、经常性支出，供应成本和培训要求。我们必须从电子数据处理部门那里获得大量该信息。"

EDP 经理："你必须记住，我们将在短期内同时运行两套计算机系统。我准备了一份典型（精简）的进度表（见表 8-2），虽然这份表格可能起不到任何作用。从表的右边一列中，你可以看出我对需要花费多长时间有点乐观。"

表 8-2　典型进度表　　　　　　　　　　　　　　　　　单位：月

活　动	正常完成时间	赶工完成时间
获得管理许可证	0	0
发布初步系统说明书	6	2
接收说明书标书	2	1
订购硬件和系统软件	2	1
完成流程图	2	2
完成应用程序	3	6
接收硬件和系统软件	3	3
测试与调试	2	2
文件归档（如果需要）	2	2
	—	
完全结束	22	15*

注：*假定某些活动可以并行进行，而不是顺序进行。

利文斯顿："对于如何评估供应商，我们准备清单了吗？"

EDP 经理："除基准测试外，我准备了评估供应商的要素清单（见表 8-3）。我们应该去拜访那些购买了同样设备系统的客户，并观察一下系统的运行情况。遗憾的是，我们或许必须提前动手开发软件包。实际上，按照并行的原则，我们应该马上开始开发我们的软件包。"

表 8-3 供应商支持评估要素

- 硬件和软件的可获得性
- 硬件操作、交付和以往的跟踪记录
- 供应商接触和服务支持记录
- 应急备份程序
- 应用程序的有效性及与其他系统的兼容性
- 扩充能力
- 文档
- 系统编程和一般培训顾问的有效性
- 谁来承担培训费用
- 过时风险
- 使用的方便性

利文斯顿："鉴于这个项目的重要性，我决定打破我们的常规结构，并任命规划团队的提姆·艾玛丽（Tim Emary）为项目主管。虽然她在计算机方面的知识不如你们丰富，但是她确实清楚该怎样制订进度计划及开展工作。我相信你们会给予她必要的支持。记住，我会一直关注这个项目。从今天开始，一周以后我们再碰头，那时我希望能够看到一份详细的进度计划表，明确各主要里程碑、小组会议、设计评审会等。如果可能，我希望 18 个月完成这个项目。如果进度计划中存在风险，请标记出来。还有其他问题吗？"

进度困境

▶ 背景

莎拉（Sarah）的项目现在变得比她预想中更为复杂。莎拉的公司有这样的规定，即项目经理在投标阶段就要被任命，以协助准备投标书。如果公司能够签订合同，则她还需要在合同签订后担任项目经理。

通常，合同（项目）会在合同签订后的 1~2 周获批。这就使项目员工配置工作对项目经理来说相对比较容易。这样的做法是因为公司在投标书中就包含了详细进度表，这个详细进度表中的资源在项目获批和获得管理许可前就可以确认并获得。在准备投标书阶段，职能经理会仔细考虑谁将在接下来的几周中被指派到该项目中，以及合理、准确地估计项目持续时间和在给定资源水平下所需的工作量。因为项目通常在签订后的两周内开始获批实施，而合同通常在投标书提交后的一周内签订，所以投标书中的进度与实际项目的进度几乎一致，不会发生太大的改变。整个过程都基于资源的实际可获得性，而不是职能经理假设资源无限和使用不同的估计技术。

这种方法在大多数项目上都有很好的运用效果，然而莎拉的项目是在合同签订后 3

个月才开始推进的。对于项目经理来说,这为持续时间和工作量的估计带来了困难。估算工作现在不得不建立在无限可能性上而不是有限资源的可获得性的假设上。职能经理不确定从现在算起的 3～4 个月后谁可以被指定到项目中,也不确定投标书中应该使用什么类型的进度表。

莎拉知道其中的风险。当莎拉的项目开始准备投标书时,职能经理假设该部门中项目平均员工数量可以在项目开始时被指派到该项目中,工作量和持续时间也根据项目平均员工数量估计。合同开始履行后,如果有超过平均数的员工被指定至该项目,那么莎拉的项目进度可能加快,同时她应该保证成本不会超支,因为所有员工的工资将比之前预估的多。如果低于平均数的员工被指定至该项目,那么进度可能延后,莎拉将不得不寻找可以压缩进度的技术,同时希望不会导致成本增加。

▶ 合同签订

莎拉的公司签订了合同,虽然莎拉心里希望公司得不到这份合同。正如预计的那样,合同从现在开始的 3 个月后才会获批。这为莎拉制造了麻烦,因为她不知道什么时候开始准备详细的进度表。职能经理告诉她,只有在实际履行日期前的 2～3 周,她才有可能根据有限资源的可获得性得出持续时间和所需工作量。资源已经分配给了几个在同时进行的项目,并且许多项目都遇到了困难。莎拉担心更糟糕的局面可能会出现,即实际完成时间比计划时间更长。到时候,莎拉不乐意向客户解释原因,除非不得不做出解释。

▶ 项目获批日期临近

项目获批日期逐渐临近,莎拉和职能经理讨论了资源问题。遗憾的是,她最担心的事情还是发生了,那就是公司只能向她提供低于或等于平均数目的资源(员工)。因为最好的资源(员工)正在其他项目中工作,他们现在没办法来到她的项目中。

根据职能经理提供的工作量和工作持续时间,莎拉准备了新的进度表。令她懊恼的是,她至少会令这个 4 个月的项目延迟两周交付。客户需要知道这个消息。告诉客户之前,莎拉决定寻找压缩进度的方法。加班是一种方法,但是莎拉明白加班会让员工精疲力竭,提高出错概率,并且员工也确实不想加班。因为没有别的资源(员工)可用,所以想通过增加资源来加快项目的完成是不可能的。由于工作说明中包含了客户提供的所有信息,客户不允许将工作外包给第三方,所以外包部分工作也是不可能的。又因为工作的属性,进行并行工作也是不可能的。当然,现有分配的资源提前完成工作是有可能的,但是莎拉还是认为进度延迟在所难免。

▶ 决策时间

莎拉不得不就通知客户即将发生的进度延迟的时间和方式做出决定。如果她立即告诉客户真相,客户可能理解,但会怀疑她的公司在投标书中存在欺骗行为,这将使她的公司难堪。如果她推迟告诉客户真相,那么她还有机会按照原计划中的进度完成项目,只是机会渺茫。如果她在最后一分钟才告诉客户进度延迟,客户可能损失惨重,她的公司同样会很难堪。

问题

1. 本案例中的情形是许多公司的常见情形还是特例?
2. 对于合同签订之后几个月才获批的项目,是否可以通过在竞标时制定政策来缓解这种现象发生带来的问题?
3. 让客户确信竞标期间的进度表(或成本)只是一个粗略的计算,而最终的进度表(或预算)要在项目正式获批后制定,这可能吗?
4. 本案例中考虑的进度压缩技术有哪些?有没有莎拉未考虑到的?
5. 莎拉认为文中那些压缩进度的技术并不适用于她的项目,这样的分析对吗?
6. 如果要使用一项技术,你认为哪项技术最有可能压缩进度?

第9章

项目执行

> 由于实施不当，准备再好的计划也可能以项目失败而告终。项目实施牵扯项目参与者的工作关系，以及他们是否支持项目管理。项目中非常重要的两种工作关系是项目经理—直线经理关系和项目经理—执行经理关系。
>
> 其他因素也可能影响项目的实施，其中包括开诚布公地沟通、诚实正直地对待客户、谈判的真实性及报告的实际性。同时，项目实施受到项目最初计划质量的影响。那些在不完善或错误假设基础上制订的项目计划会摧垮团队士气，从而进一步影响项目实施。

蓝蜘蛛项目

"这是不可能的！完全不可能！10 个月以前，我处于我的人生之巅。高层管理者认为我是最优秀的工程师，即使不是最好的，至少也是其中之一。现在再看看我的黑眼圈，我在这 6 个月里没有睡过一天好觉，而且我现在还在这里清理办公桌。如果让我继续原来工程师的工作，我一定会非常高兴。如果当时我没有晋升为项目经理，我就不会陷入今天这种悲伤和痛苦之中。"

▶ 历史

加里·安德逊（Gary Anderson）大学毕业后在帕克斯有限公司（Parks Corporation）谋得了一个职位。作为一名机械工程学博士，加里已经做好充足的准备去解决世界上最具挑战性的难题。加里一直非常期望从事一些纯粹的研究性工作。起初，帕克斯有限公司几乎没有给加里提供这样的机会。然而，这种情况很快得到了改变。当美国国防部提供了大量的项目合同时，帕克斯有限公司在 20 世纪 50 年代后期和 60 年代早期的大繁荣期间迅速成长为以从事电子和结构设计为主体的公司。

帕克斯有限公司的规模，从只有少数的工程师发展为一个雇用约 6 500 名员工的美国国防部的主要承包商。在 20 世纪 60 年代后期的经济萧条时期，帕克斯有限公司的资金变得紧缺，失业使得 2 200 名员工失去被雇用的机会。当时，帕克斯有限公司决定放弃研发业务，而仅仅靠工业部门来维持生产需要。通过采用这种策略，帕克斯有限公司可以作为一个低成本的制造设备商参与竞争。

尝试了各种组织管理结构之后，矩阵形式的组织结构最终被公司采用。在这样的结构中，每个项目都有一位大型项目经理直接对管理层负责，同时每个项目配备一位助理项目经理。助理项目经理（通常是一个项目工程师）直接向项目经理汇报，并且间接地向工程领导部门汇报。大型项目经理的主要精力集中在对项目成本和时间进度的把握上，助理项目经理则主要负责具体的技术环节。

对一个工程师而言，当前的就业前景并不是很好。为了应对环境的变化，加里和他的同事开始为获得 MBA 学位而学习一些相应的课程。1995 年，美国国防部项目支出增加。鉴于这种情况，帕克斯有限公司不得不改变它的企业策略。最近的 7 年中，帕克斯有限公司把主要精力投入了大型项目的生产阶段上。但是，随着新的合同签订评估标准发布，那些具备研发和资格认证阶段的公司在获得生产合同方面具有明显的优势。生产类合同是可以创造巨额利润的。在这个新策略的引导下，帕克斯有限公司开始增加研发工程人员数量。到 1998 年，帕克斯有限公司已经成长为一家拥有 2 700 名员工的公司。员工的增长主要集中在工程部门。帕克斯有限公司所给出的薪水很难招到富有经验的研发人员，它主要依靠那些刚毕业的比较年轻又无经验的工程师进行研发工作。

由于采用了新的企业策略，帕克斯有限公司宣布了一份包含职位提升的新工资计划。加里被提拔为资深科学家，对机械工程部门的所有研究开发活动负责。在过去几年里，加里已经证明自己是一个杰出的生产工程师，而且管理层认为他可以胜任研发项目工作。

1998 年 1 月，帕克斯有限公司决定参与蓝蜘蛛项目第一阶段的竞争。如果竞争获得成功，这个大型项目将在大约 20 年内为公司带来超过 5 亿美元的利润。蓝蜘蛛项目的目的是试图改进斯巴达导弹（Spartan missile）的功能结构。斯巴达导弹是部队使用的一种近程导弹。斯巴达导弹在该领域服役 6 年之后逐渐出现失效的现象，这比最初的设计规范使用年限少了 3 年。陆军计划为斯巴达导弹研制新的材料以延长其使用寿命。

洛德产业公司（Lord Industries）是陆军斯巴达导弹的主要承包商。如果帕克斯有限公司可以成功地竞标并赢得项目，帕克斯有限公司将成为洛德产业公司的一个分包商。分包商选择的基本标准不仅是低的价格，还要考虑分包商在其他项目上的技术优势和管理表现。帕克斯有限公司的管理层认为，他们在其他的项目上已经成功地和洛德产业公司合作过，就这一点而言，他们相对其他大部分的竞争者来说具有绝对优势。

▶ 蓝蜘蛛项目启动

1997 年 11 月 3 日，工程部门主管亨利·加博（Henry Gable）打电话给加里，让加里去他的办公室。

加博："加里，我已经被秘密告知，在这个月底之前，洛德产业公司将发布蓝蜘蛛项目建议邀请书，响应时间是 30 天。我等待像这样的大型项目已经很长时间了，这样我就可以将我的一些新想法付诸实践。无论如何，这个项目将会成为我的'宝贝'！我想让你来牵头准备这个投标书，我认为这个投标书应该由工程师负责，此外，我还会给你配备一个最好的咨询经理。如果我们现在开始工作，那么在投标书提交之前，我们将要进行 2 个月的调研工作。相对于其他竞争者而言，我们有 1 个月的优势。"

加里非常乐意参与这类项目的投标，因为他可以在获得研发工作所需的全面支持下完成一份完美的技术标书。所有职能经理不断地跟加里说："这是一件事关公司的大事情，工程部门的领导现在已经在全力支持你了。"

12月2日，帕克斯有限公司收到了建议邀请书。对加里来说唯一的麻烦就是技术规格中要求所有的部件必须在-65°F～145°F的温度条件下均可以正常工作。现在的测试表明，帕克斯有限公司的设计无法在130°F以上的温度正常工作。在接下来的3个星期中，公司开展了大量深入的研究工作。在加里看来，整个组织机构都在为他的技术标书提供支持。

递交投标书之前的1个星期，考虑到最初设计材料无法在130°F以上的温度下进行工作的缺陷，加里和加博会面以确定公司对这个问题的立场。

加里："加博，除非我们改变设计材料或者合成新的材料，否则我认为达到规格需求是不可能的。我尝试的各种办法均表明我们这样做是有麻烦的。"

加博："只有当客户知道真实情况的时候，我们才有麻烦。我们只有在投标书中声明我们的设计能够在155°F下正常工作，才能取悦用户。"

加里："在我看来，这样的行为是很不道德的。我们为什么不告诉客户事实呢？"

加博："事实并不总是能够赢得项目。我之所以选择你来带头牵动这个投标书，是因为我认为你会了解我刚才说的这一点，我本可以很容易地从许多有道德的项目经理里面选择一个。在我们赢得项目之后，我将考虑由你担任这个项目的经理。如果你像其他项目经理一样有责任心并反对我的意见，那么我将找其他人代替你的位置。也许我们之后能说服客户改变规格，我们应该这样来看待这个问题。毕竟，到那时木已成舟，他们还有其他选择吗？"

在每天工作16小时，连续工作了2个月后，加里递交了投标书。1998年2月10日，洛德产业公司宣布帕克斯有限公司赢得蓝蜘蛛项目。合同要求在10个月内完成该项目，谈判初步确定的价格为220万美元。此外，这是一个固定总价合同。

▶ 选择项目经理

得到项目合同后，加博和加里开了一个讨论会。

加博："祝贺你，加里！你的工作完成得非常好。如果研发阶段能够顺利进行，蓝蜘蛛项目将在未来10年带给我们很大的潜在商业价值。显然，你是最适合这个项目的领导人选。你觉得把你调到项目管理部如何？"

加里："这将是很大的挑战，我可以最大限度地利用在MBA课程中所学到的知识，我一直想在项目管理方面有所建树。"

加博："即使你拥有好几个硕士学位，或者拥有这一方面的博士头衔，这些都不能保证你是一位成功的项目经理。做到有效的项目管理有3个要求：你要学会利用书面或口头形式进行沟通；你需要知道如何激励员工，并且一定要愿意放弃搭乘顺风车；无论花费多少时间，项目经理一定要全身心地投入项目并对项目负责，这是项目管理中至关重要的一个因素。"

"但是我要你来并不是要跟你说这些事情。从工程师转向项目管理是很大的一个跨越。从事项目管理可能让你到达两个高度,一是上升到管理层,二是被扫地出门。就我所了解的情况,几乎没有工程师在负责的项目失败后还能够在公司继续就职。"

加里:"为什么会出现那样的情况?如果我是公司最好的工程师,为什么在我负责的项目失败后就不能从事工程师的工作呢?"

加博:"项目管理有一个属于它自己的世界。它有自己的正式和非正式的组织关系。项目经理就像一个局外人。你将发现,你不可能保持和同事们现有的人际关系,你必须强迫同事甚至最好的朋友按照你的标准工作。项目经理的职位是流动的,做完一个项目就去另一个项目,职能部门却保持相对稳定的结构。"

"我告诉你这些情况只是出于一个目的,那就是我们已经一起合作多年,我一旦签署任命文件,你就要开始到项目主管埃利奥特·格雷(Elliot Grey)的部门报道了。之后,你将完全依靠自己,就像被一家新公司聘用一样。虽然我已经在相关文件签字了,但你仍然有一些时间好好想一想。"

加里:"有一件事情我还不是太明白,那就是公司有那么多好的项目经理,为什么是我获得了这个机会?"

加博:"我们公司全部的项目经理几乎都超过了 45 岁,这是几年前我们被迫解雇一些年轻的、没有经验的项目经理造成的。我之所以选择你来做这个项目经理,主要是考虑到你的年龄,而且我们公司其他的项目经理只能处理生产类的项目,我们需要一位对研发充满激情的人。在洛德产业公司,与你的身份职位作用相同的人也是研发背景,你要以其人之道还治其人之身。"

"我之所以想让你接受这一职位,还出于一个长远的考虑。我非常期望你能接受这个职位。由于项目管理和工程部门之间权利的分割,我需要一个可以沟通并关心研发工作的项目管理负责人。我们现在的项目经理只关心时间和费用,我们需要全身心投入项目的经理,我认为你就是最合适的人选。你知道,当提交那份投标书的时候,我们对洛德产业公司所做的承诺!所以,你必须尽全力保证达到项目要求。记住,这个项目是我的全部,你将获得所有你需要的支持。我现在正在准备另一个项目,当它结束的时候,我将像鹰一样紧紧地盯着你的工作。我们必须时常聚在一起讨论新的技术。"

"花一两天的时间仔细考虑一下这个事情。如果你想获得这个职位,就和项目主管埃利奥特·格雷约一下。他和我的意见一样。我将派保罗·埃文斯(Paul Evans)做你的主要项目工程师。他是一个经验丰富的老手,而且我相信你们的合作不会存在任何问题。他会给你一些好的建议,他人很好。"

▶ 工作启动

加里接受了新的挑战。他首先要解决的问题就是配置项目人员。最初在制订投标计划时,并没有涉及人员配置的内容。帕克斯有限公司的生存依赖从生产部门获得的利润。基于这样的心理,加里发现工程经理(他之前的部门经理)不愿让他们的主要工程师参与蓝蜘蛛项目。然而,借助加博的一点支持,加里终于组成了一个可以进行蓝蜘蛛项目的团队。

从项目一开始,最主要的问题就是按照现有的技术水平难以达到投标书上的技术规

第9章 项目执行

格要求。加里也一直为此担心。加里有90天的时间来鉴定哪些原材料可以满足规格要求。加里和保罗商讨了头几个月的计划。

加里："保罗，我们要开始接下来的工作了。你有什么建议吗？"

保罗："我也对这个测试矩阵的有效性表示怀疑。幸运的是，我经历过这样的情况。加博认为这是他的项目，他会帮助我们克服完成任务的难题。每天早上7点30分，我都必须把前一天测试的原始数据结果报告给他。在你开始工作之前，他想看看这些数据。他也表示想要和我单独见面。"

"洛德产业公司那边将是个大问题。如果测试矩阵被证明是失败的，那么我们就必须改变工作范围。记住，这是一份固定总价合同。如果我们在早期计划中改变工作范围而且做另外的工作，我们就应该进行平衡分析，去掉那些没有必要的工作，以保证不会超支。"

加里："我要安排另一个项目管理办公室的人员来负责行政工作。在我们得到一些结果之前，你和我要待在实验室工作。我们会让另一个项目管理办公室的同事负责每周的会议。"

事实上，在接下来的3个星期里，加里和保罗每周7天、每天12小时地待在研发实验室，但是没有取得任何实质性的突破。加里每次预约加博开会时，总是发现他太忙，没有时间。

在第4个星期，加里、保罗和主要的职能部门经理碰头，商讨开发另一种测试矩阵。新的测试矩阵看起来很好，加里和他的团队开始疯狂地工作，并制订了一个新的工作进度计划，这个新的计划不会对180天后的第二个里程碑造成影响。第二个里程碑是对原料及原料的生产准备情况进行最后检查。这次检查的目的是确认实验室研发和实物之间无明显差别。

加里为交流会议亲自准备了所有的技术手册。毕竟，他是唯一拥有所有数据的人员。技术交流会预定2天时间。第一天，加里展示了所有的数据，包括测验结果和新的测试矩阵。不过客户似乎对项目的进度表示不满，而且决定当天晚上召开内部会议详细审查所展示的材料。

第二天早晨，客户说出了他们的观点和立场："首先，加里，我们非常高兴有你这样一位如此优秀且具有技术背景的项目经理。但是上个月我们尝试联系你时，你要么没空要么在实验室。你在介绍技术数据这个工作上做得很好，但是管理的数据是由你的项目管理办公室的人员介绍的。在洛德产业公司，我们并不认为你在技术上和管理职责之间保持了平衡。我们希望你亲自给出管理数据，而由你的主要项目工程师给出技术数据。"

"我们没有提前收到任何的会议议程，而我们希望知道会议将在什么时间讨论什么问题。我们希望在3天之前得到所有分发的技术手册的副本。我们需要时间仔细检查数据，你不能期待我们像盲人一样走进这里，然后在看到数据之后10分钟内做出决定。"

"坦白地说，我们认为项目进度完全无法接受。如果数据得不到改善，我们只能终止合同并寻找一个新的承包商。新的测试矩阵虽然看起来很好，但这是一个固定总价合同，你的公司将会为额外的工作承担所有的费用。后期工作的支出平衡能否实现，将依赖从今天算起第90天后的第二个项目评审会议上你们给出的实验结果。"

"我们已经决定在帕克斯公司成立一个客户办公室来密切监督你们的工作。我们的员工在研发项目阶段感觉每月召开一次会议是不够的。我们需要我们的客户代表和你或你的团队成员可以进行每日的口述会议，他再将这些情况汇报给我们。显然，我们期望得到的数据比你提供的要多。"

"我们的高级工程师想直接和你的工程部门对话，没有必要不断地去项目办公室浪费时间。我们将坚持这一点。记住，你的项目只是 220 万美元，但是我们的项目总价值是 1 亿美元。我们冒的风险比你们大得多。我们的工程师不喜欢看到已经被项目管理层过滤过的数据。他们想帮助你们。"

"最后，不要忘记，依据合同要求，你的人要为所有的交流会议准备完整的会议纪要。在公布之前把原稿送给我们签字。"

虽然加里对第一次组内会议非常不满，尤其是洛德产业公司提出的要求，但是他仍同意他们的提议。会议结束后，加里亲自准备了各类会议文件。加里认为："这是荒谬的，我几乎把整个星期的时间都浪费在完成管理文书工作上，其他的什么也没做。我们为什么需要如此详细的书面报告？一个简要的摘要不够吗？为什么客户需要记录每件事情呢？那更像担心忧虑的表现。我们和他们已经是完全的合作态度了，并且我们之间没有敌意。我们现在有这么多文书工作要处理，我不敢想象当我们陷入困境的时候是怎样的。"

▶ 新的角色

加里完成那些会议纪要并分发给用户和核心团队成员。

在未来的 5 个星期内，项目人员依照计划对材料进行测试。结果仍然很差。加里一直忙碌于文书工作，以至于他有一个多月的时间没有去过研究实验室。在一个星期三的早晨，加里进入实验室观察早晨测试。加里发现保罗、加博和另两个技术人员正在测试一种新的材料：JXB-3。

加博："加里，你的问题将很快结束。新的材料 JXB-3 将让我们的产品满足规格要求。保罗和我已经对这种材料进行了两个星期的测试。我们想让你知道，但害怕如果客户知道我们正在花费他们的钱测试新的材料，而这些测试万一不符合合同要求，他们可能发狂并因此取消合同。看看这些测试结果，它们简直太棒了！"

加里："需要我去告诉客户吗？这会掀起很大的波澜。"

加博："不会有任何的波澜。我们可以告诉他们，我们是利用自己研发部门的资金做的。他们会认为我们正在花费自己的钱支持他们的计划，这样他们一定会很高兴。"

在将数据呈现给洛德产业公司之前，加里召开了一个团队内部会议，将新的数据呈现给了项目人员。在组内会议中，一位部门经理说："这是一种非常糟糕的项目管理方式。我喜欢告知帕克斯有限公司这里发生的每件事情，如果我们什么事情都是到最后一分钟才知道，你还怎么指望各个部门为项目小组提供支持。最近两个月，我的员工均在对已有的材料进行测试，而且你告诉我们那全部是徒劳的。你现在给我们新研制的材料，我们对此全无了解。这样的管理方式会让你得不偿失。"

180 天后的里程碑会议之前的一个星期，加里提交讲义包给洛德产业公司进行初步审查。1 小时后，电话响了。

客户："我们刚刚读过你们给的讲义。新材料是哪里来的？这个工作的详细情况为什么没告知我们呢？你应该知道我们的客户（军方）将参与这个会议。我们如何跟他们解释这样的情况？我们建议延期验收会议，直到我们的全部员工分析完数据后再做决定。"

"验收会或信息交流会议的目的是交换信息，只有当与会双方对主题都很熟悉的时候才可以召开。通常，只有在我们不信赖客户的时候，我们（洛德产业公司）才会每周都和客户召开信息交流会议。基于过去和你们公司良好的合作关系，我们才没有采用这个政策。但是由于发生这个新的情况，我们对你们的诚信严重质疑，你们会强迫我们恢复我们初始的政策。起初，我们相信这是由一位无经验的项目经理所导致的，现在我们对此不敢确定了。"

加里："我想知道洛德产业公司召开参与交流会议的真正原因是不是想让我们的人知道你们不信赖我们。你应该知道，这样你会给我们双方制造许多工作麻烦。"

客户："是你的人把你推到了这样一个境地，所以你现在只能自食其果。"

两个星期之后，洛德产业公司勉强接受了新材料能提供最好的性能指标这一事实。3个星期之后，验收会如期举行。军方对于主承包商推荐使用一种新的、未经测试的新材料而投入几百万美元非常不高兴。

▶ 沟通失败

技术评审会后一周，加里计划重新验证混合材料，以确保原材料的最终规格。遗憾的是，因为加里决定减少费用并承担开发新材料产生的费用，导致制造计划落后进度1个星期。加里组织召开了一次组内会议。

加里："正如你们所知道的，我们落后进度7~10天的时间。下个星期，我们必须重新制定综合进度安排。"

生产经理："我们的资源要准备一个月的时间才能到位。你不能以为蓝蜘蛛项目召开一个简单的会议就可以改变每件事情。你应该早些通知我们，工程部门有准备所需材料清单的责任。他们为什么没有提前准备好呢？"

集成工程师："项目并没有要求我们提供准备好的清单。但是我敢说，如果让我们的员工在两天内加班，我们会把它弄好。"

加里："我们何时才能验证混合材料呢？"

生产经理："重新验证材料时，每次必须做至少500张表格。除此之外，我们必须在三个班次上重新安排人手。如果我们重新验证你的混合材料，那就只能按照加班处理，你来承担加班费用。如果你对此表示同意，我们可以尝试。但是，这将是第一次也是最后一次生产部门给你提供帮助，不过有的程序必须按照步骤进行。"

测试经理："自从我们开始这个项目以来，我一直来参加这些会议。我想代表整个工程部门说，工程总监在这个项目中所扮演的角色是在压制我们这些优秀人才的个性。在新项目中，特别是涉及研发的项目中，我们的人不太愿意冒险。现在我们的人变成了鸵鸟。如果他们的工作受到阻碍或是受到轻微的阻碍，那么在项目完成之前，你可能失去他们。此时此刻，我感觉自己正在这里浪费时间。我只需要每次团队会议的会议纪要，那么我就不用再去参加这些'假冒'会议了。"

验证混合材料的目的是为生产材料进行准备,以验证与研发实验室的小混合材料相比,在按比例放大时不会发生材料属性的变化。测试过后,研究人员发现用于产品混合检测的原材料存在许多错误。

随后,洛德产业公司打电话质问为什么发生这样的错误,以及商讨接下来的解决措施。

洛德产业公司："为什么发生这样的问题？"

加里："我们的材料清单上存在一个问题,这导致我们必须加班进行混合测试。要求你的员工加班工作时,你必须接受他们出现的错误。我们的员工在加班时间里的精神都不是很好,因而错误是不可避免的。"

洛德产业公司："你作为项目经理有不可推卸的责任。我们认为,你花费太多时间做研究,却没有在管理上投入充分的时间。作为主要的承包商,我们比你冒的风险更大。从现在开始,我们要召开每周的技术评审会,并且我们的质量监控组将随时和你们保持联系。"

加里："这些琐碎的组内会议会束缚我们的研究人员开展工作。我无法接受我的员工每周和你们召开技术评审会。"

洛德产业公司："组内会议是一项管理职责。如果帕克斯有限公司不想执行蓝蜘蛛项目,我想我们可以寻求另外的转包商。加里,你所要做的就是放弃带材料供应商享用午餐,你将有足够的时间准备讲义。"

会议结束后,加里感觉自己如同被谴责了一样。在接下来的 2 个月里,加里几乎每天都要工作 16 小时。加里不想在文书处理方面给下属施加压力,他准备自己完成。他本可以多雇些职员,但是由于预算很紧张,而且还得重新确认混合测试,费用超支是不可避免的了。

随着第 7 个月底的到来,加里愈发感觉到来自帕克斯有限公司内部的压力。决策制定的程序似乎减慢了,而且加里发现激励下属越来越困难了。事实上,有人正在散播谣言说蓝蜘蛛项目即将失败。一些关键人员的工作表现就好像他们处在一艘即将沉没的船上一样。

当第 8 个月快要结束的时候,预算几乎花光了。此时的加里已经厌烦了亲力亲为每件事。"也许我还是应该做一个工程师。"加里想。格雷和加里会面并商量挽救措施。格雷同意使用公司资金帮助加里完成项目。格雷声称,项目必须完成,因为还有很多事要依赖蓝蜘蛛项目。他召开了一次组内会议来确定项目的状况。

加里："现在是该在剩下的时间为项目制定策略了。工程部和生产部能按进度表进行吗？"

工程部门员工："这是第一次看到这张时间表。你不能指望我在接下来的 10 分钟内做出决定,我现在无法做出资源投入的承诺。我们直到最后一分钟还被蒙在鼓里,我们对这一点已经有点不满。之前的规划怎么了？"

加里："之前的规划仍有效。我们一定得坚持最初的时间表,或者至少努力按照它来做。修订后的时间表将起到有效的辅助作用。"

工程部门员工："看，加里！通常一个项目遇到困难时都是职能部门来挽救项目。但是如果我们什么都不知道，你怎么能期待我们帮你挽救项目。我的领导也想预先知道你利用我们部门资源的决定。此刻，我们……"

加里："我们必须承认，我们在沟通上可能存在某些问题，但是我们现在有麻烦，我们必须联合起来。你对你们部门能否按新的时间表工作有什么看法？"

工程部门员工："当蓝蜘蛛项目第一次遇到麻烦的时候，有关部门的决定都是由部门负责人一个人做的。我只是一个傀儡。我必须在每件事情上征求他的意见。"

生产部门员工："加里，我和你在同一艘船上。你知道我们不愿意重新安排我们的设备和人员。我们以前也经历过一次这样的情况。我必须和我的领导商量之后才能给你关于新进度表的答复。"

在接下来的1个星期中，公司对混合测试进行了确认。测试按着修订过的进度表进行，如果符合规格要求说明，看起来似乎总进度表的里程碑可以被实现。

因为进度表被修改，一些测试必须在非工作日进行。加里很不喜欢让员工星期日和假日加班，但是因为测试矩阵要求在指定时间完成测试，他无从选择。

星期三早上召开了一次团队会议，目的是决定谁需要在节假日来加班，包括星期五、星期六和星期日。会议期间，加里感到非常失望。菲尔·罗杰（Phil Rodgers，从项目一开始就是加里的测试工程师）现在被安排到其他项目里，谣传说这是加博的新冒险行为，替代他的是一个刚到公司8个月的新手。团队成员就这个小问题争论了一个半小时，并继续避开主要问题的讨论，宣称他们首先应该同领导达成一致。加里明显感觉到，他的团队成员不愿意做出主要决定并因此把大量时间浪费在琐碎问题上。

第二天，也就是星期四，加里去找负责测试的部门经理，希望菲尔·罗杰这个周末能帮他工作。

部门经理："我已经得到领导（工程部门主管）的明确指示，把菲尔·罗杰安排到新项目里，如果你想让他回去为你工作，你最好亲自找领导商量。"

加里："但是我们这周末一定要完成测试。你昨天分配的新员工在哪里？"

部门经理："没有人告诉我你这周末的测试安排。我们部门一半的人已经在享受一次延长的周末假期，包括菲尔·罗杰和新员工。为什么当我们遇到问题的时候，我总是最后一个知道的人？"

加里："这个周末，客户会派经验丰富的员工来观察测试，现在再做调整已经来不及了。你和我就可以做这个测试。"

部门经理："靠你自己吧。我尽一切可能离蓝蜘蛛项目远一点。我可以帮你找一个人，不过绝对不会是我。"

周末的测试依照进度表正常进行。原始数据会提供给客户，在生产部门有机会分析这些数据之后，公司的最终决定会在下个月末公布。

最终测试在第9个月的第2周进行。最初的结果看起来非常好。尽管是新材料，但符合合同规定，加里和洛德产业公司的管理层都感觉要使军方相信应该没有太大困难。加博拜访了加里，并祝贺他工作做得很好。

接下来要做的是另4个全面混合测试。这些将被用来决定材料的性质在实际产品混合中会有多大的偏差。加里试着争取客户意见一致（作为最初权衡分析的部分），能够去掉 4 种产品的其中 2 种。洛德产业公司的管理层拒绝这个要求，他们坚持遵照合同进行。

接下来的一个星期，格雷邀请加里召开了一次紧急会议，讨论项目已用的开支。

格雷："加里，我刚收到最后一季财务报告，你声称蓝蜘蛛计划费用和运作都完成了 75%，我认为你还不清楚自己在干什么。项目的目标利润是 20 万美元。我的备忘录说副董事长和总经理准备把 75%或者 15 万美元作为公司对股东的红利支出。我正准备用这 20 万美元和我个人从公司申请的另 30 万美元来帮你摆脱困境。现在，我不得不再找副董事长和总经理，并告诉他们我们算错了，我们还需要 15 万美元的资金。"

加里："也许我应该和你一起去解释我的错误。很明显，我应该负起所有的责任。"

格雷："不，加里。这是我们的错误。我不愿意总经理看到财务报告下面的红色标记时你站在他面前。一旦公司把这笔钱定为利润，只有上帝才有能力把钱拿回来。也许你应该把项目工程师作为你的职业，而不是项目经理。你应该知道，你的表现还不够完美。"

加里失望地回到办公室。不管他多努力地工作，项目管理的繁文缛节似乎总让他尝尽苦头。但是到下午晚一些时候，加里的失望情绪有了转变。洛德产业公司打电话说，与陆军协商后可以使用新材料制造斯巴达导弹，帕克斯有限公司可以获得一份单一来源的合同。洛德产业公司和陆军认为，如果继续进行的测试显示了相同的结果，并考虑到帕克斯有限公司是唯一对这种新材料具有技术经验的公司，那么这个合同是非常合理的。

加里收到公司总部发来的贺信，但薪水没有增加。据说一笔可观的奖金会发给工程主管。

第 10 个月，对新材料的加速老化测试的结果出来了。结果表明，尽管新材料符合合同规定，但使用寿命不到 5 年。这一系列数据使加里感到震惊。于是，加里和保罗召开会议来决定下一步的最佳战略。

加里："我猜我们现在已经在火中了，而不是在煎锅里。很明显，我们不能把这个测试结果告诉洛德产业公司，我们只能自己来处理这件事。测试结果会不会有问题？"

保罗："当然，我不确定。对新材料做加速老化测试时总有可能出错，可能发生了我们还不知道的变化。而且，加速老化测试可能与实际使用年限根本联系不起来。我们必须尽快明确公司在这件事上的立场。"

加里："我不会把这件事告诉任何人，尤其是加博。你将和我一起处理这件事。如果这件事泄露出去，我就死定了。我们一定要等到拿到产品合同后再处理这件事情。"

保罗："这太危险了。这关系到公司的地位，而不只是项目办公室的地位。我们最好让他们知道这件事。"

加里："我不能那样做，我会负所有的责任。你能和我站在同一立场吗？"

保罗："我不能这样做。我相信当我们打开潘多拉盒子时，我可以在其他地方找到工作，你最好告诉部门经理也保持沉默。"

两周后，当项目进行到最后测试阶段、最终的报告即将完成时，加里接到一个紧急电话，要他马上给加博办公室回电话。

加博："这个项目结束的时候，你要离职。你永远都不会成为一个项目经理，或者一个好的项目工程师。我们不能在没有诚信和公开交流的情况下进行项目。你对高层管理者隐瞒坏消息，你怎么还能期望高层管理者支持你？我不喜欢惊奇。我喜欢从项目经理和工程师那里得到坏消息，而不是从客户方面得到二手消息。当然，我们不能忘记预算超支。你为什么不采取防范措施？"

加里："你要求把加速老化测试计入我的项目，而不是整个项目计划，我能怎么办？我不认为我应该对整件事负责。"

加博："加里，我认为再继续讨论这件事没有任何意义。我希望你继续做原来在工程方面的工作，我不希望你因为做项目管理而失去太多的朋友。你要完成最终测试和项目报告，然后我会重新安排你的工作。"

加里回到办公室，把脚跷到桌子上。加里想："既然这样，也许我更适合做工程，至少偶尔还能看到妻子和孩子。"就在加里开始写最后的报告时，电话铃响了。

生产经理："嘿，加里。我打电话只是想问一问，你知道我们在新程序里用什么负荷量来决定加速老化年限吗？"

加里："别给我打电话，打给加博吧。毕竟，这个蓝蜘蛛项目是他想出来的。"

问题

1. 如果你是加里，在总裁告知你这样一个项目是他的"宝贝"时，你还会接受项目经理这个位置吗？
2. 拥有 MBA 学位的工程师都热衷于管理层的高位吗？
3. 加里是否有能力担任项目经理？
4. 加里面对哪些道德和伦理的争议？
5. 加里有什么权力及他应该向谁报告呢？
6. 当你进入项目管理的时候，你要么上升到管理层要么被扫地出门，这种说法是否正确？
7. 高层管理者对研发项目会有太多兴趣吗？
8. 保罗·埃文斯向项目经理报告之前应向加博报告有关数据的事吗？
9. 项目经理为客户交流会议准备所有的技术手册是应该的吗？
10. 当一种不信任的情形在客户和承包商之间发生时，会发生什么事？
11. 没有经过项目办公室允许，客户的部门职员和承包商可以彼此沟通吗？
12. 加里的时间管理有效吗？
13. 加里了解生产部的操作吗？
14. 部门职员能够被授权做项目决策吗？
15. 在研发项目中，利润应该定期入账还是应该在项目终止的时候入账？
16. 项目经理是否应该随时审查坏消息？
17. 如果只有一种单一的项目管理方法，上述的问题就会得到解决吗？
18. 单一的项目管理方法能否规定与客户打交道时的道德和伦理？如果能，我们应该如何控制项目经理违反合同的情况？

19. 在项目的任务报告中，成功和失败的经验教训是不是导致项目管理方法发生变化的主要原因？

科文公司

至 2003 年 6 月，科文公司（Corwin Corporation）已经成为每年盈利 1.5 亿美元的公司，以制造价格低但高质量的橡胶而享誉国际。科文公司拥有十几个不同类型的生产线，全部产品以现货供应方式销售给百货公司、五金商店和汽车部件经销商。科文这个名字现在和"质量"一词同步。这种奢侈的产品供应管理给科文公司提供了很长的生命周期。

科文公司维持其相同的组织结构（见图 9-1）长达 15 年之久。科文公司的管理层非常保守而且病态地认为，为已有产品选择新的市场营销方式比开发新产品好。在这种认知下，科文公司只有一个小规模的研发队伍，而且研发人员的任务就是简单地评估最新的技术，以及这些技术在已经存在的生产线上的应用。

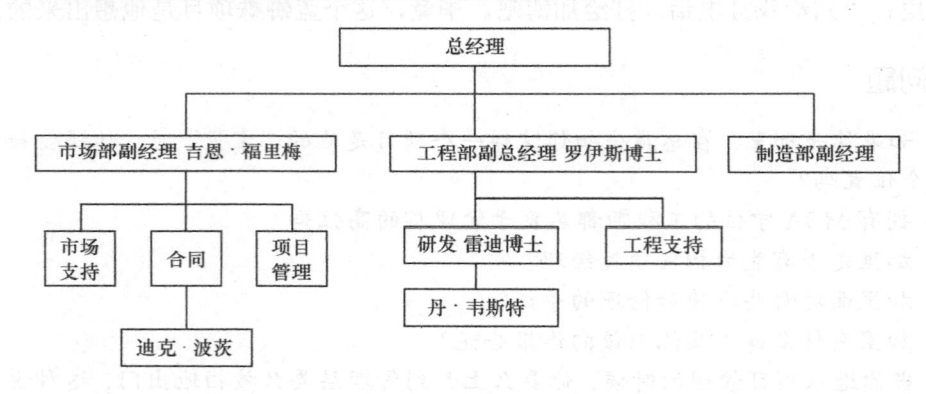

```
                              总经理
                                │
        ┌───────────────────────┼───────────────────────┐
    市场部副经理 吉恩·福里梅    工程部副总经理 罗伊斯博士    制造部副经理
        │                       │
    ┌───┼───┐              ┌────┴────┐
   市场   合同  项目         研发     工程支持
   支持        管理        雷迪博士
        │                   │
       迪克·波茨           丹·韦斯特
```

图 9-1　科文公司的组织结构

科文公司的声誉非常好，公司一直持续不断地收到关于制造专业产品的询价。遗憾的是，科文公司管理层的保守本性创造了一个"不愿找麻烦"的氛围，他们反对尝试任何风险。公司制定了针对所有专业产品需求的评估管理政策。政策要求对以下问题的回答是肯定的：
- 专业产品是否可以像已经存在的生产线一样创造相同的利润（20%）？
- 有没有续签合同的机会？
- 专业产品能开发成生产线吗？
- 在对现存生产线和加工运行产生最小干扰的同时，专业产品能生产吗？

这种严格的要求迫使科文公司放弃了超过 90%的专业产品制造。

尽管制造部门经常有不同的想法，但科文公司是以市场为驱动的组织。除需要由制造部和市场部共同承担的产品估价外，几乎所有决策都是由市场部决定的。工程部被认为只是市场部和制造部门的支持团队。

对于专业产品，即使在研发阶段，项目经理也是市场部出身的。公司认为如果专业产品成长为一个完整的生产线，那么在开始的时候就需要任命一个生产线经理。

▶ 彼得斯公司的项目

2000 年，为了潜在的后续合作机会，科文公司接受了彼得斯公司（Peters Company）的一个特色产品的生产工作。尽管彼得斯公司以"难以合作客户"而闻名，但在 2001 年、2002 年及后来的 2003 年，科文公司还是从彼得斯公司接到了后续的盈利合同，并且与彼得斯公司建立了良好的合作关系。

2002 年 12 月 7 日，科文公司的市场部副总经理吉恩·福里梅（Gene Frimel）从彼得斯公司市场部副总经理弗兰克·迪莉亚（Frank Delia）博士那里接到一个特别电话。

弗兰克·迪莉亚："吉恩，我手头有一个非常棘手的问题。我们的研发团队为了开发新的橡胶生产原料获得了 250 000 美元的拨款，但是我们没有可以利用的人或者专家来承担这个工作，所以我们必须到其他公司聘请人员来完成。我们希望你们公司可以承担这个工作。我们的实验室和研发机构已经超负荷了。"

吉恩·福里梅："弗兰克，正如你知道的，尽管之前我们进行过一次研发，但是我们不是专业研发队伍。而且，我不能让管理部门接受这类任务。让其他公司做研发工作吧，我们可以承接最后阶段的生产工作。"

弗兰克·迪莉亚："让我来解释一下我们在这个问题上的立场。过去，我们做过几次这样的项目。像这样的项目会带来不少专利，而且研发公司总是要求我们合同授予它专利使用费或制造权的优先购买权。"

吉恩·福里梅："我明白你的处境，但是那不在我们的能力范围之内。一旦承担这个项目，我们的组织结构就可能被破坏。我们已经在工程方面实施精益管理了。"

弗兰克·迪莉亚："吉恩，你看看！我们对你们的制造能力完全信任，并且如果这个产品发明出来，我们愿意和你们签一个 5 年的合同。这对你们来说将获得巨大的利润。"

吉恩·福里梅："你这样说倒是让我很感兴趣。你能告诉我其他的一些细节吗？"

弗兰克·迪莉亚："我能给你的只是一套我们想要达到的性能规格。显然，一些取舍是可接受的。"

吉恩·福里梅："你什么时候把具体的技术要求列表给我？"

弗兰克·迪莉亚："你明天早上就可以拿到。我会用特快专递发给你。"

吉恩·福里梅："很好。我会让我的员工考虑一下这件事情，但是我们只能在明年年初再给你答复。在 12 月，我们工厂在 12 月的最后两周暂停生产，我们大多数人都去度长假了。"

弗兰克·迪莉亚："这一点让我无法接受，我们公司管理层想要一份在这个月底前签字盖章并交付的合同。如果不能完成，公司将在 2003 年损失 250 000 美元的预算经费。想一想，我们浪费的经费可比我们实际可使用的要多出很多。我需要你们在 48 小时内给我答复，以便我们有时间找其他的资源。"

吉恩·福里梅："弗兰克，你应该知道，今天是 12 月 7 日——珍珠港被偷袭日。我怎么感觉天要塌下来了呢？"

弗兰克·迪莉亚："吉恩，不要担心！我可不会给你投炸弹。重要的是记住我们现在可以拿到 250 000 美元，这将是一份固定总价合同。我们预计是一个 6 个月的项目，12.5 万美元在合同签订时支付，余款在项目结束时支付。"

吉恩·福里梅："我还是有种不祥的预感，但是我仍然会告诉我的人。你会在 48 小时内听到确定的答复（是或否）。我正在计划安排到加勒比海进行一次航行，我的妻子和我今天晚上就出发。我的一个助手会就这件事情和你联系。"

吉恩·福里梅遇到了一个难题，那就是所有的竞标或者不竞标的决定都是由总经理和 3 位副总经理组成的 4 人委员会决定的。吉恩·福里梅与工程部副总经理罗伊斯博士见了面，并解释了目前的情况。

罗伊斯博士："吉恩，你知道我非常支持这样的项目。这个项目可以使我们的技术人员变得更加聪明。遗憾的是，我的投票总是显得无足轻重。"

吉恩·福里梅："对一个公司来说，潜在的利润及形成良好的客户关系都是非常吸引人的，但是我不确定我们是否应该接受这个风险。项目失败会破坏我们和彼得斯公司之间良好的工作伙伴关系。"

罗伊斯博士："在进行风险评估之前，我必须看一下具体的规格要求。我倒是希望赌上一把。"

吉恩·福里梅："我会试着和总经理通个电话。"

到了下午很晚的时候，吉恩·福里梅很幸运地和总经理联系上了，并且得到一个不情愿进行这个项目的授权。现在的问题是在接下来的 2~3 天里，应该怎样准备投标书，以及怎样对彼得斯公司进行口述报告。

吉恩·福里梅："老板希望一切顺利，现在靠你了。我将去度假，你现在全权负责投标书和口述报告的工作。弗兰克想在这个周末就进行口述报告。你会在明天早上拿到他的规格表。"

罗伊斯博士："我们的研发主任雷迪博士今天早上去度假了，我希望他能帮我为项目定价并选出项目经理。在这种情况下，我希望项目经理来自工程部门而不是市场部门。"

吉恩·福里梅："是的，我同意。市场部门不应在这里面充当任何角色。现在这个事情就全部交给你了。至于定价，你知道他们的出价是 250 000 美元。你算一下，这个数目是否合适。我会安排一个负责签订合同的人员帮你定价。我希望能找到在这方面有经验的人。我会打电话给弗兰克，告知他我们会主动投标。"

罗伊斯博士选了研发部门的一名科学家丹·韦斯特（Dan West）作为项目的领头人。罗伊斯对于在没有研发总监雷迪博士积极参与的情况下进行这项研究持保留态度。但是雷迪在度假，罗伊斯必须马上做出决定。

第二天早上，技术规格表送到了。罗伊斯博士、丹·韦斯特、迪克·波茨和一名签订合同的人员开始准备投标书。韦斯特负责直接劳动工时，罗伊斯博士制定费用数据和定价比率。迪克·波茨因为不熟悉这类工作，只是作为一个观察者并在适时的时候提供一些法律建议。迪克·波茨允许罗伊斯博士做所有的决定，尽管这可能会让对方认为罗伊斯博士是总经理的合法授权代表。

两天后，投标书终于完成。这个投标书实际上就是一份只有 10 页纸的信，包括成本总结（见表 9-1）和工程意图。韦斯特估计至少要进行 30 次测试。测试矩阵描述了前 5 次测试的测试条件，剩下的 25 次测试将在以后的时间由彼得斯公司和科文公司的员工进行。

表 9-1 投标书成本总结　　　　　　　　　　　　　　　　　　　单位：美元

直接人工费	30 000
测试（30 次，每次 2 000 美元）	60 000
100%间接费用	90 000
材料	30 000
G&A（一般行政管理成本，10%）	21 000
总计	231 000
利润	19 000
总计	250 000

一个星期天的早上，彼得斯公司召开了一次会议，会议通过了这个投标书。弗兰克·迪莉亚给了罗伊斯博士一封授权科文公司立即开始执行项目的信函。最终签订合同只能在 1 月末进行，并且信中简单提到，彼得斯公司将承担合同签署或工作终止前的所有费用。

韦斯特对自己当选项目经理并可以与顾客接触感到非常高兴。这种待遇一般只有市场部的人员才能享受。尽管科文公司在圣诞节期间停业 2 个星期，韦斯特仍然会到办公室准备项目进度，并确认在其他方面需要的帮助。他认为在开工的第一天给出这些信息，员工就会相信一切事情都在他的掌控之中。

▶ 工作启动

2003 年 1 月的第 1 个工作日，3 名副总经理和雷迪召开会议，讨论项目所需要的支持。（尽管所有的与会者都有韦斯特备忘录的备份，但是这次会议他没有出席。）

雷迪："我认为接手这个项目会有麻烦。我曾和彼得斯公司在研发方面有过合作，它的人员不好相处。韦斯特是个优秀的人，但我不会任命他一人担任项目负责人，他善于管理内部项目而不是外部项目。但是，不论发生什么事情，我都会尽力支持他的。"

罗伊斯博士："你太悲观了。你的团队有很多优秀的人，并且我相信你可以给他们所需的支持。我也会经常关注工程的进度，韦斯特也会不时地向你报告项目情况。你尽量不要给他增加其他工作负担，因为这个项目对公司来说很重要。"

假期过后，韦斯特用了几天时间向其他生产线的团队寻求所需的支持。这些团队因为没提前被告知且不确定它们可以提供什么样的支持而感到不安。韦斯特与雷迪碰头，讨论最后的进度计划。

雷迪："韦斯特，你们的进度计划看起来不错，我认为你们对问题具有很好的掌控力。你们并不需要我给予太多的帮助。我还有很多工作要做，所以对于这个工程，我只会在幕后做些工作。你们只需要经常写一个一两段的笔记告诉我项目的进展情况就可以了。"

到第 3 个周末，所有的原材料已经采购完毕，初始配方和实验也准备开始。除此之外，合同也在准备签订中。其中有一个条款这样规定：彼得斯公司有权在项目进行期间派公司的代表到科文公司。彼得斯公司通知科文公司，帕特里克·雷将成为向弗兰克·迪莉亚报告的内部代表。这个代表将于2月15日左右开始他的工作。

当帕特里克来到科文公司时，韦斯特已经完成了前3个实验。结果虽然与预期的不同，不过也表明科文公司选择了正确的研究方向。帕特里克对于实验的解释却与韦斯特完全不同。他认为科文公司的做法大错特错，并需要重新选择方向。

帕特里克："韦斯特，你看，我们只有6个月的时间，我们不能把时间浪费在这些勉强可接受的差距数据上。这是我们在接下来的5个实验中要完成的工作。"

韦斯特："让我和员工考虑一下你们的要求并重新审查一次。这可能花几天的时间。同时，我们将按计划进行另2个实验。"

帕特里克傲慢的态度使韦斯特很恼火。但是韦斯特认为这个项目很重要并决定尽力迎合帕特里克的要求。这实际上并不是韦斯特想象中的与代表之间的工作关系。

韦斯特与工程人员一同核查了实验数据和新的测试矩阵，但是他们仍然不确定实验数据的优劣，并决定在等待第4个和第5个实验结果出来之前保留意见。这虽然让帕特里克很不高兴，但如果这样可以让科文公司走上正确的方向，他表示愿意再等几天。

第4个和第5个实验也像前3个一样勉强可接受。科文公司的操作人员分析了数据并给出了他们的建议。

韦斯特："帕特里克，我的同事认为我们选择的方向很正确，并且比你们的实验数据有更大的可行性。"

帕特里克："只要我们付了钱，我们就有权要求进行什么样的实验。你们的标书中写清楚了我们可以一起制定其他的实验条件，那就按我们的测试矩阵进行。我已经向我的老板做了报告，我们前5个实验失败了并准备改变项目的实验方向。"

韦斯特："我们已经购买了价值30 000美元的原材料。你们的测试矩阵要使用别的原料，这将导致额外的12 000美元的开支。"

帕特里克："那是你的问题。也许在我们就完整的测试矩阵达成一致之前，你不应该购买所有的原材料。。"

2月，在帕特里克的指示下，韦斯特进行了另15个测试。测试很分散，以致无法获得一个有效的结论。帕特里克不断地向弗兰克·迪莉亚发送报告说科文公司没有产生有利的结果，并且没有迹象显示情况会有所转变。弗兰克·迪莉亚要求帕特里克必要时可以采取任何措施来确保项目的成功完成。

在为彼此工作了45天后，帕特里克和韦斯特又见面了，目的是讨论工程的情况和发展方向。

帕特里克："韦斯特，我的老板为让我取得结果，给了我很大的压力，但是到目前为止，我没有给她任何结果。我想在这两个月内获得晋升，我不能让这个项目阻碍我的个人发展。现在是应该彻底改变这个项目方向的时候了。"

韦斯特："你对项目的重新定位对我的进度产生了重大破坏。我的其他部门的员工无法答应重新制订进度计划。他们责怪我不和他们沟通，我为此很尴尬。"

帕特里克："每个人都有自身的问题。我们会解决这个问题。我今天上午会和你的实验室的人一起设计接下来的15个测试。这是测试条件清单。"

韦斯特："我希望我也能参会。毕竟，我认为我是项目经理。难道我不应该出席会议吗？"

帕特里克："看，韦斯特！我非常喜欢你，但是我不确定你是否能够管理这个项目。现在，我们需要一些好的结果。或许在未来的 4 个月中，我得夹着脖子做人了，可我不想那样。现在让你的实验室工作人员开始进行这些测试，而且我们会相处得很好。还有，我打算在你的实验室投入大量的时间。我想亲自观测测试并与你的试验人员谈谈。"

韦斯特："我们已经进行了 20 个测试，而你又安排了 15 个。我在投标书中只答应为 30 个测试投入资金。这样会造成项目成本超支的。"

帕特里克："我们的合同是一个固定总价合同，成本超支是你们的问题。"

韦斯特会见了雷迪博士，讨论了这个项目的新的方向和潜在的超支费用。韦斯特带来一个备忘录，上面记录着项目的第 3 个月月末的花费（见表 9-2）。

表 9-2　第 3 个月月末项目花费摘要　　　　　　　　　　　　　单位：美元

	6 个月工程的最初预期花费摘要	第 3 个月月末总的预计工程花费
直接人工费	30 000	15 000
测试	60 000（30 次）	70 000（75 次）
间接费用	90 000（100%）	92 000（120%）*
材料	30 000	50 000
G&A（一般行政管理成本）	21 000（10%）	22 700（10%）
总计	231 000	249 700

注：*工程的间接分摊率是以 100%来估算的，但是研发的间接分摊率是 120%。

雷迪："我在别的项目上的工作量太重了，所以在这个项目上无法帮助你。罗伊斯博士指定你为项目经理，是因为他觉得你可以胜任这个工作。现在，不要让他失望。下个月给我一分简要的备忘录解释一下情况，我会看看我能够做些什么。或许情况会回到预期的发展方向上。"

3 月，也就是项目进行的第 3 个月，韦斯特几乎每天都会接到实验室人员打来的电话，说帕特里克在妨碍他们的工作。事实上，有一个电话说帕特里克改变了在最新的测试矩阵中达成的测试条件。当韦斯特质问帕特里克多管闲事的时候，帕特里克宣称科文公司的人员看起来不够敬业，他认为这种态度也会被带到测试中。而且，帕特里克认为其中的一位职员没有能力，因而要求其立即离开这个项目。韦斯特说他将会和人事部门经理讨论这一情况。然而，帕特里克感觉没有用，说："让他离开。"这个员工被从这个项目中开除了。

到第 3 个月月末，科文公司的大多数团队成员变得不再对这个项目抱有幻想，并且开始寻找别的任务。韦斯特将这归咎于帕特里克对员工的折磨。然而，使情况更加恶化的是，帕特里克会见罗伊斯博士，要求韦斯特离开，并指派一个新的项目经理。

罗伊斯博士不同意撤销韦斯特的项目经理职务，并且要求雷迪博士负责，帮助韦斯特回归到正轨上。

雷迪："韦斯特，关于这个项目，你一直隐瞒各种信息。如果你想要我帮助你，正如罗伊斯所要求的,我明天需要全部的信息,特别是费用数据。我希望你明天早上 8 点到达我的办公室,我会保证使你走出这种混乱局面。"

韦斯特为工作剩余部分准备了计划方案、成本数据并且向雷迪博士介绍了结果(见表 9-3)。韦斯特和雷迪都一致认为现在的计划方案失去了控制,除公司资助的 250 000 美元以外,还需要严格的标准去修正现在的状况。

表 9-3 预计总的项目完成的花费 单位:美元

直接人工费	47 000*
测试(60 次)	12 000
间接费用 120%	200 000
材料	103 000
G&A(一般行政管理成本)	47 000
	517 000
Peters 合同	250 000
超出	267 000

注:*包括雷迪博士的人工费。

雷迪:"韦斯特,上午 10 点,我已经和研发人员开了一个会议,以重建一个新的测试矩阵。这是我们现在应该开始做的。"

韦斯特:"我们是否应该邀请帕特里克来参加这个会议呢?我想在新的测试矩阵设计过程中,帕特里克是很想参与进来的。"

雷迪:"我是负责这个工作的,而不是帕特里克!告诉帕特里克,我在为内部代表制定新的政策和程序,他已经没有权限自由进出实验室了,他必须在你或者我的陪同下才可以参观实验室。如果他不喜欢这些规定,那么他可以离开。我不会允许那个家伙破坏我们的组织。我们现在是在使用自己的钱,而不是他的钱。"

韦斯特与帕特里克会了面,并且通知他新的测试矩阵和新的内部代表政策及程序。帕特里克对于事情的走向非常恼怒,并要求回彼得斯公司与弗兰克·迪莉亚开个会。

在接下来的星期一,吉恩·福里梅收到弗兰克·迪莉亚的一封信。信中说彼得斯公司正式取消了合同。弗兰克·迪莉亚给出的原因如下:

- 科文公司获得的数据看起来都是没有价值(前途)的。
- 科文公司不断地改变项目的进展方向,并且没有一套完整的行动方案。
- 科文公司没有安排一个有能力的可以妥善处理这个工程的项目经理。
- 科文公司没有为内部代表提供足够的支持。
- 科文公司的高级管理层似乎对这个项目不是真正感兴趣,也没有提供充分的行政支持。

罗伊斯博士和吉恩·福里梅碰头,决定制定可以与彼得斯公司保持良好合作伙伴关系的一系列措施。吉恩·福里梅在给彼得斯公司的信中强烈驳斥了彼得斯公司的谴责,但是这样做是没有好处的。即使科文公司愿意自己掏 250 000 美元,也无济于事。事实上,破坏已经产生了。或许,吉恩·福里梅深信不应该在"珍珠港纪念日"签订这个合同。

🔍 问题

1. 科文公司的主要错误是什么？
2. 科文公司应该接受这个任务吗？
3. 公司是否应该冒险投标基于粗略的规范草案的项目？
4. 投标书的准备时间很短，是否需要高层管理者在投标书发布之前更积极地参与？
5. 在进行或不进行投标的过程中，没有负责生产的副总参与会有什么风险吗？？
6. 请解释迪克·波茨在投标书制定过程中的态度。
7. 当雷迪博士说"我不会任命韦斯特做项目负责人"的时候，其他高层管理者都没有表示关心。高层管理者缺乏关注的原因是什么？
8. 即使在生产线经理没有被要求提供项目投标书制定支持的情况下，是否需要通知生产线经理项目的重要性？
9. 请解释雷迪博士在项目批准前后的态度。
10. 在帕特里克对于测试数据的观点和科文公司工程人员的意见相左的情况下，韦斯特应该怎样处理这种情况？
11. 针对帕特里克向弗兰克·迪莉亚汇报说前5次测试都是失败的言论，韦斯特应当如何回应？
12. 立即采购所有的材料是错误的吗？
13. 帕特里克是否应该被赋予在任何时间都可以独自进出实验室的权限？
14. 内部代表有权力从项目中开除职员吗？
15. 在财政上，额外的测试费用应该怎么处理？
16. 请解释当雷迪博士被告知接管项目时的态度。
17. 弗兰克·迪莉亚的信中提出取消项目的5个原因，但是被吉恩·福里梅驳斥，未果。吉恩·福里梅作为项目发起的早期参与者可以避免这种情况的发生吗？
18. 回顾一下，是不是安排一个市场部的人当项目经理会更好一些呢？
19. 假设你公司的项目管理方法是单一的，但是你从一个很有实力的顾客那里得到一个特殊的项目，而这个项目和公司项目管理方法是不相符的。你能够因为该项目不适合管理方法就简单地拒绝它吗？
20. 顾客应该被告知，只有项目适合你公司的管理方法时才能接受吗？

昆腾电信

2013年6月，昆腾电信（Quantum Telecom）的执行委员会不情愿地核准了两个需要技术突破的研发项目。更严重的是，两种产品必须在2014年夏天之前完成并要尽快投入市场。由于科技的快速发展，两种产品的平均寿命估计少于1年。然而，尽管存在这些风险，公司还是全力资助这两个项目，并分别为每个项目指派了一位资深的高管作为项目的发起人。

昆腾电信具有一套世界先进的项目管理方法学，包括 5 个生命周期阶段和 5 轮阶段审查会议。阶段审查会议以现在的运行情况和将来的危险为基础，决定项目是继续还是停止。每位项目发起人都有权做出与项目相关的，包括终止项目的任何决定甚至所有决定。

公司的政策在决定一个项目终止与否的过程中发挥积极的作用。因为项目是由发起人推动的，并且通过他们获得资助。如果项目终止，通常会影响发起人的晋升机会。

在最初的两次阶段审查会议中，每个参会人都建议终止这两个项目。因为取得技术上的突破性进展似乎不太可能，而且进度显得不是很乐观。但是，这么早就终结项目肯定不会对发起人有什么好处。不情愿之下，两位发起人抱着"奇迹发生"的想法，同意让这个项目进行到第 3 个阶段。

在第 3 个阶段审查会议期间，项目仍然有很大风险。虽然技术上的突破有可能实现，但是产品投放市场的日期必然受到影响。这样，在产品更新换代之前，昆腾电信只有 6 个月的时间来销售它的产品。

到第 4 个阶段审查会议期间，技术上还没有实现突破，但是可能性非常大。两个项目经理仍然主张取消计划，而且情况越来越糟。然而，为了保住在公司里的面子，项目发起人仍然让项目继续进行。他们声称："如果新产品销售收入还不足以收回研发费用，那么肯定是市场与销售部门工作的失误，和我们无关。"他们就是按照这样的说法来逃脱责任的。

这两个项目都在 6 个月后完成了。产品销售量的确不佳，而且很快出现了急剧下滑的状况。市场部和销售部因为项目的失败而受到指责，发起人则逃脱了责任。

问题

1. 我们应该如何消除阶段审查会议上出现的不同的政治意见？
2. 我们如何能制定一种让项目终止不被看成失败的项目管理方法？
3. 发起人是不是选错了？
4. 当发起人和项目经理之间存在意见冲突的时候，项目经理可以做出什么样的选择？
5. 你认为上述问题的答案能作为项目管理方法的一部分吗？

特罗菲项目

倒霉的特罗菲项目（Trophy Project）从一开始就遇到了麻烦。曾经是项目助理的理查德（Reichart）早在项目的构思阶段就参与了项目。当特罗菲项目被公司接受时，理查德被任命为项目经理。计划进度表从第一天开始就延迟了，并且支出也越来越多。理查德发现职能经理把这个项目的人员用到了他自己喜欢的项目上。理查德对此发表抱怨，却被警告说不要干预职能经理的资源分配和预算开支的工作。大约 6 个月之后，理查德被要求直接向公司和部门提交一份进度报告。

理查德利用这个机会说出了自己的想法。报告指出项目预测将比原来制定的进度晚整整 1 年的时间。直线经理本该调拨给理查德的员工无法满足计划的进度需求，更谈不上弥补已经损失的时间。估计完成这个阶段的费用至少超支20%。这是理查德第一次有机会向有能力改变现状的人汇报这件事。正是由于理查德的直率，对特罗菲项目的公正评价才得以显现。大家终于看到了希望，直线经理意识到自己的团队在项目中还扮演着重要角色。大部分问题现在已经暴露出来，并且可以通过投入充足的人员和资源就可以纠正。公司要求立即采取纠正行为，并同意提供给理查德必要的人员来协助完成项目。

结果完全出乎理查德的预料。他不再向项目办公室报告工作，而是直接向运营经理汇报工作。公司职员对这个项目的兴趣越发强烈了，要求每周一早上7点都召开例会，对项目目前所处的状态及恢复项目做全面讨论。理查德发现自己花费在准备文书工作、报告和发言的时间，比他管理特罗菲项目用的时间还多。公司主要关心的问题是使项目恢复到正常进度上。理查德花费了很多时间来准备恢复计划，他还提出了人力需求以争取让项目回到原定的轨道上。

为了密切跟踪特罗菲项目进度，董事会指派了一位项目助理。项目助理认为最好的解决方法是用计算机来处理各种问题，他同时决定用一款非常复杂的计算机程序来跟踪项目进展。公司为理查德提供了额外12个职员来处理电脑程序。与此同时，其他的事情都没有变化。职能经理仍然没有为恢复进度提供足够多的人员。他认为理查德从公司获得的其他人可以完成这个工作。

在电脑程序上大约花费了50 000美元用于追踪问题后，公司发现计算机无法处理这个问题。理查德和一个计算机提供商讨论这个问题后，他发现还需要15 000美元用于编程和附加存储空间。附加存储空间的安装及完成程序的编排将要花去两个月的时间。因此，公司决定放弃电脑程序。

理查德从接触这个项目到现在已有一年半的时间了，可一个原型单元都还没完成。在超支预算40%的情况下，这个项目依然落后于进度表9个月。客户定期接收到了他的报告，全面了解了项目进度落后这个事实。理查德花费了大量时间向客户解释问题所在和恢复项目的情况。理查德不得不处理的另一个问题是，为这个项目提供零件的供应商的计划同样落后于进度表。

一个星期日早晨，当理查德正在为客户准备报告时，公司的一个副总裁进入了他的办公室。"理查德，"他说，"对于任何的项目，我只看最上面的那张纸，而且那张纸最上面的一个名字就是需要负责任的那位。对于这个项目，你的名字出现在这页纸的顶部。如果你不能够让这件事情摆脱困境，你将在公司有很大的麻烦。"对此，理查德不知道该说什么和该怎么选择。他对制造问题的职能经理没有控制权，但是他是需要负责任的人。

时间又过了3个月，客户意识到特罗菲项目有很大的麻烦，开始不耐烦了。他要求部门总经理及全体团队成员去客户的工厂，并在一个星期内上交一个进度和康复报告。部门总经理把理查德叫入他的办公室，说："理查德，你去拜访我们的客户，带上三四个职能一线的人和你一起去。你需要做任何你认为必需的事情来安抚客户。"理查德和4个职能一线的人拜访了客户，做了四个半小时的演示来解释问题所在，而且中肯地给出了进度安排。客户非常有礼貌，满意地认为这是一个非常优秀的演示，但是对于演示的内容是完全无法接受的。项目进度落后了6~8个月，客户仍然要求每周做一次进度报告。客户要求在理查德的部门指派一个代表，每天在项目的现场和理查德及他的团队成员做交接。经过这个转变后，这个项目变得非常令人抓狂。

客户代表要求经常更新和确认问题，并且开始插手解决这些问题。为了消除一些问题，他在项目和产品之间做了很多变动。理查德对此很苦恼，他不同意对项目做出改变。他大声表达了他的意见，然而大多数情况下，客户都认为变化不会导致成本的变化。这导致了客户和生产商关系的恶化。

一天早晨，理查德被叫到部门总经理的办公室并被介绍给瑞德。理查德被告知立即将特罗菲项目的管理权转交给瑞德。"理查德，你暂时会被重新分配到公司的其他部门。我建议你到公司以外的地方寻找一份工作。"理查德看着瑞德，问："谁做的这个安排？是谁把我拉下台的？"

瑞德在特罗菲项目上大约做了6个月的经理后，经双方同意，他被第三任项目经理取代了。客户也将他的项目经理安排到了另一个项目中。在新团队的努力下，特罗菲项目终于在落后进度计划1年且成本超支40%的情况下完成了。

问题

1. 特罗菲项目看上去被正确计划了吗？
2. 职能经理在意这个项目吗？
3. 高层管理者看上去支持项目并愿意负责吗？
4. 能设计一种项目管理方法来增强团队间的合作吗？
5. 为项目管理制定战略规划来增加合作和工作关系可行吗？值得吗？这超越项目管理战略规划的范畴吗？

马戈公司

马戈公司（Margo Company）总经理理查德·马戈（Richard Margo）环视着桌子旁来自项目管理、工程、制造、市场、管理和信息系统的各位副总经理，说："尊敬的各位先生，我召开这个会议，是因为我们称为计算机组织的那家造纸厂哄抬企业的一般管理费用。我们提交报告的速度似乎比我们更新计算机设备的速度快得多。1年前，我们更新了我们的计算机，而现在是一个星期7天、每天更新3次。我们到底要朝哪里发展呢？"

信息部副总经理："正如大家所知道的，两个月前，理查德要我调查文书工作增长问题。毋庸置疑，我们现在使用了太多的报告。问题是，我们是否应该为我们所获取的那些信息支付太多的金钱？我已经调查了所有的部门和主要人员。大多数问卷调查显示我们获取了太多的信息，但是报告中只有很小的一部分是有用的。另外，很多报告上交得太迟，我现在谈的是进度报告，而不是规划、需求或者例外报告。"

项目管理副总经理："每份报告对我们有效地制定规划、组织和控制项目决策都是必需的。我们部门的员工是这些报告的最大使用者，少了这些报告，我们什么也做不了。"

信息部副总经理："你们部门的员工在每项报告中能使用少一点的信息吗？报告的使用频率可以降低吗？

项目管理副总经理："我们的一些报告包含了非常多的信息。我们只是根据现有的需求频率来获取这些信息的。"

工程部副总经理："我们大部分的报告中，职员只使用20%的信息。一旦我们的人员找到他们需要的信息，那份报告将被丢弃。这是因为我们知道每个项目经理都会保留一个备份。同时，只有部门经理和项目监理才会读这些报告。"

信息部副总经理："工程和制造部门能通过其他资源获得所需要的信息吗？比如，是否可以从项目办公室获得？"

项目管理副总经理："请等一下！我的工作人员没有时间为每个部门经理承担文档管理工作。我们都知道，如果没有这些报告，部门是不能正常工作的。为什么我们要承担这个繁重的工作呢？"

信息部副总经理："我所要表达的意思是我们的很多报告可以合并成一个小的或者更加简明的报告。我们的报告可以更灵活一些，以满足业务的各种变化。我们有两类报告：一类是给客户的，另一类是给我们自己的。如果客户需要一些特殊样式的报告，那么他们需要付费获取。为什么我们不可以像客户一样建立一个我们都可以使用的报告系统呢？"

工程部副总经理："许多报告明显没有合理的使用费用安排。难道我们不可以使用少量的报告将信息传递给组织中的高层和低层人员吗？"

项目管理副总经理："我们需要周报，并且这些报告应该在星期一早上送到。我知道计算机职员不喜欢在星期天晚上工作，但是我们没有别的办法。如果我们不能在星期一早上拿到这些报告，我们就没办法控制时间、费用和运行情况。"

信息部副总经理："在我们的计算机（部门）运行工作中，一开始没有要求从原始数据中生成需要的报告。在我看来，每次报告就像一个一次性的交易，这就肯定存在可以改进的余地。"

"我已经为你们每个人准备了一个关于4个主要问题的清单：你们需要总结还是需要具体的信息？你们对于产量怎么看？你们需要多少副本？你们对报告的需求频率是怎样的？"

理查德："在项目组织形式中，除管理目标外，项目是以单独实体形式存在的。这些报告是管理目的的一部分。在我们的项目结构中，这些报告加上项目组织结构高额的管理费用，使得我们只有减少企业的一般费用才能保持竞争力。我将把这件事情交给你们来处理。你们要尽量减少报告的数量，但是不能以牺牲那些用于控制项目和资源所需的必要信息为代价。"

项目超支

格林公司（Green Company）的产品生产项目在落后计划进度3个月并超支近60%

的情况下完成了。最终报告提交后,项目管理主管菲尔·格雷厄姆(Phil Graham)召开了一个会议,讨论项目中遇到的问题。

菲尔·格雷厄姆: "今天,我们在这里不是要指责任何人,而是要分析究竟是哪个环节出了问题,以及看一下我们是否可以制定一套政策或者规定来避免将来发生类似事件。哪个地方出现问题了呢?"

项目经理: "我们接受合同的时候,由于格林公司不能确定其新建生产工厂何时可以开始生产活动,从而未给我们确定的交货时间表。因此,我们为项目估算从5月至12月,每个月生产3 000份。当格林公司发现产品制造工厂可以提前两个月进入使用阶段时,便要求我们加速生产,因此我们动用所有的生产人员加班以满足进度要求。由于我们在了解事情状况之前就确定了固定交货时间和预算,所以造成了我们的损失。"

职能经理: "我们的问题在于客户无法为我们提供一条确定的产品规格要求。原因在于最终的产品规格要求取决于职业安全与卫生条例和美国环境保护条例的相关要求,这些都是在新工厂的初始测试之后才能确定的。因此,我们的工作人员在获得具体产品规格要求之前,还要求按照工作时间上班。"

"项目进行了6个月之后,格林公司发布了最终的产品规格要求。由于不符合新的规格要求,我们需要重新制造6 000个产品。"

项目经理: "客户愿意在重新制造的产品上花钱,这个在合同上写得很清楚。遗憾的是,我们的合同相关人员没有告诉我们。我们认为如果我们不按照原来的进度进行,我们将背负受处罚的责任。"

菲尔·格雷厄姆: "你不认为对条款和条件的曲解是你的责任吗?"

项目经理: "我认为我需要承担部分责任。"

职能经理: "以防规格要求变化,我们需要具体的文件来指导在这种情况下该怎样做。我认为我们的员工没有认识到客户的产品规格要求不是强制性条款。即使在项目实施阶段,规格要求也可以改变。我们的员工必须意识到实施变更控制程序的必要性。"

菲尔·格雷厄姆: "我听说装配线上的职能部门的员工抱怨格林公司的这个项目。他们抱怨的是什么呢?"

职能经理: "我们在所有的项目上是不提倡加班的,但是当格林公司的项目陷入困境的时候,加班已经成为生活的一部分。9个月来,在格林公司的这个项目上,职能部门员工加班的时间远远超出他们的想象,这让在其他项目上的职能部门员工感觉不高兴。"

"更糟糕的是,职能部门的员工习惯了(加班方式带来的)高薪水并且开始认可这种工作方式。当项目结束时,也就意味着不需要再加班了。现在,他们声称我们应该给他们更多的加班机会。所有的人都憎恨我们。"

菲尔·格雷厄姆: "好了,我们现在知道问题的原因了。有解决这个问题或者防止未来发生类似问题的建议吗?"

问题

1. 本案例中的关键问题是什么?
2. 这些问题如何被解决?

自动化评估项目

"不可能！"尤尼说，"这个代理机构目前评估政府职员的方法实在太糟糕了，如果没有有效的变化，我们会在法庭上寻求我们的赔偿。"

1984年，一家政府代理机构获批启动了一个野心勃勃的项目。其部分内容是建立一个面向美国50 000名员工的最新的自动化评估体系。目前的评估系统已经过时。尽管市场上存在一些用于员工评估的方法，但是缺乏标准。事实上，并不是所有的升职决定都是根据业绩做出的，而常常是根据在职的时间、管理人员的个人想法及人际关系等其他因素做出的。某些部门员工的升职速度好像远高于其他部门，项目的成败同样影响升迁机会。所以，评估方式的部分标准化是必要的。

1985年6月，项目经理被任命。项目经理的任命是基于项目经理的级别和工作时间是否合适而非项目的需要。项目成员往往比项目经理对项目本身有更多的了解。

项目经理和他的团队很快开发了一套执行方案。执行方案不包含工作分解结构，但包含一个工作描述清单。这个工作描述清单列出了高层次的可交付成果，用于结构分析、设计和规划。工作描述清单和这些可交付成果更符合代理机构对结构分析、设计和规划的需求，显然与项目的实际需求不符。整套执行方案是由8名员工组成的项目办公室制订的。

项目对部分软件采用招投标的方式进行外包，要求所交付的所有可交付成果必须能在代理机构的硬件上运行。1985年10月，项目办公室授权普里姆科公司（Primco Corporation）于1985年12月开始项目。

1986年春天，已经可以明显看出项目陷入困境，并且灾难即将来临。项目经理面临3个主要问题，正如项目经理所说：

（1）政府职员评估方法的新规定导致项目的需求必须发生变化。

（2）普里姆科公司没有合适的员工来负责这个项目。

（3）代理机构没有派遣合适的职能员工参与项目。

最后一项是有争议的。代理机构的直线经理声称他们已经安排了最优秀的员工，而真正的问题在于项目经理自己在制定任何决定时从不考虑这些员工的意见。团队成员称项目没有使用适合的项目管理方法。这个项目的运作方式是独裁专政的，而不是民主的。一些团队成员感觉他们并没有被看作项目团队的一部分。

团队成员认为，在没有坚实依据来支持项目经理的观点的情况下，项目经理制定了各种技术决定。他们这些来自一线职能部门的员工明显比项目经理的知识更丰富，但是项目经理一直忽视他们的建议和决定。或许他拥有那样的权利，但是他们不喜欢被看作一个二流的职员。如果项目经理拥有所有的技术知识，那他还需要他们干什么？

1986年6月，项目经理要求一位助理代理主管通知尤尼，原定的交付时间（1987年1月）无法完成项目。他们同时向普里姆科公司发出了停止工作的指令，并取消合同。

最初的执行方案要求利用尽量使用现有的硬件。然而，1986年春季，关于代理机构硬件和软件问题的不利言论开始四处散播，代理机构认为UNIVAC系统无法满足更多的需求，并且系统超负荷的情况可能出现。现在不仅需要软件，还需要硬件为帮助稳定士气，尽管项目缺乏关键资源并且落后进度一年多，项目经理仍决定尽可能多地利用内部资源完成项目。项目办公室也根据目前已经开发的内容，设法重新制定需求。

在代理机构高级管理层的支持下，最初的工作描述清单被舍弃，准备制定新的工作清单。员工说："这一切好像重头开始进行一样。""我们从来没有检查自己已经完成了什么。这是个完全的新项目。"在代理机构人事部的支持下，新的需求最终于 1987 年 2 月完成。

尤尼对于进度的推迟很恼怒，他拒绝与项目办公室和高级管理层进行交流。尤尼认为正在研制的是"非法"的评估系统，目前的系统无法实现绩效评估的需要。尤尼就 2 100 万美元的损失对代理机构提起诉讼。

1986 年 12 月，对硬件和数据管理系统进行了招投标。采购过程一直持续到 1987 年 6 月，后来被另一个负责采购的政府机构取消，没有给出取消的理由。

为了寻求其他办法，做出了下列决定。

（1）使用租赁的设备来执行项目。

（2）从伊特科公司（ITEKO Corporation）购买数据库管理系统，前提是可以完成一些定制化的工作。按照进度要求，新的数据管理系统在大约 2 个月内对外发布。

实际上，数据管理系统已经到了开发的最后阶段，并且伊特科公司对代理机构承诺可以很快提供一个完全可操作的版本，并进行必要的定制。然而，使用伊特科公司软件包产生了一些困难。雇用伊特科公司的一个顾问之后，发现伊特科公司的软件包不是一个产品版本，而只不过是测试第二版。尽管遇到这些挫折，团队成员一直在租赁的设备上进行编程，他们希望最终可以购买一套微网硬件系统（Micronet Hardware System）。伊特科公司说服代理机构相信微网硬件系统可以最好地支持这个数据管理系统。随后，微网硬件系统被添加到代理机构的设备合同中。但后来在 1987 年 9 月 29 日被禁止，因为它不是标准的机构设备。

1987 年 10 月 10 日，项目办公室决定外包一些工作，使用小型/少数企业采购战略的硬件来支持伊特科公司软件包。1987 年 11 月，外包授予给了一个物流代理中心机构，由该机构进行软件认证。所有的工作要在 1987 年 11 月至 12 月完成。

问题

1. 在 1985—1986 年，是否存在一些迹象能体现代理机构在项目管理上的成熟水平？
2. 本案例的主要问题是什么？
3. 谁对这些主要问题负有责任？
4. 你如何在其他的项目中避免类似情况的发生？

铱星的起伏和重生——项目管理视角

铱星项目以开辟全球性的无线手持式移动电话系统为目标，使人们能够在任何时候、任何地点进行沟通。摩托罗拉公司的高管认为，该项目是世界第八大奇迹，但是在项目运营了 10 年并投资超过数十亿美元之后，铱星项目仅仅解决了少数消费者需要解决的问题。那么，到底是哪里出现了问题呢？它是如何从一个高科技领先项目变为一个成本累赘的呢？这种潜在的灾难能被预防吗？

  这个项目现在看起来像花费数十亿美元的科学项目，其主要问题是手机外形太大、服务太贵，并且顾客没有被准确识别。

——Chris Chaney, Analyst, A.G. Edwards, 1999 年

  铱星项目从来就没有进行商业论证，也不存在市场需求。启动铱星项目的决策不是理性的商业决策，更像一种宗教决策。值得注意的是，这件事情发生在大公司，却没有理性决策过程来终止项目。为解决技术问题产生的需求也许并不都是好的商业项目。

——Herschel Shosteck, Telecommunication Consultant

  铱星项目好像历史上最昂贵的太空碎片。

——William Kidd, Analyst, C.E.Unterberg, Towbin

1985 年，巴里·贝蒂格（Bary Bertiger）和妻子凯伦（Karen）在巴哈马群岛度假，他那时是摩托罗拉公司战略电子部的首席工程师。凯伦试图用手机往离亚利桑那州钱德勒地区距摩托罗拉工厂不远的家中打电话，目的是完成一笔房产交易，但是打不通。她询问丈夫为什么不能创造一个在世界各地都能使用的电话网络，甚至在偏远地区也能使用。

  当时，手机技术尚处在起步阶段但以惊人的速度发展着，美国电话电报公司预计到 2000 年将拥有 4 000 万个用户。手机技术是基于塔对塔传输的，如图 9-2 所示。每个塔或地面站的接收口都只能达到一定的地理范围，而且必须在卫星的可视范围内。手机用户也得靠近接收口，以便信号能上传到卫星。卫星接着把信号下传到另一个接收口，这个接收口连接着地面手机系统。这种通信方式经常以排管结构被提及。在传递者/接收者和接收口之间的物理屏障（如山脉、隧道和海洋）会产生阻碍性的问题，因此限制了对高密度地区的服务。简单地说，手机不能离开住所，如果离开，则会产生多余的漫游费用。更糟的是，所有的国家都有自己的标准，一些手机在国外是不能使用的。

  自 20 世纪 60 年代开始使用的通信卫星，通常是在 22 300 英里以上的高度轨道上运行的地球同步卫星。在这一高度上，3 个地球同步卫星和一些通道能覆盖大部分地球，但是卫星在这一高度意味着要有外形庞大的电话和恼人的 1/4 秒声音延迟。例如，美国通信卫星公司的行星 1 号手机，重达 4.5 磅（约两千多克），地球同步卫星则需要功率很大的信号，只有 1 瓦特信号的小型手机不能与这一高度位置的卫星进行有效连接。增加手机的电源输出量会威胁到人类的身体健康，因此替代方法是使卫星靠近地球，这样就能减少对能量的需求，当然这需要更多接近地球的卫星和更多的通道。地球同步卫星距离地球的距离是低地球轨道卫星的 100 倍，在其他条件不变的情况下，它们需要的能量几乎是低地球轨道卫星的 1 万倍。

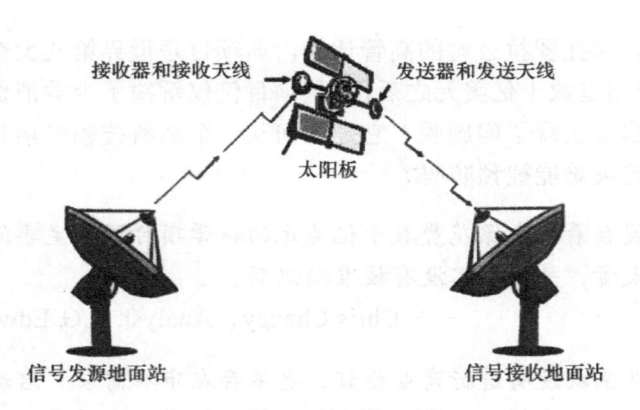

图 9-2 典型卫星传输结构

巴里·贝蒂格一返回摩托罗拉公司，就与雷蒙德·利奥波德（Raymond Leopold）和肯尼斯·彼得森（Kenneth Peterson）博士成立了研发团队，研究能否创造一个全球系统并克服现有手机技术问题。他们还面临一个问题，那就是低地球轨道卫星高速围绕地球运转并要经历致命的温度变化——从太阳的高温到地球阴影的低温。这样，低地球轨道卫星可能每 5 年就得更换一次。贝蒂格和他的团队讨论并放弃了很多替代的设计方案。1987 年，他们研究了一个围绕两极轨道运行的低轨卫星群，这些卫星可以直接与地面电话系统通信，也可以相互通信。

铱星的创新之处在于使用了一个巨大的低轨卫星群（接近地面 400~450 米）。因为铱星的卫星更接近地球，手机会更袖珍并且感觉不到声音延迟，但是仍然存在重大的技术问题。现存设计需要大量通道，这实际上增加了系统成本。1988 年，某天下班后，利奥波德博士提出一个重要的设计原理，整个系统将被颠倒，传输将从一个卫星转到另一个卫星，直到传输到达将接收信息的人的正上方的卫星。采用这种方法，只需要一个地面接收站来连接手机和现存陆地系统就可以实现通话。此方法大受欢迎并立即以概要形式写在安全保卫办公室的白板上。随后，全球无线手持式手机就产生了，使用它可以随时随地与他人交流。

▶ 铱星项目命名

来自芝加哥附近摩托罗拉工厂的手机系统工程师吉姆·威廉姆斯（Jim Williams），建议用铱星来命名这个项目。项目提出的 77 颗卫星星座让他想起了经典的玻尔原子模型中围绕原子核的电子。当他查阅元素周期表里哪个原子拥有 77 个电子时，发现铱元素的这个名字极具想象力且有一个漂亮的环。幸运的是，那时这个系统还没有缩减到 66 颗卫星，否则威廉姆斯也许建议叫它"镝"。

▶ 获得高层支持

最初，贝蒂格在摩托罗拉公司的同事和上级因为成本问题而否决了铱星开发项目，美国政府则很重视铱星项目。遗憾的是，政府资助项目的时代已经结束，政府不会因为它的重要性而资助如此大规模的项目。然而，"铱星"这一概念的想法引起了摩托罗拉空间技术集团总经理杜雷尔·希利斯（Durrell Hillis）的兴趣。他认为只要能将其开发成商业系统，铱星项目就是可行的。于是，希利斯命令贝蒂格和他的团队暗中继续研究"铱星"这一概念。

希利斯回忆道："我创建了一个秘密的非法项目，公司其他人并不知道。"他担心万一走漏风声，其他争取研发基金的摩托罗拉竞争性业务项目会将该项目扼杀。

花了14个月修改这一商业计划后，希利斯和铱星项目团队将构思报告提交给了当时的摩托罗拉公司的董事长罗伯特·高尔文（Robert Galvin），他批准继续进行该项目。罗伯特·高尔文和他的继承人克里斯托弗·高尔文（Christopher Galvin）认为铱星项目是摩托罗拉公司技术威力的潜在象征，并且会成为世界第八大奇迹。在最初的一次会议上，罗伯特·高尔文对摩托罗拉公司的总裁和首席执行官约翰·米切尔（John Mitchell）说："如果你不愿开支票，我将自己出资支持铱计划。"

对摩托罗拉公司的工程师来说，发射卫星群的挑战给他们提供了巨大的动力。他们继续进行项目，并于1998年11月投入服务，共耗资50亿美元。

▶ 发射风险

1990年6月26日，希利斯和他的团队正式宣布启动铱星项目。公众对摩托罗拉公司表示怀疑，他们认为这是一项新技术，目标市场太小，收入模式存在问题，要获得170个国家的经营许可也存在问题，手机的成本也太高。摩托罗拉公司预计买进该项目的当地电话公司认为铱星项目是它们潜在的竞争者，因为铱星项目避开了传统座机线路。在许多国家，邮政、电话和电报（Postal, Telephone, and Telegraph, PTT）经营因高利润而属于国有资产和政府税收的主要来源。另一个问题是，铱星项目宣布后才能得到联邦通信委员会（Federal Communications Commission, FCC）同意的可用运营频率。

米切尔和高尔文都清楚地意识到摩托罗拉公司不能单独行动，因为它无法承担最初的高达35亿美元的风险。资金需要从公开市场和私人投资者那里募集。为了减少摩托罗拉公司的金融风险，铱星项目需要成立一个项目融资公司。项目融资是指成立一家合法独立的项目公司，以使投资者基金能用现金流和收益偿还。该公司的资产（仅仅是该公司的资产）用于偿贷。债务偿还只来自项目公司，而不来自其他实体。项目融资的风险是资本的资产生命力有限，而潜在的有限生命力限制经常让贷款方很难同意长期融资协议。

项目（特别是高技术项目）融资的另一个重要问题是该类项目的周期很长，开始服务前需要8年时间。在技术方面，8年是很长的时间。铱星项目显然是一场"未来的赌注"。如果项目失败，公司清算后将一无所有。

1991年，作为一个独立公司，摩托罗拉公司成立了铱星有限责任公司（Iridium Limited Liability Corporation, Iridium LLC）（以下简称铱星）。同年12月，利奥·蒙代尔（Leo Mondale）被任命为铱星的副总裁。融资依然是一个重要问题。蒙代尔决定用12个区域通道取代一个通道来连接当地地面电话线。这使铱星项目成了一个真正意义上的全球计划，而不是从国有电话公司获取市场份额的美国本土项目。这样，这个项目就很容易获得 170 个国家的营运权，投资者只要支付 4 000 万美元就能拥有属于自己的地区通道。正如弗劳尔（Flower）所说：

> 投资者的动机很清楚：他们正在获得一个垄断世界的机会。他们每个人不仅拥有公司的一部分股份，还将拥有铱星的通道，并且成为在各自本土市场中的分销商。对于他们来说，这是一个值得参与的游戏。

出售地区通道存在政治分歧。如果将来美国政府禁止运送某一通道的替换部件怎么办？如果实施制裁怎么办？如果铱星因为它所创造的大量工作机会成为政府在外交中的政治工具怎么办？

除了经济上的激励，通道的拥有者还能进入铱星董事会。正如 *Wired* 的记者大卫·本纳胡姆（David Ben nahum）所说：

> 一年 4 次，来自 17 个国家的 28 个董事会成员聚在一起进行商业决策。他们来自莫斯科、伦敦、京都、里约热内卢和罗马，被一群助手和翻译包围着。这样的董事会议类似小规模的联合国大会，会议充满了俄语、日语和英语的同声传译声音。

拥有最多股权的是摩托罗拉公司。凭借 4 亿美元，摩托罗拉公司最初拥有公司股份的 25%，以及董事会成员 28 席中的 6 席。摩托罗拉公司为铱星提供了 7.5 亿美元的铱星债权担保，摩托罗拉还拥有另外 3.5 亿美元的贷款选择。

其中，铱星与摩托罗拉公司签订的 66 亿美元的长期合同中，34 亿美元用于卫星的设计和发射，29 亿美元用于运营和维护。铱星也授权摩托罗拉公司开发卫星技术，使得它在建立卫星通信系统中能获得最新的技术，这也相当于一个巨大的知识产权。

▶ 铱星系统

铱星系统是一个基于卫星的无线个人通信网络，这个网络提供了一个几乎涉及地球上任何一个地方的强大语音功能。

铱星系统包含 3 个主要的组成部分：卫星网络，地面网络，包括电话和呼叫器的铱星用户产品。铱星网络的设计允许声音和数据可以传输到世界的任何角落。声音和数据从一个卫星转发到另一个卫星，直到它们到达铱星订户单元（手机）之上的卫星，信号再被接回地球。

▶ 地球和基于空间的网络

铱星群由 66 个运转的卫星和在 6 个极性平面星群上的 11 个备用轨道组成。每个平面层有 11 个任务卫星作为电话网络的节点，剩余的 11 个卫星轨道作为备用准备替换无法使用的卫星。这个星群保证了至少 1 个卫星在任何时间覆盖地球上的所有地域。

卫星在一个高 485 英里（780 千米）的近极轨道上运行。它们绕着地球每 100 分钟转 1 次，以每小时约 16 832 英里（1.7 万千米）的速度运行。卫星重 1 500 磅（680 千克）。每个卫星大约长 40 英尺（12 米）、宽 12 英尺（3.6 米）。另外，每个卫星有 48 个点波束，每个波束的直径约 30 英里（48 千米）。

每个卫星都会和另外的 4 个卫星交叉结合：两个卫星在同一个轨道平面上，两个在相邻的平面上。地面网络包含系统控制环节和常用来连接地面电话系统的电话通道组成。系统控制环节是铱星系统的中央管理部件。它提供卫星群的全球动态支持和控制服务，向通道提供卫星跟踪数据，执行信息服务的控制终止功能。系统控制环节包含 3 个主要组成部分：4 个遥测跟踪和控制点，动态支持网络，卫星网络操作中心。在系统控制环节，卫星和通道之间的主要连接是通过 K 波段馈线链路和贯穿于卫星群间的交叉连接实现的。

通道是地球的基础设施，它提供电话拨号服务，以及信息和网络操作的支持。通道的关键特征是它们对手机用户的支持和管理，以及对地球电话系统和铱星网络的互联。通道也能为它们自身的网络元素和连接提供网络管理功能。

▶ 项目启动：进行商业论证

对铱星项目而言，想要获得商业上的成功而不只是技术上的成功，它必须有一个确定的客户基础。科尔尼（A.T.Kearney）、博思（Booz）、艾伦与汉密尔顿（Allen&Hamilton）和盖洛普（Gallup）的独立研究指出，3 400 万人对移动卫星服务有明显的需求，到 2002 年这个数字会增长到 4 200 万人。在这 4 200 万人中，铱星预期 420 万户是只用卫星的用户、1 550 万户是卫星和全球漫游用户、2 230 万户只是全球漫游用户。

经营商提供的必需服务是保证用户绝不会失去联系。铱星能提供给人们必不可少的沟通工具——一个电话、一个号码能在任何地方、任何时间被连通。这个目标市场——跨国旅客、矿区、农村、海上作业、政府、赈灾和社区急救小组，都能被很快涵盖。

同时，铱星在另一个电信市场上有一个潜在获利的机会。当手机用户跨越国际边界时，他们很快会发现标准不统一的缺陷，因此一些手机或电话号码不能使用。摩托罗拉认为这是一个机会，可以创造一个全球标准，让手机可以在世界任何地方使用。

如果每个消费者每个月合理使用，那么铱星的盈亏平衡点应该是全球消费者在 400 000～600 000 人。铱星公司计划在 1998 年推出服务，它希望能在 1 年内收回所有的投资。到 2002 年，铱星预期有 500 万基数的用户。铱星的最初目标市场是纵向市场，因为那些工业、政府和全球性代理商有着保密和重要事项的沟通需要。此外，工业和公共部门的消费者也很重要。经常被孤立在手机不能覆盖范围的遥远的地方，工业用户被期待使用掌上铱星卫星服务来补充或替代他们现在使用的无线电或卫星交流终端。铱星的纵向市场包括以下领域：

- 航空。
- 建筑。
- 赈灾/急救。
- 林业。
- 政府。
- 休闲旅行。
- 海运。

- 媒体和娱乐。
- 军事。
- 矿业。
- 石油和天然气。
- 公共设施。

利用自己的市场资源，在筛查了 200 000 人、采访了 42 个国家的 23 000 人、调查了超过 3 000 家公司之后，铱星找到了一个具有吸引力的市场。

铱星也需要区域战略伙伴，目的不只是共同投资和共担风险，也希望通过它们所提供的服务开展业务。战略区域合作伙伴或通道运营公司有地域专营权，并且负有营销和销售铱星服务的义务。通道对终端销售、活动、铱星服务的激活和注销、账户维护及账单都负有责任。

铱星需要每个国家保证完全的许可来连接铱星系统，也需要识别在商业计划里面占多数的具有优先权的国家。

因为参与铱星网络的国家的数量较多，铱星需要成立全球消费者服务中心，以便用各种语言提供服务支持。也就是说，无论铱星的用户在哪里，他们都能通过使用本国的语言联系上客户服务代表。客户服务中心会每天 24 小时、每周 7 天、每年 365 天提供战略定位支持。

▶ "隐藏的"商业论证

摩托罗拉公司投入巨资到铱星项目的决策可能是由一个次优的或隐藏的商业论证驱动的。多年来，摩托罗拉公司以行业领军者的身份（领先进入市场）赢得了良好的信誉。对铱星项目来说，摩托罗拉公司声称它能通过近地轨道卫星所提供的全球电话服务占领市场。此外，即使该项目不能提供服务，公司仍享有重要的专利技术，这些使得摩托罗拉公司能够在几年内成为卫星通信业的巨头，还可能让罗伯特•高尔文和克里斯托弗•高尔文作为卫星通信业的先驱被写进历史。

▶ 风险管理

合理的商业模式能够识别项目的风险。简单来说，铱星项目最初的风险有以下几个。

1）技术风险

尽管摩托罗拉公司有一些现有的技术资源可以提供给铱星项目，但是铱星项目依然需要开发一些高端的卫星通信辅助技术。这个开发的过程需要几年并且最终会开发出大量专利技术。

铱星执行副主席马克•格森斯坦（Mark Gercenstein）这样解释该系统的技术复杂性：

> 超过 26 件完全不可能的事情首先需要以正确的顺序发生（在我们开始执行项目之前），如获得资金、市场渠道、全球范围和每个国家相同的频段。

尽管仍然有一些新技术开发方面的风险存在，但摩托罗拉公司是以高科技而著称的有实力的公司。公司工程师认为他们可以创造科技领域里的奇迹。另外，公司还具备许多开发新产品的先例，没有什么理由可以怀疑铱星项目，而且在铱星项目开发初期没有竞争对手。

因为项目进度计划超过10年，会存在技术退化的风险，这就要求项目计划必须考虑关于10年的技术退化问题。如果外部环境稳定，那么开发新产品相对容易。但是，在高新技术日新月异的环境下，很难确定10年后消费者会如何看待和评价产品。

2）开发风险

卫星通信技术一旦开发出来，就要有制造、检测和装备卫星，以及安装地面设备。即使技术已经存在或即将存在，仍然有在设计和制造过程中出现的过渡期或开发风险，这会带来一些额外的无法预测的问题和风险。

3）财务风险

铱星项目的投资以10亿美元为单位测量，包括技术开发和运行、制造和发射卫星、地面支持设备的建设、市场营销和监管等。从华尔街、信贷和股票市场筹集资金是多年之后的事了。投资者不太可能仅仅为一个想法或愿景投入数亿美元。在信贷和股票市场参与进来之前，需要开发技术，可能还需要发射几颗卫星。

个人投资虽然是可能的，但大部分初始资金来源于该项目的成员。成员之间分担风险看起来是合理的，银行贷款和信贷额度的重要性毋庸置疑。因为铱星项目基本上还处于概念阶段，银行将需要一些抵押或担保，而摩托罗拉公司会以最大的股东（和雄厚的财力）为最初的资金贷款提供担保。

4）市场风险

市场风险对铱星成员来说是最大的风险。每个成员都希望能够在地域区域内和客户签订合同，从而使风险再次被铱星成员们分担。

每个成员都积极地与客户签订产品合同，然而这种产品目前还不存在，没有制成品可以呈现给客户，产品的局限性也不得而知，在客户签署合同和系统准备好运作这段时间内还可能发生重大的技术变化。公司看见了今日市场对铱星提供的服务的需求，但是可能没有看见10年后的市场是否有着和现在相同的需求。

因为市场推广物品还不存在，所以激励投资合作伙伴立刻进行营销是非常困难的。合作伙伴更多地受技术而不是需求客户规模的激励，这是非常令人担心的。

风险都是相互关联的，财务风险很大程度上来自市场风险。如果没有充足的客户基础，那么融资上就会有很大的麻烦。

▶ 集体信念

尽管相关文档没有明确指出，但是委派给该项目的员工可能存在一种集体信念。集体信念是人们对成功热切的或盲目的渴求，这些渴求渗透到了整个团队、项目发起人甚至高层管理者中。集体信念使得一个理性的组织以不理性的行为行事。

当集体信念存在的时候，人们会基于他们所认同的信念进行人员选择。没有信仰的人被迫支持集体信念，集体成员不允许对其进行质疑。当集体信念逐渐成熟时，支持者和没有信仰的人就被同化了。对于整个团队来说，集体信念会比现实的成果更重要。

集体信念可以解释为什么大型的高科技项目经常难以叫停。其特征有以下几个：
- 不能或拒绝承认失败。
- 无视警告。
- 只看想看到的。
- 害怕暴露错误。
- 认为坏消息是个人的失败。
- 认为失败是软弱的标志。
- 认为失败会影响一个人的前途。
- 认为失败会影响声誉。

▶ 离场拥护者

项目拥护者会尽自己最大的努力让项目成功。但是，如果项目拥护者和项目团队一样对项目采取盲目乐观的态度，那么该怎么办？如果他们对项目深信不疑并且对早期危险的警告置若罔闻，那么将发生什么事情？如果集体信念强行压制分歧，又会出现什么情况？

在这些情况下，必须安排一个离场拥护者。他有时需要直接参与项目，使其更具有可信性。他还必须冒着名誉受损的危险，并可能面临被驱赶出团队的风险。伊莎贝尔·罗耶（Isabelle Royer）说：

> 有时可以靠一个人而不是靠大量的证据就可以动摇一个项目团队的集体信念。如果问题以无拘束的热情开始，那么就需要一个抵抗力量——离场拥护者参与。这些人都是唱反调的人。他们不是简单地对项目提问题，而是寻求客观事实来证明问题确实存在。这就需要他们验证项目的可行性，或者对现有数据（可想到的甚至可证明的）提出疑义。他们就在这些数据的基础上采取行动。

项目的规模越大，其财务风险就越大，离场拥护者的职位就要越高。就铱星项目而言，摩托罗拉公司 CEO 高尔文最早提出了集体信念。那么，谁将充当离场拥护者的角色呢？因为离场拥护者的职位要高于高尔文，所以他可能是董事会成员或者整个董事会。

遗憾的是，整个铱星项目的董事会也有和 CEO 一样的信念，并且逃避对铱星项目监督的责任。最后，铱星项目没有离场拥护者，导致大型项目成本严重超支和进度延误。一旦项目启动，那么做出叫停该项目的决定是非常困难的，正如大卫·戴维斯（David Davis）所说的：

> 投入几百万美元之后终止项目是很困难的，因此应该再对目标进行评估和重新估算成本。正是基于此，理想的独立管理团队（没有参与项目开发的人员）应该重新估算项目成本，可能的话应该检查整个项目……如果检查和成本估算时数据不理想，那么公司应该放弃该项目。许多失败项目都把这些当作运作的证据，它们的支持者经常阻碍重新评估的进行。

……高级管理者应该促成诚实、勇敢的氛围，这样能够为部分项目经理做决策提供更多的帮助。公司必须有这样一个环境促成项目的成功，但是管理者必须容忍项目的失败。

项目工期越长，越需要离场拥护者和项目发起人，从而确保商业计划具有"退出通道"，这样项目就能够在投入和消耗大量的资源之前被终止。遗憾的是，当集体信念存在的时候，"退出通道"会被有意识地从项目和商业计划中删除。

▶ 铱星项目初期

1992年，铱星项目得到了通用电气公司、洛克希德公司和雷神公司的强力支持。有的公司想加入卫星技术的革新中，有的公司则害怕落后于技术潮流。在每个时期，铱星项目都有许多战略合作伙伴，但是项目进行得都很缓慢。

铱星项目在1992年8月向FCC提交了开发申请，提出要开发66个卫星集群，预期在1998运营且结果会比预期要好得多。铱星项目最初估计的成本为33.7亿美元，但是基于对客观用户的乐观估计，一些公司也开始竞争类似卫星系统的FCC的许可。这些公司包括洛雷尔公司、TRW公司、休斯公司（通用汽车公司的一部分）等。至少有9家公司竞争卫星通信可能带来的数十亿美元的未开发的潜在收益。

即使竞争不断加剧，摩托罗拉公司仍然在不断寻找合作方。公司将1992年12月15日确定为融资最后期限，在此之前寻求铱星项目的资金支持。巴西政府和泰国曼谷联合通信企业购买了铱星5%的股份，价值8 000万美元。合同的条款暗示出铱星的资金募集大约会有一半由股本募集，另一半由债券募集。

当最后期限12月15日到来的时候，摩托罗拉公司在签署协议上相对保持沉默，外界的炒作使其陷入了麻烦中。摩托罗拉公司承认这是个消磨时间的过程，因为一些投资方需要在项目运行前得到政府的批准。公司预期在1993年6月（不管是否已经准备好）开始下一个阶段的工作，宣布从投资方收到了足够现金、获得了贷款并且预订了卫星和相关设备。

伴随着竞争的增加，关于潜在客户的乐观估计是：

> 摩托罗拉公司副主席约翰·F. 米切尔（John F. Mitchell）说："我们正在讨论一个会产生几十亿美元收益的业务。"爱德华·J. 诺瓦基（Edward J. Nowacki）是位于加州雷东多海滩的TRW公司的电力和空间部总经理，他的公司规划了价值13亿美元的12个卫星系统，并将其命名为"奥德赛"。他补充说："进行一个简单的收入归纳可以得出，即使世界上只有很小一部分人能够负担得起我们的服务，我们就成功了。"米切尔说如果仅有1亿个电话用户的1%～1.5%在2000年成为每分钟3美元服务费的固定用户，那么铱星将获得盈亏平衡。他是如何得出结论的呢？"市场分析的结果。"他不愿意透露太多。TRW公司的诺瓦基先生说"奥德赛"将用双向音频通信服务覆盖地球，其服务价格仅仅比蜂窝电话贵一点点。执行副主席安东尼·纳瓦拉（Anthony Navarra）说："只要有200万个用户，我们就可以偿还投资。洛雷尔的卫星服务公司在

鼓励合作伙伴使用和运行其地面基站的时候宣称卫星是'友好的卫星',到2000年将有1 500万个未被覆盖卫星服务的电话用户。"

当摩托罗拉公司和其他竞争者尝试证明它们在"夸大的市场预测"上的投资和期望公众更快更清楚地接受这些项目时,市场财务分析人士却保持消极态度。第一,他们质疑客户基数的规模,即客户是否愿意支付3 000美元或者更高的价格买一部卫星手机,并且还要支付每分钟3~7美元的高昂话费。第二,系统需要一个基准线传送,这就意味着建筑物和汽车里是服务的盲区。如果商务人士在曼谷参加会议的时候需要和公司进行沟通,他就必须走出建筑物,抽出那个价值3 000美元手机的天线,将它指向天空,然后进行通话。第三,因为气层引力的作用,低飞卫星最终将每5~7年坠毁在地球大气层中一次,因此需要有替代品。这就很有可能导致高昂的成本。第四,一些行业分析人士认为,启动成本接近60亿~100亿美元,而不是铱星项目估计的33.7亿美元。另外,陆基电话业务将在多个国家扩展,这是铱星项目的另一种竞争威胁。

最初的商业论证需要定期进行重新评估,但是在强烈的集体信念和缺乏离场拥护者的情况下,害怕错失良机、不考虑成本的想法占据了主导地位。

因为21个投资方中的18个进入了董事会,摩托罗拉公司希望在1996年开始发射测试卫星,并且于1998年开始运营。但是,评论家认为铱星可能在它真正服务时由于时间的流逝而被市场遗弃。

最终,铱星从19个战略合作伙伴那里获得了资金支持:
- 美国国际集团附属公司。
- 中国长城工业总公司(China Great Wall Industry Corporation, CGWIC)。
- 铱星非洲公司(开普敦)。
- 铱星加拿大公司。
- 铱星印度私人电话有限公司(India Telecom Private Ltd, ITIL)。
- 铱星意大利股份有限公司。
- 铱星中东公司。
- 铱星南美公司。
- 赫鲁尼契夫国家航天研制中心。
- 韩国移动通信。
- 洛克希德公司。
- 摩托罗拉公司。
- 铱星日本公司。
- 太平洋电线电缆公司(Pacific Electric Wire & Cable Co.Ltd, PEWC)。
- 美国雷神公司。
- STET。
- 斯普林特公司。
- 泰国卫星通信公司。
- Verbacom。

其中，17 个战略合作伙伴还参与到了运营公司的网关开发中。

铱星董事会由 28 个电信业高管构成，除 1 个外，其他都是合伙成员。成员们既定的财务利益使董事会在履行有效的监督责任方面有很大的困难。

1993 年 8 月，洛克希德公司宣布将收到用于开发卫星的 7 亿美元的投资，它将在卫星结构建设、太阳能电池板、系统推进及其他工程支持方面进行研究。摩托罗拉公司和雷神公司将在卫星通信设备和天线的建造上进行合作。

1994 年 4 月，麦道公司接受了铱星 4 亿美元的合同，用于发射铱星的 40 颗卫星。其余的关于发射卫星的合同将与俄罗斯赫鲁尼契夫国家航天研究中心和中国长城工业总公司签订，这两者都是合伙成员。铱星同俄罗斯和中国签订的这两个低成本合同给美国其他合作方在降低成本方面带来了压力。

几乎在同一时期，由洛雷尔公司领导的 48 颗卫星电话系统的运营者——全球星（它是铱星的竞争者）宣布服务费将仅为每分钟 65 美分。对此，铱星的评论家认为，铱星在服务价格上对吸引客户没有丝毫优势。

▶ 负债融资

1994 年 9 月，铱星已经完成了其股票融资附加发行的 7.335 亿美元，这就使得项目总资金达到 15.7 亿美元。股票融资的完成标志着铱星进入负债融资来建立全球无线卫星网络。

1995 年 9 月，铱星宣布通过投资银行发行 10 年期共 3 亿美元的次级优先贴现票据。该票据被穆迪公司评为 Caa，被标准普尔评为 CCC+，被投资银行家高盛公司评为 CCC+。该债券被认为是高风险、高收益的"垃圾"债券，因为投资者认为收益与风险并不匹配。

评级机构认为该债券被称作低等级要归咎于未证实的尖端技术和重要的硬件系统要置于太空之中。其他相关的说明：

- 铱星的最终成本将超过 60 亿美元，远远高于成本预算的 35 亿美元，而且铱星不太可能收回成本。
- 铱星将在服务开始前的几年投入相当多资金。
- 乐观估计的卫星电话潜在用户可能不会选择铱星电话。
- 自从铱星概念提出之后，竞争者的数量增加了。
- 如果铱星不能偿还债务，投资者将对其资产提出权利要求。但是，投资者将如何处置 66 个太空卫星呢？难道要等待它们返回后将其解体吗？

铱星以"项目融资"起步，如果拖欠贷款的情况出现，则只有该项目的资产是可得的。有了项目融资，项目的投资者将不会因股票和债券市场产生的任何债务而受到影响，而且可以随时脱离项目。因为那些在股票和信用市场投资的投资者对项目投资的风险是充分了解的。

保险业的巨头高盛公司认为债券发行能够带来成功，但投资者中需要一个强有力的保证人，如摩托罗拉公司。高盛公司以铱星的竞争者——全球星的 4 亿美元为例，说明了它从普通合伙人洛拉尔公司得到了担保。

考虑到投资者的担忧，铱星取消了 3 亿美元债券发行计划。此外，尽管有贷款担保，全球星计划最终也撤回了 4 亿美元的债券计划。投资方既希望在铱星中占有权益，也希望能获得 20%的收益。另外，铱星希望回到最初的 17 家投资方的规模，并且分配内部融资。

1996 年 2 月，铱星从 17 家最初投资方和一些私人投资那里融到了 3.15 亿美元的投资。同年 8 月，它又得到从大通证券公司（大通曼哈顿公司的子公司，Chase Securities）和巴克莱银行提供的 62 家银行之间分配的 7.5 亿美元的信用额度。因为摩托罗拉公司的金融担保和它的 AAA 信用等级，铱星的融资额超过最初金额的 2 倍。也是由于摩托罗拉公司的金融担保，铱星的贷款利率仅超过了国际贷款利率基准 5.5%一点点，并且明显低于之前撤回的 3 亿美元债券投资的比率。

尽管在初期表现良好，但是铱星仍然面临财务问题。1996 年年底，铱星估计将要再次融资 26.5 亿美元的资金，这将涉及全球范围内 300 多家银行，并且是有史以来最大的私人举债。铱星认为这种举债不会太困难，因为距离项目实施的日子越来越近了。

➤ M-STAR 项目

1996 年 10 月，摩托罗拉公司宣布将进行一个新的项目——M-STAR。它将拥有 72 个低轨道卫星的价值 61 亿美元的网络系统，内容包括全球范围的语音、视频和高速数据连接。该项目同铱星相分离并计划在 FCC 审批后用 4 年时间完成。摩托罗拉公司副总裁、卫星通信部总经理巴里·伯蒂格（Bary Bertiger）说："与铱星不同，摩托罗拉公司没有将 M-STAR 项目作为一个独立实体来运行。在这个项目上，我们不会完全由自己出资，但是我们的合作方将少于铱星项目。"

M-STAR 项目在投资行业引起了人们的关注。铱星项目雇用了 2 000 名员工，而 M-STAR 项目仅雇用了 80 名。铱星项目产生了 1 100 个专利，知识产权大部分都转移到了 M-STAR 项目。另外，摩托罗拉公司在建设和运行全球通信系统中与铱星有 3 个合同，它们从 1993 年开始的 10 年间为公司创造了大约 65 亿美元的收益。M-STAR 项目比铱星项目的成本高吗？它能代替铱星项目吗？如果摩托罗拉公司收回投资并改为自己独资，那么现在的 17 个投资方会有什么反应？

➤ 新首席执行官

1996 年，铱星雇用爱德华·斯塔亚诺（Edward Staiano）担任 CEO 和副董事长来运作高层管理团队。在 1996 年进入铱星之前，斯塔亚诺为摩托罗拉公司工作了 23 年，其间锻炼了自己坚强的性格。在公司的最后 11 年，他带领公司的通用系统部显著提高了增长水平。1995 年，部门收入占了公司销售总收入 270 亿美元的近 40%。离开摩托罗拉公司进入铱星，斯塔亚诺放弃了 130 万美元的年薪，得到的仅仅是 50 万美元的底薪和 75 万美元超过 5 年期的铱星股票购买权。斯塔亚诺解释道：

> "我将生命 40%~50%的时间花在（摩托罗拉）铱星上，不管怎样……如果我能实现铱星计划，我将得到一大笔钱。"

▶ 卫星发射

1997年1月的第2个星期五上午11点28分，德尔塔-2号（Delta 2）火箭装载着全球定位系统（Global Positioning System，GPS）在发射时爆炸，散落的碎片落在卡纳维拉尔海角发射台上。此次发射原定于1996年的第3季度进行。尽管麦道公司和美国空军查明了爆炸原因，但这次事件仍对铱星的进度产生了影响。其他发射计划也因为种种技术原因而延迟。

1997年5月，在经历了6次发射失败后，第一批5个铱星卫星发射了。铱星仍然认为可以在1998年9月投入运行。但是，之前的失败使得项目的进度不能再有任何拖延了。

此时，摩托罗拉公司在如何进行卫星的大量生产上积累了丰富的经验，正如本纳胡姆所说：

> 铱星群以装配线形式建立，风险和成本的减少是通过不断的反复进行的，直到它不再是一门艺术而是一个过程。最快的时候，不是用18~36个月来制造卫星，而是用生产线4.5天将卫星生产出来，密封在一个容器里，然后放在拖车上运往加利福尼亚或亚利桑那州，等待的波音747飞机会把它们运往中国太原山脉里的发射台或是哈萨克斯坦的拜科努尔发射场。

▶ 首次公开发行

铱星每月耗费高达1亿美元的成本。它和证券交易委员会（Security and Exchange Commission，SEC）签署的初步协议显示首次公开发行（Initial Public Offering，IPO）1 000万股，每股价格为19~21美元。由于发射推迟，IPO也被推迟。

1997年6月，在首批5个卫星进入轨道之后，铱星开始了1 200万股的首次公开发行，每股20美元。这将抵补3个月的包括购置卫星和发射费用的运营费用。大部分资金归入摩托罗拉公司。

▶ 与客户签约

铱星电话即将来临，预计迎来50万~60万个客户，1.8亿美元的资金将用于开拓市场，包括广告、公共关系和全球范围的直邮宣传。部分广告活动包括翻译为13国语言的直接邮件宣传，以及在电视、飞机、机场展位、网站投放广告。

如何营销铱星是一个挑战。人们将会憎恨这种电话。铱星市场通信部的运营官约翰·温道夫（John Windolph）说："它太庞大了！这会把人们吓到。它就像一块砖式的机器加上了一个天线，像一个结实的面包棒。如果我们以此作为特色进行宣传，我们会失败。"铱星决定将宣传重点放在失去联系时的恐惧感上。营销活动开始了。但是，铱星对谁将使用这个系统依然没有清晰的定位。每年挣70万美元薪水的高级主管很有可能购买这种庞大的手机，并让他的助手把手机放在公文包内，然后每分钟花费3~7美元打电话，当然公司会对这种支出进行补贴。问题是，全球范围内会有60万名高级主管使用它吗？

另几个关键问题也是我们需要解决的。我们如何隐藏或者淡化3 400美元购买手机的费用及每分钟 7 美元的高昂话费？我们如何应对竞争者以更为低价的成本提供相似服务的竞争？在具有运营资格的 180 个国家里，我们都要进行广告宣传吗？我们要在《每日石化》（*Oil and Gas Daily*）登广告吗？我们要在色情杂志上登广告吗？我们使用整版还是两版的版面登广告？

铱星不得不在市场营销上依靠它的通道合作伙伴，因为它没有能力了解所有潜在用户的需求。但是，这些伙伴能够提供市场和销售上的帮助吗？它们知道如何销售铱星系统和相关产品吗？

回答这些问题似乎很简单：

> 在大约几周的时间内，超过 100 万名的销售者涌入铱星的销售办公室，他们想成为铱星计划的合作伙伴。但一些知情者说，他们当中的很多人很快就失望了。由于没有销售渠道和有能力的销售人员，大多数的合作者都不符合要求。一个热销产品的高峰很快就平息下来了。

▶ 铱星迅速发展

1998 年 11 月 1 日，铱星系统正式启动。这标志着筹备了 11 年的项目终于启动，只是稍微晚了 1 个月，这真是一个了不起的壮举。

> 经过 11 年的艰苦工作，我们骄傲地宣布，铱星将通过我们首创的全球通信服务进入世界商业、贸易、赈灾和人道主义援助领域……铱星的潜在用户是无限的。经常出差的商务人士可以通过它与办公室和家里进行联系，工厂可以开在偏僻的地区——使用者都会发现铱星产品是最好的联络工具。

1998 年 11 月 2 日，铱星开始提供服务。伴随着铱星系统的运行，很多经济分析家建议"买"它的股票。他们认为它将在 5 年内每年达到 60 亿~70 亿美元的收益。1999 年 1 月 25 日，铱星召开会议讨论 1998 年第 4 季度的收益。铱星 CEO 斯塔亚诺宣布：

> 1998 年第 4 季度，当我们公司成为真正的全球第一大移动电话运营商时，铱星创造了历史。今天，铱星的无线网络覆盖了全球。我们将在 1999 年实行积极策略，继续扩大我们的客户数量，迅速地将铱星从一个技术专利变成"摇钱树"。我们认为铱星的未来是美好的，铱星系统的表现远远超过了预期。
>
> 项目的现金流是正的，说明融资正处于轨道上。客户的兴趣仍很高，并且很多潜在消费者开始评价我们的服务，他们总给出较高的评价。基于此，我们的销售进入正轨，这是我们努力想要达到的目标。

这次会议上，公司 CFO 罗伊·格兰特（Roy Grant）补充说：

> 上周，铱星成功地通过 750 万股的股票销售募集到了 2.5 亿美元，这对我们来说有三大好处：它为资产负债表提供了 2.5 亿美元的现金；它使得公众持股量增加到了 2 000 万股；它用 3 亿美元解除了摩托罗拉公司担保的 3.5 亿美元

的限制。这些得益于银行 8 亿美元的信贷融资，这将其带到了一个特别的担保等级。

有了这 2.5 亿美元，加上 3.5 亿美元的摩托罗拉公司担保，意味着我们会得到大约 6 亿美元的资金，超出了我们需要的平衡的现金流量。这为我们公司提供了重要应急资金储备。

1998 年 12 月

为了让旅行者知道该产品和服务，铱星以 6 500 万美元从 AT&T 和 Rogers 移动通信收购了克莱尔科姆公司（Claircom Corporation）。该公司的主要业务是给美国航空业提供通信设备，收购它将对铱星的营销起到推动作用。

大型、长期科技项目存在的问题可以从各类文献中看出来，正如本纳胡姆所说：

> 圣弗朗西斯大学研究无线通信专业和运行远程通信程序的希瑟·哈德森（Heather Hudson）教授说："这个系统不是让你做许多奇怪的人想做的事情。20 世纪 90 年代的技术已经得到了飞速发展，以至于我们都跟不上它的脚步。铱星最早的设计开始于 20 世纪 80 年代的全球手机系统。从那以后，随着互联网的发展和手机制造技术的提高，产生了比 1989 年更多的关于漫游的机会设想。所以，很少有商务人士不选择使用手机。"

另外，20 世纪 90 年代末期，一些行业观察人员发现，摩托罗拉公司有额外的动机要保证该项目的成功，而且不计成本，即它要维护公司信誉。1994—1997 年，摩托罗拉公司承受着缓慢的销售增长、利润的下降和净利润的减少等问题。同时，公司经历了几次商业灾难，包括未能预期到电话向数字手机的转变，这让公司在 1998 年的股价降低了 50%。

▶ 铱星迅速衰退

铱星项目的缓慢发展经历了超过 10 年的努力，但它的衰退仅仅用了几个月的时间。1 月电话会议的 5 周后，在 3 月的第一个星期，铱星开始出现财务问题。1998 年年末，铱星预计会有 20 万个的用户，并以每月 4 万个用户的增长量递增。铱星的债券条款的目标要求在 3 月底拥有 2.7 万个客户，完不成这一目标就会导致投资者信心呈螺旋式下降的局面。而铱星仅有 1 万个客户。因为 10 年前的市场和现在已经完全不一样了。此外，10 年前铱星项目几乎没有竞争对手。

铱星认为产品用户下降的主要原因是手机的缺乏、技术方面的一些小故障及软件问题，而最重要的原因是缺乏成熟的营销渠道。所以，公司不得不自己培养营销人员，并自己销售产品，而不是通过分销商销售产品。投资方对多年前就应当提出的而不是进入商业服务后 4 个月才提出的销售问题感到不满意。

铱星的广告计划被命名为"呼唤地球"，并承诺使用者能在任何时间、任何地点和别人沟通。这不是完全正确的，因为系统不能在大楼内产生效果，甚至在汽车里也不行。另外，铱星低估了用户在签字之前还需要的检查和测试时间，有的甚至需要 6

个月的时间。

许多人将铱星的迅速衰退归咎于营销和销售的问题：

> 铱星承认在营销方面有许多失误，这些失误实例能够写成一本教科书。其手机成本是3 000美元，大得像砖头，并且不能像许诺的那样使用。它斥资1.8亿美元进行广告宣传，但手机没有在商店出售，并且话费在3～7.5美元，简直太贵了。

铱星的商业计划也有缺陷。它最早于1998年11月2日开始服务，但是考虑到产品测试时间，到1999年3月，客户数量根本不可能达到2.7万个。早期的商业规划需要项目团队在提供服务前营销和出售产品，但仅通过一个小册子销售服务几乎是不可能的。而且，客户在决定购买之前想要接触、使用并测试产品。

由于客户数量和收入少于预期，铱星计划宣布要同投资方商谈来改变8亿美元的抵押信用合同。抵押信用合同包括的内容如表9-4所示。

表9-4 抵押信用合同的约定

日期	累计现金收入（百万美元）	累计应付费用（百万美元）	手机用户数量（个）	系统用户数量（个）
1999.3.31	4	30	27 000	52 000
1999.6.30	50	150	88 000	213 000
1999.9.30	220	470	173 000	454 000

最高时期高达73美元的股票现在跌到每股20美元。此时作为首席财务官的罗伊·格兰特辞职了。

1999年4月

铱星的CEO斯塔亚诺于4月22日的股东大会上辞职。相关人士认为，他是在董事会不同意追加资金来发展自己的营销和分销团队而不是依赖合作伙伴的计划的情况下辞职的。也有人认为，他削减准系统的成本而不让摩托罗拉公司减少与铱星签订的可获利的5亿美元的服务合同，所以才辞职了。还有人认为他辞职的原因是他想要减少摩托罗拉公司服务合同的50%。铱星非洲部的CEO 约翰·理查德森（John Richard son）被任命为临时CEO。他的特长是企业重组。3月底，铱星宣布净损失是5.054亿美元，股票每股净亏损3.45美元。此时，股票每股跌到了15.62美元。在业务推出之后的5个月，铱星吸引的顾客只有10 294个。

理查德森的第一个任务是改变营销策略。铱星已经不确信什么样的商业模式适合它了。理查德森说：

> 关于产品是什么和产品将走向何方的信息伴随着一个又一个会议的召开而改变……今天讨论的是电话程序，明天讨论的就是卫星，以至于我们在11月发射卫星的时候，我们不清楚自己真正想得到什么。

1999 年 5 月

铱星官方宣布不能达到 8 亿美元贷款下完成具体的目标,投资方给予了 2 个月的延期。此时,股票已经跌到每股 10.44 美元,部分原因是摩托罗拉公司做出的关于可能撤回投资的言论。

华尔街开始讨论铱星破产的可能,但铱星说自己正在改变其商业计划并希望在月末讨论出一个新的财务计划。铱星还在正式的文件中陈述,它不确定是否有足够的资金来完成收购克莱尔科姆公司的协议。这个飞机电话服务商的收购价格为 6 500 万美元。

因为投资方知道从项目计划转化为商业操作是一个不小的壮举,所以贷款机构决定让铱星延期还款。另一个原因是银行和债权人认为破产不是一个好办法。股东合伙人拥有所有的地面电台、分销商和许可证,如果银行和债权人迫使铱星破产,他们最终可能会拥有一个无法与地面或通道通信的卫星群。

1999 年 6 月

铱星在获得 2 个月延期还款的基础上又得到了 30 天的延期,到 6 月 30 日要偿还 9 000 万美元。公司已经解聘了 550 名员工中 15%(包括两名高级管理者)的员工。股票继续下跌到每股 6 美元,并且债券的售价也仅有 19 美分。

铱星 CEO 约翰·理查德森说:

> 就像建造网络一样,我们把所有困难的事情做得很好,却把所有简单的事情做得很糟。
>
> 铱星最大的错误是过早地启动了尚未准备好的产品。我们着迷于这项技术的伟大,但陷入了致命的市场诱骗中……铱星的国际化框架使得它几乎不可能进行高效的管理:28 个董事会成员说着多国语言,这种类似小联合国会议的董事会需要用传译耳机翻译成 5 国语言。在讲授为何卖不出去产品方面,我们是 MBA 的典型教学案例。我们首先取得了科技领域的巨大进步,然后我们才想要知道如何使它赚钱。

铱星尽自己最大的努力来避免破产,它需要的是时间。一些客户要用 6~9 个月的时间来尝试新产品,但是在 6 个月之内,如果铱星看起来会停止业务,客户也不愿意购买。铱星的竞争对手大幅降低价格,这给铱星带来了很大的压力。理查德森开始把铱星的价格降低到原定价格的 65%。

1999 年 7 月

银行和债权人同意给予铱星第三次延期,即延期到 8 月 11 日。但是,每个人似乎都认识到继续重组比先前的构思更困难。

铱星的最大投资方和总承包商摩托罗拉公司认为除非重组协议达成,否则该项目可能要终止,进入破产程序。摩托罗拉公司仍认为如果破产实现,它将继续维护卫星运作,但是仅仅限于指定的时间段。

铱星请求投资商和承包商给予更多的资金支持,但是对于许多投资方成员来说,他们看起来不想继续投入。一些投资商明确表示他们将会撤资而不是继续投资。这对一些地区的服务产生了巨大影响。因此，所有的合作伙伴不得不进行重新调整。华尔街分析人士预计，铱星将用几年的时间偿还债务或提供债券持有人权益情况报告。铱星绕地球轨道的卫星在破产中拍卖的可能性很小。

1999 年 8 月

8 月 12 日，铱星申请了破产保护，这无疑是致命的，因为公司几年前预计在项目运营 1 年后达到盈亏平衡。这是有记录的史上 20 大破产保护之一。此时，股票每股仅 3 美元，在 1999 年 8 月 13 日被纳斯达克停盘。铱星产品话费也降到了每分钟 1.4～3 美元，手机也降到了 1 500 美元 1 部。

铱星几乎没有生机了。其商业规划和技术规划都存在缺陷，前者看起来像电影《梦幻之地》。在影片中，爱荷华州谷物农民被迫建造一个棒球场。一个神秘的声音说："建造它，他们将会到来。"他做了，并且他们到来了，这是好莱坞电影一个很好的情节，但它制造出了糟糕的商业规划。1992 年，电信顾问赫歇尔·肖斯塔克（Herschel Shosteck）说："如果你运营铱星，人们可能回来。但是更有可能的是，如果你制造了更便宜的产品，人们将先去那里。"

这项技术规划的目的是想将产品设计成通信界的圣杯。遗憾的是，投入了 10 亿美元之后，市场对技术的需求已经改变。许多设计该系统的工程师都只参加过军事项目，对"成本"一词缺乏理解，并且他们所理解的客户只有一个——国防部。加利福尼亚大学通信研究所高级研究员布鲁斯·伊根（Bruce Egan）说："卫星系统经常落后于技术潮流，铱星完全缺乏与互联网时代同步的能力。"

1999 年 9 月

首席财务人员利奥·蒙代尔（Leo Mondale）辞职，分析人士认为她的辞职是由于成功的重组不会实现造成的。一位分析人员认为："如果铱星叫停（进行重组计划），他们将不会推出一个全新的团队。"

▶ 铱星"流感"

铱星的破产就像流感一样对整个产业都产生了影响。竞争对手全球通信公司（Global Communications）也在铱星破产后的两周申请了破产保护，它两次寻求公众股票来募集 5 亿美元的计划失败了。在此之前，它的债务偿还已被延期两次。另一个竞争对手环球星卫星通信系统（Global star Satellite Communications System）看起来财务运转良好，公司首席运营官安东尼·纳瓦罗（Anthony Navarro）说："铱星让人们的期望变得很高。"

▶ 寻找救星

铱星迫切需要一个有资质的出价人（救星），这要由联邦破产法院决定哪个出价人是有实力的。有实力的出价人需要具有一个由大银行出具的 1 000 万美元存款的可偿还保证金。

破产法院宣布，铱星每月产生的收入是 150 万美元。1999 年 12 月 9 日，摩托罗拉公司同意一个 2 000 万美元的现金注入。铱星急需一个救星，否则它们将在 2000 年 2 月 15 日出现现金短缺的情况。铱星每月的运行成本为 1 000 万美元，卫星维护费用每几年就要 3 亿美元。因为其资产的特殊性，所以如果想要从铱星资产中获得成功，那将是十分困难的。

电话企业家克雷格·麦考（Craig McCaw）计划对铱星进行一个短期的资金注入，他同时考虑注入一大笔资金来挽救铱星。他也领导了一个投资团队，保证以 12 亿美元的资金挽救全球通信公司卫星系统。该系统在铱星进入破产程序不久后也进入了破产程序。

有些人认为救星来了，但是克雷格·麦考的团队被认为是唯一一个可信的候选人。尽管克雷格·麦考提议重组的计划没有完全公开，但人们还是预测摩托罗拉公司将成为小股东。另外，在重组计划下，摩托罗拉公司将减少每月运行和维护铱星系统的费用，即这一费用将从 4 500 万美元降低到 880 万美元。

▶ 确认失败：1999 年 10 月

铱星系统是工程界的奇迹，摩托罗拉公司永不放弃的精神创造了这一技术奇迹。摩托罗拉公司克服了美国航天局的技术难题，铱星系统克服了全球政治议题、国际监督的难题和一系列的七大洲地理政治学问题。铱星系统的确是摩托罗拉公司高尔文所称的世界第八大奇迹。

但是，铱星的破产是否也预示着摩托罗拉公司的失败呢？绝对不是！摩托罗拉公司从与铱星的合同中收获了 36.5 亿美元。假设利润中的 7.5 亿美元来自这些合同，摩托罗拉公司在铱星上的净损失近 12.5 亿美元。简单地说，它仅投入了 12.5 亿美元，但如果自己开发技术要投入 50 亿美元。铱星给摩托罗拉公司在建造卫星通信系统方面创造了 1 000 多个专利，并且使摩托罗拉公司成为全球卫星产业的领头人。摩托罗拉公司仍然与它的主要承包商签订合同以建造 288 个卫星。低轨道卫星通信系统项目宣称"互联网在空中"，其出资人给出了一个 150 亿美元的价格，用于数据、视频和音频的传输。这些出资人包括波音公司、微软公司总裁比尔·盖茨和电话业巨头克雷格·麦考公司。铱星在 10 年间将摩托罗拉公司的声誉不断提升。

摩托罗拉公司认为没有必要在铱星上再追加投资，除非其他投资方投入资金。一些投资方认为它们不会再投入资金，并且正在考虑进行清算。

2000 年 3 月，克雷格·麦考公司以一个较大的折扣撤回了它的投入资金，宣称公司给挽救全球通信公司卫星系统提供资金，这实际上是对铱星执行了死刑。克雷格·麦考公司不愿意挽救铱星的原因可能是它对其他投资方表示不满，他们可能会被完全排除在重组工作之外，因此可能失去他们的全部投资。

▶ 卫星脱轨计划

随着麦考公司资金的撤出，铱星通知美国破产法庭自己不能在规定期限之前找到有资质的买方。铱星将在 2000 年 3 月 17 日 23 点 59 分终结它的服务，并且开始资产清算。

在铱星发布了声明之后，摩托罗拉公司迅速发布了以下声明：

脱离轨道计划最终确定期间，摩托罗拉公司将在一段有限的时间内维护铱星卫星系统。在这个阶段，我们仍将继续在偏远地区为客户服务，以等待他们替换通信工具。然而，延长有限服务时间将取决于分离出来的各自地区的公司是否继续运营。

为了让客户能够直接从摩托罗拉公司获得服务，共建立了客户服务中心及一个一天24小时、一周7天开通的网站。客户资料中包括可供选择的卫星通信服务清单。

卫星脱轨计划预计用2年时间完成，成本为5 000万～7 000万美元，包括所有的66个卫星和其余22个作为备用的卫星或退役卫星。铱星很有可能计划一次进行4个卫星脱轨，通过点燃推进器使它们进入大气层并进行燃烧。

▶ 挽救铱星的2 500万美元

2000年11月，由一个以航空航天公司高管为首的投资团队在组建铱星公司和购买所有的破产资产方面获得破产法庭的同意。购买以相当低的2 500万美元的价格成交，不到当时面值的一分钱。作为提议的一部分，摩托罗拉将负责把操作系统转让给波音公司。尽管摩托罗拉在新系统中仍占有2%的股权，但它不再有义务运行、维持或让卫星退役。

几乎在声明发出的同时，铱星获得了美国国防部（Department of Defense, DoD）下属国防信息代理系统局的一个7 200万美元的合同。负责采购的国防部首席副部长戴夫·奥利华（Dave Oliver）说：

铱星不仅能增强我们现有的实力，它还将作为我们的军事系统的一个商业选择。它能够真正实现军民两用，使我们接近领先的技术，可为未来提供真正的选择。

铱星在破产的边缘获得了救助。作为合约的一部分，新成立的公司获得了铱星和子公司的所有资产，包括卫星、地面网络、铱星不动产和知识产权。新公司明显地降低了成本结构，这有利于开发一种基于铱星产品和服务目标市场的可行商业模式。世界通信中心公司（World Comminication Center Inc）首席执行官韦尔登·克纳普（Weldon Knape）说：

每个人都认为铱星卫星陨落和烧毁了，其实不然，它们仍然在运行。

新的铱星手机成本为1 495美元，外形就像普通家用无线通话机，话费1～1.6美元/分钟。之前的产品价格为699美元，人们可以每周75美元的价格租用。

▶ 后记

2006年2月6日，铱星宣布2005年是历史上运行最好的一年。公司拥有14.2万个用户，比2004年增加了24%，并且2005年的收入比2004年提高了55%。铱星CEO卡门·劳埃德（Carmen Lloyd）说："铱星是一个特别有实力的自筹资金的财务基金公司。"

2006年年末，铱星销售额达2.12亿美元，利润5 400万美元，拥有18万个用户，预计未来每年以14%～20%的速度递增。铱星已经改变了商业运作模式，注重销售和营销，减少了天花乱坠的广告宣传，这就让它开启了一个新的客户市场。

▶ 股东诉讼

在可能损害铱星和投资商的情况下，摩托罗拉公司的收益引起了人们的注意。至少20个投资集团起草诉讼摩托罗拉公司和铱星。其理由是：
- 摩托罗拉公司把铱星弄得很糟糕，并利用合作伙伴的资金为自己进军卫星通信技术领域提供了资金。
- 运用铱星，摩托罗拉公司确保即使在项目失败的情况下仍能保证自己的名誉不受损。
- 大部分资金通过公开募股获得，并被摩托罗拉公司用作开发卫星和地面基站的硬件和软件。
- 铱星将债券中的14.5亿美元（利率10.875%～14%），主要用于摩托罗拉公司的卫星投入。
- 被告虚假地报告用户数量和获益情况。
- 被告未能披露技术方面存在的问题。
- 被告未能披露手机交付的延期。
- 被告违背投资方和贷方的协议。
- 被告推迟披露信息、误导信息和人为操纵股票价格暴涨。
- 被告通过人为操纵股票价格上涨并卖掉股票获得了几百万美元的个人收益。

▶ 破产法庭的判决

10个月之后，在2007年9月4日，曼哈顿破产法庭的宣判对摩托罗拉公司有利，而愤怒的债权人希望得到37亿美元的赔偿判决。法庭解释即使资本市场对铱星项目期望有巨大利润来说是"严重错误"的，但是铱星在那个时期还是具有偿还能力的，因为它在资本市场成功地募集到了资金。

法庭还解释说即使金融专家现在知道铱星项目是没希望的单向现金流、技术存在缺陷及拥有失败的商业模式，但是它仍然在关键的募款期表示具有偿还能力。即使当坏消息开始出现的时候，它的投资方和承购人仍然相信铱星能够变成一个有实力的公司。

在法庭判决之后的第二天，报纸报道铱星有限责任公司（一家完全私有的公司）已经开始准备私募基金，筹集50 000万美元的股份，然后在今后的一两年内首次公开募股（上市）。

🔍 问题

1. 与传统项目发起人相比，项目发起人在铱星项目上应该扮演什么角色？两种角色有区别吗？你的答案是建立在项目的长度、技术复杂程度和／或规模的基础之上的吗？

2. 在1991年创立铱星有限责任合伙公司之前，谁（如果有的话）最有可能是铱星项目的项目发起人？

3. 在1996年年末爱德华·斯塔亚诺（Edward Staiano）被任命为CEO，谁（如果有的话）最有可能是铱星项目的项目发起人？

4. 项目发起人应该在多大程度上管理项目，比如铱星项目？考虑项目的长度、价值和复杂性。

5. 铱星项目是由一个人发起的还是由一个委员会发起的？如果是委员会发起的，谁担任委员会委员？

6. 项目发起人和项目拥护者有什么不同？他们能由同一人担任吗？如果由同一人担任会有哪些风险？铱星项目有项目发起人、项目拥护者吗？还是两者都有？如果你认为两者都有，那是谁在担任这个角色？

7. 离场拥护者的角色描述应该是什么？什么项目需要离场拥护者？

8. 离场拥护者应该是项目团队中的一员吗？离场拥护者应该是铱星公司的还是摩托罗拉公司的局外人呢？

9. 在决定是否需要委任离场拥护者的时候，是否需要考虑项目长度、价值和复杂程度等项目因素呢？如果需要考虑，还需要考虑其他因素吗？

10. 铱星项目有离场拥护者吗？如果有，谁是离场拥护者？

11. 如果没有离场拥护者，解释一下为什么没有？如果这个人不存在，那应该由谁来担任离场拥护者？

12. 项目拥护者、离场拥护者和项目发起人之间有什么关系？

13. 集体信念的优势和劣势有哪些？

14. 铱星项目有商业论证吗？如果有，是指什么？

15. 商业论证有没有可能被隐藏起来了？

16. 假如商业论证是存在的，谁应该进行商业论证呢？

17. 在商业论证必须重新审查之前，它的有效期是多长？

18. 一个项目可能技术上很成功，但在商业上失败吗？

医疗保健合伙公司

▶ 背景

医疗保健合伙公司（Health Care Partners，HCP）是一家拥有40年历史的公司，专门为大公司提供医疗保健服务。为了给客户降低医疗成本，HCP需要公司的医生和医疗保健提供商愿意接受HCP制定的费用报销率。HCP制定的报销率与其竞争对手是一样的。尽管HCP成功地让一些服务提供商加入了它的体系，但仍有一些医院和医生反对加入体系，因为HCP向服务提供商支付费用的速度很慢。

为了更快地向服务提供商支付费用，HCP需要实现操作的现代化，取消大量导致支付延缓的文书工作。对此，HCP迅速对公司的电脑进行了升级。但真正的问题是软件方面的，即目前市场上没有能满足 HCP 需求的软件。HCP 聘用了一家软件开发公司软智能公司（SoftSmart），协助本公司的 IT 人员开发软件包。软智能公司与 HCP 的 IT 人员在同一楼层办公。HCP 在这个项目上的预算总额是 1 500 万美元。这个项目被命名为"支付通"，并向所有的医生和医院承诺这个网络会在一年内建成并运营。

第一次季度评审会议

在第一季度仅有 HCP 员工才能参加的评审会议上，公司的 CIO 保罗·哈里斯（Paul Harris）表达了他的愤怒：

> 我为什么不能从任何人那里获得有关支付通项目状态的直接答案？我们为这个项目支付了 1 500 万美元，但没有人知道到底发生了什么。每当我提问时，我获得的永远都是坏消息。为什么你们不能每个星期或每个月给我看一些相关的指标呢？
>
> 项目从 3 个月前启动到现在，我已经收到 200 多个范围变更请求。现在我要说的是，这个项目可能延期，而这种延期是无法修正的。由于范围变更，成本在不停地增加，这个项目的价值也会有一定程度的下降。

HCP 的项目经理伊芙琳·威廉姆斯（Evelyn Williams）说：

> 我们雇用软智能公司时签署的合同是固定总价合同。我们不清楚该公司到底有多少范围变更，但我们认为数量不会很多。但是，我们想得太少了。上个星期，当我们询问项目的状态时，该公司说不能给我们提供一份详细的状态报告，因为这取决于我们能许可的范围变更数量。该公司的进度计划一直在不停地变化。

保罗感到非常愤怒。很明显，项目的成本会超过 1 500 万美元，但他不能获得任何指标、进度计划和有效的状态报告。这个项目很可能变成一个巨大的灾难。

保罗要求公司从现在开始不能像以前一样每个季度召开一次评审会议，而是每个月召开一次。评审会议除他会参加外，其他的高层管理者也可能参加。保罗相信每个人都清楚自己该干什么了，但他不确认他们是否愿意这么做。

第 4 个月月末的评审会议

在会议上，保罗在看到包含了进度计划和指标的数据后还是很不高兴。因为他了解到工作取得了一定的进展，但是没有像预期中那么好。此外，指标并没有提供任何有用的信息，进度计划表的不同部分都有各种脚注，并注明这些脚注取决于范围变更的批准。保罗再一次发现很难确认项目的状态。

HCP 的项目经理伊芙琳·威廉姆斯说：

> 我们在项目上取得了一些进展，但不如我所预料得那么好。有些来自软智能公司的团队成员不愿意提供精确的指标，他们说不相信指标，可能是因为他们害怕指标会暴露问题。这就是为什么他们只选择最简单的指标和提供最少信

息的原因。我们中的某些人很喜欢用指标，但我们不能提供他们所希望的所有指标。我现在不能确定项目该如何进行，不能确认什么方式能让大家都满意。更糟的是，我们的一些重要成员已经到别的项目中去了。

▶ 关键决策

保罗知道事情已经偏离计划了：团队士气很低下，关键成员已经离开，状态报告让人很不满意。软智能公司可能从受质疑的但能获利的范围变更上获得某些利益，完工日期肯定要拖延了。很明显，项目需要做一次健康检查。

进行健康检查之前还有几个问题要查清楚。首先，是否应该让内部的人来执行健康检查，如项目管理办公室的代表等。项目经理肯定不是合适的人选，派遣项目管理办公室的代表是一个选择，但是他们可能与项目中的某些人有关系。因此，他们也许判断不了项目的真实状态。使用外部人员是最好的选择，因为外部人员不受制度制约，他们能让大家自由地表达各自的想法。外部人员还能带来在其他公司进行健康检查的经验。

其次，受访者是否能诚实地回答访问者提出的问题。保罗认为 HCP 的内部人员会诚实地回答问题，但不能保证软智能公司的人员也会诚实地回答问题。HCP 也许不能说服软智能公司接受检查，即使软智能公司愿意接受检查，也不见得会诚实地回答问题。因此，这种检查也许只能在 HCP 内部进行。

最后，如果 HCP 的其他高管们知道了支付通项目的状态，保罗不知道他们会做出什么反应。健康检查的结果能揭示以前隐藏的问题，这也许让情况变得更糟。因为有的人可能丢掉工作，有的人可能被降职。但是，问题越早被发现，损失就越小；反之，问题越晚被发现，损失就越大。

保罗认为没有别的办法了，必须进行健康检查。HCP 需要知道项目的真实状态，并尽早发现问题，为后面及时采取纠正行为赢得时间。

保罗召开了一个关于支付通项目的紧急会议，同时要求软智能公司的相关人员参加。当被告知由外部人员进行健康检查时，团队成员表达了他们的不满意。一个团队成员说外部人员不了解 HCP 的文化或项目的文化，他还认为检查是对时间的一种浪费。另一个团队成员认为，现在项目的财务已经非常紧张，而进行检查的费用会使得财务更加糟糕。软智能公司则认为当知道检查结果时可能太晚了，因为项目的范围随时会发生变化。保罗坚持自己的立场，并强调健康检查一定会进行，希望大家配合检查。

▶ 健康检查

HCP 聘用了一家名叫珀伽索斯咨询（Pegasus Consulting）的公司对支付通项目进行健康检查。这家公司在 IT 项目的健康检查方面有着极其丰富的经验，而且对医院和保健行业非常了解。HCP 与珀伽索斯咨询公司在合作项目上达成一致意见：检查必须在 3 个星期内完成，即在支付通项目的下次评审会议召开前完成。

第 1 周的大部分时间，珀伽索斯咨询公司调查了项目的商业论证和项目在过去 4 个月的历史。第 1 周的后半段时间和整个第 2 周，珀伽索斯咨询公司采访了来自 HCP 的项目人员。采访进行得很好，受访者基本上诚实地表达了他们的想法，以及需要做什么来纠正项目的状况。来自软智能公司的代表也接受了采访，但是珀伽索斯咨询公司认为他们提供的信息基本没有价值。

第3周周末，珀伽索斯咨询公司提交了调查报告，向保罗介绍了自己的发现。珀伽索斯咨询公司认为：

> 项目目前有不少问题存在，但重要的是进度方面的问题。我们认为项目至少要延期3个月。我们运用根源分析得出了下列结论：
> - 由于范围变更的数量和基准不停地发生变化，导致绩效无法与基准进行比较。我们认为有的范围变更是必要的，有的可以作为后续项目来进行。
> - HCP的这个项目目前无法达到预期水平的根本原因可能与定义不明确的需求包有关。如果需求包界定明确，则有可能实现最初的预测。
> - 商业论证中介绍的收益和价值是很现实的，我们认为HCP和它的客户应该能获得这些收益。
> - 这个项目的治理结构不合理。对于这种规模的项目和风险而言，HCP应该成立一个治理委员会，CIO不应该是唯一负责这个项目治理的人。
> - 项目团队没有很好地实施风险缓减。我们没有发现任何有关风险管理的计划，这对于此类规模的项目而言是闻所未闻的，这也反映了项目经理和项目团队较差的处理能力。
> - 我们认为HCP任命的项目经理不适合这个项目。很多以前和她合作过的受访者都说他们不相信伊芙琳·威廉姆斯有能力管理这个项目，我们建议换掉她。
> - 我们没有找到任何应急计划。每个人都说他们希望制订一份应急计划，但是范围变更的数量和发生频率决定了这是不可能的。
>
> 能采取的纠正措施有很多，我们认为报告中推荐的救助方案能起作用。但是，即使实施了救助方案，项目的工期还是会拖延3个月。

保罗对健康检查报告并不感到吃惊。他研究了最终的报告，认为报告中建议的救助方案能起作用。保罗现在要为两个会议做准备——高层管理者会议和第5个月月末的支付通项目评审会议。他需要在这两个会议中介绍健康检查的结果。

🔍 问题

1. HCP在软智能公司代表缺席的情况下每季度召开一次评审会议的做法常见吗？
2. 在缺乏指标的情况下能否判断项目的状态？
3. 项目经理是否应该负责制定支付通项目的指标？
4. 如果你是保罗，在第一次季度评审会议结束后，你会做出何种反应？
5. 项目的头3个月出现200多次的范围变更是否意味着项目需求界定不清晰？
6. 第一次季度评审会议上一旦出现不利的消息，HCP是否应该每个星期召开一次评审会议而不是每个月召开一次？

7. HCP 的团队成员为什么不希望制定指标？
8. 软智能公司的团队成员为什么也不希望制定指标？
9. 这个时候制定指标是否会对项目造成影响？
10. 项目的头 3 个月里流失了某些关键人员是否意味着项目有可能存在问题？
11. 在项目刚刚 3 个月时进行健康检查是否合适？
12. 请介绍珀伽索斯咨询公司在进行健康检查时使用的三阶段生命周期。
13. 请评价珀伽索斯咨询公司的做法。
14. 珀伽索斯咨询公司仅用 3 个星期进行评价合适吗？
15. 珀伽索斯咨询公司认为伊芙琳·威廉姆斯不再适合担任这个项目的项目经理，这种想法对吗？
16. 保罗在高层管理者会议上应该介绍哪些情况？
17. 关于健康检查报告，保罗应该对团队成员介绍哪些情况？
18. 保罗应该采用哪些合理的方式让伊芙琳·威廉姆斯离开项目？

麦克罗伊航空航天公司

麦克罗伊航空航天公司（McRoy Aerospace）是一家高盈利的公司，主要为部队制造货运飞机和空中加油机。公司从事这项业务已经 50 多年了，并取得了极大的成功。但是因为政府对这类飞机采购支出的下滑，麦克罗伊航空航天公司决定进军商用航空飞机领域，尤其是能容纳 400 人的宽体飞机领域，与波音公司和空中客车正面竞争。

在设计阶段，麦克罗伊航空航天公司认为只要它的飞机成本比其他飞机制造商的低，大部分商用航空航天公司会考虑购买它的飞机。尽管购买者会考虑飞机的实际购买价格，但他们更感兴趣的是生命期内维持飞机运营的成本，尤其是维修成本。

运营成本和支持成本是相当大的开支，维修需求是政府基于安全方面提出的要求。飞机在飞行时，航空公司才能盈利，飞机待在维护吊架上是不能获利的。每个维修仓库都要有大量的零部件，这就保证了一旦某一部件不能正常工作可以随时进行更换。同时，不能正常工作的零部件会返回给制造商进行修理或更换。这样，存货成本非常高，但也是保证飞机正常运营必需的花费。

麦克罗伊航空航天公司面临的一个难题是飞机的 8 门结构。每对门都有自己的结构，这与它们在飞机上所处的位置有关。如果麦克罗伊航空航天公司能设计一种用于这 4 对门的简单结构，就会明显降低航空航天公司的存货成本。此外，飞机机械师仅需接受 1 套结构的培训，而不是 4 套。货运飞机和空中加油机的每对门都有各自不同的结构，所以设计一个能用于所有门的结构将是一个极大的挑战。

马克·威尔逊（Mark Wilson）是麦克罗伊航空航天公司设计部门的经理，他指派杰克（Jack）负责这个极具挑战的项目，因为杰克是马克所能想到的最好人选。马克认为只有杰克才能承担这个项目，如果杰克完成不了这个项目，那么其他人肯定也做不到。

该项目的成功完成将被视为麦克罗伊航空航天公司的客户增值机会，并可能从成本和效率的角度产生巨大的差异。麦克罗伊航空航天公司将被称为行业领导者，这可能会使买家从麦克罗伊航空航天公司购买商用飞机。

该项目的目的是设计一种能用于所有门的开门或关门结构。到目前为止，每个门的开门或关门结构都是不一样的，这样就导致了设计、制造和安装过程更加复杂、麻烦，成本也相对较高。

即使设备工程人员和设计人员一致认为这不可能实现，但杰克也许能做到，他也许是唯一能做到的人。马克向杰克介绍这种挑战时，他把所有牌都摊开了。他告诉杰克，他唯一的希望是杰克能承担这个项目，并且尽一切可能完成这个项目。但是，杰克立马说自己不见得能完成。马克对此不太高兴，但他知道杰克会尽力的。

杰克花了2个月研究这个问题，但还不能找到可行的办法。于是，杰克告知马克，这个挑战不能完成。杰克和马克都对不能找到可行的办法感到失望。马克闷闷不乐地说："杰克，我知道你是最棒的，我不知道还有什么人能解决这个重要的问题。我知道你尽力了，但是这个问题实在是一个难度很大的挑战，谢谢你的努力。但如果我想再派一个人挑战一下，你认为谁最适合呢？他也许有一点机会能实现它，我只是想确保我们已经尽力了。"

马克的话让杰克感到很惊讶，他想了好一会儿。杰克是在考虑谁适合浪费更多的时间承担这个项目吗？不，杰克是在思考问题本身，他的脑海中有一个想法一闪而过。他说："马克，你能再给我几天时间考虑一些问题吗？"

马克立刻开心起来："当然，杰克。就像我以前说的，你是唯一合适的人。放手去干吧。"

几个星期后，这个问题得到了解决，杰克的名气也更大了。

🔍 问题

1. 为了让杰克继续研究这个问题，马克所说的话正确吗？
2. 马克是否应该放弃他的项目，而不是再次劝说杰克？
3. 马克是否应该指派另一个人负责项目，而不是给杰克第二次机会？如果他这么做了，杰克会有什么反应？
4. 如果杰克还是不能解决问题，马克应该做什么？
5. 如果杰克还是不能解决问题，马克再派一个人做有意义吗？
6. 如果可能的话，马克还有哪些选择？

不好的员工

项目经理宝拉（Paula）对项目目前的状况感到非常满意，她唯一担心的是弗兰克（Frank）承担的工作。宝拉在项目开始时就知道弗兰克是一个有问题的员工，而且经常被认为是麻烦制造者。其实，弗兰克需要承担的工作并不复杂。在人事安排会议上，弗兰克的直线经理保证弗兰克能做好这项工作。此外，直线经理也告诉宝拉，弗兰克在其他项目中出现过行为问题，有时还被赶出了项目。的确，弗兰克常常抱怨，到处找麻烦。

但直线经理向宝拉保证弗兰克的态度会改变，如果弗兰克在宝拉的项目中出现了问题，他会积极参与。于是，宝拉同意弗兰克参与她的项目。

遗憾的是，弗兰克在项目中的表现达不到宝拉的标准。宝拉不止一次告诉弗兰克应该如何做，但是弗兰克坚持自己的方式。宝拉已经意识到项目情形正在变糟。弗兰克的工作时间延误了，成本也超支了。弗兰克还批评宝拉作为项目经理的表现，他的所作所为已经影响到了团队的其他成员，造成了团队士气的低落。显然，宝拉需要采取行动了。

问题

1. 在选择项目成员上，宝拉有哪些选择？
2. 如果宝拉决定亲自处理成员的选择问题而不是寻求直线经理的帮助，那么宝拉应该做什么？按照什么顺序去做？
3. 如果宝拉进行了所有的尝试，仍不能改变员工的态度，直线经理又拒绝撤出该员工，宝拉有哪些选择？
4. 如果可以，宝拉能获得与员工工资有关的哪些权利？

首席员工

本（Ben）要负责一个为期 1 年的项目，其中一些工作包的完成需要机械工程部的支持，并且机械工程部需要派遣 3 名全职人员。在项目最初提议时，机械工程部经理估计他能派出 3 名级别 7 的员工。但是，项目的开始日期延迟了 3 个月，机械工程部经理把本该派到这个项目的员工派到其他的项目中了。现在，这个项目能用的员工是 2 名级别 6 的员工及 1 名级别 9 的员工。

机械工程部经理保证 3 名员工能很好地完成工作，并且在本的项目中可以承担全职工作。此外，如果项目出现问题，机械工程部经理保证他会积极参与，以确保工作包和可交付成果的完成。

本不了解这 3 名员工。因为级别 9 意味着领域内的专家，所以本任命这位级别 9 的员工在项目中担任工程方面的带头人。因为让级别高的员工担任带头人是常用的做法。有时级别高的员工还要担任项目经理。带头人可以参与与客户间举行的信息交流会。

项目的第 1 个月月末，工作进展顺利。大部分团队成员因为被派遣到这个项目而感到很高兴，团队士气很高，但是来自机械工程部的 2 名级别 6 的员工不怎么喜欢该项目。本与这 2 名员工进行了谈话，希望了解他们不高兴的原因。其中 1 个人说：

> 级别 9 的员工希望什么事情都由他自己完成。他不信任我们。每当我们使用某些方法来解决问题时，他都会进行检查，甚至每个微小的细节。他干了所有的事情。他唯一不会参与的事情是复印项目报告。我们认为自己并不属于这个团队。

本不知道该如何处理这个情况。人事安排是由部门经理决定的，不经过部门经理的许可是不能随便把人撤出团队的。于是，本找了机械工程部的经理。经理说：

> 我派出的这个级别 9 的员工是部门最好的员工。不过，他有点傲慢。除了他自己，他不信任任何人。和其他人共同工作时，他认为他有责任检查每个细节。可能的话，我会派他单独做事情，这样他就不用与其他人合作了。但是目前我手头没有这样的工作，这就是我派他到你的项目中的原因。我以为他能改变工作方式，与那 2 名级别 6 的员工合作，像真正的团队成员。显然，我错了。别担心，工作会完成的。我们就让那 2 名员工再郁闷一阵子就行了。

本明白部门经理的意思，但是仍然为目前的情形感到不高兴。如果强迫级别 9 的员工离开，而新派来的员工的能力肯定不如他，那么这可能影响可交付成果的质量。如果让他继续待在项目中，那 2 名级别 6 的员工就会被疏远，并且他们还会影响项目的其他团队成员。

🔍 问题

1. 本在选择项目成员上有哪些选择？
2. 如果让这种情况继续下去，会存在风险吗？
3. 如果让级别 9 的员工离开，会存在风险吗？

团队会议

▶ 背景

每个项目团队都要召开团队会议，但是决定何时召开会议是一个较难决定的问题。

▶ 明确你的能量

文斯（Vince）在大学毕业后一直是一名"早晨型的人"。他喜欢早起。他了解自己的习惯：同下午相比，他在上午工作的效率明显更高。

文斯每天早上 6 点开始工作，比正常工作时间早 2 小时。从早上 6 点到中午，他会关上办公室的门，也不接电话，这是为了防止别人在他最有效的工作时间内打扰他。文斯认为像不必要的电话这类浪费时间的事会导致项目失败。文斯每天都有 6 小时的有效工作时间从事与项目相关的工作。午饭后，文斯会打开办公室的门，其他人也能找到他了。

▶ 艰难的决定

文斯的工作习惯一直很好，至少对他来说能发挥作用。但是文斯刚被任命为一个大型项目的项目经理，他知道自己可能要牺牲一些宝贵的上午时间来召开团队会议。项目团队每周召开例会是常见的做法，并且大部分项目团队会议是在上午召开的。

起初，文斯打算不采用传统习惯，而是把会议时间调整为下午 2 点至 3 点，这能保证他可以在上午有效地工作。在会议上，每当讨论非常关键的问题时，文斯发现团队成员不爱讨论，而且他们好像还在不停地看表，这让他感到有点奇怪。后来，文斯明白了其中的原因。项目团队中的大部分成员来自制造部门，他们都是在早上5点开始工作，下午2点下班，所以他们累了。

于是，文斯把下周的团队会议时间调整到了上午11点至12点。很明显，文斯需要牺牲个人的有效时间。但是，团队成员对项目关键问题的讨论仍然参与度不高，制造部门的成员仍然在不停地看表。文斯感到不高兴。他走出会议室时，一位制造部门的成员对他说："难道你不知道制造部门的人习惯在上午11点吃午饭吗？"

文斯又为下次的团队会议制订了一份计划。他给所有团队成员发送了邮件。邮件指出，团队会议的时间仍是上午11点至12点，但是会议会提供午饭，如比萨饼和沙拉。出乎文斯的意料，这种方式的效果很好。会议进行了很多很有意义的讨论，也制定了很多决策，而不是仅为以后的团队工作制订行动计划。这使得团队会议变成了一个非正式的会议，而不是正式的会议。因为团队会议提供比萨饼、沙拉、饮料，文斯的项目成本会有所增加。如果每次的团队会议都使用这种方法，就会养成一种不好的习惯。于是，在接下来的团队会议中，团队成员决定，每个月可以采用1~2次这种方式。在召开其他的团队会议时，团队会议的时间仍是上午11点至12点，不过团队成员可以自带午餐，会议仅提供饮料，有时还会提供一些饼干和布朗尼蛋糕。后来，这被称为"棕色袋"会议。

问题

1. 项目经理如何决定何时召开团队会议？确定团队会议的时间时应该考虑哪些因素？
2. 文斯最早犯了哪些错误？
3. 如果你是公司的高层管理者，你会允许文斯一直采用这种方式召开团队会议吗？

管理控制狂

➤ 背景

公司的工程部新聘请了一名副总理查德·克莱默（Richard Gramer）。与他的前几任不一样的是，理查德采用的是铁腕政策。他与工程部门的其他项目经理起了很多摩擦，因为不管大小，理查德喜欢参与所有的决策。

➤ 该做什么

安妮（Anne）是一名经验丰富的项目经理，她来公司已经20多年了。她是一名很有声望的优秀项目经理，大家都喜欢和她一起工作。她知道如何最有效地使用她的团队，以及尽可能地授权给团队成员。这方面，没有人能超越她。

理查德来公司的前几个月，安妮被派到了一个为期2年的项目上。这个项目是公司最重要的客户的项目。安妮以前参与过这个客户的项目,客户对那个项目很满意。于是,客户直接要求安妮进入该项目。

安妮所有的团队成员以前几乎都和她合作过,甚至有的团队成员是主动加入她的团队的。安妮对某些团队成员非常了解,也相信他们能做出正确的决策。让以前共同合作过的人加入团队是一个不错的选择。

理查德加入该项目之前,项目进展得很顺利。但在理查德加入后的第一次会议中,他说:

> 我已经制定了一个政策:如果项目经理需要向工程部的某个人汇报,那么我就是你们需要汇报的人,我会成为这些项目的发起人。我明白这个客户之前的那个项目的发起人是营销部的副总,但现在不一样了。我已经和营销部的副总沟通过了,他已经知道我会是这个项目的发起人。我不允许工程部之外的任何人成为工程部项目的发起人,否则会影响工程部的重要决策及工程部项目经理的工作。所以,安妮,从现在开始,我就是发起人。我希望你能私下和我沟通,向我提交项目在每周的进展状态。我在之前的公司就是这么做的,效果很好。

这番话让安妮很不高兴,她知道会有变化,因为营销部的副总和客户的关系很好。安妮理解理查德这么做的原因,但她内心还是很不高兴。

1个月后,安妮明白自己和理查德之前的糟糕关系已经影响了项目。理查德侵犯了安妮的权利。在之前的项目中,安妮每2个星期和发起人沟通一次,每次沟通15分钟。现在,她需要每周和理查德沟通,每次的时间都超过1小时。理查德每次都会非常仔细地检查进度计划,并在所有与工程有关的文件中签名。毫无疑问,安妮认为理查德是一个管理控制狂。

在接下来的团队大会上,有的团队成员抱怨理查德会在不经过安妮的情况下直接打电话给他们,并做出了一些安妮不知道的决策。接到理查德指示的成员随后发现这个决策与安妮的命令有冲突。安妮明白大家的士气很低,有的人还想退出项目。

在安妮与理查德私下的会面上,安妮直接告诉理查德,她对他对这个项目的疯狂控制很不满意。如果这种情况还会持续,客户也会不高兴。理查德立马说,他参与的只是所有的技术决策,这就是他的管理风格。他还说,如果安妮不喜欢的话,他会另找人来替代她担任这个项目的项目经理。

是时候做决定了,项目不能再受影响了。安妮曾想直接找总裁,但她明白这可能不起作用。即使能起作用,情况可能更糟糕。

于是,安妮想出了一个办法。她不仅允许理查德的这种疯狂管理,还帮助他进行这种管理。这么做是有风险的,安妮可能因此丢掉工作,但她决定这么干。在接下来的几个星期里,安妮和她的团队成员不做任何的决策,即使很小的决策。相反,他们直接让理查德做出决策。理查德开始变得极其忙碌,即使在周末的早晨或深夜,他都会接到团队成员让他做出决策的电话。

理查德被这些信息弄得喘不过气，他每天都要花大量的时间做出无足轻重的决策。在接下来与安妮的会面中，理查德说：

> 你已经给我上了一课，"不破不立"大概就是这个道理。我想，正是由于我之前的强势使得情况变得越来越糟糕。我可以做什么来弥补之前的过失呢？

安妮不敢相信这些话出自理查德之口。安妮不知道该说什么。静下来思考了一会儿后，她走向理查德办公室的白板。她拿出白板笔，在白板的中心画了一条直线，并在线的左边写下了自己的名字，在线的右边写下了理查德的名字。她说：

> 我就是项目经理，而你就是项目发起人。但是，这两种角色不能由一个人担任。

1小时之后，安妮和理查德就彼此之间的职责达成了一致，安妮走出理查德的办公室时还有点不敢相信自己没有被炒鱿鱼。

问题

1. 当公司来了一位新的领导时，有没有好的办法能立马判断他是不是一名管理控制狂？
2. 当某个管理控制狂是你的上司时，你能忍受多久？
3. 你认为安妮处理这个问题的方法正确吗？
4. 安妮的这种做法有没有可能让她不再担任项目经理甚至被炒鱿鱼的风险？
5. 对于解决此类问题，安妮有没有其他的办法？

技能储存项目

河滨软件集团（The Riverside Software Group，RSG）是一家小型软件公司。该公司专门为各类企业研制人力资源软件。RSG已经有三十多年的历史，在业内有一定的声望，有大量稳定的客户资源。

2011年，RSG从《财富》100强的某个公司获得了一个合同。该合同要求RSG研制一个技能储存软件包。这个《财富》100强的公司在世界各地拥有1万多名项目经理，员工有15万人之多。这家公司不仅为世界各地的企业提供产品和服务，它还是一家有名的国际化业务解决方案提供商。因为该公司大部分业务都是国际化的，RSG认为大部分项目可以使用虚拟团队，但问题就在于如何组建虚拟团队。项目经理常常不了解虚拟团队成员的能力，这使得很难组建一个能提供最好资源的项目团队。所以，它需要提供一个能为每个员工服务的技能储存矩阵。

完成这个项目并不是很难。当这个《财富》100强公司的项目完成后，整个项目团队成员都能及时运用软件更新他们的简历，包括各自开发的新技能、现在已经掌握的专业流程，以及任何可能有助于获取下一个项目的信息。项目团队在软件中还需要添加在项目中吸取的经验教训、最佳实践、使用的指标和关键性能指标，以及其他能在未来对公司有益的因素。

RSG 认为这是一个非常好的机会。客户很配合，需求包描述非常详细，因此 RSG 和客户都认为这个项目不会存在任何的范围变更。该合同是一个固定总价合同，材料费和人工费是 120 万美元，利润是 15 万美元，工期是 12 个月。

项目运行的头 2 个月内，RSG 意识到这种软件包会变得非常流行，能用于各类客户。RSG 认为一个软件包至少能以 75 000 美元的价格出售，如果需要定制，客户还会支付额外的费用。而问题在于这个合同是一个固定总价合同，因此所有的知识产权都归客户所有。

如果客户同意 RSG 把软件包出售给其他客户，RSG 就要支付 1 万美元的初步定制费，详细的定制费是根据客户情况单独计算的，包括文件费、包装费及运输费在内的费用大概是 5 000 美元，再加上 5 000 美元的风险储备金，RSG 每个软件包的成本大概是 2 万美元，而售价是 75 000 美元。营销部门认为这种软件包至少能出售 100 个。

考虑到其中的风险，公司需要制订一个计划，让客户同意对合同做出变更。最简单的方法就是和客户五五分成，但会存在软件改进和升级的问题。第二种方法是客户同意把合同变更为成本分担合同，把这 15 万美元的利润从现有的 135 万美元的合同中除掉，那么就剩下成本分担比例的问题了。最初，RSG 认为分担比例应该是七三或六四，客户应该承担更多的成本。但是，为了让合同变得更有吸引力，RSG 最后决定分担比例为四六，即 RSG 承担 60%的成本。

🔍 问题

1. 如果你是客户，你会接受这个方案吗？
2. 如果客户接受了这个方案，这是一种双赢的局面吗？
3. 如果客户接受了合同的变更而 RSG 又能出售 100 个软件包，RSG 能获得多少利润？

项目控制

第 10 章

> 项目控制十分必要。做好项目控制可以满足项目干系人的要求，有利于获得及时有效的信息，包括测算资源消耗、测算项目进度和完成状况、对比测试标准和推算、提供有效的诊断并重新规划。
>
> 为使成本控制有效，进度安排和估计系统必须按一定原则来运行，从而阻止有意和无意的预算及进度变化，实现有序工作。变化必须规范化，结果只能出于深思熟虑的管理行动。这包括资金分配与再分配。

两位老板的麻烦

2011 年 5 月 15 日，热力学部的经理弗来德·泰勒（Fred Taylor）安排布赖恩·理查德（Brian Richards）全职参与腾博尔特项目（Project Tumbolt）。整个项目需要 5 个月的时间来完成，前四个半月里的所有工作都按程序正常进行。这一项目顺利进展期间，布赖恩与项目工程师爱德华·康普顿（Edward Compton）及费来德保持了良好的工作关系。

弗来德把布赖恩作为一名 Y 理论职员安排进这个项目。费来德每周都会和布赖恩谈一次他的工作情况。弗来德总会以这样一句话来结束他们的简短谈话："你做得很好。加油！尽你的一切所能来完成这个项目。"

项目最后的 1 个月里，关于结项报告的准备工作，布赖恩开始接到项目办公室和部门经理不一致的要求。爱德华告诉布赖恩，下一次技术交流会上，展现给客户的最终报告要以视图的形式展现出来（"子弹"图）。项目根本没有必要做综合工程报告。

然而，热力学部有一项政策，即所有新项目的工程要把全面综合的报告存档。弗来德成为部门经理的前一年，这一新政策就已经开始执行。据谣传，弗来德希望有正式的报告，这样就能把自己的名字写进报告，或者可以出版，或者可以在行业会议上交流。作为公司的正式立场，热力学部所有工作的开展都需要弗来德签名才能交给项目办公室。上层管理者不想维持一个出版或者形象艺术部门，所以不希望职员公开发表文章。如果个人要求发表文章，则必须得到部门经理同意，并且必须自己准备全部的报告材料，得不到任何上级的帮助。自从弗来德接任部门经理以来，他已经在技术会议上发表了 3 篇文章。

布赖恩、弗来德和爱德华3个人开了一次会议。

爱德华："我不明白，为什么我们会有这样的问题。所有的项目办公室想要的只是一个简单概要。为什么我们还要为一份我们不想要或者不需要的报告付费？"

弗来德："我们部门是有职业标准的，所有做过的工作必须完整存档以备后用。我特意要求所有经过我们部门的文档必须由我签字，这样我们才能实现统一和标准。你们项目工作组的人必须明白一点，尽管你们能制定或者拥有你们的项目政策和程序（在公司政策、程序约束和限制的范围内），但是我们部门职员也有自己的标准。你们必须在我们的标准和规定范围内准备工作。"

爱德华："项目办公室控制了项目的钱袋子。我们（项目办公室）明确指出，只有检验报告是必需的。而且，如果你想要一份更全面的报告，那么你最好走自己的管理费用账户。项目办公室不会为你的出版物买单。"

弗来德："在项目计划中，通常的程序都是要明确各个部门要求的报告类型。由于你在项目计划里没有明确这一点，我只能靠自己的判断力来猜测你到底想要什么。"

爱德华："但是我告诉布赖恩我们想要什么类型的报告了。他没告诉你？"

弗来德："我想我对这个要求的理解与你的本意有些不同。也许我们应该建立新政策，要求所有的项目计划必须明确对报告的要求。这样可以减少不必要的误解，尤其是我们部门的几个项目在同一时间启动之后。另外，我会在我们部门建立一项政策，即所有临时报告、状况报告和最终报告的需求都要直接交给我。我会亲自负责所有报告。"

爱德华："这对我来说没问题！对于你的第一个要求，我会给你一个明确的概念——我想要的是一份检验报告，而不是一份详细的程序说明。"

布赖恩："既然会议已经结束，我猜我可以回办公室了（开始更新我的简历，只为以防万一）。"

🔍 问题

1. 本案例中主要存在哪些问题？
2. 如何解决这些问题？

"浴缸"时期

1987年1月3日，斯科特公司（Scott）与帕克工厂（Park）签订了一份协议。这份协议使帕克工厂欢欣鼓舞。如果项目管理得当，给接下来几年里的后续工作提供了巨大的机会。帕克工厂的管理层把斯科特项目作为战略上的转机来对待。

斯科特项目需要帕克工厂通过10个月的努力为斯科特公司开发一种新产品。斯科特公司告知帕克工厂，假定最初的研发工作是成功的，那么核心产品合同将持续至少5年时间。所有后续合同将一年一年来谈判签订。

杰瑞·邓拉普（Jerry Dunlap）担任项目经理。尽管他年轻、充满激情，但他非常清楚自己的努力对工厂未来发展的重要性。杰瑞的项目管理办公室得到了几位最优秀的员工，成为帕克工厂的矩阵组织的一部分。斯科特项目成立了一个拥有7位全职工作人员的项目办公室，包括杰瑞，他自始至终负责整个项目。此外，从职能部门调来8位职员作为项目管理团队的职能成员，其中4位全职、4位兼职。

尽管工作量有所变动，但项目办公室成员的工作量在整个项目过程中依然维持在每月2 080小时。项目假定如果每人都达到满负荷工作量，那么每人每小时工作产生的成本为60美元。

到6月底，项目已经进行了4个月，斯科特公司通知帕克工厂，因为现金流转问题，暂时不会把以后的工作安排给帕克工厂，这种状况可能会一直持续到1988年3月的第1周。这给杰瑞出了一个很大的难题，因为他不希望解散项目办公室。如果他允许项目主要成员被安排到其他项目中，他将无法保证后续的工作开始时能把这些人调回来。因为优秀的项目人员总是供不应求。

杰瑞估计在这个"浴缸"时期自己每个月需要40 000美元来留住项目组的主要成员。幸亏期间正好赶上圣诞和新年，工厂会休息17天。在假期里，他的主要成员会非常有吸引力，会被暂时安排到其他小的特殊的项目里，杰瑞重新估计这一时期的支出在125 000美元以上。

在每周的会议上，杰瑞通知项目组成员必须"勒紧腰带"，努力建立125 000美元的管理储备金。项目组成员都理解这一做法的必要性，并开始重新制订计划，直到实现这一管理储备金。因为合同是固定价格的，需要用余下的时间完成最终成本数据和项目报告记录，在这一假定前提下，所有行政支持计划（如项目办公室和项目团队成员）都会延长到2月28日。

杰瑞告知弗兰克·霍华德（Frank Howard）关于项目处于"浴缸"时期的问题。弗兰克是杰瑞的老板，他是项目管理部门的负责人。弗兰克负责杰瑞和总经理之间的沟通。弗兰克同意杰瑞解决这一问题的办法，并告诉杰瑞有问题可以随时找他。

9月15日，弗兰克告诉杰瑞，由于会影响弗兰克的圣诞红利，所以他想把那笔125 000美元的管理储备金转为超额利润。两个人争论了一会儿，弗兰克一直说："不要担心！我会把你的主要员工调回来的，我会盯着这件事的。但是我想把那笔未授权的资金做成利润，并且项目在11月1日正式停止。"

弗兰克对维持目前的管理成员缺乏兴趣，杰瑞对这一点感到非常恼怒。

问题

1. 杰瑞应该去当总经理吗？
2. 关键人员应该得到很好的支持吗？
3. 如果这是一项成本加成项目，你会考虑为了减轻负担而把问题推给客户吗？
4. 如果你是这一成本加成项目的客户，在成本已经超支的情况下，你对因"浴缸"

时期而要投入额外资金会有什么反应？
5. 如果项目资金不足，你之前的答案会改变吗？？
6. 你将如何阻止在所有接下来的年度合同中不发生类似情况？

不负责任的发起人

▶ 背景

公司的两名高管各自资助了一个成功可能性很小的"宠物项目"。尽管项目经理多次要求取消项目，发起人仍然决定在遭受损失之后投入更多的资金。众所周知，发起人必须找到方法来防止这个错误所导致的难堪。

▶ 案例情节

两名高管想启动两个"宠物项目"，并从他们各自的职能领域为项目募资。两个项目的预算都接近200万美元，项目周期约为1年。两个项目都具有高风险，因为需要有重大技术突破，两个项目才能成功。但是，技术突破能否实现尚属未知；如果实现了技术突破，两名高管预计项目的产品寿命都约为1年，不过还是能收回研发经费的。

两个项目之所以被视为"宠物项目"，是因为它们是在两名高管的个人要求下建立的，并没有经过商业论证。如果将两个项目投入项目组合选择的正式流程，那么一个都无法获准通过。两个项目的预算远低于公司能从项目中获得的价值；即便实现了技术突破，投资回报也低于最低水平。积极参与到项目组合选择中的项目管理办公室（Project Management Office，PMO）人员也称他们绝不会建议通过一个产品寿命只有不到1年的项目。简而言之，两个项目的存在只是为了满足两名高管的需求，让他们得以在同事中建立威信。

尽管如此，两名高管还是获得了项目的资金，并都愿意让项目在不经标准批准流程的情况下开展下去。他们也都能从自己的团队中找到有经验的项目经理来管理各自的"宠物项目"。

▶ 节点审查会议

在第一次节点审查会上，两位项目经理都建议将各自的项目取消并将资源用在更有前景的项目中。因为他们认为项目所需要的技术突破无法及时实现。通常来说，两位项目经理能有此举实属勇气可嘉。他们的建议是符合公司利益的。

实际上，两名高管不愿意轻易放弃自己的项目，因为放弃意味着对资助项目的两名高管的侮辱。两名高管坚持项目应该继续下去，并等待下一次节点会议的召开，到那时再决定是否取消项目。

在第二次节点会议上，两位项目经理再次建议取消项目。而两名高管再次强调项目将持续至下一次节点会议，那时再做决定。

幸运的是，项目所需的技术突破终于实现了，不过比要求的时间晚了6个月。这也就意味着机会变小，使卖出产品并收回研发经费的时间期限由 1 年缩减至半年。更遗憾的是，市场情况显示这些产品半年后就会过时并无法卖出。

两名高管都要想办法保住脸面，并避免承认在两个没用的项目上浪费了几百万美元。这一定会对他们的年终奖金数额产生很大的影响。

🔍 问题

1. 公司允许管理层开展未经常规程序批准的"宠物项目"这一现象是否常见？
2. 在案例中，谁升职了，谁又被解雇了？换句话说，高管们是如何保住颜面的？

对项目管理指标的需求（A）

▶ 高层管理者每周例会

每个人都知道这是一个令人感到不愉快的会议。公司的股价不仅已经跌到了 5 年来的最低水平，还被一家评级机构给降级了。华尔街的分析人士希望能够获得更多有关公司新项目及公司研发项目的信息。更为糟糕的是，为了减少现金的支出，公司被迫降低了支付给股东的股息。

其他公司可以迅速地将研发出来的新产品以较低的成本价投入市场，但是这家公司很难做到。一直以来，公司都是行业的跟随者，而不是行业的领导者。当公司希望通过创新创造价值时，公司遇到了问题。以前，每当一个新产品面世时，通过过程重组、产品调整和改善、质量改进及业务过程优化等，公司总能给该产品增加额外的价值。但是，这不能帮助公司度过目前的经济动荡时期，公司现在需要的是创新，然而创造客户认可的价值让公司举步维艰。

当公司的总裁兼首席执行官艾尔·格雷（Al Grey）走进会议室时，所有人都意识到他不开心。因为公司遇到了困难，却没有人能够提出解决方案，而且大家只会互相指责、推卸责任。公司内有大量的人才，可是他们的才能没有发挥出来。负责新产品制造的研发部门和工程部门尤其如此。

艾尔·格雷站起来，说：

> 我认为我们已经找到创新中所遇到问题的根源了，我们也肯定能找出解决方案。你们每个人手上拿到了两张纸。在第 1 张纸（见表 10-1）上，我写下了 7 个我们认为已经失败的项目。你们会发现，公司内很多有才华的人员是其中 5 个项目中的团队成员，然而这 5 个项目并没有研发出任何新产品，其他 2 个项目也一样。你们还会发现，我们是在这些项目的哪个生命周期阶段做出终止项目的决定的。有的项目在我们发现问题之前已经完工了，其实这些项目没有研发出任何新产品。

表 10-1　每个生命周期阶段的问题识别

生命周期阶段		资源		
		强	一般	弱
	#1			
	#2			
	#3	A		
	#4	E F	C	
	#5	G B	D	

去年，我们总共参与了 12 个优先级高的研发项目。我们认为这些项目是能成功的。其中 5 个项目有收入，但这 5 个项目中没有一个项目成功地打出"本垒打"并产生预期的现金流。在第 2 张纸（见表 10-2）上，我详细地介绍了我们在这 7 个失败的项目上所投入的资金。可以看出，我们损失了几百万美元。

表 10-2　研发项目终止的成本及失败的理由　　　　　　　　　　单位：美元

项目	最初的预算	终止时的成本	失败的理由
A	2 200 000	1 150 000	目标过于乐观
B	3 125 000	3 000 000	不能做出突破
C	2 200 000	1 735 000	结构完整性测试失败
D	5 680 000	5 600 000	供应商不能配合
E	4 900 000	3 530 000	产品安全测试失败
F	4 100 000	3 200 00	无法达到技术要求
G	6 326 700	6 200 000	不能做出突破
总计	28 531 700	24 425 000	

你们中有几个人把矛头指向项目管理办公室，试图把全部责任推到他们的肩上，指责我们的投资项目选择过程是错误的。尽管我们的筛选过程可能和其他流程一样需要有所改进，但我们所有人仍然同意他们的选择建议。会议室内所有的高层管理者都应该知道并不是所有我们推荐的项目都会成功，只有傻瓜才会相信任何项目都一定会成功。

项目失败是很正常的，但是 12 个项目中有 7 个失败，公司的增长必然会受到影响。

会议室的每个人看了这两张纸后都陷入了沉默，没有人愿意发表意见。让 PMO 承担责任看样子是不行的，大家都认为艾尔·格雷要开始责怪某个人了，但不知道谁要被责备。

艾尔·格雷接着说：

生命周期有 5 个阶段。既然项目要失败，我们为什么还要浪费这么多的资金让项目走到生命周期的最后两个阶段，而不是在这之前就承认项目可能要失败？为什么没有一位项目经理能提前要求取消项目？

所有人都在看着道格·威尔逊（Doug Wilson），他是工程部和研发部的副总，大家都在期待他的回答。即使公司以前有项目管理办公室，但是大多数项目经理都是工程人员，他们都需要向道格·威尔逊汇报。关于项目的状况，项目经理是一定要向工程部汇报的，项目管理办公室只是一个点缀而已。

"我要为我的人员说几句。"道格·威尔逊说，"他们很努力地工作，为公司创造了价值！我知道最近有的项目延期了，有的项目超支了，有的项目结果不如预期。我们的项目是具有挑战性的，这些情况难免会发生。让我的人员为这7个项目负责是毫无道理可言的。"

市场部的副总安·霍桑（Ann Hawthorne）说：

> 我和工程部的人员共事已经十几年了。我认为他们过于乐观，固执地认为只要是他们制订的计划，就能够很好地完成。他们认为项目不应该受到进度和预算的限制。与我合作的每位工程师的目标都是提供超出规格要求的产品和服务，而不是满足规格要求，他们认为预算是别人的事情。当从事一个政府部门提供的研发项目时，你通常可以要求更多的资金和更长的工期，因为这很容易。我们的工程师却是在浪费自己的资金，这些资金不是外部渠道提供的。我认为他们有能力在早期阶段识别出一些不必要的项目。

此时，大家面面相觑，在考虑谁是下一个接受责备的人。艾尔·格雷说：

> 每当我审查项目的状态报告时，我只能看到有关预算和进度方面的信息；其他的信息要么没有，要么被隐藏起来了，要么没有任何意义。有时，也会有一些关于风险的评论。我们为什么不能指定某些指标，不仅仅包括时间或费用方面的指标。这些指标能提供有意义的信息，帮助我们在早期制定一些关键的决策。我认为制定指标的问题要尽快解决。

在简短的讨论后，似乎每个人都同意更好的指标能缓和某些问题这个建议。但是，我们要知道找出问题其实比解决问题更容易。这时新的问题又来了，那就是如何执行指标管理。然而，与会的大部分人都不具备有关指标方面的经验。

公司有一个项目管理办公室，办公室向首席信息官卡罗尔·丹尼尔斯（Carol Daniels）报告。成立项目管理办公室有几个理由：制定企业项目管理方法体系；为高层管理者在项目组合选择阶段提供支持，为战略计划的制订提供信息。卡罗尔·丹尼尔斯说：

> 项目管理办公室有指标方面的经验，但是基于业务指标方面的经验，而不是基于项目方面的经验。这些指标有与财务指标相关的，如利润率、市场占有率、新客户的数量；还有有关业务的指标，如客户满意度、质量调查结果等。我会要求项目办公室承担这项任务，但是坦率地说，我不能保证这项任务要花多长时间，以及这些指标应该如何制定。

每个人都松了一口气，对卡罗尔·丹尼尔斯能承担制定基于项目的指标系统感到高兴。但是还有一些其他的问题需要解决，即使在这项任务上投入再多的时间和精力，也不见得能够完成这项任务。

艾尔·格雷说，他希望几天后与高层管理者再召开一次会议，讨论如何制定度量指标的问题。在座的每个人都被要求为下次会议做相关的准备："列举一份自己认为对项目阶段决策有用的标准，以及制定这些标准的过程中会遇到哪些潜在的问题。"

🔍 问题

下列问题没有最佳答案。这些问题在当今很普遍，给高层管理者、干系人及其他参与项目的决策人造成了极大的困扰。在不同的情境下，问题的答案可能有所不同。

1. 研发的失败对一个公司来说具有毁灭性吗？
2. 当项目的情况越来越糟糕甚至有可能失败时，高层管理者之间互相指责正常吗？
3. 表 10-1 提供了哪些信息？
4. 表 10-1 遗漏了哪些信息？
5. 优秀的人会寻找最完美的解决方案而不是最简单的解决方案吗？
6. 12 个项目中只有 5 个研发项目成功完成，这是好还是坏？
7. 项目管理办公室能阻止项目的失败吗？
8. 鼓励项目经理在项目早期阶段承认项目需要终止，这很危险吗？
9. 在本案例中，谁应该承担项目失败的责任？
10. 安·霍桑对工程师的描述正确吗？
11. 你是否认可艾尔·格雷认为项目失败的真正原因是缺少一套好的指标的观点？如果这就是导致项目失败的原因，你如何证明其他的项目是成功的？
12. 项目办公室是否要承接制定指标的任务？
13. 隔几天就召开下一次会议，这足够吗？高层管理者是否需要参加这次会议？

对项目管理指标的需求（B）

➤ 我们该从哪儿开始

高层管理者每周例会结束时，大家都感到公司正运营在正确的轨道上。艾尔·格雷给公司的每位员工都发送了一份邮件，目的是让每位员工都了解即将发生什么。此外，公司需要大家共同合作，确保指标体系成功启动。艾尔·格雷说：

> 正如你们所了解的，如今的经济环境正在迅速改变。如果维持这种持续增长，我们就不能仅依赖现有的产品线。过去，我们获得了大量的最佳实践和经验教训，使得工作的效率和效果得到了大幅度提高，同时增加了公司利润。遗憾的是，我们所获得的最佳实践和经验教训并没有直接给公司的创新带来好处。
>
> 因为我们现在处于一个不断变化的而不是一个相对稳定的环境中，所以我们必须开发出一系列新产品，从而维持持续的增长。我们的客户需要低成本但高质量的新产品，他们期待新产品能给他们带来更多的价值。有时，相比成本

和质量而言，价值对客户来说更重要。

我们必须重新定义创新流程，这样才能应对快速变化的客户需求。公司的业务开发经理正在识别新产品的商业机会的价值，研发人员必须开发出这些产品。我们需要具有一个能让我们实现公司战略目标的创新流程。

由于这种动荡的商业环境，时间对于创新来说就显得格外重要了。又由于公司的资源有限，所以我们必须确保我们的项目投资组合是正确的。关于项目的选择和开发具有特殊价值的新产品，我们正在制定一套指标管理系统，以帮助我们制定更好的决策。这套指标体系能帮助我们确保新产品是能带来价值的。指标管理是有必要的。我们必须知道只有沿着正确的轨道前进，才能达到最终的目标。如果指标表明某个项目不能完成，我们就需要终止该项目，把资源投入其他的能带来价值的项目中。

我们正在组建一个指标管理团队，该团队负责制定指标，对公司的项目管理办公室负责。在这个团队需要你们的帮助时，我希望你们能够提供帮助。

▶ 意见一致

艾尔·格雷认为制定指标管理系统是正确方向。艾尔·格雷决定亲自挑选完成这项任务的团队成员，而不是随机选取。他很了解这些团队成员，确信他们能很好地完成这项挑战。这6个团队成员分别是：

- 约翰（John）：来自项目管理办公室，是这个团队的负责人。
- 帕西（Patsy）：来自市场部。
- 卡罗尔（Carol）：来自新业务开发部。
- 艾伦（Allen）：来自工程部。
- 巴里（Barry）：来自研发部。
- 保罗（Paul）：来自制造部。

团队成员讨论了他们所面临的挑战。他们首先需要了解什么是指标，以及如果使用指标，公司会如何获得好处。每个人似乎都明白，如果没有好的指标，公司是不能管理创新项目的。精确的度量数据能为决策人员提供完整的或几乎完整的信息。此外，因为公司的大部分项目变得越来越复杂，所以如果没有有效的指标，项目的真实状态是很难被确认的。

团队列举了一些使用指标的好处：

- 有利于提高未来项目的绩效。
- 有利于提高未来项目的估算能力。
- 可以帮助验证基准。
- 可以帮助验证项目是否能达到目标，以及项目的情况是变得越来越好还是越来越差。
- 有利于在犯更严重的错误之前找到现有的错误。
- 有利于提高客户满意度。
- 是获取最佳实践和经验教训的一种方法。

尽管每个人都认可使用指标的好处，约翰还是介绍了团队需要关注的其他问题。他说：

公司通常要花费数年才能获得这些好处，但我们拥有的时间很有限。我们需要关注我们的主要任务，那就是为创新流程制定指标。为了做出更好的决策，我们需要目标及项目绩效度量的量化指标。我们要能够运用指标预测项目的成功和失败，因此我们必须确定哪些类型的指标需要首先制定。

团队决定首要的任务是制定能用于持续检查创新项目健康状态的指标。这些指标可以作为风险预警信号。

但是，决定做什么事情和真正最该做什么事情完全是两码事。公司业务部门一直在运用一些指标，这些指标包括市场占有率、利润率、现金流等。创新指标则需要更详细一些，大家认为运用这种指标的阻力相当大。艾伦认为：

工程师不喜欢长期受到监督。他们喜欢宽松的环境，这也是所有从事研发工作的人所喜欢的。如果我们制定的指标过于详细，研发人员会认为这是在监视他们。我认为这会导致很大的阻力。

关于在营销部门运用指标的问题，帕西介绍了他的观点：

我同意艾伦的看法。在营销部门，我们也会收到大量的反对声音，但是原因有所不同。有的人认为运用指标是在浪费时间，并且是在用宝贵的资源进行测量管理工作。有的指标不能从我们现有的信息系统获得。每个高层管理者想要的指标都不一样，我们很难制定出一套获得大家一致同意的指标。我们需要对信息系统软件做出一些改变，这也要花费时间和精力。此外，人们认为，这些指标是每个月或每个季度更新的，它们的作用有时可能晚了一些。

每个参会人都面带微笑，准备接受这项新的挑战。于是，帕西向团队成员介绍了表 10-3。表中提供的是业务/财务指标和项目指标的比较情况。笑容很快消失了，因为他们意识到自己可能无法利用市场营销的专业知识创建基于项目的度量指标。财务指标与项目指标的差异很明显。

表 10-3　业务/财务指标与基于项目的指标的差异

因　　素	业务/财务指标	项目指标
关注点	财务计量	项目绩效
目的	完成战略目标	完成项目目标、里程碑和可交付成果
报告	每个月或每个季度	实时数据
需要关注的数据	利润率、市场占有率、回头客的数量、新客户的数量等	竞争性约束条件、确认和验证项目的绩效
使用的期限	几十年或更长的时间	项目生命周期内
数据的使用	信息流、战略的变更	对维持基准采取的纠正行为
目标群体	高级管理层	干系人和工作层

现在，团队成员意识到情况远比他们想象中复杂得多。他们怀疑自己是否能在规定的时间内完成这项任务。

当意识到团队成员开始变得焦虑时，约翰插话道：

我知道你们现在有点担心，我们可以一步一步地完成这个任务。正如我所说的，我们需要解决4个问题：

- 我们需要选择哪些指标？
- 指标需要如何测量？
- 指标需要如何报告？
- 管理层会如何对信息做出反应？

前两个问题可能是最重要的，我们必须首先解决。我相信我们能在规定的时间内完成。

团队成员为下次会议制定了一个任务，即所有的团队成员在咨询相关人员后提出一份指标清单。本次会议结束。

问题

1. 获取最佳实践和制定新的指标有关系吗？
2. 团队组建合理吗？高层管理者是否要参加团队？
3. 有人认为指标就是一个监视机器，这种观点合理吗？
4. 约翰提出的4个问题正确吗？
5. 对于创新项目而言，你认为清单里面需要加入哪些指标？

对项目管理指标的需求（C）

▶ 选择合适的指标

再次碰面时，每位团队成员都带来了一份指标清单。他们采访了自己部门的成员，也都明白自己的清单非常主观。他们现在需要做的是将各自的清单整合后形成一份相对客观的清单。第一步是合并指标，如表10-4所示。

表10-4 标准合并清单

按时完成工作包的百分比	范围变更控制会议数量
按预算完成工作包的百分比	关键约束条件数量
分配资源的数量与计划资源的数量	有风险的关键工作百分比
对比分配资源的质量与计划资源的质量	净营业利润
实际数与计划基准百分比	无人值班的时间数量
最佳实践使用百分比（使用的最佳实践/计划用的最佳实践）	关键人员的营业额（用数字或百分比表示）

续表

项目复杂因素	加班的劳动小时数百分比
客户满意度评分	进度偏差（Schedule Variance，SV）
关键假设数量	成本偏差（Cost Variance，CV）
关键假设变化百分比	进度绩效指数（Schedule Performance Index，SPI）
成本计划纠正次数	成本绩效指数（Cost Performance Index，CPI）
进度计划纠正次数	

尽管大部分指标是经过自己考量的，但是大家仍觉得指标数量过多。约翰首先说：

如果我们接受上述所有的指标，则弊可能大于利。所有的指标都需要测量，过多的指标会让团队成员花更多的时间进行测量报告。有的指标对创新项目来说是没有意义和价值的。此外，如果我们把所有这些信息都提交给高层管理者，他们将不能判断哪些信息才是关键的。

卡罗尔接着说：

我同意约翰的观点，这份清单太长了。反过来说，我们提供的指标过少的话也是不好的。如果高层管理者对几个坏指标反应过度，那么过少的度量指标也是极糟的。高层管理者可能忽视真相。我们还需要告诉高层管理者如何理解指标。如果我们不能提供正确的信息，那么高层管理者就不能及时做出正确的决策。

帕西也接着说：

几年前，我是制定财务指标和运营指标的参与者之一。几次会议后，我们制定了一个运营指标选择流程，强调我们选择的任何指标都是值得选择的。我们需要确保我们能使用自己选择的指标，我们需要确保这些指标是有益的，我们还需要培训其他人使用这些指标。

很明显，现在最重要的事情是选择合适的指标。大家都明白，无论最终的指标清单是长还是短，总会有人觉得不值得，他们认为制定指标就是一种对时间和成本的浪费，是毫无意义的。

巴里说他的朋友的公司里有一个指标库和一个最佳实践库。他说尽管他的朋友不愿意提供具体的指标清单，但可以提供指标类别。指标类别如表10-5所示。

表10-5 指标类别

数量化指标（规划的资金数或小时数）	财务指标（毛利率、投资回报率等）
实用性的指标（改善绩效）	里程碑指标（按时完成的工作包数量）
指导性的指标（风险评估，更好或更差）	最终成果或成功的指标（客户满意度）
可操作的指标（影响变更，如无人值班时间数）	

问题

1. 提供过多的指标有哪些风险?
2. 提供过少的指标有哪些风险?
3. 将表 10-4 中的指标分类填进表 10-6 中。

表 10-6 指标分类

指标	数量化	实用性	指导性	可操作性	财务性	里程碑	最终成果
按时完成工作包百分比							
按预算完成工作包百分比							
分配资源的数量与计划资源的数量							
对比分配资源的质量与计划资源的质量							
实际数与计划基准百分比							
最佳实践使用百分比							
项目复杂因素							
客户满意度评分							
关键假设数量							
关键假设变化百分比							
成本计划纠正次数							
进度计划纠正次数							
范围变更控制会议数量							
关键约束条件数量							
有风险的关键工作百分比							
净营业利润							

对项目管理指标的需求（D）

将指标转换成 KPI

尽管指标清单很好，但这份清单对高层管理者来说有些太长了。我们需要把这些指标转换成关键绩效指标（Key Performance Indicators，KPI）。尽管大部分公司是为了测量而使用指标的，但是它们对 KPI 的了解很少，尤其是对项目而言。KPI 的最终目的是对有关绩效进行测量、提供有关可控因素的信息及制定能带来好处的决策。对于创新项目而言，KPI 推动创新，但不规定具体的行动。并不是所有的指标都是 KPI。KPI 是与决策制定相关的指标。所有的 KPI 都有目标。如果我们即将达到目标，这很好。如果我们不能达到目标，那么我们就要决定是否需要采取纠正行为或者取消项目。对于创新项目而言，KPI 是早期判断项目成功或失败的关键指标。

有的团队成员容易把度量指标和 KPI 弄混。约翰说：

> 所有的 KPI 都是度量指标，但并不是所有的度量指标都是 KPI。例如，高

层管理者不应该关注无人值班的时间数量及分配资源的质量。然而，如果项目有可能陷入困境，那么高层管理者就应该有权利获得更多、更细致的信息。KPI 应该是更高级别的指标，普通的指标则包含更详细的信息。我明白，你们可能仍不理解两者之间的差异，但这就是两者之间的差异。某个项目的一个 KPI 对另一个项目而言可能就仅仅是指标。

艾伦接着说：

按照你刚才所说的，每个创新项目都要有一套不同的 KPI。因此，我建议针对每个项目，根据指标列表决定哪些指标可以是 KPI。

帕西突然说道：

在营销部门，我们有 8 个指标。我们每个季度都会报告这 8 个指标的进展情况。我们这么做已经好几年了。现在你却说不同的项目，基于项目的指标和 KPI 应该不一样。

约翰回答说：

不仅每个项目会有所不同，同一个项目的不同生命周期也要有所不同。如果项目陷入困境，我认为高层管理者可能希望看到其他的指标或 KPI，这样他们就能进行更好的决策。如果每位高层管理者希望看到不同的 KPI 时，我们也要做好这样的准备。他们有这样的权利，我们只能遵从。

团队成员明白将指标转换成 KPI 不是一项简单的任务。把 KPI 的数量减少很重要，这样每个人都能理解和掌握这些 KPI。过多的 KPI 会扰乱团队成员和高层管理者的判断力，使他们无法判断哪些才是真正重要的信息。因为过多的测量会给项目造成损害，使大家的视野变得模糊。

约翰接着说：

我的经验告诉我，大部分公司通常会制定过多的 KPI。我希望我们能克服这一点。我进行过一些调研，发现了 KPI 应该具有的一些属性，如表 10-7 所示，这张表能帮助我们了解 KPI 和指标的区别。

表 10-7 KPI 的选择标准

预测性：能预测未来的趋势	相关性：与项目成功或失败直接相关的 KPI
可测量性：以量化形式表示	自动化：减少人为的错误
可操作性：需要时触发变更	数量少：只需要所需的

问题

1. 有没有简单的方法能区别度量指标和 KPI？

2. 哪些因素能决定需要报告多少 KPI？
3. 使用表 10-7 介绍的 KPI 选择标准，完成表 10-8。
4. 表 10-8 所介绍的指标有多少能被认为是 KPI？

表 10-8　指标分类

指　　标	预测性	可测量性	可操作性	相关性	自动化
按时完成工作包百分比					
按预算完成工作包百分比					
分配资源的数量与计划资源的数量					
对比分配资源的质量与计划资源的质量					
实际数与计划基准百分比					
最佳实践使用百分比					
项目复杂因素					
客户满意度评分					
关键假设数量					
关键假设变化百分比					
成本计划纠正次数					
进度计划纠正次数					
范围变更控制会议数量					
关键约束条件数量					
有风险的关键工作百分比					
净营业利润					
无人值班的时间数量					
关键人员的营业额（用数字或百分比表示）					
加班的劳动小时数百分比					
进度偏差（SV）					
成本变差（CV）					
进度绩效指数（SPI）					
成本绩效指数（CPI）					

对项目管理指标的需求（E）

▶ 从 KPI 选择到 KPI 测量

团队成员现在已经了解了指标和 KPI 的差异。他们接下来要面对的最大挑战是 KPI 的测量问题。几十年来，公司只关注有关时间和成本方面的指标。公司通过时间卡进行测量，依靠公司的项目管理信息系统进行报告。时间指标和成本指标被认为是客观的测量手段，即使管理层也在质疑这些指标能否预测项目的成功或失败。

团队成员知道自己面临两个方面的问题。

一方面是测量，主要包括：
- 应该测量什么？
- 何时测量？
- 如何测量？
- 谁来测量？

另一方面是收集信息和汇报信息，主要包括：
- 谁来收集信息？
- 何时收集信息？
- 何时汇报信息？如何汇报信息？

帕西说：

在营销部门，我们的积分卡有 8 个指标用于测量。这 8 个指标绝对可观。但是对于基于项目的指标而言，我认为大部分指标需要高度主观的计算。也许我们运用了一段时间后，这些基于项目的指标能变得更客观一些，但这也是几年后的事情了。

此外，我不确定我们有能力解决所有 KPI 的测量问题，这个挑战超出了团队的能力。即使我们有能力解决测量问题，我们怎么能知道每个项目团队有能力进行测量呢？

约翰具有一些有关测量方面的经验。他也加入了讨论中。他说：

只要我们不坚持进行完美的测量，我们就能解决所有的测量问题。完美的测量就是不进行测量，这更糟糕。有测量就有工作！如果某项工作不能进行测量，那么该项工作也不能进行管理，这违背了制定 KPI 的目的。我的经验是在试图测量前，你很难对事情有一点了解。

过去，我们只关注那些容易测量的指标（如时间指标和成本指标），却忽略了其他很难进行测量的指标。现在，我们意识到所有的指标或多或少都需要进行测量和报告。也许，我们在未来能获得一些更加精良的测量方法，但是我们现在能做的就是确认我们拥有哪些方法并掌握这些方法。

艾伦知道约翰的话是正确的。于是，艾伦说：

解决测量问题的方法有很多。我们可以使用工程领域的很多技术，我们还可以使用数字、货币单位、人数及等级（如好、一般或差）等测量标准。有的测量指标可以是定量的，有的可以是定性的。

于是，团队花了几小时为每个 KPI 研究不同的测量方法。显然，不可能存在一种方法能够测量所有的 KPI。现在，团队成员为不知道使用哪些测量技术而困惑。卡罗尔接着说：

我们不能把测量与报告分开，而是要将测量和报告放在一起进行研究。例如，如果项目的成本超支 15 000 美元，这一定是坏事吗？我们是否应该考虑取消这个项目？也许项目超支 15 000 美元对高级管理层来说是可以接受的，甚至这样还可能被认为是好事。

我认为所有的测量都应该有一个目标或参照点，这样我们就可以判断情况是好还是坏。因此，我们要为每个 KPI 制定目标。

团队成员觉得卡罗尔的话为他们指明了前进的方向。通过几小时的审议，团队成员提出了一种为每个 KPI 制定目标的通用边界框法（见图 10-1）。

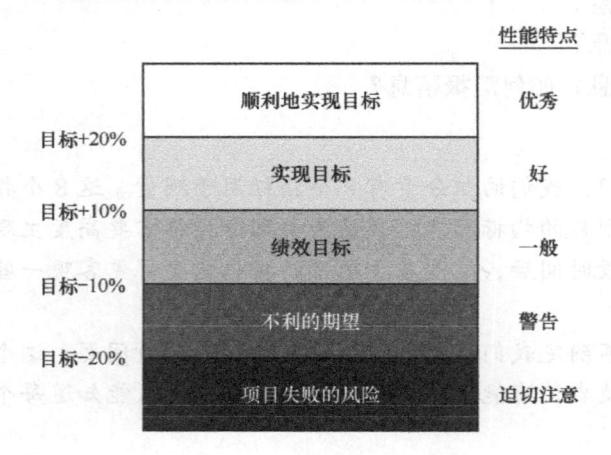

		性能特点
目标+20%	顺利地实现目标	优秀
目标+10%	实现目标	好
目标-10%	绩效目标	一般
目标-20%	不利的期望	警告
	项目失败的风险	迫切注意

图 10-1　通用边界框法

每个边界框有 5 个等级。在项目的初期，项目经理要同发起人或干系人一起为该项目的 KPI 制定合理的绩效目标。例如，如果我们将成本当作 KPI，那么实际成本的±10%就是达到了绩效目标。这种情况，高级管理层是能接受的。如果实际成本比预算少花了 10%~20%，那么可以认为实现了目标；如果实际成本比预算少花了 20%以上，那么可以认为是优秀的。

这也适合超出预算的情况。如果实际成本比预算多花了 10%~20%，那么可以认为警告，尤其是在每个报告期内；如果实际成本比预算多花了 20%以上，那么高级管理层就要考虑取消这个项目。

团队成员认为这个方法可行。然而这是相当主观的，因为有的项目的正常幅度范围是±10%，有的项目则是±5%。每个人都明白，根据以往的经验，幅度范围会逐步收紧。

没有某个指标或 KPI 能够被取消。然而，如果把所有的 KPI 或者将 KPI 和其他的指标一起研究，那么只能终止任务了。

🔍 问题

1. 任何 KPI 都能被测量吗？
2. 图 10-1 能解释 KPI 的必要性吗？
3. 请为前面介绍的每个 KPI 制定一个合理的边界框。

对项目管理指标的需求（F）

➤ KPI 测量值的必要性

一年来，公司在创新项目的指标制定方面已经取得了一些成功，即使这些测量指标相当主观。指标管理制定团队偶尔会面，评估这些指标的性能，寻找改进性能的新方法。现在，公司可以更早地取消不能实现目标的项目，资源也可以分配给其他项目，完工的项目也顺利交接，但是高级管理层仍然感到不高兴，因为有的研发产品不能达到销售目标。也许，某些指标需要进行修正。

艾尔·格雷召集指标管理制定团队成员开了一次会，介绍了他的观点：

> 最初制定出来的指标很具有吸引力，但是仍有一些重要的指标没有被制定出来。我们现在所要做的就是把没有被制定出来的指标制定出来。
>
> 现在，完工的项目都是在预算和工期限制内完成的。但是，在预算和工期限制内完成项目并不代表项目能带来价值及客户会满意产品。
>
> 我们需要的不仅是产品，还需要能带来价值的产品，这样客户才会选择我们的产品。尽管我们很难知道客户是如何定义价值的，但是我们仍要制定基于价值的指标，这样才能确保我们所从事的项目是正确的。基于价值的指标能帮助我们选择正确的创新项目。

团队不知道该从哪里开始着手工作。制定目前正在使用的指标和 KPI 的目标及其测量方法已经花费了大量的时间。为创新项目制定基于价值的指标对团队来说是一个全新的挑战。经过长时间的讨论，帕西说：

> 我在营销部门做了一些调查。我们认为以下 5 点对于客户来说是有价值的：
>
> - 产品质量。
> - 产品成本。
> - 产品安全。
> - 产品特性。
> - 交付日期。
>
> 我认为我们应该利用这份调查结论制定指标。而且，这份清单是基于客户对质量的定义产生的。衡量项目的价值需要一套严格的价值衡量方法。这不仅是衡量项目价值，也是衡量客户价值。我给你们提供的这张清单也能用于我们公司内部项目的衡量。

约翰强调了帕西的观点，并告知大家项目管理办公室正在寻找一种新的方法用以选择组合项目。每个项目至少要提供 4 个象限里面的 1 个或更多的价值，即内部价值、财务价值、未来价值及客户价值中的 1 个或多个。很多特性具有多个象限的价值，如帕西提供的 5 点适合未来价值和客户价值。

团队成员一致认为帕西和约翰的观点具有巨大的意义。如果将所有 5 个因素作为单独的指标，则会带来更多的指标。团队成员提出了一个想法，他们仍然使用上面介绍的 5 个因素，但把产品成本替换成创新项目成本，把交付日期替换成创新项目完工日期，然后再给每个新的价值指标分配权重。例如：

- 产品质量　10%
- 项目成本　20%
- 产品安全　20%
- 产品特性　30%
- 项目完工日期　20%

现在只有一个价值指标，但这个指标包括 5 个要素。运用上个案例介绍的通用边界框，团队制定了一个定量价值测量系统：

　　　　　　　　分数
- 优秀　　　　　4
- 好　　　　　　3
- 标准　　　　　2
- 较低　　　　　1
- 失败的风险　　0

例如，团队根据这 5 个要素进行汇报，结果如表 10-9 所示。

表 10-9　5 个要素组成

价值因素	权重（%）	价值测量	价值贡献
质量	10	3	0.3
成本	20	2	0.4
安全	20	4	0.8
特性	30	2	0.6
工期	20	3	0.6
合计	100		2.70

如果所有的要素都达到标准目标绩效，那么衡量的价值是 2，于是价值贡献就是 2。因为现在的价值贡献是 2.70，所以项目能提供额外的价值。如果项目的价值贡献是 1.75，那么该项目没有达到预期的价值，则项目需要重新评估。

这个方法在进行权重分配和边界框测量时是相当主观的。但是，随着时间的推移，我们相信这个方法能变得更加客观。

为了让这个方法运行得更好，项目经理需要与发起人共同决定权重。每个项目的权重会有所不同。例如，进度拖延和成本超支两种情况的不同权重分配如表 10-10 所示。

表 10-10 因素权重

价值因素	权重——通用（%）	权重——进度拖延（%）	权重——成本超支（%）
质量	10	10	10
成本	20	20	40
安全	20	10	10
特性	30	20	20
工期	20	40	20

但在某一方面提高权重，为了防止潜在的问题产生，就要在其他方面进行弥补。随着方法的熟练使用，公司增加了一些价值因素，并在每个项目开始时就确定了价值因素。

方法的主观性还是让一些团队成员不满意。因此，为了降低主观性，团队决定给每个价值因素增加范围区间，这样价值因素的名义权重就取范围的中间值（见表 10-11）。

表 10-11 价值权重等级

价值因素	最小权重（%）	最大权重（%）	名义权重（%）
质量	10	40	20
成本	10	50	20
安全	10	40	20
特性	20	40	30
工期	10	50	20

考虑到高级管理层喜欢相对简洁明了的报告，团队准备了一个主题列表清单：
- 每个项目仅需要一个价值指标或价值 KPI。
- 每个价值指标最多只能包括 5 个因素。
- 项目经理和发起人在项目初期决定权重和测量技术。
- 项目经理和项目管理办公室制定目标边界框。

即使团队对这个方法感到满意，仍有一些问题需要解决，但不需要立即解决。这些问题包括：
- 如果 5 个权重因素只能测量 3 个，那么应该怎么办？例如，只能测量生命周期的早期阶段时该怎么办？
- 需要项目达到一定的完工度后才考虑价值指标吗？
- 如果只能测量几个因素，那么需要调整权重吗？或者干脆置之不理？
- 随着项目生命周期的进展，谁来根据项目状态决定权重的变化？
- 测量技术应该在每个阶段有所变化还是应该在项目期内维持不变？
- 我们能否降低过程的主观性？

即使提出了问题，团队认为为了更好地报告价值指标，仍需要制定一些表格。经过一段时间的思考后，团队提出了图 10-2 所介绍的模板。现在团队需要等待，等待几个项目对这种方法使用的反馈情况。

项目名称	智能手机重新设计
项目经理	Carol Grady
规划日期	2010年11月12日
计划修订日期	2011年1月15日
修订编号	3

说明:

价值因素权重: 质量 10%、成本 20%、安全 20%、特点 30%、进度 20%

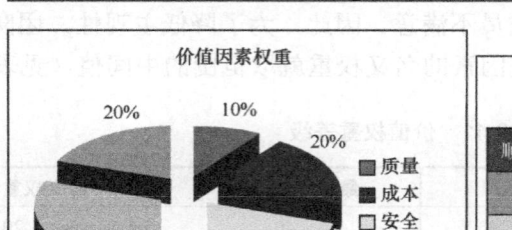

边界框/目标价值

绩效特点	价值分
顺利地实现目标 / 优秀	4
实现目标 / 好	3
绩效目标 / 一般	2
不利的期望 / 警告	1
项目失败的风险 / 迫切注意	0

价值因素	权重	测量技术	价值测量	价值贡献
质量	10%	统计计量	3	0.3
成本	20%	直接计算	2	0.4
安全	20%	直接测量	4	0.8
特点	30%	观察	2	0.6
工期	20%	直接计算	3	0.6

合计=2.7

图 10-2 价值指标报告

问题

1. 哪些因素使得制定指标的过程变得更加主观？

2. 如果创新项目是为外部客户服务的，那么对价值因素的选择而言，谁的影响更大：客户还是承包商？

3. 价值因素能在生命周期的各个阶段变化吗？如果可以，在哪些情形下变化？

4. 当项目处于哪种价值贡献等级时，项目就可以被取消？

5. 即使项目的价值贡献远低于可接受的贡献范围，在哪种情况下项目仍可以持续进行？

对项目管理指标的需求（G）

▶ 项目取消的必要性

即使使用了价值指标，公司仍认为有些项目可以被取消。每个人都清楚，在规定的时间和预算内生产产品是很困难的。尽管公司善于将创新项目与业务战略联系起来，但公司在成本估算领域相对较弱。即使选择了一个符合公司业务战略的项目，但是项目前期很难制定详细的需求。对于创新项目而言，常用的做法是运用"滚动式规划"。这样的话，随着项目的进展，可以逐步添加详细的需求。简而言之，如果我们能为一个创新性项目列出一份详细的计划，那么这个项目就不是一个创新项目。

为一个创新项目估算时间和成本基本上是不现实的。某些有能力的创新领导人对项目有着狂热的信仰，他们拒绝让项目消失。为了让项目继续进行，他们经常把自己的错误合理化，而忽视价值指标测量结果。大家认为有能力的创新领导人能预见别人所不能预见的事情，这种观点阻碍是终止项目的一个因素。

公司需要用更好的方式终止项目。每个项目似乎都有自己的生命，没有人愿意终止项目，从而忽视价值指标测量结果。似乎没有人有权利取消项目。一旦项目要终止，公司就会问"为什么不能早点终止"或者"我们最初为什么会选择这个项目"之类的问题。公司从来没有获取过关于取消项目的机制的最佳实践和经验教训。

艾尔·格雷与指标管理团队成员再次开会，寻求他们的帮助。他说：

> 关于取消项目，我们要做得更好。我明白，成立这个团队的目的不是取消项目，但是我相信你们的能力。指标管理也许是另一种形式的解决方案，但我不能确定这种方案的有效性。我已经研究了取消项目的 3 种机制，希望你们能介绍它们的优点和缺点。
>
> 首先，高层管理者只会参与那些对他们有利的项目。他们不愿意取消这些项目，因为取消项目会损害他们的职业生涯。如果有其他人承担项目取消的责任，他们才会露面。所以，第一种方法是给项目派遣一个来自高层管理者的发起人，那么这位高层管理者就要自始至终参与项目。
>
> 第二种方法涉及中低层管理者。现在，中低层管理者被逼到了这样一个境地，即他们参与了项目，但是他们没有权利取消项目。更糟的是，项目团队成员经常向中低层管理者隐瞒项目的真实状态。现在，高层管理者开始思考中低层管理者的信息能否传递给他们这个问题。中低层管理者应该担任项目发起人，自始至终积极参与整个创新项目。
>
> 尽管任命项目发起人可能是好的想法，但这种方法也存在一些风险。这些风险包括：

- 他们仅看自己想看到的信息。
- 他们拒绝接受或承认项目的失败。
- 他们把坏消息视为个人的失败。
- 他们害怕让别人知道自己的错误。
- 他们把失败视作懦弱的表现。
- 他们把失败视作对个人声望的损害。
- 他们把失败视作对个人职业生涯的损害。

于是，项目发起人不愿意取消项目。我们也许还要任命一位离场拥护者。离场拥护者可能来自高层管理者，与项目没有利益关系。他会定期预测项目是否需要继续进行。如果离场拥护者认为取消项目是最好的选择，那么他就可以向执行委员会提交他的观点。执行委员会有权利反对项目发起人的观点，同意离场拥护者的观点。

问题

1. 每种方法有哪些优点和缺点？
2. 你会选择哪种方法？
3. 离场拥护者能否使用一套不同的标准，如仅考虑投资回报率？

对项目管理指标的需求（H）

▶ 能力指标的必要性

目前的成功来之不易。新指标测量系统运用得很好。有些项目如预期地被取消了，其他的项目则顺利地成功完工。事实上，公司的发展状况比设想中更好，但这给公司的生产能力带来了压力。

艾尔·格雷再次找来指标管理团队成员，商讨是否能制定一些指标，以帮助进行产能规划。艾尔·格雷说：

> 正如你们所了解的，公司在过去一段时间内相当保守，现在是为公司提升生产能力的时候了。有时，我们的过度保守使得订单大量积压，造成部分客户流失。创新流程的成功使得公司增添了很多新产品，但也超出了公司现有的生产能力。为了满足需求，生产制造人员经常加班。虽然公司现在的状况还可以，但是仍有大量的创新项目在等待启动。我们现在需要思考的是，我们能否制定一些指标，而且这些指标要能在创新项目进行时提供一些关于产能需求的建议。

艾尔·格雷给每位团队成员发了一张图（见图 10-3），并进行了相关解释。按照现有产品的规模，从 2012 年开始，公司每年的生产能力将落后 10 000 件产品。公司的保守思想来源于很多人认为是闲置的产能造成的成本，不值得考虑。但是，这种思路目前开始逐步消失了。

艾尔·格雷接着发了第 2 张图（见图 10-4）。该图介绍了公司从 2012 年开始增加生产能力，从而缓解了制造部门的压力。然而，每年增加 10 000 件产品仅能满足现有产品的生产能力。艾尔·格雷又发了第 3 张图（见图 10-5）。该图介绍了每 2 年增加 20 000 件产品是一个更好的方法。

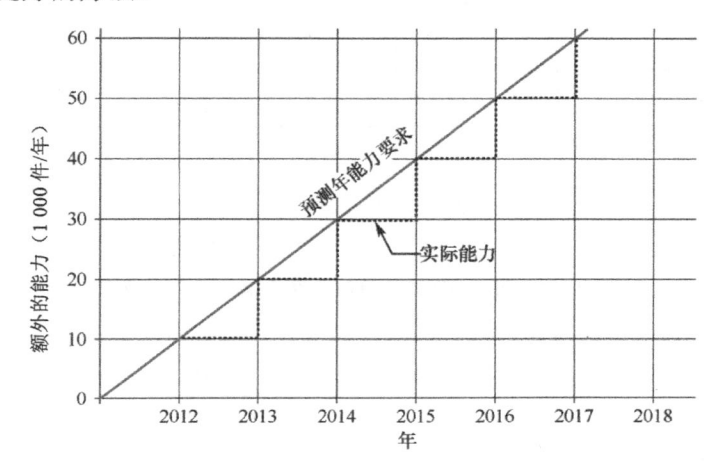

图 10-3　能力落后需求

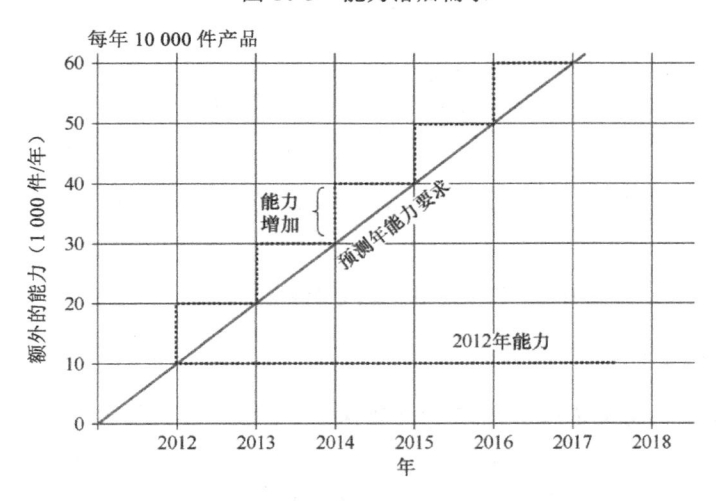

图 10-4　每年增加 10 000 件产品的生产能力

这里还有一个问题需要解决。随着公司创新流程的成功，新产品的生产会使生产能力问题变得更糟糕。公司需要一些指标，从而显示现有的创新项目对生产能力的需求。公司知道进行生产能力规划预测很难，也知道需要使用其他可替代资源增加生产能力（见图 10-6），但这只是一个短期的解决方案。

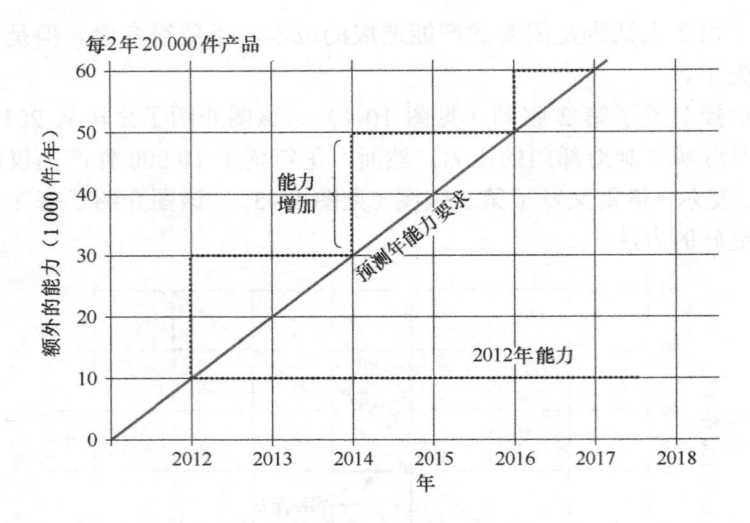

图 10-5　每 2 年增加 20 000 件产品的生产能力

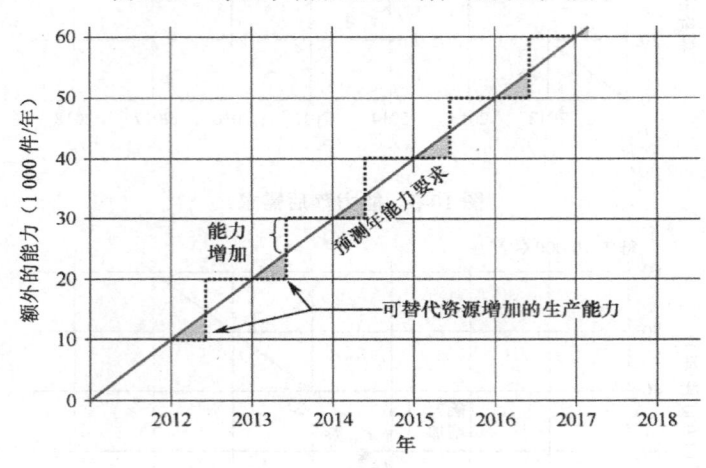

图 10-6　每年使用可替代资源增加的生产能力

艾尔·格雷接着说：

这个问题不仅仅是增加生产能力的问题。以前，项目完工后 3~6 个月才开始生产产品、交付产品。在这段时间内，我们可以制订生产计划，并进行采购。有时，采购需要花 3 个多月的时间。因此，我要说的是你们提供的任何有关公司生产能力的指标都是有用的，公司明白你们所要执行的这项任务的风险，公司也能接受这些风险。

问题

1. 能否制定一个指标帮助预测项目的成功？
2. 能否制定一个指标帮助预测生产能力？
3. 以上两类指标的制定存在哪些风险？

第 11 章

项目风险管理

> 在当今的项目管理领域，项目经理应该具备的一个最重要的技能就是风险管理。这包括风险识别、对风险进行定量与定性评估、选择恰当的方法应对风险从而监测并记录风险。
>
> 有效的风险管理要求项目经理具有前瞻性，能够制订针对意外事件的应对计划，积极地监控项目，当严重的风险事件发生时能够迅速做出反应。实现有效的风险管理需要足够的时间和资金。

"挑战者"号航天飞机的灾难[1]

1986 年 1 月 28 日 11 点 38 分，"挑战者"（Challenger）号航天飞机从发射台升空，开始代号为 51-L 的飞行。起飞后约 74 秒，"挑战者"号发生爆炸性燃烧，所有通信和遥感监测中断，7 位机组人员丧生。"挑战者"号的宇航员包括：机长弗朗西斯·斯科比，46 岁；驾驶员迈克尔·史密斯，40 岁；宇航员朱迪恩·雷斯尼克，36 岁；罗纳德·麦克奈尔，35 岁；埃利森·鬼冢，39 岁；格里高利·杰维斯，41 岁；女教师克里斯塔·麦考利夫，37 岁。这次事故发生的原因是 2 个固体火箭助推器（Solid Rocket Boosters，SRB）中的 1 个没有被密封好或者 O 形环出现问题。

随后，相关方面投入了大量人力、物力，试图发现这一事故是不是可以预知的，并针对应该追究问题出在哪里，如何避免这一事故，谁来承担责任展开了一场争论。在对这些问题的争论中出现了许多矛盾。一些公开发表的文章认为这是一次管理失误，尤其是风险管理方面；还有观点认为这次事故是由技术失败导致的。

过去，无论发生任何事故，美国国家航空航天局（National Aeronautics and Space Administration，NASA）都会成立内部调查团来处理事故。但这次，也许是因为事件的重要性，白宫成立了独立委员会来调查该事故。这一委员会的成立确实是非常有必要的。NASA 处于一种混乱状态，尤其是管理层。NASA 在长达 4 个月的时间里都没有一个长期的行政长官，高层管理者的流动性也相当大，这似乎是由于缺少最高层的直接领导导致的。

成立独立委员会的另一个原因是这一任务的可预见性。这一任务是众所周知的太空教师计划，来自新罕布什尔州的教师克里斯塔·麦考利夫从一万多名申请者中被挑选出

---

1 本章保留原单位。

来。整个国家的人都知道航天飞机上的宇航员的名字。这一使命在长达几个月的时间里被广泛宣传，克里斯塔·麦考利夫将在"挑战者"号的 4 天航程中在太空给她的学生进行现场授课。

独立委员会包括以下成员：

- 威廉姆·P.罗杰斯：主席。在尼克松总统时期担任国务卿，在艾森豪威尔总统时期担任司法部部长。
- 尼尔·A.阿姆斯特朗：副主席。前宇航员，阿波罗 11 号宇宙飞船的指挥官。
- 大卫·C.艾奇逊：1967—1974 年在通信卫星公司担任高级副总裁和法律总顾问，Drinker Biddle & Reath 律师事务所合伙人。
- 尤金·E.科弗特：教授，麻省理工学院航空航天部门的负责人。
- 理查德·P.费曼：物理学家，加州理工学院理论物理学教授，1965 年荣获诺贝尔物理学奖。
- 罗伯特·B.霍兹：1953—1980 年在《航空周刊与空间技术》任主编。
- 唐纳德·J.库特纳：美国空军少将，负责空间系统的指挥、控制与沟通。
- 萨利·K.里德博士：宇航员，执行了 1983 年 6 月 18 日发射的 STS-7 航天飞机任务。她是美国历史上第一位登上太空的女性。此外，她还执行了 1984 年 10 月 5 日发射的 STS-41-G 航天飞机任务。1978 年获得斯坦福大学物理学博士学位。
- 罗伯特·W.拉梅儿：环球航空公司副总裁。
- 约瑟夫·F.萨特：波音商用飞机公司执行副总裁。
- 小亚瑟·B.C.沃克博士：天文学家，应用物理学教授。斯坦福大学研究生部前副院长，在航空公司、兰德公司和美国国家科学基金会担任顾问。
- 艾伯特·D.惠隆：休斯航空公司执行副总裁。
- 查理·耶格尔：美国空军准将（已退役）。他曾驾驶飞机突破音障，以超过 1 600 英里/小时的速度飞行。
- 小奥尔顿·G.基欧博士：执行董事，在总统执行办公室、行政管理和预算部门担任重要职位，担任国家安全和国际事务副主任。美国空军部长前助理，主管研发、物流和人事。

独立委员会共接待了 160 多人，召开的正式调查小组会议不少于 35 次，会议记录有 12 000 页之多。委员会检查了 6 300 份文件，合计超过 122 000 页，以及数以百计的图片。这些资料作为独立委员会的永久数据库和档案被保存。这些由会议和数据累计起来的听证会全文达到 2 800 页，这些资料来自独立委员会公开的和不公开的会议。除非另做说明，这一案例中所有引用语和备忘录都来自总统委员会报告（Report by the Presidential Commission，RPC）的直接证词。

▶ 空间运输系统的背景

20 世纪 60 年代早期，NASA 后阿波罗载人太空探索战略计划依赖三大支撑。第 1 个支撑是可重复使用的空间运输系统。在这个系统下，航天飞机能够把人和设备运送到近地轨道，然后返回地球准备下一次航行。第 2 个支撑是载人空间站。这个空间站可以通过航天飞机进行补给，并作为空间科研和行星探测的发射平台。第 3 个支撑是火星探测。但到 60 年代末，美国被卷入越南战争，付出了昂贵的代价。此外，因为内乱和暗杀事件，公众对政府的信任也降低了。缩减预算导致资金短缺，而且随着登月计划接近尾声，项目的优先次序显得尤为重要。民主党不断攻击外太空探索的高成本，尼克松总统的支持力度越来越小，外太空计划只剩下一个支撑：航天飞机。

尼克松总统明确表示，为 NASA 提供所有的资金是不可能的，甚至为与阿波罗计划相似的项目提供资金也是不可能的。尼克松总统似乎支持空间站的构想，但这要求具有可重复使用的航天飞机。这样，NASA 的航天飞机计划就变成了近期的重点项目。

给予航天飞机计划高度优先权的一个原因是，1972 年由普林斯顿大学数学组奥斯卡·摩根斯顿博士和克劳斯·海斯博士完成的研究。研究表明，只要每年进行 60 次有效载荷为 65 000 磅的发射，航天飞机的轨道载荷成本就能减小至每磅 100 美元。这一研究为军事应用提供了巨大的前景，如侦察和气象卫星、科学研究等。

遗憾的是，有部分成本数据被扭曲了。提供大部分成本数据的公司希望成为 NASA 的承包商，因此提供了不切实际的低成本预测数据，希望赢得未来的竞标。实现每磅的成本被证实会超过估计的 20 倍。而且，主发动机从来没有达到 NASA 所希望的推动力的 109%，这一点就把有效载荷限制在 47 000 磅而非 65 000 磅。此外，欧洲航天局在实现把卫星放到预定轨道方面的研发已经取得成功，并开始与 NASA 竞争商业卫星发射。

▶ NASA 屈服于政治压力

为了保留航天飞机的资金，NASA 被迫做出一系列让步。首先，面对高度紧张的预算，NASA 牺牲了生产可重复使用的航天飞机的研发，而接受那些只可以部分回收利用的航天飞机的研发。这使得航天飞机最吸引人的一个特征消失了。固体火箭助推器被用来取代更安全的液体燃料助推器，因为它们对研发的要求更小一些。为适应研发需求，他们也进行了很多其他设计上的改变。

其次，为了增加政治影响力并保证稳定的客户基础，NASA 谋求到了美国空军的支持。美国国防部需要使用许多即将发射的人造卫星，因此空军可以提供国防部相当大的政治影响力。然而，空军的支持并不是免费的。航天飞机的有效载荷舱要按照空军的要求来制造，最终设计的关系约束会体现在这里。更重要的是，空军要求航天飞机从加利福尼亚的范登堡空军基地（Vandenburg）发射。这一约束条件造成比佛罗里达基地更大的两地距离，因此必须减轻允许的总重量承载。减轻重量就要求减少吸气式发动机的设置，从而导致只能进行单程无动力着陆。这就大大限制了安全性和着陆的多功能性。

1986 年年初，NASA 在"航天旅客名单"上受到极大的压力。从一开始，航天飞机计划就遇到各种各样的麻烦，包括夸大的期望值、资金的不一致及政治压力。在最终的运载工具和计划设计的影响因素中，政治和物理因素基本上各占一半。肯尼迪总统宣布美国 20 世纪 60 年代末已经有人在月球上登陆，这使 NASA 的阿波罗计划受到高度关注，使之有了明确的指导及强大的政治背景。航天飞机计划却没有那么幸运了，它既没有明确的指导也没有强大的政治背景。

成本约束成为 NASA 的一个关键问题。为了实现成本最小化，NASA 设计的航天飞机系统实现了液体和固体燃料的双推进。液体燃料发动机比固体燃料发动机更容易控制。液体燃料所发生的泄漏是可以控制的，在紧急情况下甚至可以关闭。遗憾的是，由于液体燃料系统比固体燃料系统昂贵得多，全液体燃料的设计被禁止了。

固体燃料系统具有成本低廉的优势。然而，一旦固体燃料助推系统着火，要停止或者关闭是很不容易的。直到所有的固体燃料燃烧尽，火箭助推器才会停下来。这一点对安全问题的影响非常大，尤其是在发射过程中。在这一过程中，固体火箭助推器被点燃，并且助推器负载达到最大。而且，固体火箭助推器的设计是可以重复利用的，而液体的发动机只能用1次。

NASA最终选择的设计是固体燃料发动机和液体燃料发动机的折中设计。这样，航天飞机将是一个三要素系统，包括轨道飞行器、可消耗的外部液体燃料储存器，以及两个可重复使用的固体燃料发动机。固体火箭助推器将提供额外的推力，以便将航天飞机发射到指定轨道的高度。

1972年，NASA选择罗克韦尔公司（Rockwell）作为主要承包商来建造轨道飞行器。许多行业领袖认为，已经积极地参与阿波罗计划的其他竞争者更有竞争优势。然而，罗克韦尔公司获得了合同。罗克韦尔公司的标书中不包括逃生系统。NASA的官员决定放弃发射逃生系统，因为这种系统在发射时会增加太多重量并且非常昂贵。这也是在考虑了当所有发动机都点火而发射过程中发生事故时逃生系统的有效性有多大的情况下所做出的决定。这样，航天飞机计划就成为美国第一个没有发射逃生系统的载人太空船。

1973年，NASA进行固体火箭燃料竞标。竞争者包括莫顿–硫科尔公司（Morton-Thiokol, Inc，以下简称为硫科尔公司）、航空通用公司（Aerojet General）、洛克希德和联合技术公司（Lockheed & United Technologies）。合同最终被授予硫科尔公司，这是因为它的成本低，比成本最接近的竞争者低了1亿美元。一些人认为在技术和安全性方面更领先的其他竞争者应该拿到合同，而NASA相信硫科尔公司制造的固体火箭发动机能为每次飞行提供最低的成本。

➤ 固体火箭助推器

硫科尔公司制造的固体火箭助推器高约150英尺，直径大约12英尺。每个助推器的空载重量大约为192 000磅，总负载重量约为1 300 000磅。一旦点火，每个助推器可以提供265万磅的推力，其中超过70%的推力用于使火箭离开发射台。

一些竞争对手批评了硫科尔公司的助推器设计方案，其中甚至包括美国国家航空航天局的专家。助推器被分成4个部分进行制造，然后用轮船从犹他州运往发射场，最后在发射场将4个部分组装成一个整体。硫科尔公司的设计主要参考了Titan III固体火箭发动机（20世纪50年代由联合技术公司为空军卫星项目设计）的分段式设计构想。卫星项目一般都是无人驾驶的。

固体火箭的4个部分组成了助推器容器，其作用是封装火箭燃料，并且可以引导废气的排出（见图11-1）。为避免推力影响，圆柱形外壳采用绝缘层来保护。连接的部分叫作柄脚和U形钩，177个销环绕着周边的每个接合点，使柄脚和U形钩固定连接在一起。这些连接部分采用了3种密封方式。首先，在接合部分和绝缘部分的隔断处放置铬酸锌油灰。这种油灰如橡胶圆环，故称 O 形环。第一个 O 形环被称为初级 O 形环。O 形环被嵌入柄脚和 U 形钩之间的缝隙中。最后封口的称为中级 O 形环，除它的位置在缝隙的更深处以外，它与初级 O 形环是相同的。每个 O 形环的直径约是 0.28 英寸，每个 O 形环的位置如图 11-2 所示。接合处的另一个组成部分称泄漏检查口（见图 11-3）。泄漏检查口用于保证技术员可以检查两个 O 形环的密封状况。压缩空气通过泄漏检查口进入两个 O 形环之间的缝隙。如果 O 形环能维持压力，并且不让被加压的空气通过密封处，技术员就可以判断密封处是正常工作的。在 Titan III 的组装过程中，各个部分之间的连接只包含 1 个 O 形环。硫科尔公司的设计采用了 2 个 O 形环，而不是 1 个。第 2 个环在最初的考虑中是冗余的，之所以采用仅仅是为了提高安全性。

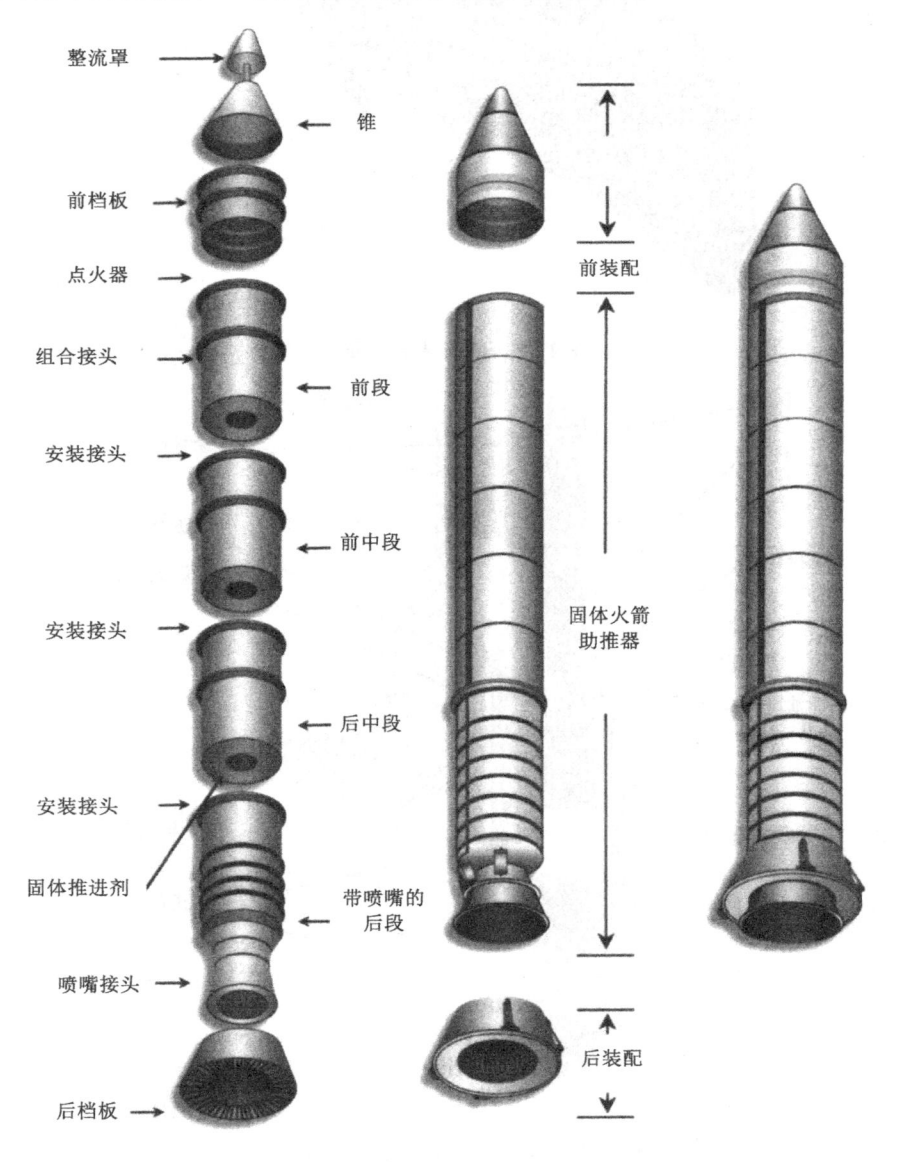

图 11-1　固体火箭助推器

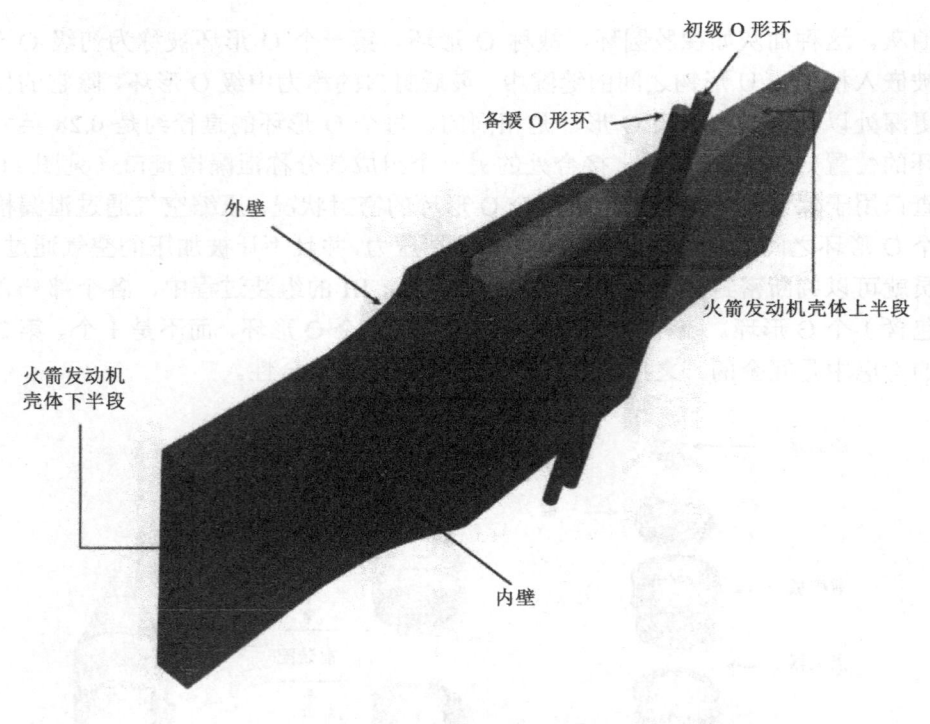

图 11-2　O 形环的位置

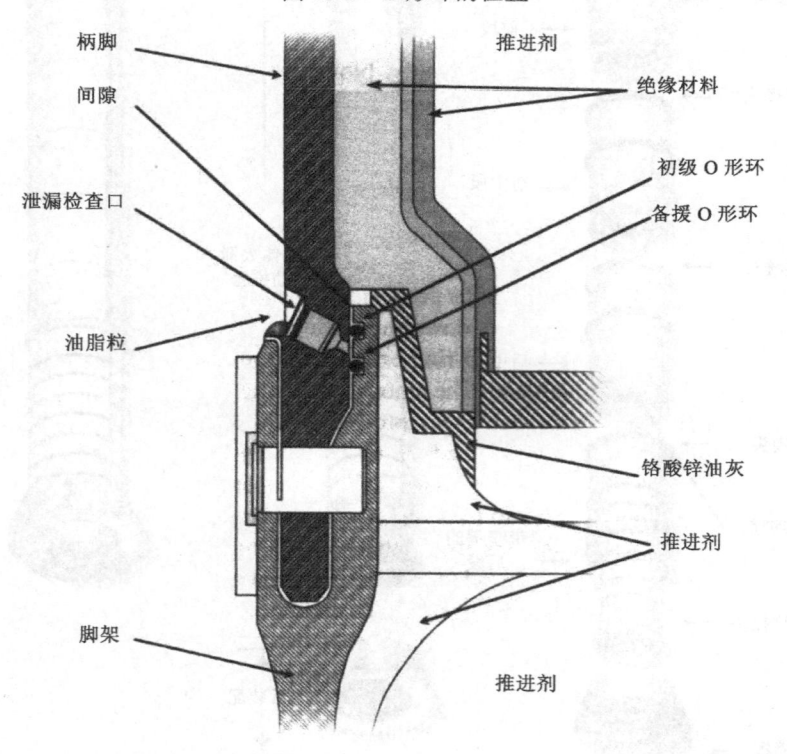

图 11-3　显示泄漏检查口的横截面

使用两个 O 形环的目的是密封接合处的空隙，这样炙热的废气就不能逃逸出来，从而避免损坏助推器外壳。

Titan III 和航天飞机的 O 形环都是由弹性材料 Viton 橡胶制成的。为了方便对比，所使用的弹性材料是氟橡胶，这是一种含有氟元素的橡胶。之所以选这种材料，是由于它耐高温和它易于同周围的材料兼容。Titan III 的 O 形环被铸造成 1 层，而航天飞机的固态火箭助推器的 O 形环被制造成 5 层，然后胶合在一起。材料供应商对 O 形环的内部空间进行周期性的维护，而且这是非常有必要的。

▶ 通气孔

铬酸锌油灰的主要功能是充当隔热层，以使 O 形环免受高温废气的损坏。正像前面所提到的，O 形环密封测试是通过在泄漏检查口给密封口加压完成的。在测试期间，在点火增压过程中，第 2 个密封口被推到同样的位置。但是，因为泄漏检查口在两个 O 形环之间，初级 O 形环会被向上推挤到靠近油灰的位置，O 形环在飞行过程中的位置和在泄漏检查口中的位置如图 11-3 所示。

工程师担心，在早期的飞行期间，因为在主要密封口之上的油灰能承受高压，这会使泄漏测试难以发现密封的问题。他们认为，在测试期间，不论初级密封的情况如何，油灰必将封住缝隙。由于对初级密封的适当操作是必要的，工程师决定在测试期间增加压力，使其在油灰能承受的压力之上。这将保证，即使没有油灰的情况下，初级 O 形环也能封住缝隙。遗憾的是，在这个新方法运用的过程中，在初级 O 形环能够封住缝隙之前，高测试压力已在油灰上"吹"出了孔。

因为油灰处于装配好的固体火箭助推器的内部，技术人员无法修理油灰的通风孔。结果，这个做法使油灰里留下了小的孔径。发射期间，废气通过这些小孔与初级 O 形环的一部分发生接触。工程师意识到这个问题，决定在形成通风孔的情况下进行高压测试，而不是在初级密封体存在问题的时候冒险发射。

油灰的功能是防止热废气到达 O 形环。前 9 次成功发射，是由于美国航空航天局和硫科尔公司使用了由旧金山富勒-奥布莱恩公司（Fuller-O'Brien Company）制造的石棉轴承油。由于产品包含臭名昭著的石棉，同时担心可能的诉讼问题，富勒-奥布莱恩公司决定停止制造这种可以很好地为航天飞机服务的油灰。这为美国航空航天局和硫科尔公司带来了很大的问题。

新油灰的选择采用了新泽西伦道夫公司的产品。遗憾的是，使用了新油灰后，通风孔和 O 形环侵蚀成为工程师担心的新问题。然而，新油灰最终还是被运用在助推器上。在"挑战者"号灾难以后，试验证明，在低温情况下，伦道夫油灰比富勒-奥布莱恩公司油灰更容易变得僵硬并且失去黏稠性。

▶ O 形环侵蚀

如果高温废气击穿了油灰，并与初级 O 形环发生接触，这种极高的温度将破坏 O 形环材料。工程师意识到 O 形环有被侵蚀的可能，所以每次飞行前总要检查接合处是否发生了侵蚀。在飞行之前，未使用泄漏高压检查的 O 形环腐蚀度大约是 12%。在采用新的高压泄漏测试过程以后，O 形环被侵蚀的百分比增加至 88%。在 O 形环被侵蚀得很严重的情况下，允许废气通过初级 O 形环并开始腐蚀中级 O 形环。一些管理者辩称，一定程度的腐蚀是可以接受的。O 形环即使被腐蚀了 1/3 直径以后，仍然能起到密封的作用，所以一些 O 形环侵蚀是可以接受的。工程师相信，因为安全极限可以定量地确定，接合处的设计和操作是一种可接受的风险。这个数字界限将成为未来风险评估的一个重要借鉴。

▶ 接合处旋转

点火期间，内部燃料的燃烧给壳体施加了大约每平方英寸 1 000 磅的压力，同时引起了壳体的膨胀。由于接合处比壳体更硬，所以每一部分都有膨胀的趋势。固体火箭各个部分的膨胀导致柄脚和脚架无法契合，这种情况叫作接合处旋转，安装接头在旋转前后的区别如图 11-4 所示。接合处旋转所带来的问题在 O 形环附近增加了缝隙的大小。缝隙迅速增大，使得 O 形环膨胀的速度很难跟随缝隙的增长速度，因而无法保持密封的效果。

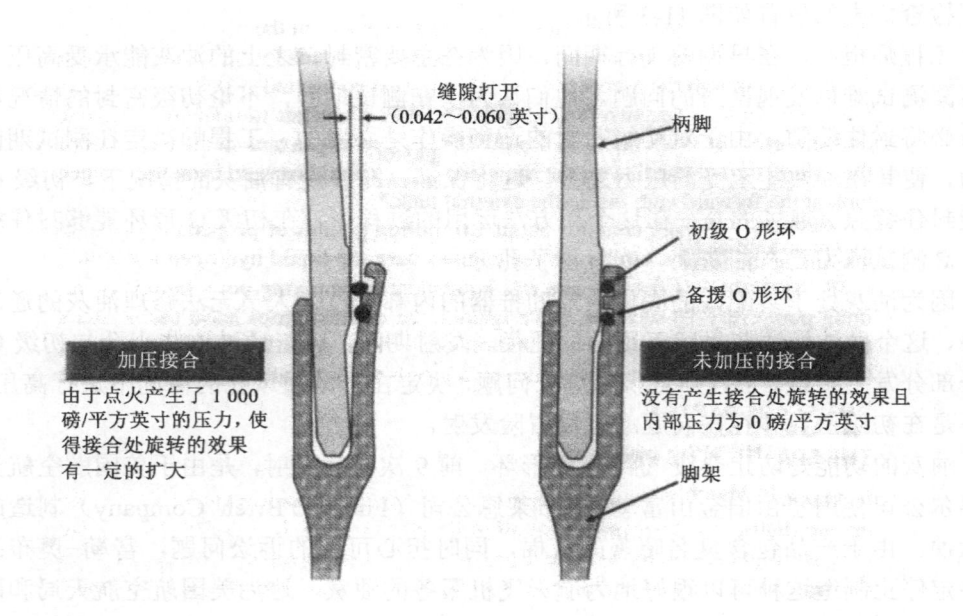

图 11-4 接合处旋转

点火之前，脚架和柄脚之间的缝隙大约为 0.004 英寸。点火的时候，这个缝隙有可能扩大到 0.042～0.060 英寸，0.6 秒之后会到达最大值，随后将恢复到初始位置。

▶ O 形环恢复力

"O 形环恢复力"这一术语源自它被扭曲之后恢复到原始形状的能力。这个性质就像橡皮筋被拉伸之后又恢复到它的原始形状的能力一样。O 形环的弹性与它的温度有直接关系。随着 O 形环温度的降低，它的材料将变得越来越硬。试验的结果表明，O 形环在 75°F 时的恢复力是它在 30°F 时恢复力的 5 倍。在寒冷天气中发射时，由于 O 形环弹性减退，使得它不能适应接合处旋转时增大的缝隙大小，也就是因为 O 形环弹性的降低导致它不能很好地实现密封效果。

▶ 外部燃料箱

首先安装固态火箭发动机，再将外部液体燃料箱安置在发动机之间并与其连接。然后在外部燃料箱的前面和尾部固定飞行器，这些连接在升空阶段承载了所有的系统结构负载。飞行器机翼下面是两个直径为 17 英寸的大型燃料管道，舱门边的连接器从外部箱体后面的氢气储备箱中运送液体氢，右侧的连接器从外部箱体内侧前端的氧气储备箱运送液态氧。

外部燃料箱包含大约 160 万磅或者大约 526 000 加仑的燃料。火箭的 3 个引擎按照大约 6∶1 的比例燃烧液态氢和液态氧，燃烧速度相当于在 10 秒内排空一个家庭游泳池！一旦点火，排出的废气以大约每小时 6 000 英里的速度离开火箭的 3 个引擎。燃料消耗完之后，外部燃料箱与飞行器脱离，掉向地球，并在返回大气层时分解。

▶ 其他问题

1985 年 3 月，NASA 的行政长官詹姆斯·贝格斯宣布，在 1985 财政年度，每个月将进行 1 次飞行。事实上，该年度只进行了 6 次飞行，主要是因为维修问题。持续的维修主要针对用于重返大气层所需的隔热瓦、制动系统及主发动机的水力泵。很多零件是从其他航天飞机上借用而来的。这些零件的费用很高，NASA 正在寻找经费来源。

▶ 风险鉴定方法

从一开始，风险管理的必要性就可以明显地看出来。在 1981 年 4 月第一次航天飞机发射之前，并按照 NASA 手册 NHB5300.4 中描述的正式的减少风险的过程进行。为了监控整个过程中的风险，一个高级安全审查委员会被建立起来。在很大程度上，风险评估过程都是定性的。评估得出的结论是，只要最后合计的风险是可以接受的，那么一个或若干个冒险行为是不能阻止航天飞机的第 1 次发射的。

NASA 使用了一套过分简单的安全（风险）分类系统。收集需要的数据来构建一个统计模型是一件昂贵的、费力的工作，所以定量风险评估方法在 NASA 是不适用的。如果风险识别过程过于复杂，由于与航天飞机相关的数据是庞大的，NASA 将整天忙于文书工作，NASA 选择的风险分类系统如表 11-1 所示。

表 11-1　风险分类系统

等　　级	描　　述
危害级别 1 （C1）	如果该模块失效会导致生命危险或/和飞行器故障
危害级别 2 （C2）	如果该模块失效会影响任务的完成
危害级别 3 （C3）	其他情况
危害级别 1R （C1R）	拥有备援件，两个都失效会导致生命危险或/和飞行器故障
危害级别 2R （C2R）	拥有备援件，两个都失效会影响任务的完成

从 1982 年开始，O 形环密封口最早被标记为 C1。到 1985 年，有 700 个组件被确认为 C1。

▶ 电话会议

航天项目使用了 NASA 和承包商的大量人员，由于他们之间的地理分隔，经常召开会议是一件不切实际的事情。从位于犹他州的硫科尔公司至佛罗里达州的旅行，单程就需要 1 天。因此，电话会议成为主要的交流方式。面对面的会议依然需要举行，但是重点是电话会议。任何地点都可以被连接到一起，所需要的数据也能够通过传真进行交换。

▶ 文书工作的约束

NASA 向媒体宣布乐观的飞行日程表的同时，对发射进行详细检查，也承担着很大的压力。在 1986 年度财政计划中，需要进行 16 次飞行，而强制性地按照进度执行必然造成损失，安全问题必须尽快解决。

随着预定飞行次数的增加，文书工作也随之递增。主要的文书工作需要在 NASA 的飞行就绪检查（Flight Readiness Review，FRR）会之前完成。大概在每次飞行前一周，飞行执行经理和货运经理都需要在 FRR 会上签署飞行就绪书，并提交给 NASA 的副总裁。而这些经理会在飞行就绪检查会之前与他们下面的负责人、核心经理和 NASA 的二级经理开会。FRR 会的主要内容如下：

- 明确总体状况，同时根据上次任务之后的重要变化设置基准。
- 回顾重要问题的解决情况和上次飞行以来的异常情况。
- 回顾所有在本次任务之前需要解决的公开项目和约束。
- 提出上次飞行后所有的豁免事项。

NASA 的工作人员经常加班，包括周末，填写需要的文档和准备需要的会议。随着飞行次数的增多，文书工作和加班也随之增加。

文书工作也影响到了承包商。解决和调查问题都需要更多的文书工作。1985 年 10 月 1 日，航天助推器项目工程师斯科特·斯坦提交了一份办公室备忘录。这份备忘录被提交给工程部副总裁鲍勃·卢瑞德及其他关注 O 形环调查科特遣队的相关经理。备忘录的内容如下：

> 我们完成的任何事情都受到了文书工作的限制。对生产过程，文书工作当然是必要的。然而，对一个优先的短期的研究，文书工作会使按时完成目标变得非常困难，我们需要授权跳过文书工作。这些问题的代表性例子之一，就是我们可以考虑通过生产人员装配和分解测试硬件来消除时间消耗。我知道，建立文书工作的程序可以被有权力的管理者打破。当 FWC 硬件"老虎组"建立起来时，我们依靠 DR 系统来实现。如果不采取相应措施来保证在一个合理的时间范围内完成工作，那么 O 形环特别调查小组将失去解决问题的必备能力。

NASA 及承包商也感到了文书工作带来的压力。

▶ 签发豁免书

一个快速减少文书工作和会议的方法就是签发豁免书。在历史上，免责也是一个允许在规则、规范及技术标准之外的有特例或风险的正式方法。签发豁免书能够减少过多的文书要求。项目经理和合同管理者有权签发豁免书，通常是为了越过标准协议以维持进度。签发豁免书的方法在载人空间飞行开始之前就被应用了。这里重要的不是 NASA 对签发豁免书的使用，而是在有风险的情况下应用签发豁免书的理由。

NASA 已经在 C1 风险程度的指派和发射限制中签发了豁免书。1982 年，马歇尔航天中心（Marshall）将固体火箭助推器的风险程度定为 C1，这是因为 O 形环的失败可能导致机组人员和飞行器的损失。这意味着备援用的二级 O 形环并不是多余的。马歇尔航天中心的固体火箭助推器项目经理拉里·马洛伊及时提出签发豁免书，使得下一次发射能够按时完成。之后，O 形环的等级从 C1 变到 C1R（如一个备援的过程），因此避免了对签发豁免书的部分需要。签发豁免书是保持飞行器按照原计划飞行的必要手段。

风险确定为 C1 而取消一次发射的理由并不充分。这只是意味着部件的失败可能是灾难性的，也暗示着这是一个需要被关注的潜在问题。如果风险被接受，NASA 可能继续发射。一个更严重的情况是发射限制的提出。在 NASA 正式指定的发射限制中，任务安全性是决定是否发射的重要因素之一。但是需要再次声明的是，发射限制并不意味着发射应该推迟。这是一个重要的问题并且需要被认真研究。

1985 年的事件里出现 O 形环侵蚀和排气泄漏现象后，发射受到了限制。然而，在接下来的 5 次航天飞机发射中，NASA 的马洛伊提出一个发射限制的豁免，允许按照日程表发射，同时不对 O 形环进行任何改变。

签发豁免书就是要违反安全条例来保持航天飞机准时发射吗？回答是否定的。NASA 有一些协议（如政策、程序或者规则）来保证安全发射。签发豁免书也是协议，但是其目的是背离其他已经存在的协议。马洛伊及他在 NASA 的同事们，以及承包商都没有意图去恶意破坏规则。签发豁免书仅仅是一个说明相信风险是可以接受的方式。

提高发射限制和签发豁免书变成了常规标准的操作过程。签发豁免书变得越来越平常。如果在一次任务中签发豁免书，而任务得到成功完成，相同的豁免书就会在下一次任务中继续存在，而不需要在 FRR 会上提出并进行讨论。签发豁免书的理由通常是根据飞行条件或温度等具有相似性的问题做出的。可以对 O 形环产生作用的因素一般在工程师的经验范围之内，并且和现有的数据相关，因而在相似的条件下发射，对 NASA 和硫科尔公司的工程师很重要。因为在 O 形环上发射温度的影响是可以预测的，所以对 NASA 和硫科尔公司来讲，这都是可以接受的风险，这样可以减少因重新设计 O 形环而导致计划延迟所带来的高昂代价。每次飞行任务的完成都会给经验区域增加新的数据，保证下次发射可以使用相同的豁免。在可接受的风险下飞行，这在 NASA 的文化中变得很平常。

▶ 发射升空过程概述：几种可能的终止

在发射倒计时的时候，发射团队密切关注气候，不仅关注发射地的气候，还关注任务失败时提前着陆地点的气候。

费曼博士："你能解释为什么我们对天气这么敏感吗？"

摩尔先生（NASA 负责空间飞行的副主管）："是的，有一些原因。我提到了回到着陆地来考虑这一问题。如果在发射后，我们在一些情形下需要返回降落地点，我们需要这是可见的。飞行员和指挥官需要能够看到跑道，所以我们需要掌握一些因素的极限情况，如天气情况。

"我们也需要监控具体的风速，保证航天飞机的飞行速度不超过侧风速。在跑道上着陆时，过高的侧风速可能引起航天飞机偏离跑道等事件，所以我们有一个侧风速的极限。在上升过程中，对于常规的飞行我们关注的主要是下雨导致瓷片的损坏。瓷片是热绝缘体，非常厚。我们见识过阵雨对瓷片的影响。很多瓷片聚集在飞行器的底部，但是如果雨滴高速落下，瓷片可能被侵蚀，出现疤痕，在热防护方面会引发严重的问题。

"除此之外，我们还要担心飞行器的转向时间。因为如果瓷片被雨淋坏，飞行器则需要返回并替换瓷片。因此，天气影响很多因素，这也是我们评估是否可以发射的主要因素。"

在发射前 6～7 秒的时间里，航天飞机的主引擎（液体燃料）点火。这些引擎会消耗 50 万加仑的液体燃料，发射前要花 9 小时注满燃料箱。当点火时，引擎达到额定功率的 104%。引擎系统要进行备援的检查，发射点地面系统和飞行器机载的计算机系统将检查引擎的大量细节和参数，以确保一切正常及主引擎能够按计划运行。

如果检测到故障，系统自动关闭程序，任务将被取消。这时最重要的是保证航天飞机的安全：宇航员行使职责使航天飞机进入安全模式，这些职责包括确保所有的推进和电力系统正常；发射台上的地面人员开始维护发射台，一旦确定发射台是安全的，安全小组则开始排出外部燃料箱剩余的液体燃料。

如果燃料点燃 6 秒内没有检测到故障，系统会发送信号点燃两个固体火箭助推器，开始发射。接下来的 2 分钟，所有引擎被点燃后，航天飞机会经历 MAX Q 阶段（飞行中的一个临界状态，越界会导致飞行器的损坏。——译者注）或高动态压力阶段，对飞行器施加最大的压力。根据发射的剖面，主引擎在 MAX Q 阶段可能轻微减小推力以降低负载。

发射程序经过 128 秒后，所有固体燃料耗尽，固体火箭助推器与船体开始分离；固体火箭助推器的降落伞打开，降落到离发射地 162 英里的地方；固体火箭助推器被回收检查和清洗，并在下次发射时重复利用；主液体燃料助推器将被调节到最大功率。发射经过 523 秒后，外部的液体燃料箱中心燃料耗尽，主引擎关闭。主引擎关闭 10～18 秒后，外部油箱与飞行器分离并在大气层中分解。

从安全的观点来看，最为危险的阶段是固体燃料耗尽前的那 128 秒。下面是 NASA 约翰森空间中心 STS 项目经理阿诺德·阿尔德里奇的一段话。

阿尔德里奇："一旦飞行器从发射台发射，系统就无法分离固体火箭直到它们燃尽，这一时间需要 2 分零 8 秒或 9 秒。这段时间，系统都是被捆绑在一起的。飞行器本身没有集成允许它们分离的功能。飞行器上的工作人员可以将油箱和飞行器分离，但是在一级阶段即发射火箭仍在提供推力时是不允许那样做的。实质上，在飞行前的 2 分钟多的时间内，为保证飞行顺利，系统在设计中就是捆绑在一起的。"

郝特斯："阿尔德里奇先生，为什么不可以在这个阶段分离船体？"

阿尔德里奇："因为不能将动力与推进剂分离。当这些飞行器在飞行过程中或它们正在飞越大气层时，不能为了安全执行完全分离。在这种情况下，它是整个系统的设计特点。"

如果终止计划在前 128 秒是必要的,那么实际终止要到固体火箭助推器分离才开始,即在发射后 128 秒的时候。具体终止的原因和时间，表 11-2 中给出了多种选择。

表 11-2　终止飞行器的选择

终止的类型	着　陆　点
绕地球转一圈终止	爱德华兹空军基地
跨大西洋终止	达喀尔市
跨大西洋终止	卡萨布兰卡
返回发射地	肯尼迪航天中心

阿尔德里奇对不同的终止概述给出了评论。

罗杰斯主席："在 2 分钟的时间内，能够终止飞行吗？"

阿尔德里奇："在某些特定情况下可以终止飞行。你可以开启终止选项，但是飞行器不会有任何反应。因为设计中的终止发生在主引擎故障的时候——能够被宇航员和地面支持人员检测到，然后可以请求终止飞行，回到发射点。这将被计算机日志记录下来，计算机将启动执行程序，但是一切都要等到固体助推器把飞行器带到一定的高度。这时，固体火箭脱离飞行器，飞行器飞行 400 英里后，经过 10～15 分钟，所有燃料箱内的推进剂都通过这些引擎排出。

"作为设置返回发射地终止条件的先兆，利用主引擎的推力，飞行器调转方向，飞向佛罗里达。当燃料箱里的燃料耗尽后，系统会自动发送信号关闭液体推进管道，固体助推器与飞行器分离。随后就像我们所熟悉的那样，飞行器回到肯尼迪航天中心并着陆。"

沃克博士："所以，助推器是被分离的而不是被烧毁的？"

阿尔德里奇："不，是被烧毁了。因为没有足够的燃料维持绕轨道飞行，飞行器不得不调转方向回航，两个引擎在飞行的过程中一直在工作，直到耗尽燃料。这就是回到发射地的终止，适用于最初的 240 秒，不仅仅是 240 秒，是最初的 4 分钟。在分离之前或之后，你都可以开启终止程序，但只会在固体助推器分离之后开始起作用。如果分离后主引擎不正常，这时可以开启回到发射地的终止程序，同样会经过类似的次序回到发射点。"

瑞德博士："如果仅仅失去 1 个主引擎，可以开启回到发射地的终止程序，但是如果失去所有 3 个引擎，返回发射地的终止模式就不可行了。"

阿尔德里奇："一旦通过前 4 分钟，在一段时间没有能量条件回到出发地，你还有一个终止选择。这个终止选择就是跨大西洋终止，这会经过和上面的终止类似的一系列过程。在这个终止选择中，仍然分离固体助推器，仍然燃尽燃料箱中的燃料，但是飞越了大西洋并成功着陆。"耶西提到过西班牙和非洲海岸。

郝特斯："阿尔德里奇先生，你能概括一下吗？你所告诉我们的是，要经过 2 分钟的飞行，直到固体助推器分离，否则没有可行的终止模式，是这样吗？"

阿尔德里奇："是的，先生。"

郝特斯："谢谢。"

阿尔德里奇："跨大西洋终止需要从几秒到 1 分钟的时间。这段是在跨洋站点有效范围之内的。这样你就达到了这个终止一次的环绕能力。这种能力可以使你绕地球转一圈，在加州着陆或者回到肯尼迪中心。最后，当你有足够的推力沿轨道运行，但是不知道精确的轨道参数时，你将被迫采用终止飞行程序。

"工作人员的程序、故障的条件和结合顺序的细微差别，使得事情比我上面所提到的要复杂得多。"

▶ O 形环问题

航天飞机上共有两种接头。一种是安装接头，其作用是在发射场把固体火箭助推器的圆柱部件联结起来；另一种是喷嘴接头，其作用是把圆柱部件尾部和喷嘴联结起来。火箭点火时会产生巨大压力，这个压力会使安装接头弯曲，因此中级 O 形环就会在点火后 0.17～0.33 秒内分离。如果初级 O 形环在接头裂缝裂开之前不能得到密封，并且中级密封也失败的话，那么后果不堪设想。

当分离的固体火箭助推器被回收后，它们将被分解并接受受损程度检查。在点火时，高温的气体可能在密封前短暂地流过初级 O 形环。如果这种"流过"现象可能在密封前只持续几毫秒，就不会对 O 形环造成热损伤。如果实际密封进程比我们预料的要长一些，那么 O 形环就可能被烧焦或侵蚀。这可以从 O 形环的棕色或黑色的烟熏或侵蚀的痕迹上看出来。这叫作冲击侵蚀或"流过"侵蚀，后者也被称为"吹过"侵蚀。

硫科尔公司的罗格·博斯乔利描述了"吹过"侵蚀和接头运转等现象：

> O 形环材料脱离 O 形环横截面时，比人们说的"流过"侵蚀或者"吹过"侵蚀要快得多。我们通常用"吹过"定义气体的经过，用"流过侵蚀"表明经过的同时也遭受侵蚀的状况。所以，你可以让气体无侵蚀地吹过，也可以让它侵蚀地吹过。

> 在这个短暂时期的开始（初始点火运行时，最多 0.17 秒）……初级 O 形环仍然遭受高温气体的侵蚀，而在它遭受侵蚀的同时密封工作也在进行，所以这个过程就是一个密封与侵蚀在时间上的竞争过程。

1985 年 1 月 24 日，STS 51-C（第 15 次飞行）是在 51°F 时发射的，这是当时发射的最低温度。对接头的分析可以得到其受损的证据。分析结果显示，在初级和中级 O 形环之间出现了黑色的熏斑。工程师解释说天气过冷使 O 形环变硬并且反应变慢，导致高温气体吹过并且侵蚀了 O 形环。这些烧焦效应可以说明低温发射也会导致恶劣后果。

1985 年 7 月 31 日，硫科尔公司的罗格·博斯乔利给公司主管工程的副总裁 R. K. 兰德发去一份办公室备忘录：

这封信的目的是让管理层从工程学的观点上意识到，我们现在所遇到的 SRM 接头 O 形环侵蚀问题的严重性。

对于接合问题，错误接受的立场导致一切都是在既没有考虑失败危险也没有进行一系列设计评估的基础上进行的。要知道，设计评估最终可以制订一个解决方案，或者至少可以显著降低侵蚀问题。SRM 16A 的喷嘴侵蚀，即侵蚀了中级 O 形环，而初级 O 形环永远不会起到密封的作用，这导致重大变化的发生。

如果同样的情形出现在接合处，那会在接合成功与失败之间来回切换。原因在于中级 O 形环无法响应 U 形夹的开关频率，并且可能不具备增压的能力。在这种情况下，结果将是顶级的灾难——损伤人命。

1985 年 7 月 19 日，一个拥有领导者的非官方团队形成（关于这个团队的定义和目的的备忘录未曾发表）。该团队的主要任务就是解决长期和短期的问题。这样的非官方团队本质上是不存在的。依我之见，这样的团队应该被官方赋予责任和权力，以便能够执行那些只能在不受干扰这一基准下完成的任务（全权负责直到问题得到解决）。

坦诚地说，我非常恐惧这样一种情况的发生，那就是如果我们还不立即采取行动赋予一个团队最高优先级去解决关于补口的问题，那么我们将陷入丢掉飞行及起飞设施的危险中。

1985 年 8 月 9 日，SRM 点火系统的经理布赖恩·拉塞尔给马歇尔航天中心的詹姆斯·托马斯寄了一封信。他在信中写道：

这封信包含了你在 7 月问题复核委员会的电话会议上提出的两个问题的答案。

问题 1：在发动机加压的情况下，如果补口辅助密封设备脱离了金属接合表面，那么多久才能恢复重建接触的位置？

回答：基准测试数据表明，O 形橡胶密封圈的恢复力（其跟随金属变化的能力）是温度和膨胀速度的函数。MTI（硫科尔公司）测量了 O 形橡胶密封圈反抗 Instron Plattens 的力，这相当于对 O 形橡胶密封圈施加名义上的压力情况进行仿真，并且对仿真情形的膨胀位移和速度进行了准确测量。

测量结果如下：在 100°F 的条件下，O 形橡胶密封圈保持接触状态。在 75°F，O 形橡胶密封圈在 2.4 秒内丧失接触能力。在 50°F，O 形橡胶密封圈在 10 分钟内（测试中止的时间）不能重建接触。

结论就是难以保证固体火箭助推器补口的辅助密封能力。

问题 2：如果初级 O 形橡胶密封圈没有起到密封的作用，那么中级密封位能有充足的时间防止补口泄漏吗？

回答：MTI 没有理由怀疑在达到压力平衡点后（在点燃的瞬态）主要的密封设备可能失效。如果初级 O 形橡胶密封圈在 0~170 毫秒内失效，则中级 O 形橡胶密封圈就有极高的承担压力的概率。这是因为在这一点上，壳体还没有明显膨胀。如果主要的密封装置在 170~330 毫秒内失效，辅助设备承担压力的概率就会减小。如果主要设备在 330~600 毫秒内失效，辅助设备承担压力的概率就会更小。这是 O 形橡胶密封圈相比金属外壳段在接合处旋转情况下相对缓慢响应的直接结果。

在 NASA，对解决 O 形橡胶密封圈问题的关心不仅成为一个技术危机，同时给预算带来了麻烦。1985 年 7 月 23 日，在一名程序分析员理查德·库克写给 STS 资源分析部门主任米歇尔·曼的便笺中，我们可以看出这个问题所带来的影响。这份便笺的内容如下：

> 在这一周的早些时候，你让我调查关于在飞行操作中 SRB 发动机密封材料的碳化问题。同项目工程师讨论过后，我认为这将成为一个影响飞行安全和项目成本的主要潜在问题。
>
> 目前，在 SRB 段之间的 3 个密封材料都采用双 O 形橡胶密封圈，并使用油灰接合。在最近的飞行器飞行过程中，这些密封圈的碳化现象已经发生了。O 形橡胶密封圈的设计原则就是如果一个失效了，另一个可以承受燃烧所带来的压力。但是，从管口和舱尾部分的连接处来看，不仅第 1 个 O 形橡胶密封圈被破坏了，第 2 个也受到了部分侵蚀。
>
> 至此，工程师仍未找到这个问题的原因。可能的原因包括：①使用了一种新类型的油灰（以前使用的油灰因为含有石棉而被 EPA 禁止销售了）；②第 2 个 O 形橡胶密封圈滑入凹槽失败，以至于它难以正常工作；③使用了新的但没有被确认的硫科尔公司的装配流程。MSC 正试图辨识问题的原因，包括在硫科尔公司的在站调查，并且 OSF 期望能够在 30 天内通过他们的分析得出一些结论。这些都是小问题，但是飞行的安全性由于密封材料可能失效而受到严峻的考验，并且我们不得不承认如果这样的失效出现在起飞过程中，那么所带来的后果肯定是灾难性的。同时，有迹象显示我们的员工有时先于管理层了解这个问题。
>
> 这个问题潜在的影响在于到目前为止仍然没有发现问题的原因。如果原因是微不足道的，那么对预算和飞行速度来说都将影响甚微。一种最坏的假定情形可能导致对航天飞机飞行的暂停，那就是 SRB 的重新设计和现存存储硬件的抛弃。这对 FY 1987-8 的预算影响将是巨大的。
>
> 应该指出，代号 M 的管理层（NASA 负责太空飞行的主管助理）十分重视这种情况。从预算的角度来看，我认为 NASA 今年为 FY 1987 提交的任何预算，都应该以 SRB 密封问题的可依赖评价及与之相应的解决方案为基础。

1985 年 10 月 30 日，NASA 在环境温度为 75°F 时发射了飞行器 STS 61-A（飞行编号：22）。这次飞行也出现了"流过"的熏迹，然而其颜色更黑。虽然这有一些热效应，但没有发现中级 O 形环有严重的侵蚀情况。既然在一个较高的发射温度下也会出现"吹过"侵蚀，那么之前所论述的在较低温度下的发射会产生问题的说法就受到了质疑。表 11-3 给出了到目前为止所有航天飞机的发射温度和 O 形环的损坏情况。

表 11-3　侵蚀和"吹过"（按温度从最低到最高的上升顺序排列）事件的历史记录

飞行编号	日　　期	温度（℉）	侵蚀事件	"吹过"事件	评　　论
51-C	1985 年 1 月 24 日	53	3	2	大多数侵蚀任何飞行器，"吹过"使备援 O 形环升温
41-B	1984 年 2 月 3 日	57	1		有深刻、广泛的侵蚀
61-C	1986 年 1 月 12 日	58	1		O 形环被侵蚀
41-C	1984 年 4 月 6 日	63	1		O 形环被加热但未损坏
1	1981 年 4 月 12 日	66			没有任何问题
6	1983 年 4 月 4 日	67			
51-A	1984 年 11 月 8 日	67			
51-D	1985 年 4 月 12 日	67			
5	1982 年 11 月 11 日	68			
3	1982 年 3 月 22 日	69			
2	1981 年 11 月 12 日	70	1		一些未知的区域被侵蚀
9	1983 年 11 月 28 日	70			
41-D	1984 年 8 月 30 日	70	1		
51-G	1985 年 6 月 17 日	70			
7	1983 年 6 月 18 日	72			
8	1983 年 8 月 30 日	73			
51-B	1985 年 4 月 29 日	75			
61-A	1985 年 10 月 20 日	75		2	没有侵蚀，但 O 形环有烟灰
51-I	1985 年 8 月 27 日	76			
61	1985 年 11 月 26 日	76			
41-G	1984 年 10 月 5 日	78			
51-J	1985 年 10 月 3 日	79			
4	1982 年 6 月 27 日	80			在海上失踪，没有数据
51-F	1985 年 7 月 29 日	81			

　　NASA 和硫科尔公司的管理层都想得到关于发射温度和"吹过"侵蚀的具体证据，而不是靠简单的"直觉"进行判断。工程师们现在正在想办法找到与它们直接关联的证据。NASA 不会简单地根据工程师的"直觉"就取消发射。

　　马歇尔航天中心的主管威廉·卢卡斯（William Lucas）清楚地表明，NASA 的每次发射都要有可靠的依据。NASA 的部门主管也认识到，将问题在内部解决胜过把责任推给更高的管理层。主管们变得不敢指出比他们级别高的领导的问题，即使他们知道领导的确有问题。

　　诺贝尔奖获得者及罗格斯调查委员会成员理查德·菲曼得出结论：NASA 的一名官员改变了安全标准，因此飞行任务就在威廉·卢卡斯施加的压力下得到批准并被允许执行。菲曼指出，他们是在一种相对不安全的条件下飞行的，危险系数大约为 1%，官方领导却声称危险概率只有 1‰。

没有 O 形环温度效应的具体证据，辅助的 O 形环被认为是多余的安全设置，并且其安全标准也被从 C1 调到了 C1R。为了不影响发射，潜在的严重问题被处理成特殊现象。由于受到上述处理的误导，NASA 开始决定放弃解决这个问题来保持飞行计划。同时，来自承包商的压力要求签署放弃报告。1985 年 12 月 24 日，NASA 的 SRM 项目业务经理 L. O. 韦尔就太空项目给硫科尔公司副总裁乔·基尔敏斯特写了一封关于"空间助推器项目"的信：

> 最近一段时间，我查看了一下 SRM 问题检查委员会公开的问题列表。我发现我们现在还存在 20 个问题，其中 11 个是在之前的 6 个月内发生的，13 个是在 6 月以前发生的，1 个存在了 3 年，2 个存在了两年，1 个在最近 6 个月内结束。你可以看出，我们完成的结束记录非常少。现在的情况要求你努力让更多的问题尽快结束，并且保证 MTI 和 S&E 的人员直接合作以完成结束报告。

▶ 压力、工作文书和签发豁免书

为了保证飞行的日程安排，包括发射限制等一些很重要的程序都被取消了，而这本来需要一些额外的文件才能取消。罗杰委员会在调查过程中发现，在"挑战者"号事件里，NASA 的马歇尔航天中心和硫科尔公司完全缺乏协调。

凯米斯特先生："主席先生，如果可以，我愿意对其做出回应。我们对大家表达的忧虑而做出的回应是，我已经和相关小组领导、特派小组领导东凯特先生、卢瑟尔先生和艾伯令先生讨论过。我们 10 月在我的办公室里召开了一次小型会议，这次会议同时邀请了在任务小组里从事支持工作的成员及工作组成员。"

"在这次讨论中，一些任务工作组成员企图避开我们建立的一些系统。其中有些情况是可以接受的，而其他的是不可接受的。例如，他们推荐的一些需要完成的工作涉及全套的硬件，这就需要用各种不同设置的接头将它们装配起来，或者他们把硬件拆开并看看我们在检查的过程中可以发现什么问题。"

萨特博士："这是正常工作之外的事情，还是可以接受的好主意或坏主意？"

凯米斯特先生："这是好主意，但是在正常工作之外，如果你愿意去做。"

萨特博士："那为什么不去执行？"

凯米斯特先生："我们正在执行，但问题是我们能绕开系统吗？例如，我们能抛开那些飞行硬件项目的限制吗？我说，不行，我们不能那样做。我们必须保持我们的处理系统，因此我们不能忍受任何可能有损飞行硬件的行为。

"在讨论的时候，我询问过是否需要增加更多的人，如安全工程师等。结果是不需要，我们的确不需要安全工程师。我们有制造工程师，那份工作由他们完成，并且我告诉过他们通常的处理方法，也告诉过他们应该利用自己的部门即制造部门的人力资源让工作及时有效地完成。

"我同时告诉他们如果遇到问题，他们应该向上级汇报，寻求资源上的帮助，以便解决问题。那次会议之后，我感觉大家表达的忧虑让我们获得了一定的进步，并且我们的确做了很多事情。为了你的评估，我愿意和你谈谈这次事件的结果。"

罗杰主席："我可以打断一下吗？那时你知道这是发射限制吗？一个正式的发射限制？"

凯米斯特先生："大体上不算限制。和之前说过的一些话差不多，每次飞行准备就绪审查时，都要处理之前发射时遇到的异常和关注的事项，其中的每个异常都当作发射限制记在我的脑子里了，除非它们得到合适的审查并在所有部门达成一致。"

罗杰主席："你根本不知道发射限制和异常之间是不同的。你只是把它当作一次异常来处理了？你认为它们是一样的？"

凯米斯特先生："不，我没把它们当作一样的事情。"

罗杰主席："我的问题是，你知道1985年7月那次发射存在发射限制吗？"

凯米斯特先生："直到我们解决了喷嘴接头的O形环问题，是的。我们在发射前不得不勉强解决了那个问题。"

罗杰主席："所以，你的确知道那是有限制的？"

凯米斯特先生："每次飞行都是建立在不同的基础上的。"

罗杰主席："限制还有可能意味着什么？"

凯米斯特先生："我感觉有一种理解是，发射限制应该针对所有的发射，然而我们通常只是进行'飞行准备就绪审查程序'就可以了。"

罗杰主席："不，我认为我们实施的测试并没有考虑发射限制，因为那是一个非常严重的问题，而限制意味着除非问题得到解决或很好的处理，否则不能发射。然而，有人为了发射授权而放弃处理问题。在这件事情上，姆罗先生是授权放弃处理的人，51-L之前的一些飞行也是他授权的。就在51-L飞行之前，有文件表明发射限制被关闭，我猜测这可能意味着发射限制不再存在。那是在1986年1月23日发生的。现在，你知道那件事的结果了吧？"

凯米斯特先生："再说一次，我所理解的'关闭'只是在问题行动表上把它关掉，而并不是作为标准的要求而取消。我们必须在下次飞行准备就绪审查中把这些提交上去，从而保证所有人都同意进行发射。"

罗杰主席："你了解放弃程序吗？就是一旦某种问题上存在飞行限制，那么除非有正式的豁免书，否则不能进行发射。"

凯米斯特先生："并不需要正式的豁免书，先生。"

罗杰主席："你们每个人都没得到包含这个声明的文件？"

麦克唐纳先生："我记不起来看过任何有关正式豁免书的文件。"

▶ 51-L 任务

1986年1月25日，由于天气原因，51-L任务发射被迫推迟到1月27日。1月26日，发射时间被定在27日的上午9点37分。然而在1月27日上午，由于舱口发生故障，加上侧风风速太大，发射再次被推迟。当第一个问题发生时，所有的初步程序都已经完成并且宇航员刚刚进入机舱。舱口的一个微型传感器指示舱门没有关好，后来证明舱门关好了，传感器发生了故障。查明这个问题花费了大量时间。

在舱门最终关好后，外部把手却不能移走。因为联结的螺丝滑丝了，这使得扳手旋转螺丝只是跟着转而不能脱落。尝试用便携式钻孔机来拆掉把手也没有成功，于是现场的技术人员要求任务控制中心允许将螺丝切除。由于担心对太空舱增加某种结构压力，在切除螺丝之前，工程师做了大量的耗时计算。整个步骤进行了大约 2 小时，才重新恢复了发射前的倒计时。

然而，厄运一直不断。在尝试检验机舱完整性并且要拆掉手柄时，风速却在不断增大。首席宇航员约翰·杨曾经在训练机上进行了一系列的飞行训练，并确认了最坏情况下的任务控制。他确定，航天飞机头部的侧风已经超过了允许中止的级别，这时已经失去了发射的最好机会。于是，任务被重置，准备第二天再发射。1 月 28 日上午 9 点 28 分，每个人都非常气馁，因为天气预报称星期四有寒流，航天飞机可能再度被推迟发射。

预报的天气条件意味着那天的温度可能低至 26°F，这比 O 形环设计的正常运转温度要低得多。固体火箭发动机的部件最低可承受的温度为 40°F。毫无疑问，随着太阳升起和发射时间临近，气温和航天飞机的温度都会升高，然而大家的担心仍然存在。环境温度能否达到适合发射的温度呢？NASA 的发射执行标准规定，温度低于 31°F 不能发射。还有人担心航天飞机经历一夜的低温后会不会造成永久的损伤。NASA 开始担心并咨询硫科尔公司是否要发射。NASA 在证词中承认，如果硫科尔公司建议取消发射，发射就会终止。

在东部标准时间下午 5 点 45 分，肯尼迪航天中心、马歇尔航天飞行中心和硫科尔公司召开了一次远程会议。主管工程的副总裁鲍勃·兰德在硫科尔公司的意见里总结了其工程师的观点，即发射时间应该被推迟到中午或更晚一些，这样可以至少达到 53°F 的发射温度。硫科尔公司的工程师担心由于之前没有在 26°F 的发射记录，这是 14 年来的第一次，硫科尔公司不建议进行发射。

最初由硫科尔公司做的设计测试只涉及很小的温度范围，测试的温度不包括任何低于 53°F 的数据。前一年的 51-C 飞行任务也是在很冷的环境下发射的，当时它的 O 形环遭到严重侵蚀。这是唯一有效的低温效应的数据。但是，硫科尔公司所有的工程师都认为低温会降低合成橡胶 O 形环的弹性，从而依次导致 O 形环密封速度变慢并且使得高温气体冲击接头。

另一场远程会议在晚上 8 点 45 分召开。这次会议邀请了更多人来参与决策。同时，硫科尔公司被要求将所有相关的和支持的图表材料都传真给所有参加此次远程会议的与会者。

以下是传真所包含的信息。

(1) "吹过" 侵蚀的历史。

① SRM-15 最差 "吹过" 侵蚀。
- 两种接头（80°，110°）弧。
- 看起来比 SRM-22 差得多。

② SRM-22 "吹过" 侵蚀。
- 两种接头（30°～40°）。

③ SRM-13A、15A、16A、18、23A、24A。
- 喷嘴吹过。

④ 安装接头主要关注的问题——SRM-25。
- 比现有数据库里温度低的温度会改变 O 形环的密封速度。
- SRM-15A，O 形环间 80°黑色油脂。
- SRM-15B，O 形环间 110°黑色油脂。
- 低温导致更低的 O 形环挤压。
- 更高的 O 形环支撑硬度。
- 更厚的油脂黏性。
- 更高的 O 形环压力激活时间。
- 如果实际时间增加了，就要达到备援密封增压极限了。
- 如果极限已经达到，那么备援密封将不能再加压。

（2）结论。O 形环温度不是控制"吹过"侵蚀的唯一因素：
- SRM-15 在 53°F 发生"吹过"侵蚀。
- SRM-22 在 75°F 发生"吹过"侵蚀。
- 4 种没有"吹过"侵蚀的改良发动机在 O 形环温度为 47°F～52°F 进行了测试。
- 改良的发动机采用油灰封装，从而具有更好的性能。
- 在大约 50°F 时，接头处出现"吹过"侵蚀。
- 除了发射温度，没有任何数据可以表明 SRM-25 与 SRM-15 的差异。

（3）建议。
① 发射时 O 形环温度一定要≥53°F。
② 改良的油灰封装的发动机在 47°F～52°F 没有"吹过"侵蚀。
③ SRM-15（最好的仿真结果）可以在 35°F 工作。
④ 项目环境条件（温度和风速）决定了发射时间。

从 NASA 的观点来看，最佳发射时间应该在 1 月 28 日 9 点 30 分到 12 点 30 分。这是根据天气情况和能见度得出的结论，无论是发射还是着陆都应该考虑这些。另一个需要考虑的因素是在最佳发射时间前温度可能达不到 53°F。实际上，肯尼迪航天中心的温度直到两天后才达到 50°F。NASA 希望硫科尔公司能够改变意见并且推荐发射。

▶ 第二次远程电话会议

在第二次远程电话会议上，鲍勃·兰德再次阐述了硫科尔公司所提出的 53°F 以下不能进行发射的建议。而 NASA 的马洛伊反驳道："我的上帝！你希望我们什么时候发射呢？明年 4 月吗？"

NASA 对硫科尔公司给出的关于实验数据的判读提出质疑，并且对它在发射前试图建立新的发射标准提出异议。NASA 要求硫科尔公司对它的结论进行重新评定。鉴于 NASA 的评论存在一定的合理性，硫科尔公司决定进行 5 分钟的线下核心成员会议。硫科尔公司的 14 位工程师出席了会议。

- 杰拉尔德·马逊，高级副总裁，负责 Wasatch 运行。
- 加尔文·威金斯，副总裁兼总经理，空间分离。
- 乔·C.基尔敏斯特，副总裁，空间助推器项目群。

- 罗伯特·K.兰德，副总裁，工程。
- 拉里·H.塞尔，主管，工程和设计。
- 威廉·麦克白，经理，案例项目，空间助推器项目。
- 唐纳德·M.凯特纳，监督人，气体动力学部分和头部密封工作组。
- 罗格·博斯乔利，成员，密封工作组。
- 奥尔德·R.汤姆逊，监督人，火箭发动机箱。
- 杰克·R.卡普，经理，应用力学部门。
- 杰里·伯恩，副工程师，应用力学部门。
- 乔尔·莫，副研究员，热传导组件。
- 布莱恩·拉塞尔，经理，特殊项目，SRM 项目。
- 罗伯特·埃贝林，经理，点火系统和最终装配，SRB 项目。

这次会议没有邀请任何安全部门的人员，因为没有人想邀请他们。大约 30 分钟后，会议结束。硫科尔公司小组继续开始线上的远程电话会议。他们讨论的结果是，不认为温度会影响 O 形环的窜漏和侵蚀。最终，硫科尔公司小组改变了观点，这次他们给出的建议是发射。

NASA 指出，当时要是没有硫科尔公司的赞成，"挑战者"号就不能进行发射。而当硫科尔公司小组成员在那次会议之后改变了看法，转而同意发射时，NASA 将这解释为一种合理的冒险。于是，发射工作正式开始。

麦克唐纳先生（硫科尔公司小组成员）："我们进行了数据评估，表明温度的确会对与密封有关的一切组件产生影响，但这些数据总体来说并不是决定性因素。但是，确实有一些数据显示有些东西是错误的，而我们以往的经验不认为很严重。

"我们的小组最初建议停止发射，并且等到发射温度升至 53°F 时再进行发射，但由于这样的建议不被接受，NASA 强行要求对数据进行再评估。NASA 要求我们重新评估以找到更多的数据来证明我们对温度的担忧有些言过其实。于是，那个时候，位于犹他州的硫科尔公司小组提出中断远程会议，离线 5 分钟进行一次核心会议，对现有的数据和一些其他的附加数据进行再评议。

"但那个核心成员会议最终持续了大约半小时。他们重新回到座位后，给出的结论是，他们对所有可利用的数据进行了综合再评价，进而认为温度的影响是非决定性的，因此他们建议进行发射。"

在罗杰委员会的证词中，NASA 的马洛伊先生阐述了他是如何决定让他们重新考虑立场的。

库提纳将军："你说过温度没有影响吗？"
马洛伊先生："我没有。我说的是我不知道 O 形环的侵蚀、窜漏和温度三者的关系。"
库提纳将军："51°F 确实是一个较低的发射温度，那时可是去年的 1 月。"
马洛伊先生："在那之前都很冷，但是并不比其他几次的发射温度低得多。"
库提纳将军："所以才没有留意这次发射的特别之处吗？"
马洛伊先生："非常不幸，你正好说中了，它确实和温度梯度及寒冷程度有关。O 形环的温度是 51°F，但我以为是 53°F，而我们最终在 48°F 时点燃了发动机。"

马洛伊先生宣称他没有给硫科尔公司小组施加压力以改变他们的立场。然而，硫科尔公司小组的工程师们指出他们确实感到了压力。

罗格·博斯乔利是硫科尔公司小组中 O 形环方面的专家，参加了硫科尔公司核心成员会议并对发射表示出强烈的反对。在陈述中，博斯乔利先生描述了他对那次会议的印象。

博斯乔利先生："会议一开始，马逊先生就指出这次核心会议的管理层必须做出最终决定。我们几个反对发射的人不停地提出抗议，我特别要提及的是汤姆逊先生，因为在我的印象里，他和我是唯一强烈抗议发射的人。我们努力请大家先搞清楚到底要做出什么样的决定，是不是要听管理层的。最终，我们还是不能理解为什么结论要被颠倒。

"所以，我们抗议并且再次解释低温的影响。阿尼甚至从长桌下方的位子上站起来，走到了桌子上方，将一个方形的衬垫放在了桌子前面，就放在管理者们面前，并且试图再一次阐释他的担忧。最终，他意识到他根本不能被理解，于是停了下来。

"我用照片又进行了一次尝试。我夺过照片，走上前再一次论述了照片的内容，试图说服他们相信我亲眼所见的事实——温度确实是一个重要因素，我们不应该忽视亲眼观测到的事实证据。

"而且，我向他们展示了 SRM-15 的一个黑色油脂的 110°F 弧，SRM-22 也有一个相似的但不完全是黑色的弧.但当我发现没有一个人在听我解释的时候,我也停止了解释。"

沃克博士："那个时候，有任何其他人（如工程师等）发言支持发射吗？"

博斯乔利先生："没有，先生。在我的印象里没有人再说什么，一句也没有，然后就是管理者们的讨论了。当阿尼和我说完我们该说的后，马逊告诉我们他们要做出管理层的决定。他转到鲍勃·兰德那边，让他不要以工程师的身份而是以会议管理者的身份开始讨论最终的决定。从那一刻开始，管理者们明确地阐明了他们的观点。正如我所说的，会前或会后再也没有一个工程师或者非管理者给出支持发射的阐释，而我甚至没有被邀请参与最后结论的拟定。

"最后，我回到了线上会议。而最终的决定全在由基尔敏斯特先生拟定的最后结论中，其中的主要内容都是一些支持发射的理由。接着，基尔敏斯特先生宣读了他书写在记录本上的最后结论。尽管我不同意上面列举的一些支持发射的陈述，但我没有质疑也没有争辩。毫无疑问，那是管理者的决定。

"我必须强调的是，我说了我该说的，作为工程师，我没有屈从管理者的权力，没有按他们的意愿提出自己的观点并最终根据这个观点做出决定。我坚信这一点。我在很多公司工作过，这样的事一次又一次发生，也正因为我了解这些，所以我当时也就没有再做出进一步的抗议和争辩。

"直到第二天，我才看到最终版本的会议结论。一听到它，我就带着强烈的挫败感离开了房间，但是我已经做了我所能做的一切去阻止发射。我感觉，这次会议的管理者是在巨大的压力下才不得不做出发射结论的，他们做出了一个非常艰难的决定，但是我不能支持他们的决定。

"参加会议的一个同事很好地总结了这次会议：那是一次必须做出发射决定的会议。整个会议期间，我们一直都在怀疑发射是不安全的，但我们还是做出了那个决定。这与以往的发射前讨论或是发射就绪复查工作中的一贯立场几乎是相反的，简直就是完全相反的。"

沃克博士："你提及的管理者的压力，你知道来源吗？"

博斯乔利先生："也许，这些评论是在网络上评议的，这就是我推断的原因。我不能肯定自己的推断，但是我真的感觉如此。就像我刚才说的那样，我感觉会议的真实论调是，那些人认为我们是在证明根本就不应该发射，事实上我们认为是没有足够的数据支持发射。"

库提纳将军："那些人为什么试图推翻你们的立场？"

博斯乔利先生："他们认为我们没有足够的论证，或说我没有足够的论证，因为我是 SRM-15 的主要推动者。他们通过阅读我个人的观察结果及我在飞行就绪审查中的相关评论，认为我没有提出一个结论性的论证以证明温度和窜漏之间的联系。

"我最担心的是，如果计时功能发生改变，密封需要更长的时间才能实现，那么就可能没有密封效果了，因为密封圈可能在密封到位之前就被侵蚀了。那样的话，如果从 170 毫秒来到 330 毫秒，而一级密封不能完成，就可能得不到二级密封圈的接应。这是我最关心的。

"我不能对它进行量化，也可能是我不知道如何进行量化。但是我感觉自己所做的观测给出了一个我们想不到的信息，即温度是一个主要因素，而我对此还不能完全理解，所以我没有直接对发射的最后结论做出明确的建议，但我也没有争辩。

"我认为，当宇航员克里平说这次会议与以往的会议相比是以相反的方式得出结论的时候，我认为他看出了这次会议的真实论调。我们确实不得不摆脱怀疑的看法，从而彻底证明我们有能力发射。这次会议看起来好像在尝试寻找或找到一些数据来阻止发射，而不是找到数据来支持发射。我认为这就是这次会议的论调。"

硫科尔公司小组的 Wasatch 部高级副总指挥马逊主持了这次会议。马逊不断宣称管理者的决定是必需的，并要求副总工程师鲍勃·兰德不要以工程者的观点而要从管理者的角度看问题。在陈述中，马逊解释了他对数据的理解。

赖德博士（委任组的成员之一）："正如你所知道的，我们目前从最后结论中看到的数据对否定发射是非决定性的，因此你就说可以发射。"

马逊先生："……我真希望我没有这么说。但是当时开会讨论的原因是我们没有足够的数据量化结冰的影响，而这也正是我们讨论的要点……在以往成功的飞行中也出现过泄漏事件。因此，尽管温度与以往略有不同，但我们都不认为这次就不行……"

在第二次远程电话会议结束时，NASA 马歇尔太空飞行中心的哈迪要求硫科尔公司小组把他们对发射的建议以书面形式上呈，并传真给马歇尔太空飞行中心和肯尼迪太空飞行中心。下面的备忘录由硫科尔公司小组的 Space Booster 计划副总裁拟定，并且于发射前一天 11 点 45 分发了传真。

（1）计算显示 SRM-25 O 形环的温度将比 SRM-15 O 形环低 20°F。

（2）温度数据不足以预测 O 形环会有一级窜漏。

（3）工程评估如下：①冷却的 O 形环将增加有效硬度。②冷却的 O 形环将延迟就位。相较于 SRM-15，在一级密封阀就位之前，将有更多的气体通过一级 O 形环。论证了密封阈值比 SRM-15 上大出 3 倍（0.038 秒）的侵蚀时间。③如果一级密封阀没有就位，二级密封阀将就位。在金属部分旋转前，压力将到达二级密封阀处。O 形环气压泄漏检查最终将二级密封阀放在了外侧，以缩短密封时间。

（4）MTI 建议 STS-51L 在 1986 年 1 月 28 日发射。SRM-25 将不会与 SRM-15 有显著的不同。

▶ 结冰问题

下午 1 点 30 分，是给轮胎上油的时候。由于寒冷的天气和严酷的结冰条件，NASA 的发射总指挥汤马斯特意安排了一次对发射地点的完全检测。而通过冰情检测组对"挑战者"号及发射架的检查，发现至少存在一些异常。检测组的任务只是清理发射工具和发射结构上的霜或冰，但他们在检测中有惊人的发现：肯尼迪中心的职员所执行的结冰保护工做出现了严重失误，数百个长达 16 英寸的冰柱黏附在发射体上，靠近航天飞机入口的栏杆和通道都被冰柱覆盖，这使得工作组在紧急撤退时处境非常危险——一块固体冰片在发射架上从 195 英尺延展到 235 英尺。然而，NASA 仍然坚持它的计算，即 28 日的发射带出的飞冰不存在损害，但他们还是做出了将发射时间从上午 9 点 38 分延迟到 11 点 30 分的决定。这样发射台上的冰柱可能融化，发射延迟的时间仍然在上午 9 点 30 分到下午 12 点 30 分这个预先规定的区间中。

上午 8 点 30 分，第二次冰情检测开始。结果发现，发射点的冰情仍旧非常显著。罗克韦尔公司轨道部的副总指挥罗勃特指出发射存在危险，坠落的冰柱可能损坏卫星的加热装置，这可能对卫星进入轨道造成严重的冲击。

上午 10 点 30 分，相关人员进行了第三次冰情检测。尽管一些冰柱开始融化，发射台上仍有明显的结冰现象。固体推进火箭左调压器的温度是 33°F，右调压器的温度是 19°F，尽管右调压器的温度比硫科尔公司小组起初建议的发射温度低 34°F，但是没有人发出警报。罗克韦尔公司也同意发射，尽管他们先前认为发射存在危险。

约翰逊太空中心 STS 项目的负责人奥尔德里奇证实了他对于冰情问题的担忧。

奥尔德里奇先生："除罗克韦尔公司外，肯尼迪设备组所有与会的工作人员都强烈支持发射并表示他们没有任何担心。尽管没有明确的文字记录，罗克韦尔公司给我的结论是他们担心冰情有可能损坏卫星。虽然是很微小的担心，但是他们感到没有在这种情况下发射卫星的经验。因此，他们认为相较以往的任务，此次发射会有更多来自冰情的风险。"

罗杰主席："他们是否建议停止发射？"

奥尔德里奇先生："我们并没有停止发射。因为离发射只有 20 分钟了，也可能不是 20 分钟，但很接近。总之，这是发射前的最后 1 小时。"

罗杰主席："但是他们仍旧反对？"

奥尔德里奇先生："因为他们的争辩源自对发射不能感到百分之百的放心，所以在我看来他们的争辩更像一种担心。他们没有说不能发射，因为组内其他成员否定了他们。他们的争辩是一种保守的担心。总之，他们确实没有说不要发射。"

库提纳将军："我想不起来有哪次的发射是百分之百的完美，在座的每个人都同意这个观点。发射指挥者的工作是倾听每个人的陈述，而在座其他人的工作是倾听并阐释这些冒险的程度。你定义它是 90% 或 95%，然后得到一致同意，认为这一冒险是可以接受的，因此你就可以发射了。

"所以，我认为这位先生刻画了冒险的程度，他是诚实的，他应该这么说。"

赖德博士："但是有一点应该注意，就是他们的担心是非常具体的。他们没有担心整个温度，也没有担心对整个火箭及其外壳的损坏，他们的担心已经具体到了坠落的冰片和凹陷的碎片。"

事故之后，罗杰委员会总结了对发射台上冰柱的 3 个主要担忧。

（1）委员会给出了一个基于所有陈述和采访的综合分析，即罗克韦尔公司关于发射的建议是不明确的。正如奥尔德里奇先生所说的，委员会感到很难找到一个明确拒绝发射的建议。而且，如果真有人认为由于天气原因不能发射，他们的意见会被告知奥尔德里奇。而在上午 9 点，任务管理小组集会重新倒数计秒之后，罗克韦尔公司并没有给奥尔德里奇或 NASA 其他官员打电话，也没有给出进一步的否定发射的建议。

（2）委员们同时考虑了 NASA 在上午 9 点的会议中对罗克韦尔公司立场的反应。当发射航天飞机的决定被通过后，委员会不确定 NASA 的一级和二级管理者恰当考虑了罗克韦尔公司关于冰情的担忧。然而，罗克韦尔公司的立场是不确定的。很明显，他们没有向 NASA 报告冰情是个不确定的条件。结冰的确是一种潜在的飞行安全隐患，它对于固体火箭的发动机及航天飞机主发动机的点火装置都有不确定的影响，它的碎片甚至可以击毁卫星。鉴于发射台上结冰的程度，委员会认为在这种情况下下达发射命令是有问题的。在这种情况下，NASA 似乎要求承包商证明发射是不安全的，而不是证明它是安全的。然而，委员会给出的决议是，结冰不是 51-L 事故的原因。同时，没有任何结论指出，NASA 无视任何一个专项负责人的否定发射的建议。最终，NASA 做出了发射的结论。

（3）委员会还认为，发射台的 39°F 结冰保护计划并没有充分执行。他们认为发射装置上极寒和严重的冰情导致了 1 月 28 日早晨发射的决策失误，它大大消减了安全系数。

很显然，NASA 的管理者了解冰情问题，但是他们了解当时硫科尔公司小组否定发射的原始建议和后来的改变是如何做出的吗？NASA 的 SRB 项目负责人马洛伊、航空飞行办公室的负责人赖纳茨都承认他们向 STS 项目及约翰逊太空中心的负责人奥尔德里奇报告过他们对于冰情的担忧，但是那次远程线上会议上没有见到硫科尔公司小组关于 O 形环的讨论，似乎马洛伊和赖纳茨也都认为结冰是潜在的问题，而 O 形环被认为是可以接受的冒险。然而，这个潜在的问题最终不是像预想中那样是可以接受的冒险，反而正是由于这个问题才导致了后来的一系列问题。发射中允许一定量的碎片是可接受的冒险，这是 NASA 的惯例，然而这个惯例使得 NASA 的高层不能充分重视一些潜在的问题。也就是说，整个事故是由于 NASA 决策机制出现问题而导致的，而不仅仅是某个人的原因。

▶ 事故

在航天飞机升空飞行 0.678 秒的时候，摄像数据表明，飞机右侧的固体燃料火箭助推器尾部接合处，喷出了一股灰色烟雾。两个本该记录烟雾精确位置的 39B 照相机失灵。其他计算机图形分析显示，初始烟雾来源于 270°～310° 的扇形区域。该区域位于火箭助推器的尾部安装接合处。火箭助推器所在的区域正对着外部燃料箱。从接合处喷发出来的气化物质表明，接合处并没有被完全密封。

在发射后的 0.836～2.500 秒，8 股更加明显的变黑的烟雾被记录下来。烟雾从接合处向上喷出。当向上飞行的航天飞机把一股股浓烟抛在后面时，在与接合处水平的区域附近，可以看到下一次新的喷发。这种顺序的多次烟雾喷发频率大约为每秒 4 次，接近结构承载力和联合曲张力的频率。对 NASA 获得的不同摄像机的图片进行计算机图形分析后得到如下结论：最初的烟雾喷发位置在同样的 270°～310°的扇形区域。

由于航天飞机在加速上升，它迅速从产生并扩散的烟中飞过，最后一次看到接合处上方的烟是在第 2.733 秒。

喷出的烟是黑色的并且很浓密，这说明接合处涂的油脂、联结用的绝缘材料和橡胶 O 形环都被炽热的气体推进剂侵蚀并开始燃烧。

大概在第 37 秒时，"挑战者"号遭遇第一次高空切变风，这大概持续了 64 秒。切变风给航天飞机造成很大的震动。航天飞机的指引、导航和控制系统很快发现这一现象，并进行计算。

固体火箭助推器的操纵系统（推力矢量控制）对所有的命令和风切变影响做出回应。风切变使操纵系统变得比以往任何一次飞行都更加活跃。

航天飞机主发动机和固体火箭都降低了推力，以接近并通过最大动态压强为每平方英尺 720 磅的区域。主发动机原来使用的是 104% 的推力，而右固体火箭助推器尾部右侧接合处出现火花后，固体火箭助推器的推力也一直在上升。最初非常小的火花是在图像加强后影片的 58.788 秒处发现的。它似乎位于火箭助推器尾部圆弧 305°处的接合部分。

同一摄像机的下一幅画面不需要进行图像加强就可以看到。在 59.262 秒时，火花呈持续增强状态，明显得如羽毛一般。几乎在同一时间（第 60 秒时），遥测显示，火箭助推器的左右两侧产生了压力差。助推器右舱的压力要小些，这证实了接合处的确出现了泄漏。

随着火苗增大，火箭由于空气动力的原因而向后偏离，并且由于连接火箭助推器和外燃料舱上面的突出的环状结构，使火焰成圆环状。这些偏差使得火焰接触到了外燃料舱的表面。这一系列的火焰扩散可以从回收的残骸中得到证实。蔓延的火焰同时接触到了连接固体火箭助推器和外燃料舱的连接杆。

在第 64.660 秒时，第一次看到右固体火箭助推器旋涡状的火焰正在破坏外燃料舱，此时火焰的形状和颜色都发生了急剧变化。这说明此时的火焰中已经混合了外燃料舱泄漏的氢气了。遥测氢燃料舱增压数据变化可以证明燃料舱的气体有泄漏。在外燃料舱破裂的 45 毫秒内，"挑战者"号航天飞机和外燃料舱之间的黑色片下面产生了一道明亮而持续的光。

大概从 72 秒开始，一系列事件的迅速发生造成飞行中止。遥测数据表明，此时航天飞机正在进行一系列的飞行系统行为，影像证据证明航天飞机正努力避免坠毁。

大概在 72.20 秒时，连接固体火箭助推器和外燃料舱的下支杆被严重破坏，或者已经脱离了氢燃料舱，这使得固体火箭助推器的右侧绕着上连接支杆旋转。这种旋转是根据左右固体火箭助推器间的偏航和俯仰率发现的。

在 73.124 秒时，可以观察到环状白色蒸气从外燃料舱底出现，这是氢燃料舱失效的初步迹象，最终会导致整个尾部的圆舱脱落。燃料舱释放的大量液体氢会急剧产生一个大约 280 万磅的推力，使得氢气舱向前冲击舱内结构。大约在同时，旋转的右固体火箭助推器也碰到了舱内结构及液体氧气舱的下侧。这些部件都在 73.137 秒时失效，证据是舱内区域产生的白色蒸气。

在几毫秒内，从失效舱底部泄漏的氢气和在舱内漏出的液体氧产生了剧烈燃烧，看起来和爆炸一样。

此时，以 1.92 马赫在海拔 46 000 英尺的高空飞行的"挑战者"号航天飞机完全被燃烧和爆炸所笼罩。"挑战者"号的反应控制系统被破坏，推进剂开始自燃，产生了氢-氧焰。自燃火箭燃料的红褐色火焰可以在火球的边缘看到。航天器在剧烈的空气动力载荷下分裂成好几个部分，并从火球中分离。有些部分还可以从影片里分辨出来，如主发动机或尾部的发动机仍在燃烧、飞机的一翼和前机身与载重舱拉裂出大量的丝。

调查委员会和参与调查的机构得出的一致意见是，"挑战者"号航天飞机的失事是由于右火箭发动机的低级部分接头失效造成的。详细的失效原因是，原本用来阻止火箭发动机燃烧气体泄漏的密封处被破坏。委员会收集的证据显示，航天飞机上没有其他部件会影响失效。

为了得出这个结论，委员会详细地审查了所有能得到的数据，报告和记录了 NASA、承包商和很多政府机构的大量测试、分析和实验，最终得到了详细的失效原因，并对最可能的因素进行排序。

失效是由于设计失误，导致许多敏感因素不被接受。这些因素包括温度效应、物理尺度、材料特性、可用性、处理及接头对动态载荷的反应等。

▶ NASA 和媒体

悲剧发生后，很多人认为，NASA 做出发射"挑战者"号的决定是为了尽量减少媒体的嘲讽。成功的航天飞机飞行已经不是新闻了，因为这已经太平常了。然而，发射中断或推迟着陆更具有新闻价值，因为这种情况比较少。"挑战者"号之前的"哥伦比亚"号的发射，已经被推迟了 7 次。"挑战者"号的发射也已经被推迟了 4 次。新闻评论家正在批评 NASA，一些人认为 NASA 急于做一些事情来改善它的公众形象。

相对于最近其他的任务，"挑战者"号航天飞机的发射引起了更多媒体关注和政治结果。这次发射意味着太空教师项目的启动。"挑战者"号的原定发射时间是里根总统 1 月 28 日晚发表国情咨文的前一天。一些人认为总统想让公众赞赏 NASA 的太空教师项目，他甚至可能已亲自与麦考利夫太太谈论了此事。这本来的确可以增强 NASA 的形象。在悲剧发生后，有人怀疑白宫为了做出对里根总统（和 NASA）有利的政策而对 NASA 施压，让他们尽快发射航天飞机，然而调查委员会没有发现任何白宫干涉发射决定的证据。

▶ 调查委员会的发现

确定一个工程的灾难原因可能需要几年的调查。"挑战者"号航天飞机的失事包括多个方面的原因，其中有发射条件、机械故障、通信故障，还有错误的决定。最终，最后 1 分钟做出的发射决定，把这些可能发生问题的因素结合在一起并引发了一场致命的行动。

调查委员会发现这次事故是有其历史根源的。航天飞机的固体火箭助推器问题是由于接合点设计失误造成的，而且问题越来越严重，但 NASA 和承包商的管理人员都没发现这个问题，因此他们也没去着手解决，最终把这个问题当作可以接受的飞行风险。

之前的项目测试中暗示了设计有严重的不可预料的缺陷，而承包商硫科尔公司并没有接受这一暗示，NASA 也没有接受它的工程师所做出的有设计缺陷的判断。随着接合点问题越来越严重，NASA 在管理简报和报告上将问题最小化了。硫科尔公司认为，"这种情况不是我们想要的，但我们是可以接受的"。

无论是硫科尔公司还是 NASA 都不希望密封接头的橡胶 O 形环接触到发动机燃烧的热气，更不用说部分燃烧了。然而，测试和最后飞行都证明对橡胶 O 形环会造成破坏，NASA 和硫科尔公司的反应是将其添加为"可接受"的损害。管理层并没有建议对接头进行重新设计，也没有要求将问题解决后再发射航天飞机。

"挑战者"号航天飞机失事是由于右固体火箭发动机的接头故障造成的，这源自硫科尔公司和 NASA 的固体火箭助推器项目组对测试结果的理解和反应失误，从而对接头的设计做出错误的决定。

调查委员会得出的结论是，硫科尔公司和 NASA 都没有对密封设计失误的内部警告做出足够的反应。另外，在密封的初步设计有缺陷时，硫科尔公司和 NASA 没有及时开发新的密封层技术。两家都没有对意外的 O 形环侵蚀和窜漏制订解决方案，即使这个问题在航天飞机飞行历史上已经多次发生。硫科尔公司和 NASA 反而认为，侵蚀和窜漏是不可避免的，并且认为这种飞行风险是可接受的。调查委员会发现了以下 6 个特定问题。

（1）接头测试和验证程序不足。没有对飞行状态下的发动机进行设置，发动机只是在水平状态被静止测试，而没有在垂直状态进行测试。

（2）飞机失事前，NASA 和硫科尔公司都不能完全理解接头密封作用的机制。

（3）NASA 和硫科尔公司接受了明显升高的风险，因为他们认为"上次经历都没出事"。

（4）NASA 的追踪飞行准备就绪的审查系统失效。这是因为虽然之前存在 O 形环侵蚀和窜漏情况，飞行仍然被允许。它再次失效是由于在 51-L 任务之前 6 次连续的发射限制豁免，准许它没有豁免记录就可以飞行，甚至没有明显限制。之前飞行中的追踪和持续的异常都没有记录在数据库里，所以汇报系统就删除或者丢失了这些大的问题。

（5）1985 年 8 月，O 形环侵蚀的报告被作为最高级别提交给 NASA 高层，并且详细说明了下次飞行之前一定要进行修正。

（6）对飞行历史上的 O 形环性能进行仔细分析就可以知道，O 形环损坏和低温有关联。而 NASA 和硫科尔公司都没有进行这样的分析，因此他们对 51-L 发射任务未准备合适的风险评估，而此时的状况比他们以前遇到的都更为极端。

委员会还指出了对"沉默"安全计划的担忧。委员会惊奇地发现，在几小时的陈述里，NASA 的安全人员从来没有被提及。也就是说，没有迹象表明飞行计划获得了安全代表的批准或不批准，也没有获得了质量保证人员的满意或不满意结论，更没有人想到在 1986 年 1 月 27 日的马歇尔航天中心和硫科尔公司的远程会议上曾请来过可靠性和质量保证人员。同时，在 1986 年 1 月 28 日的倒计时发射时，任务管理组也没有安全代表在场就做出了关键决定。

如果 NASA 完全坚持自己在阿波罗项目时的程序，这种为了加速发射日程的不可饶恕的压力就能得到有效缓解。登月计划实施的是，包括相互依赖的安全、可靠性和质量保证功能在内的全面的安全项目，这可以发现任何潜在的安全问题。从那时到 1986 年，安全项目开始失去效力了。这种效力的缺失，使得为保证飞行安全的相互制衡要素严重退化。

1986 年 4 月 3 日，航天飞机项目经理阿诺德·奥尔德里奇在华盛顿特区的一次公开听证会上出现在委员会面前。他描述了影响 1986 年 1 月 28 日发射决定的五种不同的沟通或组织失效。其中 4 个失效与安全程序中的故障直接相关。这些故障包括问题报告的需求缺乏、不充分的趋势分析、对关键性错误的表述以及缺乏对关键讨论的参与等。一个安全组织应选用合适的人员来避免这些过错，进而排除沟通失效的可能。

NASA 有一个安全计划，以确保奥尔德里奇所说的沟通失效不会发生。然而在 51-L 任务中，这个计划的力量显得非常不足。

调查委员会推断，发射决策系统是在很大压力下才做出维持飞行日程的决定的。这些压力使得理智的人做出了不理智的决定。

在 1982 年完成了轨道飞行测试系列后，NASA 开始了一个加速发射航天飞机日程的计划。早期计划是每周执行一次任务，实际上却做了很多向下的修正。1985 年，NASA 公布了一个规划，内容是在 1990 年前每年执行 24 次飞行任务。然而，在"挑战者"号航天飞机失事之前，大家就发现，即使修正后的每月两次的飞行任务也过于野心勃勃。

NASA 没有为保证日程安排提供足够的资源。因此，发射决策系统被 1985 年的 9 次任务排得很紧张，并且有证据表明 NASA 将不能完成 1986 年计划的 15 次飞行任务。以下是调查委员会对压力和加速发射日程的问题进行调查得出的主要结论：

（1）为支持 1985—1986 年冬天的发射频率，发射决策系统已经超负荷工作了。1986 年春季和夏季的规划显示出一个明显的趋势：照现在的状况，系统将没有能力完成指定日期的预定飞行，也没有能力为航天员进行软件培训。这种结果将对航天员必需的训练时间进行压缩，而这种压缩是不可接受的。

（2）备用件供应严重紧缺。航天飞机项目故意推迟备用件供应，以有利于其用于发射的预算获得高优先级。1986 年，备用件的缺乏本来有可能限制飞行任务。

（3）声明的载货政策没有强制执行。贯穿整个航天飞机项目，尤其是主载货舱和小载货舱都发生了大量的载货变化（在货物结合审查后）。

a．后期对主载货舱的变化或者项目要求需要额外的资源（钱、人力、设备）来完成。

b．如果对小载物舱进行很多的后期变化，资源会被迅速消耗。

c．在最终期限宣布后，载荷专家被频繁地加进飞行项目。

d．任务的晚期变化会影响后续任务程序的训练和发展。

（4）预定的飞行频率不能准确反映实际的能力和资源。

a．发射频率没有为适应调整期工作人员的能力而下调，没有给系统留有余地来处理不可预见的硬件问题。

b．资源主要都被用于支持飞行任务上，因此没有足够可用的资源来增加和发展用于提供更高发射频率的设施。

（5）训练模拟器也是限制发射频率的因素之一，那时两个可用的训练模拟器无法给每年 12～15 次发射训练航天员。

（6）当发射任务紧接着进行时，由于当前发射需要，不能保证某次发射的严重异常会在下一次发射前得到确认和合适的处理。

➤ 行政管理系统沟通障碍

委员会发现，NASA 和硫科尔公司的汇报体系都存在沟通障碍，这种行政管理系统在工作汇报途径上存在一定的问题。工程师只能向他们的直接经理汇报工作，而这些经理也只能向各自的上级主管汇报工作。工程师和经理们相信这种行政管理系统的效果，他们也不愿意跨级别向上级表达自己的意愿。在马歇尔航天中心工作的鲍尔斯和在硫科尔公司工作的博斯乔利认为，他们只要把自己的观点表达出来就算完成任务，其他的事就不管了。当罗杰委员会询问鲍尔斯为什么不向其他人汇报自己的观点时，鲍尔斯回答说："那不是我的汇报途径。"这种行政管理系统意味着信息只能通过一条途径传送，在 NASA 和硫科尔公司都这样。在 NASA，如果信息在底层的时候就被更改或者被放手不管，高层将无法以其他方式获得。罗杰委员会调查后认为，硫科尔公司的工程师同 NASA 的高层之间的沟通交流有缺陷，正是这种缺陷导致了管理部门没有将与 SRB 相关的重要信息传递给那些需要知道这些信息的人。委员会调查后说，最基本的问题就是，NASA 高层与其职员的技术决策的方法很差劲。

在 NASA 和硫科尔公司中，坏消息不能顺利传送。当 SRB 最初显露出有麻烦的迹象时，硫科尔公司的管理者并没有意识到问题的严重性。硫科尔公司不愿意相信这件事真会造成麻烦。当马歇尔航天中心得到这条信息时，它认为这是硫科尔公司的事，因此也没有把这条坏消息上报给 NASA 高层。在硫科尔公司，博斯乔利描述了他的经理们是如何封锁坏消息的。他声称曾经和大家谈论过问题的严重性，然而最后"没有人愿意听他说话"。当兰德最后向马歇尔航天中心提出推迟发射的建议时，马歇尔航天中心的经理们没有接受坏消息，并拒绝推迟发射的建议。当信息通过行政管理系统的这两个部门向上传送时，坏的消息通常会被修改，以使其造成的影响看起来小一些，这可能使消息的重要性得不到体现。

1986 年 1 月 31 日，里根总统说：

> 未来不是自由的，所有人类进步的故事都是与各种困难做斗争的过程。我们再次了解到，美国是亚伯拉罕·林肯称为地球上人类最后的、最好的希望，是建立在英雄主义和高尚的牺牲之上的。它是由像我们的七星航行者这样的男人和女人建造的，他们回答了一个超越责任的召唤，他们给予了超过预期或要求的东西，而他们很少想到世俗的奖赏。

➤ 尾声

悲剧发生后，所有被卷入"挑战者"号航天飞机决策过程的高级管理者，包括 NASA 和硫科尔公司的所有人都提前退休，无论是出于媒体的压力、同行的压力、疲劳还是我们不知道的压力。如果我们没有从中吸取教训，那么才是真正的失败。我们得到了如何改进风险管理进程的经验，遗憾的是付出了血的代价。

1967年1月27日，在"阿波罗火星204"测试飞行中，3名宇航员遇难。NASA当时的指挥官韦布被约翰逊总统安排对该事件进行内部调查。调查主要针对技术方面展开。NASA在调查过程中一直对媒体保持公开。正是由于它的这种态度，调查组的可信性才得到认同。

在"挑战者"号航天飞机事件里，事故的发生究竟归咎于管理失误还是技术失误一直得不到准确的结论。毫无疑问，人人都知道决策上是存在缺陷的。NASA和硫科尔公司各自独立面对评判。一些重要的信息被封锁了，至少被暂时封锁了，这严重影响了人们对NASA的信心。正如人们所料，媒体开始对NASA和硫科尔公司进行报复性抨击。

在"阿波罗火星204"事件发生后，NASA的管理层几乎没发生什么变动，所发生的变动也都是正常的工作调动或者必要的升职。然而在"挑战者"号事件后，几乎NASA的所有管理职位都发生了人事变动。

企业在遭遇不幸后的发展，很大程度上取决于它如何与媒体打交道。这个结论是从泰诺悲剧（Tylenol tragedy）（见本章的另一个案例分析）和"阿波罗火星204"事件中得出的。

事故发生后，在关键数据发布后，发表的论文表明O形环数据相关性确实是可能的。在一篇这样的论文中，弗雷德里克·莱特霍尔（Frederick Lighthall）指出，这种相关性不仅可能存在，而且真正的问题可能是许多人共有的专业弱点，尤其是需要分析技术数据的工程师。莱特霍尔的观点是，工程师的课程并没有教给他们足够的统计能力，尤其是方差分析能力。罗杰委员会在发现NASA没有统计学出身的工程师后也得出了同样的结论。

几乎所有的科学成就都需要冒风险，然而确定哪些风险值得去冒而哪些风险不值得去冒是比较困难的。每个登上太空的人，无论是军人还是平民，他们都是自愿的。他们明知道在太空不可能获得百分之百的安全，但仍然愿意去冒这个风险。

问题

以下是根据风险管理的原则进行分类的一些问题，这些问题可能不是简单的对和错就可以回答的。

风险管理计划

1. 在案例提供的数据里，是否已经提供了一份风险管理计划？
2. 如果这个风险管理计划存在，那么是否要用这份计划或不用它，为什么？
3. 风险管理计划、质量保证计划和安全计划三者是一样的还是不同的？
4. 分别假定NASA的发射计划是每年16次、25次或者原来的60次，你有更好地处理风险管理计划的方法吗？为什么每年的发射计划数量和制订风险管理计划是密切相关的？

风险识别

1. 风险和异常的区别是什么？这个区别是谁定义的？
2. NASA 或硫科尔公司是否存在风险识别的步骤？
3. 如果客户和承包商的观点不同，我们如何解决风险识别的问题？
4. 我们是把所有识别的风险都通知高级管理层或发起人，还是只需要告诉他们所有风险的总和？
5. 如果载人航天器使用的是固体火箭助推器而不是传统的液体火箭助推器，那么如何对相关风险进行识别或分类？
6. 如何对风险进行识别或分类（如和政治因素有关的交易的安全）？
7. 如何对和压力有关的风险进行识别或分类（这种情况下的承诺很难实现）？
8. 假定太空计划刚开始，即航天飞机处于实验阶段就已经建立了风险识别计划。如果现在航天飞机已经不是实验设计而开始实践应用，这会影响我们已经做好的风险识别计划吗？我们做过的风险识别计划需要更改吗？

风险量化

1. 考虑到航天飞机项目的复杂程度，对风险制定一套定量的分析方法是否可行或实用？或者应该对每种情况进行分析？我们可以得到一个既可以定量又能定性的风险评估系统吗？
2. 我们如何对与结冰相关问题的风险进行量化？
3. 如果客户和承包商的观点不同，我们如何解决风险量化的问题？
4. 如果发现一个紧急风险，项目经理应该如何以最好的方式向高级经理汇报这个风险的影响？项目经理应该如何确保高级管理人员意识到后果的严重性？
5. NASA 的风险量化做得如何？这个量化系统是真的进行定量分析还是只是进行定性分析？
6. 任何风险都是有发生概率的吗？为什么？

风险应对（风险处理）

1. 企业如何决定什么样的风险是可接受的，什么样的风险是不可接受的？
2. 谁会对合适的风险应对机制做最终的决定？
3. NASA 使用的风险应对机制是什么样的？
4. 风险应对方法的选择是依据风险本身还是依据其他因素？
5. 如果风险没得到量化，企业应该如何决定是否接受风险？
6. 在选择合适的风险应对机制之前，如果要考虑将风险提交管理层审阅，那么哪些因素是起决定作用的？
7. 为什么航天员不能参与发射决策（如从风险接受角度考虑）？他们应该参与吗？
8. 当 NASA 的领导放弃使用发射实施准则时，他们选择的是什么样的风险应对机制？
9. 签发豁免书也是一种风险应对机制吗？
10. 飞行日程安排应该对风险应对机制得到的不同结论妥协吗？

11. 当硫科尔公司和 NASA 的领导忽略工程师的建议时，他们采用的是哪种风险应对机制？

12. 硫科尔公司和 NASA 的工程师有尽全力告知管理层采取的风险应对机制的做法是错误的吗？

13. 当 NASA 向承包商施加发射压力时，NASA 的风险应对机制违背了要确保航天员安全的责任吗？

14. 当 NASA 故意忽视天气对航天飞机的影响时，NASA 的风险应对机制违背了要确保航天员安全的责任吗？

风险控制

1. 跟踪一个风险控制计划需要多少文档？如果这种文档过多，那么会对决策产生影响吗？

2. 风险控制包括一份记录经验和教训的文档。在案例研究里，有一份获得所有经验的目录吗？或者把这个目录做成了一份简单的自我保护备忘录？

3. 硫科尔公司的工程师应该如何说服他们的经理和 NASA 来推迟发射？

4. 是否本应该有人阻止"挑战者"号的发射？如果这样，那个阻止的人会不会因此丢掉工作？

5. 工程师应该如何处理来自上级的压力而不去跟随一个明知道是错误的做法？

6. 航天飞机工程的交流链和责任链应该如何设置，以使其发挥更好的作用？

7. 由于结冰的问题，罗克韦尔公司无法保证航天飞机的安全，却没阻止发射。如果将来也遇到这种情况，会有更好的解决办法吗？

8. 什么程度的风险是可以接受的？

9. 如果领导认为面对潜在的巨大收益可以忽略风险，我们应该如何处理这种情况？

10. 如果你是履行个人义务的陪审员，你认为谁应该对"挑战者"号航天飞机的灾难负责？

帕克电信公司

➤ 背景

电信产业的飞速发展，迫使帕克电信公司（Packer Telecom）的高管意识到，必须在所开发的项目上进行风险管理。如果帕克电信公司在引进新产品上落后，那么它将丢掉市场。而且，如果帕克电信公司被认为在新产品的学习曲线中处于落后位置，那么帕克电信公司可能失掉与其他公司成为合作伙伴的宝贵机会。

帕克电信公司还面对另一个重要问题，那就是研发经费。一般情况是公司使用 8%~10% 的经费用于研发，而在电信领域，这个数字可以增加到 15%~18%。帕克电信公司准备投入 20% 的资金用于研发，而且只有少部分项目能从概念发展到最后的商业化阶段，而帕克电信公司原本希望借此来恢复研发经费。这方面的原因在于缺乏有效的风险管理。

第 11 章 项目风险管理

▶ 会议

项目经理："我花费了大量时间来使风险管理得到最好的应用。我很惊奇地发现，类似我们这样的公司，它们对于风险管理知道得非常少。我从有限的几个其他公司的风险管理结果中发现，我们可以开发一套自己使用的风险管理模式。"

发起人："我已经读过你的报告，也看过你的模板。你在模板中使用了帕克电信公司不曾使用的一些语言和表达方式，这让我很震惊。我们需要使用这些模板来改变管理项目的方式吗？我们需要对现在的管理方法进行很大的改变吗？"

项目经理："我希望我们可以在现有的模式中应用这些模板。如果其他公司使用这些模板，那么我们就应该使用。这些模板同样可能被其他公司使用。我认为这些事实和这些模板一样重要。"

发起人："为了更好地管理项目和生命周期阶段，这些模板难道不应该与我们的方法体系保持一致吗？这些模板可能得到确认，但不是在帕克电信公司。这种概率分布是基于其他公司的历史（经验），而不是基于帕克电信公司的。我在你的报告中没有看到任何能说明这种可能性的内容。

"我的最后一个问题是，这些模板都是基于历史的（而非未来因素）。我的理解是，风险管理需要前瞻性，能够预测一些未来可能出现的结果。我无法从你的模板中看到这些因素。"

项目经理："我明白你的忧虑，但是我不认为那是问题。我更期望在下一个突破性的项目中使用这些模板。这就会为我们提供一个认可这些模板的好基础。"

发起人："我需要考虑一下你的请求。我不敢肯定，在对我们的雇员不进行风险管理培训前就可以使用这些模板。"

🔍 问题

1. 这些模板能否从一家公司传递到另一家公司？传递时是否必须进行适当的修改？
2. 这种概率分布可能从一家公司传递到另一家吗？如果不能，我们应该怎样建立这种概率分布？
3. 你如何验证这些风险评估的模板？
4. 一个风险管理模板应该具有前瞻性吗？
5. 雇员可以在不经过一些特殊的培训前就使用风险管理模板吗？

卢克索科技公司

1992—1996 年，卢克索科技公司（Luxor Technologies）在无线电通信领域的业务翻了 4 倍。卢克索科技公司的成功在于其技术团队的强大，这被认为是首屈一指的。目前，技术团队的薪水很高，并且被赋予自由创新的权利。即使卢克索科技公司的收入来自制造，但它仍被《华尔街日报》称为"技术驱动型公司"。

卢克索科技公司的大部分产品都是依靠低成本、高质量，以及应用于"高科技"的技术而不是高端的技术突破获得成功的。工程应用和进程改进是卢克索科技公司最主要的优势。卢克索科技公司拥有技术突破、工程应用甚至进程改进方面的专利，即使某公司不是它的主要竞争者，它也拒绝把这些技术授权给其他公司。

对卢克索科技公司而言，专利保护和技术秘密是非常重要的。基于这种考虑，卢克索科技公司实行内部纵向集成，制造和装备自己的产品，只有那些寻常部件才会去购买。卢克索科技公司认为，如果它从外面的卖主那里购买一些"敏感"器件，那么将把关键的私有数据泄露给卖主。因为那些卖主同样为卢克索科技公司的竞争者提供服务，卢克索科技公司坚持采用纵向集成的方法来保护其技术秘密。

作为技术市场的领军者，卢克索科技公司在技术上确实具有一些优势。所以，它认为没有必要在技术风险管理上争取专家的意见。为了防止技术团队只能达到所需技术规定界限的75%～80%，产品一旦完成就进行发布，同时声明公司将在下一年对它进行升级更新，以求完成余下的技术规定界限的20%～25%，以及产品的其他特性。产品的改进和更新是以1年为基础的。

然而，到1996年秋季，卢克索科技公司的运气开始消失，竞争者取得主要技术上的突破并迅速追赶上来。1998年，卢克索科技公司进行了市场评估，结果显示自己将从市场的领军者变成落后者。卢克索科技公司开始意识到，必须做点事情来改变这种趋势。

1999年1月，卢克索科技公司雇用了风险分析和风险管理专家，帮助公司对潜在的损失进行评估，并协助开发减轻方案。顾问分析了1992—1998年公司承接项目的历史记录和项目的经验教训，得出的结论是卢克索科技公司的主要风险在于技术方面，并且需要按照表11-4和表11-5进行准备。

表 11-4　技术风险的可能性

事　件	可　能　性
技术需求	0.95
科学研究需求（没有进步）	0.80
概念形成	0.40
原型开发	0.20
原型测试	0.15
关键性能展示	0.10

表 11-5　技术风险事件的影响

事　件	影　响　率	
	最尖端科技发生变化	最尖端科技没有发生变化
产品性能未达到规格的100%	0.95	0.80
产品性能未达到规格的75%～80%	0.75	0.30
放弃项目	0.70	0.10
需要更进一步的改进	0.60	0.25
利润率降低	0.45	0.10
潜在的系统性能下降	0.20	0.05

表 11-4 中列出了出现的技术风险事件。顾问根据过去和现在的数据推测未来，认为在接下来的几年里，存在 6 个最常见的技术风险事件。表 11-5 给出了每个项目的技术风险带来的影响。由于未来在高科技方面进步的可能性非常大，顾问认为，表 11-5 给出了是否需要推动高科技进步的概率。

表 11-4 和表 11-5 肯定了管理的风险，确定了卢克索科技公司确实处于困境。考虑到表 11-4 中给出的技术风险，顾问认为必须根据这些风险制定一定的战略决策，尤其要考虑前两个风险。其他公司在应用工程领域的竞争中渐渐赶上了卢克索科技公司，并且现在正在最先进的科技专利领域慢慢超越它。1992—1998 年，时间被卢克索科技公司技术团队视为奢侈品，但现在时间是非常严重的制约因素。

面对管理问题上的战略决策，卢克索科技公司是应该在无线电领域保持技术领袖的地位，还是保持自己的特色作为一个跟随者，这种从技术领军者到技术跟随者的潜在改变带来的影响由营销部门决定。营销部门给出下面的列表并且将其交给了管理部门。

（1）公司未来的发展速度将会受限。
（2）卢克索科技公司在应用工程领域仍然保持强势，但需要外包最先进的开发工作。
（3）卢克索科技公司需要为外部承包商提供专利信息。
（4）卢克索科技公司可以不再继续纵向集成。
（5）产品的最终价格将在很大程度受转包商费用的限制。
（6）卢克索科技公司可能无法继续保持低成本供应商的地位。
（7）裁员将不可避免，但最近还不需要。
（8）产品的营销和销售可能需要改变。卢克索科技公司还可以保持低成本、高质量、高科技制造者的地位吗？
（9）如果卢克索科技公司的竞争对手降价，对卢克索科技公司的未来生存能力将产生很严重的影响。

营销部门给出的清单证明了卢克索科技公司的发展和生存存在很大的威胁。工程部门准备了另一项行动计划来保证卢克索科技公司在技术领域领军者的角色。

（1）卢克索科技公司可以从竞争对手哪里雇用专业的研发技术人员。这将是昂贵的。
（2）卢克索科技公司可以利用现有的经验丰富的研发人员对现有的部分员工进行培训。
（3）卢克索科技公司可以针对普遍的研发方法，资助举行研讨会和大学课程，同样可以以电信通信项目进行研发筹资。这些课程可以从本地获取。
（4）卢克索科技公司可以采用学费退还的方式为远程学习（在网络上进行的学习）付费。这应该有整个学期的计划。
（5）卢克索科技公司可以从外面购买技术。
（6）卢克索科技公司可以从其他公司（包括竞争对手）购买或者获得授权技术。这要建立在竞争对手提出一个合理的价格基础之上。
（7）卢克索科技公司与其他公司一起合资或者合并开发。这需要卢克索科技公司披露自己的很多所有权知识。

根据前面营销部门和工程部门给出的清单，卢克索科技公司的管理部门需要从长远考虑，决定未来的发展路线。

问题

1. 一个具体的风险事件（如技术风险）会带来其他技术的或是非技术的风险吗？风险事件是存在内在联系的吗？
2. 营销部门提供的清单给出风险事件的可能性或者风险事件的影响了吗？
3. 如何给营销列表确定概率？
4. 工程部门给出的7条信息都是减轻风险事件的方法。如果公司采纳了这些建议，那么应该采取规避、承担、减轻还是转移的风险举措？
5. 你会支持营销部门还是工程部门？在这一点上，卢克索科技公司应该怎样做？

阿尔特斯公司

▶ 背景

第二次世界大战之后，美国与苏联进入冷战时期。为了赢得冷战的胜利，美国不得不研制极具破坏性的尖端武器系统。这些武器的破坏性足够让侵略者懂得，美国有足够的报复能力并且将产生巨大的破坏。

几亿美元被投入那些到现在还没有开始进行的相关研究。成本加成合同的授予，使航天和国防系统承包商的数量无限制地增长。研究速度与技术能力被认为是比成本更重要的因素。更糟糕的是，为保持竞争和使防御工事承包商总数最大化，合同将授予第2个或第3个最具实力的投标者。

▶ 合同签订

当得知自己获得高级战术导弹计划的研发权时，阿尔特斯公司（Altex Corporation）的负责人非常兴奋。合同条约规定阿尔特斯公司必须服从军方，在合同授予生效60天内提出公司两年的正式项目计划。当时的合同不要求开发风险管理计划。负责研发的项目经理举行了一个针对高级战术导弹计划风险评估的会议。

项目经理："我正在筹备项目计划，我是否也应该同时写一份风险管理计划作为这个项目的一部分呢？"

发起人："完全不用！大部分新武器系统都是由军方人员制定的，他们对开发一种基于甚至还不存在的技术的武器系统需要什么没有现实意识。如果我们能完成强制标准的60%~70%，那我们就很幸运了。"

项目经理："但那不是我们在投标书中所声明的。我在合同授予之前，并未参与其中，所以我没有权利知道投标书制定的过程。投标书甚至说我们也许能完成规格限制以外的工作，而现在你说我们要是完成60%~70%就应该感到高兴。"

发起人："我们说必须说的话，这么做是为了赢得竞标。每个人都这么做，这是普

第11章 项目风险管理

遍做法。谁先赢得合同的研发部分，谁就可能获得后续的制造合同，这可是会带来百万美元利益的。如果我们能达到规格的 60%～70%，应该足够让军方放心并继续以后的合作。如果我们把开发适合规格的技术细节所需的实际费用告诉军方，我们就永远不会得到合同，这个项目甚至可能被取消。军方需要这套武器系统，他们不蠢！他们知道将发生什么，他们并不想在美国国防部认同和项目开始以后再去长官那里要更多的钱。政府想要低成本，而我们想要可以产生巨大利润的长期的、后续的生产合同。"

项目经理： "难道我们不是在投标书里撒谎吗？"

发起人： "我的工程师和科学家是高度乐观的，并且他们相信自己能够完成目标。这就是技术突破如何产生的。我愿意称它为技术能力过度乐观，而不是撒谎。如果我的工程师和科学家必须制订风险管理计划，他们也许变得悲观，那对我们不利！"

项目经理： "你的工程师和科学家的乐观将带来负面作用，他们不是积极的思想家。没有积极的思想家，最终我们就没有风险管理或应急计划。当我们需要的资源明显比预算多的时候，我们将被迫接受危机管理。面对这样的情况，我们的费用将增加，而这样将使军方很不高兴。"

发起人： "军方不会因为资金不足或改变进度而处罚我们。要是我们未能满足至少60%～70%的规格要求，不管怎样，那么我们就有大麻烦了。如果我们无法满足规格限制，军方将不会提出后续产品合同的请求。我认为军方可接受的最小极限为规格的60%～70%。军方想让项目现在开始进行。

"另一个重点是，长期合同和后续产品生产合同要求我们与军方建立良好的工作关系。这是非常关键的。一旦我们得到第一笔合同，正如我们所认为的，军方将一直与我们合作，并为后续工作努力。不管谁得到了研发的成果，几乎都将得到赚钱的生产合同。如果军方官员必须告诉他们的上司成千上万美元被授予了错误的项目承包商，他们的前途也许处于危险中，因而军方官员是在压力下与我们工作的。从他们的事业角度上看，军方官员更愿意允许我们降低要求而不是承认犯了错误。"

项目经理： "为了达到技术要求，必须开发出足够先进的高新技术，我只是对管理这个项目有一点不安。这就是为什么我想要准备风险管理计划的原因。"

发起人： "当知道可以随心所欲地花钱，并且进度还可以延期的时候，你就不需要风险管理计划了。如果准备一套风险管理计划，结果就是你会暴露多重风险，尤其是技术风险。军方可能不知道有多少风险，那么我们为什么要打开潘多拉魔盒暴露它们呢？我个人认为，军方已经知道有多少风险，只是不想让它们在上级面前公开化。

"如果你想要开发风险管理计划，那就自己去做，而且我的意思是真的只由你一个人做。过去的经验表明，我们的雇员每个星期都要与军方人员进行 2～3 次非正式的谈话，我不希望任何人告诉客户，我们有一个风险管理计划。客户必然想看看究竟，那对我们没有好处。

"如果你感觉要被迫告诉客户你正在做什么并因此而发怒，那么等上大约一年半。到那时，军方已在我们及我们的项目上进行了相当可观的投资，并且他们将依附我们，让我们继续后面的工作。由于战略时机和额外的成本，他们从未想要在游戏的末尾再选第二个供应商。所以，请你暂时保留风险管理计划。

"如果看起来军方将取消项目，那么我们就向他们展示风险管理计划，或许这样能保住这个项目。"

问题

1. 为什么风险管理计划被认为是多余的？
2. 假设风险管理计划必须完成，它应该在投标阶段进行还是在合同授予以后进行？
3. 如果合同工作说明没有要求承包商进行风险分析并制订风险管理计划，客户是否有权要求承包商进行风险分析并制订风险管理计划？
4. 如果项目的资金是内部提供的，阿尔特斯公司会对开发风险管理计划更感兴趣吗？
5. 如果由项目经理单独制订风险管理计划将有多大影响？
6. 应该允许客户参与或协助承包商开发风险管理计划吗？
7. 如果一个风险管理计划在研发活动期间被提出，军方应做出什么反应？
8. 如果允许总费用超支和进度延期，这对风险管理计划有多大影响？
9. 过度乐观或过度悲观如何影响风险管理计划的制订？
10. 假设目前科技进步水平需要提高，你应如何制订一个风险管理计划？
11. 风险管理计划的突然揭露，可以被用作防止一个潜在失败项目的终止补缺措施吗？
12. 在几乎所有的项目集和项目中，都需要制订风险管理计划吗？

阿克梅公司

背景

阿克梅公司（Acme Corporation）开始着手一个比较乐观的项目，为市场开发一款新的产品。阿克梅公司的科研团队取得了一次技术上的突破，并且项目现在似乎已处在开发阶段，而不是纯粹的研究或者应用研究阶段。

该产品被认为是一款高科技产品。如果这款产品可以在未来的4个月内开始销售，在竞争者赶上来之前，阿克梅公司预期可以占领市场至少1年。

市场营销部门发表声明，要想成为成本为中心的市场领军者，该产品的单价不应超过150~160美元。

阿克梅公司为该项目采用了项目管理方法。这种方法有6个生命期阶段：
（1）初步规划。
（2）详细规划。
（3）执行或者设计选择。
（4）原型开发。
（5）测试或检验。
（6）生产。

在每个生命期阶段末，项目发起人都会和其他干系人召开阶段性审查会议。这个审

第 11 章 项目风险管理

查会议是正式会议。在会议上，阿克梅公司会展示在项目管理中采用这种方法所获得的成功。

在这个项目的第 2 个生命期阶段（详细规划）结束的时候，项目经理和项目发起人召开了一次会议。会议的目的是详细审查计划，并对存在的问题和日后需要项目发起人介入的领域进行界定。

▶ 会议

发起人："我只是不了解你送给我的这份'风险管理计划'文件。我看到的是一个 5 级的工作分解结构，并且还有 100 多个风险事件。我为什么现在要看这 100 多个风险事件，而且这些事情并没有按照一定的方式加以分类。我们的项目管理方法难道没有提供如何处理这种情况的指导吗？"

项目经理："所有这些风险事件都将影响最终产品的设计，我们必须保证以最低的风险选择合适的设计。遗憾的是，我们的项目管理方法没有包含任何关于怎样制订一个风险管理计划的规定或者指南。或许这个需要考虑到。"

发起人："但是这也没有必要对 100 多个风险事件进行研究吧。这个数目太多了。概率和期望的结果在哪里呢？"

项目经理："我的团队没有被安排去分析概率和损失。当我们接近原型开发阶段时，我们才会去做这个事情，而一些风险会随之消失。"

发起人："如果风险能在下个月消失，我们为什么还要花费所有的时间和金钱来对风险进行评估呢？如果你们在所有的风险管理上都花费相同的钱，那么我们会超支的。"

项目经理："到目前为止，我们还没有考虑其他的风险管理步骤。但是我认为，对剩下的步骤进行风险评估所需的费用只要少于总的风险管理费用的 10%，我们仍然可以保证预算的支出。"

🔍 问题

1. 项目经理给发起人的文件是一份风险管理计划吗？
2. 项目经理真的执行有效的风险管理了吗？
3. 在风险事件的识别上花费适当的时间和金钱了吗？
4. 某一步的操作应该"主导"整个风险管理过程吗？
5. 在风险识别工作中，对已经完成的那部分工作有哪些显著的好处？
6. 如果需要识别 100 个左右的风险事件，那么有必要对这些事件进行分类吗？如果需要，应该怎样分类？
7. 发生的概率和预期的结果（例如，损害）可以精确地分配给 100 个风险事件吗？
8. 项目管理方法应该为风险管理计划提供指导吗？
9. 考虑到案例研究中的生命期阶段，在哪个阶段确定风险管理计划是合适的？
10. 对项目经理"只有等到原型阶段才能给出概率和结果"的陈述，你有什么感想？

风险管理部门

▶ 背景

1946年，也就是第二次世界大战结束后不久，库珀制造公司（Cooper Manufacturing Company）成立，主要制造小型家用电器。到2010年，库珀制造公司在美国已经有超过30家制造工厂，其业务涵盖了小型和大型家用电器。公司几乎所有的增长都来自用现金流支付和从金融市场借款的收购。

库珀制造公司的全球拓展计划始于2003年。考虑到这一点，再加上雄厚的资金储备，库珀制造公司计划每年收购5~6家公司。国内收购亦可。几乎所有被收购的都是家居用品的制造公司，也有一些被收购的是空调、火炉和家庭安全系统的生产企业。

▶ 风险管理部门

20世纪80年代，库珀制造公司开始快速收购，并建立了风险管理部门。风险管理部门向财务总监（Chief Financial Officer，CFO）报告，被认为是公司财务部门的一部分。风险管理部门的功能是采用损失预防的方式，协调公司的资产保护。该部门与公司内部其他部门（如环境健康和安全部）密切合作，需要的时候还会引入外部顾问，以支持该部门的活动。

库珀制造公司让每个制造部门在指定的自留水平内承担损失，以确保整个公司在风险管理过程中协调一致。如果损失重大，该部门需要在利润率底线内吸收该损失及所产生的影响。这直接涉及部门的损失预防和索赔管理。当发生索赔时，风险管理部门将与该部门的人员保持定期联系，以建立关于赔偿、资金储备和最终处置的协议。

作为风险管理的一部分，库珀制造公司会对指定的自留风险部分购买保险，保费由各个部门分摊。保费根据销售额和历史损失赔偿及其对历史损失赔偿分配的百分比计算。

风险管理被认为是对收购和资产剥离进行尽职调查的一部分。它在该过程的开始而不是结尾进行，最终可形成向高级管理层提交的书面报告和介绍。

▶ 新风险形成

风险管理部门最初的职能是保护公司资产，尤其是遇到索赔和诉讼时。该部门更多地关注财务和商业风险，而很少涉及人力资源。如今，这样的情况将发生改变。

库珀制造公司的制造过程中大部分是劳动力密集的流水作业线。尽管库珀制造公司为工厂更新了设备，以支持流水作业线，希望可以加快工作速度，但是生产依然要靠劳动力来完成。工厂的现代化的确提高了产量，然而有更多的人受伤或请病假，致使库珀制造公司的劳动赔偿金和医疗保险费支出剧增，超出许多部门的财务底线。

高层管理者意识到了问题的严重性，要求风险管理部门找出减少伤残、工人请病假天数及降低工人劳动赔偿金的方法。为了达到这个目标，风险管理部门不得不观察每个工人完成任务的方式，并对工人和机器接触的地方进行改进。此后，该部门更名为风险管理和人类工程学部。

▶ 人类工程学

下面的内容来源于维基百科：

> 人类工程学是设计工作环境使其符合使用者的需求的科学。合理的人类工程学设计可以避免慢性的、可致长期伤残的重复性劳损。
>
> 国际人类工程学协会对人类工程学做了如下定义：
>
> 人类工程学（或人因工程学）是研究人类和其他系统因素的交互关系的科学学科，也是应用理论、原理、数据和方法做出提升人类幸福感和系统整体绩效的设计的专业。
>
> 人类工程学被用于同时达到健康和产量两个目标。比如，人们可以利用人类工程学原理设计出一套健康的家具和一台具有易用的人机接口的机器。
>
> 人类工程学关注的是人类及其所使用的技术工具及环境之间的"契合度"。它考虑了使用者的能力和局限，保证任务、设备、信息和环境适合每个使用者。
>
> 为了评估个人及其所使用的技术之间的契合度，人类工程学考虑了要进行的工作（活动）、使用者需求、使用的设备（设备的大小、类型是否适合当前任务）和使用的信息（信息如何被解释、传达和变更）。人类工程学在对人类及其环境进行研究时，整合了许多其他学科，包括人类测量学、生物力学、机械工程学、工业工程学、工业设计、运动机能学、生理学、心理学。

人类工程学包括工作环境变化的灵活性和从个人工作活动到团队设置的桌面组件和兼容性。工作站为任务集中型环境提供了人类工程学方面的支持。

另外，人类工程学还被用于指代人体生物力学，因为它与工作场所有关（如被用于人类工程学的椅子和键盘）。工作场所的人类工程学必须兼顾员工长期和短期的安全。它可以通过提升安全性来降低企业成本，减少企业的劳动赔偿数额。举例来说，每年都有超过 500 万名员工承受过度伸展带来的伤害，而人类工程学对工作场所进行设计，使员工不必过度伸展，从而为制造业节省了数以 10 亿元计的劳动赔偿（见图 11-5）。

图 11-5 工作场所的人类工程学

对工作场所进行人类工程学实践时，可以运用反馈或前摄的方法。反馈的人类工程学是指当有事物需要调整时，采取正确的措施。前摄的人类工程学则是寻找可能需要改进的区域，在它们成为大问题之前对其进行调整的过程。问题可以通过设备设计、任务设计或环境设计的方式来解决。设备设计改变了人们实际使用的物理设备；任务设计改变了人们要借助设备完成的事情；环境设计改变了人们的工作环境而不是他们使用的物理设备。

问题

1. 库珀制造公司最初为保护公司资产而设立风险管理部门的动机正确吗？换言之，这样做真是在实行风险管理吗？
2. 人类工程学作为风险管理部门的新职能，这是对风险管理的有效解释吗？
3. 降低医疗保险费用和劳动赔偿可以成为一个项目吗？
4. 你认为库珀制造公司在成功降低成本方面的秘诀是什么？

桑多拉公司

总部位于美国的桑多拉公司（Sandora Company）一直在努力保持盈利。公司试图缩小企业的规模，削减成本，尤其是制造部门。遗憾的是，由于必须遵守与健康、安全和环境有关的美国法律，可用于降低成本的措施有限。

桑多拉公司设计并制造公司产品中的所有部件。这些部件几乎是100%的垂直整合起来的。管理层认为，他们可以像其他公司一样通过外包工作提高盈利能力，比如将一些制造工作外包给新兴市场国家的公司。这些外包公司的员工素质高、薪酬低。采用这种方式，桑多拉公司就能专注于内部组装工作，而不是制造和组装。

于是，桑多拉公司决定对一些部件进行外包，并通过全球竞标寻找承包商。低收入新兴市场国家的几家公司提交了投标书。低收入国家在健康、安全和环境方面的法律似乎不那么严格。这正是桑多拉公司所希望的，通过降低制造成本，提高潜在盈利能力。

对投标方提交的标书，桑多拉公司采用的评估和验收标准在很大程度上基于成本、质量和进度安排。有几家公司符合桑多拉公司的评估标准。但桑多拉公司知道，某些国家仍然存在独特的企业环境因素，这些因素可能在合同授予后产生严重影响。该公司聘请了一家跨国咨询公司来评估桑多拉公司可能授予合同的国家的企业环境因素，包括政府影响、政治气候和行业标准等。

咨询公司发现了以下企业环境因素的问题：

- 选择谁作为承包商，东道国政府拥有最终的话语权。桑多拉公司选择的承包商可能被迫采用他们国内的分包商。更糟糕的是，不论分包商的资格如何，所选的承包商可能被要求在失业率最高的城市选择分包商（即使在该国其他地方有更多合格的分包商）。

- 地方政府虽然是"沉默的"干系人，但对是否允许加班有最终决定权。政府可能不希望加班，即使这么做可能创造一个新的阶层。
- 桑多拉公司可能对承包商分配资源的方式没有发言权。此外，一旦桑多拉公司的项目被分配到员工的工作中，员工就有权"拥有"一份工作。桑多拉公司没有能力把不称职的人调离项目。
- 如果工人认为合同一旦完成，他们会被解雇，他们可能大大减缓工作速度，从而延长就业时间。桑多拉公司可能无法要求承包商加快进度。
- 在美国的公司中，项目的各种问题和困难大多数是通过团队成员、项目发起人和治理委员会之间的会议来解决的。但在其他国家，这些问题和困难可能被提升到政府高级官员手中，他们会成为积极的干系人，以确保这些问题的解决有利于东道国。当东道国获得合同时，东道国政府将这个项目视为国家收入来源，也是维持人们就业的一种手段。因此，政府可能密切监控公司（如桑多拉公司）签订的许多合同。桑多拉公司要明白这类监管的存在。
- 承包商公司的项目管理成熟度水平可能低于桑多拉公司的预期。承包商可能不具备桑多拉公司报告项目进展所需的工具和软件。
- 东道国的高级管理人员可能不愿意做出有关桑多拉公司和承包商项目团队的项目决策，并要求所有客户与承包商的沟通都要经过高级管理人员。

考虑到外包部件将面临的各种问题，桑多拉公司的高级管理人员现在要做出一个关键的决定。

问题

1. 企业环境因素的影响是否应作为授予合同的标准之一？
2. 在授予合同后，桑多拉公司能否控制企业的环境因素？
3. 桑多拉公司是否可以在合同工作声明中要求更改企业环境因素？
4. 桑多拉公司现在应该怎么做？

第 12 章

冲 突 管 理

在任何项目的任何环节，与任何人都有可能发生冲突。这些冲突有些很棘手，有些则能轻易地被处理。过去，我们尽可能地避免冲突的发生。现在，我们相信如果冲突能够得到及时正确的处理，反倒会带来好处。

项目经理可以通过多种方式处理冲突。方式的选择取决于冲突的程度、发生冲突的对象及冲突对象的权力大小、项目所处的生命周期阶段、项目的优先级及高级管理层对该项目的重视程度。

迈尔制造的新实验室使用安排

埃迪·特纳（Eddie Turner）很高兴地得知自己已经被提升为部门主管，并负责安排新工程实验室的所有活动。新实验室对迈尔制造（Mayer Manufacturing）是必需的，工程、制造及质检方面都急需这样一个新实验室。高层管理部门认为新的实验室将缓解前段时间所遇到的问题。

迈尔制造新的组织结构（见图12-1）需要对实验室的政策进行调整。新部门主管刚由部门经理提名，正处于试用期，他全权负责制定新实验室的优先级政策。对政策进行调整势在必行，因为高层管理部门认为制造、工程和质检之间的冲突在所难免。

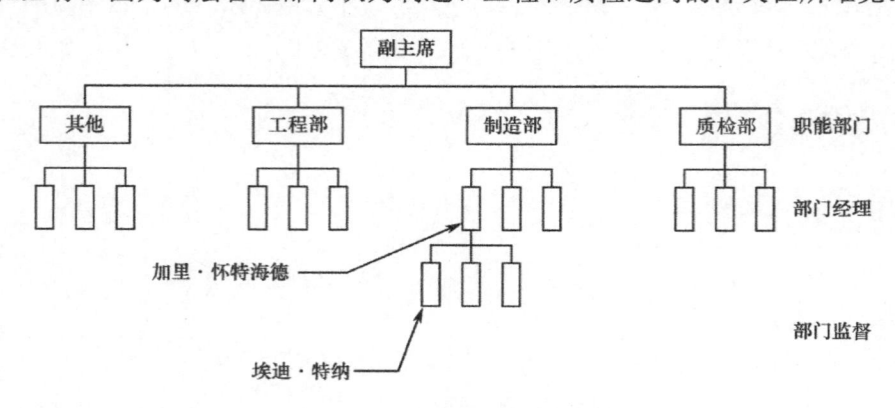

图 12-1 迈尔制造新的组织结构

第 12 章 冲突管理

一个月之后，埃迪意识到自己的工作难度，因此他找来了部门经理加里·怀特海德（Gary Whitehead）。

埃迪："我已经花了很多时间尽可能地使所有的部门经理都满意。可是，如果我将黄金时间的使用权给了工程部，制造部和质检部就会抱怨我偏心。试想一下，自己人竟然说我偏向别人，这是多么糟糕的事！让所有人满意实在太难了。"

加里："埃迪，事情就是这样的，你的工作必然会遇到这种问题。你会处理好这些问题的。"

埃迪："问题是我作为这个部门的主管需要和那些部门经理合作，但是那些部门经理看不起我，仿佛将我视作他们的仆人。如果我是部门经理，他们会给予我一定的尊重。我之所以说这些，是希望新实验室的优先级安排，以你的名义传达给那些部门经理。他们不会像对我那样对你。我会把所有必需的资料都提供给你，你签字即可。"

加里："制定优先级及安排实验室使用流程是你的工作，不是我的。这是个新的工作，我希望你能好好干。我知道你能把问题处理好，因为我选择了你。我不会干涉你的工作。"

接下来的两周，冲突愈演愈烈。埃迪感到单凭个人力量已经不能应付这种情况。部门经理们并不把他放在眼里。这两周里，埃迪都会在周初发给加里一个提醒，问加里是否同意他制定的优先级安排。但是，加里一直没有回复。于是，埃迪去见加里汇报越来越糟糕的情况。

埃迪："加里，我给你发过两次备忘信息，咨询我所制定的优先级是否有什么不合理，不知你是否收到了？"

加里："我收到了。但是之前我已经告诉过你，我有很多事情要处理，没法承担你的工作。如果你不能胜任这项工作，那么就通知我，我会另找人选。"

埃迪回到办公室审视自己所面临的处境。最终，他做了一个决定——他将于下周在他的签名栏底下留出一格由加里签名，然后打印出来分发给各部门经理。"好，让我们看看结果如何。"埃迪自言自语道。

🔍 问题

1. 你觉得接下来最有可能发生什么？
2. 如果加里拒绝签名，埃迪接下来该怎么做？

实验室安全设备使用安排

"你看，汤姆，我完全理解你的问题。"波利博士（实验室主任）说，"我付给你丰厚的薪水，让你负责管理实验室的安全设备。这份工作要求你制定一个与优先级匹配的设备使用安排表。如果你不能将这份工作做好，我就会找其他人来做。"

汤姆："每星期五早上，你的秘书都会交给我一份第 2 周的优先级清单。我想参加一次你们主任在场的会议，就一次，我想在会议上提一下你们的人员对我的所作所为，你们老是推诿有关优先级的问题。

"星期五下午，我会和我们部门的人，以及每个项目代表碰面，以确定下一周的日程。"

波利博士："你们的人难道没有达成共识？"

汤姆："我想你还没认识到我所面临的问题。两个月以前，我们一起讨论过实验室的使用安排。在那次安排中，X-13 号项目被安排在上周使用实验室。但是，就在 X-13 号项目计划使用实验室的前一周的星期五，你们新的优先级清单勒令 X-13 号项目推迟使用，以供另一个更高优先级的项目使用。我们为空闲时间和重新制作网络时间表付出了很多钱，在星期五的会议之后，只有最优先项目的项目经理才可以使用该实验室。"

波利博士："依我看，你根本没有根据当前优先级清单制订一个长期的计划。我承认我们确实给你们带来了一些冲突，但是你也应该知道，我们和楼上的高层也有许多其他冲突要处理。我希望你自己处理好你所面临的问题。"

汤姆："每个项目都要使用安全设备，这就是问题的关键。你是不是说我可以修改关于安全设备使用的优先级规定？"

波利博士："是的，不过你应该与所有的项目经理协商以达成共识。我不希望他们跑到我这里来抱怨你在安排上的不合理。"

汤姆："我对每个月中的前 3 个星期做一个长远的安排，剩下的一周用来安排拥有某些优先级的工程，你认为这样可行吗？"

波利博士："这样应该可行。你最好让所有的项目经理在项目进度比预期慢时及时通知你，这样你就能对实验室的使用安排做出相应调整。我听说许多项目经理直到最后一刻才把消息反馈给你。"

汤姆："这只是问题的一部分。举个例子，VX-161 号项目拥有最高的优先级，它预定在 3 月的第 1 周使用实验室。该项目负责人之前没有通知我，他们进度加快，要求比预期提前两周使用实验室，他们只是来到我的办公室，要求提前到 2 月的第 3 周使用实验室。由于该项目享有最高的优先级，我只能答应他们的要求。可是，BP-3 号项目预定在那一周使用实验室，这样他们就不得不推迟 3 周使用，3 周的空闲时间浪费了他们大量的财力。当然，我也受到了谴责。"

波利博士："汤姆，我相信你能将问题处理好。"

问题

1. 波利博士应该提供支持吗？
2. 如果汤姆无法获得自己需要的支持，他应该怎么办？

泰思达国际

1998 年 11 月 15 日，能源部与泰思达国际（Telestar International）签订了一份交易额为 47.5 万美元的合同，委托其开发和测试两个垃圾处理厂。通过自身研发，泰思达国

第 12 章 冲突管理

际在过去的两年里将宝贵的时间投入了探索垃圾处理技术中。新的合同是将泰思达国际带入新领域——垃圾处理的一个好机会。

这是一份固定总价合同，任何超预算的部分都将由泰思达国际承担。这个项目最初的竞标价是 84.7 万美元。为了拿到这个项目，泰思达国际决定以 47.5 万美元"购入"，这样公司才能步入新的市场领域。

最初 84.7 万美元的估算是比较"粗略"的，因为能源部在垃圾处理方面没有一个很好的工时标准，而这个标准从根本上决定着工时支出。为了以 47.5 万美元"购入"，公司管理部门决定由公司自身承担 40 万美元的支出，以弥补 47.5 万美元与 84.7 万美元之间的差额。

1999 年 2 月 15 日，眼看着支出就要远远超过预算，预计工时费用要达到 94.3 万美元。项目经理决定停止各职能部门的所有活动，其中包括结构分析。而结构分析部经理强烈反对终止他们在一家高压电气系统厂运营前所做的分析工作。

结构分析部经理："停止这些工作就是在冒险。工作停止后，你怎么知道硬件在今后的实验中能够承受住的压力。再说，我可以按照预期在下个月完成分析。"

项目经理："我理解你的担心，但是我不能冒险让预算超支。我的上级希望我们在预算内完成项目。这个工厂设计与我们过去完成的已经投入测试的一家工厂很相似，没有任何的结构问题。这样看来，你们的分析工作是没有必要的。"

结构分析部经理："设计相近并不能代表它们的性能是完全相同的，很有可能存在很大的结构缺陷。"

项目经理："我会承担风险。"

结构分析部经理："是，是由你来承担风险，但是失败也将影响我们部门的信誉。你知道，我们的工作完全是按进度安排来做的，不能超时也不超预算。你在没有真正了解的情况下就终止我们的经费，这实在不是什么好的典范。"

项目经理："我理解你，但是当经费超支不可避免时，我们必须中断部分工作。"

结构分析部经理："在我看来，你没有理由阻止我们完成分析工作，我也不会用我们部门的预算完成它。明天，我会对我们的人员做一个新的安排。顺便提一下，你得谨慎一点，你这样突然终止我们正在进行的工作，我们的人很不高兴，下一个项目再组织人力的时候恐怕有困难。"

项目经理："我相信你完全可以处理好这个工作。我会向我的上级提交我已经起草好的关于终止你们部门工作的终止令。"

在第 2 个月的测试中，工厂爆炸了。事后的分析表明，失败源自结构缺陷。

🔍 问题

1. 项目的失败是谁的过错？
2. 从自身来说，结构分析部经理是否已经尽全力争取继续他的工作了？
3. 那些将自己所在的团体看成其坚强后盾的职能部门经理能否仍然专注于整个项目的成功？

优先级问题

在过去的数年里，肯特公司（Kent Corporation）在获得研发合同方面取得了显著的成绩。顾客对肯特公司员工的解析能力很满意，因为理论和实验的一致性达到了95%。但是仍有些顾客抱怨说95%的比例太低了，他们希望达到98%~99%。

肯特公司购买了一大批计算机来更新它们的计算机设备。新计算机的投入，使研发队伍在处理理论问题时可从二维转向三维。除研发部主任外，所有人都觉得这将有助于建立理论与实验数据的相关性。

肯特公司已经试图通过自己的国际研发项目开发针对三维方案的计算机程序，但是成本太高。最终，在经过一年的提案后，肯特公司说服政府来赞助这个项目。项目估算是75万美元，计划1月2日动工，12月20日完工。丹·麦科德（Dan McCord）被选为项目经理，他在其他几个项目的电子数据处理部任过职，了解员工及工时标准。

肯特公司规模很大，通常会有100多个项目同时开展。如此多的项目同时进行必然会导致频繁的资源再次调配。公司领导每星期一早上都会碰面，讨论优先级分配问题。除非项目经理、各部门经理关于资源的分配问题未能达成共识，否则优先级不会被强制执行。

由于研发部经理的坚持，这个计算机程序项目只享有很低的优先级，这为丹·麦科德带来了难题——计算机部经理拒绝将最好的员工分配给他。因此，丹对这个项目能否成功持怀疑态度。

7月，另两位项目经理与丹·麦科德一起讨论了新计算机模型的实用性。

"倘若我们在建议方案中声明，我们可以让这个新的计算机模型具有实用价值，我们就有希望获得成功。"一个项目经理说道。

"我们项目的优先级低，即便我们按时完成了工作，我也不能保证工作质量，因为安排给我们的工作人员能力不够好。"丹·麦科德说。

"你认为如何提升我们的优先级？"一个项目经理说。

"让我们去找研发部部长试试吧。"丹·麦科德提议。

"我们要怎么辩护呢？"另一个项目经理说。

问题

1. 项目经理应该如何为自己辩护呢？
2. 如果没有人赞成你的辩护，你该如何应对呢？

第 13 章

道 德 规 范

> 当公司的生存遭遇危机时，人们往往会做出一些违背道德和伦理准则的决定。一些人可能认为某些行为是违背道德规范的，另一些人则认为是可以接受的实践行为。每天，人们都处于需要在道德或伦理上做出决定的境况中。
> 一些公司已经找到了解决这个问题的方案，它们通过制定标准实践手册或公司信条为如何做决定提供指导方针，并用这些方针识别哪些干系人的利益应该优先得到满足。

项目管理诉讼

▶ 背景

新总裁上任后，对公司进行了重组。他认为这样对执行项目管理更有好处。在重组的过程中，他违反了与比他早进公司 3 年的工程副总裁的合同协议。

▶ 雇用副总裁

2006 年，菲尼克斯公司（Phoenix Company）雇用了吉姆（Jim）作为工程副总裁。和其他所有高层官员一样，雇用过程包括签订书面合同，里面清楚地规定了奖金、股权、解雇补偿金、退休补偿金和高级职员去职补偿费。

吉姆的奖金条款涉及项目管理。所有的工程项目都由项目经理主管，项目经理需要直接向吉姆报告。吉姆的奖金部分来源于整个公司的利润、公司的股价和其他因素，但主要还是来源于他直接控制的项目的利润。吉姆在项目管理方面经验丰富，他相信这个奖金计划对自己有利。

2006—2008 年，吉姆的奖金比他的实际工资还多，并且每年增长。公司运行良好，吉姆对自己的绩效感到满意，他认为自己在菲尼克斯公司的位置很安全。

▶ 雇用新的总裁

2008 年 12 月末，菲尼克斯公司的总裁宣布退休。菲尼克斯公司的董事会最终从公司外部雇用了一位在项目管理方面具有丰富经验的新总裁。起初，吉姆认为这是一个积极的因素，然而它带来了变化。

新的高管上任后需要做的第一件事就是根据他们想要的控制范围重组组织，这通常发生在新高管上任后的前两个月内。员工们也知道，如果要发生变化，那么就会发生在前两个月。

新总裁在项目管理方面知识渊博，也具有项目管理办公室（Project Management Office，PMO）的工作经验。菲尼克斯公司有项目管理，但是没有PMO。于是，新总裁为公司创建了PMO，这样每个部门的项目经理就不再向部门副总报告工作，而是向PMO的全职人员报告。公司的PMO直接向新总裁报告。在大多数PMO中，项目经理同时向各自的部门经理和PMO报告。

总裁的决策使项目经理成为PMO的固定员工，但这个决策疏远了项目经理各自所在的3个部门，工程部尤为不悦。绝大多数项目经理之前都任职于工程部。工程部如今不再控制项目，即使涉及工程的项目。PMO的建立对失去了项目经理的部门的奖金产生了严重的影响。实际上，PMO是将项目的收入/损失责任转移给了自己。这意味着项目收益将不再作为吉姆年终奖金的一部分。

在2009年和2010年，吉姆的奖金收入大幅下降。2011年1月，吉姆从菲尼克斯公司辞职，并就过去两年内的奖金损失部分对菲尼克斯公司提起诉讼。吉姆和他的律师声称，菲尼克斯公司PMO的建立和收入/损失责任向PMO的转移实际上违反了吉姆所签订的书面合同，影响了他的奖金。

问题

1. 为什么绝大多数高管被雇用时，都要和公司签订书面合同而不是一页雇用通知？
2. 总裁有权重组公司吗？
3. 总裁有权将收入/损失责任从职能部门转移到PMO吗？
4. 你认为吉姆会赢得这场官司吗？

管理危机项目

背景

项目经理已经习惯用一种结构化的过程进行管理，如企业项目管理方法。经过反复修改并被清晰界定的工作说明、工作分解结构，以及每个人都能通过其明确自己的角色和责任的责任分配矩阵（Responsibility Assignment Matrix，RAM），所有这些都需要时间来完成。

这是我们都认为是理所当然的环境。但现在让我们稍微改变一下场景。公司总裁把你叫进他的办公室并告诉你，有几个人因为用了公司的一种产品导致死亡。你被要求来管理这个危机项目。大楼里的大厅被新闻媒体记者围得水泄不通，他们都想采访你，想听听你打算怎么处理这场危机。公司总裁告诉你，新闻媒体已经知道你被任命为这个项目的经理，并且1小时后将要举行一场新闻发布会，同时总裁要求在晚上10点之前看到你应对这场危机的危机管理计划书。此时，你将从何处着手处理呢？你首先应该做什么？

现在，时间是一个不可变的约束条件，而不像以前那样是一个可变的约束条件。这时已经没有时间来实施那些通常进行的所有工作，你可能需要立即做出很多决定，其中一些决定可能是你从来没有想过的。这就是危机项目管理。

▶ 了解危机管理

人们普遍认为，危机管理领域的研究开始于1982年，当时有7人因服用含氰化物的泰诺药片死亡。泰诺公司的母公司强生公司处理这个事件的方式就成了危机管理的典型。

今天，危机既不罕见也不偶然，它们是我们日常生活的一部分。危机并不都能被预见或防止，但是当它们发生的时候，我们必须采取一切可能的措施进行及时有效的处理。同时，我们必须总结经验教训并识别最佳实践，防止同样的错误在未来肯定会发生的危机事件里再次出现。

我们对有些危机事件十分了解，因为它们经常在商学院中的各种课程里被提到。在社会中成为典范的危机案例包括以下多个：

- 卡特丽娜飓风。
- 疯牛病。
- "挑战者"号航天飞机爆炸。
- "哥伦比亚"号航天飞机失事。
- 泰诺中毒事件。
- 印度博帕尔联合碳化物公司的化工厂爆炸。
- 埃克森尔迪兹晶状体泄漏。
- 切尔诺贝利核灾难。
- 三里岛核灾难。
- 俄罗斯库尔斯克号核潜艇事件。
- 安然和世通破产事件。

有些危机是由自然灾害引起的。这种危机发生的时候，公众通常抱有一种宽容的态度。而危机管理主要应对的是由人为因素造成的危机，如由假冒伪劣产品、欺诈及环境污染等引起的危机。与自然灾害不同，这些人为造成的危机并不是不可避免的，而且公众一旦了解，他们认为这些危机通常是不可原谅的。当埃克森尔迪兹晶状体泄漏事件发生的时候，埃克森公司拒绝面对媒体长达5天之久。最终，埃克森公司将这起事故的责任归咎于该船的船长，并且认为阿拉斯加环境部门阻碍其进行急救工作。拒绝媒体且采取消极态度给埃克森公司造成了极大的负面影响。

大多数公司既没有能够预见这些危机可能发生的适当程序（即使它们进行了风险管理），也不知道当这些危机发生的时候应该如何有效地应对。当人为的危机造成有人丧生时，无情的公众就会对负责应对的公司提出极其严厉的批评。企业声誉是非常脆弱的，几十年建立起来的好声誉可以在几小时或在几天之内遭到毁灭。

有人认为，有效的风险管理活动可以避免危机的发生。尽管检查风险的触发因素能避免某些危机是正确的，但并不是所有的危机都可以避免。不管怎样，危机发生的时候能够实施危机管理，这样我们就可以阻止情况变得更糟。

有些时候，某些特殊行业的公司发现模拟和分析有关产品和服务的最坏场景很有必要。产品篡改就是一个例子。这些最坏的场景被当作应急计划、紧急计划或救灾计划。这些场景还经常被当作"已知的未知"来设计，这样至少可以获得它们可能发生时的部分信息。

危机管理需要在极短的反应时间内采取明智的方法，也需要全体员工的共同努力。在危机管理中，需要快速做出决策，有时甚至需要在连部分信息都没有或者整体破坏程度都未知的情况下做出决策。这些事件发生得如此之快并且无法预期，所以实施任何计划都好像不可能。关键人物的角色或责任每天都可能发生变化。大部分干系人可能积极地参与进来，他们当中的一部分以前也许会保持沉默。在这种情况下，公司能否幸存下来完全取决于如何处理危机。

危机可能发生在任何公司，不管公司规模大小。危机中涉及的公司规模越大，媒体报道的范围就越广。当然，危机也可能发生在所有事情都进展得十分顺利的时候。管理学大师彼得·德鲁克说，那些长久以来取得压倒性胜利的公司容易变得自满，即使最初的假设和环境条件都发生了变化，这时危机最有可能发生。德鲁克将这种情况称为"成功的失败"。

遗憾的是，大部分经验教训都是从对危机的不当处理中得到的。在学习完本章的不同案例之后，需要问你们一系列的问题，从而决定这些案例中是否有共同的危机因素。

▶ 福特公司与凡士通公司

对汽车行业来说，产品召回是代价昂贵的并令人十分窘迫。对产品召回的不当处理可能给消费者信心和股票价格带来不利影响。汽车制造商福特公司和轮胎制造商凡士通公司还未能从2000—2001年的产品召回的影响中走出来。

2000年8月，凡士通公司在美国召回了其生产的650万个轮胎，主要原因是福特探险者（一种运动型多功能车，Sports Utility Vehicles，SUV）的胎面分离问题。轮胎的问题早在几年前就被发现了。沙特阿拉伯在1997—1998年就报道过探险者的胎面分离问题。1999年8月，凡士通公司在沙特阿拉伯更换了问题轮胎。2000年2月，凡士通公司在马来西亚和泰国也更换了这种轮胎。同年5月，凡士通公司又在委内瑞拉更换了这种轮胎。

起初，人们认为这种问题仅限于那些气候炎热的路况很差的国家。然而，2000年5月，美国国家公路交通安全局收到了90例投诉，其中涉及27人受伤和4人死亡。2000年8月，凡士通公司在美国召回650万个轮胎。

福特公司和凡士通公司同时采取了召回行动。遗憾的是，召回之后，事故仍然在继续发生。所以，福特公司开始指责凡士通公司的轮胎存在缺陷，同时凡士通公司指责福特探险者在设计上存在缺陷。福特公司和凡士通公司的关系急剧恶化。

福特公司和凡士通公司之间的相互指责给了新闻媒体很多新闻素材。因为两家公司都不想为它们的行为负责，或者因为即将到来的诉讼，消费者对两家公司的信心都降低了，它们的股票价格也下跌了。消费者的情绪是决定因素，这看起来要比消费者的安全重要得多。

福特公司的首席执行官纳赛尔（Jac Nasser）试图缓解消费者的担心，但是他的行为没有与他的言论保持一致。2000 年 9 月，他拒绝参议院和众议院贸易小组委员会对召回的轮胎进行测试，原因是他太忙。2000 年 10 月，小野正利（Masatoshi Ono）辞去了普利司通公司首席执行官的职务。普利司通公司是凡士通公司的母公司。2001 年 10 月，纳赛尔也辞职了。两位首席执行官离开了，但是他们给公司留下了消费者的 200 多份诉状。

> 经验教训：
> 1. 早期预警信号已经出现，但是被草率地处理了。
> 2. 公司之间的相互指责让公众认为，对于公共安全，没有哪家公司值得信任。
> 3. 言行必须一致，否则公众不会相信。

▶ 法航的协和式飞机空难

2000 年 7 月 25 日，法航协和式飞机（Air France Concorde Flight）起飞后不久坠毁，机上 109 人和地面 4 人遇难。法国航空公司（Air France）立即停飞所有的协和式飞机，等候事故调查。为了应对媒体的压力，法国航空公司利用自己的网站发布新闻，表达公司的悲伤和慰问。同时，在法律诉讼前，法国航空公司对遇难者的家属给予经济上的补偿。法国航空公司的主席斯皮内塔（Spinetta）在事故当天到达现场并随后参加了为遇难者举行的追悼会。

法国航空公司处理这起危机事件的特点是快速反应、与媒体公开沟通、关注遇难者家属。虽然在事故当天，法国航空公司的股票价格下跌了，但是很快又恢复了。

英国航空公司（British Airways，BA）也在使用协和式飞机，但是它在事故之后采取了一种截然不同的方法。英国航空公司在事故发生 1 个月后才决定无限期停飞协和式飞机，而且这个停飞决定是在民航局宣布将撤销协和式飞机的执照之后做出的。最终，协和式飞机的适航证书被恢复了，但是英国航空公司的股票价格下跌之后经过了很长一段时间才逐渐恢复。

> 经验教训：
> 1. 英国航空公司和法国航空公司对这一危机事件采取了不同的应对措施。
> 2. 法国航空公司总裁通过尽快赶到现场和参加遇难者追悼会表达了他的同情。英国航空公司却什么都没有做，这是它忽视自己的社会责任的表现。

▶ 英特尔公司和奔腾芯片

奔腾芯片的制造商英特尔公司因为产品召回而遭遇难堪。一位数学家在利用奔腾芯片进行 10 位数计算的时候，发现了一个严重的四舍五入错误。英特尔公司相信这个错误不是很严重，可能 10 亿次中才会出现 1 次。这位数学家进行了 10 亿次计算，因此错误出现了。

这位数学家将这个错误通知了英特尔公司，而英特尔公司拒绝对这个问题采取措施，并声称这种错误发生的概率极其微小，只会对很小比例的奔腾用户产生影响。于是，这位数学家将这个错误披露给了公众。

英特尔公司突然发现这个错误的比率并不像开始想象中那样小，但它仍然坚持认为这个错误仅仅会影响很小一部分人。英特尔公司将责任转嫁给用户的行为，声称用户该换一种芯片了。但是，英特尔公司未得偿所愿，来自用户的抗议越来越强烈。在IBM公司宣布它将不再在个人计算机上使用奔腾芯片之后，英特尔公司最终不得不同意为用户更换所有芯片。

英特尔公司自己制造了自己与公众之间关系的噩梦。英特尔公司的反应缓慢而且不真诚，它仅仅想通过技术渠道来解决这个问题，完全忽视了这场危机中的人的因素。通知在医院工作的人或进行空中交通管制的人，他们的计算机存在一个缺陷，但是这个缺陷不是很严重，这种做法显然是不能让人接受的。最终，英特尔公司花了近5亿美元召回问题芯片，这比问题刚出现时就更换芯片的花费多得多。

经验教训：

1. 英特尔公司未能立即对这场危机承担责任，并且没有制订一个危机管理计划，这使得情况变得更糟。
2. 英特尔公司完全忽视了公众的意见。
3. 英特尔公司未能意识到危机的存在。

▶ 俄罗斯库尔斯克号核潜艇事件

2000年8月，库尔斯克号（Kursk）核动力潜艇沉没，导致118名艇员丧生。这些艇员也许永远救不了了，但是对俄罗斯军方和俄罗斯政府来说，这次危机的处理方式无疑意味着一次巨大的灾难。

俄罗斯国防部不仅不能真诚地向媒体提供消息，反而发布错误信息，告诉公众潜艇在一次训练中搁浅，艇员暂时没有危险，试图以此来淡化这次危机。国防部甚至散布谣言说是潜艇与北约潜艇发生了碰撞。最终，真相水落石出，这时俄罗斯才寻求帮助开展救援，但是为时已晚。

俄罗斯总统普京收到了大量的有关他处理危机的方式的不利宣传。事发之时，普京正在俄罗斯南部度假，随后便身着便装出现在电视上，并声称情况还在控制之中。之后几天，他便从人们的视线中消失了，这激怒了公众和遇难艇员的家属，同时表明他缺乏介入这场危机的个人愿望。当他最终来到"库尔斯克"号的基地时，迎接他的是愤怒和敌意。

经验教训：

1. 对大众撒谎是不可饶恕的。
2. 俄罗斯没有披露这次危机的严重性。
3. 俄罗斯没有及时地寻求其他国家的帮助。
4. 俄罗斯政府官员没有及时出现在出事地点，表明他们缺乏社会责任感，同时表明他们缺少对遇难者及其家属的同情心。

▶ 泰诺中毒事件

1982年9月，7人死于服用含有氰化物的超强度泰诺。7名受害者都相当年轻，他们首次死于人们所知的产品篡改。所有的7个人都是在1个星期内死亡的。氰化物中毒的症状是昏迷，而且十分难治疗。

1982年9月30日早晨，记者们开始致电强生公司总部，询问有关泰诺的信息及强生公司对此次死亡事件的反应。这是强生公司第一次听说这次死亡事件，并且可能和泰诺有关。

当时信息很少，采取行动的时间也很少，强生公司分3个阶段对这次危机进行了处理。第1阶段是发现危机，其中包括从一切可能渠道收集信息，以了解问题的复杂性和危机的关联性。第2阶段是对危险和潜在损害进行评估和量化。第3阶段是建立一个复苏和缓解危机的计划。有别于传统的可能持续几个月或几年的"生命周期"阶段，这些阶段将在数小时或数天内完成。

从一开始，强生公司就发现自己与媒体的关系比以往密切得多。詹姆斯·伯克（James Burke）是强生公司的CEO，他迅速把这次事件的性质提升到公司级别，并亲自负责这个危机项目，同时委派公司的其他高级管理者负责公司的其他日常事务。

有几个原因能解释为什么伯克要亲自担任这次事件的负责人。第一，伯克认为这次事件会与公司的未来息息相关。第二，伯克认为这次事件会影响强生公司的声望。第三，伯克认为麦克尼尔（McNeil）公司（生产泰诺药物的公司）没有能力单独应付此次事件。第四，强生公司需要一名发言人，伯克很自然地成了此次事件的发言人，他也是为数不多的出现在电视荧屏上的CEO之一。伯克的第一个决定是要与媒体保持良好的关系。公众、医学界及美国食品药品管理局（Food and Drug Administration，FDA）也迅速地做出了反应。

伯克尽可能地向公众传递他们所能获得的所有信息，而不是只公布少量的信息或试图隐瞒信息。他迅速且诚实地回答了所有人的问题。这是史上第一次有一位CEO如此坦诚地面对媒体和公众。伯克话语中充满了诚恳。

干系人管理

关于如何处理这次危机，伯克有多种选择方案可用。决定选用哪种备选方案是一个困难的决策。站在伯克身后的是那些将受强生公司决策影响的干系人。这些干系人包括消费者、股东、贷款机构、政府机构、管理者及员工。

（1）消费者。消费者在这次危机中是最大的干系人，因为他们命悬一线。消费者必须对他们所购买的产品有信心，并且相信如果按照规定服用是安全的。

（2）股东。股东通过股票价格和红利获得经济利益。如果消除和更换费用太高，或者出现最坏的情况——重新设计产品，都会导致一些依赖股票收益的投资者出现财政困境。

（3）贷款机构。贷款机构为企业提供贷款和信贷额度。如果当前或者未来的收入流受损，那么可用的贷款就可能减少，并且利息也会提高。企业产品的未来收入流状况会影响它的债务质量等级。

（4）政府机构。政府最关心的是保障公众健康。政府法律实施机构主要致力于追究责任方的责任。其他政府机构将提供协助来促进和设计防篡改包装，以此来恢复消费者的信心。

（5）管理者。公司的管理者有责任保护公司的形象及获利能力。想做到这些，管理者必须说服公众，让他们相信管理者会采取一切必要的措施来保护消费者的利益。

（6）员工。员工和管理者有着相同的关注点，但是他们也担心收入减少甚至失业的情况发生。

不管强生公司做出什么样的选择，它都将得罪一部分干系人。那么，公司如何确定哪些干系人的利益更重要一些及公司应该如何优先考虑这些干系人的利益便成了一个需要解决的问题。

对伯克和整个战略委员会来说，这不是一个困难的决定——只需要根据公司的信条决定就行。45年来，强生公司一直有个信条，这个信条明确地指出强生公司产品和服务的使用者是优先考虑的对象。每个人都知道这个信条是什么、代表着什么，也都知道这个信条必须遵守。强生公司的这个信条引导了决策制定过程，不用通知，每个人也知道。这个信条陈述了优先考虑的对象顺序：

（1）消费者。
（2）员工。
（3）所服务的社区。
（4）股东。

这次危机结束的时候，伯克回忆说，做出第一个关键的决定时并没有开什么会，这个决定是对媒体开放及把消费者的利益放在首位。"每个人都知道我们应该做什么，"伯克先生说，"我们没有必要开会，因为我们有信条哲学的指导。"

解决方案

解决方案是设计新的包装。11月，泰诺胶囊在采用三重封口的防篡改包装后，被重新介绍给顾客。12月，新包装在零售柜台里就可以见到了。尽管10月召回泰诺胶囊导致麦克尼尔公司的状况不稳，然而公司现在所拥有的新的三重封口技术是行业里第一个响应政府号召做出的防篡改包装，并且成了美国食品药品管理局的标准。

在1982年的圣诞周，泰诺胶囊已经恢复了原来67%的市场份额，产品比公司预期恢复得更快更好。

防拆封包装

在1982年秋天芝加哥地区的产品篡改事件发生后，销售商和包装企业便开始探索各种包装技术以保护消费者，杜绝随意拆封的现象。强生公司几乎对每个可行的技术都进行了详细的审阅。最终，它为泰诺胶囊精选了一套带有胶固襟翼外包装的三层密封包装系统，盖子和瓶颈被印刷塑料密封，瓶口还被贴上结实的密封铝箔。

做出再次推出胶囊的决定基于那段时间的市场调研。这项研究表明，泰诺胶囊为许多消费者留下了可供选择的剂量表。许多消费者感到新胶囊更易吞咽，一些消费者认为新胶囊可以有效减轻疼痛。尽管以上说法没有事实根据，但是药片和胶囊一样有效——这并不是突发奇想。"在某种程度上，一些人认为止痛药可能更有效，也可以收到更好的效果。"伯克说，"这是由于安慰剂的作用，不过对消费者还是有好处的。"

基于这些发现及对新三层包装系统的信心，强生公司决定以胶囊形式开发超强度泰诺止疼片。

▶ 4 年之后："泰诺"的第二个悲剧

1986 年 2 月 10 日，强生公司被告知，纽约委彻斯特县（Westchester）的一名年轻妇女——戴安娜·艾尔斯卓在吞下超强度泰诺胶囊后因氰化物中毒死亡。强生公司立即派代表前往，试图进一步了解情况并协助调查。同时，强生公司也在华盛顿和外地办事处致电美国食品药品管理局（FDA）及联邦调查局（Federal Bureau of Investigation, FBI）商讨此事。

强生公司接受 FDA 和当地权威机构的以下说法——Bronxville/Yonkers 和纽约地区的人直到调查结束不要服用此类胶囊。尽管从一开始，强生公司就没有理由相信这已经不是一件孤立的事情，但是它仍然赞同 FDA 的观点，即"直到另行通知为止，不得在全国范围内服用受污染的 ADF916 批号的胶囊"。然而，为了公司的信誉和调换产品，消费者被要求退换这一批号的产品。这些瓶装胶囊是 1985 年 8 月运往零售商的 200 000 件包装中的一部分，它们当中的 95%已经销售出去。强生公司认为如果这批药在制造商或分配地受到污染，那么其他消费者在几个月以前就应该报告这个问题。

强生公司再次任命其 CEO 伯克作为公司的首席发言人，并且因为伯克及强生公司员工的开放性和及时性，媒体再一次给予它们宽容的对待。强生公司迅速且诚实地对所有媒体提出的问题给予了答复，这些都源自 1982 年"泰诺中毒事件"的教训。

从面向消费者的胶囊销售业务中退出

显然，1986 年的环境有些特殊。考虑到委彻斯特县事件，强生公司不再确信它是否能对空心胶囊的生产安全性问题提供适当的安全保证。因此，管理者决定停止这项业务。"我们极不情愿而且心情十分沉重地做出这个决定，"伯克在宣布这个决定时说，"但是我们无法控制胶囊出厂后被随意拆封这一事实，因此我们有责任把胶囊从市场上撤除，以维护公众的利益。"在 1982 年 7 人因服用含氰化物泰诺胶囊致死事件之后，伯克说，强生公司将"搏杀回去"。他还说："我们将重新做一次。我们将鼓励消费者使用固体药片或者糖衣药片。糖衣药片特别适合为胶囊使用者服务。它的形状就像一个胶囊，大小是胶囊的 35%，并且有层薄膜使其更容易吞食。它同样具有一个药片该有的坚硬程度。我们将发展这个药片形式作为胶囊的另一种选择。自从 1984 年被引进后，它已经变成很多消费者的一种止痛药片的选择。"

伯克进一步指出："虽然这个决定对我们来说是个财政负担，可它不能与失去戴安娜的家庭和朋友所遭受的损失相比。"他的声音因为涉及那位死去的女士而在颤抖。他说他已经代表公司表达了对戴安娜的家庭和爱着她的人的同情。

强生放弃了胶囊业务，在应对其宝贵的泰诺（Tylenol）系列产品所受到的攻击时，采取了最大胆的选择。与此同时，该公司利用最近的泰诺恐慌所带来的宣传机会，推广其他形式的泰诺，尤其是其药片。强生公司最初不愿离开泰诺胶囊业务，1985年泰诺胶囊销售额为5.25亿美元，约占该业务的三分之一。伯克说，他不愿采取这样的行动，他指出，如果"我们退出胶囊行业，其他人就会进入"。

很多人曾认为1982年的事件意味着泰诺的终结，现在人们相信泰诺会存活下来，因为它已经证明了它可以存活下来。如果以糖衣片的形式可幸存，那么该行业最终将效仿。美国食品药品管理局打算同产业执行官会面，讨论什么样的技术变革能够有效地解决这个难题。这也是必需的。不确定的是，如何对非处方胶囊进行再检查，这包括从Contac解充血药到Dexatrim饮食配方等数十种产品。

结论

在国会的证词中，伯克说："政府机构的承诺和表现给我留下了深刻的印象，尤其是美国食品药品管理局和美国联邦调查局。我不能想象还有哪个机构能够比它们对美国公民更负责、更专业、更积极或更有理性。

并且，媒体扮演了评论家的角色，在告知美国公民为了保护自己的权利及需要知道什么的时候发挥了关键作用。在大多数情况下，这些都能被及时和精确地完成。在委彻斯特县事件后的头1周内，民意调查显示，纽约地区近100%的消费者意识到了这个问题。我认为这是新闻媒体为社会公众服务的一个好的开端。"

喝彩和支持

强生公司再一次获得了很高的评价，这是因为它应对了泰诺的第二个悲剧。从麦克尼尔公司的营销副总裁罗伯特·西蒙兹(Robert Simonds)的讲话中可以明显看出这一点。"在麦克尼尔，人们的目标和积极的态度是真正统一的。自从问题解决后，预约公司产品的队伍排得很长。这些都是将胶囊从公司生产线中移除后所带来的影响。我们认识到强生公司宣布的计划中没有更好的替代品。"西蒙先生继续说，"这是因为我们根本无法保证胶囊的安全性。"

在1982年的那场悲剧之后，西蒙先生说："麦克尼尔所领导的每个人都齐心协力地做自己该做的事情。"有300多名员工负责接听消费者电话，其中有4个人甚至可以用西班牙语接电话。

这些员工是由消费者主动提供的推荐书鼓励着前进的。在乔治亚州的萨凡纳，一个人写信给伯克先生说："你和你的属下应该继续骄傲地前进！"在密苏里州的曼彻斯特，有人写信说他们"会继续支持、购买你们的产品"。

很多记者不知道如何能帮上忙，但是很明显想做一些事情。例如，纽约的一个人写道："我以我的微薄之力捐献了一张10美元的支票，用于反抗恐怖主义活动。我愿意以我的两个孩子的名义捐赠，他们是堪迪斯和詹尼佛。现在它（这个胶囊的取消和废除）将仅仅花费强生公司149 999 990美元。"

不仅仅是消费者带来的推荐书和感谢信。《纽约时报》说，在处理公共风险时"以直率的方式，决定停止以胶囊形式出售泰诺，伯克先生不论是作为分析专家、营销专家还是消费者本身都获得了称赞"。

《克利夫兰老实人报》（The Cleveland Plain Dealer）说："在面对公众对这种产品越来越关注的情况下，撤出所有直接售给消费者的胶囊药品的决定是令人遗憾的，但也是明智的选择。"

《美国新闻与世界报道》杂志写道："没有公司喜欢坏消息，也很少为这些坏消息做好准备。对于如何处理未曾预料到的情况，它们应该吸取强生公司的经验教训。"

美国专栏作家汤姆·布莱克恩在《迈阿密新闻》中这样描述："强生公司发展商业是为了获取更多的金钱，它在这一方面做得非常好。但是当这个趋势变得艰难时，这家公司采用了人道的方法，这是血腥的商业世界中令人注目的事情。"

在华盛顿召开的商业理事会（由企业的首席执行官组成）上，里根总统说："让我们祝贺你们其中的一员。最近有人在面对压力的情况下，履行了公司的最高职责，维护了公司的尊严。伯克的强生公司，你们获得了我们诚挚的敬意。"

来自各界的支持鼓舞了麦克尼尔，结果也很明显——毫无疑问，我们又回来了！

经验教训：

1. 在危机项目中，项目发起人更要主动地参与进去，并要像项目经理一样行动。
2. 项目发起人应该担任公司发言人，负责所有的危机沟通。所以，项目发言人要具有较强的沟通能力。
3. 开放与真诚的沟通是必需的。
4. 公司必须表现出一种社会意识，同时表现出对人的真诚关心，尤其是对受害者及其家属。
5. 管理具有强烈欲望的干系人也十分关键。
6. 公司，尤其是项目发起人必须和媒体保持很密切的工作关系。
7. 应该成立包括最高层领导者的危机管理委员会。
8. 公司的信条可以缩短危机发生时的反应时间。
9. 公司必须愿意从干系人或者政府机构那里寻求帮助。
10. 公司的社会责任感必须比公司获利的优先级高。
11. 公司领导者，尤其是项目发起人必须尽快出现在危机发生的地方，并对受害者家属表示真诚的慰问。
12. 危机发生后，公司必须努力阻止事件向更糟糕的方向发展。
13. 公司要像公众知道所有信息一样来处理危机事件。
14. 处理危机事件必须快速反应并且诚心诚意。
15. 为自己的产品或服务承担责任，为自己在危机事件中的参与负责。

▶ 受害者和坏人

舆论法庭会经常进行投票决定卷入危机的公司在处理危机时应该作为受害者还是

坏人来对待。两个重要的决定因素是公司在危机中的有关社会责任的表现和它是如何对待媒体的。

在泰诺中毒事件中，强生公司对媒体的开放、为它的产品承担全部社会责任的态度及不计代价地对危机做出快速反应，这些都受到了公众的赞扬。在这场危机中，强生也被认为是受害者。

表 13-1 中列举了公众对各个公司在危机中的表现的观点。危机持续的时间越长，公司被看作坏人的可能性越大。

表 13-1 公众对公司表现的观点

危　　机	大 众 观 点
泰诺中毒事件	受害者
"挑战者"号航天飞机爆炸	坏人
"哥伦比亚"号航天飞机失事	坏人
埃克森尔迪兹晶状体泄漏	坏人
俄罗斯库尔斯克号核潜艇事件	坏人
福特与凡士通公司	坏人
法航协和式飞机空难	受害者
英航协和式飞机事件	坏人
英特尔公司和奔腾芯片	坏人

▶生命周期阶段

危机的发展一般会经历图 13-1 中所描绘的生命周期。与传统的项目管理的生命周期不同，危机生命周期的每个阶段可以按小时或天来计算，而不是按月计算。危机生命周期中任何一个阶段的不当管理都会给公司带来灾难。

早期预警	认识问题	损失评估	解决危机	总结经验教训

干系人的沟通与交流

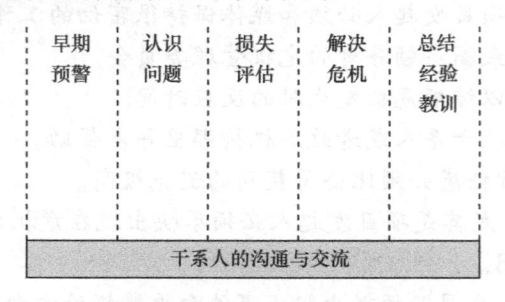

图 13-1 危机管理生命周期阶段

大多数危机发生之前都会有早期的预警信号或危机触发因素，暗示人们危机可能发生。这就是早期预警阶段。典型的预警信号包括技术研发过程中违反安全协议、政府机构的警告、公众的不满、消费者的抱怨及来自基层员工的警告。

多数公司的风险管理很不成熟，尤其是对早期预警信号的评估。英特尔和航天飞机灾难都是这样的例子。如今，项目经理都在接受有关风险管理的培训，但内容主要是与项目管理或产品研发相关的。一旦产品商业化，最严重的早期预警信号就会出现，此时项目经理就会被重新分配到别的项目上，而其他人则必须对预警信号进行评估。

早期预警信号暗示了潜在的风险。在评估这些预警信号时，时间和资金是不可或缺的，这也说明不可能对所有风险进行评估。因此，公司必须对风险进行有选择的关注。

生命周期的下一个阶段是认识引起危机的问题阶段。例如，在泰诺中毒事件中，一旦死亡事件和泰诺药片联系起来，首先必须弄清楚的是在生产（如内部工作）、运输和销售（如外部工作）阶段，泰诺药片是否被污染了。如果媒体对危机的认识缺乏事实根据，它们就会自己捏造问题的原因，并且以错误的方式对公司施加压力。

生命周期的第三个阶段是损失评估阶段。损失的大小常常决定了解决问题的方法。对损失的低估和拖延会引起问题的升级，解决问题的成本也会随着损失规模的增加而增加。英特尔通过惨痛的教训发现了这一点。

解决危机阶段就是公司向外界宣布自己处理危机的方法的阶段。公众对该公司处理危机的方法的观点具有拯救或毁灭这个公司的潜在力量。

最后一个阶段就是总结经验教训阶段。该阶段不仅要从自己的危机中吸取教训，而且要学习其他公司处理危机的经验。从别人的错误中吸取教训总比从自己的错误中吸取教训好得多。

在图13-1中，最重要的组成部分也许是干系人的沟通与交流。当危机发生的时候，项目经理可能需要面对之前相对不重要的干系人，如媒体、政府机构。它们之间存在相互竞争的利益。这些相互竞争的利益使得项目经理必须识别不同干系人的需求和目标，并且必须拥有很强的沟通能力、冲突处理能力及谈判能力。

问题

1. 当危机事件发生时，谁应该担任危机小组的负责人？
2. 公司是否需要成立危机委员会或者任命一名危机项目负责人？
3. 在危机事件中，进行有效沟通重要吗？
4. 在危机事件中，进行干系人关系管理重要吗？
5. 当危机发生时，公司是否要立即承担危机事件的责任？
6. 当危机发生时，把握合适的应对时机重要吗？
7. 对危机事件中受到伤害的人表达同情重要吗？
8. 在处理危机事件时，坚持和维护文件记录重要吗？
9. 收集危机事件的经验教训重要吗？

这是欺诈吗

▶ 背景

保罗（Paul）是一名项目管理咨询人员，常在军法署总部（the Judge Advocate General's

Office，JAG）担任专家，处理政府部门与承包商之间的诉讼案件。尽管大部分诉讼案件是由于承包商提供的产品性能不足导致的，但本案不同。本案是由于性能优越造成的。

▶ 与詹森上校会面

保罗坐在上校詹森（Jensen）的办公室里听他介绍这个合同的背景。詹森上校说：

我们与威尔顿公司（Welton Company）合作已经快 10 年了，这个合同是其中的一个。该合同为期 1 年，要求为海军部提供 1 500 个部件。在合同谈判期间，威尔顿公司告诉我们，它们需要两个季度来制订生产计划及进行采购。它们会在第 3 季度末交付 750 个部件，第 4 季度末再交付剩余的 750 个部件。但是，其他类似的合同都能在一个季度内制订生产计划和进行采购。

参考其他一些类似的合同，海军部希望该合同是一个固定总价合同，因为这样买卖双方的风险都相对较低。政府的采购规则认为这个合同也应该是一个固定总价合同。但是，在合同的最终谈判阶段，威尔顿公司变得很固执，希望这个合同是一个有奖金的激励合同，即如果项目能在预算范围内提前完成，威尔顿公司就可以获得奖金。

我们对威尔顿公司想要一个激励合同感到很困惑。如今，美国的经济不景气，像威尔顿这样的公司应该是非常希望获得政府合同的，这样也能维持公司的就业率。在这样的经济情形下，我们认为它会尽力完成合同。

它要求一个激励合同对我们来说没有意义，但是我们还是同意了。我们也会经常根据特殊的状况调整合同的类型。我们制定了一个固定价格加激励酬金合同，该合同有一个包括一大笔奖金的激励条款。如果它们能提前完成工作，并成功交付 1 500 个部件，它们就能获得这笔奖金。该合同的目标成本是包括 1 000 万美元外购材料成本在内的 3 500 万美元的总成本（超支分担比例：公司 10%，政府 90%）及 400 万美元的利润。合同最高成本价预计是 4 350 万美元。

威尔顿公司说它在第 1 季度完成了采购并制订好了计划，在第 2 季度末交付了 750 个部件，在第 3 季度末提供了另外的 750 个部件。根据他们的票据（这些票据我们已经审计过了）他们前 9 个月的人力成本是 3 000 万美元，外购材料成本是 1 000 万美元。政府部门估计该合同的成本总计在 4 950 万美元，包括 4 350 万美元的成本及 600 万美元的激励费用。

詹森认为威尔顿公司利用海军部获得了一个固定价格加激励合同。我们希望你能调查他们的标书及合同，看他们是怎么做的，看看是否有什么疑点。

▶ 咨询人员的审计

保罗首先审查了合同的最终成本：

人力成本：	30 000 000 美元
材料费：	<u>10 000 000 美元</u>
	40 000 000 美元
成本超支：	5 000 000 美元
威尔顿分担超支：	500 000 美元
最终盈利：	3 500 000 美元

威尔顿公司正好按照合同最高价格完成项目，也就是说以 4 350 万美元完成了项目。

成本超支的 500 万美元都在人力方面。威尔顿公司最早计划 12 个月的人力成本是 2 500 万美元，平均每个月的成本是 2 083 333 美元。但是，威尔顿公司在 9 个月内花了 3 000 万美元，平均每个月的成本是 3 333 333 美元。威尔顿公司前 9 个月中每个月都多花了 125 万美元。威尔顿公司解释说人力成本超支是因为加班和投入更多的人员造成的。现在，保罗非常清楚威尔顿公司是怎么做的。威尔顿公司在人力成本方面多花了 500 万美元，但因分担比例，威尔顿公司仅需要为其中的 50 万美元买单。此外，由于提前交付产品，威尔顿公司还额外获得了 600 万美元的奖金。简言之，威尔顿公司用 50 万美元的投资换来了 600 万美元的回报。

保罗明白，了解这个事实仅完成了一部分工作，要在法庭上进行证实则需要做更多的工作。接下来，他要仔细研究威尔顿公司的标书。标书第 1 页的底部有一段称作"真实的谈判"，该段说明了标书中的任何部分都是真实的。标书是由威尔顿公司的一名高级官员签字的。

保罗接下来开始阅读标书的管理部分。在管理部分，威尔顿公司说，该合同与海军部和政府其他部门的合同是一样的。威尔顿公司还说参与该合同的人员也参与过以前的合同。保罗在标书的其他部分还发现合同的生产计划与其他合同的相似度很大。于是，保罗就想知道为什么威尔顿公司要按两个季度制订生产计划。保罗可以确认有些事情的确错了。

🔍 问题

1. 保罗需要哪些信息来确认这件事情是错误的？
2. 如果你不是一名律师，从项目管理角度来看，你认为是否有足够多的信息进行法律方面的诉讼，从而收回全部或部分由于产品提前交付而支付的奖金？
3. 你认为这个案例最终会如何结束？（这是一个真实的案例，作者就是该项目的顾问。）

管理储备

▶ 背景

项目发起人要求项目经理在项目成本中加入管理储备。然而，项目发起人想要把管理储备用在自己的项目上，这会为项目经理带来问题。

➤ 单一供货合同

阿沃肯公司（Avcon, Inc.）的结构工程部在开发一种高质量的轻型合成材料方面取得了突破。阿沃肯公司相信这种新型材料可以以低廉的价格生产，其客户也会因降低制造和运输成本而获益。

阿沃肯公司取得突破的消息传遍了整个行业。该公司最重要的一个客户要求它提供一份使用这种新材料的设计、开发、产品测试的投标邀请书。简（Jane）被任命为项目经理。她曾多次担任项目经理，而且与该客户合作都取得了成功。

➤ 和蒂姆（Tim）会面

因为技术的新颖性，阿沃肯公司和客户都明白这不会是一份固定总价合同。他们最终就成本加奖金合同达成一致。然而，目标成本还有待商议。

简和所有的职能经理一起工作，以确定他们应当为这份合同付出多少工作量。唯一未知的是进行结构测试所耗费的时间和成本。结构测试将由结构工程部进行，该部门取得了这项技术的突破。

蒂姆是结构工程部的负责人。简和蒂姆开会讨论了该项目的测试成本。会议上，蒂姆说：

"完整的测试将花费 100 000 美元。我认为我们应该将测试价格计入成本，并且包含至少 100 000 美元的管理储备以防出错。"

对于加入管理储备，简有一些为难。在她的估算中，费用总是比时间重要。但是，简根据先前的经验知道完整测试可能是不需要的。因为蒂姆是这方面的专家，简勉强同意在合同中加入管理储备 100 000 美元。正当简准备离开蒂姆的办公室时，蒂姆强调说：

"简，我已经要求成为你项目的发起人，管理层也同意了。你和我将一起工作。鉴于此，我希望在你向客户提交最终标书之前看到所有的成本数据。"

➤ 检查成本数据

简曾和蒂姆一起工作，但那时蒂姆不是项目发起人。然而，在一些项目中，较低或中层管理者充当发起人也是很常见的。简和蒂姆见面，向他提供了可能出现在计划中的下列信息：

- 共享率：90%～10%。
- 合同成本目标：800 000 美元。
- 合同利润目标：50 000 美元。
- 管理储备：100 000 美元。
- 利润上限：70 000 美元。
- 利润下限：35 000 美元。

看着这些数字，蒂姆面带不悦。他说：

"简，我不希望客户知道我们有管理储备。让我们把管理储备放入成本之中，将成本改为 900 000 美元。我知道成本基准不应包含管理储备，但是在该项目中，这是需要的。"

简知道成本基准中不应包含管理储备，但是她无能为力。蒂姆是项目发起人，他拥有最终话语权。简不明白蒂姆为什么试图隐藏管理储备。

▶ 执行开始

蒂姆要求简把管理储备 100 000 美元包含在结构测试工作包中。简从先前的经验中知道完整的测试并不是必需的，该工作包的典型成本为 75 000~90 000 美元。建立一个 200 000 美元的工作包意味着蒂姆对管理储备有完整的控制权和知道应该如何使用它们。

简确信蒂姆有一个隐藏的计划。因为不确定接下来做什么，简联系了项目管理办公室的一名工作人员。这名员工告诉简，蒂姆未能成功地将自己的一些子项目包含在项目组合中，管理层拒绝将蒂姆的任何一个项目纳入组合预算中。

现在，一切都清楚了：蒂姆为什么拉拢简，并且要求成为项目发起人。蒂姆正在迫使简违反 PMI 的职业道德准则。

🔍 问题

1. 蒂姆为什么要增加管理储备？
2. 蒂姆为什么想要成为项目发起人？
3. 蒂姆的行为是否违反职业道德准则？
4. 如果简遵从了蒂姆的指示，那么简是否也违反了职业道德准则？
5. 如果简不打算听从蒂姆的建议，那么她有哪些选择？

吉尔的困境

吉尔（Jill）欣喜若狂。当她大约一年前加入该公司时，她表示她更喜欢成为一名项目经理。现在她得到了这个机会。公司中的大多数项目经理负责传统项目，负责在特定的时间框架内向客户提供特定数量的标准设备。吉尔的项目不仅包括设备的交付，还包括根据客户提供的规格开发一种能够承受高温的新型设备。

她的公司在创新能力方面并不有名。大多数公司的创新都是渐进式的，只是对现有产品线进行小的改变，以满足特定产品的使用。这个项目似乎是一个颠覆式的创新项目，也是吉尔所希望的挑战。

公司的大多数生产合同都是通过竞标获取的，吉尔的项目也不例外。公司所有的标书也都是由市场和销售部门准备的，无论是通过竞标还是直接销售（Straight Sales）。项目经理没有参与标书的准备工作，而是在合同签订后被分配到项目中。项目经理经常发现他们不能按照市场和销售人员为赢得合同所承诺的去做。

吉尔审阅了客户的合同工作说明书，感到很困惑。有两个问题与她有关。第一个问题，创新承诺是基于营销人员放入标书中的数据做出的，"公司已经有优先测试数据，表明新的规范要求可以得到满足"。在与研发小组的沟通中，吉尔发现不存在这样的数据。营销部门告诉吉尔，有时他们会"随意"对待为赢得合同而做出的承诺。在吉尔看来，这是为了赢得合同而撒的弥天大谎，然后希望"奇迹"发生。吉尔不知道是否可以做出颠覆式创新来实现新的规格。

第二个问题，根据交货时间表生产和交付设备的数量。这些生产线已经接近产能极限了。创新对生产线带来的变化仍然未知，吉尔担心其他项目可能会被推迟，以满足她的项目要求。所有这些能否在目标成本内完成也是未知的。

合同工作说明书中要求经常报告进展情况。吉尔找到她的项目发起人，咨询她应该做什么，以及是否告知客户这个项目上的风险。隐藏项目的进展和风险将是困难的，吉尔不想在报告中撒谎。于是，项目发起人说："在任何情况下，你都不能告知客户这些风险。如果有必要，管理层会在未来的某个时候做出这个决定。这就是我们做生意的方式。我指派你担任项目经理，因为我相信你可以管理这个项目。如果你做不到，我就派别人去做。请你试一试。"

吉尔开始相信她是注定要失败的。但她决定着手开展创新活动，希望能迅速取得突破。她的创新团队相信创新最终可以实现，但在客户的时间表要求内实现很难。

这给制造部门带来的影响也是未知的。

问题

1. 吉尔应该考虑拒绝担任项目经理吗？
2. 项目初期进展不佳的可能性相当高。此外，客户希望在风险管理报告中获得信息。吉尔应该什么时候决定将哪些信息写入报告？
3. 在外包和协同创新中，这种涉及创新的进展报告常见吗？

第 14 章

管理范围变更

> 无论一个项目被计划和执行得多么好，项目范围的变更都是随时可能产生的。范围的变更可能是由于计划阶段的遗漏引起的。在实施过程中，客户的需求发生变化或者技术发生变革也会引发项目范围的变更。
>
> 这里有两种最常用的控制范围变更的方法：①允许连续的范围变更出现，但是需要在配置管理方法的指导下进行；②对所有要完成的范围变更进行聚类，作为一个增强型的项目。在两种方法中，风险和回报同时存在。至于什么时候选择其中一种会更合适往往是不能确定的，但一般都是处于灰色地带之时。

柏林勃兰登堡机场

项目经理接受的培训内容包括预测意外事件的发生，然后在必要时采用风险减轻策略。大多数课程都有这类培训，并且在《PMBOK®指南》的所有知识领域中都会提及，而不仅是在风险管理部分。

对于持续时间短或一开始就定义明确的项目，项目经理和项目团队通常具有减轻风险的专业知识。项目经理可能不具备项目每个方面所需的专业技术知识，但通常都知道要问哪些问题才能做出可行的决定。如果项目团队不能自己做出决策，那么他们必须寻求干系人的支持（假设干系人拥有必要的知识）。然而，即使进行了合适的人员配置和管理，进度和成本偏差仍然可以发生。

遗憾的是，有几种情况可能会导致成本严重超支和进度滞后，包括：

- 一个没有技术经验或非专业的项目团队。
- 根据政治和工会关系，而不是项目的经验来分配项目干系人和治理人员。
- 干系人数量过多，其中很多人与项目的最佳利益相冲突。
- 在没有支持数据证明项目需求和预期收益的情况下批准项目。
- 为了获得支持（如政治支持和项目认可），在项目开始阶段以不切实际的较低数字估计项目成本。
- 没有研究世界各地类似的项目，因此没有从这些项目中获取最佳实践和经验教训。
- 在项目的整个生命周期中改变干系人和治理人员，以便高层决策人员可以避免对以前的错误决策负责。

- 对分配到关键职位的团队成员没有进行资格核实。
- 对企业的环境因素做出的假设不切实际。
- 对竞争性制约因素带来的影响缺乏了解。
- 采购合同的授予是基于政治因素做出的,而不是实际的能力。
- 在项目规划前已经确定采购合同授予的对象。
- 决策者对技术缺乏足够的了解,没有仔细考虑就批准代价昂贵的范围变更。
- 在整个项目生命周期中,干系人和项目团队之间缺乏沟通。
- 干系人缺乏项目管理知识,不清楚哪些项目进展报告应该包含哪些信息。
- 缺乏一个具有项目管理知识的核心组织来监督整个项目。

每种情况都可能对成本管理和进度管理造成重大的麻烦。现在,让我们问一个关键的问题:如果所有这些情况都出现在同一个项目上,会发生什么?

不妨了解一下柏林勃兰登堡机场(Berlin Brandenburg Airport),你将看到一个 30 亿美元的项目逐步超支成 80 亿美元,整个工期延迟长达 8 年。

➤ 证实需求的合理性

大型基础设施建设项目可能并不像大多数人想象中那样罕见。世界各地的政府机构可能会需要建设一个大型的国际机场(假设每十年一次)。任何来自其他类似机场的历史数据(如果存在),都会因为技术和客户期望的变化而过时。

当 1989 年柏林墙倒塌时,为了航空旅行的预期增长,这个新统一的德国意识到需要一个现代化的国际机场。柏林目前的三个机场都已经过时了。坦普尔霍夫机场(Tempelhof Airport)是最古老的机场,即将关闭。东柏林的舍内费尔德机场(Schönefeld Airport)被低成本航空公司使用。因此,1948 年开放的泰格尔机场(Tegel Airport)成为柏林国际旅行的主要机场。

建设新机场需要进行有效的商业论证。遗憾的是,反对修建新机场的言论比支持修建新机场的多。几个主要的问题是:

- 柏林不一定是一个"商业市场",它是否有足够的吸引力带来大量的客流量?
- 除 2017 年 10 月 27 日因破产而停止运营的柏林航空公司之外,还有其他航空公司会考虑将新机场作为中转旅客的枢纽吗?法兰克福机场和慕尼黑机场已经是成熟的国际枢纽,会对新机场造成强有力的竞争。
- 新机场的资金是来源于公共资金或私人资金,还是两者兼有?
- 新机场的所有权属于公共部门或私营部门,还是两者都有?
- 如果新机场永远不会成为一个国际机场,而机场商店的大部分收入来自转机到其他航班的乘客,我们如何吸引这些商店呢?商店数量太多也会与其他国际商务中心展开竞争。
- 我们应该如何应对住在新机场附近的居民?采取哪些措施降低噪声?有必要对一些房屋进行隔音吗?是否应该禁止在晚上 11 点到第二天早上 6 点之间航班的进出港?
- 我们将如何处理新机场原有居民的搬迁工作?

▶ 治理问题

在大型基础设施项目中，通常会详细研究的两个问题是：项目治理和技术问题的深入讨论。新机场是否建设的决策是在充分意识到风险的基础上做出的。但是对新机场应该私有还是公有的问题，人们进行了激烈的讨论。最终，私有化方案被否决。同时，给提供私有化方案的公司支付了 5 500 多万美元的报酬。

新的柏林机场将由柏林、勃兰登堡和德国联邦政府组成的 BBF 控股公司共同规划、拥有和运营。不久之后，BBF 控股公司更名为 Flughafen Berlin Brandenburg GmbH（FBB），并继续归柏林、勃兰登堡和联邦政府共同控制。

由于 FBB 领导层的项目管理知识有限，对于该机场的建设，宣布了约 30 亿美元的乐观预算，并宣布了开业日期为 2011 年 10 月 30 日。随着工作的开始，除技术问题之外，前面讨论过的许多治理情况也开始出现。现在预计的结果是一个更昂贵的机场，机场开业日期将被推迟。FBB 将需要更多的资金，因此需要提供贷款担保。

2010 年 6 月 FBB 宣布，由于建筑规划公司破产等原因，"雄心勃勃的" 2011 年 10 月机场开业日期无法实现。2013 年 1 月，开业日期被推迟到 2014 年。FBB 也发生了几次人事变动，包括自愿的和非自愿的。该机场的前技术总监被指控收受了 68 万美元的贿赂。2014 年，对外宣布了一项公开招标，招标公告中显示任何欧洲的公司都可以投标该机场的规划和施工协调工作，但是没有收到任何有用的投标书。2015 年，最重要的一家建设公司申请破产。

随着延迟开业日期的公布，情况变得越来越糟。按照开业日为基础进行规划的投资公司和企业正遭受潜在的现金流损失，并提起了经济损失的诉讼。甚至铁路公司因为无法使用机场下面的"幽灵站台"提起了诉讼。由于柏林新机场在 2012 年继续推迟开业，有人就损失提起了 6 000 万美元的索赔，并将机场描述为"柏林的一个巨大的尴尬，全世界都在嘲笑我们"，最后他成为了 FBB 的首席执行官。有些人还涉嫌贿赂和腐败活动被关押候审。2016 年 5 月，一名曾提醒公众注意机场项目内部重大腐败的举报人被一种"致命物质"毒害，好在经过三个月治疗后活了下来。在新机场一次次延迟开业中，新机场董事会的首席执行官被撤掉了。

▶ 技术问题

许多技术问题都是治理团队未能理解问题所导致的，包括：
- 火灾报警器和排烟系统未按施工许可证设置。
- 火灾报警器和排烟系统的设计和建造不当，被设计成在地板下面排烟。这违反了热空气上升的物理定律。
- 设计火灾报警器和排烟系统的人是一名工程绘图员，而不是一名合格的工程师。后来项目把他开除了，整个系统不得不以 9 位数的成本重建。
- 大约 600 堵防火墙不得不更换，因为他们使用了煤气混凝土砌块来建造防火墙，无法提供足够的防火功能。
- 为了应对消防系统的错误，机场计划雇用数百名来自夜总会的保镖，发出警报，手动打开门，排出烟雾。涉及电动门的技术问题于 2017 年 1 月 18 日公开。据调查，80%的门都打不开，如果发生火灾，人们会担心烟雾的排放。
- 预计通过机场的乘客数量会增加，这意味着消防紧急负荷和烟雾控制系统不足以满足主航站楼和火车站对地下空间的需求，不得不将其更换。
- 地铁车站地下部分的消防排气系统需要重新设计。进站或出站的列车可能会将烟雾吸入车站，所以需要引导气流来避免这种影响。
- 在机场没有乘客的情况下，750 块显示屏连续工作了 6 年多，已经到了使用寿命，不得不更换。
- 有 9 万米的电缆被错误地安装在混凝土中，而不是穿过竖井。
- 机场地基中使用的砂石灰砖的负荷等级不足，需要更换大部分的地下电缆和钢筋混凝土梁。
- 由于电缆管内溢水，需要更换 700 公里的电缆。这些管道不能防止进水泄漏，自首次安装以来的十年里已经被侵蚀。
- 检查员发现电线有缺陷。电缆管道容纳太多的电缆或电缆排列不兼容，如高压线路旁边的电话线。
- 直到 2019 年，电力系统和布线的缺陷仍被发现，在布线安排、承受持续使用和耐高温能力等方面存在问题。
- 据称，大约 37 英里长的冷却管道没有安装隔热材料。这就需要拆除墙壁。
- 一些外部通风口的位置不合适，导致雨水渗入。
- 一些避雷针不见了。
- 驱动自动喷水灭火系统的备用发电机没有提供足够的电力。
- 部分喷水灭火系统持续发生故障。为了增加水流，人们更换了喷头，但管道太薄，无法输送；因此，需要打开屋顶来更换管道。
- 用于打开和关闭窗户的电机不能在 30 摄氏度以上运行，因此需要更换。
- 有 4 000 扇门的编号不正确。
- 电动门没有电。
- 2017 年 3 月 5 日，变电站发生爆炸。
- 有几个自动扶梯都太短了。
- 没有足够的值机柜台。在开业前的测试中，每个值机柜台应该每小时能接待 60 名乘客，但工作人员只能接待一半的人。
- 即使没有汽车，停车场的地板也开始下沉，因为它们没有足够的钢梁。
- 由于官员们不知道如何关闭，成千上万个灯泡一直在不停地运行。
- 数百棵新种植的树木不得不被砍伐，因为它们的品种不对。
- 混凝土地基需要部分重建。
- 每天，都有一列空火车前往未完工的机场，以防止铁轨生锈，防止隧道里出现霉菌。
- 维利·勃兰特（Willy Brandt，前总理）的家人要求将他的名字从机场删除，以免被牵连进这个持续的尴尬事件。

- 飞行路径和声音防护区计算错误。
- 通往消防队的应急线路有故障。
- 机场屋顶的重量是规定重量的两倍。

在上面列出的所有技术问题中，对机场开业来说最大的障碍可能是自动喷水灭火系统和消防安全系统造成的严重问题。但是这个问题对德国当局来说是一个敏感问题，因为 1996 年 4 月 11 日，杜塞尔多夫机场的客运大楼着火造成了 17 人死亡。当时，自动喷水灭火系统和消防门都不属于强制性要求。因此，2011 年秋天一个名为 ORAT 的检查团队（涉及物流、安全和航空专家）抵达柏林勃兰登堡机场，他们检查了从行李传送带到安检门的各类设施，尤其是消防系统。当他们模拟火灾演练时，一些警报器没有启动警报；另一些警报器虽然显示有火灾，但警报的位置不对。ORAT 的技术人员发现，高压电线被铺设在数据电缆和加热电缆旁边，这本身就是一种火灾隐患。此外，原本设计用来换气的排烟通道也不能正常工作。专家们得出结论，在真实的火灾中主烟口很可能内爆。

鉴于这种危急情况，首席执行官和员工为了尽量降低风险，将情况告诉了机场的监督委员会和机场管理局——最终授权颁发机场运营许可证。他们正在解决这些问题，一切都在控制之中。但是，这个解决方案被一些人认为是"愚蠢的计划"：800 名拿着手机的低薪工人将在整个航站楼里各个位置站岗。如果有人闻到烟味或看到火光，他们会提醒机场消防站并通知乘客向出口方向疏散。但是他们忽略了这样一个事实，该地区的手机网络是出了名的不可靠。此外，还有一些工人将驻扎在烟雾疏散通道附近，一旦发生火灾，温度可能达到 1 000°F（相当于 540°C）。

尽管这些问题尚未解决，但机场盛大开业的准备工作仍在继续。2012 年 5 月 7 日，离机场预定开放前不到四周，机场管理局拒绝颁发机场运营许可证。机场对外宣布不会如期开放，两名机场公司董事、三名技术负责人、建筑师和数十人被解雇或被迫辞职，或心生不满地离开。政府每月花费 1 800 万美元，只是为了防止这个大型设施年久失修。

尽管可能很难发现失败的真正原因，但仍有一些证据是相当清晰的：
- 首席执行官和建筑师之间愿景不一致。随着建设的进行，基于每年将服务 2 700 万名乘客的航空交通预测，这位首席执行官梦想让机场成为一个类似迪拜的豪华购物中心。他给出合理化的理由是，机场可以从非航空业务中获得大量的收入。因此，出现了以下建议：为什么不建立一个充满商店、精品店和美食广场的第二层？建筑师虽然嘲笑了这个所谓的"病态"要求，但还是满足了这些要求。也有人提议，在同一条线路上允许巨型空客 A380 在机场降落，尽管没有一家航空公司表示想让空客 A380 飞往柏林。这个提议要求拆除航站楼一端的墙壁，以便建造一个特别宽的门来容纳空客 A380。建筑师抱怨所有这些变化，毫不犹豫地说，首席执行官没有任何愿景，只有永不满足的需求。
- 项目规模的变化。航站楼的面积从 20 万平方米增加到 34 万平方米（相比来说，法兰克福的 24 万平方米就相形见绌了，但是略低于希思罗机场 5 号航站楼的 35.3 万平方米）。航站楼的建设最初由 7 个承包商完成，但很快增加到 35 个，以及数百个分包商。由德国巨头西门子和博世为首的几家工程和电子公司负责复杂的消防系统，该系统包括 3 000 扇消防门、65 000 个洒水装置、数千个烟雾探测器、迷宫般的排烟管道，以及相当于 55 英里长的电缆。
- 管理者的固执己见。2009 年，外部控制人员曾建议管理团队停工半年，以便给建筑师和承包商时间来协调工作。但是，这一请求被忽略了。就在 2012 年 6 月开业前几个月，航站楼仍一片混乱。

在接下来的两年半时间里，许多问题仍然没有得到解决。新的管理团队开始时提出了良好的解决方案，但很快首席执行官和工程部主管之间的愿景又出现了不一致。按照这位工程部主管的说法，当时的感觉是即使方案考虑不周，首席执行官还是想让机场恢复运转。2014 年 12 月，首席执行官辞职；2015 年 2 月，董事会聘请了劳斯莱斯德国公司的前工程总监和西门子公司的前经理担任技术总监。他们采取的行动是先将长达数英里的电缆拔出来重新安装，然后解决防火系统问题。根据物理定律，烟雾现在会通过烟囱向上流动。

新闻媒体刊登了关于机场开业持续延误和成本超支的报道。其中的一些评论是：
- 我的预测是：这个东西将会被拆除，重新建造。
- 该机场由两个联邦州和德国联邦政府组成的公共公司建造，是世界上最昂贵的"白象"（根据管理学理论，在白象象限的产品开发项目风险非常大——低收益、开发成功率低。——译者注）。
- 指望柏林能够建造一个洲际甚至国际航空中心的期望是完全不现实的。
- 由于当地商务旅行市场非常小，尤其是长途商务旅行市场，没有哪家航空公司能够将柏林打造成一个大型枢纽的成功商业案例，因为往返柏林的头等舱交通需求不足。
- 客户相互推诿，要求做出变化。
- 负责技术监督的人说不能在限定的时间内完成任务，但首席执行官回答"我不在乎"。
- 他们发现的缺陷的数量已经增加到了 15 万处。
- 在建筑当局最终批准之前，还有一条漫长而艰难的道路要走。
- 你得承认，这是一个真的很酷的机场。建筑很好、概念很好、容易使用、导航也很方便。如果它能完工，应该会让很多人满意。

2020 年 10 月 31 日，这个位于柏林的新机场终于对外开放，距离最初计划的开业时间过去了 9 年。开幕式由两架 A320neo 的着陆为标志：一架由易捷航空公司运营，另一架由汉莎航空公司运营。当两架飞机降落时，迎接它们的是一个巨大的"水门"。

▶ 使用价值

大型基础设施项目常常因成本超支和进度延迟而臭名昭著。项目规模越大，与原始估算的偏差就越大。然而，这并不意味着这类项目不能被定义为一个成功的项目。丹佛国际机场就是一个典型的案例：项目最初的预算是 12 亿美元，最终的完工实际成本是 50 亿美元，而且延期完工。澳大利亚悉尼歌剧院完工比预计晚了 10 年，超出了原预算的 14 倍。但是这两个项目现在都被定义为成功的项目。

无论成本超支和进度延期的程度如何，项目是否成功是通过项目启动后的使用价值来衡量的。随着扩建计划的推出，到 2040 年，该机场预计将接待 5500 万名乘客。尽管这个机场在建设过程中因数千个缺陷而臭名昭著，但机场将开放，并很有可能取得成功。

对于柏林新机场来说，可能需要几年的时间才能确定该项目真正的使用价值。换句话说，我们可以说结果是最重要的。不过，这个案例的经验教训以及对案例的深入分析研究将有助于未来避免错误。因此，这不仅是一个好结果，而且从管理的角度来看，也将是一个高效率的结果。最重要的是，不会浪费公共资金。

▶ 管理分析和建议

针对像柏林勃兰登堡机场这样的案例，给出一些意见是非常困难且有风险的：什么可以做得更好、谁应该担负管理责任。即使对法院来说，它可以获得所有文件，可以询问项目中的相关人员，也很难确定和判决谁应该负责。例如，在 2012 年被解雇的首席执行官一案中，他起诉不当解雇。2014 年年底，柏林一家法院下令机场所有者为他的解雇支付 128 万美元的赔偿金，称监督委员会应该负有责任！

许多观察人士强调，柏林勃兰登堡机场的预算估计明显不准确，造成了执行过程中的很多管理问题。此外，他们还意识到，在公共工程项目中发挥重要影响作用的政治因素也是造成问题的原因。也就是说，正是政治领导的错误态度导致了问题的发生：将公共工程项目建设的估计成本保持在较低的水平，以便增加项目获批的概率；故意掩盖项目的潜在风险。因此，这个项目的成本超支毫无意外。

柏林勃兰登堡机场出现问题显然是管理层的固执己见造成的——不参考合理的建议以及忽视项目不断变化的环境，坚持按计划进行。要求团队按期完成项目是一个好的做法，但不能牺牲质量。至于项目的变更，考虑到机场项目本身不是轻易可以改变的，因此必须按照成本效益方法来仔细评估各类变更申请。

基于上述考虑，公共工程项目的项目经理所处的环境是复杂的：政治压力，在任何情况下都要遵守进度计划，以及各类范围变更的处理。在这种极端的工作环境中，我们能给出什么建议呢？不可否认的是，我们必须说服人们接受一些不愉快的选择，比如搁置项目或者提出一些具有很大影响和风险的项目变更来劝阻人们。请记住，数字比语言更具有说服力。收集所有必要的信息，以便进行合理的风险管理分析，向所有干系人（特别是上级管理部门）解释各类可供选择方案的潜在风险。我们可以说，在这样一个复杂的环境中，风险分析是项目经理手中一个强大的工具，可以用来说服其他人，避免做出不恰当的选择。

🔍 问题

1. 在柏林新机场建设之前，关注的焦点是什么？
2. 造成进度延误的主要技术问题是什么？项目经理是如何解决的？
3. 首席执行官和建筑师各自的愿景是什么？谁的愿景最终被采纳了？
4. 为什么管理人员拒绝关闭机场来进行协调工作？
5. 按照专家的说法，造成进度延误和成本超支的主要原因是什么？

6. 判断一个项目是否失败的最终参数是什么？
7. 根据从这个案例研究中获得的经验教训，可以给项目经理提出哪些建议？

塞拉电信

塞拉电信（Sierra Telecom）现在正处于保持市场竞争力的转折点。当该公司在 10 年前开始开展业务时，他们主要竞争的是 5 万~15 万美元的小项目，大多数合同都是固定总价合同。塞拉电信会计算各个工作的成本，然后加上 15%的应急储备金（应对小范围的范围变更），最后加上少量利润。如果不使用应急储备金，那么这部分资金就是公司获得的额外利润。即使项目的报价加上了应急储备金，塞拉电信仍能够保持竞争力并赢得合同。

随着塞拉电信开始竞争金额更大的合同，15%的应急储备金使得公司的报价变得缺乏竞争力。更糟糕的是，在前几年项目实施后出现范围变更相对较少，现在则越来越多。很多时候，范围变更造成的影响甚至超过了 15%的应急储备金。塞拉电信必须决定如何处理未来合同中潜在的范围变更，并保持公司的竞争力。

塞拉电信明白，对许多公司来说，范围变更是可以为项目增加盈利的。一些竞争对手通常在一些竞标方案中采用低投标价合同，以增加赢得合同的概率。但是，在合同签订后，这些公司会提出大量有利可图的范围变更。

客户不会知道投标书中的工作分解结构在合同签订后会发生潜在的范围变更。即使工作分解结构描述得很清楚，承包商也经常会有意或无意地误解，从而获得范围变更带来的好处。对一些公司来说，范围变更是企业盈利能力的主要来源。在竞标中，高管会在投标前问投标团队两个关键问题：①我们承诺的项目成本是多少？②一旦合同授予我们，我们能提出多少范围变更？通常，对第二个问题的答案决定了报价的水平。

另一个问题是，涉及多个承包商的大型项目的范围变更对下游承包商造成的影响。当承包商按顺序工作时，上游承包商的范围变更可能不会对尚未开始执行合同的下游承包商产生严重影响。但是，如果承包商的工作是部分或完全并行的，那么对下游承包商的影响可能是毁灭性的。上游承包商的一个相对简单的决定可能导致已经开始项目工作的下游承包商的项目计划和范围文件发生重大变化，比如更换成高级别的原材料或低级别的原材料。

➤ 对商业知识的需求

将范围变更作为收入来源，对于企业外部项目来说是一种可接受的做法。但对于内部客户来说，范围变更还有许多其他原因。内部项目的范围变更要符合企业的商业战略目标，而这是最薄弱的环节，因为这类变更的做出需要商业知识和技术知识。塞拉电信的大多数项目经理都来自技术阶层，他们本身拥有的商业知识有限。但是企业的高级管理人员又不愿与项目团队分享关键的业务知识。因此，商业知识的缺乏影响了范围变更的决策。例如，范围变更不应该以产生产品责任问题为代价来实现。此外，如果范围变更的成本大大延长了新产品的回收期，则不应该实施范围变更。

业务范围的变更应基于坚实的商业基础。遗憾的是，情况并不总是如此，因为在项目管理的最佳利益和项目集管理的最佳利益之间经常存在差异。项目经理负责产品及其配套功能的开发。范围变更往往是由项目经理根据技术价值而不是商业价值来发起的。例如，开发一个非常高质量的产品在当时可能看起来不错，但必须有客户愿意出价。对于项目经理来说，做出不符合市场目标的范围变更是很常见的，结果往往是产品没有人想买或买不起。

一旦产品被开发出来，它将被移交给项目集经理进行商业化、营销和销售。项目集经理就像产品线经理一样，做出所有与商业相关的决策，包括对所有昂贵的下游范围变更进行授权。项目经理是以技术为导向的人员，而项目集经理专注于市场和销售方面的工作。项目集经理也会在商业化工作期间进行范围变更。

▶ 范围变更的时机

塞拉电信的每个人似乎都明白，项目生命周期阶段越往后，范围变更的成本就越高。此外，随着决策系统中出现了更多的变量，小的范围变革带来的财务影响可能相当大，因为可能涉及推翻以前决策所涉及的成本。生产实施阶段的范围变更比规划设计阶段的范围变更带来的成本更高。

现有产品和新产品的范围都可能发生变更。现有产品通常是防御性或渐进式的范围变更，旨在通过现有产品渗透新市场。新产品通常是一种攻击性的或颠覆式的范围变更，旨在为现有客户提供新产品或服务，以及寻找新的市场。渐进式的范围变更通常被称为范围蔓延。这些渐进式的范围变更可以相对较低的成本快速完成。然而，如果有大量的渐进式的范围变更，项目的进度可能会被延长，例如持续的范围蔓延。颠覆式的范围变更更关注创新性。颠覆式的范围变更需要技术上的突破，同时也伴随着各类资源的消耗。

🔍 问题

1. 塞拉电信是否需要关注范围变更的管理？
2. 项目经理是否有权力处理范围变更？
3. 塞拉电信是否需要一个更好的控制系统来管理范围变更？
4. 内部项目和外部项目的范围变更管理方式是否存在差异？
5. 合同的类型对如何管理外部客户的范围变更有影响吗？
6. 在考虑范围变更时，哪些战略信息对项目经理有益？
7. 哪些因素可能决定不应该进行范围变更？

第 15 章

薪资管理

> 项目管理很难实现真正利润，除非将项目管理整合进薪资管理中。有些公司把项目管理当成职业生涯的一个职位，而其他人只是把它当成一份兼职工作。
>
> 当部门职员面临多重报告关系时，情况变得更加复杂。如果员工被告知将分配到一个新的项目时，他们首先关心的是：这对他们有什么好处？他们的工作将如何被评估？他们如何让自己的老板知道他们做得好还是不好？项目经理必须采用一个正式或非正式的方式评估员工的工作绩效。

照相机生产公司（A）

照相机生产公司（Photolite Corporation）是一家专业从事照相机和摄影器材的销售和制造的公司。该公司于1980年由约翰·贝内（John Benet）在巴尔的摩建立。经过数年磨砺，该公司开始蓬勃发展，其中大部分销售收入来自军方。到1985年，该公司的销售额已上升到500万美元。

2015年，该公司的销售额已增加到1.6亿美元。但是在1996年，来自较大的厂商和一些日本、德国进口产品的竞争对公司的销售产生了影响。该公司尽其所能改进产品线，但由于缺乏资金，无法与竞争对手正面交锋。公司正在逐渐失去其市场占有率，而且有可能被几家较大的厂商合并或收购。但是，每个提议均遭到公司的拒绝。

在这段时间里，各个部门主管和产品经理举行了多次关于公司财务状况的会议。在最近的一次会议上，约翰·贝内提出了以下处理方式：

> 一些公司想用一些很有吸引力的条件买断我们公司，但是坦白地说，那些公司只是为了取得我们的专利和工艺程序。我们有一个好生意，尽管我们正在经历困难时期，但我希望我们加快新镜头项目的进度。新镜头项目马上就要完成了，我希望它尽快投入大规模生产！哈里·芒森将负责这个项目，我希望大家充分合作。这可能是我们最后的存活机会。

至此，会议休会。

第 15 章 薪资管理

▶ 项目信息

新镜头项目是一项创新，如果进行得当，必将取得成功。创新是指镜头可以用来连接精密摄像器材，它比广角镜头明暗度强，而且没有失真。镜头可制成 3 种不同尺寸，使得它能用在市场上最畅销的照相机上。照相机生产公司制造的镜头不但在自己的照相器材上可用，而且在它的竞争对手的器材上也能用。

管理层确信，如果所制造的镜头被证明和产品原型一样精确，那么中央情报局甚至政府的卫星制造商们将成为其最大的潜在客户。

▶ 项目办公室

哈里·芒森是一位 29 岁的年轻项目经理，除拥有 MBA 学位外，他还有销售和工程方面的经验。他过去处理过一些小项目，并且意识到这次的项目无论对他的职业生涯还是对公司的发展都起着至关重要的作用。

在照相机生产公司，项目管理办公室仅在 15 个月前才成立，是相对较新的部门。一些老部门的领导非常反对下属花费较长的工作时间在本部门以外的其他地方，即使只用作共享安排。公司制造部门的领导赫博·华莱士尤其如此。他认为，如果下属在其他项目上花太多时间并向其他经理或项目主管汇报，从长远来看，他所属部门的管理难度就会加大。

哈里·芒森直接到人事办公室翻阅个人档案，选择制造部门可用人员。哈里·芒森期望能查阅到至少 20 个文件，然而只有 9 个文件可供翻阅，他还是决定要充分利用现有情况。哈里·芒森担心的是，由于赫博·华莱士的影响，个人档案才被减少到 9 个。

在看文件之前，哈里·芒森已经做出一些决定。他认为给项目安排一个全职的制造项目工程师非常重要，这胜过与其他项目一起分享兼职的工程师。理想的制造业项目工程师必须能协调生产进度、质量控制、工程制造、采购和库存控制。由于项目管理最近才开始被采用，所以该职位没有合适的人选。该项目将成为培养制造项目工程师的训练基地。

基于项目本身的特性，哈里·芒森意识到必须让具有实力的人加盟团队。他虽然可以让专家以兼职的方式来工作，然而对项目工程职位的人员挑选，除要求具备足够的能力以外，他还要愿意根据项目要求投入至少 18 个月的额外时间。毕竟，项目工程师也是一位助理项目经理，因为只有项目经理和项目工程师才会全职工作。现在，哈里·芒森面临着一个问题，那就是要挑选出最适合该职位的人。因此，哈里·芒森决定除了分析人事文件，还要对每个有潜力的候选人进行面试。

🔍 问题

1. 项目工程师职位的理想任职条件是什么？
2. 哈里·芒森应该从人事文件中获取什么信息？
3. 哈里·芒森决定在核查文件之后面试有潜力的候选人。因为文件不可能解决哈里·芒森关注的所有问题，所以面试通常是一个不错的主意。哈里·芒森应该在面谈期间问什么问题？哈里·芒森为什么要面试候选人？什么重要信息不可能在人事档案中出现？

照相机生产公司（B）

人事主管耶西·詹姆士和薪资主管罗纳德·沃德举行了一个小型会议。会议的目的是讨论职能员工的不满，即照相机生产公司现有的员工评价程序对一个实施项目管理结构的企业是不合适的。

詹姆士："在公司的评估程序中，我们的职能员工会遇到许多麻烦，大部分抱怨来源于职能员工同项目经理的合作。如果职能经理不紧密地追踪每位职能员工的工作情况，那么他们在评价期间必将严重地依赖项目经理的数据。"

沃德："职能经理不可能整天都密切地注意员工，尤其是那些在项目环境下工作的员工。因此，职能经理将直接询问项目经理有关的评估数据，这就造成一些问题。第一种情况，职能经理和项目经理在工作方向或工作质量上可能出现分歧。职能员工往往会倾向于能够签署他的晋升表或评价表的领导。这会给项目经理带来不满。因此，项目经理可能会不管员工的表现如何，提供一份糟糕的评价。

"第二种情况，职能员工可能花大量的时间单独进行工作，而很少和项目经理接触。在这种情况下，即使员工的表现很出色，项目经理也倾向于给出一般的评价。这可能是由于员工只在项目中工作1~2周的时间造成的，他没有足够的时间来认识其他人。

"第三种情况，项目经理受个人情感支配，影响决定。一位熟知某员工的项目经理可能不去考虑该员工的具体表现，就提供好的或不好的评价。个人情感影响评价程序时，通常会产生混乱。"

詹姆士："当项目经理向职能经理做出对某员工好的推荐时，问题仍然存在。如果员工得知他在项目上做出的工作已经得到了好的评价，他就认为自己的薪资增加理应高出平均值或者应得到晋升的机会，这就给职能经理造成了很大压力。照相机生产公司就发生过这样的事情：一位在项目上工作了较长时间的员工，由于他远离职能经理的视线范围，仅取得了一个平均水平值的薪水。在这种情况下，职能经理提出，他无法给予该员工高于平均值的评价，因为他没有经常见到该员工。当然，这么做应当是职能经理的职责。

"还有一些经理，员工如果为一个即将开发成生产线的项目工作，他就拒绝给员工足够的补偿。他的理论是，能够成为生产线的项目，那么这个项目就会有自己的成本中心账户，然后员工就会被转移到新的成本中心。因此，职能经理会把薪水的增长留给他认为会留在自己部门的员工，并且这样会使员工更喜欢他。"

沃德："去年，我们在珊瑚项目（Coral）上遇到这样一个问题。珊瑚项目的项目经理让一位5级员工承担7级员工的职责，这位5级员工工作出色，他很自然地期望能够加薪或者升职。遗憾的是，职能经理给了他一个平均值的评价，并且声称项目经理在和职能经理商讨前，没有权力让员工承担额外的工作。我们正在试图解决这个问题。这种问题很可能再度发生。"

詹姆士："我们需要开发一个合适的程序来评价我们的员工，因为我不能肯定目前的评价表是否够用。我们是否能开发多个评价表格：一个用于项目人员，另一个用于其他人？"

沃德："那可能给我们带来麻烦。假如我们让每个项目经理为每个在项目上工作超过60小时的员工填写一份项目评价表，然后再将表格交给职能经理，那么项目经理是应该在项目结束时还是在员工接受评价期间填写这些表格呢？"

詹姆士："应当在项目结束时填写。在员工接受评价期间做出评价，如果该员工认为项目经理过低地评价他，那么他可能在工作上敷衍了事。当然，我们会经常给员工看项目评价表，但是我不能确定这是明智的做法。因为这容易导致项目经理希望在配置项目员工之前查阅评价表。也许这些评价表仅能供职能经理查阅。"

沃德："这种评价形式还存在一些问题。我们的一些职能员工有时同时承担三四个不同项目的工作，如果每个项目的评价结果好坏不一，这可能也会成为一个问题。有的职能员工只是承担部门内的项目工作，因此他们只接受一种评价。当然，对高层主管也只有一种评价形式。"

詹姆士："你知道，我们有负责项目和不负责项目的人，我们对这些人是否应该采取不同的评价形式？"

沃德："或许应该这样。遗憾的是，我们现在对责任人、非责任人、技术员工和管理人员都只采用一种评价形式。毫无疑问，我们必须改变，但问题是改变应该如何在不扰乱组织正常的情况下做出？"

詹姆士："我想把这个问题交给你处理。我想让你为我们公司的员工开发一种公正的评价方法，并且开发一份适当的评价表。记住，我不想打开潘多拉盒子，目前我们的人事问题已经够多了。"

问题

1. 公司能有效地在组织内部运用多种评价方式吗？这样做的优点和缺点是什么？
2. 如果只能使用一种评价形式，为使其公平，应该评价哪些方面的信息？
3. 如果使用多种评价表格，项目经理应该在表格中填入什么信息？
4. 项目经理能有效评价什么信息？评价这些信息是否要依赖项目经理的教育背景和经历？

照相机生产公司（C）

经过2个多月的努力，薪资主管沃德准备提交他的调查结果——关于项目管理组织结构里员工的公正评价方法。人事主管詹姆士正在急切地等候结果。

沃德："噢，詹姆士，经过2个月的研究和分析，我们已经得到一些合理的可行性方法。我的员工找到了9种基本评价方法：

(1) 文字评述法。
(2) 图表评价法。
(3) 现场审查法。
(4) 强制选择评价法。
(5) 关键事件评价法。
(6) 目标管理法（Management By Objectives, MBO）。
(7) 工作-标准法。
(8) 排列法。
(9) 评价中心。

"关于每种方法的简短描述如表 15-1 所示。

表 15-1　基本评价方法

文字评述法

　　这种方法要求评价者写一段话来评价某一员工的业绩，包括优点、缺点、需要改进的方面、潜力等。它通常用在选择员工的时候，选择者可以根据他的前任老板、老师或导师的推荐信来选择。这种评价方法存在的主要问题是，评价文字长短和内容的可变性造成选择者的评价困难

图表评价法

　　这种方法是指通过典型的图表等级，评价员工的工作质量、数量及随特定工作而变化的多种因素。这些因素通常包括个人特征、灵活性、协作能力、自我激励的程度和组织能力。虽然图表评价法无法提供文字评述法那样的深度，但是它可以提供更一致及更容易计量的数据

现场审查法

　　评价者会使用一种系统的审查方法检查某一标准的可靠性。最常见的方法就是人事部门或行政中心派出成员与各管理部门的评价者组成小组，进行实地审查，评价中忽略个体判断而寻求一致意见。这种团队判断方法比个人评断更为公平、有效，但更加费时

强制选择评价法

　　这种方法有很多种形式，最常见的一种是要求被评价者从一些陈述中选出与自己最相符的及最不符的选项。然后这些陈述被加权，并以与心理测试差不多的方式得分。这种评价方法的原理是被评价者不知道每个选项的加分，所以他无法假装非常优秀

关键事件评价法

　　管理者记录每个被评价员工的令人满意和不满意的工作行为，以此作为评价的依据，这就是关键事件评价法。这种方法的好处是直接涉及实际行为而非抽象行为。但是这种方法需要消耗主管的时间，并且标准也是由主管制定的

目标管理法

　　该方法要求员工亲自或协助制定自己的业绩目标。这种做法有很大的好处，它让个人参与到标准的设定之中，并且注重结果而非抽象的个人特征

工作-标准法

　　除了让每个员工亲自制定业绩标准，很多企业也让员工参与制定衡量日常工作的标准。这种工作-标准法可以

续表

使工作及员工目标朝着更高的生产力发展。在实际使用时,如果标准是公平且公开的,这种方法甚至可以作为业绩评价的有效方式。这种方法最严重的问题在于比较,因为每个人的标准不同,所以想比较员工并做出提拔决定是比较困难的

排列法

为了比较不同部门的员工,最好的方法就是把对每个人的评价进行集中排列。两种最有效的排列法是交替排列法和对比排列法。这种方法实际上是要求主管排列出"最有价值"的员工

评价中心

评价中心是用来预测和评价未来的潜力的。评价中心的特点是,不同部门的人聚集到一起,花两到三天的时间完成个人或小组的任务。观察者共同判断决定参与者的排名。这种方法的最大缺点是要消耗大量的时间和金钱

"我们试图客观地审查每种方法。遗憾的是,大部分员工不熟悉项目管理,因此审查存在一些困难。我们没有所谓的'绩效标准'可以评价每种方法,因此如果在项目管理结构里使用这些方法,我们就要列出每种方法可能出现的优缺点。"

詹姆士:"因为这些结果也许不能直接用于我们的工程管理组织,所以我不知道你的研究结果会给该项目带来什么价值。"

沃德:"为了选择最适用于项目管理结构的技术,我与几位职能和项目经理会面,讨论了建立一个选择标准的问题。职能经理认为,在一个项目组织里,冲突是主导性的,而且可以对这些冲突进行比较使用。因此,我决定将每种评价技术与项目管理组织形式中最常提到的冲突进行比较。这些冲突被列在了应对冲突种类的等级评价技术表中(见表 15-2)。

表 15-2 应对冲突种类的等级评估技术

冲突种类	等级评估技术									
	文字评述	图表评价	现场审查	强制选择评价	关键事件评价	目标管理	工作-标准	排列	评价中心
进度冲突	●	●		●	●		●	●	
优先权冲突	●	●		●	●			●	
技术事件冲突	●			●			●		
行政冲突	●	●					●	●	●
个性冲突	●	●					●		
成本冲突	●		●		●		●	●	●

注:黑点表示难度区域。

"表 15-2 的分析表明了目标管理法是最合适的系统办法。支持这一结论的因素如下所述。

- 文字评述法:该方法在大多数的绩效评价中出现,特点是缺乏标准。因此,它的结果容易因个人的主观情感而不一致。

- 图表评价法：这一方法的特点是用检查框做记号，缺乏灵活性，不具有项目管理中需要的不断变化的动态结构所要求的灵活性。
- 现场审查法：这一方法或许会解释多数的绩效评价问题。然而，它实行起来比较昂贵，需要额外的管理。这也是费用增加的一个重要原因。
- 强制选择评价法：在灵活性等问题上，这种方法和文字评述法存在同样的问题。
- 关键事件评价法：这种方法主要突出个体的表现，不考虑上级的决定或个人无法控制的问题，并且非常耗时。
- 目标管理法：这种方法允许所有的团队、项目经理、职能经理和员工共同参与评价。它是一种系统的方法，因为它允许员工对目标进行修改而不必受到不适当的惩罚。最后，它使用客观数据，淡化主观数据。
- 工作-标准法：这种方法对有关技术上的项目很有帮助。虽然通常不被认可，但它可能是最普遍的项目管理绩效评价方法。其不足是缺乏灵活性且不重视个人表现。
- 排列法：这一方法允许少量的个人投入。但是，大多数的冲突可能性会被这一方法最大化。
- 评价中心：这种方法现在无法利用并很昂贵。它可能对选择项目管理人力资源是最适用的。

"总体来说，在项目管理组织里，目标管理法似乎是最好的绩效评估方法。"

詹姆士："你的结论让我相信 MBO 可以适用于所有的项目管理评价情况，并且应该推荐使用。然而，我仍有一些保留意见，其中一个关键问题是 MBO 没有排除甚至减少项目和矩阵管理型企业的固有问题。MBO 提供了一种公正地评价人力资源的技术（当然，包括奖励和惩罚），它的缺点在于缺乏个人投入、无法选择训练有素的评价人员和错误的后续技术。当然，这些缺陷会毁掉任何的绩效评价系统。MBO 技术主要参照的是系统论方法，因此，即使它存在固有缺陷，也建议那些采用系统管理方法的企业使用。"

沃德："你还忽略了另一个重要的缺点——在员工对设定目标没有发言权的情况下应该怎么办？我确信我们的项目经理和职能经理会亲自完成所有的目标设定。"

詹姆士："我相信这种情况也许现在就存在，也许迟早会发生，但是我不担心。如果我们采用 MBO，它将对我们现在的评价系统造成多大影响呢？我们最初研究确定这是对组织最有利的评价方法，可是我没有看到什么样的 MBO 评估形式可用在项目管理环境中。MBO 将成为我们的下一个里程碑。"

问题

1. 你同意表 15-2 中的结论吗？为什么？说出你的理由。
2. 你有其他更好的评价员工的方法吗？

照相机生产公司（D）

沃德（薪资主管）与詹姆士（人事主管）会面，讨论向上级主管提交关于最近制定的矩阵式组织采用的新评价方法。

詹姆士:"你呈交上级主管的计划书,我已经读过了。我觉得你应该再加一份简介(见表15-3)。一部分人告别低级评价已经超过20年了,你准备怎么说服这些人呢？"

表 15-3　推荐方案

I. 工作前
- 员工和经理利用目标、工作计划、岗位指南来记录工作进度。
- 员工和经理记录测量结果。

注: 此时实施该方法不太可能,因为我们正处于周期当中。仅在1999年,这个过程将从员工提交他们的主要任务(职位描述)开始,经理会和员工一起审阅这份任务清单。

II. 自我评估
- 员工提交关键任务的自我评估。
- 这将是记录的一部分。

III. 管理评估
- 经理对每个任务进行评估。
- 经理对整体工作进行评估。
- 记录使用的方法。
- 识别进一步需要做的工作。

注: 评估需要描述所发生的任何事情,包括好事情和坏事情。

IV. 客观审查
- 员工关系评估。
- 保证评级标准的一致性。
- 如果需要,应该协助准备工作。
- 做一名合格的倾听者。

V. 一对一评估
- 获得管理观点。
- 提交观点一致。

VI. 评估讨论
- 参与式讨论。
- 分歧应该被解决,如果不能得到解决,参与者必须同意这种不一致存在。
- 工作计划可以重复利用。
- 安排职业生涯的讨论。
- 员工和经理提交未来工作计划。

VII. 补充
- 检查未来工作计划,做出必要的补充

沃德:"我们已制定了一些员工评价的指导方针,具体包括:
- 记录个人在具体时段的成就。
- 在以下4个方面与员工进行正式交流:

——他的期望是什么？（具体细节）
——他表现如何？（具体细节）
——他的经理觉得他的表现如何？（具体细节）
——在现在这种结构下，他能有多大的发展空间？
- 提高绩效。
- 作为薪资水平的基础。
- 为更深入的交流做好铺垫。

"与绩效评估目标相联系，我们还必须考虑参与这一过程的管理人员可能受到的一些负面影响。其中一些因素可能是：
- 经理无法控制工作氛围。
- 经理由于不喜欢（正常情况下）而批评下属。
- 经理缺乏和员工面对面沟通的技巧。
- 经理不喜欢一些商业运作的通用模式。
- 经理对评价手段有效性的不信任。

"考虑到在矩阵式理念下，员工工作评价存在的固有管理等级上的问题，上述所提及的因素可能增加4～5倍。在项目/矩阵概念下工作的员工在评价期间可能从事多达4或5个项目，这一事实造成了乘数效应，因此，需要所有的项目经理和职能经理根据下属的表现和评价系统本身对员工进行评价。"

詹姆士："当然，管理者不可避免地要对下属做出评价，因为如果没有这些评价，公司可能无法有效地管理它的晋升和薪资政策。但是，任何时候都不应该对绩效评价做出简单的接受或否定。这和制造部门通过质量评价体系来决定接受或拒绝不同，我们的员工评价系统必须包括一定的人性因素。这种人性因素使我们超越了工作目标范围而变得重视个人的价值、人格和尊严。在这种情况下，任何有效的人事考核制度都必须让下属充分参与评价活动。"

沃德："几年前，这在公司是很大的问题。那时，所有的评价都是基于经理或经理事先确定的目标对个人的发展进行评价，再将结果传给下属。虽然公司有时也会召开员工会议讨论评价结论，但在多数情况下评价仍然是公司单方面进行的，被评价者并没有有效参与。正是因为这样的体系，员工开始认为评价理念不一致并且对个人发展没有太大影响。这也导致了很多人相信升职和涨薪依赖个人受喜爱的程度而不是其本身的价值。

"当员工被指派多项重要级别不同的任务，并且知道各个项目的经理都以自己的项目完成与否对员工做出绩效评价时，矩阵式组织固有的问题就变得更加复杂了。只有当个人被认为是评价过程中的主要参与者，而职能经理关注公司的主要利益并愿意充当项目协调者的角色时，才能克服这种困境。在主要利益满足的基础上，再考虑其他项目带来的次要利益。"

詹姆士："虽然我们讨论了矩阵式企业里可能出现的这种问题，但由于多重业绩导致固有问题的混合，我们还是能够发现这种环境里一些积极影响的。很明显，基于它的设计，项目/矩阵组织需要新的态度、行为、知识和技能。这反过来又对员工选择、发展和职业发展产生重大影响。员工和项目获得的最终成功取决于在依靠企业的帮助下，人们学习如何以新的方式运作的能力。

"矩阵式企业提供给员工的发展和成长机会是多数传统职能型组织不可能正常提供的。尽管项目或矩阵式企业常常被认为是高压企业，但它相对于职能型组织更加注重对人才的需要，并且提供了更多的发展和就业机会。

"由于矩阵式企业的项目具有依赖性，员工就有必要进行更多的交流和接触。这并不代表职能型组织里依赖性和交流就不存在，而是说在那种职能设置下，每个人的任务事先已被设置好了，因此他们只能和职能经理讨论需要解决的冲突。在矩阵式企业里，这些争论可以很方便地由来自不同职能部门中持有不同态度和倾向的人来解决。"

沃德："一开始，像咱们公司这样的企业产生项目间冲突的因素有以下几个：
- 项目人员分配。
- 人力成本。
- 项目优先级别。
- 项目管理状态（和职能经理有关）。
- 矩阵式企业里的权力交叠。

"如果预先没有足够的规划，这些因素将对矩阵或项目员工的绩效评价产生很大的影响。只有存在解决权力和评价冲突的程序，才能存在公平的绩效评价气氛。很遗憾，这种气氛几乎不会在任何职能型组织里存在。

"为了缓解这些问题，我的团队重新定义了绩效评价的方法（见表15-4）。这种方法基于目标管理技术。这种方法允许管理层和员工共同制定绩效目标。除此以外，员工也进行自我评价，这也被当作绩效评价的一个极其重要的部分。这种方法建立了管理层和员工交流的通道，使双方交流更加顺畅。虽然我们希望所有的分歧都可以被调和，但是如果不能，当事人至少可以表达出自己的不同见解。这些意见是互不保留的，因此员工可以明确地知道自己的绩效评价是如何进行的。"

詹姆士："好的，我确信我们达成共识了。我认为说服这些人支持我们的计划已经没有任何问题了。"

表 15-4 绩效摘要

当书写整体绩效说明时：
- 除实际效果外，需考虑所承担的工作的难易度。
- 强调你希望在未来看到的绩效结果。
- 在这里列出未完成的目标，以此来显示它们的重要性。
- 让员工了解绩效是为了在效用水平、技能培训重点、将来的工作安置等方面做出决策。

当决定综合等级时：
- 选择最能描述总体表现的段落，然后选择模糊其方向的数字。
- 在使用个人任务测量方法时加上一些额外的实际因素，一些项目将比其他的项目更有价值，所以应该给更多的权重。
- 另外，再考虑一次承担工作的难度级别。

续表

优势：
- 工作得到圆满完成。
- 参与完成了 1 个以上的项目。
- 避免了相关琐事。
- 未听到员工说不好。
- 有利于锻炼和成长的主题。

需要改进的地方：
- 应该参与 1 个以上的项目。
- 得到下级理解。
- 限制员工效率。
- 某种程度上可以提高。

意见不同的方面：
- 初始时是担任经理还是下属。
- 是否需要预先准备。
- 记录前需要双方的努力。
- 被设计隐匿于表面下的问题。

你对自我评价的审查可能有一些不同的看法，这需要你在正式记录之前和你的员工讨论一下

问题

1. 如果你是参加这次简报会的高管，你会做何反应？
2. 还有其他需要提出的问题吗？？

克利夫兰第一银行

克利夫兰第一银行（First Security Bank of Cleveland）的快速发展让公司的高层们开始担心现有的组织架构是否适合公司未来的运作。目前，最大的问题是银行体系是否适合运用项目管理。

汤姆·胡德（Tom Hood）担任克利夫兰第一银行的总裁已经 10 年了，他是最早将计算机技术引入银行体系的人。不过，新计算机项目的规模和复杂性也带来了严重的集成问题，这些问题是现有的传统组织结构无法解决的。现在，公司需要一位项目经理——他能推动项目的成功，同时能处理跨职能领域的集成工作。

汤姆·胡德接见了公司的副总裁雷·达拉斯（Ray Dallas），讨论公司组织架构重建的可能性。

汤姆·胡德："我研究了克利夫兰第一银行去年做过的 20 个项目的规模和复杂性。其中 50% 以上的项目需要 4 个或 4 个以上部门之间的互动。"

雷·达拉斯："这有什么问题？公司在快速成长，我们遇到的问题也会变得越来越复杂。"

汤姆·胡德："但是令我烦恼的是另 50%。我们需要改变组织架构，从而解决复杂的问题和集成问题。如果项目仅需一个职能部门，那么又该怎么办？谁来负责完成？我不知道怎么告诉一个职能经理，他在一种组织形式中是一个支持小组，而在另一种组织形式中是一个项目经理，同时有两种组织形式。

"我们有大项目、复杂项目及小项目。小项目会成为问题。它们是可以存在于一个部门或分配给一个人或一个团队的特殊项目。这意味着如果我们整合项目管理，那么我们就要面对各种组织架构。这种局面很糟糕。我不确定能否适应这种变化的环境。"

雷·达拉斯："我不认为有你想得那么糟糕。只要我们能清晰地界定每个人的权利和责任，这就够了。其他行业也成功地做到了，为什么我们不能呢？"

汤姆·胡德："我们有很多问题需要解决。如果某个项目一个人就能完成，这个项目是否还需要一位项目经理？我了解，我们的员工现在想要拥有权利。但是如果一位项目经理有 30 名员工，另一位项目经理没有任何员工，他们是否都要向同一个老板汇报？这会导致权力斗争。我希望能避免这种情形出现，因为这很容易扰乱我们的组织。"

雷·达拉斯："我以前遇到过你所提到的问题。如果我们有一个项目属于某个职能部门，最好的解决方案是让职能经理身兼两职，担任项目经理，这样就不存在这位经理首先要考虑应该向谁汇报的问题了。不过，显而易见的是，不是向项目管理负责人汇报。"

汤姆·胡德："我认为这个方法的前提条件是所有的项目经理都向一个人汇报。因此，即使项目只属于一个职能部门，我们仍然需要指派一名项目经理。在项目管理组织结构下，职能经理等同于资源经理，而让资源经理担任项目经理是非常危险的。因为他会把最好的人派到项目团队，倾部门所有力量确保该项目成功。这就好比赢得了一次战斗却输了整场战争。"

雷·达拉斯："如果我们运用项目管理，你认为我们只需要改革工资和薪酬体系？此外，如何评价项目经理将是一个很困难的工作。无论我们制定什么政策，还是会有项目经理试图建立自己的'帝国'，他们认为自己的成功取决于自己所管理的人数。管理的人数越多，就越成功。毫无疑问，项目管理能够提供给他们建立这种'帝国'的条件。我们对此要尤为关注。"

汤姆·胡德："雷，我有点担心不能招聘到优秀的项目经理。我们不能同其他行业的项目经理的薪水相比，如工程领域、建筑行业或计算机行业等。除非我们有优秀的项目经理，否则项目管理是不能获得成功的。你的看法呢？"

雷·达拉斯："我们必须从内部选拔项目经理，这是目前唯一的方法。如果项目管理人员的薪水吸引力太大，我们最终会使组织陷入混乱。我们要维持适当的工资结构，这样大家在项目管理领域和职能领域的机会就是一样的。当然，还是有一些人认为工作比金钱更重要，但至少每个人获得工资增加的机会是一样的。"

汤姆·胡德："看看你能否从我们的人事部门那里获得一些关于如何调整工资结构及该付给项目经理多少工资的信息。此外，你还需要研究一下其他的银行付给它们的项目经理多少工资。我不想最后发现我们是项目管理工资趋势的制定者，否则每个人都会厌恶我们。在这件事情上，与其成为行业的领导者，不如成为行业的跟随者。"

问题

1. 本案例中确定的主要问题是什么？
2. 对于上述问题，你有哪些解决方案？

杰克逊工业

"我真希望他们没发明过计算机，"杰克逊工业（Jackson Industries）的总裁汤姆·福特说，"这该死的计算机在过去 10 年给我们造成很多麻烦，我们必须解决这个问题。我们必须找出解决方案。"

2002 年，杰克逊工业决定购买一台大型计算机，主要用于解决公司大量、重复的账目清算和财务问题。因此，这台计算机理所当然地由财务主管艾·莫迪来操作。两年来，一切都很顺利。2004 年，计算机部门被改组成 3 个部分：科学计算机编程部分、商务计算机编程部分和系统编程部分。考虑到计算机部已经成为企业的第五大部门，约有 30 名员工，并且正在协助其他部门解决很多重要的问题，所以这次改组还是很有必要的。

改组后，计算机部门经理拉尔夫·格雷格在发给企业每个人的备忘录里讲了下面一段话：

> 计算机部门发现，与工程部及操作部的合作越来越困难，因为这些部门允许员工编写自己的计算机程序。为保证程序有一定的一致性，计算机部门负责公司所有计算机编程任务，所有的编程都需直接向计算机部门经理提出。我们明文规定，没有我的允许，员工绝对不能向任何其他职能部门员工提供协助。正式的公司条文很快就会批下来。

该备忘录引起了职能部门的关注。如果工程部需要设计一个计算机编程，他们首先需要向计算机部提交一份正式的申请，然后花费大量的时间向程序员解释该程序的种种问题。部门经理只能让他的员工浪费时间以把程序员培训成工程师。然而，计算机部门经理持有不同的观点，他认为一旦程序员熟悉了工程学问题，在程序完成的这段时间，工程师可以把时间用在解决其他的事务上。

更让部门经理担忧的是，计算机方案涉及多个部门综合解决的时候，尽管杰克逊工业是按照传统组织结构来运营的，然而新的规定暗示了所有和计算机编程有关的项目都要由计算机部来负责，即使跨越其他多个部门的项目。很多人认为这是传统企业里极其幼稚的项目管理结构。

2006 年 6 月，艾·莫迪和拉尔夫·格雷格见面，讨论公司计算机部和其他部门的工作关系恶化问题。

艾·莫迪："工程部和操作部的人经常到我这里来抱怨，说他们的工作在你们部门无法得到优先处理。我们应该怎么办呢？"

拉尔夫·格雷格："我不是按照自己认为合适的方式来设定优先级的，而是根据对整个公司利益最大化的原则来设置优先级的。那些工程部和操作部的家伙根本就不知道编程、调试程序、写程序文档需要多长时间。他们只知道不断抱怨，说如果我们的程序不能按时交付，他们的项目就会受到影响。我已经告诉过他们存在的问题，但他们不允许我参与他们的项目规划。"

艾·莫迪："可能你也有苦恼。但是我更关注的是，关于你们封闭部门、自我发展的事实，你们似乎已经建立了一个仅仅包括你们部门员工的小'帝国'。此外，我还发现你们的员工在进行非正式的组织，并且不愿意和其他部门的员工接触。你知道，我们应该是一个幸福的大家庭。你不能想想办法解决这个问题吗？"

拉尔夫·格雷格："这个问题是你和汤姆·福特造成的。最近3年，全公司的平均薪资上涨了7.5%，而我们部门只涨了5%。因为你们高层认为我们对公司的效益没有做出什么贡献，而我的程序员感觉他们承担的是工程任务，他们和工程师做出了同样的贡献。因此，他们应该和工程师享有同样的薪资待遇，也就是薪水应该提高8%。"

艾·莫迪："你可以支付程序员更多的钱，你和其他经理一样都有加薪预算的。"

拉尔夫·格雷格："是的，我可以这样做，但是我的加薪预算比其他经理要少。如果我加薪7%给程序员，而给其他人3%，这就如同告诉员工，我认为他们应该去寻找另一份工作。我的员工工作都非常好，并且对公司做出了很大贡献。如果汤姆·福特不改变对我们的印象，我将可能失去我们部门的很多核心人员。我觉得你应该把这些告诉他。"

艾·莫迪："就我们俩而言，我认为你解释得很有道理，我也同意你的关注点。但是你也知道，我发挥的作用有限。

"我们正在考虑为全体部门，尤其是决策执行部门建立一套信息管理系统。汤姆·福特也考虑要设立一个新职位——信息服务主管。这将会把计算机部门从财务处分离出来，直接升为董事会直属级别。我相信这会对你们部门员工的加薪有一定的影响。

"我们现在所面临的问题是如何在新的董事会领导下进行有效的项目管理。我们可能为新董事会创立一套项目管理结构，但汤姆·福特喜欢传统的结构，他想保持其他的董事结构不变。但是我们知道，新董事会必须把计算机方案安排到各个部门。一旦我们解决了这个组织结构问题，我们就开始实行这个计划。你对这个新的组织结构还有什么好的建议吗？"

拉尔夫·格雷格："把我提升为主管，我要亲眼看到计划的实施。"

问题

1. 这个案例的基本问题是什么？
2. 这个问题的基本原理是什么？
3. 格雷格如何知道什么对公司最有利？
4. 计算机组的权力是不是太大了？
5. 总裁汤姆·福特懂电脑吗？
6. 建立一个管理信息系统是否能解决工资差距的问题？
7. 公司的发展方向是否良好？
8. 你的建议是什么？

第 16 章

时 间 管 理

在实际操作中，对项目进行有效的时间、成本、绩效管理具有一定难度。项目管理的环境极其复杂，其中包括大量的会议、报告文书、冲突决议、不断计划和再计划，以及联系客户和处理危机。

要很好地处理这些事务，项目经理及其队员必须有效地管理自己的时间。一些人是上午型的，他们在上午比在下午工作得更有活力；另一些人是下午型的。因此，项目经理知道每个人的能量周期是很重要的。另外，一个好的项目经理知道，他被要求做的事情并不都是职责范围内的事情。

时间管理练习

对时间进行有效的管理，即使对富有经验的经理来说也是很困难的事情。对于已经规划好的管理任务，并且一直重复同样任务的经理来说，有效的时间管理不用费太大力气就能实现。但是对独特的、独一无二的项目或任务的资源和活动进行计划、任务安排和资源控制的项目经理来说，有效的时间管理可能是不可能的，因为总是会发生一些意想不到的问题。

设计这个练习的目的就是让你意识到，无论是在传统组织里还是在一个项目环境里，时间管理都是很复杂的。在练习开始之前，我们需要对项目的背景做如下假定：

- 你是一个面向外部客户的项目经理。
- 这个项目的资金约 3 500 万美元，周期为 2 年。
- 2 年项目周期分为 3 个阶段。第一阶段，1 年，从 2 月 1 日开始；第二阶段，6 个月；第三阶段，6 个月。你现在处于第一阶段的末期（第一阶段和第二阶段大概会有 2 周的交迭期，你现在处于第一阶段倒数第二周的星期一），几乎所有第一阶段的工作都已经完成。
- 根据项目处于不同的阶段，你会雇用 35~60 名员工。
- 作为项目经理，有 3 个全职项目助理直接向你汇报，他们分管工程、成本控制和制造。（购买材料划归分管制造的助理负责。）
- 第一阶段的时间、成本、性能都是控制在允许范围内的。
- 你们的例会在每星期三上午 10 点到中午 12 点召开。所有项目办公室团队成员和所有来自职能部门的团队成员都将参加会议。直线经理由于不是团队成员而不会参加例会（他们作为职能经理，不可能参加所有项目的例会）。即使被要求参加，他们也不会去，因为让他们参加 2 小时的会议却只需讨论 10 分钟的相关事务是很浪费时间的。（排除改变例会日程来解决这个问题的可能。）

现在是星期一早晨，你正在家里吃早餐并等班车。你进入办公室，就会被通知要处理的问题、任务和活动。你的任务就是根据发生的问题和状况进行一整周的有效时间管理。

你将每天解决一项任务。你每天都会遇到 10 个问题或状况，以及解决问题所需要的时间。你在接下来的 5 天中的每天都必须合理优化时间，并且要最大限度地完成有成效的工作。很明显，"有成效"这个词有多种意义，你必须确定什么是有成效的工作。为了简单起见，我们假定你的能量周期是 8 小时，也就是说，你可以一天从事 8 小时的有成效的工作。除了午餐时间，你不安排其他空闲时间。然而你必须意识到，在实际项目环境里，项目经理有时要替直线经理、直线员工甚至高管们完成他们不愿意做的工作。

在每天完成 10 个任务后，你会发现有一张每天从上午 9 点到下午 5 点按每半小时分格的工作表。你需要决定在每半小时的时间段里所要完成的任务。在做工作日程安排中要做如下假定：

- 由于合用班车的原因，不允许加班。
- 由于下周的家庭事务不允许你在家里工作，因此下午 5 点后你将不能安排任何工作。
- 项目经理一到公司，就要开始考虑一天的 10 个任务。

进行这个练习的第一步就是根据下面的条件确定每个任务的优先级。

- 优先级 A：这件事十分紧急，必须在当天完成（然而，有些优先级 A 的事务可以在小组例会前完成）。
- 优先级 B：这件事很重要，但不是特别紧急。
- 优先级 C：这件事可以先缓缓，或者不太确定是否要做。

设置好每件事务的优先级，并将结果记在该事务后面的空格里。然后，你就要决定当天你的时间可以完成哪些事务。每天的午餐需要半小时或 1 小时，每天会有 7.5 小时或 7 小时的有效管理时间。

你可以选择解决这些事务的方式。可供选择的方式如下：

- 你可以亲自来解决（标记 Y）。
- 你可以委派一个项目助理来替你完成（标记 D）。如果这样选择，你只可以委派给每个助理 1 小时的工作，这样他们才不会抱怨。这里的关键是你委派的是你的工作，如果你要委派的工作是这个项目助理本来就应该做的，则不计算到 1 小时里。这种形式的工作传达将在以后讨论。比如，你准备交给助理 5 小时的工作，而其中 4 小时的工作本来就是他的职责，那么就不会有问题。因为你实际上传达了 4 小时的工作而只是委派了 1 小时的工作。你可以假定无论给项目助理委派什么样的工作，都是可以在当天完成的。
- 项目经理和他的团队，有时会被安排一些本应该是别人职责的任务，如高管或直线经理的任务。比如，某个一线员工说他没有足够的时间来写报告，因为你是项目经理，所以他请你来写。你可以完全不接受这些请求，因为它们根本不是项目经理的职责。你可以从下面4种做法中选择一种来对付这种情形：

a. 你可以直接驳回请求，无论是直线经理、高管还是下级，因为这根本就不是你的职责（标记R）。当然，如果你有时间也可以答应他们，因为这有利于促进你们的关系。

b. 经常会有一些应该交给项目助理完成的工作被送到项目经理这里。如果这样，项目经理应该直接把工作传达给合适的助理（标记T）。和以前一样，如果项目经理觉得自己有充裕的时间或助理事务太多，也可以自己来完成。这种本应该助理的工作是传达而不是委派。因此，项目经理就可以向同一个助理传达4小时的工作（T）同时委派1小时的工作（D）而不会招致抱怨。

c. 你可以把一个工作推迟到第二天来完成（标记P）。例如，星期一的任务，没有时间完成，你可以推迟到星期二。如果你在星期二还没有足够的时间，你可以传达（T）任务给你的助理、委派（D）任务给你的助理、退回（R）任务或者推迟（P）到另一天完成。工作推迟可能导致陷阱。你在星期一要推迟的工作本来属于优先级B，到了星期二它可能就成为优先级A，但你仍然没时间完成。如果你把星期一的工作推迟到星期二，事后发现没在星期一完成这个工作是一个错误，你也不能返回修正。

d. 你可以认为这件事没有必要，所以根本就不做（标记A）。

决定好了每天要完成的任务后，你可以根据能量周期把它们填在适当的时间空当里。下面我们讨论每天的能量周期和完成任务的顺序。你可以在每天的10个问题或状况后找到你的工作时间表。

每个星期的5天里，你每天都重复同样的工序。你要清楚前一天顺承下来的未被完成的工作。你还要明白，有些问题可以通过多种方法加以解决。如果对某件事的优先级或解决方法拿不定主意，你可以在这件事下面的空白处做一条或两条注释来验证你的想法。

▶ 计分系统

你需要简要地看一下每天的工作计划。"优先级"栏下列出了每天的10件事。你首先需要把每件事的优先级标出来（例如，A、B或C）。然后在"方法"栏下，你要根据页面下部的图例选择完成任务的方式。同时，你要在"完成"栏的合适时间里填上你要完成的任务，因为完成任务的方式和你是否有足够的时间来实施是相关的。

注意，计划表中有一块空白处是用来记录那些被顺承下来的工作的。也就是说，假如准备将星期一的3件任务推迟到星期二去做，你就要打开星期二的工作表并把这3件任务记录下来，这样你就不会忘记。

只有完成全部5天的工作计划，你才能得到分数。在5天的工作计划后，你才可以使用计分表，你可以回查每天的工作计划并填上合适的分数。对于你做的每个决定，你可能得到正分或负分，在计算总分时负分将被减去。

当你做完5天的工作计划以后，随后要填一下工作计划总结，同时准备回答一些提问。

这个时候，你不知道分数的计算方式，因为它有可能影响你的答案。

星期一的活动

活动	描述	优先级
1	更新二期计划的细节，为星期四与客户的会面做好准备。（1 小时）	
2	生产经理打电话给你说他不能为明天的产品测试找到合适的设备。（0.5 小时）	
3	地方大学在今天下午 3:00—5:00 有个每月一次的系列讲座，副总裁让你去听。公司将派车送你，到那里需要 1 小时。（3 小时）	
4	公司销售代表打电话给你，他要给你展示为什么他的产品性能要优于你正在使用的这种。（0.5 小时）	
5	你必须写一份两页的周报，在星期三下午 1:00 之前放到副总裁的办公桌上。（1 小时）	
6	副总裁打电话给你，他建议你去联系另一个项目经理，和他商讨一下为每周的进度报告制定一个统一的结构。（0.5 小时）	
7	部门经理打电话通知你，由于另一个项目的计划延期，你的二期项目的标志性里程碑也需要推迟。他想知道你能否修改一下计划。（2 小时）	
8	人事部经理想知道你是否已经看过了他上周给你的 3 份简历，他想在今天下班前看到你的评语。（1 小时）	
9	项目经理助理请你核对一下三期计划的一些细节，那里好像有一些错误。（1 小时）	
10	采购部打电话咨询，并要求你告诉他们在第三阶段购买原材料的计划成本。（0.5 小时）	

工作计划

	优先处理		方法	
活动	优先权	分数	完成任务的方法	分数
1				
2				
3				
4				
5				
6				
7				
8				
9				
10				
	总计		总计	

日期：星期一

成果

时间	活动	分数
9:00—9:30		
9:30—10:00		
10:00—10:30		
10:30—11:00		
11:00—11:30		
11:30—12:00		
12:00—12:30		
12:30—1:00		
1:00—1:30		
1:30—2:00		
2:00—2:30		
2:30—3:00		
3:00—3:30		
3:30—4:00		
4:00—4:30		
4:30—5:00		
	总计	

图例
完成任务的方法

Y=你
D=委派
T=传达
R=退回
A=不做
P=推迟

推迟到今天的活动	今天优先要处理的事情

分数	
优先权分数	
方法分数	
完成分数	
今天的分数	

注：星期二至星期五的同此。

星期二的活动

活动	描述	优先级
11	一个职能部门经理打电话给你询问是否他的人下周要做好加班的计划。（0.5 小时）	
12	你今天下午 1:00—3:00 有一个关于安全问题的董事会议，所以需要再看一下有关的议程。（2.5 小时）	
13	关于公司现金流的紧急问题，老板询问你关于接下来 3 个月的每月的劳务支出的细节问题。（2 小时）	
14	副总裁通知你，今天将有两位国会议员来参观工厂，你要在下午 3:00—5:00 负责工厂参观部分的讲解。（2 小时）	
15	你制定了一个在二期工程中控制加班工资的政策，必须通知你的人通过备忘录、电话或小组会议的形式来完成。（0.5 小时）	
16	你必须审阅 25 个关于三期项目的原材料需求订单。公司的政策是项目经理必须在所有的表格上签字。所有的项目需要 3 个月的交货时间。（1 小时）	
17	工程部经理请你今天下午帮助他的员工解决一些技术问题。当然，这不是你必须去做的，仅仅是帮忙。这位经理是你在工程部门工作了 6 年的一个领导。（2 小时）	
18	数据处理部门经理通知你，公司正试图减少那些不必要的报告，他希望你告诉他哪些报告是不必要的。（0.5 小时）	
19	成本管理部门经理助理通知你，他不知道怎样填写修订后的项目报表。（0.5 小时）	
20	一个职能部门经理让你尽快给他一个关于二期项目的后期工程调整及为什么没有及时通知他的解释。（1 个小时）	

星期三的活动

活动	描述	优先级
21	一个副总裁打电话给你说他刚刚读了你的关于一期项目草拟的报告，想在星期四把这个报告提交给客户之前跟你讨论一下其中的一些结论。（2 小时）	
22	产品部门通知你，他们希望在今天中午之前看到项目的最终季报，报告已经放在你的桌子上等待你的最终审阅。（1 小时）	
23	生产部门经理打电话给你说他们不得不去做比在工程开始的时候所想的更多的工作，因此需要开会讨论一下。（1 小时）	
24	质量控制部门发给你一份备忘录说，除非做出改变，否则他们不能满足项目的三期部分的工程规格。这要求召开一个部门经理参加的会议。（1 小时）	
25	一个职能部门经理打电话说昨天测试得到的原始数据令人惊讶，请你亲自去实验室看一下试验结果。（1 小时）	

续表

活动	描 述	优先级
26	你的项目助理有一些技术难题无法解决，职能部门经理希望你亲自处理一下。这个难题必须在星期五之前解决，否则项目二期阶段的一个标志性里程碑将被推迟。（1 小时）	
27	你在星期四下午 1∶00—3∶00 有一个和客户的技术交流会，你必须在文件印刷之前再审阅一下，产品部门需要在 12∶00 之前得到通知。（1 小时）	
28	你在上午 10∶00—12∶00 有一个每周例行性的组内会议。（2 个小时）	
29	你告诉秘书注意一下每星期三上午 10∶00—12∶00 举行的每周例行性会议的时间。（0.5 小时）	
30	生产领域出现了一个新的问题，生产部门成员勉强拿出了一个解决办法。（1 小时）	

星期四的活动

活动	描 述	优先级
31	电气工程部门通知你说他们提前完成了二期的任务，问你是否还要指派其他工作。（1 小时）	
32	一个成本项目经理助理通知你，公司管理费用所占的比率的增长率超过了预期的速度，如果这样下去，项目的二期和三期阶段将发生严重的成本超支，现在必须进行计划和成本的重新审查。（2 小时）	
33	保险员打电话问你是否愿意增加人寿保险额。（0.5 小时）	
34	你的一份关于上周的部分项目的技术报告找不到了，而你需要带它去参加和客户的技术交流会。（0.5 小时）	
35	你的朋友想和你谈谈关于下星期六进行的高尔夫球锦标赛。（0.5 小时）	
36	职能经理打电话通知说，由于他们部门的工作量优先级发生变动，技术专家将无法参加下周的二期的任务。（2 小时）	
37	员工打电话说，他从你的项目助理和直线经理那里得到两条相冲突的指示。（1 小时）	
38	客户要求二期的例会从原来的每月 1 次改为每两个月 1 次。你必须决定是否要增加一个项目组来解决额外的工作量。（0.5 小时）	
39	你的秘书提示你，你今晚必须为扶轮社做个关于你的项目是如何影响本地经济的报告。你必须现在就准备讲稿。（2 小时）	
40	银行刚刚就你的个人贷款事务打来电话。这条信息对你及时获得贷款批准极其重要。（0.5 小时）	

星期五的活动

活动	描 述	优先级
41	项目助理就一些反复出现的问题征求你的意见。（0.5 小时）	
42	职能部门的一位员工在接受绩效评价，你必须填一份简要的清单表格并且要和他讨论。这个表格必须在下星期二之前放在职能经理的桌上。（0.5 小时）	
43	人事部需要你审查一下你们项目组员工的暑期安排。（0.5 小时）	
44	副总裁让你去他的办公室，说他发现你在这个星期的工作成果非常不错，并考虑和你续约。他希望你尽快找到一些续约的合适的理由。（1 小时）	
45	差旅部告诉你必须为下个月的客户会见做好自己的旅行准备，因为你计划会见客户时要顺便度假。（0.5 小时）	

续表

活动	描 述	优先级
46	人事经理询问你是否参加一位项目助理的面试。申请人下午 1:00—2:00 来到公司。(0.5小时)	
47	你的项目助理想知道你不批准他这个季度参加 MBA 课程的原因。(0.5 小时)	
48	你的项目助理想知道自己在没有被通知需要采购时是否有权拜访供应商。(0.5 小时)	
49	你刚刚收到《工程审查》季刊,准备浏览一遍。(0.5 小时)	
50	你被要求去申诉委员会做一个陈述(本星期五上午 10:00—12:00),因为你的一个职能部门员工抱怨说在星期日上午被要求加班。你将全程参加这个会议。(2 小时)	

▶ **评分标准**

由于产业类型和项目种类的差别,你的建议可以和下面给出的答案不一样。之后,你可以提出自己的看法。

(1) 如果你选择的优先级是正确的,那么系统将按照附表给出对应的分数。

优先级	得分(分)
A	10
B	5
C	3

(2) 如果你选择的完成方法是正确的,那么系统将按照附表给出对应的分数。

项目完成方式	得分(分)
Y	10
T	10
P	8
D	8
A	6

(3) 如果你正确推迟事项并能在小组会议期间完成,你将额外获得 10 分。

(4) 如果你在每半小时的间隔里都从事的是优先级 A 的事务,你将获得 5 分(当然这件事首先要被正确设置为优先级 A)。

(5) 有任何事务没完成,你将被罚 10 分。

(6) 如果在星期五下午 5:00 之前,你或你们组有优先级 A 或 B 的任务没完成,你将被罚 20 分。

活动	原 则
1	更新日程表,尤其是二期项目的日程表是头等大事,因为它会影响职能部门的资源安排。日程表可以委派项目助理来完成。在星期三的例会上,由于所有成员都在场,更新日程表就比较容易。更新日程表不要拖到星期四以后。另外,必须给产品分析和再生产服务分配足够的时间
2	这件工作必须马上处理。你的生产项目助理能够很好地处理这件事情
3	你必须亲自处理这项任务

续表

活动	原则
4	这里假定销售代表只有今天有空,项目助理会处理好这件事。但是如果你不知道这个卖家的产品,这件事可能比较重要
5	假如你想在星期三留给自己更多的审阅时间,那么就要委托给你的助理
6	这个行动推迟一周多再去进行是不会引起任何问题的。这个行动还有商量的余地
7	你必须立即负起责任
8	即使很关心这个项目,你仍然需要满足公司的管理要求
9	由于这是三期项目的日程,这个可以推迟到星期三的例会上完成。然而,你不能保证生产线员工这么早就讨论三期项目的事务。你可能要靠自己来完成这个任务
10	这个要求必须回答,因为你的生产项目助理需要这个信息
11	这是紧急事务,绝不能拖到例会上解决。一个好的项目经理会尽可能早地提供给职能经理尽可能多的关于资源控制的信息。这个任务可以委派给项目助理来做,但是不推荐这样做
12	这应该由项目经理负责。你可以不修正日程也不参加会议,但是不推荐这么做
13	这个必须立即处理,因为这个结果会严重影响你的资源(尤其是如果需要经常加班的话)。虽然你的助理可处理一些工作,但大部分工作都是你的
14	大多数项目经理不喜欢这样的请求,但也都知道在这种场合下是不可避免的
15	项目经理应该亲自下达该项目的政策。如政策发生变化也应该尽早发布,例会是最合适的机会
16	很明显,项目经理必须亲自完成工作。但幸运的是,如果交货时间是准确的,我们还有足够的时间
17	你可以自行选择这件事的优先级,但是如果你有时间最好还是设为A,并且这件事不能委派别人去做
18	这项工作一定要完成,问题是什么时候能做好。你可以委派部分任务给别人,但需要项目经理做最终决定
19	你必须亲自完成这个任务,优先级可以根据项目报表的截止期限而定
20	项目经理必须马上着手处理此事
21	客户和承包人的高层主管经常交流一些项目的进展情况。既然这个报告可以反映企业政策,这件事就需要马上完成
22	即使产品部门员工把每件小事情都当作项目来完成,你也不应该打击他们的积极性。你可以根据报告种类委派他人完成相应工作
23	这件事可能对你的计划产生严重影响。虽然你可以委派他人完成,但考虑到涉及方面太多,你还是应该亲自完成
24	这是必须完成的,最好在会议的时候
25	你个人应该对职能经理给你展示惊人的数据表现出充分的肯定态度,但是这件事优先级不高,你可以委派别人去做或者推迟这件事,因为你迟早会看到这些数据
26	这个问题的重要性值得考虑。星期四前必须解决这些问题,因为届时的主管级别会议将讨论公司的发展方向。这件事绝不能拖到最后时刻
27	项目经理需要审阅所有呈现给客户的数据。查一下星期四的日程安排,看看你是否忘了交流会
28	这件事情你自己看着办
29	这项任务必须马上办。那些没到场的人也需要了解项目进展情况。你拖的时间越久,忽略某些重要事务的风险就越大。这件事可以委派给别人去做,但是不推荐这种做法

续表

活 动	原 则
30	虽然你有生产助理,你可能也要亲自解决这件事。你的决定会影响项目的进度表
31	这种事很少发生,但是一旦发生,项目经理就要尽快好好处理。这对公司来说是好事。你可以委派别人去做,但是不能推迟
32	这件任务如果不及时完成,结果可能很糟糕。无论你的第一反应是不是要委派别人去做,你还是应该亲自处理这件事
33	这件事可以被推迟甚至取消
34	显然,如果这个报告非常重要,你的项目助理应该复制几份。这件事可以委派别人去做
35	这件事应该非办公室时间讨论
36	这件事非常严重,直线经理需要直接和项目经理解决这个问题
37	你应该亲自处理这件事。如果分配给你的助手完成,可能使形势恶化。虽然这件事可以被推迟,但看起来时间不能减缓冲突
38	这应该由项目经理做决定,不必特别紧急
39	项目经理也需要有社会责任感
40	解决这件事要抓住机会,很多公司已经意识到雇员有时需要利用工作时间来完成一些私人事务
41	他为什么问的是重复的问题?他上次是怎么解决的就让他还怎么解决
42	你必须亲自出马,但是可以等到星期一
43	这件事不紧急并且可以让你的助理来完成
44	今天是你的幸运日
45	虽然大多数经理会把这件事交给秘书来做,但是由于涉及个人事务,还是应该由项目经理处理比较好
46	这将树立管理责任的榜样。无论你的职务或职位如何,这种责任都是必须承担的
47	虽然你可以把这件事划为优先级 B,并且可能过后处理。但是,你要考虑到你的助理认为这件事很重要而且他希望今天就能得到答复
48	他为什么自己不能处理?你将根据优先级别或时间多少决定是否处理此事
49	你认为对你来说看杂志有多重要
50	这个会议你必须参加,你要对你的项目的延期负全责。你可以带一个项目助理一起去,以作为你的支持

现在计算每天的总分并完成下面的表格。

工作计划	
日　　期	分数（分）
星期一	
星期二	
星期三	
星期四	
星期五	
总　　分	

▶ 结论和问题摘要

（1）即使意味着可能一周要工作 60 小时，项目经理仍倾向于自己独立完成繁忙的工作。在正常的工作日，你总是被要求完成所有事情，但是作为一位潜在的优秀项目经理，你希望能把一些事情推迟一段时间，这样你就可以独立去完成。其实在事情发生时就对其进行处理，移交或委派可能是最好的策略。你可能想以后还做同样的练习，看看是否会超过现在的得分。你只有每天完成尽可能多的任务（即使委派他人），才能得到更多的分数。

（2）有些事务不是项目所需而是公司要求。除非这件事和现在的项目有直接关系，否则项目经理总想避免行使他的职责。如果项目经理没有用合适的态度对待这些事务，那么这种项目管理的狭隘性可能导致一些冲突和对抗，这些事情是可以轻松地交给助理来做的。

（3）有些事务可能被项目经理直接驳回。在项目环境中，如果得不到职能经理的帮助，项目经理则不可能成功。所以，大多数项目经理不会拒绝一线员工的协助请求。

（4）如果你的答案和参考答案不同，或者你觉得你的答案有更合理的解释，可以列表将其记录下来。

（5）了解一个人的能量周期将极大地调动一个人的生产性。因此，你需要了解以下问题：重要的会议都是在上午还是下午？你计划在每天的什么时候从事高效的工作？你最适合在什么时间书写文档？你的能量周期在一个星期里的每天都会发生变化吗？

第 17 章

管理创新项目

> 将项目管理实践应用于创新和其他类型的战略项目中,给项目经理(甚至是经验丰富的项目经理)带来了全新的挑战。大多数传统的项目经理习惯于在项目开始时有一份商业论证和一个定义良好的工作说明,创新项目可以仅仅从一个想法开始。项目经理需要与潜在客户和最终用户之间建立强有力的沟通渠道,以了解问题并制订针对问题的解决方案。
>
> 传统的项目管理方法可能被灵活的框架所取代,这些框架会在项目的整个生命期内持续更新。创新项目的类型有好几种,通常伴有特殊的要求,每种类型都需要一个独特的绩效报告系统。

政府智库

一个政府的"智库"有责任关注可用于未来政府需求的技术进步。研究关注的关键领域之一是开发高能固体推进剂,这种推进剂可用于载人航天计划的导弹开发、发射通信卫星、武器和空间探索。与低温液体推进剂相比,高能固体推进剂的维护成本更低,而且有可能降低项目成本,特别是导弹发射成本,并允许为更复杂的任务提供额外的有效载荷重量。

在过去,每当一家负责固体推进剂开发的公司有一种新型固体推进剂的想法时,他们要么在内部资助研究,要么主动向各自的政府机构提交项目建议书,寻求政府资助。寻求政府资金是有风险的。如果政府承担了全部或部分的研发费用,那么根据合同的类型,政府可以拥有全部或部分的知识产权。还有一个有效的政策是:如果在公司提交项目建议书给政府后,政府没有授予合同,政府就不能与其他公司分享项目建议书中提供的信息。但是,如果合同授予,这一切都会改变。这就是为什么很多公司更倾向于内部资助一些研发活动,以便他们的公司能够完全拥有知识产权。

智库列出了一份各政府机构认为未来几年有必要进行的项目清单,清单上的所有项目都是基于高能固体推进剂技术的进步。智库认为,使用众包这种开放型创新方法可以产生许多好的想法,参与其中的公司愿意分享关于未来的项目和所需技术的想法[1]。

---

[1] "开放创新通常专注于从可靠的来源寻找信息和想法。"众包是一种解决潜在问题的尝试,然后与所有贡献者自由分享信息。

智库召开了一次讨论高能固体推进剂技术的会议。有 9 家参会公司是政府的承包商，据说他们正在进行固体推进剂技术的研究。因此，这 9 家公司都被邀请，但是要求每家公司至少由四五名高科技人员参加头脑风暴会议。会议主办方提前发出了一份会议议程，方便参会人员理解会议的目的。

智库的一位高级经理在会议开始时介绍了会议的战略意图，希望所有参会公司结合他们正在做的研发，为高能固体推进剂的研发各抒己见。政府认为，尽管每家代表公司只能针对问题的某一部分提出想法，但把这些项目集中起来将产生可行的替代方案和解决方案。

会议主席让大家发言，说说各自公司的研究发现，但是没有人主动发言。随后会议主席让每家公司谈谈他们将如何提高固体推进剂的能量，以及他们在未来可能会从事的任何研究方向，但是大家还是不想发言。后来，那些发了言的人也仅仅是说了一些"过时的"、在座的每个人都知道的信息，没有提及会议想讨论的主题。

主席对各家公司中没有人愿意讨论会议的主题感到不安。最后，有一位公司代表发言说："在座的每家公司都互相是竞争对手。换而言之，你要求我们与竞争对手分享知识产权，可能还有一些战略计划。这对我们来说是非常困难的，即使我们可能会因为技术分享获得潜在的长期利润丰厚的合同。我不相信这次会议上的任何人能给你提供你所寻求的信息。我所在的公司同意参加会议，也是想听听我们的竞争对手在做什么，而不是分享关键的知识产权。现在看来，这里的每个人都是出于同样的原因。"

问题

1. 这次会议是作为一种开放型创新的众包尝试而设计的吗？
2. 为什么这次会议没有成功呢？
3. 以"高能固体推进剂的发展"为技术主题的会议能取得更好的效果吗？

LXT 国际公司

▶ 背景

LXT 国际公司（LXT International，以下简称 LXT）是一家生产电子元件的全球性公司。他们是行业领导者，主要是因为他们每年都给市场带来创新。

市场竞争的本质迫使 LXT 在管理创新过程方面做出了一些改变。LXT 在世界各地建立了小型创新部，每个部门由一名经理——创新办公室经理领导。所有的创新部门都向公司的副总裁汇报，他的头衔是"负责创新和增长的副总裁"，头衔中的"创新"一词是为了表明公司对创新重要性的认可，这也是 LXT 文化的一部分。

创新部的章程包括：
- 与客户保持持续的沟通，让他们了解他们对 LXT 的重要性。
- 明确客户的未来战略需求，明确我们的产品将如何满足他们的需求。
- 邀请客户对我们的产品改进和新产品提出想法。

- 让客户了解我们正在开发的新产品，看看他们是否感兴趣。
- 在可行的情况下，允许某些客户作为共同创造者与我们的设计团队合作。

创新部门能收集其所在区域客户的信息，并将这些信息传递给创新副总裁。副总裁和他的团队对信息进行评估，并对各种项目的创新和研发资金的配置做出最终决定。

创新项目一般分为三类：渐进式创新、激进式创新和颠覆式创新。高级管理人员确定每个项目所属的类型和优先级。

LXT 的高级管理人员作为项目的发起人，对自己选择的项目负责。但事实上，由于公司项目数量众多，许多创新项目的发起人是由中低级别的管理层担任的。

发起人和项目治理方通常在项目经理需要做某些决策时支持项目经理。如果某个项目出现了重大问题，发起人需要额外的援助时，其他所有的高级管理人员也会参与其中。高级管理层面临的问题是如何区别问题和危机。高级管理人员没有足够的时间参与所有问题，但希望对所有存在潜在危机的问题提供支持。

▶ 识别危机

在进行了研究之后，LXT 对危机有了更好的理解。危机可以定义为任何可能导致不稳定或危险情况从而影响项目结果的事件。危机可能损害组织、干系人和公众。危机会改变公司的商业战略、企业与企业环境因素互动的方式、企业的社会意识以及保持客户满意度的方式。危机并不一定意味着项目会失败，也不意味着项目应该被终止。危机可能只是因为这个项目的结果可能不会像预期的那样发生。

有些危机是逐渐显现的，在出现之前发出了早期预警信号。这些危机被称为"小火慢煮"的危机。管理层认为，衡量指标和仪表板可以帮助识别这些危机即将来临，从而为项目经理提供时间来制订应急计划并采取纠正行动。人们越早了解即将到来的危机，就越可能制定更多的补救办法。

另一种危机是几乎没有任何预警就突然发生的。这些危机被称为"突发"危机。例如，某国的政治选举或政治不确定性、自然灾害、具有关键技能的员工辞职等。我们无法为项目中存在的每一个危机创建衡量指标和仪表板。突发的危机就是无法预防的。

并非所有不能忍受的情况都是一场危机。例如，某个软件项目进度明显落后可能只是一个问题，但不一定是一个危机。然而，如果某个厂房的建设进度明显落后，但是工厂已经聘用了厂房的员工，这些员工将在某个特定日期开始工作，这可能就是危机。又如，厂房的建设进度落后会激活"延迟交付制造项目"的合同处罚条款，那么这也可能是危机。

▶ 危机仪表板

LXT 意识到风险管理和危机管理之间是有区别的。风险管理包括评估潜在的威胁，并找到避免这些威胁的最佳方法。危机管理包括在威胁发生之前、期间和之后处理这些威胁。也就是说，危机管理是积极主动的，而不仅仅是被动的。如果可以开发出识别潜在危机的指标，那么 LXT 将有一个早期预警系统来处理潜在的危机。

另一个问题是确定如何使用危机仪表板上的衡量指标来识别危机。在理想的情况下，高级管理人员会每天打开他们的电脑观察危机仪表板。屏幕上会显示与项目潜在危机相关的指标和信息。高管们在屏幕上看到的这些信息，是他们当天唯一需要进行沟通的项目。

问题是，鉴于每个项目可能有 20 个或更多的指标，如何通过一个指标确认项目陷入了困境。管理层明白，达成目标需要一定程度的运气。如果与目标的偏差（无论是有利还是不利）是在可接受的范围内，没有达成目标也是可以接受的。这些偏差范围也被称为公差、阈值或完整性。因此，当为每个指标确定目标时，设定指标的偏差范围也很重要。偏差范围的制定必须是项目团队、客户和干系人都能接受的。典型的偏差范围可能是目标的±5%或目标的±10%。

偏差范围的大小通常取决于使用的测量技术的精确程度。粗糙的测量技术的偏差范围更大。但是，有的公司会在企业项目管理方法中就制定每个标准的偏差范围，这主要适用于项目管理水平相当成熟和有指标管理经验的组织。当然，有时候项目的商业论证也会识别关键指标、指标的目标和指标的公差，尽管这并不常见。

在每个项目开始时，要提前制定每个指标的上限和下限。随着项目的进展，上下边界可能会随之改变。如果度量值保持在上限边界内（名义值的偏差范围），那么指标就不会出现在危机仪表板上。只有那些高于或低于偏差范围或阈值的指标才会出现在危机仪表板上。

LXT 的管理层仍不确定哪些指标能用于预测危机，而不仅仅是识别出潜在的问题。答案是可能带来的潜在损害。LXT 准备了一份清单，清单中任何情况的发生都可能被视为危机：

- 会对该项目的成果造成重大威胁。
- 会对组织、干系人甚至公众造成重大威胁。
- 会对公司的商业模式和战略造成重大威胁。
- 会对工人的健康和安全造成重大威胁。
- 会导致人员伤亡。
- 有必要对现有的系统重新设计。
- 有必要进行组织变革。
- 会对公司的形象或声誉造成损害。
- 会出现客户满意度下降，会对现在或将来收入造成重大损失。

问题

1. 危机仪表板会起到作用吗？
2. 当 LXT 在使用危机仪表板时，会面临哪些潜在的问题？
3. 是否应该有统一的方法来制定偏差范围，是否应该允许每个项目团队制定自己的偏差范围？
4. 是否根据创新类型制定危机指标，比如渐进式创新和颠覆式创新？
5. 是否需要多个指标的信息来共同确定危机的严重程度，但是其他指标没有显示在仪表板上，因为它们在偏差范围内？

6. 允许项目团队随着项目进展改变偏差范围是否有风险？

乐高：品牌管理

➤ 摘要

乐高公司是世界上最受大家喜爱的公司之一。尽管公司取得了巨大的成功，但它还是经历了一段濒临破产的时期。最终，公司文化的改变以及产品开发和创新流程的重新配置，使公司的颓势得以扭转[1]。

尽管本案例中讨论的大多数问题都可能发生在任何一家公司，但乐高案例说明一家非常成功的私人控股公司也会面临挑战，也需要通过创新来支持品牌的增长。

➤ 了解品牌管理

最难管理的创新项目类型之一是那些必须支持品牌管理活动的项目。品牌可以是公司、产品或产品系列、特殊的服务或人员。成功的品牌需要数年的时间来发展，但是为了维持品牌的知名度、信誉度和消费者的忠诚度，需要对品牌进行持续的创新。拥有高品牌知名度的公司包括苹果、谷歌、迪士尼、微软、可口可乐、脸书和乐高等。

品牌管理主要围绕目标市场的市场营销活动，以及产品或产品系列的外观、定价和包装方式。品牌管理还必须关注品牌的无形资产和对客户的感知价值。无形资产可能是客户对产品带来的价值，在相同的功能下，客户愿意支付比其他产品更高的价格。

几乎所有的品牌创新都涉及品牌经理，他的职责是观察消费者与品牌之间的关系，从而随着时间的推移而增加品牌的价值。创新应该允许品牌的知名度增加的同时，定价也在增长。创新也要维持或提高消费者的品牌忠诚度。

在其他形式的创新时，项目团队不仅可以自由地探索多种选择和想法，也可以偏离主题。但是，品牌创新要受到品牌管理限制。品牌管理不仅负责管理和推广品牌，还负责决定哪些新产品或创新可以归类到某一品牌中。品牌创新是品牌的核心价值、目标市场和管理层的愿景之间的结合。一个品牌是否可以获得长期成功取决于品牌创新。

➤ 历史

乐高，也称乐高集团，是一家总部位于丹麦比隆的私人控股玩具制造公司。它最著名的是其旗舰产品，有各种齿轮的彩色塑料积木、被称为迷你人物的小雕像，以及其他各种零部件。乐高有超过 7 000 种不同的乐高元素，可以通过多种方式组装和构建物体，包括车辆、建筑物和工作机器人等。任何构造好的模型都可以被拆开，再次被重复使用来制造新的模型。截至 2015 年 7 月，乐高公司已经生产了 6 000 亿块乐高部件。

乐高积木的历史跨越了近 100 年，从 20 世纪早期创造的小型木制玩具开始。1947

---

1 案例研究的第一部分集中在乐高提供的产品和服务上。本部分不一定按照时间顺序介绍，但是为了读者能够理解各种形式的品牌创新以及为什么进行文化变革，这是必要的。本案例的重点基于品牌的项目管理，而不是管理决策是否有效。

年，乐高在丹麦开始生产塑料乐高积木，后来扩展到世界各地的工厂。乐高品牌还开发电影、游戏、比赛、零售店和乐高游乐园等。乐高现在在全球设有 40 多个分部。到世纪之交，乐高每年生产 200 多亿块乐高积木。乐高现在不仅有零售业务，也提供娱乐业务。

乐高成立于 1932 年 8 月 10 日，由奥勒·柯克·克里斯蒂安森（Ole Kirk Christiansen，1891—1958）创立。品牌名称"乐高"来源于丹麦语"Teg godt"，意思是"玩得快乐"。乐高集团的座右铭是"Det bedste er ikke for godt"，意思是"只有最好的才是足够好的"。这句格言至今仍在使用，是创始人为了鼓励员工不要牺牲质量提出的。到 1951 年，塑料玩具占了乐高产量的一半，丹麦贸易杂志《玩具时代》相关人员在 20 世纪 50 年代早期参观了位于比隆的乐高工厂，认为塑料永远无法取代传统的木制玩具。人们普遍不喜欢儿童玩具中的塑料，乐高玩具似乎已经成为一个明显的例外。

▶ 乐高积木

1954 年，克里斯蒂安森的儿子戈德特弗雷德（Godtfred）成为乐高集团的初级常务董事。他与一位海外卖家的谈话引出了一个玩具系统的想法。戈德特弗雷德看到了乐高积木成为创造性游戏系统的巨大潜力。但从技术的角度来看，这些积木仍然存在一些问题：它们的锁定能力有局限性，缺乏通用性。1958 年，现代积木设计得到了发展。公司花了五年时间才找到合适的材料，这是一种叫作 ABS（丙烯腈丁二烯苯乙烯）的聚合物。现代乐高积木的设计于 1958 年 1 月 28 日获得专利。

各种各样的乐高积木构成了一个通用的系统。尽管多年来每件作品的设计和用途都有所不同，但每件作品在某种程度上都保持着与其他作品的兼容性。1958 年的乐高积木仍然可以与今天的乐高积木进行组合，儿童乐高套装也与青少年乐高套装兼容。含有 2×4 螺栓的 6 块砖可以以 915 103 765 种方式组合。

每一件乐高积木的制造都必须精确。当两个部件啮合时，它们必须牢固地配合，但又容易拆卸。制造乐高积木的机器公差小至 10 微米。

▶ 制造

乐高积木的生产涉及世界各地的好几个地方。模型制作是在丹麦的比隆、匈牙利的尼赖吉哈佐、墨西哥的蒙特雷以及最新成立的中国嘉兴。积木的装饰和包装是在丹麦、匈牙利、墨西哥和捷克共和国的克拉德诺市的工厂完成的。据乐高集团估计，在过去的 50 年里，它已经生产了 4 000 亿块乐高积木。乐高积木的年产量约为 360 亿块，即每秒 1 140 块。根据 2006 年《商业周刊》上的一篇文章介绍，乐高可以被认为是世界第一大轮胎制造商，因为该工厂每年生产约 3.06 亿个小橡胶轮胎。2012 年，这种观点再次被提及。

▶ 乐高的目标客户

乐高的目标客户最初是 4~9 岁的男孩，尽管 10%~20%的客户是女孩。这些消费者家庭通常希望他们的孩子长大后能成为科学家、建筑师、设计师，甚至是音乐家。

为了获得乐高品牌与客户之间的联系，乐高必须对此进行研究。此外，研究人员要与家庭密切合作，从而了解孩子们是如何玩耍和消磨时间的。研究发现在一些国家，父母想要孩子们可以在没有监督的情况下自己玩玩具；而在其他国家，父母则想要坐在地板上陪孩子们玩这些玩具。大多数家庭都制定了孩子们必须遵守的规则：每天有多少小时可以看电视或玩电脑。尽管乐高有多种娱乐方式可供选择，但乐高认为，孩子们想要用塑料积木来随心所欲地展示自己的创造力，建造一些了不起的模型。他们还可以利用乐高玩具人偶来建造一些值得骄傲的模型，然后用自己的想象力来编造故事。

随着电脑和无线宽带技术的发展，乐高发现必须进行创新，并开发新产品来将他们的服务扩展到虚拟空间。但是同时要记住的是，推动乐高业务发展的是建筑而不是技术，包括关于大型乐高建筑项目的视频、视频游戏、桌面游戏、电影，以及与其他乐高用户分享游戏体验的能力。创新的目标是让客户继续购买乐高授权的产品。当然，成年人也会购买乐高产品，他们可以通过乐高重温自己的童年。曾经，一个成年人花了两年时间用10万块乐高积木制作了一款可演奏的大键琴。

乐高还为学校教师开发了一种策略型教具，他们通过为教师开发动手工具来教授各个目标年龄组的学生。乐高产品被认为是想象力、创造力和儿童乐趣之间的结合。但是，学校的预算是有限的，学校只能购买有限的教具。2015年发表的一篇文章称，自闭症儿童通过使用乐高产品改善了长期社交能力。

1998年，乐高经历了第一次财务上的亏损。第二年，乐高与卢卡斯影业签署了授权协议，为《星球大战》系列电影制作乐高套装。这是乐高创新战略的一种转变，从开放式玩具套装转向基于电影主题的品牌游戏套装。但是，这也背离了乐高不生产"战争玩具"的初衷。授权后的第一年，乐高的总销售额增长了30%，《星球大战》套装的销量比预期高了500%。许多消费者都是成年人，他们是出于怀旧的原因购买了这些套装。

乐高很快就意识到了成人客户群体带来的好处。成年人愿意花800美元购买《星球大战》千禧猎鹰套装，愿意花500美元购买《星球大战》死亡之星装套，愿意花400美元购买《哈利·波特5》霍格沃茨城堡套装。然而，成年人和孩子的关注点是不一样的。孩子们喜欢自由发挥他们的想象力，他们会假装自己是某个主题的一部分，最后放弃并分解这些碎片。成年人则需要完备的组装说明书，因为成品完成的满意度是他们的购买动机。一些成年人甚至在视频网上发布了组装视频，展示了他们搭建的大型乐高建筑和其他产品。

成年人购买乐高产品的另一个好处是减轻压力。许多公司都有一个堆满乐高产品的房间，员工可以在房间内减轻压力、冥想、放松，不用理会外面世界的噪声。乐高雇用了阿比·海顿（Abbie Headon）写了一本关于成年人使用乐高产品的书，名为《建造自己的快乐：乐高游戏的快乐》（*Build Yourself Happy: The Joy of Lego Play*）。

▶ 性别平等

到了20世纪80年代中后期，乐高陷入了"失败的成功过"，公司没有意识到他们的市场正在发生变化。乐高的大部分收入似乎都来自男孩；女孩们对乐高的积木没有兴趣。在与心理学家的讨论中，乐高研究人员发现女孩在比男孩更早的时候就开始对玩具以外的东西产生兴趣。然而，这取决于人们所居住的地区。乐高研究人员还发现，女孩更喜欢柔和的颜色，而男孩更喜欢黑色、蓝色、红色、黄色和绿色这些鲜艳的颜色。

2003 年，乐高推出了 Clikits，这是一款专为 6 岁及以上女孩设计的产品。它包含了各种工艺品材料，女孩们可以用这些材料设计珠宝、发型和时尚配饰以及相框。针对男孩，乐高推出了一系列的桌面运动产品，他们可以模拟打篮球、棒球和曲棍球。

2012 年，乐高又推出了"乐高朋友"（Lego Friends），这是一款主要为女孩设计的乐高积木玩具，主题是"迷你娃娃"人物，它与传统的迷你人物大小相同，但更细致、更真实。女性迷你人偶只能坐、站或弯腰，而用于男孩游戏的男性迷你人偶则更灵活，可以开车、跑步和拿工具。

"乐高朋友"包括许多颜色方案，如橙色和绿色或粉色和紫色，描绘了以虚构的心湖城市为背景的郊区生活场景。剧中的主要角色安德里亚、艾玛、米娅、奥利维亚和斯蒂芬妮在每部剧中都会出现。布景通常以他们的名字命名。在最初的几款套装中，较大的积木套装可以用来建造兽医诊所、麦芽风格的咖啡馆、美容院和郊区住宅；较小的积木套装则用于建造超酷的敞篷车、设计工作室、发明家的工作室和游泳池。"乐高朋友"系列取代了之前以女性为导向的主题。

"乐高朋友"推出后，许多人认为它冒犯了女孩，并被认为是今年最糟糕的玩具之一。与此同时，许多年轻女孩和她们的家人却有不同的看法。尽管受到了一些人的批评，"乐高朋友"在经济上还是取得了令人印象深刻的成功，并被评为 2013 年玩具行业协会年度玩具。

2014 年 1 月，一名 7 岁的美国女孩夏洛特·本杰明（Charlotte Benjamin）写给乐高的手写信件受到了媒体的广泛关注。在信中，她抱怨说"这么多的乐高男孩，但是几乎没有乐高女孩。所有的女孩们所能做的只是待在家里、去海滩或购物，她们没有工作；但男孩们去冒险，去工作，去拯救了人类……甚至和鲨鱼一起游泳"。

2014 年 6 月，乐高宣布将推出一个新的"研究所"玩具，以女性科学家为主题，包括女性化学家、古生物学家和天文学家。新主题展示了女性从事具有挑战性的工作。乐高否认了推出这套玩具是为了安抚批评人士对乐高批评的说法。2014 年 8 月，这套"研究所"主题的藏品在线发布后不到一周就售罄了。

▶ 核心价值观

多年来，乐高的业务经历了起起伏伏。随着新产品的开发，为了满足不断变化的市场条件，乐高不得不修改公司的商业模式。由于新的合作伙伴关系生成和新的授权协议，商业模式也发生了变化。但唯一没有改变的是乐高的战略愿景和核心价值观。

乐高的战略目标是持续创造性地开发新玩具，每年为更多的儿童提供产品。乐高的核心价值观支持了战略目标，专注于"创造的自豪感、高质量、强大的动手能力以及乐趣"。所有产品都是围绕核心价值观设计的。乐高的业务衰退大部分都发生在它偏离核心价值观的时候。

当乐高选择授权合作伙伴时，这些核心价值观也会发挥至关重要的作用。正如乐高集团前首席执行官乔根·维格·克努德斯特罗普（Jorgen Vig Knudstrop）所说：与我们合作的授权合作伙伴要与乐高的核心价值观相一致,这一点是非常重要的。

▶ 授权协议

乐高集团的授权协议分为两个不同的类别:进口授权（inbound）和出口授权（outbound）。进口授权是指授权乐高从《星球大战》《小熊维尼》《蝙蝠侠》《夺宝奇兵》《指环王》以及包括蜘蛛侠在内的漫威超级英雄等电影（或系列电影）创作主题玩具套装。出口授权指的是外部公司获准使用乐高集团的知识产权,例如出版书籍或出版在乐高主题公园中的娱乐活动。出口授权还包括服装、行李、午餐盒、电子产品、学校用品、媒体游戏、钟表和手表等。

▶ 乐高的成功

乐高一直在追求成功。乐高的受欢迎程度体现在它在各类文化作品中的广泛出现和使用上,例如书籍、电影和艺术品。除了传统的积木,乐高品牌的产品还包括服装、鞋类、背包、派对商品、贺卡、儿童床上用品、万圣节服装、手表、口腔护理、棋盘游戏和出版作品等。

1998年,乐高积木是最早入选位于纽约罗彻斯特国家玩具名人堂的玩具公司之一。1999年,乐高积木被《财富》杂志评为"世纪玩具"。2011年,某个研究所的一项调查显示,乐高是欧洲最受欢迎的品牌,在美国和加拿大排名第二,在全球排名第五。截至2015年上半年,乐高集团已成为全球营收最高的玩具公司,销售额达21亿美元,超过了销售额19亿美元的美泰公司。2015年2月,咨询公司Brand Finance发布报告,乐高取代法拉利成为"全球最强大的品牌"。2018年5月,乐高进入2018年全球最具价值品牌100强,位列第97位。

▶ 商标和专利

自从1989年乐高最后一项专利到期以来,包括lyco Toys、Mega Bloks和Best-Lock在内的几家公司也都生产了类似乐高品牌积木的连锁积木。这些竞争对手的产品通常与乐高品牌的积木想兼容,但售价远远低于乐高套装。

2003年,乐高集团在挪威赢得了对营销集团Biltema销售可高积木产品的诉讼,理由是该公司将产品混淆用于营销目的。此外,在2003年,芬兰海关查获了一批名为"启蒙"的乐高玩具产品。启蒙产品的包装类似于乐高官方品牌包装。这批产品的制造商没有出庭,因此乐高赢得了一场默认诉讼,要求销毁这批货物。乐高集团为处置这5.4万套玩具支付了费用,理由是希望避免品牌混淆,保护消费者免受潜在劣质产品的伤害。

乐高集团并不能赢得所有的专利和商标诉讼。2004年,乐高在德国汉堡的奥伯兰德斯格里希特的专利就受到了Best-Lock建筑玩具公司的挑战。

乐高集团试图为"Lego Indicia"注册商标,在乐高积木的外观上进行镶嵌,从而阻止这类大型积木（Mega Bloks）的生产。2002年5月24日,加拿大联邦法院驳回了此案,声称该设计具有功能性,因此不符合商标保护的条件。2003年7月14日,乐高集团的上诉又被联邦上诉法院驳回。2005年10月,最高法院一致裁定,"商标法不应被用于延续现已过期的专利所享有的垄断权利",并裁定大型积木可以继续生产。

由于受到来自各种山寨产品的激烈竞争,乐高一直积极主动地申请专利,并拥有 600 多项美国授予的设计专利。

▶ 环境问题

乐高内部有一个企业社会责任项目,称"我们的目标是保护儿童在健康环境中生活的权利,无论是现在还是未来"。环保组织一直给乐高施压,要求乐高承认其业务对环境的影响,尤其是在气候变化、资源和能源的使用以及废物等领域。乐高所有的生产场所均通过了环境标准 ISO14001 的认证。作为其积木的一种主要的原材料,乐高开始寻找原油的替代品。因此,2015 年 6 月成立了乐高可持续材料中心,这是朝着 2030 年寻找和实施当前材料的可持续替代品的目标迈出的重要一步。

据报道,2011 年乐高基于绿色和平组织的压力,同意放弃使用亚洲纸浆和纸业供应商,承诺未来只使用经森林管理委员会(Forest Stewardship Council)认证的包装材料。该环保组织指责乐高、孩之宝、美泰和迪士尼使用的包装材料来自印尼雨林中被砍伐的树木。

20 世纪 60 年代,乐高与荷兰皇家壳牌石油公司合作,在一些建筑设备中使用了该公司的标志。这种合作关系一直持续到 20 世纪 90 年代,并在 2011 年再次续签。2014 年 7 月,绿色和平组织发起了一项全球运动,旨在劝说乐高停止生产带有石油公司"Shell"标志的玩具,以回应壳牌公司即将在北极进行的钻探石油计划。截至 2014 年 8 月,全球已有超过 75 万人签署了绿色和平组织发起的请愿书,要求乐高终止与壳牌的合作伙伴关系。2014 年 10 月,乐高宣布将不再续签与荷兰皇家壳牌公司的推广合同。绿色和平组织声称,乐高的这个决定是对活动的回应。

▶ 官方网站

乐高网站于 1996 年首次推出,除在线商店和产品目录外,还提供了许多额外的服务。该网站过去和现在都是一个社交网站,涉及为完成某些任务所需的物品、蓝图、等级和徽章鞴。还有一些被称为杰作的奖杯,可以让玩家升级到下一个等级。该网站有一个内置的收件箱,允许用户互相发送预先写好的信息。到 2013 年,乐高网站每月的访问量超过 2 000 万人次。

▶ 主题公园和探索中心

梅林娱乐公司在丹麦、英国、德国、加利福尼亚、佛罗里达、马来西亚、阿拉伯联合酋长国和日本经营着 8 个乐高主题公园。第 9 家计划于 2021 年在纽约的歌珊市(Goshen)开业,第 10 家计划于 2022 年在中国开业。乐高在经营主题公园方面的经验有限。2005 年,乐高将 70%公园的控制权以 4.6 亿美元的价格卖给了纽约黑石集团(Blackstone Group),乐高仅持有剩下的 30%。

此外,还有 8 个乐高探索中心:2 个在德国,4 个在美国,1 个在日本,1 个在英国。2013 年开设了两个乐高探索中心:一个位于纽约扬克斯的韦斯特切斯特山脊购物中心;

另一个位于加拿大安大略省沃恩的沃恩米尔斯。2014年在新泽西州东卢瑟福的梅多兰兹综合大楼也开设了一家探索中心。

乐高探索中心的目标受众是有小孩的家庭，小孩年龄在3~12岁，大多数小孩的年龄在7岁左右。探索中心通常位于适合家庭的景点和餐饮设施附近。探索中心一年可以接待大约40万~60万名游客。

一个典型的乐高探索中心占地面积约为3万~3.5万平方英尺。探索中心包括用乐高积木制作的当地地标模型。游客还可以学习乐高积木是如何制造的，或者参加由模型建筑大师教授的建筑课程。有些中心还设有全天多场放映的电影院。

乐高探索中心还有一些儿童游乐设施，比如小型游乐设施和游戏堡垒。这些中心既可以举办生日派对，也可以举办学术活动和团体活动。中心还设有餐厅和出售乐高商品的礼品店。

▶ 零售店

乐高决定开设自己的商品零售门店，直接面向消费者，而不是依赖从零售商那里获得的有限货架空间。之前，许多零售商没有为乐高提供足够的货架空间来展示乐高的品牌产品。

乐高在全球经营着132家所谓的"Lego Store"零售店。每间店开业后都会举行为期一周的庆祝活动，在志愿者的帮助下（大部分是孩子），一位模型制作大师会制作一个比真人更大的乐高雕像，然后在新店展示几个星期。

这些商店被用来向整个家庭介绍乐高积木带来的体验。这些商店可以与顾客互动，提供新的乐高产品的想法。

▶ 乐高主题的变化

自20世纪50年代以来，乐高集团已经发布了数千套不同主题的套装，包括太空、机器人、海盗、火车、维京人、城堡、恐龙、海底探索和狂野西部等。一些延续至今的经典主题包括乐高城市（Lego City，1973年推出的一系列描绘城市生活的场景）和乐高工艺（Lego Technic，1977年推出的一个旨在模拟复杂机械的系列）。

多年来，乐高获得了众多卡通和电影特许经营权的授权主题，甚至一些来自电子游戏。其中电影包括《蝙蝠侠》《夺宝奇兵》《加勒比海盗》《哈利·波特》《星球大战》《我的世界》。尽管《乐高：星球大战》和《乐高：夺宝奇兵》等授权主题获得了巨大的成功，但乐高仍希望更多地依靠自己的角色和经典主题获得成功，减少与电影发行相关的授权主题。乐高创造了自己的故事情节和配角，他们相信这会吸引观众。

▶ 微型人物

乐高迷你雕像，通常被称为迷你人偶，是一种小型的塑料人偶。它们于1978年首次生产，并取得了巨大的成功。到2006年，全球销量超过40亿个。迷你人偶通常可以在乐高套装中找到，不过它们也可以作为收藏品或定制品在乐高商店中单独出售。虽然有些角色是由电影、电视、游戏授权或乐高自己创造的特定角色命名的，但许多角色都没有名字，只是为了符合特定的主题而设计（如警察、宇航员或海盗）。儿童和成人都会收藏这些迷你人偶。它们是可定制的，来自不同图形的零件可以混合和匹配，从而产生许多组合。

为迎接 2012 年伦敦夏季奥运会，乐高在英国独家推出了英国代表队迷你人偶系列。2016 年在里约热内卢举行夏季奥运会和夏季残奥会，乐高又发布了一套包含奥运会和残奥会吉祥物维尼修斯和汤姆的套装。

商业生产的最大的乐高套装是 2007 年发布的迷你版星球大战千禧猎鹰，包含 5 195 个零部件。之后，它被 5 922 个零部件的泰姬陵所超越。2017 年，重新设计的千禧猎鹰以 7 541 个零部件重新占据了榜首。

▶ 机器人主题

乐高还在 1999 年推出了一个名为"头脑风暴"的机器人玩具系列，并一直在扩充和更新这个系列。产品源自麻省理工学院媒体实验室开发的一种可编程积木，产品名字来自西摩·帕珀特（Seymour Papert）的一篇论文。西摩·帕珀特是一位计算机科学家和教育家，他建立了建构主义的教育理论，并且他的研究获得了乐高集团的资助。

可编程的乐高积木是这些机器人套装的核心，经历了几次更新和重新设计。这套设备包括检测触摸、光、声和超声波的传感器。

智能积木可以在 Windows 和 Mac 电脑上的官方软件进行编程，并通过蓝牙或 USB 数据线下载。目前，一些非官方的程序和兼容的编程语言已经被开发出来。此外，还有许多介绍这个领域（社区）的相关书籍。

有几个机器人比赛开始使用乐高机器人套装。它们主要专注于初中阶段和高中阶段的比赛，比如麻省理工学院举办的乐高机器人大赛。这些比赛侧重于特定的年龄组，比如 6～9 岁和 9～16 岁的学生。学生们组成团队，必须使用乐高机器人完成任务。学生们认为这是一个现实世界的工程挑战。2010 年，共 16 070 个团队，来自超过 55 个国家。比赛中大量使用了乐高"头脑风暴"设备，这些设备经常在比赛中被用到极限。

这个社区有一个强大的专业人士队伍以及各个年龄段的爱好者，他们参与到设计、编程技术、创建第三方软件和硬件，并贡献了与乐高头脑风暴相关的其他想法。乐高通过提供可下载的软件代码以及举办各种竞赛和活动来鼓励分享。这么做的好处是，科技让更多的成年人接触到乐高产品。

▶ 综合经验

这些玩具、迷你人偶、机器人、书籍和配件可以让顾客在游戏时开发包括角色扮演在内的自己的故事情节，而不仅仅是建筑活动。这让客户有机会在乐高的传统玩具和数字世界之间搭建一座桥梁。如果迷你人偶和机器人主题是基于电视节目和电影的，消费者就可以利用他们的想象力和创造力创造自己的故事情节。

▶ 电子游戏

乐高还进军到电子游戏市场，推出了《乐高岛》《乐高创造者》《乐高赛车》等游戏。乐高开发了战略合作伙伴关系，制作了《乐高：星球大战》《乐高：夺宝奇兵》《乐高：蝙蝠侠》等游戏。当然，还有广受欢迎的乐高漫威超级英雄游戏。其中以纽约为主题的，包括复仇者联盟、神奇四侠、X战警等漫威角色。最近，乐高创造了一款基于乐高电影的游戏。到2013年，他们的授权合作伙伴售出了超过1亿份乐高电子游戏。

▶ 创新管理：塑料建筑玩具

从成立到20世纪90年代末，乐高一直在稳步增长。1998年，乐高遭受了第一次年度亏损，然后聘请了一位专家担任首席执行官，希望能让公司重回正轨。但是，由于管理不善、缺乏战略重点以及不能与客户有效沟通，乐高一直不能及时响应客户需求。虽然在创新方面取得了一定的成功，但创新管理过程显得杂乱无章。由于无法扭转公司的局面，2004年1月又聘请了一位新的首席执行官。不过，2004年乐高又遭受了一次重大损失，濒临破产。

市场环境在发生变化，孩子们的成长速度越来越快。乐高的目标市场是4～9岁的男孩，这些孩子的兴趣正在转向电子游戏和网络游戏。其他玩具制造商也纷纷开始与授权合作伙伴展开合作，对乐高的核心客户构成严重威胁。

扭转公司的局面很困难。乐高的创新也不受控制，公司不知道要围绕乐高积木进行渐进式创新，还是进行新产品的颠覆式创新，还是这两类创新都要有。值得怀疑的是，这些创新是否与战略业务目标保持一致。新产品的数量从6 000件增加到14 200件。乐高没有意识到，过多的创新可能是不健康的。正如管理学专家彼得·德鲁克所说："没有什么比有效地做那些根本不应该做的事情更无用的了。"

乐高在成本上苦苦挣扎。他们不知道每个套装的实际成本，也很难确定哪些产品和产品线是能够创造利润的。

关于创新，乐高似乎也呈现出私营公司共同的创新特征。首先是乐高的商业模式。私营公司专注于新产品开发，但没有认识到商业模式创新也是必要的，这种情况很常见。缺乏股东的监管，公司财务管理和运作控制系统会缺失，成本管理会失控。所有关于新产品的想法都可能是基于公司内部管理层的突发奇想，缺少客户的参与。因此，公司可能在没有足够的原型开发和测试的情况下就匆忙推出新产品。高管们只看重现有的产品，拒绝承认授权知识产权带来的好处。此外，高管们也没有看到外包给较低成本的组织降低成本所带来的好处。

乐高要想生存下来，必须对其产品开发过程进行改造。发展业务是正确的做法，但必须和商业模式的转变一起进行。只有通过彻底的流程再造，乐高才能创造出颠覆性的产品，公司才可以得到真正的拯救。当然，乐高还需要做其他的事情。

这个转折点就是"头脑风暴"（Mindstorms）的发布。在发布后的三周内，超过1 000名高级用户——在网络上同时行动——侵入了建筑玩具附带的软件，在未经授权的情况下对新功能进行了修改。实际上，黑客们对产品进行了改进，反而促进了销量的上升。乐高最初认为黑客行为是非法的，是未经许可的。但乐高很快意识到，这款产品对18岁以上的顾客很有吸引力，乐高即将诞生一个新的客户群。因此，乐高决定不与黑客对抗，而是利用他们的知识和创造力来改进产品。

乐高很快就意识到了开放创新的好处。乐高可以借助其他人的脑力和想象力，而不是仅仅依靠自己的研发团队。现在，乐高具备了无限的可能。乐高可以扭转下滑趋势，恢复盈利。同时，乐高的文化和商业模式也正在发生变化。乐高开始倾听顾客的意见。起初，管理层还担心这会减缓产品开发过程，但很快意识到他们的担忧是毫无根据的。

乐高的战略转型来自公司快速增加的客户基础。这么做目的是在对新产品后续投资之前，可以进行小规模的客户实验，从而获得客户反馈。这也正是乐高的哲学理念：人们不是为我们工作，而是和我们一起合作。为了进一步推广这个做法，公司推出了一个在线众包平台——乐高创意（LegoIdeas）。这个平台允许顾客分享想法，或者对他们支持的想法进行投票。乐高创意平台每年都能带来数百条可以实际操作的建议以及大量的可用于分析的数据。乐高通过专注于销售的产品、广泛的物理足迹和品牌知名度，逐步获得了越来越多的顾客认可。

乐高推出了几个程序，让顾客更容易与公司合作。乐高推出了大使计划，目的是直接从社区网站获得新想法。此外，乐高还推出了一个名为 Lego Cuusoo 的新平台，这个平台允许粉丝上传他们的设计。如果某个设计从社区网站成员那里获得了 1 万张选票，乐高就会考虑把这个设计进行生产。这个过程最大限度地提高了产品获得大众认可的可能性。乐高的另一个开源平台是 **Adult Fans of Lego**（简称 **AFOL**），在这个平台上顾客可以与乐高的员工一起进行开发。

乐高还创建了一个未来实验室，用于管理源于乐高内部和顾客创造的创新想法。这个创新实验室的任务是创造未来的游戏，其中最重要的任务就是识别能带来企业增长的机会，确保乐高保持行业领先地位。现在，乐高会努力去做一些原本不会做的事情，在不损害乐高品牌核心业务和价值主张的前提下进行颠覆式创新。乐高的设计人才遍布世界各地，这些由乐高成立的新项目都关注将这些想法与产品开发团队联系起来。为了更好地与顾客沟通，乐高已经改变了他们的商业模式。

▶ 创新生命周期阶段

乐高创新的主要概念和开发工作都是在比伦德总部进行的，那里有公司的产品设计师。同时，乐高在英国、西班牙、德国和日本也设有规模较小的设计办公室，负责开发专门针对这些市场的产品。尽管乐高在世界各地都设有办公室，但他们的产品之间仍然存在着共性和关联性，即所有的创新项目都包含了相同或相似的生命周期阶段，尽管有些项目有不同的阶段。

一款新产品的平均开发周期约为 12 个月，分为三个生命周期阶段。第一阶段是识别市场趋势和发展，包括设计师直接与市场接触。一些设计师会在玩具店驻扎，尤其临近假期的时候；而另一些设计师会拜访孩子和他们的父母。第二阶段是根据第一阶段的成果进行产品的设计和开发。设计团队会使用三维建模软件从初始设计草图中生成 CAD 图纸，然后使用内部的立体光刻机制造产品原型。在"验证"过程中，这个原型会呈现给整个项目团队，供家长和孩子进行评论和测试。随后，根据焦点小组的结果来修改设计。乐高产品虚拟模型的搭建是与用户说明的编写同时进行的。CAD 模型的应用很广，包括市场营销和包装。

第三个生命周期阶段是产品的实际商业化。在产品推出后，乐高会与顾客密切互动，使用渐进式创新来改进产品，并寻求颠覆式创新的类似或非类似产品的想法。

创造力和头脑风暴是乐高所有生命周期阶段的关键创新技能。乐高广大的顾客基础也同时在使用这两个新技能。2011年5月，"奋进号"航天飞机STS-134任务向国际空间站运送了13套乐高积木。作为"太空乐高积木项目"的一部分，宇航员在太空站建立模型，以观察它们在微重力下的反应。2013年5月，有史以来最大的乐高模型在纽约市展出。这套模型由超过500万块积木构成，是一个1:1比例的X翼战斗机模型。乐高其他的记录还包括一座112英尺高的塔楼和一条2.5英里长的铁路。

▶ 创新管理方面的经验教训

家族企业的风险之一是：当事情顺利的时候，他们往往变得自满，抱着"让我们顺其自然"或"同样的老路在未来几年还会行得通"的态度。这些企业唯一的创新是渐进式创新，企业学到的经验教训也不会在内部分享。幸运的是，乐高并没有落入这个陷阱。乐高掌握了以下这些经验教训：

- 乐高必须培育创新文化。
- 创新需要改变公司的商业模式。
- 生存能力是建立在多种创新基础上的，即使强调的是渐进式创新和颠覆式创新。
- 必须允许不同团队进行不同程度的创新，以提高产品的成功率。
- 渐进式创新、颠覆式创新和其他形式的创新可能遵循不同的生命周期阶段。
- 颠覆式创新是困难的，必须制定控制系统、阶段门和检查点。
- 创新过程必须是分散的，创新团队在选择最佳方法时要有一定的自由选择权，例如决定是使用瀑布式项目管理方法还是使用敏捷型项目管理方法。
- 创新团队要有权选择在项目中使用的工具。
- 所有的创新项目都必须与公司的核心价值观保持一致。
- 并不是所有的乐高产品都会成功。
- 乐高的未来还要使用众包方法，以及与客户保持持续的沟通。
- 乐高必须接近客户。这不仅是为了创意，也是为了确保使用项目成果的市场仍存在。
- 乐高必须意识到，客户的需求和行为正在发生变化。
- 乐高必须意识到他们有多个客户群，特别是成年人客户群体。
- 乐高的许多客户希望以共同创造者的身份参与，提供创意或实际参与产品开发。
- 为了最大限度地发挥创意，乐高必须提供一种机制，让作为共同创造者的客户可以相互沟通和交换想法。
- 新产品测试、初步研究、原型设计和实验都是必要的。
- 设计思维是创新过程的一部分。

结语

　　管理创新对维护一个全球品牌的复杂性来说，乐高就是一个典型的案例。乐高面临许多挑战，包括将品牌扩展到新的领域，如游戏、视频、电影、服装和配饰、公司自有商店和授权协议等。公司应该更多地专注于渐进式创新还是颠覆式创新？要使创新获得成功，公司应该集中运营还是分散运营？整个公司的创新是否应该与实现战略愿景保持一致？每一项创新将如何影响公司的商业模式？这些问题必须持续不断地得到解决。

　　2017年9月4日，乐高集团宣布，继上半年营收和利润下降后，公司计划裁员1400人，这是乐高13年来首次出现裁员。收入下降似乎是由于更加激烈的竞争环境导致的。随着越来越多的儿童将兴趣转移到移动设备，乐高不仅要与美泰和孩之宝等传统竞争对手竞争，还要与索尼和微软这类科技公司竞争。不过，乐高集团的一些内部人士也指出，乐高由于近年来的年度收益而变得自满，公司可能已经失去了创新精神，需要几年时间才能再次恢复。历史告诉我们，乐高有能力克服这些困难。

问题

1. 与上市公司相比，哪些创新项目管理的关键问题可能是（也可能不是）私营企业特有的？
2. 项目经理是否应该参与市场研究，从而确定谁是客户？
3. 项目经理是否应该参与后续的市场调查研究，从而确定客户对产品的喜爱程度？
4. 公司是否有核心价值观？如果有，是什么导致它们发生改变，就像乐高一样？
5. 创新项目经理是否应该了解授权许可协议？
6. 项目经理是否应该关注商标、知识产权和环境问题？如果是，应该掌握哪些相关的知识？
7. 社区网站能给创新项目经理带来好处吗？
8. 乐高案例中使用的生命周期阶段是创新项目的传统生命周期阶段吗？
9. 乐高使用了什么类型的创新？
10. 品牌管理活动是否限制了创新实践是集中的还是分散的？

第18章

评估项目管理的成熟度

现在的项目管理领域拥有各种成熟度模型。运用这些模型，公司可以评估在项目管理方面的成熟度和需要改进或提升的方面。通常在竞争性招标时，客户会要求承包商准备一份介绍公司的项目管理成熟度和影响因素的报告。

因此，必须提前确定哪些人将参与评估以及如何评估信息。对一些承包商来说，披露评估结果可能会导致一些新的问题产生。

西蒙工程公司

西蒙工程公司（Simone Engineering）不仅是一家工程零部件制造公司，也是一家工程咨询公司。西蒙工程公司在干系人关系管理、产品质量和客户服务方面有着良好的声誉。

对所有超过一定金额的项目，发起人都由高层管理者担任。这些发起人要负责干系人关系管理，且发起人负责与干系人直接沟通。在这类项目中，项目经理只有在干系人见面会才能与干系人沟通。

尽管公司运用了项目管理，并且运行得相当好，但大多数项目的商业决策都是由项目发起人做出的。即使公司提供的项目管理培训课程遵循了《PMBOK®指南》中相关的项目管理实践，项目经理也通常认为他们只是"木偶"。

虽然西蒙工程公司经常获得单一来源的采购合同，但它们的大部分业务还是通过竞标获得的。直到现在，西蒙工程公司在响应招投标邀请书方面几乎没有遇到过任何问题。但是，这次客户在招投标邀请书中提出：所有投标人必须提供运用项目管理成熟度模型（Project Management Maturity Model，PMMM）评估的项目管理成熟度报告，并且这份报告的提供时间不能超过6个月。

西蒙工程公司之前从未评估过项目管理成熟度，因为公司的业务看上去一直进展顺利。不过，现在必须做出决定了。PMMM评估有利有弊。西蒙工程公司最大的担忧之一是：评估结果会显示公司的发起人没有正确地行使职责。高级管理层在决定是否进行PMMM评估时，还提出了其他问题：

- 如果我们不进行评估，是否会使我们在与该客户之后的竞标中失去竞争力？
- 如果其他客户在招投标邀请书中也提出相同的要求，会发生什么？我们能拖延多久？如果我们没有做出响应，会对我们的业务产生什么影响？
- 如果评估结果显示我们的项目管理成熟度较低，客户有何反应？
- 如果客户在项目管理成熟度方面没有看到改善，是否有可能取消合同？
- 我们需要多长时间实施 PMMM 评估？
- 哪些资源要参与评估？
- 我们如何决定怎样实施 PMMM？是内部评估，还是聘用顾问来帮助实施 PMMM？
- 如果评估报告显示我们做错了事情，会发生什么？我们的员工会如何反应？员工希望看到变化吗？
- 如果有必要做出改变，要多长时间？
- 如果改变没有实现，会发生什么？
- 员工会拒绝任何可能让他们离开舒适区的改变吗？
- 我们是否应该担心做出的改变可能会降低高级管理层现在所拥有的权力和权威？
- 再次评估的周期是多长？

高级管理层现在必须决定他们是否要进行评估，以及何时进行评估。显然，有一些因素需要考虑。

问题

1. 这些是高级管理层应该考虑的现实问题吗？
2. 如果这些问题没有事先考虑，会发生什么？

北极星软件公司

北极星软件公司（NorthStar Software Company，以下简称北极星公司）是一家软件咨询公司，在新产品开发方面享有盛誉。北极星公司成立于 20 多年前。他们以《PMBOK®指南》为中心创建了一个 IT 项目管理方法，也称为生命周期系统开发方法。招投标时，他们在投标书中强调：如何取得成果与取得什么成果同等重要。

北极星公司设置了项目管理办公室，不断寻找改善交付系统的方法。最初，项目管理办公室要求所有的项目团队在每个项目结束时向项目管理办公室提交所有的最佳实践和经验教训。遗憾的是，一些持续时间超过一两年的项目在项目生命周期中重新配置了资源，因此项目中的许多经验教训和最佳实践都没有获取和归档。因此，项目管理办公室改变了策略，要求项目团队在每个生命周期阶段结束时向项目管理办公室提供信息，从而更快地实施持续改进工作。

项目管理办公室有一个非正式委员会，委员会由具有项目管理知识的职能员工组成。非正式委员会成员向他们各自的职能经理汇报工作，但偶而也向项目管理办公室报告。委员会评估所有好的和坏的经验教训，并验证这些经验教训作为最佳实践的重要性以及它们对项目的适用性。

许多最终被接受的最佳实践会收录进 PMO 的最佳实践库中，以便与公司的其他员工共享。几乎所有的最佳实践都是公司项目管理方法的持续改进。

使用遵循《PMBOK®指南》的 IT 方法对北极星公司来说很重要，因为他们的大多数客户都使用《PMBOK®指南》，并将其视为项目管理标准。随着敏捷管理在 IT 项目中的应用越来越多，北极星公司开始更新他们的项目管理方法：从一个相当不灵活的项目管理方法转变为一个灵活的方法或框架，还可以根据每个客户的需求进行定制。他们还取消了许多传统的《PMBOK®指南》中不属于敏捷或 Scrum 方法的过程和活动。

虽然从传统的或"瀑布式"的项目管理方法转换为敏捷管理似乎是一个好的方法，但在面临不熟悉敏捷和 Scrum 的客户时，也会带来一些麻烦。北极星公司必须为证明其项目管理成熟度的问题做好准备。

问题

1. 如果客户询问北极星公司，他们在项目管理方面的成熟度，北极星公司应该如何回应？假设市场上可能没有只专注于敏捷和 Scrum 的评估方法。

2. 如果客户要求北极星公司使用传统的 PMMM 来评估他们的项目管理成熟度水平，北极星公司应该如何回应？

3. 假设有几种专门用于评估敏捷和 Scrum 方法的评估方法，北极星公司是否应该在知道客户希望查看报告的情况下使用其中一个模型？

第 19 章

产业特性：建筑业

> 很多项目管理都会产生比较复杂的问题，这些问题可能是由多方面的因素互相影响而最终汇成一个常见情景的。例如，如果一个项目的规划做得不完善，表面上看可能只是计划的问题，实际上可能是由于企业文化导致的，也可能是由于缺乏直线经理的支持或者员工道德水平较差导致的。本章案例将涉及各种要素的互相影响问题。

罗伯特·L.弗兰克建筑公司

2013年11月下旬，星期五下午。罗恩·卡茨（Ron Katz）（弗兰克公司的采购代理）拿到了最新的挣值评估报告，报告显示刘易斯项目严重超出预算，到目前为止工时已超过了30%。这些现状令客户十分不满。物料的配送也发生过几次延误，并且工程进度人员的非正式暗示表明，工程项目的几次重点交付已经发生延迟，液化煤气实验厂工程项目已无法按期完工。

卡茨非常沮丧。尽管刘易斯项目对罗伯特·L.弗兰克建筑公司（以下简称弗兰克公司）来说算不上大工程，利润也不高，但在过去的几个月里，卡茨每天都会检查这项工程的进展，采购和运输部门也一直在为刘易斯项目忙碌着。两年前，弗兰克公司签单并完成了交易额分别为3亿美元、1亿美元和5 000万美元的3项工程，而且3项工程同时进行，均由芝加哥采购部门负责采购、检查和运输物料。刘易斯项目是公司内部的大型项目，但金额仅为9 000万美元。与过去的那些工程相比，刘易斯项目究竟有何不同，为何会引起如此多的问题，这些都让卡茨很疑惑且有些不知所措。他认为必须仔细研究目前的问题，以防问题再次发生。他开始着手写项目经理第二天需要的工时报告。

▶ 公司背景

弗兰克公司是一家服务于石油、石化、化学制品、钢铁锻造、采矿、医药和食品加工等产业的工程建筑公司，总部设在芝加哥，办事处和分公司遍布世界各地，提供工程建设、采购、运输、检测及工程咨询等业务。

弗兰克公司的历史可以追溯到1947年，那年罗伯特·L.弗兰克成立了他的办事处；

1955 年，公司成立；1960 年，弗兰克公司开始承接美国大部分钢铁制造公司的工程；1962 年，弗兰克公司与威尔逊工程公司合并（这对弗兰克公司之后的发展产生了重大影响）。威尔逊公司是一家主营与精炼相关业务的公司，与其合并无疑使弗兰克公司成为杰出的钢铁业集团。合并之后，弗兰克公司的业务拓展越来越广，成长迅速，并且在全美范围内增设了许多办事处以处理日益增多的业务。之后，弗兰克公司又进行了几次合并和扩展，达到国内办事处 15 家、国际办事处 20 家的巨大规模。公司在前 20 年的运营中，签单 2 500 余份，总交易额超过 10 亿美元。

弗兰克公司的组织结构与其经营性质非常相符。弗兰克公司签订的典型项目通常有时间、预算和质量要求，也都与外部企业有关，如大型石油公司或者钢铁制造商。每个项目签订以后，公司会选出负责该项目的经理（通常在投标书里就已注明）。项目经理负责组建项目办公室，人员包括项目经理本人、1~3 个工程师、项目控制主管和项目秘书。项目团队也包括来自各个职能部门所必需的员工，负责工程建设、采购、评估、成本控制及进度安排等具体事宜。

图 19-1 对此做了简单描述。在各个职能部门中，采购部扮演的角色比较特殊，各个项目都设有特定的采购部门。采购部有自己的采购办公室、采购代理、1 个或 1 个以上助理和 1 个项目采购秘书。项目采购代理只对助理和采购秘书有直接领导权，但是采购部会为项目采购代理提供尽可能多的方便以协助其完成任务。弗兰克公司采购部门内部的组织结构如图 19-2 所示。

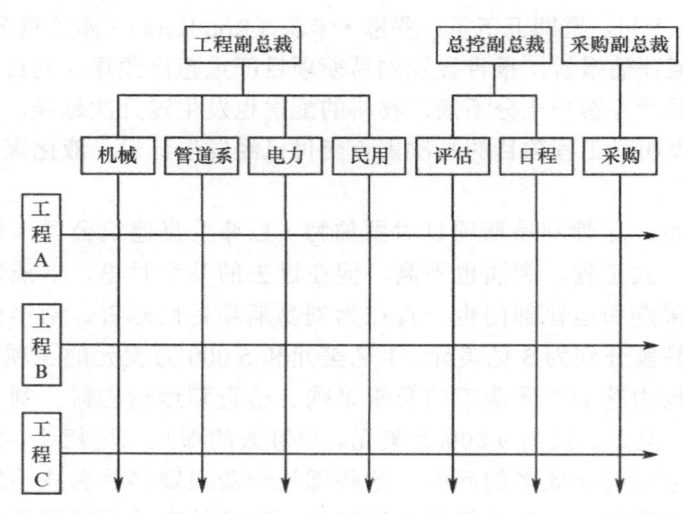

图 19-1 弗兰克公司的组织结构

采购部门是在项目管理的基础上组织起来的，就像整个项目的组织一样。在采购部门内部，每个项目都有一个项目办公室，包括一名项目采购代理、一名或多名项目采购办事员和一名项目采购秘书。在采购部门内部，采购代理是项目办事员和项目采购秘书的直接领导。然而，采购代理要完成他的目标，采购部门的各个职能部门都必须投入足够的资源。图 19-2 显示了采购部门内部组织结构。

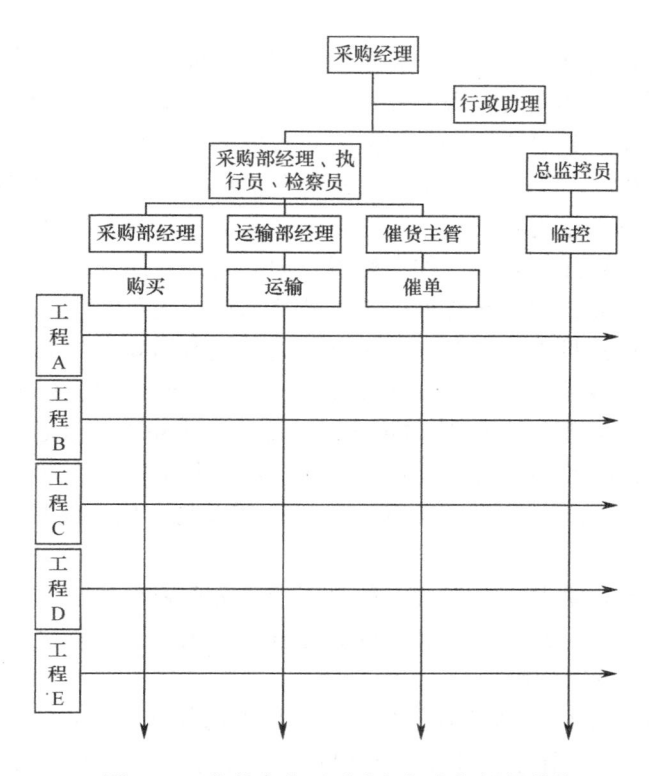

图 19-2　弗兰克公司采购部门内部组织结构

▶ 刘易斯项目的历史

从 2008 年开始，弗兰克公司的客户数一直处于减少的趋势。自从 2007 年承担了罗弗利交易额为 60 亿美元的项目后，弗兰克公司在短期内招聘了许多新员工。实际上，由于罗弗利项目非常巨大，它调用了弗兰克公司芝加哥办事处、美国的另两个办事处、加拿大办事处和意大利分公司的所有资源。然而，2011 年罗弗利项目一结束，公司的项目数量便急剧下降，员工规模也就显得过于庞大，这种状况迫使弗兰克公司不得不在近期内解雇一些工程师，包括一些项目工程师。

公司的高层管理者对这种境况感到非常为难，因为弗兰克公司原有的政策是保持有效率的组织规模和适当的资源，确保拥有一支合乎质量的员工队伍，以备随时执行工程项目。然而，公司最近在业务上的低迷让高层管理者意识到解雇员工并不能解决问题，而且员工的进一步削减不利于弗兰克公司继续签订它所期望的大型合同。因为大客户通常会在签订合同之前对承包方的员工规模和资格进行了解，不符合规模将不予考虑。尽管如此，维持员工规模让其无所事事同样违背商业运营规则，所以签订新的项目也就越来越迫切。然而，新项目或寥寥无几或遥遥无期，签订的项目规模小且交易额低，这些都使公司无法维持太多的员工。

当传闻即将建设一家新的液化煤气实验厂时，弗兰克公司的高层管理者对该项目非常感兴趣并决定进行投标。这个项目对弗兰克公司很有诱惑力，是因为：其一，公司迫切需要项目；其二，从长远来说，实验厂使用的"刘易斯化学处理方法"对弗兰克公司很有利，它可以促进发展尖端技术。如果实验厂项目成功完成，弗兰克公司将有优势承接该厂剩下的配套设施的建设，因为弗兰克公司熟悉内情，并且已经掌握了建设配套设施的技术。配套设施的建设所带来的效益将超过罗弗利项目。因此，承接刘易斯项目是当前的首要选择。人们认为弗兰克公司有少许的优势，也许它可以提前完成刘易斯项目。刘易斯项目的投标书包括物料支出、工时及酬金的估算。合同签订后任意范围的变更，都将通过合同规定的程序来实现。作为配置管理计划的一部分，双方都有较好的范围控制程序。受影响的职能部门要将额外的工时估算递交给项目经理，项目经理审查这项估算后再将其呈递给客户批准。弗兰克公司比较偏好成本加固定酬金合同。

这个项目比较特殊的一点在于，它需要调用芝加哥两个运营分部的资源。在过去，弗兰克公司签订的合同既可由石化（Petroleum and Chemical，P&C）分部完成，也可由钢铁（Iron and Steel，I&S）分部完成。然而，由于其特殊的化学工艺（由煤开始止于液体的能量形态），建造工厂的3个单位中的一个需要与石化分部配合，一个需要与钢铁分部配合。

合同签订六周后，弗兰克公司大多数员工期望公司未来能回到正轨。项目从制订计划开始就很谨慎。项目经理为人随和、受人爱戴，并承担过多个项目；项目小组还拥有3位该公司最有资历的工程师。

采购部也为这个项目安排了最有经验的项目采购代理（Project Purchasing Agent，PPA）——比尔·霍尔。比尔·霍尔刚刚出色地完成了在罗弗利项目中所承担的任务。考虑到这个项目的重要性，比尔·霍尔很适合参与刘易斯项目。尽管刘易斯项目存在一些困难，但与它即将带来的效益相比还是值得一试的。在刚刚完工的那个大项目中，比尔·霍尔趋向独立完成任务，很少和其他部门合作。他通常运用自己认为对项目进展最有利的独特处事方式，这有悖于弗兰克公司常规的采购方式，引起了上级采购管理部门的不满。鉴于此，罗弗利工程项目以后，采购管理部门重组时，他没有像自己所设想的那样被提拔，而是被保留原职并被削减权力和特权。因此，他开始委婉地对采购管理部门发牢骚。他的这种行为有损于他在上级部门领导心中的印象，但是当承接刘易斯项目时，他仍然被认为是最佳的采购代理人选。

由于缺乏统一的进度表，初期动工计划需要刘易斯项目立即进行，所有的重要设备也计划在前3个月内配备完毕。这一切都进展顺利，但紧接着各种问题出现了。例如工程部的请购单收到较晚，供应商的投标收到较晚等。

刘易斯项目比较特殊的一点是，客户要求过问采购订单，并要求与卖主碰面。对弗兰克公司来说，采购大型设备时通常由它来决定客户是否与卖方碰面。这些大型设备包括反应堆、压缩机、水泵等。但是在刘易斯项目中，由客户决定购买什么，他们甚至要求和卖方一起开会，即便影响工程的正常进度，他们也不会省掉这种会议。最初，出席采购部会议的只包括项目采购代理、采购员、运输部经理、项目经理助理和检验主任。工程代表包括负责这项工程的总工程师和其他1~2位项目工程师。弗兰克公司的其他与会者还包括项目控制经理和进度计划制订人员。通常，会议毫无意义——会议内容要么是对初始方案的重复，要么通过电话或邮件就能传达。项目采购代理负责做会议记录并整理记录。

项目进行到第 3 个月时，一天，刘易斯方的高级代表会见了拉里（弗兰克公司方的项目经理）。他们进行了谈话。

刘易斯方代表：拉里，我很关心这项工程的进展。我们并不想了解工程的所有细节，但是我们目前所获得的关于这项工程的信息过于笼统，获得信息的时间也通常不及时。我想和你们的总裁弗兰克每星期三碰一次面，了解项目进展情况并商讨有关事宜。

拉里：我们很高兴与你方的任何人交流，我想你的这个提议也是很有意义的。

刘易斯方代表：我设想的参会人员很广，包括我方所有员工，以及你方项目组成员——项目采购代理及他的助理、负责工程进度和成本控制的人员。

拉里：这个会议未免有些兴师动众，我每周尽可能地将我方的人组织一次，但不是所有员工。我们在方案里提到你我双方会一起召开会议，但是没说这种会议的规模如此之大。

刘易斯方代表：拉里，十分抱歉，既然我们为这个项目投了钱，我们就应该知道项目的进展。

拉里：好吧，下星期三我会筹备会议。

刘易斯方代表：很好。

项目经理很快通知了所有要求的参会人员，他们将与对方一起每周召开一次会议。然而，刘易斯方对会议结果仍然不满意。无奈之下，项目经理只得在每星期二将本方参会人员组织起来召开一个预备会议，为第二天的会议做准备。

刘易斯方又提出质疑，他们认为采购部门提交给他们的专题报告缺乏讨论。为写这些报告，项目采购代理和他的两位助理（已经由开工时的一位增加到两位）花费了大量时间，本想以此使对方满意，预防其他问题的产生，却没料到适得其反。比如，对所有的弗兰克项目来讲，卖方都要提供必要的备用零件详单，刘易斯项目应该也不例外。可是，工程开工不久，刘易斯方就要求备用零件投入使用，而备用零件通常只应在最后启用。具体地说，弗兰克公司需要一个水泵，水泵的运输需要 15 周，为更保险，卖方所提供的备用零件详单就需在水泵装货前 3~4 周获得。可是在刘易斯项目中，备用零件只要求在所有的物资都已经卸载以待装配的那天才开始发送。这种变化严重影响了水泵的设计。因此，在收到备用零件清单后，由于种种突发事情，又得增加新的备用零件清单。这个过程就比弗兰克公司通常使用的方式要慢很多。更为过分的是，刘易斯方每两周索要一次记录清楚的关于所有订单备用零件的报告。此外，该项目还指派了一名全职的备件协调员。

最初，双方代表的沟通方式已事先确定，7 名刘易斯方代表的办公室与弗兰克项目办公室相邻（见图 19-3）。刚开始，所有刘易斯方的信息都是通过弗兰克项目办公室递交给适当的职能员工的。采购项目办公室也成为连接刘易斯方与弗兰克公司采购部的纽带。双方的反应或回应也通过这种方式传达。不久，由于通信数量增加，回应时间也相应变得缓慢。刘易斯方不满意这种交流方式，认为它过于低效，因此他们想方设法地改变这种状况。再次遇到问题时，拉里就让刘易斯方直接找具体办公人员（如采购员、工程师）解决问题。可是，很快，这种做法就变成了惯例，而不是例外。最初，项目办公室还可以获得他们之间沟通的信息内容，但是很快他们就无法获取信息了。刘易斯方员工俨然把自己当成了弗兰克公司的一分子。

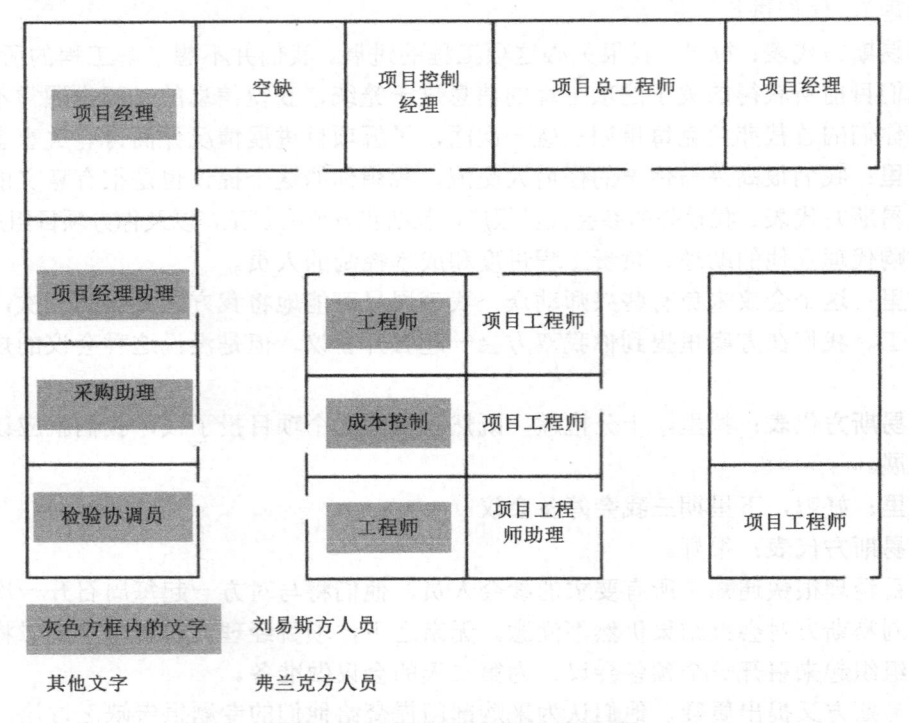

图 19-3 刘易斯项目团队平面图

项目继续进行，越来越多的状况发生，如材料运送不及时、某供应商破产等。这些问题都影响着工程进度，引起了刘易斯方的不满。一向敏感的上层管理部门嗅出了该项目的问题，因此给予了更多的关注和干涉。他们在周会上试图安抚对方，甚至通过人事变动来缓解目前的情况；他们甚至决定更换项目采购代理。可是，问题越来越复杂。罗恩·卡茨是一个很有能力的工商管理学硕士，他在该公司担任了 5 年采购代理助理，经验十分丰富。不久前，他刚担任了一个中型项目的采购代理，表现相当不错。上级采购部认为，这样一个人事变动是很合理的，首先，能够将比尔·霍尔撤出项目；其次，罗恩·卡茨看上去能力非凡，委任他可以安抚客户。

然而，罗恩·卡茨上任以后，采购方面仍然问题不断。由于修改材料订单，材料运送延迟，最近需要的材料都没能及时送到。为解决这个问题，罗恩·卡茨及上级采购经理投入了更多优秀员工到项目中。采购员和上级采购部负责人往返于供应商工厂以催促货物（这其实只需办事员就能解决）。上周，刘易斯方代表与项目经理拉里见面了。

刘易斯方代表：我看过了你们在工时上的花费，我们对此很不满意。

拉里：为什么？

刘易斯方代表：你们所付出的工时和实际进度不相符。3 个月以前，你们声称项目已经完成了 30%，但是据我的估算，你们投入的工时达到了 47%。上个月，你们又说项目进展到了 40%，我们估算的工时却达到了 60%。

拉里：由于供应商那边的运送出了一些问题，我们不得不投入更多的人力以使进度恢复到正常的轨道上。

刘易斯方代表：拉里，我们公司的人也一直关注着我及这个项目。项目支出超额或不能按时完成，你我双方都不好看。

拉里：那我们该怎么办？

刘易斯方代表：我想要一份你们对剩余项目所需工时的估算，这样我才能和我的员工商讨接下来怎么办。

拉里：好，后天给你答复。

刘易斯方代表：好。

公司的各职能部门提供相关信息，工时估算由项目经理整理后呈递给了客户。刘易斯方看到估算后不太高兴——当初投标书里估算的工时不够用，修改后的工时估算比初始估算高了40%。很快，他们又要求弗兰克公司提供所增加工时的详细报告。因此，项目经理又不得不要求职能部门进行工时分析。采购部被要求根据采购订单的加急程度和工时细分来制定采购订单，然后把每一份订购单所需的工时估计分列出来。但是，很多采购申请甚至还没有提出。情况似乎越来越糟了。

莱尔建筑项目

2008年10月下旬的一个星期二下午，6点。唐·杨（Don Jung，阿特来公司负责莱尔项目的项目经理）坐在办公室回想他刚才与顶头上司福瑞德·弗兰克的谈话。在谈话中，福瑞德指责他缺乏与其他职能部门经理之间的协作。

福瑞德是项目经理的主管，他前一天参加了一个公司高层会议，会议成员是各职能部门的副总，包括采购部、工程部、施工部、成本控制部、进度安排部等。采购部副部长约翰·艾比提出，按最近的情况来推测，采购部将比预期多耗费6 000工时，他认为这种局面的形成完全缘于唐·杨对鲍勃·斯图尔特（莱尔项目的采购代理）的两次错误指示。可是唐·杨并没有把问题看得这么严重，因为剩下的许多采购任务将由承包商完成，而承包商完全有足够的工时完成这些额外的工作。约翰·艾比坚持认为，即使承包商承担一部分采购，采购工时仍将超时，唐·杨现在最好采取行动缓解工时问题。工程部副部长哈罗德·蒙特也表示他们部门也遇到过类似的问题——唐·杨没有向他们申请而直接增加工时。其他副部长也披露了唐·杨的许多违背公司工作流程的行为。为了挽回工程在初始阶段耽误的时间，唐·杨在调用各部门工作人员时没有向其领导提出申请，这种行为确实有悖正常的工作程序，也引起了各部门领导的不满。福瑞德要求唐·杨最好改变做事的方式，因为几乎所有副部长都对其提出了批评。唐·杨若对这些批评置之不理，必然会影响彼此间的协作，进而影响工程进度。这项工程能否按期并在预算内完成对阿特来公司意义重大，因为莱尔公司在十年内还将建设另外两处工厂，这次保质保量完成任务有利于阿特来公司继续承接另两处工厂的建设工程。

福瑞德将别人及自己的看法告诉了唐·杨，他甚至直言不讳地说大家怀疑唐·杨是否能胜任这个项目。不过，福瑞德还表示，如果唐·杨能从整个公司和项目的利益出发，与其他部门一样采取标准的运作流程，采纳各职能部门的意见并尽可能地相互合作，他会继续保留他的职位。

▶ 莱尔项目的开端

2009年4月的一天，阿特来公司销售部副部长鲍勃从莱尔公司运营部副部长福瑞德·威尔逊那里得到消息——阿特来公司获得了一份交易额为6亿美元的合同，负责莱尔公司在路易斯安那州聚丙烯工厂的设计及工程建设。鲍勃立即将这个消息上报给了公司总裁及其他高层工作人员（见图19-4）。之后，他迅速与福瑞德取得联系，意欲将项目小组的成员确定下来。鲍勃本来想让乔治·菲茨担任该项目的项目经理，因为他参与了这个项目最初投标书的制定。可是，乔治·菲茨由于身体不适住进了医院，康复出院还需要3个月。所以，阿特来公司不得不尽快确定一位乔治·菲茨以外的项目经理，因为莱尔公司要求1周之内与项目小组的主要人员碰面。

项目经理候选人中最合适的莫过于唐·杨了。他在公司工作了15年左右，起初是一名项目工程师，后来被提升为计算机服务部经理。担任计算机服务部经理6个月左右，一次与上层管理部门（负责制定使计算机部正常运营政策）的接触使他又兼任了另两个职务——一个小工程的高级工程师及莱尔项目的项目经理。唐·杨被指定为莱尔项目的项目经理，主要取决于他和莱尔公司的威尔逊有私人交情——他们都加入了许多相同的协会组织。另外，出任该项目的高级工程师是经验丰富的工程师约翰·尼伯尔。接下来的一周，上级管理部门建议唐·杨浏览项目相关文件并预选项目组成员。

1周之后，莱尔公司代表（莱尔公司的项目组，见图19-5）来到了阿特来公司。莱尔公司介绍说，史蒂夫·佐恩将出任莱尔公司方的项目经理助理（项目经理尚空缺）。莱尔公司的项目组成员来自莱尔各地的分公司，如得克萨斯、西弗吉尼亚和费城。这些人中的大多数只是在2周以前刚刚见过面。

在第一次会议上，威尔逊就强调项目能否按时完成至关重要。因为他们的竞争对手差不多也在同一地点、同一时期建设类似的工厂，最先建成的工厂更具有控制美国西南部聚丙烯市场的优势。威尔逊先生认为目前他们已比竞争者领先了6周，可能的话，他想进一步拉大差距。之后，他介绍了莱尔公司的项目经理助理，并由助理完成了剩下的演示。

在第一次会议上，莱尔公司就将它们设计的工程方案包递交给了唐·杨，以便项目早日开工。据莱尔公司讲，由于做过多方面的调查，方案包内容很全面，因此合同签订3个月内物资也就能全部到位（阿特来公司要做的设计并不多）。2周之后，唐·杨叫来了这项工程的总工程师拉斐尔·贝根，他想了解一下贝根对方案的看法。

贝根：唐·杨，我想你被糊弄了。这个方案并不怎么样。

唐·杨：什么意思？莱尔公司那边告诉我们，由于方案很全面，我们在3个月内就能拿到订单上的物资。

贝根：我想我们至少需要6周才能将方案整理清楚并将其完善，从那时开始计算3个月时间物资到位还差不多。

唐·杨：也就是说，由于方案的这种情况，我们将面临比他们声称的进程慢6周？

第 19 章 产业特性：建筑业

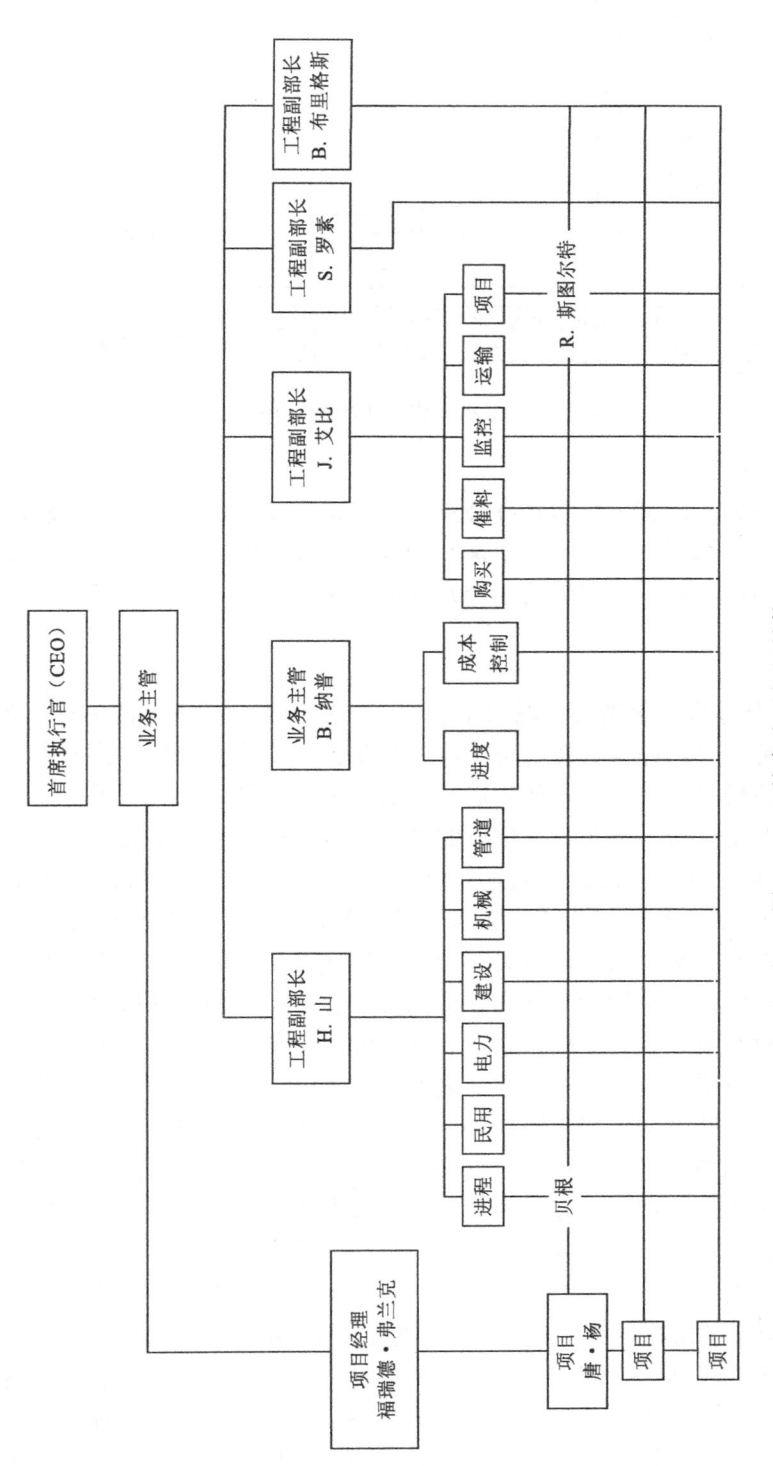

图 19-4 阿特来公司组织结构

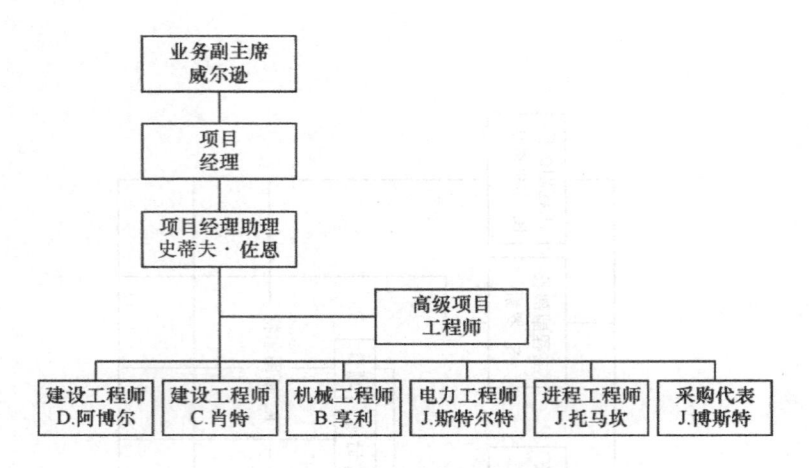

```
                    业务副主席
                     威尔逊
                        │
                      项目
                      经理
                        │
                   项目经理助理
                   史蒂夫·佐恩
                        │
         ┌──────────────┼──────────────┐
         │           高级项目
         │           工程师
         │              │
  ┌──────┼──────┬───────┼───────┬──────┐
建设工程师 建设工程师 机械工程师 电力工程师 进程工程师 采购代表
D.阿博尔  C.肖特   B.亨利  J.斯特尔特 J.托马坎  J.博斯特
```

图 19-5　莱尔工程队伍组织结构

贝根：正是这样。

与贝根谈话结束后，唐·杨回到办公室开始思索这项工程所遇到的问题。他想，贝根对方案的看法过于悲观，方案不至于那么糟糕。另外，他认为只要施工速度比平常快一点，采购时间缩短一点，工程提速 1 个月并不困难。

▶ 工程管理

合同签订 2 个月后，莱尔公司派来了它们公司的代表。接下来的 6~8 个月，这些代表本该待在阿特来公司办公大楼，可是唐·杨将他们安排在阿特来公司莱尔项目组办公处之外的另一幢楼里。莱尔公司代表起初对唐·杨的这种做法有意见，他们抱怨双方空间距离太远。但是，唐·杨解释说更近的地方没有可用的办公空间。

阿特来公司采用的是项目经理同各职能部门经理共同负责项目建设的矩阵式组织结构（见图 19-6）。唐·杨告诉员工，工程一开始就被延误了（由于糟糕的方案设计），他这样做是想让新来者提高效率以节省时间。他还建议各职能部门工作人员尽可能地采用高效的方法，以保证在预期的时间内完成项目。鉴于工程的特殊情况，项目组强制工程部许多科室违背常规办事。举例来说，土木工程科负责建筑钢材用量的初步估计，管道工程科负责准备管道系统的初级方案，采购部根据这些方案即时做相应调查。通常，采购部需等到所有这些部门正式定稿以后才与可能的供应商取得联系，可是这种做法也会产生一些问题。比如，采购部与供应商确定的折扣是根据各部门提供的材料预期消耗量来定的，可是工程进行后，实际的材料消耗比预期中要多。就拿土木工程科来说，他们制定一个正式的钢耗材预算表大概需要 1 个月的时间。这一个月过去之后，他们发现钢材实际消耗量比估计值多了 50 吨。若这 50 吨包含在预算表中，采购部采购时每磅就可以多便宜 0.2 美元（也就是说，400 吨钢材就能便宜 16 万美元）。

为了挽回损失的时间，在缺乏设备详细资料时，项目组要求工程部各科室使用目录图或引用资料。工程部负责人认为这种方式很冒险，弄不好会进一步减慢工程进度。比如，比例模型的尺寸是根据项目组初始设计图纸制造出来的，往往未能与供应商图纸相对照，可能并不准确。收到供应商图纸后，如果发现尺寸不准确，有些地方只得重做，这样就会延缓工期。当然,幸运的话,若尺寸无须做大幅变动,工程上就能节省约 1 个月的时间。这种违背公司常规程序的运作形式有很大的风险,但也可能带来效益,阿特来公司将这种情况告诉了莱尔公司,以征求他们的意见。史蒂夫·佐恩告诉唐·杨,他们乐意冒险以争取时间,阿特来公司项目组便决定冒一次险。

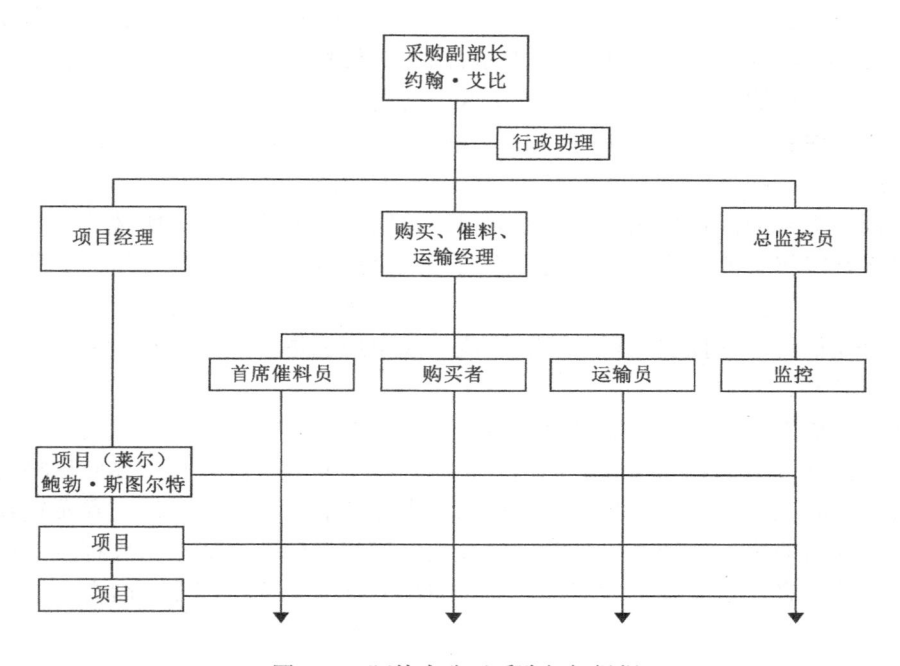

图 19-6 阿特来公司采购部门组织

项目组最终采用了这种冒险的方式,这样工程就有可能比预期提前 1 个月完成。工程实施过程中唯一的问题是莱尔公司代表需审批一些文件、图纸、工程申请和订购单等,完全审批结束大概需 2 周时间。第 1 周,莱尔公司工程师审阅递交上来的文件,并做一些修改或要求提供更为详细的信息,这些工作完成后再将批阅稿返回给阿特来公司项目组。阿特来公司项目组根据批阅意见或修改做一次整合,并将其整理成文件的形式再次递交给莱尔公司代表。再过 1 周,莱尔公司的最终审批稿才能下来。按照合同,莱尔公司代表处理这些文件只需 5 天时间。唐·杨认为莱尔公司代表之所以耗费了超过 5 天的时间,部分原因是这些人回家度周末了。一到周末,他们星期五上午 10 点就会离开办公室,第二周星期一下午 3 点才回来,每周可利用的办公时间整整减少了 2 天。唐·杨提醒史蒂夫·佐恩,按照合同,他们应该在 5 天之内将递交的材料处理完并确定正式审批稿。他还建议,如果莱尔公司星期五和星期一都能工作一整天,正式审批稿就能早点确定下来。可是,莱尔公司项目副经理没有采纳这个建议,工程延时的境况未能扭转。避开错综复杂的流程节省下来的时间还是被浪费了,工程进一步延误不可避免。除此以外,双方工作人员之间又产生了新的问题。问题似乎是莱尔公司项目组成员(他们是莱尔公司内部各个职能部门临时借给史蒂夫的)更多地关注最终能否创造出一个完美的工程,而不像阿特来公司项目组那样考虑他们的行为对这项工程进度造成的重要影响。他们似乎也没有意识到他们在时间、才能及绩效上都有限制，总是采取很放松、很随意的工作方式。比如，他们对一些方案所做的改动只是向阿特来公司项目组口述，他们解释说文字的形式没有必要，毕竟他们都为同一个项目忙碌着。阿特来公司工程师要将对方口述的改动表达到图纸上，可是有时项目总工程师不能及时地将改动信息转述给项目工程师。由于这种非正式的方式，问题出现了。莱尔公司认为阿特来公司项目组对他们提出的修改无动于衷，未能严格按照他们的要求办事，因此对阿特来公司项目组很不满。史蒂夫·佐恩把唐·杨叫到他的办公室商量如何解决这个问题。

史蒂夫·佐恩：唐·杨，我的员工向我抱怨说你们项目组未能将他们的意见或提出的修改转绘到工程图上，也不能很好地领会他们的意思。

唐·杨：史蒂夫，我想我们的员工能很好地整合你们的意见和所做的修改。但是，若你们每次都能将修改意见详细地以文字的形式交给我们，我们的合作会更和谐，工程进展也会更快。因为有的时候，你的员工向我们口授的修改范围是不同的。比如，你们一个员工对我们的过程控制工程师说加工流水线中应加进一个阻止阀，另一个员工说这个阻止阀没必要。

史蒂夫·佐恩：唐·杨，如果我们将双方讨论的内容都制成文件，我们会被这些文字工作累死，什么事情都完不成。你们若得到两种不同的修改意见，你应该将这种情况反馈给我，让我来解决。鉴于我们在工程修改上存在着这种交流障碍，我希望我们每星期四召开一次碰面会。这种会议既能消除我们之间的误解，又能承担履行我方在工程方面出谋划策的诺言，还无须正式汇报。我希望你方项目组成员都能出席会议。

唐·杨：除了星期三的综合会议，再新加这个会议？

史蒂夫·佐恩：是的。我们双方每周召开两次会议，一次讨论工程的综合进度，另一次专门针对工程问题。

回办公室的途中，唐·杨就认为这个即将召开的周会同每星期三召开的会议一样多余，纯属浪费时间。这将又多耽误一天有效时间，莱尔公司项目组可以利用这个时间审批图纸、工程、各种申请及订购单。现在，每周中有3天的时间（至少是3天中的大部分时间）需要用来开会（除对方提出的星期三、星期四两个会议外，他们公司内部项目组成员星期一还要举行一个关于工程进度和面临问题的会议）。但是转念一想，唐·杨又清醒地认识到，尽管他对召开会议的提议有意见，可对方是客户——客户的要求只能附和，别无他选。

▶ 唐·杨的处境

唐·杨回到办公室后看到了约翰·艾比（采购部副部长）要求回电的留言。他立即给约翰·艾比回电话，得知约翰·艾比要求与他第二天见面。第二天上午9点，唐·杨来到了约翰·艾比的办公室。约翰·艾比提到这个工程采用了不合规范的流程。从约翰·艾比的话中可以看出他已经和鲍勃·斯图尔特（这项工程的采购代理）深谈过，因为他对情况了解得很透彻。鲍勃·斯图尔特无疑透露了这项特殊工程采用的不符合采购部规定的行为，这些行为源于唐·杨对鲍勃·斯图尔特的指示。

约翰·艾比：唐·杨，你怂恿采购代理违反我制定的采购流程以节省时间，这点我很清楚。

唐·杨：是的。工程在刚开始时出了点小问题，比预期晚开工了一段时间，为了节省时间只能这么做。

约翰·艾比：遇到这种情况，你首先应该和我联系。我也要告诉你，如果我事先知道了你将违反规定，我无论如何也不会让鲍勃·斯图尔特听从你的命令。我已经通知他，从现在开始执行有悖正常流程的任务之前需与我商量。

唐·杨：可是鲍勃·斯图尔特已经调配到这个项目中了，因此他应该听从我的派遣，即便我的指令不符合流程。

约翰·艾比：不是这样的。鲍勃·斯图尔特是我的员工，由我决定他的工资增加多少、何时升迁，因此只能由我来派遣。这一点，我已经向他说明了，我也希望你能明白。另外，据鲍勃·斯图尔特说，为了这项工程，他欲在采购方面增加 6 000 工时。增加这些工时，你为什么不提前向客户提出申请？

唐·杨：如果鲍勃·斯图尔特告诉我的情况属实，即你们部门工时短缺的主要原因是负责处理初始方案的项目经理乔治·菲茨低估了 7 000 工时，也就是说，你们部门一开始就处于工时短缺的状态，那么为什么要由我出面告诉客户我们低估了工时呢？因为我根本没有介入初始方案的制订。再说，我之所以将多占用你们 6 000 工时，是因为我个人认为这些工时是你们所不需要的。

约翰·艾比：我明天找你的领导福瑞德谈谈这些情况。

唐·杨：你尽管去好了。我肯定，他会百分百地站在我这边。

第 20 章

产业特性：迪士尼主题公园

> 每个公司都有自己的特色，并希望它的员工能靠这些特色获得成功。对迪士尼主题公园而言，特色就是幻想工程项目管理。但是，即使像迪士尼这样的世界上最优秀的公司，也可能被风险拖垮。其中，大部分风险来源于会影响项目决策的企业环境因素。尽管我们都认为我们一定程度上清楚这些事业环境因素，但是如果涉及国际文化的话，事业环境因素的影响会变得难以控制。

迪士尼（A）：幻想工程项目管理

▶ 序言

不是所有的项目经理都喜欢自己的工作，因此他们认为跳槽或换个行业能起到作用。有的人想管理"世界上最伟大的建筑项目"，有的人想设计出下一代的移动电话或移动设备。不过，世界上最幸福的项目经理莫过于迪士尼公司的幻想工程项目经理，即使他们在其他地方可以挣得更多。约翰·亨奇（John Hench）、克劳德·科茨（Claude Coats）及马丁·斯卡拉（Martin Sklar）3人在迪士尼公司从事幻想工程项目管理工作的总年头长达172年，如今，他们退休了。但是，其他行业有多少项目经理真正理解要成为一名优秀的幻想工程项目经理需要具备哪些技能？有些技能是否可以在其他行业获取？是否存在我们仍未识别的技能？

《PMBOK®指南》和它的名字一样，仅是个名字而已。每个公司都应该在《PMBOK®指南》的基础上，开发专门的项目技能要求。即使迪士尼幻想主题公园运用的技能，也与教科书教授的传统项目的技能要求明显不同。所有幻想工程项目经理最常使用的技能是头脑风暴法、解决问题技术、决策制定技术及三维空间技术（不是二维空间）。虽然传统的项目管理不需要深层次掌握上述所有的技术，但是对项目经理而言，这些技术都是必备的。显然，我们大部分人都没有意识到这个问题。

▶ 迪士尼幻想工程

迪士尼幻想工程（也被称为 WDI 或幻想工程）是迪士尼公司的设计和开发部门，负责承建全球的迪士尼主题公园。迪士尼公园由华特·迪士尼成立，公司最早的名称是 WED

娱乐公司，是迪士尼创办人华特·艾丽莎·迪士尼（Walter Elias Disney）的全称。

"幻想工程"这个术语由 Aloca 在 20 世纪 40 年代提出，寓意幻想和工程的完美结合。1957 年，美国联合碳化物公司在公司内部杂志中首次使用，理查德·E. 塞勒（Richard F.Sailer）发表了一篇名为《头脑风暴就是一个想象工程》（*Brainstorming is Imagination Engineering*）的文章。迪士尼在 1967 年申请注册这个术语，宣称它在 1962 年开始用这个术语。幻想工程师负责设计和建造迪士尼主题公园、迪士尼度假村、迪士尼豪华邮轮及其他娱乐场所。幻想工程师具备多项技能和才能，他们可以拥有 140 多个头衔，如插画家、建筑师、工程师、灯光设计师、节目编剧、平面设计师等。如果说幻想工程师就是项目经理，迪士尼的项目经理也是幻想工程师，这也许存在争议。迪士尼公司总部位于加利福尼亚州的格兰岱尔市，大部分幻想工程师在这里工作。但是一旦要建造主题公园，他们会长期被派往其他地方。

▶ 项目可交付成果

> 当人们经过你设计的产品时，他们是面带微笑的；当人们接触你设计的产品时，他们是面带微笑的；当人们离开时，他们是面带微笑的。请记住，这就是我对你的要求，作为一名设计师的要求。
>
> ——华特·迪士尼

与传统的硬件或软件项目不一样，迪士尼主题公园的幻想工程项目的成果是一个个具有视觉效果的故事。幻想工程的可交付成果要在具体背景下才能体现，每个构成部分都有特殊的含义，组成了整个可视化的故事。传统的书籍和电影是二维的，但是主题公园及相关的人物是三维的。在现实中，大部分项目经理并不认为自己是一个讲故事的人。

主题公园景点的目的是让人们暂离现实。一旦游客进入景点，要让他们相信他们生活在故事中，能与他们喜欢的角色互动。主题公园适合各个年龄层的游客，他们觉得自己是故事的参与者，而非旁观者。

很多主题公园有大量的娱乐设施，但只能触发游客的某种感官。相比而言，迪士尼主题公园能触发多重感官。当游客离开时，能获得极大的满足。"面对新事物时，人们能学会如何看、如何听、如何闻、如何触摸及如何品尝"。任何事物都能带给人们全新的体验。理想的情景是，游客认为自己是故事的一部分。当新景点开始运营时，幻想工程师需要关注游客离开某个游乐设施时的面部表情，这能帮助幻想工程师持续改进产品。

▶ 重要的约束条件

多数项目管理课程会强调项目的三重约束条件，即时间、成本和范围。尽管幻想工程项目也要考虑这三重约束条件，但还有其他的三重约束条件需要考虑，即安全、质量及审美价值。在幻想工程项目中，这三重约束条件比通用的三重约束条件更重要。

安全、质量及审美价值是相互关联的约束条件。迪士尼永远都不会牺牲安全，安全是最为重要的约束条件。每个景点都是全天候运行的，因此必须确保每个建筑的建筑标准。有的娱乐设施需要一些特技效果，如火、烟、蒸汽及水。所有这些都要出于安全考虑。特技效果包括不会真正燃烧的火、可以让游客自由呼吸的烟雾，以及不会造成损害的爆炸，还有一类是触摸起来冰凉的建筑熔岩外观。

对项目经理来说，可靠性和易维护性是质量的重要特性；对幻想工程师而言，它们是至关重要的。除了火、烟、蒸汽及水，每个景观还存在大量的移动部件。可靠性是指事物在不需要维护的情况下可以维持多久，易维护性则关注维修的速度。设计景点时要考虑部件可能发生故障及解决故障需要的时间。有的人把他们所有的假期用于参观迪士尼，就为了看到某些特色景点。如果这些景点长期处于维护状态，那么游客会感到很失望。

▶ 头脑风暴

在传统项目中，头脑风暴可能需要数小时或数天。头脑风暴组的成员数量很少，通常包括市场部人员和技术人员。市场部人员可以帮助识别新产品的需求和改善现有产品，技术人员可以回答需要多少时间及大概成本。在项目正式批准及工作说明书定义之前，很少会指定项目经理。在迪士尼的幻想工程项目中，头脑风暴会持续数年，需要大量幻想工程师的参与，其中也包括项目经理。

大多数传统娱乐公园的景点是由工程师和建筑师设计的。迪士尼的幻想工程头脑风暴是由故事讲述者完成的，他们要通过二维或三维技术将想法展示出来。对幻想工程师而言，头脑风暴是最重要的技术。它需要幻想工程师站在游客的角度，把自己想象成儿童或成人，从而了解什么是游客想要的。设计景点前必须先熟悉观众。

头脑风暴可以是结构化的，也可是非结构化的。结构化的头脑风暴以迪士尼新上映的动画电影或非动画电影为基础设计景点；非结构化的头脑风暴通常被称为"蓝天"头脑风暴。要拿出最好的想法，需要多轮会议，因为人们需要时间进行头脑风暴。有效的头脑风暴允许存在各类观点，即使大家达成了一致，幻想工程师也会不停地询问"我们是否能做得更好"。与传统的头脑风暴不一样，幻想工程部门的头脑风暴长达几年。

幻想工程头脑风暴通常聚焦在一个主题背景下，各个组成部门共同讲述一个故事。幻想工程头脑风暴会提出如下问题并获取答案：

- 景点需要多大面积？
- 游客体验需要多长时间？
- 游客是步行参观景点还是需要借助快速交通工具？
- 我们可以使用哪些颜色？
- 我们可以使用哪些音乐？
- 需要哪些特技效果？
- 现有技术可行吗？是否需要开发新的技术？
- 需要哪些景观和建筑风格？
- 可以借用以前的哪些景点？

在头脑风暴完成前，团队要充分考虑成本因素，我们有足够的资金吗？这个问题需要在结构化的头脑风暴会议和"蓝天"头脑风暴会议中提出。

▶ 指导原则

> 如果我有选择的话，我会选择从事与幻想工程建筑有关的工作，让我沉浸在天马行空的疯狂想象中。
>
> ——迪士尼公司前总裁 Michael D. Eisner

当提出新创意或改进现有景点时，幻想工程师要遵循几个原则。通常，新创意和改进是为了满足特定需求而实现的，即把不可能变成可能。大量天才型的创意都是这么产生的，如模拟飞行——飞越加州景点的交通工具。幻想工程师想让游客体验飞行的感觉，但不知道怎样才能以一种高效的方式完成任务：人们骑上自行车，并且每个人都有最佳的观赏位置。有一天，一位幻想工程师在他的阁楼上发现了一个安装器，这个安装器让他设想并设计出一种能有效模拟悬挂式滑翔的车辆。

不管出于什么原因，幻想工程师善于重新设计景点，以一种从未实现过的形式展示。许多年后，幻想工程师会重新设计之前的创意。这些重新设计的创意以一种全新的形式出现。例如，怪异的博物馆（Museum of the Weird），曾经被提议为穿越蜡像博物馆，最终成为鬼屋（the Haunted Mansion）。

最后，还有"蓝天推断"（Blue-sky Speculation）的原则，即幻想工程师的创意不受任何限制。幻想工程师的习惯是用所谓的"洗眼"来开始创作的过程，以一种能让人信服的方式呈现最大胆、最疯狂且最好的想法。许多幻想工程师认为这才是设计过程的真正开始，并且在这样的理念下创意：只有想不到的，没有造不出来的。迪士尼认为每个人都可以参与头脑风暴，每个人都能带来不一样的头脑风暴。任何创意都是好的创意。有效的头脑风暴会议既不会评价他人的创意，也不会批评他人的创意。任何创意都值得记录，以供多年后重新思考或实现。

幻想工程师总是在不断改进他们的工作，华特·迪士尼称为"锦上添花"（plussing）。他坚信"只要人们还存在幻想，迪士尼乐园就永远不会关门"，这就是永无止境的创新和改进。幻想工程师还可以根据迪士尼公司和其他电影工作室制作的动画电影进行创意，设计未来的景点。

> 当所有的团队成员能够理解这个新识别的创意并达成一致时，就可以暂停头脑风暴了。创意属于我们所有人，是留给迪士尼公司的宝贵财富。幻想工程离不开团队合作。

在这种氛围中，建筑师、工程师、艺术家、支持人员、作家、研究人员、保安、场景设计师、特效师、灯光师、录音师、制片人、木匠、会计及电影制作人等，尽管他们所从事的专业不同，但他们有一个共同的头衔——幻想工程师。在这里，你就是一名幻想工程师。

▶ 幻想工程师的创新成果

多年来，迪士尼幻想工程师团队在骑行系统、特效、交互技术、现场表演、光纤技术及音响系统等领域获得多达 115 项专利。WDI 负责改进技术，如 360°圆形剧场电影技术和快速通行虚拟排队系统（FastPass Virtual Queuing System）。

幻想工程师需要找到一种方法，把先进的技术融入故事中。其中，最著名的可能是他们对视听动画技术（Audio-Animatronics）的改进，在主题公园和景点中，借助"机器人"的形式呈现迪士尼的动画形象，它是三维的。这一想法源于迪士尼对他在新奥尔良购买的一只机械鸟的迷恋，于是出现了魔法 Tiki 屋（Enchanted Tiki Room）。1963 年，魔法 Tiki 屋景点首次使用了这项技术，它的特色是动画形象的三维立体鸟在唱歌。1964 年的世界博览会上展出了亚伯拉罕·林肯（Abraham Lincoln）的三维立体形象，以站立的形象重现了他"葛底斯堡演说"（当时刚过百年纪念），展示了"林肯先生的伟大时刻"。这是首个人物三维立体形象。

如今，这项技术运用在迪士尼的许多景点中，大受欢迎。例如，加勒比海盗、鬼屋、总统大厅（Hall of Presidents）、乡村熊狂欢节（Country Bear Jamboree）、明星之旅——冒险继续，以及布偶视觉 3D 等。游客还有机会与卡通人物互动，如恐龙幸运儿、机器人瓦力及《料理鼠王》中的雷米（Remy）。下一代技术会专注于完全独立的人物。奥托（第一个自动化的独立人物）能看到、听到、感觉到游客的存在，并与游客进行交谈，甚至还能感觉到游客的情绪。

➤ 故事脚本

传统的项目经理不会在项目中运用脚本，但是在迪士尼，这是幻想工程师常用的技术之一。幻想工程师的创意最早源于在一张白纸上画二维草图，之后图像人员按照一定的顺序展示，帮助幻想工程师从时间和空间上整体感受整个景点。故事脚本也可用于电影制作、卡通片制作、动态影像及交互式媒体中，是一种直观的展示方法。如今广为人知的故事脚本过程是由迪士尼制作公司于 20 世纪 30 年代开发的，几年后就在迪士尼公司的其他部门及其他动画工作室中流行起来。

故事脚本本质上就是漫画，作用包括：① 在一个大型景点呈现前，幻想工程师能借助故事脚本实现场景的可视化，寻找潜在的风险；② 幻想工程师能借助脚本估算整个景点的成本及开发时间；③ 为了与整个场景保持一致，故事脚本能帮助确认哪些音乐需要调整。通常，故事脚本里会包括介绍活动走向的箭头或说明。如果景点需要动画制作和特效，故事脚本舞台可以使用简化实物模型——"样片"（animatics）帮助呈现场景，感受场景的效果。简言之，样片就是把一系列的静态图像编辑在一起，然后按一定的顺序展示，测试声音和图片能否有效且一致地播放。

故事脚本程序是费时费力且错综复杂的，不过现在的故事脚本软件能加速整个过程。

➤ 实物模型

一旦结束了头脑风暴，就可以制作实物模型了。幻想工程的实物模型与其他行业的相似，如建筑行业。通常，可以用报纸、硬纸板、泡沫塑料、胶合板及金属制品制作简易的实物模型。

> 模型制造者是实现某个概念的首位幻想工程师。对幻想工程过程而言，将二维设计转换成三维动画是最为重要的环节之一。制作好的模型能以缩影的方

式帮助幻想工程师实现概念布局和尺寸的可视化，显示演出布景或建筑之间的关系。

随着项目深入，需要的模型越来越多。如果项目团队满意模拟模型，就可以开始制作更小、更详细的研究模型。这一步将决定项目的建筑风格及色彩。

在这些详细的建筑模型和工程图纸的基础上，模型制作过程的最后一步是制作整体模型。这个展示模型是项目的精确复制品，包含最微小的细节，如建筑外墙、景点景观、配色方案、完整的骑行线路、交通工具、演出布景、道具、人物及灯光等。

下一步是制作整体景点的电脑模型，包括确定实际的游乐设施。通过电脑模型，幻想工程师可以从各个不同的角度了解最终产品。电脑模型与 CAD 模型/CAM 模型相似，可以从三维角度展示景点的电气、管道、暖通空调、特效和其他设备的布局。

▶ 审美

幻想工程师将审美价值作为景点的一个约束条件。审美不仅仅是大部分项目经理熟悉的约束条件，还代表追求完美。

审美是界定景点主题和特色的设计要素之一，决定每个背景的环境和氛围，包括颜色、景观美化、花草树木、建筑风格、音乐及特效。例如，音乐要适合整体风格，景观中使用的石头也要特别注意。尖锐的石头可能带来危险，圆形石头相对安全一些。景点中的每个设置都是为了突出故事。幻想工程师会仔细检查每个细节，但细节不会过多。因为过多的细节会混淆游客的试听，曲解故事的意义。

特效能增强景点的审美价值。特效就是一种"幻象"（Illusioneering），是幻想工程的一部分。特效有很多种，常用的包括：

- 蒸汽、烟雾、飘雪、涡流。
- 火山喷发、流动的岩浆。
- 闪电、反射、瀑布、流水。
- 旋转和翻滚的图像。
- 各种飞翔、坠落、升起及移动的图像。
- 带有动画效果的移动图像。
- 万花筒。
- 液体喷射、泡沫、海浪。
- 极光、流光、灯光特效。
- 闪烁的星星（当光纤不能使用时，如投影到屏幕）。
- 旋转的星系、彗星、旋转的空间站、脉冲星、流星雨、流星、其他天文现象。
- 火、火把。
- 扩大的光环。
- 类似鬼魂之类的图像。
- 爆炸、闪烁。

也许审美价值中最重要的元素就是色彩。传统的项目经理会依赖销售或市场人员选择产品的色彩。对幻想工程而言，需要由幻想工程师来决定。色彩是一种交流方式。景观和花的颜色也很重要。无论是有意识的还是潜意识的，人们可以从特定的颜色中感受情绪。幻想工程师将色彩视为一种语言。有些颜色能迅速吸引眼球，我们要集中在这些颜色上。"我们不仅要考虑颜色的搭配，还要考虑游客在特定背景下的感受……理解色彩如何在视觉上协同工作，以及为什么它们能让游客感觉更好，这是幻想工程师的工作。"

"白色代表圣洁与纯净……在欧洲和北美，白色常用于婚礼及宗教庆典中，如宗教洗礼。银白色代表欢乐。在建筑和室内设计中，如果大面积使用白色，是非常单调的。""我们在幻想工程中创造了一套完整的颜色词汇，包括我们发现的各种颜色和图案。它们能激发人类的各种本能，如生存本能。"

审美也会影响演员们的服装和道具，而这些演员也是景点的一部分。演员们穿的服装必须与景点融在一起。与动画效果不同，动画角色的身份和移动性不会受到身体的限制，演员的动作可能受到服装的限制。必须注意的是，演员的服装颜色要符合角色的身份，不能与景点的背景颜色相冲突。即使卫生间的颜色，也必须符合主题环境。

幻想工程师还试图在队列设计中融入美学，使排队也成为一次愉快的体验。当人们排队参观景点时，各种美学能为游客呈现景点的主题。审美价值还必须考虑人们从一个景点到另一个景点的时间，以及景点前和景点后的设计。"为了让景点的转换变得更加流畅，可以融合各种叶子、颜色、声音、音乐和建筑。甚至你的脚下也会有明显的变化，告诉你正在发生一些新奇的事情。"

> 展示的艺术

多年来，幻想工程师设计了一系列体验式的零售商店、画廊和酒店，创造和维持了一种特殊的氛围。例如，迪士尼的现代度假胜地的氛围可以被称为"你好，美好的未来"（the hello futuristic optimism）。很明显，它考虑到了度假村的 A 型结构、未来的建筑技术、现代装饰及每隔几分钟就会悄悄地穿过大厅的单轨列车。这些细节结合在一起，讲述了酒店的故事。

幻想工程首先是一种讲故事的方式，游客在参观迪士尼主题公园时就像进入了一个展览。广泛的主题、氛围和对细节的关注是迪士尼体验的标志。这种氛围是独一无二的，各种细节和道具都能充分地体现出各个故事。据幻想工程师约翰·亨奇（John Hench）说，"加勒比海盗"（Pirates of the Caribbean）描绘了一种"欢快的海盗冒险"，迪士尼邮轮（Disney Cruise line）则营造出一种优雅的航海氛围。就连主题公园内的商店和餐馆也会讲故事。从菜单的设计、菜肴的名称到演员的服装，每个细节都经过仔细的考虑。迪士尼公园要让游客通过各种感官体验故事。例如，当游客沿着美国大街走的时候，他们很可能闻到新鲜出炉的饼干的味道，这是 19 世纪初美国小镇的一个小细节。

迪士尼主题公园的故事通常被直观地讲述出来，幻想工程师把他们的设计称为客人体验的"展示艺术"。约翰·亨奇喜欢将主题公园的设计与电影制作相比，并且经常在迪士尼公园的设计中使用电影制作技术，如强迫透视（Forced perspective）。强迫透视是一种设计手法，设计者利用物体的尺寸来影响观看者对物体大小的感知。其中，迪士尼公园里最引人注目的例子之一就是灰姑娘的城堡（Cinderella's Castle）。与地基相比，城堡的上层建筑的规模要小得多，但其看起来比实际的 57.6 米高得多。

▶ 认可的力量

项目经理喜欢别人说他们做得很好。这是一种鼓励，鼓励他们继续表现出色。认可并不一定要用言语来表达，也可以来自成果。对迪士尼的幻想工程设计部门来说，2013 年超过 1 325 万名游客通过了迪士尼主题公园的大门，这可能就是最好的认可。迪士尼还会在其他方面认可幻想工程师。迪士尼成立了一个名为"幻想传奇"的团体，其中约翰·亨奇（在迪士尼工作 65 年）、克劳德·科茨（在迪士尼工作 54 年）、马丁·斯卡拉（在迪士尼工作 53 年）是他们的传奇幻想工程师。这三位幻想工程师的作品遍布全球的迪士尼主题公园。迪士尼所有的幻想工程师的目标都是成为一位被人认可的传奇幻想工程师。

▶ 其他的技能

所有的项目都有自己独特之处，这要求我们使用一套独特的项目管理技能，有的技能是《PMBOK®指南》之外的。接下来会总结一些幻想工程师可能需要的额外技能。

- 构造故事的能力。
- 头脑风暴的能力。
- 创建故事脚本，以及在不同的细节阶段构建模型的能力。
- 愿意在团队氛围下与众多专家合作。
- 了解主题公园的设计要求的能力。
- 认识到客户和干系人的年龄层次涉及蹒跚学步的幼儿到老年人。
- 通过游客的视角感知景点的能力。
- 了解安全、质量和审美价值的重要性的能力。
- 对审美细节的热情。
- 了解色彩重要性的能力，以及了解色彩和情绪的关系。
- 理解音乐、动画形象、建筑和景观如何支持故事的能力。

显然，这份清单并没有包括所有的技能。但它确实表明，并非每个人都能成为迪士尼的幻想工程师。这些技能也适用于大多数项目，学习和运用这些技能可以帮助我们成为更好的项目经理。

🔍 问题

1. 为什么大多数项目经理都认识不到他们需要掌握幻想工程项目经理所具备的技能？
2. 普通的乘车工具和景点的乘车工具的区别是什么？
3. 传统的头脑风暴和幻想工程师的头脑风暴有什么不同？
4. 传统主题公园的景点有多少项目约束条件？
5. 你会如何确定约束条件的优先顺序？

6. 在幻想工程头脑风暴完成之前，为什么还要考虑成本？
7. 什么是视听动画技术？
8. 什么是故事脚本？它是如何在迪士尼项目中使用的？
9. 什么是"项目审美"？它如何应用于迪士尼之外的项目？

迪士尼（B）：幻想工程项目管理——鬼屋

▶ 序言

鬼屋于1969年8月9日向公众开放。开业一周后，超过82 000名游客参观了这个景点。在开业后的第一个旺季里，排队等候观看景点的时间长达3～4小时。甚至一群疯狂的粉丝说，这座鬼屋是他们最喜欢的景点。如今，很多商店和网站都出售有关的纪念品。

▶ 为什么研究鬼屋

有些项目具有的特性使得它们比其他项目更难管理，如与想象力和创造力有关的项目。多年前，项目经理认为，如果你理解项目管理的概念，你就可以在任何行业中工作。但今天，我们认识到项目的这些特性可能使不断变化的行业变得更加复杂。

迪士尼的鬼屋于1969年向游客开放。同年，美国项目管理协会成立。鬼屋景点是在没有使用《PMBOK®指南》或项目管理专业人士的情况下完成的。《PMBOK®指南》或项目管理专业人士直到20世纪80年代中期才出现。当时，参与鬼屋项目的人可以称为世界上最有创造力的人。那么，项目管理是如何在鬼屋中运用的呢？这个项目有哪些独有的特点？

在迪士尼（A）案例研究中，我们介绍了一些幻想工程项目经理与传统项目经理的差异。现在，我们将通过迪士尼的鬼屋项目，更详细地介绍幻想工程项目管理。

有很多文学作品都在迪士尼授权和未经授权的情况下介绍了鬼屋的故事。遗憾的是，所有的版本都很少涉及项目管理，因此有必要对此进行介绍。本书得出的幻想工程项目管理与传统项目管理的比较结论，仅是作者的看法，不能代表迪士尼的立场。本案例研究的材料是从大量的文献资源中提取的。

▶ 约束条件

任何项目都有约束条件。近50年来，项目经理一直被告诫要关注时间、成本和范围这三重约束条件。对迪士尼主题公园的项目来说，安全、质量和审美价值的限制也必须包括在内。

在2008年第4版发布之前，《PMBOK®指南》一直没有讨论竞争性约束条件的重要性，只讨论了传统三重约束的重要性。然而，早在20世纪50年代迪士尼主题公园的设计中，迪士尼就明白了竞争性约束条件的重要性，以及它们必须被优先考虑的事实。

迪士尼最重要的约束条件应该是游客的安全，迪士尼从不牺牲安全。在作者看来，质量和审美价值可能被并列第二或第三。如果必须在某些景点上进行权衡，通常是对时间、成本和范围进行权衡，而不是安全、审美价值或质量。如今，安全、审美价值和质量都代表迪士尼形象。在本例中，我们将进一步讨论这些约束条件的重要性。

▶ 生命周期阶段

当公司要达到某种程度的项目管理成熟度时，它们通常从开发一个生命周期阶段开始，从而制定企业项目管理方法体系。关于迪士尼主题公园景点项目，文献并没有介绍相关的项目管理方法，也没有识别任何生命周期阶段。我们假设，典型生命周期阶段如图 20-1 所示，其中有的步骤已经在迪士尼（A）案例研究中介绍了。

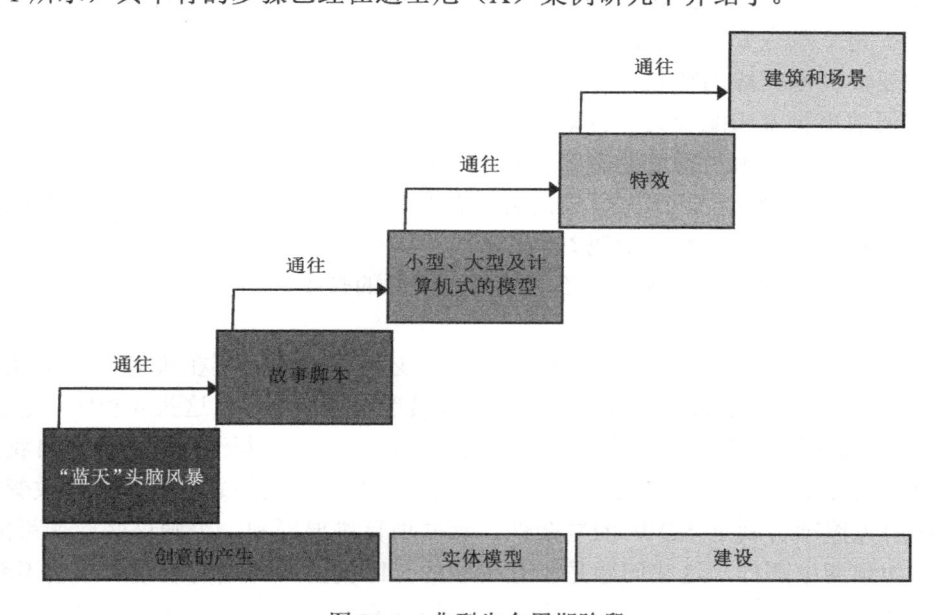

图 20-1　典型生命周期阶段

图 20-1 所示的生命周期阶段是有先后顺序的阶段。实际上，有的阶段可以重叠。例如，特效活动可以发生在生命周期的任何阶段，包括建筑。

▶ 约束条件：范围

大多数项目经理习惯于在项目开始时使用一个定义完善的工作说明书（Statement of Work，SOW），SOW 是范围管理的支持性文件。尽管 SOW 可能是高度概括的，但工作分解结构可以提供重要的细节来支持 SOW。

SOW 的定义以商业论证为基础。通常，在商业论证中提出项目的最初概念。如果概念没有被很好地理解，那么在图 20-1 中的概念开发或创意产生阶段结束之前，SOW 可能无法生成。

我们必须记住像鬼屋这样的项目，首先它是一个幻想工程，幻想工程工作会一直贯穿在项目的整个生命周期中，确保持续改进。在项目开始时，期望鬼屋项目有一个定义完善的 SOW 并在整个项目中保持不变，是不可能的。SOW 是一份不断完善的文件，有可能在景点开幕当天才能最终生成。

要理解制定正式的 SOW 的复杂性，我们首先来看看鬼屋项目在概念开发阶段提出的问题。典型的问题包括：
- 景点应该以某个鬼故事还是多个鬼故事概念为基础？
- 它应该是令人恐怖的还是幽默的景点？
- 鬼屋项目应该是什么样子的？
- 场景应该使用什么样的颜色和风格？
- 它应该是一个步行游览的景点还是使用交通工具的景点？
- 如果它是一个使用交通工具的景点，那么一次可以运输多少人？
- 穿行整个景点要多长时间？
- 需要多少幽灵般的特效？
- 需要故事脚本来配合某些特效吗？
- 是否需要引导人员帮助游客穿行整个景点？
- 如果需要引导人员，那么引导人员是普通的工作人员还是装扮之后的"幽灵"？
- 需要特殊的音乐配合特效吗？
- 现有技术能够支持特效吗？还是需要开发新的技术？
- 景点的预算是多少？

在项目开始时，这些问题并不容易回答，而且还会受到当时正在从事该项目的团队人员的影响。华特·迪士尼派了一些经验丰富的人员参加这个项目，这些人和他一起工作了几十年，在其他项目上表现得很出色。他们想法独特，但这些想法常常会产生自我问题。如果把他们派往鬼屋项目，他们会采用自己的想法，那么上述问题的答案可能改变。

要理解鬼屋项目制定 SOW 的复杂性，除非项目进展顺利，否则这些问题可能无法解答。正如预期中那样，这些问题是相互关联的，即使生命周期的后期阶段也不容易回答。一个问题的答案可能导致其他几个问题的答案改变。如果项目开始实施时无法确定某些问题，那么可能会导致大量的范围变更。

▶ 范围变更

我们借助"帽盒鬼特效"（Hatbox Ghost）来理解上述问题的相互关联性，以及范围变更是如何产生的（即使项目接近完工时）。帽盒鬼是迪士尼为鬼屋设计的一个角色，在它的首次亮相后不久就被拆除了。这个人物被描述为"一个披着斗篷，戴着礼帽的老年鬼魂，一只晃动的手拄着拐杖，另一只手拿着一个帽盒"，坐在阁楼上。

这个帽盒鬼的想法是让他的头从肩膀上消失，然后重新出现在他的帽盒里，配合旁边新娘的心跳。根据幻想工程师克里斯·梅里特（Chris Merritt）在一次采访中所说，这一效果从来没有完全成功，因为这个设置太接近车辆轨道：

> 这个想法纯粹是基于灯光效果。鬼魂的头被黑色的灯光照亮了。他所抱的帽盒里的一盏灯将有节奏地亮，遮掩了藏在帽盒里的脑袋。同时，在幽灵的肩膀上的真正的脑袋会被熄灭的黑色灯光所遮掩。

帽盒鬼装进了鬼屋，并在 1969 年 8 月 7 日和 8 日的晚上对剧组成员（公园员工）预先开放。特效失败！因为景点阁楼的场景灯光，幽灵的脸无法完全消失。即使后来试图解决技术问题，但效果不够好。几个月后，帽盒鬼退出。这只是其中的一个项目范围变更的例子。

▶ 约束条件：时间

沃尔特·迪士尼在 20 世纪 50 年代早期就提出了鬼屋这个想法，但这个想法花了近 18 年才成为现实。为了了解这个项目的时间约束条件和复杂性，以及之前提出的问题的相关性，我们简要回顾一下景点的历史。

鬼屋是位于迪士尼公园的黑暗房屋之旅。魔幻王国（迪士尼世界）、东京迪士尼乐园及法国巴黎的幽灵庄园（Phantom Manor）都有鬼屋这个景点。另一个伟大的迪士尼乐园就是香港迪士尼乐园，这个鬼屋的特点是有一辆被称为"厄运车"（Doom Buggies）的人力骑行车（People-Move Vehicles），在队伍进行过程中进行表演。该景点利用了大量的技术，包括从几个世纪以来都运用的戏剧特效到现代的特效和光谱音频等。

这个景点的开放早于迪士尼乐园，当时华特·迪士尼聘用了首批幻想工程师。迪士尼公园首个描述是：中央大街、绿色的田野、西部的村庄、狂欢节。迪士尼幻想传奇人物哈珀·戈夫（Harper Goff）画了一幅黑白草图：在一条弯曲的街道旁，有安静的教堂和墓地。从中央大街出来，有一个破败的庄园坐落在高耸的山丘上。

华特·迪士尼任命幻想工程师肯·安德森（Ken Anderson）为戈夫的创意创作故事。他们计划在边远地区和冒险岛之间的小过渡区建立一个以新奥尔良为主题的乐园。几周后，新奥尔良广场出现在地图上。同时，还有一个海盗市场、一个海盗蜡像馆和一座鬼屋。安德森研究了新奥尔良地区和古老的种植园，绘制了一幅古老的庄园的图画。图上有杂草、枯树、成群的蝙蝠、木质的门和窗户、尖叫的猫及一个风向标。

但是，华特·迪士尼不喜欢在他的公园里出现一座破败的建筑。他参观了位于加州圣何塞的温彻斯特神秘屋（Winchester Mystery House），并被这座大厦吸引住了：楼梯不能通往任何地方，只有通往墙壁和洞穴的门和电梯。当决定开始全面开发鬼屋时，幻想工程师马克·戴维斯（Marc Davis）询问华特·迪士尼是否想让房子看起来很恐怖。华特·迪士尼回答说：

> 不！我要修剪漂亮的草坪，我要美丽的花朵，我要粉刷干净的房子。这样，人们就会知道我们在仔细照料公园。这是一个干净的公园，人们可以在里面玩得很开心。你可以把所有的蜘蛛网放在室内，我不在乎……但外部环境必须始终保持干净整洁。

安德森构想出了几个故事，包括：
- 在一场婚礼上，一个鬼魂突然出现并杀死了新郎。那个在阁楼天花板上出现的男人可能是新郎。
- 与上面的故事类似，一个鬼魂出现并杀死了新郎。然后新娘自杀，出现在阁楼上。
- 新娘发现她的丈夫是个杀人如麻的海盗，于是海盗以一种残忍的方式杀死了新娘。但是，新娘的鬼魂回来纠缠他。新郎也无法忍受他对妻子所做的一切，所以把自己挂在阁楼的椽子上。
- 另一个故事被称为鬼屋"血肉之躯"（Bloodmere Manor），会有大量的血腥场景。人们看起来就像被残忍地杀害了一样。故事将以无头骑士出现墓地结束。

幻想工程的第一准则是，景点必须讲述一个故事。遗憾的是，关于这个故事的内容以及是否只讲述一个故事，大家很难达成一致。与此同时，其他的幻想工程师在没有故事背景的情况下为鬼屋开发各种视觉幻想。看来，在鬼屋这个景点完工前，无法生成确定的 SOW。除这个以外，还有太多的问题没有得到解答。

1961 年，有人宣布鬼屋会在 1963 年迪士尼乐园的正门入口处举办开幕仪式。鬼屋将于一年后开工，1963 年完成外部工程。鬼屋实际上是对现有建筑的改造。当这座鬼屋的外观完工后，由于迪士尼参与了 1964—1965 年的纽约世界博览会（New York world Fair），因此该项目被搁置。与大多数公司的情况类似，当优先级发生改变时，被分配到鬼屋项目的所有资源都被重新分配给了其他项目。多年来，优先级的改变对鬼屋项目的工作造成了很大的影响。

1963 年，迪士尼幻想工程部的前负责人兼首席创意总监马蒂·斯卡拉（Marty Sklar）制作了一份邀请书，邀请鬼魂在鬼屋项目中积极享受他们的退休生活，如图 20-2 所示。这份邀请书的目的是让人们继续关注鬼屋，即使这个项目被搁置了很多年，但它最终会建成。这份邀请书让这个被废弃的建筑进入了大众的视野，即使这个被废弃的建筑没有故事。

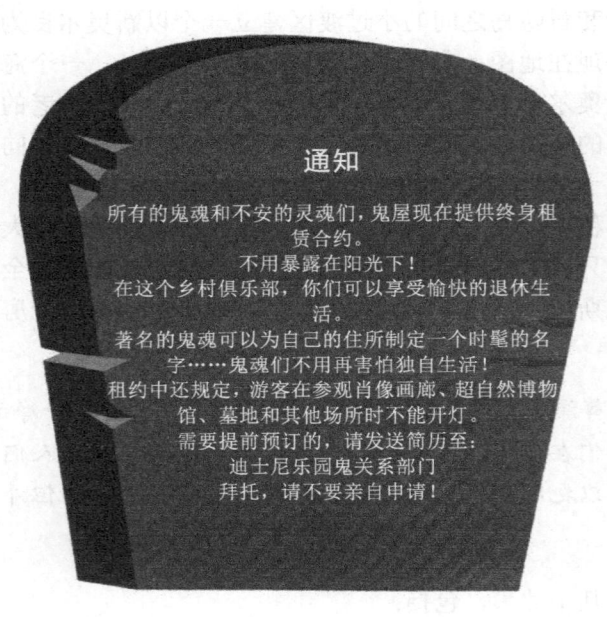

通知

所有的鬼魂和不安的灵魂们，鬼屋现在提供终身租赁合约。
不用暴露在阳光下！
在这个乡村俱乐部，你们可以享受愉快的退休生活。
著名的鬼魂可以为自己的住所制定一个时髦的名字……鬼魂们不用再害怕独自生活！
租约中还规定，游客在参观肖像画廊、超自然博物馆、墓地和其他场所时不能开灯。
需要提前预订的，请发送简历至：
迪士尼乐园鬼关系部门
拜托，请不要亲自申请！

图 20-2 邀请书

这份邀请书很快流行起来，有的文献说：

世界上最伟大的"主动退休"的鬼魂很快会把鬼屋称为"家"。华特·迪士

第 20 章 产业特性：迪士尼主题公园

尼和他的幻想工程师正在创造第 1 001 种怪诞的幻想。大理石半身像会说话，平时正常的肖像眨眼间会在你的眼前发生变化。当然，你也可以看到或感受到普通的鬼把戏（穿墙而过、突然消失）……这里会有各种鬼魂（著名的或臭名昭著的）……而且鬼魂害怕独自生活！

当这个项目在 1966 年再次启动的时候，一个新的幻想工程师团队被派去了——这是鬼屋项目的第四个幻想工程师团队。马克·戴维斯（Marc Davis）和克劳德·科茨负责骑行项目和背景。特效交给罗伊·克伦普（Rolly Crump）和耶鲁·格雷西（Yale Gracey）两位幻想工程师，他们也被称为梦幻师（Illusioneers）。克伦普是一位热爱舞台魔术和幻想的艺术家。格雷西不仅是动画师还是机械天才，他被认为是梦幻之父。迪士尼可以从各种部门中挑选出才华横溢的人。它有一种魔力，把"冲突"的人们放在一起，并告诉他们要作为一个团队一起工作。尽管这些天赋异常的人都存在自我问题，但生成的结果出乎所有人的意料。

华特·迪士尼 1966 年去世后，许多幻想工程师在这个项目的方向上发生了冲突。幻想工程师维尔·阿滕西奥（Xavier Atencio）用一个连贯的故事把这个项目引入了正轨。如果没有这个故事，鬼屋恐怕就只有大量的特效和幻想。虽然阿滕西奥提供了故事，但还有一个问题，鬼屋是否应该成为令人恐惧的景点？

迪士尼最初的想法是以一种愉快的方式吓唬人，这意味着既没有血液渗出，也没有可怕的眼窝、血淋淋的身体或令人恐怖的腐烂尸体，因为有的游客会认为这是一种冒犯。最终的决策是鬼屋使用更轻的或卡通的色调，而不是恐怖的色调。幻想工程师们还决定，这个幽灵般的豪宅不会像肯·安德森最初的想法那样，看起来像一个"旧的鬼屋"，它会充满幻想。

鬼屋的开发中充斥着各种问题——故事概念、场景类型和使用效果、景点每小时能容纳多少游客。甚至最基本的概念，即景点是否应该是令人恐惧的，也存在争议。每天工作结束的时候，自尊心受挫、脾气暴躁，就像马克·戴维斯（Marc Davis）回忆的："厨房里的厨师太多了。"

这个景点不仅要看起来是卡通式而不是恐怖的，鬼屋的外观还要符合迪士尼最初的想法。但是，怎么才能让鬼屋的外观看起来有点吓人呢？约翰·亨奇被认为是迪士尼幻想工程部门的色彩专家。亨奇说：

> 我们想要建造一座气势恢宏的南方风格的房子，看起来会很旧，但不是废墟。所以我们给它喷上了很酷的米白色，阴影部分使用了蓝灰色，如门廊的天花板和锻铁的细节上。为了强调怪诞的、被遗弃的感觉，我把外部也漆成同样的暗色，生成了夸张的、不自然的深投阴影。因为我们把暗影和一些隐藏的或半隐藏的东西在一起处理，提升了结构的世俗感。

还有一个重要的决定需要做出，那就是这个景点应该是步行还是乘车的方式呢？每种方法都有利有弊。如果采用步行方式，整个景点的单一故事线制定较容易，那么会选择使用肯·安德森在 20 世纪 50 年代提出的单一故事和步行的方法。幻想工程师创造了一些视觉幻想，游客能更主动地与鬼魂互动。但是，步行方式需要在现场设置导游，游客参观的速度难以控制，还会存在道具和设备破坏或损坏的危险。

最终，决定采用乘车的方式。这意味着，它不是一个简单的故事线，会有几个故事线。每个鬼魂都需要一条故事线。现在，导游也可能是一个"卑鄙的幽灵"了。整个景点及每个单独的故事都必须是独特的，并且有一定程度的怪异。

➤ 约束条件：额外的时间

对大多数项目经理来说，"时间管理"指的是项目的持续时间。从迪士尼最初的概念提出到景点开放，鬼屋项目的工期长达 18 年。但是对于幻想工程师而言，如果选择乘车方式而非步行方式的话，就会有另外的两个时间管理问题。

（1）人们观看每个场景的时间需要多长？
（2）我们每小时能为多少人提供服务？

作家鲍勃·托马斯（Bob Thomas）采访了来自迪士尼乐园的卡尔·沃克（Carl Walker）及 WED 的迪克·欧文（Dick Irvine）：

> 沃克说："然后就是如何引导人们度过整个旅程的问题。""一开始可能是步行方式，大约每次能接待 30 人，但很难管理。此外，要让游客在人群中受到惊吓也很难。所以，我们做了一辆车，3 人一辆。"欧文说，"通过编程，可以使这些车辆向前行进的时候，向后倾斜。同时，这种乘车方式的接待量是每小时 2 300 人次。"

人们把这种运输工具称为"厄运车"，是迪士尼对 1964 年纽约世界博览会上使用的 Omnimover 系统的改进。当游客就座后，幻想工程师可以让游客参观他们事先精心安排的演出。通过程序控制，"厄运车"的角度被设定（如光线），游客只能看到布景，却看不到相关的支持动画设计。同时，距离的控制也让游客无法接触到场景中使用的任何道具。和迪士尼主题公园的其他景点一样，鬼屋现在也已经成为一个可控的场景。

这一概念也支持设计师们在景点中将一些基础设施（如灯光和投影仪）放置在车辆的后面、上方或下方，不用担心影响景点效果。整个系统由一系列在轨道上运行的车辆组成，轨道通常隐藏在地板下面。车辆的链条以特定的速度前行，从而控制观看时间。乘车时间在 5 分 50 秒至 8 分 20 秒，最高时速约为每小时 4.8 千米。（迪士尼世界的车辆每小时可接待 3 200 名游客，行驶速度约为每小时 1.4 英里。在迪士尼乐园，由于轨道较短，只能接待 2 618 名游客。）

该系统与其他交通工具的区别是车辆能够被旋转到预定的方向。除了主要的轨道，每辆车还有另两个控制轨连接在轮子上。一个用于控制旋转，使车辆在轨道上的任何一个点都可以旋转；另一个用于控制车辆倾斜与下降。

因为整个景点的环境都是可控的，幻想工程师可以控制游客看到的场景。幻想工程师可以让它看起来像幽灵与游客在一起乘车。

➢ 约束条件：成本

鬼屋的最终建造成本是 700 万美元。以今天的价值计算，相当于大约 5 000 万美元。当鬼屋建造时，大型计算机刚出现。那个时候还没有成本控制软件，所有的成本控制工作都是靠手工完成的。

有一种误解认为，如果允许在项目中随意发挥想象力和创造力，那么预算必须是无限制的。但事实并非如此。迪士尼公司会监控所有成本，每个景点的预算都需要在创意构思阶段或概念阶段制定。

项目越大，范围变更和预算增加的概率也越大。遗憾的是，相关文献没有提供与原始预算或范围变更有关的任何数量信息。迪士尼主题公园的每个景点的成本通常被认为是该公司的知识产权。

➢ 约束条件：安全

安全是迪士尼乐园的主要关注点。正如前面提到的，华特·迪士尼想让鬼屋以一种愉快的方式变得令人害怕。"被吓死"可能导致一系列的诉讼问题。

因为鬼屋的环境是受控的，因此"回头客"能预测景点。迪士尼曾经试图让一些演员穿上骑士的盔甲并挥动斧头（实际上是用橡胶做的），但有些游客非常害怕并开始抱怨。于是，迪士尼乐园取消了这种尝试。

➢ 约束条件：审美

审美和质量是密不可分的。所有迪士尼主题公园的景点都要吸引游客，鬼屋也不例外。幻想工程师能够把想法变成现实。幻想工程师（尤其是幻想家）常常被认为是梦想家、发明家甚至疯狂的科学家。他们必须关注细节和质量。

每个夜间对鬼屋进行维护，确保每个道具都到位。所有的道具都是真实的，有些道具还在别处使用过，如在电影《海底2万里》中使用的管风琴。

就连蜘蛛网和灰尘也必须到位。液体的蜘蛛网转轮会生成蜘蛛网，不会引起客人过敏的橡胶胶水可以生成适量的灰尘。相关的要素包括：

- 地面。
- 门厅。
- 可拉伸的房间。
- 图书馆和音乐室。
- 没有尽头的楼梯。
- 没有尽头的走廊。
- 音乐学院。
- 走廊的门。
- 宏伟的大厅。
- 阁楼。
- 墓地。
- 地下。

当决定建造一个不那么吓人的鬼屋时，幻想工程师/幻想者格雷西和克伦普在阅读了大量鬼故事的同时，还观看了不少"鬼魂"题材的电影，来决定他们能创造什么样的鬼魂。他们创造各种各样的特效，并且常常让特效在夜间运行。夜间清洁工经常被吓到并向管理人员投诉，管理人员要求幻想工程师不要吓跑清洁工。

于是，这两位幻想工程师决定把特效与一个动作探测器的开关连接起来，而不是把灯和特殊效果关掉。第二天早上，当开始工作时，他们在工作室中发现了一把扫帚。管理人员告诉他们夜间清洁工再也不会回来，所以他们不得不自己清理工作室。

每个位置的特效都与审美保持一致，包括：
- 数字化投影。
- 计算机控制效果。
- 全息图（虽然未使用）。
- 特殊照明。
- 真实的道具。

许多特效和幻想都是基于佩珀尔幻象（Pepper's Ghost）创作的，这个技术可以追溯到 19 世纪。佩珀尔幻象是一种幻觉技术，在剧院、鬼屋、黑暗游乐设施和魔术表演中都有使用。它使用平板玻璃、有机玻璃或塑料薄膜与特殊的照明技术使物体消失或看起来变得透明（或变为其他东西）。这项技术以约翰·亨利·佩珀（John Henry Pepper）的名字命名，是他推广了这项技术。

要使特效发挥作用，需要两个房间。观众在主房间观看，但不能进入隐藏的房间。分隔房间的玻璃边缘会被地板上巧妙设计的图案隐藏起来。

隐藏的房间是主房间的一个相同镜像，它的反射图像与主房间一致，这种方法在使物体看起来消失时很有用。这种错觉也可以使物体或人在镜子反射后变成另一个物体（反之亦然）。隐藏的房间会被漆成黑色，里面只有浅色的物体。因此，当光线投射到房间时，浅色物体反射光线，半透明图像看起来就像幽灵。

迪士尼乐园、迪士尼世界及东京迪士尼乐园的鬼屋，客人看到的是垂直的玻璃，而不是在正常的位置。因此，在游客上方和下方反射出来的是三维的、具有动画效果的半透明的鬼魂，这个鬼魂在舞厅跳舞。当灯打开时，幽灵出现；当灯关闭时，幽灵消失。

为鬼屋特别创造的特效包括：
- 幽灵主人（Ghost Host）。
- 爆炸幽灵。
- 说话和唱歌的雕像。
- 逐渐苏醒的家具。
- 蜡制的人。
- 看起来像棺材的落地钟。
- 演奏音乐的一群幽灵。
- 宠物公墓。
- 只有马鞍和缰绳的幽灵马。
- 正在创作诗词的幽灵诗人。

- 跳舞的幽灵。
- 逐渐消失的幽灵。
- 突然无头的幽灵。
- 弹钢琴的幽灵。
- 从现实到超自然的画像。
- 到处都是怪物脸的墙纸。
- 悬挂的幽灵。
- 触摸时，会播放音乐的乐器。

下面将详细介绍一些特效。

▶ 幽灵主人

幽灵主人是鬼屋首批出现的角色之一。在整个参观过程中，他始终是隐形的，用一种凶狠的声音引导着"愚蠢的凡人们"。这个声音来自保罗·弗里斯（Paul Frees），他是迪士尼著名的播音员，有着极美的声线[在流行的卡通系列电影《飞鼠洛基冒险记》(The Adventures of Rocky and Bullwinkle) 里担任 Pillsbury Doughboy、ludwig von Drake 和 Boris Badenov 的配音]。弗里斯令人愉悦的嘲讽式声音伴随着疯狂的笑声，揭示死亡的开始。在演出开始前的可拉伸的房间里，有人透露说幽灵主人是自杀的，他把自己吊在冲天炉里的木筏上。

▶ 老男人

在迪士尼世界和东京迪士尼乐园的鬼屋门厅上方的壁炉上，有一幅前房主的画像。这幅画像从一个英俊的蓝眼睛、黑头发的年轻人逐步变成了一个枯萎的秃顶老人，最后变成了一具骨架。这幅画像也出现在迪士尼乐园的肖像走廊里，不过是在闪电中年轻人迅速变成了一具骷髅。

▶ 正在变化的人物肖像

闪电中变换的肖像使得迪士尼乐园和迪士尼世界从愉快的氛围中变得恐怖起来，这些肖像包括：

- 躺在沙发上的美丽的年轻公主变成了一个猫人（Werecat）。
- 在骑马的勇敢骑士（俗称"黑王子"）变成了骨骸。
- 英俊的年轻人变成可怕的尸体。
- 红发美女美杜莎（Medusa）变成了丑陋的蛇发女怪。

▶ 可拉伸的肖像人物

可拉伸室里有如下肖像：

- 一个留着棕色络腮胡的秃顶男人，穿着黑色的燕尾服、白色的衬衫，配有红色的饰带，系着黑色的领结。当这幅肖像画拉伸时，人们发现他没有穿裤子（只有红白相间的平角短裤），站在一个点燃的炸药桶顶上。在早期景点的剧本中，设定的情节是：他是一位名叫亚历山大·尼特考夫（Alexander Nitrokoff）的大使，中枪后的某个晚上来到了鬼屋。
- 一位名叫康斯坦斯·哈查韦（Constance Hatchaway）的老妇人，正抱着玫瑰微笑。当这幅肖像拉伸时，发现她坐在已故的丈夫乔治·海托华（George Hightower）墓穴的顶部石头上。乔治·海托华是一个头被斧头劈开的大理石半身雕像。后来在阁楼上，也可以看到康斯坦斯年轻时的鬼魂。
- 一个棕色头发的男子双臂交叉，穿着棕色西装，戴着一顶棕色的圆顶礼帽。当这幅肖像拉伸时，他坐在一个人的肩膀上，这个人又坐在一个凹陷在流沙中的人的肩膀上。
- 一个年轻的黑发女人拿着粉红色的太阳伞。当这幅肖像拉伸时，她在一只短吻鳄张开的下颚上，靠绷紧的绳索保持平衡。

➤ 棺材主人

在温室的中央有一副巨大的棺材，里面有一具企图逃离的尸体。从他的呼救声中可以听出他是一个虚弱的老人，可以看到他瘦骨嶙峋的手试图撬开棺材盖。他是由编写该景点剧本的泽维尔·阿滕西奥（Xavier Atencio）配音的。

➤ 莱奥塔夫人（Madame Leota）

莱奥塔夫人是这个景点项目的标志性人物之一，是灵媒的灵魂。她举行了一场降神会召唤神灵，试图使他们显现出来。她那幽灵般的头出现在暗室中央桌子上的一个水晶球里，不停地说着咒语，乐器和家具飘浮在空中并发出声音。水晶球里出现的是幻想工程师莱奥塔·图姆斯（Leota Toombs）的脸，她还扮演了景点结束时出现的幽灵女招待，虽然女招待和莱奥塔夫人是否同一角色还不得而知。

2002 年，莱奥塔夫人的墓碑在迪士尼世界公馆首次亮相。墓志铭上写着："亲爱的莱奥塔，受到所有人的爱戴。"不过现在那个区域，只有一个球。

莱奥塔夫人还召唤了鬼屋其他不安的鬼魂，并且鼓励他们通过背诵咒语来现身。

➤ 决斗者

两位戴着帽子的绅士鬼魂从他们的画像中浮现出来，互相射击。

➤ 搭便车的鬼魂

搭便车的鬼魂——"囚犯""骨骸""游客"，通常被认为是鬼屋的吉祥物。他们每个任务都拥有众多的商品，包括别针、填充玩具、动作玩偶和摇头公仔。搭便车的鬼魂是一种带有戏谑意味的都市传奇故事，讲述的是幽灵搭车人的故事，他们一起站在一个拇指长的墓穴里，与游客一起乘坐"厄运车"，与游客一起出现在镜子里。"他们选中了你们，在你们回来之前他们会一直缠着你们。"幽灵主人说。2011 年，迪士尼世界的鬼屋中镜子里的场景更新为数码特效，实现了鬼魂与游客的互动。

粉丝们把搭便车的鬼魂称为"Gus"（囚犯）、"Ezra"（骨骸）和"Phineas"（游客），这些名字首次出现在由迪士尼世界鬼屋工作的演员们创作的小说中。从那时起，这些名字就出现在了迪士尼公司授权的角色和各种商品上。

▶ 参考角色

在迪士尼乐园、迪士尼世界和东京鬼屋（及迪士尼世界鬼屋的仆人区）的众多墓碑和墓穴中有一些人物的名字，他们有的出现在景点中，有的不会出现在景点中。大部分名字实际上是在向那些参与创造景点的幻想工程师致敬。

在每个鬼屋的外面都有标有双关语名字的墓穴。在东京，它们被认为是"没有得到安息的灵魂"。

- Asher T. Ashes(Ashes to ashes)
- Bea Witch(Bewitch)
- Clare Voice(Clairvoyance)
- C. U. Later(See you later)
- Dustin T. Dust (Dust to dust)
- G.I. Missyou(Gee, I miss you)
- Hail N. Hardy(Hale and hearty)
- Hal Lusinashun(Hallucination)
- Hap A. Rition(Apparition)
- Harry After(Hereafter)
- Hobb Gobblin(Hobgoblin)
- L. Beback (I'll be back)
- Emma Spook(I am a spook)
- M. Mortal (I am mortal) or (immortal)
- M. Ready(I am ready)
- Trudy Departed (I truly departed)
- Trudy Dew (I truly do)
- Levi Tation/Lev Itation (Levitation)
- Love U. Trudy(Love you truly)
- Manny Festation(Manifestation)
- Metta Fisiks(Metaphysics)
- M. T Tomb(Empty tomb)
- Paul Tergyst(Poltergeist)
- Pearl E Gates(Pearly gates)
- Ray N. Carnation(Reincarnation)
- Rustin Peece(Rest in peace)
- Rusty Gates(Rusty gates)
- Theo Later(See you later)
- U R. Gone(You are gone)
- Wee G. Bord(Ouija board)

▶ 特效和音乐

这种特效在当时是开创性的，包括阁楼里有一个被抛弃的新娘鬼魂、墓穴和墓地、似乎没有尽头的大厅，以及神秘的莱奥塔夫人。她空当当的脑袋在一个水晶球里，周围飘浮着乐器。游客们还证实搭便车的鬼魂和他们一起跳进了"厄运车"中。

尽管景点设置有点令人毛骨悚然，但在整个旅程中，欢快的"Grim Grinning Ghosts"音乐让游客心情愉快。这个音乐由巴迪·贝克（Buddy Baker）作曲，由泽维尔·阿滕西奥撰写歌词，由瑟尔·雷文斯克罗夫特（Thurl Ravenscroft）的低沉嗓音演唱。此外，还使用了雷文斯克罗夫特的脸，它被投射到只有一个头颅的半身像上。

▶ 持续改进

所有主题公园的景点都要不断改进。鲍勃·扎克（Bob Zalk）是迪士尼幻想工程师和节目制作人，他说：

重新回到标志性的景点添加、改变、调整或移除一些元素时，标准更高。我们做到了。与新景点不同的是，重新设计一个已建成的景点时，整个团队需要充分考虑它的历史和传统。这是一个巨大的挑战，也是令人兴奋的挑战。

问题

1. 传统项目与鬼屋项目的主要区别是什么？
2. 为什么项目的所有约束条件不是同等重要？
3. 为什么在鬼屋项目开始时无法准备出完善的工作说明书？
4. 项目启动过程中列出的需要解决的问题列表里，哪 3 个问题对准备 SOW 来说可能是最关键的？（注意：这个问题有多种答案，重要的是选择的理由。）
5. 为什么鬼屋项目要花 18 年的时间才完成？
6. 为什么华特·迪士尼不希望鬼屋的外观像传统的鬼屋一样？
7. 大多数迪士尼景点会讲述一个故事。为什么为鬼屋创造一个故事如此困难？
8. 为什么有些人经常有自我问题，如幻想工程师？
9. 为什么鬼屋要设置"受控"的游乐设施？

迪士尼（C）：迪士尼主题公园和企业环境因素

2004 年，PMI 在《PMBOK®指南》第 3 版中首次使用"企业环境因素"（Enterprise Environmental Factors，EEF），这时欧洲迪士尼已经开业 12 年了。分析欧洲迪士尼乐园（现在被称为巴黎迪士尼乐园）的 EEF 是一件很有趣的事情，尽管那时还没有这个术语。

▶ 了解企业环境因素

EEF 是目前或将来存在的、可能会也可能不会对项目产生影响的条件。如果有影响，它可以在项目生命周期的任何阶段发生。EEF 可以影响项目管理的方式、是否需要对范围需求或质量要求进行变更，以及该项目是否称得上成功。企业环境因素包括经济状况、现有和未来的法律制度、政策、工会的影响、竞争力量和文化因素等。在项目完成后，这些因素也能将最初成功的项目变为失败的项目。

项目规划通常是基于历史制定的，特别是过去的成功经验。EEF 是对现在和未来做出的假设和预测，因此与风险管理活动直接相关。

通常由高级管理层、项目发起人或治理委员会负责识别 EEF。EEF 可能列示在项目商业论证中，也可能作为假设列示在商业环境中。EEF 可以由一位专家解释，也可以由多名专家组成的专家组共同解释。某个人认为对项目有利的因素，另一个人认为是不利的因素。简单地说，EEF 受到项目需求方和投资方解释的影响，这些解释可能是正确的，也可能是不正确的。除非可以迅速修正，影响可能是毁灭性的。即使像迪士尼公司这样管理最好的公司也会受到 EEF 意外变化的影响。

▶ 企业环境因素与企业文化

在迪士尼公司进行全球扩张的决定中，最重要的 EEF 可能是跨国文化的影响。扩张到国外（美国以外的区域）是一个挑战。迪士尼主题公园必须与该国及其邻国的文化相融合。

迪士尼公司理解美国文化，来到迪士尼乐园和迪士尼世界的外国游客明白他们正在参观一个美国式的主题公园。但是人们对美国以外的美国式主题公园会有什么反应呢？如果公园不遵守当地的文化和社会规范，会发生什么？关于主题公园管理的方式，需要做出多少改变？

▶ 企业环境因素和竞争性约束条件

在讨论欧洲迪士尼乐园之前，需要先介绍竞争性约束条件。项目经理和高管可以采取一些措施来减轻 EEF 的不利影响。虽然项目经理和项目发起人不能消除所有的 EEF，但是可以减少影响。我们采取的行动总是要进行竞争性约束条件的权衡分析，因为满足所有的约束条件是不可能的。在这种情况下，必须对约束条件排序从而进行权衡分析。权衡分析可能导致进度延长或成本超支。

尽管大多数公司都专注时间、成本和范围这三重约束条件，但美国的迪士尼主题公园有六个约束条件：时间、成本、范围、安全、审美价值和质量。虽然文献中没有指出，但可以看出安全是迪士尼主题公园最重要的约束条件，其次是审美价值和质量。这三个重要的约束条件很少会被权衡，因为它们直接影响迪士尼的形象和声誉。所有的权衡似乎只在时间、成本和范围中进行。

当扩张到国外时，EEF 也可能是一个约束条件，如文化和社会行为。在设计时，要考虑文化、社会因素、当地建筑风格、当地的饮食习惯及着装规范等，因为该国可能不想在他们的地区建造一个美国式的主题公园。

当需要进行权衡分析时，会发现所有的约束条件可能是相互关联的。例如，迪士尼公司保留了迪士尼世界和迪士尼乐园的蓝图，但是对新景点而言，为了符合当地的建筑风格，必须重新制定蓝图，造成的影响就是项目成本增加和进度延长。

▶ 建造欧洲迪士尼乐园的决策

1984 年，迪士尼公司决定在 1992 年之前在欧洲建造一个主题公园，想法是建造一个大型的、最先进的主题公园，这个决策最终导致了预算和范围的变更。这个项目的许多决策都是由迪士尼首席执行官迈克尔·D.艾斯纳（Michael D.Eisner）在最后一刻做出的。

历史表明，大型项目（尤其最先进技术的项目）往往会导致成本超支，例如，丹佛国际机场（见第 14 章）和铱星项目（见第 9 章）设计并创造的可以在全球任何地方沟通的全球无线手持移动电话系统最后都超支了数十亿美元

欧洲迪士尼乐园的财务预测是非常乐观的：第一年将有 1 100 万名游客，在 21 世纪

之后每年有 1 600 万名游客。9 年前,当东京迪士尼乐园在 1983 年 4 月 15 日开业时,超过 13 000 名游客进入公园。同一年,东京迪士尼乐园打破了主题公园的一日游览人数纪录,当日游客人数达 93 000 人。4 年后,这一数字变成了 111 500 人。

迪士尼公司数十年来一直认为欧洲迪士尼主题公园的盈利状况会非常理想,因为该公司在欧洲拥有休闲和娱乐的垄断权。垄断的定义是没有竞争对手和高壁垒(如金融)能阻止其他企业进入同样的市场。

▶ 选址

迪士尼公司考察了欧洲大约 1 200 个地点,每个地点都希望自己成为迪士尼主题公园的选址地,包括葡萄牙、西班牙、法国、意大利和希腊。迪士尼公司的部分选择标准包括温暖的气候、良好的天气、集中的位置,以及可供进一步开发的土地。它的名单缩小到了 4 个地点:2 个在西班牙,2 个在法国。西班牙的天气好一些,但法国人口密度大。最终的决定是选址在巴黎市的东部郊区——Marne-La-Vallee,该区域距离巴黎市中心大约 32 千米。这意味着 1 700 万人距离欧洲迪士尼乐园不到两小时车程,6 800 万人在 4 小时车程之内,1.1 亿人在 6 小时车程内,3.1 亿人乘飞机不到 2 小时。还有来自世界各地的游客。

因为主题公园的垄断地位及规模较小的东京迪士尼乐园的成功,迪士尼公司决定在巴黎建造一个更大的、最先进的主题公园,成本大概在 50 亿美元。法国政府提供了超过 10 亿美元的资金,相信欧洲迪士尼乐园将创造 3 万个就业机会。当时(1992 年),欧洲正陷入了经济衰退,法国的失业率接近 14%。此外,法国预计每年 110 万名游客的到来将给这个国家带来不菲的收入。

法国人为了获得这个主题公园做出了让步,土地的价格仅为每英亩 7 500 美元(1 英亩=4 046 平方米)。欧洲迪士尼乐园将在一个占地 4 400 英亩的土地上建造,中心区域占地 1 945 英亩。法国将为迪士尼主题公园修建新公路,提供水、污水处理、天然气、电力和其他必要服务(如地铁和火车系统)。

▶ 项目融资

为了满足法国政府的要求及消除金融风险,迪士尼公司成立了一家新公司——欧洲迪士尼公司(Euro Disney S.C.A)。日本东方土地公司(Oriental Land Company)拥有并经营迪士尼主题公园,向迪士尼公司支付特许使用权费。与东京迪士尼乐园不同,欧洲迪士尼公司将是一个上市公司。迪士尼公司将拥有新公司 49%的股份,而欧洲人拥有至少 51%的股份。

欧洲迪士尼公司的成立采用了项目融资模式。项目融资是指建立一个合法独立的项目公司——欧洲迪士尼公司。公司投资方的投入资金将通过现金流和收入偿还,而新公司的资产(只有新公司的资产)被用作贷款的抵押品。欧洲迪士尼公司偿还债务,而不是母公司。如果银行贷款出现违约,银行只能对欧洲迪士尼公司采取法律行动,不会影响整个迪士尼公司。

项目融资的风险在于资产的寿命有限，常常使得贷款方很难同意长期的财务计划。欧洲迪士尼乐园里的景点会持续不断地改善，新的景点也会逐步增加，如果没有足够的现金流来支撑，公司很容易发生其他的债务。

项目融资的另一个关键问题是项目通常是长期的，特别是对高技术项目而言。服务类项目通常要几年才能提供服务；如果是技术项目，这个时间可能更长。人们通常认为项目融资是对未来的一种赌注。如果项目失败了，公司一文不值。

在看到迪士尼乐园、迪士尼世界和东京迪士尼乐园的成功后，欧洲的各家银行就迫不及待地向欧洲迪士尼公司提供贷款资金。60多家银行参与并签订了贷款协议。该协议显示迪士尼公司只需要承担1.6亿美元费用，就可以建造这个价值50亿美元的主题公园。此外，迪士尼公司每年还将收取数亿美元的特许经营使用费，不论主题公园亏损与否。特许经营使用费协议类似于东京迪士尼乐园：迪士尼公司将获得10%的门票收入，5%的食物、饮料和商品销售特许费，相当于3%营业收入的管理费用，使用迪士尼公司的名字和人物许可费，主题酒店总收入的5%以及49%的税后利润。迪士尼公司还获得游乐设施的特许费。迪士尼公司估计第一年的利润将达到2.3亿～6亿美元，第二年的利润将达到3亿～10亿美元。但是，迪士尼公司要提供主题公园管理方面的专家，并且允许欧洲迪士尼公司使用迪士尼公司标志性的卡通人物和相关知识产权。

总价在500亿美元的主题公园肯定可以成为一个不可逾越的景点，使得竞争对手很难进入这个市场。产品和服务的质量和审美、娱乐行业的声望及品牌价值都可以说明迪士尼公司在娱乐行业的垄断地位。迪士尼公司认为这个项目是正确的，预计第一年将有1 100万名游客，在21世纪之后每年有1 600万名游客。

迪士尼公司的许多想法都源于它在迪士尼乐园（1955年）、迪士尼世界（1970年）和东京迪士尼乐园（1983年）上取得的成功。在所有三个主题公园中，该公司正确考虑了EEF及EEF对项目成功的影响。东京迪士尼乐园的建造成本为14亿美元，其中80%是债务，分三年内偿还。问题是，东京迪士尼乐园中考虑的EEF和假设是否同样适用于欧洲市场？

与迪士尼乐园和迪士尼世界不同，东京的天气对东京迪士尼乐园来说是个大麻烦。日本人愿意勇敢地在寒冷和冰雪中享受主题公园，迪士尼公司相信欧洲人也一样。

迪士尼乐园和迪士尼世界是建立在美国迪士尼乐园哲学基础上的。日本人想要一个美国式的主题公园，而不是符合日本文化的迪士尼乐园。年轻的日本人喜欢美国式的食物，不过也有一些日式餐厅是为喜欢传统日本料理的顾客而建的。

由于东京迪士尼乐园的成功，迪士尼公司认为它在没有重大变化的情况下，可以将美国迪士尼乐园哲学引入欧洲。然而，与文化相关的EEF是否也适用于欧洲市场呢？欧洲人会接受美国文化吗？

▶ 理解文化差异

也许迪士尼公司最大的错误是没有完全理解日本文化和欧洲文化（主要是法国）之间的差异，这个错误会对欧洲迪士尼乐园的收入产生重大影响。表20-1介绍了关键的差异，这些差异是以公园开放那年为基础得出的。

表 20-1 日本文化与法国文化的差异

因素	日本	法国
经济	繁荣	衰退
人均收入	增加	减少
休闲时间	增加	减少
休假频率	几个短期的周假	8月4～5周的假期
支出	不会空手离开公园；送礼是必要的	没有必要送礼
对美国产品的接受程度	高	低
公园的规模	不重要	重要
对迪士尼人物的喜爱程度	非常高	鄙视美国童话人物
迪士尼乐园的吸引力	高	低
迪士尼主题公园	新生活方式的象征	美国人的生活方式
排队	非常宽容；习惯人群和队伍	不能容忍
着装规范的接受程度	非常高，着装是文化的一部分	非常低；视为对个人自由的攻击
精致的装扮	文化的一部分	对个人自由的攻击
对陌生人的礼貌	文化的一部分	不总是
享受成为团队的一员	文化的一部分	不总是
听从上级的指示	总是	有时质疑权威

也有人辩称，文化差异不是主要的问题。重要的是要认识到欧洲迪士尼乐园是一个美国主题公园，而迪士尼公司只是为了保护它的形象、品牌名称和声誉。让迪士尼公司做出重大的文化改变及改变公园的形象是一个错误。

▶ 土地开发

欧洲迪士尼乐园最终于 1992 年 4 月开业。迪士尼公司首席执行官迈克尔·D.艾斯纳致辞：

> 所有来到这个令人愉快的地方的人，欢迎你们。从前……一位讲故事大师——华特·迪士尼，受到了欧洲最受欢迎的故事启发，以自己独特的天赋创造了很多故事，并与世界分享。他设想了一个神奇的王国，在那里这些故事将变成现实，并且称为迪士尼乐园。现在他的梦想回到了激发他的土地上。欧洲迪士尼乐园是献给那些怀有梦想的年轻人的……希望它能给全世界带来欢乐和灵感。

迪士尼公司希望开发其在主题公园周围购买的商业和住宅地产，然后在保持所有权的前提下进行出售，控制它们的商业用途。预计，从 1992 年开始房地产销售将为欧洲迪士尼公司带来 22%的收入，到 1995 年会达到 45%。

预计来自土地开发的收入将帮助支付欧洲迪士尼公司高达 35 亿美元的巨额债务。

但当公园正式对外开放时，欧洲陷入了经济衰退，很明显，欧洲迪士尼公司严重误判了法国的房地产市场的萧条状况。当东京迪士尼乐园于 1983 年开业时，日本经济正处于蓬勃发展中，日本人愿意把很大一部分可支配收入用于休闲娱乐，因此东京迪士尼乐园从中获利。在欧洲，经济衰退导致人们减少休闲娱乐方面的支出，欧洲迪士尼乐园遭受了损失。迪士尼公司错误地估计了欧洲经济衰退带来的影响。

欧洲迪士尼乐园也误判了欧洲人度假的方式。迪士尼公司希望人们每年能花一周时间去欧洲迪士尼乐园游玩。但是，欧洲人更喜欢把假期攒到 8 月，然后再休 4～5 周的假期。在欧洲迪士尼乐园一周的花费和在欧洲租一个月的度假屋的费用差不多。再一次，欧洲迪士尼乐园遭受了损失。迪士尼公司预计人工成本将占总收入的 13% 左右，实际上在 1992 年，它占总收入的 24%，1993 年上升到 40%。

▶ 迪士尼公司的综合服务

迪士尼公司的综合服务收入来自四个方面：① 进入主题公园和其他景点的门票；② 食物；③ 购物；④ 住宿。公司认识到可以通过住宿增加利润。迪士尼乐园和迪士尼世界允许其他人在主题公园周围建造酒店，这是一个让公司后悔的错误决定。迪士尼乐园有 2 万间客房，迪士尼公司仅拥有 1 000 间酒店客房；迪士尼世界的 7 万间客房中，迪士尼公司仅拥有 5 700 间酒店客房。迪士尼公司还可以通过销售邮轮假期套餐和租赁度假俱乐部的房产来增加收入。

在东京，公司认为它再次犯了没有在住宿方面投资的错误。当决定建造东京迪士尼乐园时，迪士尼公司担心在新的文化环境中投入巨资会有巨大的风险。因此，为了降低财务风险，公司决定在公园周边进行小规模投资。减少风险和不确定性的同时，利润也相应减少了。由于主题公园不是由迪士尼公司拥有或运营的，因此风险进一步降低。迪士尼公司收取预先确定的特许经营使用费。

要清楚的是，公园游客数量的增加并不一定会带来可观的利润增长，除非在酒店的平均停留时间延长。酒店、餐馆和商店等是可以带来高收入的业务，收取进入主题公园的特许费不是高利润的生意。

迪士尼公司对欧洲迪士尼乐园过于乐观，认为在日本有效的同样适用于欧洲。该公司不希望欧洲迪士尼乐园或其他任何主题公园仅仅是一个主题公园，它希望欧洲迪士尼公司可以成为度假胜地或旅游胜地，游客可以在那里停留 4～5 天或更长的时间。迪士尼乐园希望人们将迪士尼主题公园视为适用于家庭和成人的高品质娱乐园。因此，在欧洲迪士尼乐园的计划中包括一个 27 洞的高尔夫球场、容纳 5 800 间房间的酒店（比整个夏纳的酒店房间还多）、购物中心、公寓和度假屋。迪士尼公司还计划花费 23 亿美元在欧洲迪士尼乐园附近建造第二个主题公园，以米高梅电影为主题。甚至有人说要在 2017 年前建造第三个主题公园，这将有助于补充酒店房间。按照与法国政府签订的合同条款规定，2017 年之前在距迪士尼主题公园不同的地方，欧洲迪士尼公司必须完成总共 18 200 间酒店客房的建设。如果这些假设都能实现的话，欧洲迪士尼乐园将会像迪士尼乐园、迪士尼世界和东京迪士尼乐园一样受欢迎。迪士尼公司认为它很清楚 EEF 并为欧洲迪士尼乐园设定了甚至超过美国主题公园的更高标准。

▶ 迪士尼大学

　　就像在美国一样，欧洲迪士尼公司也成立了迪士尼大学，用于培训大约2万名员工和申请来欧洲迪士尼乐园工作的演员。培训的目的是强化迪士尼文化，以及几十年来行之有效的政策和程序。培训工作必须在公园开放之前完成，员工需要会说2~3种语言并被要求参加由大学举办的与行为守则有关的培训课程。此外，大学还要培训员工如何与公园的游客交谈。公司强调，所有游客都应该被视为客人而不是顾客。

　　迪士尼公司还制定了与面部和头发（没人可以违反）、着装、文身、珠宝和化妆、指甲及内衣等有关的规定。法国人认为这是对他们个人自由的攻击。

　　欧洲迪士尼乐园和其他迪士尼主题公园都有非常严格的幕后信息分享规定。在后台，严禁摄影和拍摄。为了隐藏那些不想让公众看到的区域，会在边缘排满建筑物和树叶。很多门只允许公园的演员和游行车辆进入。当公园的大门打开时，任何能看到的都是迪士尼魔法的一部分。因此当第二扇大门打开时，所有的演员已经就位并准备开始演出。由于欧洲迪士尼乐园太大了，所以需要乘坐巴士通过公园后面的道路把演员们带到公园的其他地方。

▶ 反美情绪的增长

　　根据文献显示，迪士尼公司似乎意识到了社会文化和经济问题，但没有给予足够的重视。该公司确实推出了一项针对少年儿童和政府官员的积极公关计划。即使推行了社区关系项目，该公司仍然被认为对法国文化、隐私及个人自由不敏感，如法国工会对着装规定很反感。这造成了反美情绪，最终偏离最初的欧洲迪士尼乐园计划。

　　迪士尼公司提出了一些与文化有关的EEF，公司对行为进行修正。其他人则要求对景点的设计进行修改。该公司希望公园能突出一些具有欧洲血统的迪士尼人物。这很有必要，因为欧洲迪士尼乐园与巴黎的历史建筑和其他景点形成了竞争。仅仅改变餐厅的菜单来提供更多的欧洲食物是不够的。可能的话，景点也必须有欧洲风格。例如，白雪公主和七个小矮人就住在巴伐利亚的一个村庄里（Bavarian Village），灰姑娘住在一家法国旅馆里。法国作家朱尔斯·维梅（Jules Verne）认为，景点中的城堡与欧洲城堡的建筑风格非常相似。

　　尽管迪士尼公司竭尽全力在不改变其形象和声誉的前提下解决与文化有关的问题，但它无法解决与政治相关的问题。例如，由于许多游客仅在欧洲迪士尼乐园停留一天，造成市内的交通拥挤，随之而来的噪声也惹恼了许多当地居民。欧洲迪士尼乐园周围的社区主要是农业社区，当地人反对修建迪士尼主题公园，法国政府不得不介入以缓和紧张局势。在欧洲迪士尼乐园开业后不久，法国农民就把公园当成了抗议的场所，把他们的拖拉机开到入口处并堵住了入口。这次全球范围的抗议活动不是针对迪士尼公司的，而是针对美国政府的，因为美国政府一直要求削减法国的农业补贴。此外，欧洲迪士尼乐园还与法国工会发生了一些争执，他们认为该公园正在侵犯工会成员的公民自由。

　　当美国在伊拉克战争中局势紧张和法国拒绝支持的时候，反美情绪更加高涨。前往法国的美国游客数量急剧下降，对旅游业造成了损耗，尤其是在巴黎。一名在埃菲尔铁塔顶上的餐馆工作的服务员指出，西班牙和意大利游客已经取代了美国游客。影响旅游业的其他因素还包括欧洲的恶劣天气、交通运输业的一系列罢工及亚洲爆发的非典型性肺炎。

▶ 对文化影响的低估

尽管看起来迪士尼公司采取了措施解决所有的文化差异，但它低估了美国文化和欧洲文化差异的程度。这种影响可以通过 EEF 清楚地看到，如表 20-2 所示。

表 20-2　文化对欧洲迪士尼乐园企业环境因素的影响

星	计划影响	实际影响
垄断	欧洲迪士尼乐园将是垄断性的。欧洲人愿意支付上述特许费，欧洲迪士尼乐园的价格高于其他欧洲主题公园和美国迪士尼主题公园	休闲和娱乐行业很难定义为具有垄断性。与诸如水、电等通常是垄断的必需品不同，大多数人可以找到其他更便宜的娱乐和休闲活动。欧洲迪士尼乐园的运作更像寡头市场垄断，几乎没有哪家供应商拥有类似的产品或替代产品
度假胜地	欧洲人会把欧洲迪士尼乐园视为度假胜地，在那里待上四五天或更长时间	欧洲人认为欧洲迪士尼乐园是一天的短途旅行，这意味着没有必要住宿。欧洲迪士尼乐园也不被视为度假胜地
酒精饮料	公司相信，欧洲人会接受在主题公园里不允许喝含酒精的饮料	欧洲人喜欢葡萄酒和含酒精的饮料，禁止饮酒表明对法国文化不敏感。法国是全球最大的葡萄酒消费国。因此，人们拒绝在主题公园里吃饭。有些人带上了冷藏的葡萄酒并举行派对。此外，主题公园也没有香烟出售
综合服务	欧洲人会在主题公园待上四五天	欧洲人只会待一天，大部分用于游乐设施，很少购物。高昂的门票也导致他们减少购物。购物、食物、住宿和门票的实际收入明显低于目标水平
四口之家的费用	根据东京迪士尼乐园的数据，四口之家的费用约为每天 600 美元，不包括住宿。公司认为欧洲人也会付出同样的费用	欧洲人认为每人每天 280 美元足够
人均支出	公司预计在公园的人均消费为 33 美元	实际支出是 29 美元，远低于美国迪士尼世界和迪士尼乐园，比东京迪士尼乐园少了近 50%
餐厅接待量	根据迪士尼乐园和迪士尼世界的数据，美国人可以整天吃零食和快餐，欧洲人也会这么做。这意味着欧洲迪士尼乐园的餐厅座位数量应该与其他主题公园的一致	迪士尼公司预计每天接待 6 万名游客，可以建造 29 家餐厅，每小时接待量为 1.4 万名游客。然而，欧洲人似乎比美国人吃得更健康。大多数欧洲人喜欢在中午 12 点 30 分吃一顿健康的午餐，因此大多数餐馆无法同时接待这么多的游客。欧洲人不愿意排长队
员工	欧洲迪士尼乐园的员工将接受与其他迪士尼主题公园一样的标准和代码	公园的员工和游客觉得他们被"美国化"了。头九个月里，10 000 名员工中有 1 000 人辞职

➤ 其他的失误

- 在公园的不同地方，休息区域太少。
- 公园工作人员预计周五将是繁忙的一天，而周一会比较轻松。事实上，情况正好相反。
- 公园管理低估了会议业务，不得不增加会议设施。

➤ 遗失的目标

开幕当天，欧洲迪士尼公司预计有多达 50 万名游客和 9 万辆汽车进入公园，尽管公园的最高接待量略高于 5 万名游客。实际上，大约有 5 万名游客前来参观，其中只有 1/3 是法国人。参观人数远低于预期，一些人认为这是由于迪士尼公司对法国文化的不敏感造成的，另一些人认为这与当时欧洲的经济状况有关。之后，欧洲迪士尼公司的每天接待量从 6 万名减少到 2.5 万名。迪士尼公司股票暴跌，价值缩水了近 1/3。

在运营的头两年，欧洲迪士尼公司的损失估计为 20 亿美元：欧洲迪士尼公司还背负着 35 亿美元的债务，部分支付利息高达 11%；原本计划从土地开发中获得的 22%的营业利润用于偿还债务，但从未实现；酒店入住率为 55%，而非预期的 68%；冬季关闭了一些旅馆。营业费用从预期收入的 60%增加到 69%；米高梅电影主题公园项目被搁置。

尽管在建设公园方面项目管理似乎取得了成功，但错误地估计 EEF 的影响也是相当明显的，欧洲迪士尼公司获得了幻想工程项目管理的成功，但在商业上是失败的。失败的可能原因是迪士尼公司：

- 未能认识到休闲和娱乐产品的竞争性。
- 未能认识到社会文化和经济问题。
- 对市场状况的错误评估导致对战略和金融的误判。
- 承担了高达 35 亿美元的债务。
- 过度开发房地产和土地。
- 未能识别游客的消费水平。

此外，还存在沟通问题。公园高层没有回复媒体，导致公司形象受损。

有 3 篇关于迪士尼公司的有趣评论。在一篇文章中，欧洲迪士尼乐园被视为"文化的切尔诺贝利"。在另一篇文章中，一位欧洲银行家说："欧洲迪士尼乐园是一个很好的主题公园，它与一家破产的房地产公司结婚，而这两家公司不能离婚。"一位迪士尼公司前高管曾表示在欧洲迪士尼公司的融资谈判中"我们很傲慢，就好像我们在建造泰姬陵，人们一定会来我们这里的"。

人们甚至在攻击公园的名字。欧洲以外的人们常把"Euro"视为时尚、魅力甚至上流社会的代名词。正如当时迪士尼公司 CEO 迈克尔·艾斯纳所说的那样：

> 美国人认为"Euro"这个词被认为是富有魅力或令人兴奋的。对欧洲人来说，这是一个与商业、货币和贸易联系在一起的术语。重新将公园命名为"巴黎迪士尼乐园"，即将它重新定位为世界上最浪漫、最令人兴奋的主题公园。

更名是迪士尼公司试图对主题公园进行转型的尝试。除了在 1994 年 10 月更改主题公园的名称，该公司还采取了额外的措施来消除 EEF 的影响。以前，精力充沛的游客可以在 5 小时内体验完所有的游乐项目。景点数量有限，导致人们很难在巴黎迪士尼乐园过夜。采取的措施包括：

- 扩大主题公园区域，如 Frontierland、Space Mountain 和 Animal Kingdom。
- 增加了新的景点，景点数量为 29 个。新景点包括 Zorro、Mary Poppins、Aladdin、Cinderellas Castle、Temple of Peril 和 Nautilus。
- 突出了具有欧洲血统的迪士尼卡通人物。
- 将公园门票价格下调 33%。
- 降低酒店成本 33%。
- 冬季提供优惠价格。
- 在酒店提供更便宜的餐点。
- 允许餐馆供应葡萄酒和啤酒；不过法国人不会忘记，最初的葡萄酒和啤酒是禁售的。
- 提供更多来自世界各地的食物。
- 改变营销策略和广告策略，包括"加利福尼亚离巴黎只有 20 英里"和"童话可以成真"。
- 将游客接待量从每天 6 万人下调至 2.5 万人。
- 提供每个人都能承受的套票。然而，这并没有包括公园的门票（公园的门票价格仍然比美国高）。

迪士尼公司想让人们相信，一旦进入巴黎迪士尼乐园，他们就能暂时逃离现实世界，这是一个"梦想成真的国度"。要实现这一点，公司必须认识到欧洲文化与美国文化或日本文化不同。

▶ 债务重组

1993 年秋天，关于公园的预计不再乐观，欧洲迪士尼公司负担了高达 35 亿美元的债务。如果迪士尼公司停止欧洲迪士尼乐园的建设，那么就只剩一个破产的主题公园和一大片毫无价值的房产。这肯定会损害该公司在全球的形象，并且可能严重影响公司在其他地区主题公园的建设。

迪士尼公司制订了一项针对欧洲迪士尼公司的救助计划，最初遭到法国银行的反对。公司反击说 1994 年 3 月 31 日为最后期限，甚至威胁如果债务重组没有发生，可能关闭欧洲迪士尼公司。艾斯纳认为法国已经在公园投资了这么多钱，他们只能接受重组债务。到 3 月中旬，迪士尼公司承诺将提供 7.5 亿美元的支持。3 月初，当银行再次拒绝融资计划时，艾斯纳向股东宣布，该公园可能在 3 月末关闭，这个决议将在 3 月 15 日的年度股东大会上宣布。

3 月 14 日，由于担心欧洲迪士尼公司关闭造成巨大的经济损失，银行妥协了。一项新协议达成，银行被要求额外提供 5 亿美元。目标是在 1996 年之前削减公园一半的债务，实现欧洲迪士尼公司的盈利。但是，许多分析师认为这是不切实际的。

部分交易数据显示，迪士尼公司将斥资约 7.5 亿美元购买新配股（价值 11 亿美元）的49%。银行同意免除 18 个月的未偿还债务利息，并且所有本金偿还延期 3 年。这些银行还负责承销其余51%的配股。除了 7.5 亿美元的支持，迪士尼公司还同意将减免 5 年的利润丰厚的管理费（收入的 3%）、门票的特许费（收入的 10%）和销售特许费（收入的 5%）。无论欧洲迪士尼公司是否亏损，该公司的管理费约为每年 4.5 亿美元。不过，特许权使用费将在未来逐步恢复。资本注入并没有受到股东的欢迎，尽管他们明白如果公园进入破产管理，进一步扩张和公司的形象可能受到损害。有些人认为，此次债务重组只是一个临时的行为。由于经济或经济衰退的不利影响，未来可能需要再次进行债务融资。

阿尔瓦利德（Al-waleed）王子是沙特国王法赫德（Fahd）的侄子，他以 5 亿美元的价格收购了欧洲迪士尼公司24%的股份。重组后，迪士尼公司在欧洲迪士尼公司的股份从49%降至39%，剩下37%的股份由欧盟的 60 多家银行（大部分是法国银行和私人银行）共同持有。

债务重组——包括利息减免和本金延期偿还，是欧洲迪士尼公司急需的生命线，给了欧洲迪士尼公司财务上的喘息空间，从而改变其营销策略，吸引更多的游客。到1995年，随着债务重组和主题公园的改善，欧洲迪士尼公司的第一季度利润达到了 3 530 万美元。然而，这并不能保证欧洲迪士尼公司的财务问题会完全消失。

到 1996 年，巴黎迪士尼乐园的游客人数已经超过了卢浮宫、埃菲尔铁塔和白金汉宫。与此同时，东京迪士尼乐园的入园人数也创下了新高。1999 年，东京迪士尼乐园接待了 1750 万游客，比其他主题公园都多。

▶ 迪士尼影城

第二个主题公园是价值 23 亿美元的米高梅电影城，计划于 1996 年开放。虽然因为当时的经济危机，这个项目在 1992 年年中被取消，但巴黎迪士尼乐园开始盈利之后，这些项目重新以更小的规模开始实施。新主题公园包括电影、卡通人物和电影制作的历史，新预算是 6 亿美元。2002 年 3 月 16 日，重新命名后的迪士尼影城开业了，它主要提供以电影、制作和幕后活动为主题的商业活动。2013 年，该影城接待了大约 440 万名游客，成为欧洲第三大游乐园，也是世界上第 21 个参观人数最多的游乐园之一，尽管这是所有 11 个迪士尼主题公园的最低参观人数。据迪士尼公司首席执行官迈克尔·艾斯纳说：

> 献给所有进入这个梦想世界的人……欢迎！迪士尼影城将竭力为电影和电视事业做出一份贡献。在这里，我们赞美各种来自欧洲和世界各地的故事艺术，这些艺术是具有魔法的艺术。愿这个特别的地方能激起我们对过去的回忆及我们对未来的憧憬。

迪士尼公司还计划在 2017 年前，在巴黎迪士尼乐园开设第三个公园，但该计划将推迟到2030 年。

▶ 再次债务重组

到2000 年，欧洲迪士尼公司重组后的债务已经上升到 20 亿美元。随着米高梅影城的开业，巴黎迪士尼乐园现在有7家酒店、2家会议中心、68家餐厅和52家精品店。但是欧洲的经济仍处于困境中，欧洲旅游业的放缓影响了欧洲迪士尼公司的运营和现金流。公司现金开始紧张起来，又一次面临"破产"。欧洲迪士尼公司的财务困境迫使其只能专注短期现金流，不再进行游乐设施的改善及增加新的景点。

为了应对现金流状况，欧洲迪士尼公司与贷款机构和迪士尼公司之间展开了讨论，期望获得2003年利息的减免及获得额外的融资资金，从而满足欧洲迪士尼公司的现金需求。根据2003年3月28日签订的协议，迪士尼公司在2003年1月1日至9月30日不收取欧洲迪士尼公司的特许费和管理费。此外，迪士尼公司同意欧洲迪士尼公司在2004财政年度支付拖欠的特许费和管理费，而不是按季度支付。

2005财年，完成了财务重组——增加投入资本及再融资借款。根据财务重组，迪士尼公司同意有条件或无条件地推迟某些管理费和特许费的支付，将其转化为长期次级债务。此外，迪士尼公司还出于流动性需求，提供新的10年信贷额度。

欧洲迪士尼公司的首席财务官杰弗里·斯皮德（Jeffrey Speed）说，修改后的协议将提供"大量的流动性"。

2007—2013年

到2007年年底，巴黎迪士尼乐园的游客数量已经超过1 400万人，主题公园有54个景点、54家商店和68个主题餐厅。2008年，巴黎迪士尼乐园迎来了自1992年开业以来的第2亿名游客。表20-3介绍了从2008年到2013年的参观人数。

表20-3　从2008年到2013年的参观人数

年　份	迪士尼欧洲主题公园（名）	迪士尼影城（名）
2008	12 688 000	2 612 000
2009	12 740 000	2 655 000
2010	10 500 000	4 500 000
2011	10 990 000	4 710 000
2012	11 500 000	4 800 000
2013	10 430 000	4 470 000
世界排名	6	21

2012年3月，该度假区成立20周年之际，由政府机构进行的回顾巴黎迪士尼乐园对法国经济的贡献显示：尽管度假村的经济困难重重，但它在20年内创造了"370亿欧元的旅游相关收入"，每年平均为法国提供55 000个工作岗位，而一份巴黎迪士尼乐园的工作收入相当于法国其他地区的三份工作收入。

2012年，迪士尼公司宣布将再次为巴黎迪士尼乐园进行再融资，贷款金额为16亿美元，贷款额度为1.2亿美元。在最初20年的运营中，巴黎迪士尼乐园12年没有盈利。

▶ 迪士尼公司2013年的10K（10 000字）报告

以下信息摘自迪士尼公司2013年的10K报告：

公园和度假村的收入增长了 9%（或增加了 12 亿美元），收入总计 140.87 亿美元。国内业务增加了 11 亿美元，国际业务增加了 1.12 亿美元。国内主题公园收入为 113.94 亿元，国际主题公园收入为 26.93 亿美元。

表 20-4 显示了有关主题公园和度假村的额外信息，表中括号内的数字显示与上一财政年度相比有所下降。

表 20-4　2013 年的 10K 支持数据

		国　　内	国　　际
主题公园和度假村	参观人数	4%	(2%)
	游客人均花费	8%	4%
酒店	入住率	79%	81%
	夜间可用房间数（千间）	10 558	2 466
	每个房间平均消费	267 美元	309 美元

▶ 2014 年 10 月

截至 2014 年 9 月 30 日，巴黎迪士尼乐园的收入比前一年下降了 3%，亏损大概在 1.1 亿欧元和 1.12 亿欧元，2013 年的亏损为 7 800 万欧元。

有的投资者希望迪士尼公司能"叫停"巴黎迪士尼乐园的现金流失并关闭公园。相反的是有 8 000 多人签名、以 6 种语言写成的请愿书。请愿书题为"拯救巴黎迪士尼乐园"（Save Disneyland Paris），列举了主题公园需要解决的几个问题，包括糟糕的维护和糟糕的场地、需要更好的食物选择，以及需要更新和升级的景点。当然，迪士尼影城也需要升级。一些人认为，应该根据最近上映的电影《复仇者联盟》（Avengers）和《钢铁侠 3》（Iron Man 3）来增加景点。

迪士尼公司明白，巴黎迪士尼乐园的存活主要靠回头客。因此它决定 10 年内向巴黎迪士尼乐园提供 13 亿美元来改善主题公园和迪士尼影城。此外，迪士尼公司将推迟偿还其债务的本金直至 2024 年。

▶ 2017 年 2 月

迪士尼公司的 13 亿美元现金注入在 2014 年被部分用于改善和翻修工作。收入开始反弹，直到 2015 年巴黎恐怖袭击事件发生。截至 2016 年 9 月 30 日，欧洲迪士尼公司亏损约 2.6 亿美元。

2017 年 2 月 10 日，迪士尼公司宣布将在 3 年内注入第二笔现金。这一次，迪士尼公司将投资 16 亿美元购买欧洲迪士尼公司的所有其他股东的股权。这些资金还将用于改善并增加新景点、减少债务并提升度假村的资产流动性。

▶ 结论

对 EEF 的错误假设会对项目造成严重破坏，不是所有 EEF 的影响都能被有效地控制或管理。迪士尼公司希望公司能够在保护自己的名誉、形象和声誉的同时，纠正 EEF 的影响。虽然这些因素可能不会直接对主题公园项目的管理方式造成影响，尤其是质量和审美价值方面，但是这些因素会直接影响人们如何定义一个项目的成功和失败。

重要的是要明白主题公园必须不断持续改进。他们必须增加更多的游乐设施、更新现有的景点，在必要时改善其他的审美元素。这样做需要资金，会加大巨额债务偿还的难度。

迪士尼公司充分展示了"幻想工程"的精髓，不仅体现在主题公园景点的设计和建造方面，也体现在处理文化问题的过程中。巴黎迪士尼乐园是一个美国式的主题公园，公司希望一直维持品牌名称和形象。文化问题不能以 100%满意的方式解决，但迪士尼公司赢得了我的支持。

问题

1. 迪士尼公司是否花了足够的时间和精力来了解与文化有关的企业环境因素会造成的影响？
2. 公司采取了哪些措施来解决文化问题？
3. 当工会认为在迪士尼大学接受培训的 2 万名员工受到的教育是对他们个人自由的侵犯时，迪士尼公司应该如何保护自己不受法国工会的影响？
4. 可以从东京迪士尼乐园中学到哪些经验教训？
5. 迪士尼公司在欧洲迪士尼公司运营的头两年里，可以采取哪些措施来提升入住率？
6. 由于欧洲迪士尼公司的财务问题，你是否认为迪士尼公司应该让欧洲迪士尼公司在 1994 年倒闭？
7. 高管或项目经理真的能控制企业环境因素吗？
8. 我们如何防止由高层干预造成的最后的范围变更？假设这些变更将对成本产生重大影响。
9. 1993—2013 年，欧洲迪士尼公司进行了三次重大债务重组。为什么每次债务重组都是必要的？导致债务重组的因素是什么？
10. 企业环境因素是否应该与预算和进度的跟踪和报告方式相同？

迪士尼（D）：迪士尼乐园的全球化

本案例是为项目管理课程课堂讨论而编写的，旨在强调企业环境因素、合同谈判等各种项目管理特征的重要性。在阅读本案例之前，应该提前阅读案例研究"迪士尼(C)：迪士尼主题公园和企业环境因素"。本案例的目的不是体现对各类管理情景的有效或无效处理。迪士尼公司和任何迪士尼主题公园都没有参与本案例研究的准备工作。

20 世纪 70 年代末，迪士尼公司决定开始全球扩张，东京迪士尼乐园是第一个在美国以外建造的迪士尼主题公园。尽管迪士尼公司了解迪士尼乐园和迪士尼世界的企业环境因素，但在东京开设主题公园还是存在未知数。首先，日本的冬季有可能影响参观人数；其次，迪士尼公司不确定日本人是否会接纳迪士尼有关的角色。在日本中部建造一个美国式主题公园是有风险的。

虽然迪士尼公司有几个全球化方案，但在当时情况下只有三种选择。每个方案都需要签订契约协议，任何一种协议都会受到有关企业环境因素的假设和相关风险的影响。首先，公司如果自己承担建造迪士尼主题公园的费用，大概需要数十亿美元。公司还需要与外国政府、工会和其他干系人直接合作。尽管可以这么做，但风险太大、成本过高，尤其这还是美国以外的第一个主题公园。其他两种方案是特许权协议和合资。

▶ 特许权协议

特许权协议是双方之间的法律合同，双方分别是许可方和被许可方。在典型的特许权协议中，许可方（如迪士尼公司）授予被许可方生产和销售商品的权利、使用品牌名或商标的权利或使用许可方拥有的专利技术的权利。法律条款通常要求被许可方必须是在主办国的公司，愿意接受许可方的安排。作为交换，被许可方通常会提交一系列关于许可方财产使用情况的条款并同意支付所谓的特许费。

特许权协议涵盖各种情况。例如，在主题公园的零售商通过与迪士尼公司签订协议，开发、生产和销售带有与迪士尼人物相关的商品。建筑公司可以通过协议从迪士尼公司获得专有主题公园设计技术，提升企业竞争优势，而不是花费时间和金钱自己开发技术。贺卡公司通过与迪士尼公司达成协议，制作一系列印有迪士尼人物形象的贺卡。

特许权协议最重要的内容之一是双方之间的财务安排。被许可方支付给许可方的款项通常以保证最少销售收入的支出和特许费的形式支付。特许费通常为 6%～10%，具体取决于所涉及的具体内容和被许可方的经验和复杂程度。并非所有的许可方都要求担保，尽管一些专家建议许可方尽早获得较多的补偿。有时，许可方会使用担保作为续签许可协议的基础。如果被许可方能达到最低销售收入或主题公园参观人数，则合同续约；否则，许可方可以选择中止合同。

特许权协议的另一个重要内容是制定交易的时间框架。许可方会坚持实施严格的市场发布日期，以保证及时获得外部供应商的产品。这个严格的发布日期也适用于建造主题公园。毕竟，授权给一家不能及时建造主题公园的公司或从不销售产品的公司并不符合许可方的最佳利益。许可协议还包括关于合同期限、续期选择和终止条件等相关条款。

许可协议的另一个共同要素是哪一方控制版权、专利或商标。许多合同还包括一项关于"领土"权利的条款，即谁有管理权和控制权。除了许可方会在协议中补充各种条款，被许可方也会加上他们的需求条款，他们可能坚持要求许可方保证拥有该财产权利。例如，被许可方可能要求禁止许可方直接在某些市场使用许可财产。

使用特许权协议有利有弊。好处是，特许权协议可以降低公司的财务风险。迪士尼公司完全有可能不必为新主题公园的建设提供任何资金，只需要为公园的设计、建设和管理提供专家支持。迪士尼公司可以要求所有景点都与迪士尼乐园和迪士尼世界的景点相同。这个主题公园就是那两个公园的复制品。

作为交换条件，迪士尼公司将收取门票收入，以及根据食品、饮料和商品的销售收入收取特许费。此外，公司还能获得使用迪士尼人物的特许费，迪士尼酒店的使用的也包括在内。迪士尼公司还可以收取一定比例的赞助费。无论主题公园是否亏损，迪士尼公司都将获得这些特许费。

缺点是盈利能力降低，未来机会有限。如果主题公园利润丰厚，迪士尼公司也只能收取特许费，不能分享利润。所有利润归被许可方所有。被许可方还可以要求迪士尼公司不得进入某些市场，因为这些市场有可能成为新主题公园的竞争对手。这会限制迪士尼公司未来在海外市场扩张的能力。此外，迪士尼迪公司按照协议不能参与主题公园的管理，可能面临质量受损的风险，影响其形象和声誉。特许权协议会降低许可方的风险，增大被许可方的风险。

▶ 合资

合资是一种商业协议，双方同意在有限的时间内通过共享股权的方式来成立新的实体和购买新的资产。主题公园的所有权是双方共享的。双方共同对公司实施经营和控制，分享收入、承担费用和共有资产。

当双方共同承接一个项目时，就会出现合资。在合资中，双方在资金、时间和精力上的投入是同样多的。虽然合资一般适用于小项目，但大公司也会利用这种方法在全球范围内扩大业务范围或实施多元化业务。不管是刚成立的小公司还是已经成立多年的公司，合资方式可以确保小型项目的成功。启动新项目的成本通常很高，合资可以让双方共同分担项目启动成本及共享由此产生的利润。

由于合资企业会涉及资金的使用问题，所以有必要制定战略。简言之，双方都必须致力于未来，而不仅仅是眼前的回报，例如，一个主题公园可能需要数年时间才能达到期望的每年参观人数。但是，短期内的成功和长期的成功一样重要。为了获取这些成本，合资双方需要互相诚实、诚信和沟通。

合资的时候需要合作伙伴和公众的参与。有时候，大量股份可以由公众持有，但创始合伙人需要保留他们的身份。在这种情况下，地方政府可能提供一些贷款或税收优惠，以期创造更多的就业机会。

需要进一步考虑的是如何在国外成立一个新的法律实体。许可方可能必须遵守其他国家对新合资企业股份所有权、劳工使用、工会、采购及土地开发等方面的法律要求。这样的企业有时被称为注册成立的合资企业（Incorporated Joint Venture），包括技术合同（涉及专有技术、专利、商标、品牌使用及版权）、技术服务和辅助供应协议。

合资企业是许可方利润和风险最大化的战略，是被许可方风险最小化的策略。在合资方式里，许可方也可以（迪士尼公司）收取专利费。然而，这种方式要求许可方和被许可方共同出资，结果是可以完成一个更大的项目（双方都无法独自完成）。这样做的主要缺点是双方对某些关键决策持有不同的意见。

▶ 东京迪士尼乐园

迪士尼公司在东京迪士尼乐园的合作伙伴是东方土地公司（the Oriental Land

Company),但是它需要首先确定是采用合资企业的方式还是特许权协议的方式。在考虑到无法确定 EEF 会如何影响主题公园的接受程度,以及这是迪士尼公司在美国以外的第一个主题公园的情况下,迪士尼公司选择了风险最小化策略的特许权协议。根据这项协议,东京迪士尼乐园不归迪士尼公司所有,迪士尼公司将获得 10%的门票收入及 5%的食品、饮料和商品收入。即使东京迪士尼乐园亏损,迪士尼公司也会收到特许费。迪士尼公司的确少量投资了主题公园(350 万美元),相当于最初建设成本的 0.42%。因为选择了风险最小化的特许权协议,迪士尼公司决定不对主题公园周边的土地开发进行大量投资。

1979 年 4 月,东京迪士尼乐园的第一个基础合同签订。一年后,日本的工程师和建筑师们纷纷来到加州参观,为建造东京迪士尼公园做准备。数百名媒体记者报道了这一事件,体现了媒体对这个新公园的高度关注。尽管建造过程是成功的,但东京迪士尼乐园的最终成本几乎是预算的两倍,耗资 1 800 亿日元,远高于预计的 1 000 亿日元。尽管如此,自 30 多年前开业的第一天起,东京迪士尼乐园一直是当地人的骄傲。

东京迪士尼乐园的特色很少,它是按照迪士尼乐园和迪士尼世界建造的,是第一个在美国之外建造的迪士尼主题公园,于 1983 年 4 月 15 日正式开放。与加州的迪士尼乐园和佛罗里达的迪士尼世界一样,这个公园是由迪士尼幻想工程师设计的。

公园里有七个主题:世界集市(the World Bazaar)、4 个经典的迪士尼乐园(冒险乐园、西部乐园、幻想世界和明日世界)、2 个迷你乐园[小动物国度(Critter Country)和米奇的卡通镇(Mickey's Toontown)]。这些地区的许多游戏和游乐设施都反映了迪士尼乐园的特色,因为它们是基于美国迪士尼电影和作品建造的。幻想世界包括《彼得潘的飞行》(Peter Pans Flight)、《白雪公主的恐怖冒险》(Snow white's Scary Adventures)、《小飞象》(Dumbo the Flying Elephant)及其他的迪士尼经典电影和人物。公园地域广阔,可以容纳大量游客。

开业首日,游客人数达到 13 200 人;同年 8 月 13 日,超过 93 000 人参观了这个公园。这一天的参观人数超过了所有其他迪士尼主题公园的单日参观人数。3 年后,东京迪士尼乐园再次打破了纪录,当日参观人数达到 111 500 人。

▶ 欧洲迪士尼乐园(巴黎迪士尼乐园)

1983 年,东京迪士尼乐园运营的第一年,运营很成功。1984 年,迪士尼公司决定建造第二个国外主题公园。这一次,选址在欧洲。迪士尼公司希望建造一个最先进的主题公园(这个决策最终导致了预算和范围的变更),并希望它在 1992 年开放。许多变更都是由迪士尼 CEO 迈克尔·艾斯纳在最后一刻做出的。

在东京迪士尼乐园的第一年数据的基础上,欧洲迪士尼公司制定了高度乐观的财务预测:预计第一年将有 1 100 万名游客,在 21 世纪之后每年有 1 600 万名游客。

迪士尼公司数十年来一直认为欧洲迪士尼主题公园是潜在的收入来源,因为该公司将来会垄断欧洲的休闲和娱乐行业。与东京迪士尼乐园不同,迪士尼公司选择了利润最大化战略的合资方式:迪士尼公司将获得 10%的门票收入,食品、饮料和商品收入的 5%,相当于 3%收入的管理费,使用迪士尼名称和人物的特许费,主题酒店总收入的 5%及利润的49%。迪士尼公司还能从投资方收取特许费。如果欧洲迪士尼乐园和东京迪士尼乐园一样成功的话，迪士尼公司每年可以获得超过10亿美元的特许费和利润分成。

决定使用合资方式的原因还在于迪士尼公司意识到它在其他迪士尼乐园犯下的严重错误：没有围绕迪士尼乐园和东京迪士尼乐园大举开发房地产项目。为了实现利润最大化，迪士尼公司同意2017年之前在欧洲迪士尼乐园周围提供18 200间酒店客房。

▶ 迪士尼影城

迪士尼公司意识到，如果想让人们一次又一次地回到主题公园，要么增加新的景点，要么主题公园附近建造新的主题公园，或者两者兼而有之。耗资23亿美元的米高梅影城项目于1996年开业。虽然因为当时的经济危机，项目在1992年年中被取消，但在开始盈利之后，这些项目重新以更小的规模开始实施。新主题公园包括电影、卡通人物和电影制作的历史，新预算是6亿美元。2002年3月16日，重新命名后的迪士尼影城开业了，它主要提供以电影、制作和幕后活动为主题的商业活动。

2013年，该影城接待了大约440万名游客，成为欧洲第三大的游乐园，也是世界上第21个参观人数最多的游乐园之一，尽管这是所有11个迪士尼主题公园的最低参观人数。

▶ 东京迪士尼海洋公园

1997年，东京迪士尼乐园认识到有必要建造第二个主题公园，原因是游客的参观人数正趋于平稳，如表20-5所示。

表20-5　东京迪士尼乐园参观人数：1983—1997年

年　　份	参观人数（人）
1983	9 933 000
1984	10 013 000
1985	10 675 000
1986	10 665 000
1987	11 975 000
1988	13 382 000
1989	14 752 000
1990	15 876 000
1991	16 139 000
1992	15 815 000
1993	16 030 000
1994	15 509 000
1995	16 986 000
1996	17 368 000
1997	16 686 000

在东京迪士尼乐园的游客中，有75%～80%的游客都是回头客。即使每年都有新的景点推出，公司还是担心游客游玩两三次之后不会再回到乐园。正如预料的那样，在接下来的4年里参观人数下降了4%。是时候建造一个新的主题公园了。

迪士尼公司的幻想工程师们20多年来一直在开发迪士尼海洋公园的概念和设计。不过迪士尼公司建议，新主题公园应该与在欧洲规划的迪士尼影城类似。迪士尼公司在日本的合作伙伴东方土地公司认为，日本人不像美国人和欧洲人一样迷恋电影制作。相反，他们决定以35亿美元左右的价格建造东京迪士尼海洋公园，因为日本人喜欢大海。与东京迪士尼乐园不同，新乐园将适合成人游玩，将提供更快、更恐怖的游乐设施。

东京迪士尼乐园的成功很明显，如果选择合资而不是特许权协议的话，迪士尼公司的收益会更好。然而，海洋公园和迪士尼乐园不一样，迪士尼公司认为东京迪士尼海洋公园确实存在一些风险。东方土地公司认为，东京迪士尼海洋公园可能与东京迪士尼乐园一样获得成功，但高达35亿美元的投资风险很大。东方土地公司希望通过成立一家合资企业来降低风险，但最终谈判是达成了35亿美元的特许权协议。东京迪士尼乐园的债务在公园开业三年后就收回了。东方土地公司认为，东京迪士尼海洋公园也可以在相当短的时间收回投资。

2013年，东京迪士尼乐园接待了1 721万名游客，将其排名提升为全球第二大迪士尼主题公园，超过了加州迪士尼乐园，排在佛罗里达的魔法王国之后。然而表20-6所示，2013年东京迪士尼海洋公园吸引了1 408万名游客，成为世界第四大迪士尼主题公园。2013年，共有132 549 000人参观迪士尼主题公园。

表20-6 2013年主题公园的参观人数

主题公园	2013年参观人数（人）	2013年世界排名（位）
奥兰多的迪士尼世界魔法王国	18 588 000	1
东京迪士尼乐园	17 214 000	2
阿纳海姆迪士尼乐园	16 202 000	3
东京迪士尼海洋公园	14 084 000	4
巴黎迪士尼乐园	10 430 000	6
迪士尼世界的迪士尼动物王国	10 198 000	7
迪士尼世界的迪士尼好莱坞影城	10 110 000	8
香港海洋公园	7 475 000	12
香港迪士尼乐园	7 400 000	13
巴黎迪士尼乐园的迪士尼影城	4 470 000	21

▶ 东京迪士尼乐园的未来

自1983年公园开业以来，东京迪士尼乐园一直是最赚钱的迪士尼乐园之一。到1994年，已经有超过1.4亿人次进入东京迪士尼乐园（日本的人口只有1.276亿人），受欢迎程度很高。仅两年，它就雇用了12 390名员工，东京迪士尼乐园是日本最大的娱乐场所。尽管参观人数趋势与其他日本主题公园相似，但东京迪士尼乐园的收入比其他所有主题公园的总和都要高，极大地促进了日本经济的发展。很多人说，东京迪士尼乐园经济上的成功得益于它的时间和地点：主题公园位于具有 3 000 万人的市区，在这个经济高速发展的地方，人们希望能暂时远离现实。东京迪士尼乐园的主要目标之一是积极完善公园并摆脱迪士尼公司的限制。日本将自己的民族身份与东京迪士尼乐园联系在一起，融入了具有日本特色的景点。灰姑娘的城堡虽然是经典的迪士尼人物和故事情节，但是是通过日本人的眼睛来讲述故事的。当迎接世界各地的游客时，能展现真实的民族特色和日本历史（不仅仅是服装），虽然他们都穿着传统的日本和服。曾被迪士尼公司提名传奇人物的东方土地公司前总裁高桥正仁（Masatomo Takahashi）表示，这种增长和发展是公司的主要目标之一："我们绝不能重复迪士尼的东西。我确信我们能为日本和美国之间的文化交流做出贡献。"

▶ 香港迪士尼乐园

1988—1989 年，迪士尼公司开始转向香港。香港被公认为是国际金融中心和通往中国内地的门户。迪士尼公司意识到，尽管东南亚的许多国家和城市可能处于科技前沿，但它们对迪士尼公司的许多产品并不熟悉，包括迪士尼卡通人物米老鼠等。由于存在品牌意识不足的风险，营销和广告就至关重要了。尽管品牌知名度有限，香港还是认识到了合资企业带来的显著好处：

- 香港迪士尼乐园每年将吸引数以百万计的游客，创造成千上万的就业机会，提升人们的生活质量和香港的国际形象。
- 世界一流的主题公园有能力在 40 年内为香港提供数十亿美元的净经济效益。
- 估计该公园第一年的参观人数将超过 500 万人。15 年后，每年将逐渐增加到 1 000 万人左右。
- 预计将直接或间接创造大约 18 400 个新增就业岗位，20 年内逐步增加到 35 800 个。
- 在香港迪士尼乐园第一期设施建设期间，预计会创造约 6 000 个就业机会。此外，由政府资助的填海造地和其他基础设施工程预计将创造约 1 万个就业机会。
- 这些好处是基于一些假设做出的，包括：
- 公园于 2005 年开业。
- 公园第一年的参观人数估计为 520 万人。
- 运营 15 年后，园区的年客流量逐渐达到 1 000 万人次。
- 香港迪士尼乐园几乎所有的员工都来自香港。最初，大约有 40 名来自世界各地的迪士尼公司员工将管理这个园区，但最终会由 35 名当地员工接受培训后接管整个园区。
- 迪士尼公司将提供总体规划、项目管理专家、房地产开发、景点设计和其他类似的支持性活动。
- 关键员工的人员培训将在中国香港和美国进行。在美国，学员可以在现有的迪士尼主题公园亲身体验。
- 在香港，公司将为香港迪士尼乐园的员工提供合适的培训方案。作为这个过程的一部分，将成立一所迪士尼大学。

- 第一年，香港迪士尼乐园将吸引 340 万名游客，15 年内增加到 730 万名。

香港迪士尼乐园位于大屿山竹篙湾，是香港兴建的第一个主题公园，由香港国际主题乐园拥有和管理。与巴黎迪士尼乐园不同，迪士尼公司更喜欢积极参与公园管理，而不仅仅是作为投资者。合资协议规定，政府出资 29 亿美元修建公园，迪士尼公司出资 3.14 亿美元。

风险

不论迪士尼公司与其他主题公园的合作经验如何，香港的这个项目还是存在一些风险的。其中一些风险来自 EEF：
- 中国人接受美国式主题公园的程度。
- 中国文化。
- 潜在的成本超支可能需要迪士尼公司提供额外的资金支持。
- 天气状况。
- 不确定的市场环境。
- 香港还有 1977 年开业的主题公园——海洋公园，两个公园可能存在竞争。
- 政治不确定性。
- 将政府作为金融合作伙伴的政策。
- 影响合资企业的法律障碍。
- 假冒产品。

公园于 2005 年 9 月 12 日向游客开放。该公园由五个主题区组成：美国大街、幻想世界、冒险乐园、明日乐园和玩具总动员。演员用粤语、英语和普通话表演，导游地图有繁体中文、简体中文、英文、法语和日语等多个印刷版本。

这个公园每天的接待量为 34 000 名游客，是所有迪士尼乐园的最低接待量。公园第一年吸引了 520 万名游客，低于其 560 万名游客的目标；第二年，游客数量下降了 20%，只有 400 万名，这导致了当地议员的批评。然而第三年，公园参观人数增加了 8%，达到了 450 万名游客；2013 年，公园的参观人数增加到 740 万名，名列世界主题公园参观人数的第 13 位。

风水文化

在巴黎迪士尼乐园推出后，迪士尼公司从负面宣传中学习了不少的经验教训：文化和 EEF 的重要性。该公司被抨击为对欧洲文化（尤其是法国文化）不敏感。因此，迪士尼公司在设计和建造度假村时试图将中国文化、习俗和传统结合起来，避免类似的文化冲突问题，其中就包括遵守风水规则。风水是一种当地的文化，数字、颜色和图像可以代表好运气和坏运气。房屋和建筑物必须朝向某些方向，这取决于它们周围的环境。土、木和火元素之间必须达到平衡。例如，在香港迪士尼乐园入口附近的一条人行道上有一个弯道，这样好运不会流入南海。湖泊、溪流和瀑布都被巧妙地放置在主题公园周围，象征着积累财富和好运。

迪士尼公司聘请了一位风水专家来协助设计公园和景点，以带来好运。即使最小的细节，公司也不放过。下面列出了一些风水功能：

- 9月12日被认为是适合开店的黄道吉日。因此，香港迪士尼乐园于2005年9月12日正式开幕。
- 度假村需要考虑风水学，包括金、木、水、火、土在内的各种元素平衡。例如，在一个餐馆酒吧里的滚动火的投影增强了该地点的火元素，但其他地区禁火。
- 香港迪士尼乐园的大门和入口是南北朝向的，以期获得好运。另一个景观区设计在主题公园的东部，确保大门的南北朝向。
- 通过仔细考量，香港迪士尼乐园定位在大屿山的竹篙湾，以获得最佳的运气。因为该地区有风水中的"青龙"和"白虎"。
- 为了帮助公园获得成功，公园的入口被改造成最大的尺寸。
- 香港迪士尼乐园内景点的入口也根据风水进行了改造，以期获得好运。
- 为了稳住风水，在香港迪士尼乐园中放置了很多大石头。公园内放置了两块大圆石，每个迪士尼酒店的入口、庭院或游泳池都有风水石。巨石能阻止好运从主题公园或酒店流出。
- 水景观在香港迪士尼乐园的景观设计中扮演着重要的角色，因为它们对风水非常有利。公园的各处都设计了湖、池塘和小溪，以期获得好运和财富。公园门口有一个迪士尼经典人物的大型喷泉欢迎游客的到来（可以拍照），它也能带来好运。
- 香港迪士尼乐园酒店和迪士尼好莱坞酒店（Disney's Hollywood Hotel）的选址都是经过精心挑选的地点，附近有水。
- 香港迪士尼度假村的酒店可以看到海景，这就是好的风水。
- 香港迪士尼度假村酒店的主舞厅是888平方米，因为888是代表财富的数字。
- 香港迪士尼度假村的电梯没有"4"这个数字，任何建筑（包括度假酒店）都没有四层。"4"在中国文化中被认为是不吉利的，因为在发音时，它听起来像中文里的"死亡"。
- 在中国文化中，红色是代表幸运的颜色，所以在整个公园里，都能看到这种颜色。
- 香港迪士尼乐园里没有钟表，因为在中文里"送钟"听起来像"去参加葬礼"。
- 在香港迪士尼乐园里，不出售绿颜色帽子。因为在中国文化中，一名男子"戴绿帽子"是表明他的配偶欺骗了他。

▶ 批评

过度拥挤

在盛大开业之前，就有批评指出公园的每日接待量过于乐观。2005年9月4日的慈善预览日，这个问题就显现出来了，当时有3万名当地人参观了这个公园。事实证明这是一场"灾难"，因为游客太多，快餐店的等候时间至少是45分钟，而等候坐过山车的时间是2小时。

尽管公园的股东和香港政府向公园施压要求其控制参观人数，但公园还是坚持维持原接待量，仅同意通过延长 1 小时的营业时间，以及增加更多的工作日优惠政策来缓解这个问题。然而根据公园管理人员的说法，游客通常在公园的停留时间会超过 9 小时。因此，这些措施对解决这一问题起不到什么作用。

2006 年中国农历新年期间，许多游客一早带着有效的门票来到公园，但被拒绝入园，因为公园已经满员。心怀不满的游客试图爬过栅栏大门，强行进入公园。公园管理部门被迫修改票务政策，规定与中国某些公众假期有关的日期是"特殊日"。在这些日子里，只有特定日期的门票才允许入园。

最初这里只有 22 个景点，比其他任何主题公园都要少。2009 年 7 月，香港政府与迪士尼公司达成协议：增加 20 个景点。迪士尼公司将投资 4.5 亿美元用于扩建，并向主题公园提供贷款。

指纹识别

就像其他迪士尼主题公园一样，香港迪士尼乐园的游客也需要在入口处扫描指纹，但游客们事先未被告知。指纹针对 11 岁以上的游客，将票和票的使用者联系起来。公司声称游客手指的表面信息无法重新用来创建指纹图像。尽管如此，法医专家指出收集到的数据足以用于确认身份。

公共关系

迪士尼公司最初拒绝公布参观人数。此前媒体报道称，香港迪士尼乐园的参观人数可能低于预期。2005 年 11 月 24 日公司宣布，在开业的头两个月里公园接待了 100 万名游客。

为应对当地媒体的负面宣传及增加游客人数，香港迪士尼乐园在 2005 年圣诞节前向持有香港身份证明的人士提供价值 50 美元的门票优惠。此外，2006 年 3 月至 6 月，公园还为香港身份证持有人提供用一天门票的价格购买为期两天门票的优惠。

▶ 香港海洋公园

香港海洋公园于 1977 年开业，是当时香港唯一的主题公园，具有垄断性。由于它是唯一的公园并且归政府所有，多年来许多景点虽然已经过时，也没有任何增加景点、吸引游客的压力。但当 1999 年达成引入迪士尼乐园的协议时，海洋公园就像被判了"死刑"，因为它不具备迪士尼公司的财力。

最初，海洋公园似乎失去了它的优势位置。但海洋公园的优势在于它的定位是教育公园而不是娱乐公园。公园里有水族馆及其他的景点，门票价格明显低于香港迪士尼乐园。

与关闭公园的风险相比，重新设计工作开始启动：一条地铁线可以直通公园；中国内地向公园赠送了一对大熊猫，使熊猫总数达到了 4 只；建成额外的酒店；政府还担任公园贷款的担保人。这些措施使公园成功地应对了香港迪士尼乐园带来的威胁。2012 年，海洋公园获得了著名的"Applause Award"，这是亚洲第一个被世界公认的最佳主题公园。2013 年，海洋公园的参观人数超过了香港迪士尼乐园。

▶ 未来的全球化

迪士尼公司未来可能专注于主题公园周边的度假胜地开发。但要让人们去参观主题公园，公司必须让孩子们认识或迷上迪士尼人物。在中国，公司会让孩子们在小时候熟悉迪士尼品牌。迪士尼公司在中国经营着数十所英语学校，迪士尼人物和故事被用作教学辅助工具。

2015年，上海迪士尼乐园开业，它的面积是香港迪士尼乐园的三倍，耗资55亿美元。未来，还有两个主题公园在上海迪士尼乐园附近开业。上海迪士尼乐园的资本由30%的债务和70%的股权构成。迪士尼公司持有合资公司43%的股份，剩下的57%由国有控股公司上海申迪集团所有。

预计迪士尼公司将继续其全球化的步伐，在未来的几十年将迪士尼主题公园推广到更多地方。

🔍 问题

1. 与迪士尼主题公园有关的特许权协议与合资企业的根本区别是什么？
2. 为什么迪士尼公司选择与东京迪士尼乐园签署授权协议？
3. 为什么迪士尼公司选择与欧洲迪士尼乐园签订合资协议？
4. 选择特许权协议或合资企业是否与主题公园的规模大小有关？
5. 主题公园和度假胜地有什么不同？
6. 如果目标是度假胜地，迪士尼公司应该选择特许权协议还是合资企业？
7. 为什么有必要把迪士尼影城作为欧洲迪士尼乐园的一部分？
8. 为什么有必要建造东京迪士尼海洋公园？
9. 对于与东京迪士尼海洋公园达成的协议，迪士尼公司是愿意采用特许权协议还是合资企业？
10. 迪士尼公司认为香港迪士尼乐园的风险有哪些？
11. 什么是风水文化？

迪士尼（E）：香港迪士尼乐园的竞争对手——香港海洋公园

香港海洋公园于1977年开业，是当时香港唯一的主题公园，具有垄断性。由于它是唯一的公园并且归政府所有，多年来许多景点虽然已经过时，也没有任何增加景点、吸引游客的压力。当1999年达成引入迪士尼乐园的协议时，香港海洋公园就像被判了"死刑"，因为它不具备迪士尼公司的财力。政府必须做出决定：是否要与迪士尼公司竞争。如果公园选择竞争，问题是"如何竞争"及"需要多少钱"；如果选择维持原状，那么海洋公园未来可能要被关闭。

▶ 企业环境因素

在通常情况下，在项目获批后或商业论证制定完之后，会迅速指派项目经理。项目经理必须了解与项目执行相关的EEF。但遗憾的是，商业论证可能不会介绍这些因素。下面列出了典型的EEF：
- 经济状况。
- 现在和未来的法律。
- 政治。
- 消费者行为。
- 工会的影响。
- 竞争对手。
- 文化。

其他与传统营销有关的重要EEF包括：
- 提供的产品。
- 服务的市场。
- 投资。

虽然还有其他因素需要考虑，但这三个EEF对本案例研究非常重要。

▶ 历史

香港海洋公园于1977年1月开幕，是由香港赛马会资助1.5亿港元（约2 000万美元）兴建的，土地由香港政府免费提供。1982—1984年，赛马会又资助2.4亿港元（约3 100万美元）用于改善大树湾的设施及山顶的游乐项目。

1987年7月1日，海洋公园不再附属于赛马会，成为法定机构，由政府专门成立委员会进行管理。赛马会设立了2亿港元（约2 600万美元）的信托基金支持公园的持续发展。目前，海洋公园由海洋公园公司管理，这是一个经济独立的非营利性组织。

尽管有用于持续改进的资金，但海洋公园的发展相当缓慢。这是由两个因素造成的：垄断性，以及政府控制的企业往往比私营企业的发展要缓慢。政府甚至不清楚公园的定位：是亚洲海洋世界、迪士尼乐园那样的主题公园还是类似于六旗游乐园（Six Flags）的小公园？

海洋公园的危机部分是由经济状况造成的。1997—1998年的亚洲金融危机影响了消费者的消费习惯，从而影响了游客的数量。从1999年到2002年的4年间，公园亏损，生存岌岌可危。更糟的是，2003年爆发的非典型肺炎对旅游业产生了严重的影响。参观人数从2002年的340万人次下降到2003年的290万人次，下降了近10%。海洋公园的利润减少了75%，从2002年的200万美元下降到2003年的50万美元。虽然海洋公园还是盈利的，但香港迪士尼乐园将在两年内开业，因此许多人认为海洋公园注定要被关闭。

▶ 与迪士尼公司竞争的决定

香港海洋公园决定参与竞争，而不是认输，重建计划已经准备好了。我们将通过提供的产品、服务的市场及投资几个方面的EEF来评估香港海洋公园的决定。

提供的产品，香港海洋公园不能直接与迪士尼公司竞争。相反，海洋公园必须有自己的定位，不用提供与香港迪士尼乐园类似的景点。

迪士尼乐园的景点涉及讲故事、城堡、卡通人物、动画和想象力几个方面。参观迪士尼主题公园的人希望暂时逃离现实世界，他们生活在一个有米老鼠、小熊维尼和灰姑娘的幻想世界中。香港海洋公园将把重点放在真实的景点上，包括熊猫、海豚和海狮等动物。公园也会提供各种游乐设施，使其成为一个以海洋为主题的主题公园。它的定位是动物、海洋、环境、文化保护及教育（最重要的）。

海洋公园服务的市场与以前一样，但有能力吸引新游客，这些新游客在参观迪士尼乐园的同时也愿意参观海洋公园。两个公园可以起到互补的作用。海洋公园的发展计划包括多达 80 个景点。海洋公园认为，参观过美国迪士尼乐园和迪士尼世界的人会对香港迪士尼乐园感到失望，因为它的面积很小，所以他们会选择再去海洋公园游玩。

关于投资，2005 年 3 月香港海洋公园公布了一个由银行提供贷款 55 亿港元（约 7.05 亿美元）的重建计划，以建设世界上最好的海洋公园。目的是让公园成为一个世界级的、必参观的地标，进一步增强香港主题公园的吸引力。公园的动物数量将翻倍、游乐设施的数量从 35 个增加到 80 个，把自己打造成一个旅游目的地。这项突破性的工程于 2006 年 11 月开工，项目工期 6 年，历时 8 个阶段完成。重建计划的景点包括 Sky Fair、Amazing Asian Animals、Ocean Express、Sea Life Carousel、The Flash, Aqua City、the Rainforest、Thrill Mountain 及 Polar Adventure。

今天，香港海洋公园即"海洋公园"，是一个综合了海洋哺乳动物公园、海洋馆、动物主题公园和游乐园等多种功能与设施的综合公园，位于香港南部地区的黄竹坑和南龙山，是香港两个大型主题公园之一。

香港海洋公园有很多景点和游乐设施，包括 4 个过山车和不同主题的动物展览。例如，大熊猫栖息地、水母和中华鲟水族馆，以及展示了超过 5 000 条鱼的世界上最大的世界级水族馆。1979—1997 年，海洋公园因其标志性的虎鲸——Miss Hoi Wai 而闻名。

海洋公园除了是一个游乐园，还致力于将娱乐和教育融合在一起，主张终身学习和海洋保护。这是由天文台、实验室、教育部门和香港海洋公园保护基金会（OPCFHK）共同实施的，OPCFHK 是一个倡导、促进和参与保护野生动物和栖息地的基金会，以亚洲为重点进行研究和教育。2011—2012 年，该基金会资助了 42 个保护项目，覆盖亚洲 10 个国家的 27 个物种，资助总金额多达 500 万港币。

海洋公园是世界上第一个成功人工授精宽吻海豚（Bottlenose Dolphins）的机构，并且开发了许多新品种的金鱼。

▶ 动物

海洋公园于 2002 年首次获得动物园和水族馆协会（the Association of Zoos and Aquariums）的认可。2013 年，海洋公园获得了连续第 3 个五年的认证，这使得它成为美国以外唯一一个获得行业认可和高级动物护理机构。事实上，该机构已经达到或超过了协会设立的标准。

该公园致力于充分利用其独特的昆虫、鱼类、鸟类和海洋哺乳动物，进行科学研究，取得了很大成就。随着公园培育计划的不断成功，稀有的鲨鱼品种、宽吻海豚、海狮、海马、企鹅、水蟒、红掌狨猴（Red-Handed Tamarins）、侏狨（Pygmy Marmosets）及不同种类的海水母都被保留下来。濒临灭绝的鸟类和蝴蝶也在海洋公园内得到孵化和饲养。

公园里展出的动物包括巨大的海豚、中华鲟、小熊猫、太平洋海象（Pacific Walruses）、斑海豹（Spotted Seals）、南跳岩企鹅（Southern Rockhopper Penguins）、帝企鹅、巴布亚企鹅（Gentoo Penguins）、中国蝾螈、金龟子、四川金丝猴和虎鲸等。

▶ 保护

海洋公园已经将大量的精力投入动物保护的教育和研究上，于1993年成立海洋公园保育基金，1999年成立香港大熊猫保育学会。2005年7月，这两家合并成海洋公园保护基金（OPCFHK）——一个注册的慈善非政府组织。自2005年起，OPCFHK以提倡促进及参与保护野生动物及栖息地，为本地及海外的90个项目提供了900万港元的资助，其中包括有关海豚、马蹄蟹（Horseshoe Crabs）、鼠海豚（Porpoises）、大熊猫、蛇及其他亚洲国家鸟类的研究项目。

自2006年以来，OPCFHK与渔农自然护理署合作，在香港水域内处理鲸豚搁浅案。2008年四川地震后，OPCFHK成立了大熊猫基地重建基金并向受影响的自然保护区捐赠了设备。该基金会资助了42个生态保护项目，覆盖亚洲10个国家的27个物种，共达500万港元，创历史新高。

海洋公园多年来关注教育项目，于2004年成立海洋公园学院，致力于教育事业的进一步发展。学院不仅给在校学生提供培训，也给教师提供培训。每年，公园为大约4.6万名学生提供超过35个核心课程，涉及6个主题：大熊猫和小熊猫、海豚和海狮、鸟、鱼、植物和机械游乐设施。

由海洋公园设立的海洋哺乳动物繁殖和研究中心有9只海豚，对海豚的繁殖进行研究。该中心被划分为6个独立的区域，为海豚提供行为训练和基本的饲养。此外，中心在海豚的回声定位能力的研究工作中发挥了作用。

为了宣传动物理念，海洋公园的官方网站现在有一个"动物保护"专栏，讨论动物保护的重要性及一些与日常生活有关的动物保护问题。它还提供了一些关于野生动物物种及环境威胁和保护的有趣事实。

▶ 接近动物

海洋公园管理着一系列名为"接近动物"（Get Closer to the Animals）的项目，让游客能够与动物亲密接触。例如，在海豚邂逅馆与海豚一起游泳，通过"荣誉熊猫饲养员"项目成为熊猫饲养员。游客可以参加水族馆的"大水族馆潜水"（Grand Aquarium Scuba Diving）活动和鱼儿面对面（需要潜水员证书）。海洋馆还提供了一个夜晚在大水族馆露营的机会，观察夜晚的水下世界。游客们还可以参加像"神奇动物探险之旅"（the Amazing Animals ED-Venture）、"陆地探险"（Grand Aquarium ed-venture）、"极地探险"（Polar ed-venture）及"雨林探险"（Rainforest ed-venture）等项目。通过极地探险、企鹅相遇、海豹相遇和名誉极地动物饲养员，人们可以近距离接触极地动物。

➤ 其他独特之处

公园除了可以提供生日聚会、婚礼庆典和夜间郊游服务，还可以提供各种企业培训项目。

问题

1. 为什么海洋公园不像其他主题公园那样发展？
2. 海洋公园与香港迪士尼乐园有何不同？
3. 在海洋公园扩建前，香港迪士尼乐园是否对海洋公园造成威胁？
4. 在海洋公园扩建后，香港迪士尼乐园是否对海洋公园造成威胁？
5. 海洋公园成功了吗？

第 21 章

产业特性：奥林匹克运动会

> 参与有关奥运会的项目似乎是一件很荣耀的事情。但是要认识到事情不一定会和人们预料的一样，因为草并不总是绿的。所有的项目都存在各种问题，我们大多数人都了解自己行业项目的问题和风险。但像奥运会这样的项目，企业环境因素可能与我们过去所面对的项目有很大的不同。

奥林匹克（A）：你愿意管理主办城市的奥运会项目吗

今天，全世界超过 2/3 的人口会观看奥运会，所以能够管理此类活动的项目会带来很高的荣誉，也能使简历看起来很漂亮。但是，项目经理所面临的环境可能与他们过去处理过的任何事情都不一样。

奥运会将体育、政治和商业融合在一起。也许体育、政治和商业应该是奥运会项目的三重约束条件，而不是传统的时间、成本和范围。治理也是由多个干系人共同承担的，他们有政治或其他方面的目的。历史告诉我们，奥运会最终的成本可能是原始预算的 5～10 倍，伴随的挑战和风险相当复杂。如果你作为奥运会的项目经理失败了，那么世界上 2/3 的人都会知道你的名字，你可能被认为是将主办城市置于破产边缘的人。你愿意接受这种风险吗？

本案例介绍了包括奥运会历史在内的奥运会环境。在案例的最后部分，提出了一些参加 PMI PMP 认证考试时相似的问题。阅读完案例和思考了这些问题之后，再问问你自己："你愿意管理主办城市的奥运会项目吗？"

▶ 了解奥运会

在为期两周的时间内（每隔一年），我们可以看到一些世界上最伟大的运动员出现在夏季奥运会和冬季奥运会的赛场上。来自 200 多个国家的超过 13 000 名运动员将参加超过 30 个大类、近 400 个比赛项目。为了赛场上几秒或几分钟的比赛，许多运动员台下要经过多年的准备。对一些运动员来说，奥运会及媒体的曝光能给他和他的国家带来国际声誉。

奥运会本身的持续时间只有两周多一点，但很多人都没有意识到这项赛事准备的复杂性，以及奥运会闭幕后活动的复杂性。这些工作都离不开项目管理。奥运会正式开幕前，奥运会的筹备时间已经超过了10年；奥运会结束后，奥运会的相关活动也将持续很多年。也许项目经理应该像运动员一样获得金牌、银牌和铜牌，以确保奥运会按照项目计划和财务基准进行。

▶ 公共部门的项目管理

为筹备奥运会，需要完成大量的一个接一个的项目。这些项目工作是私营企业在公共部门环境下完成的。奥运会需要公共部门和私营企业之间紧密合作。遗憾的是，公共部门和私营企业的项目管理方式有很大的差异。与私营企业项目管理相比，公共部门项目管理的差异包括：

- 公共部门的干系人明显增多。
- 让所有干系人就目标和目标达成一致可能是困难的。
- 项目目标往往建立在隐秘的政治目的上。
- 有自己隐秘目的的政治对手可能是积极的干系人。
- 政治干系人可能因选举而改变，这可能带来项目目标和财务预期的变化。
- 新闻媒体的广泛报道。
- 项目经理可能需要团队之外部门的支持。
- 私营部门的项目经理可能无法解雇表现不佳的公共部门团队成员。
- 公共部门的团队成员可能将派往项目看作次要的工作，不会影响他们的绩效评估。
- 不管私营部门的项目经理希望如何管理这个项目，公共部门的团队成员都要遵循那些经常能创造更多工作的僵化的政府政策和规章。
- 公共部门项目的成功可能在未来才能被衡量。
- 公共部门项目的成功定义比私营部门项目要复杂得多，包含大量的约束条件和关键的成功因素。
- 由于公共部门的人员不喜欢听到坏消息，因此衡量项目业绩的指标数量被最小化了。
- 超支的成本可能由下一代承担。
- 公共部门的项目经理和团队成员必须遵循决策制定所需要的信息链。

公共部门项目失败的原因有很多，其中许多原因在以往的奥运会中多次发生，包括：

- 无法确定关键的公共部门干系人。
- 进度安排过于乐观，没有延迟交付的应急计划。
- 资源不足或资源不胜任。
- 没有足够的时间制定项目前期规划。
- 因政治目标改变而不断变更优先级。
- 无法获得一致同意的活动优先级别。
- 由于害怕暴露严重的风险，因此风险管理实践不完善。
- 没有对假设和约束条件的重新验证。

- 缺乏可重复的项目管理过程。
- 项目经理经验不足。
- 未能从其他项目中学习经验教训和最佳实践。

要了解项目管理是如何在奥运会中发挥作用的，有必要先了解奥运会的环境及回答以下五个问题。这些问题的答案直接影响项目的管理方式及必须做出的权衡：

（1）举办一次奥运会的生命周期有多长？
（2）奥运会是体育、商业还是政治活动？
（3）为什么很多城市或国家想主办奥运会？
（4）奥运会的资金从哪里来？
（5）如何衡量奥运会的成功？

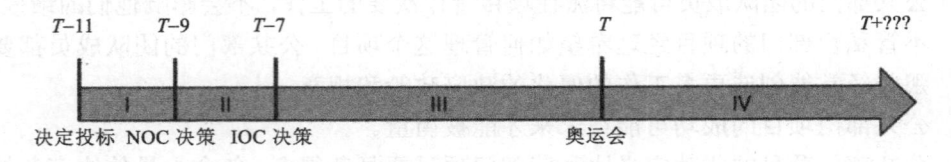

奥运会的生命周期

通常，奥运会的生命周期是十多年。但对一些城市，如举办 1976 年奥运会的蒙特利尔来说，生命周期可以超过 40 多年。因为在奥运会结束 30 年后，这座城市才偿还完债务。

奥运会的生命周期如图 21-1 所示，生命周期从第 1 阶段开始，即在奥运会开始之前的第 9～11 年。在这两年的时间里，每个国家的国家奥林匹克委员会（National Olympic Committee，NOC）必须决定哪个城市或哪些城市有兴趣主办这个为期 11 年的奥运会。

```
T-11      T-9    T-7                        T                  T+???
 |    I    |  II  |         III             |        IV                →
决定投标  NOC 决策 IOC 决策                 奥运会
```

图 21-1 奥运会的生命周期

注：T=举办奥运会的年份

通常，NOC 会列出一份清单，其中包括城市要拥有的基础设施及主办奥运会所需的财政资源。NOC 可以邀请多个城市提交投标，但每个国家的 NOC 在这个阶段结束时只向国际奥委会（International Olympic Committee，IOC）提交一个城市。申办奥运会不仅仅是为了民族自豪感，也是对城市未来的投资。

每个有兴趣主办奥运会的城市必须进行可行性研究，并且提交给 NOC 进行评估。第一阶段长达两年，是因为通常可行性研究相当耗时且成本可能高达 1 000 万美元甚至更多，这也是为什么一些城市因为财务问题不会考虑申办奥运会（芝加哥申报 2016 年奥运会失败，但是申办花费估计为 1 亿美元）。对主办奥运会感兴趣的城市可以利用自己的内部资源进行可行性研究，也可以与有经验的、能够估计基础设施成本的私营企业合作。对基础设施成本的不恰当估计会将一场成功的体育赛事变成一个金融灾难。项目经理可能不会被邀请参加投标的准备工作或审查提交给 NOC 的信息。

第一阶段需要考虑的问题包括：

- 在可行性研究中，最终决定和批准可能是由那些具有政治目的的政治家做出的，如连任机会，因此他们对错误的假设或不现实的成本几乎不关心。
- 制定投标价的委员会通常只预测有利的收益，不会考虑负面后果，如成本超支、土地使用不当及设施利用率不高。
- 参与标书制作的体育支持者会夸大主办奥运会的好处，低估基础设施的成本。
- 参与标书制作的建筑公司会低估成本确保获得合同，同时他们充分了解合同授予后范围变更是必然的。
- 当政治目的影响可行性研究时，会减少支持信息。
- 提交的可行性研究并不总是包含所有的假设。
- 在奥运会开始前的 9 年就需要对资金来源进行预测。
- 需要预测未来 9 年的影响因素，其中包括对成本的预测。
  —通货膨胀。
  —安全。
  —为运动员、奥委会官员和游客提供住宿。
  —体育设施的建设。
  —交通运输。
  —土地开发。

历史表明，许多城市提出的报价只是基于政治目的和错误假设做出的最佳猜测。为了增加获胜的机会，报价通常是低的。某些政治家公然向选民撒谎说，公共资金将不会用于场馆。但是，他们又签署了提交给国际奥委会的投标书，投标书中指明公共资金用于场馆建设。这就是为什么有些城市不愿意向公众公开投标信息的原因之一：害怕被选民拒绝和反对。奥运会主办城市的金融灾难历史，让选民们对奥运会在他们的城市里举行感到担心，担心沉重的债务负担、税收增加和新的税收，以及奥运会结束后城市里到处充斥的"摆设"（White Elephants）。

1978 年，在洛杉矶奥运会开始的前 6 年，洛杉矶市民举行了一次投票，以防止在 1984 年奥运会上使用公共资金。这是可以理解的，因为在 1932 年到 1984 年大部分的主办城市在奥运会结束后都有财政问题。科罗拉多州（Colorado）的丹佛市赢得了 1976 年冬季奥运会的主办权，但 1972 年科罗拉多州的选民们拒绝使用公共资金，奥运会随后移交给奥地利的因斯布鲁克（Innsbruck）。

2014 年 12 月，波士顿提交了申办 2024 年奥运会的申请，波士顿与洛杉矶、旧金山和华盛顿竞争东道主。波士顿的价格是 45 亿美元，将最大限度地使用当地大学现有的基础设施。但是一个名为"波士顿不需要奥运会"（No Boston Olympics）的组织质疑报价的真实性和提出的假设，要求举行州内投票并阻止波士顿举办奥运会。互联网和媒体都出现了支持"波士顿不需要奥运会"的文章。乔纳森·卡曼斯（Jonathan Kamens）在文章中说：

> 从 1989 年起，我就住在波士顿，我的家乡在英国南部城市布莱顿（Brighton）。我妻子和我的 5 个孩子都出生在波士顿，其中 2 个孩子在波士顿

的公立学校上学。我们都是波士顿人。我们反对波士顿在2024年举办奥运会。

我们的空间有限,我们的道路通行能力有限,我们的公共交通能力有限,我们的房屋数量有限。我们不需要花费数十亿美元建造设施,因为这些设施在奥运会结束后将被遗弃和闲置。我们不需要破坏性的建筑,这就像一个蹒跚学步的孩子在沙坑里挖洞一样。

波士顿没有什么需要证明的:我们已经是一座国际大都市。举办奥运会最终只会让我们收获得更少。

人们无法忽视这样一个事实:国际奥委会和波士顿之间确实有一个共同点——腐败问题。波士顿奥运会考察委员会(Boston Olympics Exploratory Committee)主席约翰·菲什(John Fish)是一家建筑公司的CEO,他的公司通过在这里举办奥运会将赚取数十亿美元的收入。同样,我们的市长与协会密切相关,协会的成员也能从奥运会中获益。

我和其他人看到的问题并非波士顿独有的。从目前来看,奥运会对任何城市、州或国家都没有好处,他们已经变得臃肿和腐败不堪。只有当国际奥委会不再以当前形势选择奥运会举办城市的时候,这个问题才能得到解决。

为了波士顿和奥运会,我恳求你们反对2024年在波士顿举办奥运会。

类似的情况也曾经发生在伦敦。当民众意识到2012年奥运会的成本接近146亿美元而不是原先估计的44亿美元的时候,在2011年12月当地举办了一场反奥运海报比赛。图21-2的海报就是当时的一幅参赛作品。

我们不希望你们的奥运会在这儿举办

图21-2 反奥运海报

当标书提交给NOC后,NOC会评估每份标书并选择一个城市来代表NOC,这个被选中的城市要准备最后提交给国际奥委会的标书。这就是第二阶段,在奥运会开始的前7~9年。这两年内用于评估每个城市的申办和准备最后标书的总成本可达到1亿美元。

NOC首先需要做的事情就是确定这个城市想要主办奥运会的原因,一般有三类原因:
(1)改善基础设施。
(2)进一步发展城市。
(3)建造体育设施。

历史表明，那些注重长期利益的城市更有可能获得成功，包括建设能够提高人民生活水平的设施。这些设施在奥运会结束后的很长时间内对经济健康产生积极影响。

城市举办奥运会的理由更多。表 21-1 介绍了一些举办城市的申请原因。此外，还可能是政治原因，如提升城市形象、带来新的商业机会。不管出于什么原因，这些城市都需要资金来满足它们的需求。

表 21-1 举办奥运会的原因

改善基础设施	发展城市	建造体育设施
北京	慕尼黑	慕尼黑
巴塞罗那	伦敦	巴塞罗那
首尔	雅典	首尔
	蒙特利尔	蒙特利尔
		悉尼

NOC 除了确保任何投标都符合奥林匹克标准，还需要确认每个城市的投标费用、所做的假设、收入来源的预测、提供保证资金的意愿、现金流、对升级因素的考虑、基础设施的要求及对新建筑的需求。NOC 可以根据往届奥运城市在奥运后提供的报告获取建议。之后，NOC 向国际奥委会提交标书。

影响第二阶段结果的因素包括：
- 政治家们和 NOC 不敢相信申请城市提供的信息。
- 申请城市公布的信息是概括性的，没有解释成本是如何产生的。
- 所做的假设可能/也可能没有被记录。
- 即使很容易识别的假设也没有经过验证。
- 考虑到财政风险，如果做了，就会做得很糟糕。
- 申请城市辩解在项目结束之前无法确认预算，因此导致后续工作超支。

在第二阶段结束时，每个 NOC 必须决定是否向国际奥委会提交申办奥运会的申请。之后，国际奥委会选择并宣布主办城市，这大约发生在奥运会开幕式之前的 7 年。

第三阶段是最关键的阶段，这个阶段的成本是可见的，主要有 4 个活动：
（1）体育设施建设。
（2）建设和改善城市的基础设施。
（3）融资。
（4）确定治理方式。

包括基础设施在内的典型项目：
- 为运动员、官员和游客提供住宿。
- 通信系统及信息技术。
- 媒体设施。
- 铁路、车站、桥梁、隧道、立交桥、道路和机场。
- 电力设施。
- 交通和人员管理。

- 安全。
- 票务、营销和商品销售。
- 志愿者。

举办奥运会将花费数十亿美元。国际奥委会使用的模式是：国际奥委会只提供少量的费用，其余部分由主办奥运会的城市或国家承担。国际奥委会希望获得主办城市或国家能为奥运会提供足够资金的保证。如果主办城市出现反奥林匹克运动和选民抵制的活动，那么国际奥委会可能将这个城市除名。

体育设施的建设通常最耗费成本。如果国家不参与体育设施的建设，那么城市可能需要大举借债，而这些债务通常只能通过提高税收来偿还。这就是为什么一些缺乏体育设施的城市不愿意举办奥运会的原因。

除了体育设施，还要为运动员提供住所（奥运村）。如果新建奥运村，那么新建工程项目也会带来许多麻烦。2016年里约热内卢奥运会，当运动员们抵达奥运村时，奥运村建设工作还没有完成。运动员们抱怨管道、电力、电线上的积水、不能正常冲水的厕所、墙上的积水和"水灾"等各种问题。

尽管许多人认为从外观看，里约热内卢的奥运村是所有奥运村中最漂亮的一个，但内部设施大相径庭。澳大利亚代表团团长基蒂·奇利尔（Kitty Chiller）曾参加过四届奥运会，他对记者说："我从未经历过这种状态的奥运村，或者根本没有准备好的奥运村。"

在奥运村可以入住之前，许多参加里约热内卢奥运会的国家代表团都选择入住酒店或其他住宿方式。一些代表团甚至聘用自己的建筑商来进行维修。

奥组委主席卡洛斯·努兹曼（Carlos Nuzman）说："我们正在进行一些维修，并在很短的时间内得到解决。每个奥运村都需要调整，直到它变得完美。重要的是在比赛之前，不会打扰到运动员，一切都会解决的。"

在接下来的两周内，经过维修后，几乎所有的运动员都搬进了奥运村。然而，这确实反映了奥运会组织委员会所承受的压力，因为奥运会的开始日期不能改变。

基础设施建设成本可能和新场馆新建一样昂贵。幸运的是，许多基础设施项目都由国家出资，作为奥运会筹备费用的一部分。在大多数情况下，基础设施都是由国家负责的，即使没有奥运会，这些费用也由国家承担。例如，根据美国联邦法律，政府将在奥运会期间为奥运会提供支持。这些支持包括安全保障项目和一些基础设施项目，如对可能造成拥堵的高速公路、立交桥、通往场馆的道路进行重建，以及安装交通系统等。政府不会为奥运会的实际运营提供任何资金。

2002年的盐湖城冬奥会，联邦政府资助的6亿多美元主要用于改善公路。2010年的温哥华冬奥会，加拿大政府斥资19亿美元建成从机场到温哥华市中心的快速公交系统，以及9亿美元建造温哥华会展中心，该中心后来用于奥运会转播。亚特兰大奥运会和洛杉矶奥运会之所以如此成功是因为大多数基础设施已经存在。降低基础设施资金投入是必要的。

一旦第三阶段开始，需要完善定义决策的治理结构，如图21-3所示。国际奥委会是最终的决策机构，负责为奥运会选择主办城市。此外，国际奥委会还决定奥运会的比赛项目。NOC 向国际奥委会报告，必须遵守奥林匹克宪章（Olympic Charter）。一旦城市被选定，就要形成奥组委。通常，委员会由来自公众部门和私营企业的代表组成。这个城市的名称经常出现在奥组委之前，如洛杉矶奥组委是洛杉矶奥运会的组委会。奥组委向国家奥委会和国际奥委会报告。

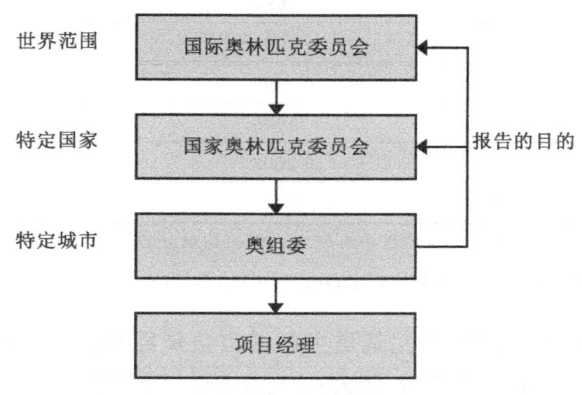

图 21-3　治理结构

大多数奥运会被视为项目集（也可称为大型项目。——译者注），项目集是一组项目的集合。因此，奥运会可能既有项目集经理也有项目经理，大多数项目集经理和项目经理向奥组委汇报。然而，如果国家在资助奥运会上发挥积极作用，可能有大量的项目集经理和项目经理向 NOC 和奥组委报告。

第三阶段的问题包括：
- 由于干系人数量很多，因此干系人的参与度和透明度是复杂的。
- 识别干系人的诚实度很困难。
- 政治家们往往不想听到坏消息，因为这对他们的连任不利。因此，他们会隐瞒信息。
- 公共部门和私营企业的项目经理可能准备两组报告：所有的好消息过滤后向上报告；坏消息会停留在团队中。
- 很少制定严格的规划。
- 预算和进度估计通常是不现实的。
- 几乎所有的权衡分析都会导致成本增加。
- 政治家们经常屈服于承包商的压力，要求他们加班以维持进度，从而导致预算增加。有时候，这只是承包商为了赚更多的钱而采取的一种策略，他们知道这时再更换承包商是不可能的。
- 项目团队将是高度多样化的。
- 很难确认资源是否合适及是否被有效地使用。
- 鼓舞人心的项目领导是必要的。

第四阶段要衡量奥运会是否成功。成功可以定义为短期的成功、长期的成功或者两者兼而有之。短期的成功通常通过主办城市的利润来衡量，奥运会结束后能够立即得出。主办城市的收入是否超过了费用？表21-2介绍了一些短期的成功。

表21-2 某些奥运会的短期利润　　　　　　　　　　单位：百万美元

主办城市	年　份	利　润
洛杉矶	1984	517.3
首尔	1988	1 000
巴塞罗那	1992	8.6
亚特兰大	1996	15.4
北京	2008	190.3
伦敦	2012	91.3

注：上面的数字来源于几个"估计"损益的报告和研究，它们都稍微有点不同。最后一列中的数据来源于http://thechive.com/2016/08/18/which-host-city-profited-the-most-from-the-olympics-20-photos/。

短期盈利可能是一种假象，尤其是主办城市负债经营的话。例如，巴塞罗那奥运会的利润显示是860万美元，但赤字高达61亿美元；西班牙政府欠下了40亿美元的债务和由省级政府承担的剩余21亿美元。1998年的日本长野奥运会显示2 800万美元的盈余，但债务是110亿美元。

还有一些长期成功的衡量方式，包括城市形象和声誉的提升、出现新产业、促进旅游业、城市的投资、土地出售或租赁的能力，以及出售或租赁体育场馆给专业团队的能力。长期利益可能需要很多年才能体现出来。这就是为什么在图21-1的第四阶段会有问号的原因。

有的利益是无法量化的，但它们很重要，即它们可以激起民族自豪感和心理满足感。一些人认为北京奥运会是有史以来最伟大的奥运会，它向世人展示了中国重要的政治和经济力量。巴塞罗那奥运会将巴塞罗那重新定位为欧洲最受欢迎的旅游目的地之一。根据一项民意调查显示，巴塞罗那从欧洲最佳城市排名的第11位上升到第4位。还有的城市通过奥运会的基础设施项目获益，如交通拥堵减少、道路拓宽、新地铁系统的修建、机场获得改善，以及更好的安全环境。

▶ 亏损的主办城市

有几个城市因为举办奥运会遭受了损失，如表21-3所示。

表21-3 某些奥运会的损失　　　　　　　　　　单位：10亿美元

主办城市	年　份	损　失
蒙特利尔	1976	0.99
悉尼	2000	2.1
雅典	2004	15

有几届奥运会主办城市的成本超支使得它们濒临破产边缘，如表21-4所示。

表 21-4　遭遇经济危机的主办城市

年　份	主办城市	奥运季节
1976	蒙特利尔	夏季
1980	盐湖城	冬季
1998	长野	冬季
2000	悉尼	夏季
2004	雅典	夏季
2006	都灵	冬季
2010	温哥华	冬季

这些城市发生经济危机的原因有三个：
（1）不可预见的花费。
（2）缺乏长远规划。
（3）不能在奥运会后有效利用场地。

亚特兰大被认为是一个成功的案例。利用公共资金，亚特兰大为奥运会建造了两个场馆。现在，亚特兰大勇士队和猎鹰队正在使用这两个场馆。奥运村是佐治亚理工大学（Georgia Tech University）学生的宿舍。这是亚特兰大奥运会规划中的一部分。

但对许多城市来说，举办奥运会是一个失败的命题。如果奥运会结束后场馆闲置，它们就变成了"摆设"，因为维护和运营成本远远高于从用户那里收取的费用。悉尼奥组委估计 22 亿美元的损失是因为奥林匹克体育场 90 000 个座位的维护费每年近 3 000 万美元。2005 年，雅典花费了 1.25 亿美元用于维护两座闲置的奥运足球场。

1970 年 5 月 12 日，蒙特利尔市长让·德雷波（Jean Drapeau）进行了大量的游说和外交努力，击败了两个强劲对手莫斯科和洛杉矶，以 2.5 亿美元的报价获得了 1976 年奥运会的承办权。其中，一小部分资金来自国际奥委会，其余由蒙特利尔自己承担。但是，由于加拿大政府和魁北克省拒绝承担费用，因此蒙特利尔市将自行承担。在 1973 年的一次新闻发布会上，德雷波说："就像男人不能生孩子一样，蒙特利尔不会出现赤字。"他的话后来深深刺中他和蒙特利尔市民的心。

一开始，问题就出现了。工会罢工造成了施工延期及成本增加。大量问题一直延续到开幕式。在奥运会开幕式的早晨，奥林匹克体育场才铺上草地。随着成本开始上升，蒙特利尔的"O"（代表奥运会）变成了"欠"（OWE）。1976 年。蒙特利尔颁布了一项烟草税，以帮助弥补 9.9 亿美元的赤字。但是偿还债务需要 30 年，包括债务的利息。到 2006 年，蒙特利尔的总成本约为 26 亿美元。不过，蒙特利尔奥运会被观众认为是一个成功的奥运会。

1997 年 9 月 5 日，雅典击败了罗马、开普敦、布宜诺斯艾利斯和斯德哥尔摩，获得 2004 年奥运会承办权。当希腊正忙于庆祝胜利时，它忘记了它是举办现代奥运会的最小国家。因此，对国家的经济影响将是巨大的。只有精心准备的计划及在合作的工作环境下细致地执行，才能使国家免于在全世界面前丢脸。

遗憾的是，2004 年的雅典奥运会被认为是奥运会历史上最严重的经济灾难之一。申办奥运会的决定与其说是实际的，不如说是情绪化的。雅典奥运会的口号是"欢迎回家"：回归奥运会的本质，避免大规模的商业化，将奥运赞助商的数量降至最低。雅典还拆除了近 10 000 个宣传奥运会的广告牌。当最初的预算 16 亿美元不足时，缺乏商业收入对奥运会产生了毁灭性的影响。雅典不仅低估了为住宿、安全、环境问题、交通和交通基础设施建设所需的资金，也未能充分关注其他问题，如 IT、票务、志愿者、广播和新闻、人群管理、客户服务、吉祥物、奥运火炬传递、营销和商品销售等。

雅典最终导致了 150 亿美元的现金短缺，造成这场经济灾难的原因包括：
- 缺乏规划。
- 大手大脚的支出。
- 采购方法不透明。
- 严重低估的基础设施成本。
- 错过重要的截止日期，造成了奥运会有可能取消的恐惧。
- 加班和雇用更多的工人导致预算增加。

在筹备奥运会期间，当成本开始上升时，两名首席财务官被解雇了，推动奥运会的政治家们也失去了竞选连任的机会。

150 亿美元的赤字约占希腊国内生产总值的 5%，每个希腊家庭的赤字约为 6 万美元，这些债务不得不由纳税人承担。一些人认为，2004 年奥运会是导致希腊当前财政困境的一个主要因素。截至 2016 年，雅典奥运会建造的 22 个场馆中，有 21 个被废弃或闲置。之前提到的三种经济灾难的原因——不可预见的花费、缺乏长远规划及不能在奥运会后有效利用场地，所有这些都影响了雅典。

当人群散去，举办奥运会的荣耀也迅速消失了，留下的是需要维护和保养的闲置场馆，主办城市只能通过向公民征税来偿还巨额债务。

▶ 奥运会的收入来源

奥运会的收入来源有很多，包括：
- 电视转播权。
- 赞助费。
- 许可费。
- 门票销售。
- 奥运彩票。
- 奥运纪念币。
- 奥运邮票。
- 停车费。
- 奥运会后租赁或销售场地。
- 出租或出售已开发土地。

虽然大多数人认为奥运会是世界上最伟大的体育赛事，但奥运会仍然与大多数职业体育赛事一样，收入必须超过费用。因此，商业化是资金来源的一个重要渠道。雅典奥运会的致命错误在于未能认识到奥运会是一项商业活动、奥运会商业化的重要性，以及通过商业化可以产生的收入。

2008年奥运会在北京举行，费用估计为440亿美元，奥运会是由政府发起的。为了增加收入，当地非常注重商业化，还强调在不牺牲质量的同时降低建筑成本。北京奥运会获得了1.46亿美元的利润，体现了商业化的好处。

商业化的重要性在1984年洛杉矶奥运会上首次得到认可，当时城市居民投票反对使用公共资金举办奥运会。洛杉矶奥组委需要通过电视转播权、赞助费和门票销售来筹集资金。奥组委意识到有必要设立奥林匹克赞助项目，该项目最终带来了64个赞助商，每个赞助商都支付了高达400万美元的费用或提供实物和服务，其中就包括可口可乐公司和安海斯布希公司（Anheuser Busch）。奥组委还制定了授权项目，收取特许费的同时允许制造商销售含有奥林匹克标志的产品。因为洛杉矶奥运会是在夏天举行的，所以他们可以利用好空置的大学宿舍，而不是建造一个大型的奥运村。组委会安排了3万名志愿者，是当时奥运会历史上规模最大的一次奥运会。

1952年之后的奥运会出现了纪念币。洛杉矶奥组委认为，如果这些纪念币也是法定货币（可用于流通）的话，那么收入可以达到2亿美元甚至更多。最初的计划是制作一套包含29枚硬币的纪念币，介绍各种奥运活动。因为硬币是法定货币，所以需要经由国会的批准才能铸造硬币。国会最终批准了一套包含3枚硬币的纪念币：两枚银币和一枚金币，计划铸造5 000万枚银币和200万枚金币，其中附加费为每枚银币价值10美元、每枚金币价值50美元，美国奥委会和洛杉矶奥组委可以分配这些附加费，美国财政部负责纪念币的制造和销售。洛杉矶奥组委除了每月收到财政部的支票，不用承担其他的职责。这枚银币的零售价为32美元（面值为1美元），金币的售价为352美元（面值为10美元）。

洛杉矶奥组委收取了1.5亿美元的企业赞助、2.868亿美元的电视转播权和1.5亿美元的门票收入。在奥运会结束后，洛杉矶奥运会创造了5.17亿美元的利润，并且为南加州带来了超过33亿美元的收益。

▶ 奥运理念的转变

1984年奥运会获得成功之后，国际奥委会转变了它的理念，通过企业赞助和电视转播权来扩大奥运会的影响范围。通过国际奥委会的权利控制而不是国家奥委会的控制，国际奥委会实现了经济上独立。奥运会现在变成了一项商业活动，而不仅仅是体育赛事。

国际奥委会在1985年成立奥林匹克赞助计划（The Olympic Program，TOP）来试图控制赞助权，因此也创造了奥林匹克品牌。获取TOP的会员资格是非常昂贵的，4年的会员资格要花费5 000万美元。会员可以在报纸杂志和广告中独家使用奥林匹克标志（五环标志）。

赞助商们愿意拿出数亿美元的广告费用是因为在短短两周内，全球2/3的人会通过电视转播看到它们的广告，这些公司包括：
- 可口可乐公司。
- 麦当劳。
- 通用电气。

- 宏利（Manulife）。
- 欧米茄（Omega）。
- 强生。
- 松下。
- 柯达。
- 三星。
- Visa。
- 联想。
- Atos。

国际奥委会因允许某些赞助商（尤其是垃圾食品）加入 TOP 而受到批评。例如，一些团体抱怨说世界各地的肥胖或超重的人数正在增加，不应该鼓励推广可口可乐和麦当劳。此外，向观看奥运会的年轻观众推广烟草、糖果、啤酒和酒类产品也被认为是不合适的。在 2012 年伦敦奥运会上，吉百利成为奥运会的合作伙伴，糖果产品也成为奥运会官方指定产品。尽管国际奥委会确实支持公共卫生安全，鼓励健康的生活方式，但在接受赞助商方面也确实存在灰色地带。

赞助方式有很多种。首先，全球的 TOP 成员可以直接与 IOC 合作。国内的合作伙伴和赞助商可以直接与奥组委进行谈判，提供非现金的产品和服务。所有参赛国的国内合作伙伴和赞助者通常都会提供差旅费，以便让他们的运动员参加奥运会。此外，还有专门的供应商与奥组委合作。由于合作伙伴和赞助商的要求，项目经理可能被要求对一些项目进行更改。但或许最大的麻烦是让供应商及时履行承诺。

TOP 还包括对转播权的控制。出售转播权使国际奥委会在世界范围内增强了奥运会的知名度，吸引更多的人参与，这也提升了广告商的广告效果和广告商的投入。这一循环使得国际奥委会对这些授权收取越来越多的费用。例如，哥伦比亚广播公司为 1998 年长野冬奥会支付了 3.75 亿美元，NBC 则为 2000—2012 年所有奥运会的转播权花费了 35 亿美元。各届奥运会的转播费用如表 21-5 所示。

表 21-5 各届奥运会的转播费用　　　　　　　　单位：100 万美元

年　份	主办城市	转　播　费
1960	罗马	1.2
1964	东京	1.6
1968	墨西哥	9.75
1972	慕尼黑	17.8
1976	蒙特利尔	35
1980	莫斯科	100
1984	洛杉矶	287
1988	首尔	403
1992	巴塞罗那	635
1996	亚特兰大	930
2000	悉尼	1 330

续表

年　份	主办城市	转　播　费
2004	雅典	1 500
2008	北京	2 000
2012	伦敦	3 900

▶ 国际奥委会的难题

尽管国际奥委会希望借助 TOP 扩大影响范围，但强调商业化也导致了令人头痛的问题。各国政府都承诺为奥运会提供巨额资金，而国际奥委会似乎没有采取任何措施来限制主办城市的奢侈消费。随着奥运会成本的增加，越来越多的国家拒绝提交主办奥运会的申请。为了保护国际奥委会的形象，国际奥委会发布了名为"Olympic Agenda 2020"的改革计划，旨在降低申办城市的竞标成本，改革建议最大限度地利用现有和临时设施。然而，国际奥委会有权增加新的体育项目以增加门票销售收入、赞助费和电视转播权收入。

奥运品牌的出售一直备受争议，因为这也意味着鼓励消费。争论的焦点是，奥运会与任何其他商业化的体育赛事没有什么区别。商业化意味着奥运会不仅存在运动员之间的竞争，也存在商业竞争。有评论专门指向 IOC，认为 1996 年的亚特兰大奥运会和 2000 年的悉尼奥运会商业氛围过于浓厚，主办城市到处都是出售奥运相关商品的企业和商人。国际奥委会表示将解决这个问题，防止在未来的奥运会上过度销售。另一种批评是奥运会是由主办城市和国家出资的，国际奥委会不承担任何费用，却控制着与奥林匹克标志有关的所有权利并享有奥运会的利润。此外，国际奥委会还享有部分赞助收入和转播权收入。尽管如此，不少主办城市仍在热烈地争夺奥运会的主办权，尽管它们无法确定是否能收回投资。

奥运会的收视率也让人头疼。从 20 世纪 60 年代到 20 世纪末，由于 1964 年使用卫星进行电视实况转播及 1968 年彩色电视机的出现，观众人数呈指数增长。1968 年墨西哥奥运会的全球观众估计为 6 亿人；1984 年洛杉矶奥运会，观众人数增加到 9 亿人；1992 年巴塞罗那奥运会，这一数字增加到 35 亿人。然而，2000 年悉尼夏季奥运会创造了自 1968 年以来，NBC 在夏季和冬季奥运会上的最低收视率。这是由两个因素造成的：来自有线电视频道和互联网的竞争——直播。电视公司仍然依赖延迟的内容，这在信息时代已经过时了。收视率下降意味着电视公司不得不免费提供广告时间。由于转播奥运会的费用太高、互联网及有线电视的竞争加入，电视公司要求国际奥委会做出让步，以提高收视率。

每届奥运会结束后，国际奥委会都会对奥运会进行评价并对奥运会的项目进行修改。例如，夏季奥运会的体操比赛从 7 个晚上增加到 9 个晚上，并提供了一个冠军之夜来吸引更多人的兴趣。国际奥委会还增设了游泳和跳水项目，这两项运动都是深受观众欢迎的体育项目。此外，美国电视台能够在直播时进行解说，以便在美国的黄金时段播出。这些努力的结果是喜忧参半的：2006 年冬奥会的收视率明显低于 2002 年奥运会的收视率，但 2008 年夏季奥运会的收视率大幅上升，2012 年夏季奥运会成为美国收视率最高的赛事。

国际奥委会试图保持奥林匹克理念，让奥运会不受政治的干扰。但随着电视观众的增长，奥林匹克运动不得不卷入一些政治事件中，包括抵制、抗议、罢工、恐怖主义战争、人权问题和政局不稳定等。有的城市举办奥运会是为了向世界展示其政治体系的优势。奥运会是由体育赛事演变而来的，后来发展成一项大型商业活动，现在是政府使用的一种政治工具：宣传和媒体曝光比体育竞争更重要。围绕奥运会的各种事件往往会掩盖奥运会本身的成就。

由于 TOP 过度关注电视转播权和商业化，越来越多的人担心国际奥委会不能保持其道德标准。如果公众对体育官员的诚信失去信心，他们也会对奥林匹克运动失去信心。

贿赂、收受礼物也是一个问题，就像盐湖城冬奥会。由于申办城市的赌注越来越高，甚至国际奥委会的成员也开始违规接受各个申办城市的贿赂和礼物。这些城市希望获得会员的选票，以便获得奥运会申办权。

▶ 项目的复杂性

奥运会是世界上最伟大的体育赛事，但它们仍然受到政治项目和高度复杂性的困扰。大多数人根本无法想象这些项目和子项目的复杂性，以及它们可能需要数年才能完成的事实。国际奥委会将提前 7 年确定主办城市，给予足够的时间来建设必要的基础设施和管理这些复杂的项目。

要了解奥运项目的规模，可以看一个例子。以下是关于俄罗斯索契冬奥会的评论，来自帕特里克·阿迪巴（Patrick Adiba），他是奥运会官方 IT 合作伙伴 Atos 的首席执行官。

> 技术基础设施需要 400 台服务器、1 000 台安全网络设备和 5 600 台计算机，负责向 9 500 家获得认证的转播商和媒体成员提供实时奥运信息。它要在不到一秒的时间内将比赛结果传递给全球观众，处理和激活 20 万名奥运会相关成员的认证徽章，收集和处理超过 5 500 名参加奥运会的运动员的数据。

Atos 已经为索契冬奥会做了 7 年多的准备。由于恐怖主义和潜在黑客的威胁，该公司进行了 10 万小时的系统测试，涉及 9 000 多个不同的场景。

我们在电视上看到的是一项伟大事业的展示结果。通常，我们通过运动员的表演质量、开幕式和闭幕式的星光熠熠、能够实时看到所有的比赛或记录，以及其他因素衡量奥运会是否成功。遗憾的是，从项目管理的角度来看，项目成功和项目管理成功之间存在显著差异。尽管最终的结果能令全球数百万观众和东道国感到满意，但该项目的管理方式可能是灾难性的。

▶ 来自三重约束的挑战

如今的《PMBOK®指南》强调竞争性约束条件，项目可能有多达 10 个或更多的约束条件——所有的约束条件重要程度不同，但我们只考虑时间、成本和范围这三个传统的约束条件。一般来说，如果你需要固定一个约束条件，另两个可能需要改变。例如，如果项目的范围是固定的，那么我们必须考虑时间和成本的权衡。但奥运会的日期不能改变，牺牲时间会带来严重的后果。因此，只能在成本和范围上进行权衡。然而，范围的变更也是有限制的。我们不能告诉各国奥委会，它们必须减少20%的运动员人数，因为可供住宿的房间不够；我们也不能告诉它们我们正在取消游泳项目，因为没有足够的资金建造游泳场馆。时间是不会等项目经理的，所以它是固定的。唯一的解决办法是多花钱或少花钱。即使预算是确定的，成本也会上升。在大部分奥运会中，成本超支已经成为一种趋势。为了控制2004年雅典奥运会期间的成本超支，游泳馆没有建造屋顶。在制定固定的时间表时，必须尽早定义范围，这能为权衡提供更多的机会。

▶ 项目管理和企业环境因素

许多企业环境因素会影响奥运会项目的规划和管理方式及决策的制定方式，它们包括：
- 治理委员会的政治家们会出于自己的最佳利益做出决定，而不是奥运会项目的最佳利益。
- 参加奥运会的200多个国家的政治家们要求在某些项目中加入"额外的东西"，以满足他们的个人需求。
- 在奥运会结束前无法确定预算。
- 在奥运会正式开幕前7年就预测赞助费、特许费和门票销售收入。
- 由于经济突然衰退，预算受到影响。
- 有一些国家出于政治原因抵制奥运会。
- 某些国家坚持宗教要求。
- 担心人权问题和性别歧视。
- 与涉及贿赂、回扣和贪污的人打交道。
- 担心安全问题、暴力和可能的恐怖主义。

每届奥运会都有它的问题。可以借助2016年巴西里约热内卢奥运会上发生的事情，了解企业环境因素和假设是如何在7年的时间内发生变化的。
- 2009年，巴西获得2016年夏季奥运会的主办权。当时，作为巴西的主要收入来源之一的石油价格已经高达每桶80美元以上，巴西经济势头强劲。但2016年，油价暴跌至每桶20美元。巴西正艰难应对自20世纪30年代以来最严重的经济衰退，2016年第一季度经济萎缩了5.4%。
- 最后一刻奥运会预算不得不削减5亿美元，这次削减导致场馆的观众座位及奥运村的设施都减少了。
- 里约热内卢的奥运会受到了可能导致破产的金融困扰，迫使当地领导宣布进入紧急状态并要求政府注资8.5亿美元，因为里约热内卢省（而不是国家）负责为奥运会提供资金。
- 2016年，巴西陷入政治动荡，总统迪尔玛·罗塞夫（Dilma Rousseff）被弹劾，她的继任者、临时总统米歇尔·特梅尔（Michel Temer）的总统生涯开局不顺。仅仅两个月时间，包括旅游部长在内的三名内阁成员辞职，原因是他们被指卷入巴西国家石油公司（Petrobras）的大规模腐败丑闻。批评人士呼吁弹劾特梅尔。
- 应对恐怖主义威胁、保护运动员和游客的安全是至关重要的。里约热内卢是犯罪率最高的城市之一：每年的被谋杀率为万分之五点四，而西欧的被谋杀率是万分之一。里约热内卢为奥运会聘用了 85 000 名安保人员，其中有 38 000 人来自武装部队。这一数字是 2014 年索契冬奥会的两倍，是 2012 年伦敦奥运会的 8 倍。遗憾的是，到 2016 年 6 月底，很多警察已经有 6 个多月没有领到加班费了。在里约热内卢的加利亚诺国际机场，包括警察和消防队员在内的 100 多名紧急服务人员举着横幅，抗议他们被拖欠的工资。他们说："欢迎来到地狱。警察和消防队员没有得到薪酬。无论谁来，不会安全。"因此，注入的大部分现金用于支付这些人员工资及奥运会的安保费用。

- 另一部分现金用于地铁扩建，将奥林匹克中心连接到市中心。这个项目预计在奥运会开幕前 4 天完成。
- 寨卡病毒与小头畸形有关，是一种导致婴儿出生时脑袋异常小的疾病，这也是一个可能导致运动员和游客数量减少的主要担忧。2016 年 2 月，仅一周内就有 1.6 万例寨卡病毒病例。超过 150 名来自世界各地的医生、科学家和教授们建议更换主办城市或延期举办奥运会。

▶ 其他奥运问题

奥运会项目是政治项目。政治家们通常对奥运会有很高的期望，他们通过为奥运会提供支持，提升他们的声誉或形象并有机会再次当选。当开始申办奥运会的时候，就要考虑企业环境因素。为了获得主办奥运会的政治支持，政治家们通常基于不现实的假设制定固定成本。企业环境因素在此时可能或不可能被考虑。虽然政府决策制定者对政府融资的运作方式很清楚，但他们往往不了解预算是如何构成的，以及承包商希望赢得利润丰厚的合同的"决心"。他们轻易相信摆在他们面前的简报，虽然这份简报通常无法解释这些数字是如何产生的，以及假设、企业环境因素、财务风险、未来通货膨胀因素对建筑成本、安全需求、住房和交通运输的影响。然后，项目经理要根据这些未经证实的信息管理项目。

这些假设包括合格劳动力的获取、未来 7 年生活成本的增加及原材料的最低通货膨胀率。精确预测未来 3 个月的成本是可能的，但是预测未来 7 年的成本可能很麻烦。在通常情况下，制定标书的人很少或没有接触过项目管理，而专业的项目经理也不会被邀请参与标书的制作。

虽然奥运会每个项目的预算都是固定的，项目经理也必须了解企业环境因素的影响。首先，预算是建立在资金可用的前提下。如果奥运会开幕前的 7 年内经济状况发生变化，赞助商可能减少甚至撤回赞助资金。如果融资的资金少于必要的资金，那么项目经理可能屈服于政治压力进行权衡分析。如果资金较多的话，项目经理会被要求扩大项目，如设置更多座位以增加门票收入。如果场馆建设已经开始，这将导致一系列问题。

一般来说，在项目结束之前无法确定预算，至少政治家们是这么告诉我们的。事实上，一旦预算制定和公布，政治家们就不希望在接下来的 7 年里听到任何坏消息，否则会影响他们的竞选活动。当坏消息发生时，政治家们试图淡化他们与项目之间的关系是不正确的，因为反对党会利用这个消息影响选举的结果，因此，项目经理会被要求隐瞒坏消息。

在以往的奥运会上，最终成本平均是最初估计的三倍。选民们知道这一点，但不知道超支的资金将来自何处。如果选民反对举办奥运会是因为使用公共资金及提高税收的话，那么项目经理可能在一个充满敌意的环境中工作，甚至有人会希望项目失败。

挪用公款和回扣也是问题。即使项目经理没有参与，人们也会认为项目经理在某种程度上参与了这种财务违规行为。这将导致不利的工作环境，媒体将项目经理所做的一切都置于显微镜之下。

▶ 获取的经验教训

由于奥运会所需的资金不断增加，因此需要从历届奥运会中汲取最佳实践和经验教训。重复犯错的代价极其昂贵。

也许从1976年蒙特利尔奥运会、2004年雅典奥运会、2010年盐湖城冬奥会和2012年伦敦奥运会中学到的最重要的是协作的工作环境。开放和有意义的交流是必不可少的。

如果政治家们创造拒绝聆听坏消息的文化，那么结果就是政治家和不同的奥林匹克利益相关团体之间的沟通中断。最终导致项目进度放缓，因为项目经理无权解决问题。问题已经发生，但关注不够。此外，从雅典奥运会得到的重要教训是，需要与包括政府在内的干系人进行开诚布公的交流。在盐湖城举办的2010年奥运会上，成立了治理办公室并使用了项目章程。权力和决策责任分散到各个不同的团队，确保项目顺利进行。在公共部门和私营企业之间用每个人都能理解的语言传递信息，因此各方可以根据证据而不是猜测做出明智的决定。这也加速了项目问题的处理。

从过去的奥运会项目管理中还可以学到的经验包括：
- 必须公开所有的假设及投标成本的构成。
- 包括坏消息在内的关键问题应该公开解决，而不是隐瞒。
- 除了增加成本，其他可用于权衡分析的机会很少。
- 考虑到奥运会生命周期内经济状况的变化，应该持续验证假设。
- 鉴于生命周期的长度，风险管理活动应该着重在减少未来的损失。
- 信息共享至关重要。
- 必须清楚地了解包括治理人员在内的各方的角色、责任和决策权力。
- 干系人和治理人员必须了解项目管理，以及他们的行为和决策是如何影响项目绩效的。
- 项目经理必须知道如何处理欺诈、勾结、回扣、挪用公款等活动造成的影响。没有高层的支持，项目经理可能无法做到。

如今，开始重视汲取奥运会的最好实践和经验教训。与其称为最佳实践库（常见于各个行业），不如称为可学习的项目管理遗产（Project Management Legacy Learning）。在伦敦奥运会之后，出现了有关课程的讲座，这些讲座在以后每届奥运会结束之后都有。

▶ 奥运会的未来

毫无疑问，奥运会一直存在，但选择举办城市的过程可能发生重大变化。基础设施成本的上升对主办城市来说是一个头疼的财务问题。一些专家认为，除非能够利用一些现有的设施，否则日本主办 2020 年奥运会的费用将超过 300 亿美元。国际奥委会未来的决策可能以城市拥有什么而不是需要建造什么为基本条件。几乎没有几个城市拥有所有必要的奥运场馆，这也是为什么越来越少的城市申办奥运会的主要原因。举办奥运会是主办城市的一场营销盛会，可以带来可观的收入及知名度的提升，不过前提是已经制定好了奥运会结束后的规划。

目前的想法是重复使用场馆，即在合理的时间内允许某些城市再次举办奥运会。虽然在两次奥运会期间要承担场馆的维护费，但多次承办奥运会，费用是可能收回的。每年的维修费用大概需要数百万美元。

下面是一些关于场馆重复使用的想法：

- 希腊将成为奥运会的永久主办国，因为希腊是奥运会的发源地。这可能让那些主办奥运会的其他城市失望，但会让主办奥运会的成本保持在最低水平。
- 拥有基础设施的三四个城市为奥运会的永久举办地，奥运会将在这些城市轮换。
- 奥运会场馆将每隔四年在多个城市进行分配，这样就不会让任何一个城市负担过重。不过，这需要多个奥运村，可能给广告商、奥运会的商业化、赞助权和转播权带来问题。
- 一个城市可以获得两次主办奥运会的权利，连续两次或者 8 年后，也可以是 12 年后。

虽然上面的每个想法都有各自的优点和缺点，但是它表明人们正在考虑举办奥运会所耗费的基础设施成本问题。

问题

假设你是一位私营企业项目经理，正在为申办中的奥运会管理多个项目。以下这些问题的答案有很多，思考后请给出你的答案。

1. 你仔细阅读了项目的工作说明书，发现它的假设是错误的，给出的成本基准无法完成工作。接下来你应该做什么？
2. 奥组委的某些政治干系人似乎有着其他的目的，现在他们正在改变项目的需求并造成项目成本超支。你不确定是否有必要进行变更，接下来你应该做什么？
3. 项目的报价包含一小部分的管理储备金。项目的发起人碰巧是奥组委的一员，想要使用管理储备在另一个项目上增加一些额外需求。因为他是项目发起人，下一步你应该做什么？你能向谁求助？
4. 你的一些团队成员为了证明有必要加班，似乎故意放慢了他们的工作。如果工期延长，成本会上升。接下来你应该做什么？
5. 奥组委削减了项目的预算，用在其他不是你管理的项目上。你意识到不能在预算减少的情况下完成你的工作。接下来你应该做什么？你应该和谁沟通？
6. TOP 成员的赞助商要求你对项目进行结构上的改变，这样赞助商公司的标识就能更加突出。但是这会延误项目的工期，造成成本超支。奥组委告诉你只能在现有的成本基准上做出改变。下一步你应该怎么做？你应该和谁讨论？

7. 一些国内赞助商要求你做出改变，但是会与 TOP 赞助商的需求存在冲突。接下来你应该做什么？

8. 你的承包商要求更多的钱来完成他们的工作，你认为他们不需要额外的资金。下一步你应该做什么？你应该和谁讨论？

9. 一些操作类的项目需要奥组委的成员达成一致。如果他们不能达成一致，会影响你项目的速度。下一步你应该做什么？你该向谁求助？

10. 你非常相信 PMI 制定的行为准则。奥组委的一名高级成员是负责管理多个项目的公司老总。这些项目的预算已经超出了人们的想象，项目成员告诉你，成本增加的原因是挪用公款和回扣。考虑到这些不是你的项目，下一步你应该怎么做？

11. 奥组委要求你向媒体做一个报告，解释项目成本超支、进度滞后的原因。这是项目经理的职责吗？

12. 国家和市政府为基础设施项目提供的资金不足以完成所有需要完成的工作，但是，你被告知政府资助的这笔资金包含所有的基础设施费用。由于你的项目与基础设施项目直接相关，你担心项目的部分预算会重新分配给基础设施项目。接下来你应该做什么？

13. 当你的项目进行到一半的时候，你被告知项目有一位新的发起人，他在奥组委任职。新发起人不知道到目前为止项目面临的任何关键问题，他可能提出一些需求改变。接下来你应该做什么？

14. 奥运会后，你正在从事的项目可能变成"摆设"。如果现在进行某些结构和设计上的改变及增添 1 亿美元的额外费用，你可以将每年的维护和运营成本降低 1 500 万美元。接下来你应该做什么？

15. 现在是时候问自己："你愿意管理主办城市的奥运会项目吗？"

奥林匹克（B）：奥运会、项目管理和 PMI 的道德规范与职业操守

项目经理应遵守项目管理协会所制定的道德规范和职业操守，但有时很难做到。例如，你所在公司的高管或外部干系人可能以个人名义或公司名义做出不道德或违反职业操守的行为。尽管作为项目经理，你可能不会这么做，但你会被卷入事件中。如果你喜欢你现在工作的公司而不想离开，你会怎么办？如果在你的项目受影响前，你根本不知道发生了什么，你会怎么办？如果你在管理一个项目时被要求参与其中，你会怎么办？如果在项目开始后干系人对你施加压力，你会怎么办？

▶ 索契冬奥会

2014 年俄罗斯索契冬奥会的初始预算为 120 亿美元，组织者预计奥运会结束后将有超过 3 亿美元的现金盈余。120 亿美元的估计远远超过了 2010 年加拿大温哥华冬奥会的 80 亿美元。但是索契冬奥会的最终成本飙升至 510 亿美元，超过 2008 年北京夏季奥运会 440 亿美元的花费——曾是历史上最昂贵的奥运会。一般来说，夏季奥运会的成本要

比冬季奥运会高（见表21-6）。

表21-6　北京夏季奥运会与索契冬季奥运会的比较

因　素	北京夏季奥运会	索契冬季奥运会
运动员（人）	10 924	2 873
比赛项目（项）	302	98
场馆（个）	28	15

北京奥运会高昂的成本背后有多重政治原因。中国想向世界展示，它现在是一个政治和经济强国，奥运会是中国实现其目标的手段之一。普京希望通过举办2014年冬季奥运会和2018年世界杯，向世界展示俄罗斯的政治和经济实力。

索契冬奥会的费用上涨还有一个原因，俄罗斯希望在未来几年把索契打造成度假胜地。这就要改善该地区的基础设施，特别是电信、电力生产和运输，如公路、铁路、车站、桥梁、隧道、交通枢纽和机场等。此外，还需要其他基础设施来支持奥运会。例如，运动员、国际奥委会官员和游客的住宿，媒体的设施，安全措施等。一般来说，将基础设施成本列入奥运会成本不是一个好主意。因为即使没有奥运会，该地区的发展也要耗费成本。索契奥运会修建的424个基础设施项目中，只有13个是体育项目。

基础设施建设的合同为某些人提供了挪用资金、吃回扣、贪污和其他形式腐败的机会，特别是与建筑有关的合同。某些合同的授予似乎是不公平的。索契不是唯一一个存在这些问题的奥运会。2002年盐湖城冬季奥运会也经历了腐败和管理不善，其他的奥运会也是如此。但是，米特·罗姆尼（Mitt Romney）被请来处理盐湖城冬奥会的混乱局面。

▶ 索契奥运会的成本上升

随着索契奥运会成本开始上升，普京的政治对手声称很大一部分政府官员存在腐败。

反对派人物列昂尼德·马丁纽克（Leonid Martynyuk）和前副总理鲍里斯·涅姆佐（Boris Nemtsov）在5月的一份报告中称，510亿美元的预算中，300亿美元由普京的亲信"吃回扣和贪污"了。他们声称奥运会已经变成了一个"巨大的骗局"。

还有人批评一条基础设施道路的修建。他们认为，如果不是为了奥运会，就不需要修建公路。

在曲棍球、速滑和花样滑冰等比赛项目的举办地索契和滑雪与滑板滑雪等山地比赛项目举办地克拉斯纳亚波利亚纳（Krasnaya Polyana）之间的一条约30千米的公路，是成本上升的最具代表的项目。据报道，这一数字为86亿美元。7月，涅姆佐夫在接受RBK电视频道的采访时表示："你可以用500万吨黄金或鱼子酱铺平这条路，价格也是一样的。"

基础设施建设及按时举行开幕式需要数万名建筑工人，其中包括 1.6 万名来自俄罗斯境外的建筑工人。许多非俄罗斯工人觉得他们被剥削了。

一份人权观察报告指责承建奥林匹克中心体育场、奥运村和新闻媒体中心的建筑公司克扣工人工资，并且要求他们在几天内轮班工作 12 小时。这些公司还被指控没收工人护照和工作许可证，显然是为了强迫员工继续工作。

对俄罗斯政府来说，奥运会是国家权力和尊严的象征。对普京来说，奥运会是他留给俄罗斯的遗产。因此，由于索契冬奥会的重要性，不仅没有人担心成本上升，还要求更多的合同资金。

此外，有必要了解谁获得了这些利润丰厚的合同。

索契奥运会涉及两种私人商业利益：国有企业雇用的公司，进行具体的工作；投资者的公司（至少部分出资）负责各种项目。根据列昂尼德·马丁纽克和鲍里斯·涅姆佐的报告和反对派杂志《新时代》（New Times）的报道，没有人从索契获得的钱比阿尔卡季（Arkady）兄弟和鲍里斯·罗滕贝格（Boris Rotenberg）更多。他们是普京童年时期的朋友，在过去 10 年里成为富有的企业家。据该杂志称，他们收到了 21 份合同，价值约 70 亿美元，约占索契冬奥会总开支的 14%，比温哥华冬奥会的总费用还要多。

为奥运建设提供资金的私人投资者最有可能的动机与其说是追求巨额利润，不如说是出于一种默契：在普京治下，他们对克里姆林宫和整个国家都负有一定的义务。俄罗斯央行前副主席、现任乔治敦大学（Georgetown University）研究员的谢尔盖·阿列克谢萨申科（Sergei Aleksashenko）表示："他们接到一个电话说：'有人认为你应该参与这个或那个项目的建设。'"

俄罗斯政府官员和承包商都了解游戏规则。承包商想要盈利，通常是超额利润；授予合同的官员希望得到回扣。为了满足双方的利益，许多合同被人为夸大。其他合同在授予后允许增加成本，因为他们知道会提供额外的资金。费用增加的例子如表 21-7 所示。

表 21-7　场馆费用增加的案例

场　　馆	最终成本	初始成本的倍数
跳台滑雪	2.67 亿美元	6 倍
体育馆	7 亿美元	14 倍
速度滑冰	2.26 亿美元	7 倍
有舵雪橇	0.765 亿美元	1.6 倍

一些俄罗斯政府官员被指控从事犯罪活动。2013 年 2 月 6 日，普京参观了红波利亚纳（Krasnaya Polyana）的跳台滑雪设施。虽然场地的最初报价为 4 000 万美元，但费用已增至 2.67 亿美元。艾哈迈德·比拉洛夫（Akhmed Bilalov）是建造跳台滑雪场地的国有公司负责人，也是俄罗斯奥委会副主席。在普京访问的第二天，比拉洛夫被撤职，并

因欺诈罪被指控。他和他的兄弟立即离开俄罗斯前往伦敦。项目工作人员指出，由于缺乏最初的地质测试，导致成本大幅增加及计划改变。跳台滑雪的情况就是一个例子，说明了大企业、不完善的规划和松懈的监管导致了成本滥用。

索契冬奥会的其他腐败问题包括：
- 俄罗斯纳税人要承担96%的账单。
- 奥林匹克体育场的价格是欧洲同类体育场的2.5倍，成本在7年内增长了14倍。
- 普京的三个老朋友获得了总计150亿美元的合同。
- 一名与黑手党有关联（Mafia-linked）的商人以3 300万美元承建沙伊巴（Shayba）冰球场，他也是普京朋友的朋友。
- 俄罗斯总理梅德韦杰夫的滑雪教练获得了总价值25亿美元的合同。
- 一家由西伯利亚政治家拥有的建筑公司承建了价值5亿美元的项目，高出市场价格的2.3倍，该公司不具有建造体育场馆的经验。
- 当地长官花了1 500万美元为自己购买了一架直升机。
- 一个以近两倍的市场价格建造的发电站却无法为索契冬奥会提供足够的电力。
- 速度滑冰赛场的花费是预算的7倍，比市场价格高出1.3亿美元。
- 冰山滑冰场的造价超过2006年都灵冬奥会的两倍。
- 负责奥运会的国有公司在6年内更换了4名董事，这些人是众多刑事调查的对象。
- 俄罗斯东正教圣诞节（Russian Orthodox Christmas）期间，普京从奥运会预算中花费1 500万美元支付教堂的费用。

▶ 后记

大型的国际体育赛事都有腐败的倾向，如FIFA世界杯和奥运会。在索契发生的情况也可能发生在其他几届奥运会上，只是没有曝光而已。尽管有对费用超支、进度滞后、腐败、兴奋剂丑闻及低劣技术等的抱怨，但运动员和全世界的观众似乎都对索契冬奥会感到非常满意。普京实现了他的目标。然而，索契的大多数居民由于举办奥运会而获得的经济利益很少。索契冬奥会之前存在的许多问题，如交通状况不佳、洪水泛滥及电力问题，仍未得到解决。

🔍 问题

根据PMI的道德规范和职业操守，回答以下问题。假设你是一个私营企业的项目经理，公司参与承建一个或多个奥运场馆。

1. 你被指派管理一个项目，你认为可能会有一些腐败行为直接牵连到你的未来。例如，国际奥委会的官员要求你倒卖一些比赛项目的门票，并且承诺会和你分享利润。你应该怎么做？

2. 你被指派管理一个项目。你的高层告诉你，你必须向奥组委要求更多的钱（没有任何正当的理由），因为奥组委的某位成员想要更多的回扣。你应该怎么做？

3. 某位政府方的干系人告诉你，政府只会支付剩余成本的75%，另25%将作为回扣处理。假设你需要剩下的25%来完成这个任务，你应该怎么做？

4. 你的高管告诉你需要牺牲质量来降低成本，以弥补腐败带来的成本超支。你应该怎么做？

奥林匹克（C）：你想管理奥运村运动员的饮食类项目吗

想象一下，你不是负责一名运动员的饮食，也不是负责一个国家所有运动员的饮食，而是要在一个多月的时间内负责奥运村每个人的饮食，包括多达 1.5 万名运动员、来自 200 个国家的教练和官员，以及 4 万多名志愿者。每个运动员有不同的饮食要求。你要如何开始一个这样的项目？你会如何组建你的团队？你的团队成员应该具备哪些技能？你如何确认需要哪些食物和每种实物的数量？

▶ 项目的复杂性

大约在奥运会正式开幕前两周，奥运村开放，开放时间约为 33 天。奥运村每天要提供 6 万份饮食，奥运会期间合计 150 多万份。每天供应的食物种类超过 500 种。表 21-8 介绍了 2012 年伦敦奥运会为 23 900 名运动员和官员提供的食物数量。

表 21-8 2012 年伦敦奥运会——奥运村耗费食物数量

食物种类	数　量
面包	25 000 条
土豆	260 吨
海鲜类	92 吨
家禽类	35 吨
肉类	112 吨
牛奶	19 800 加仑
鸡蛋	21 吨
奶酪	24 吨
水果和蔬菜	370 吨

▶ 为运动员提供食物

为了保持最佳状态，运动员们要坚持严格的训练计划。运动员花了数年时间训练可能只为了奥运会的几秒或几分钟。运动员在训练期间、比赛前、比赛中及比赛后都有严格的饮食计划。与比赛期间相比，训练期的饮食通常含有更高的卡路里、蛋白质、维生素和矿物质。对某些奥运选手来说，训练后和赛后的饮食也很重要。因为在训练结束或比赛后，如果摄入了高盐或高糖的食物，可能对身体造成伤害。通常，运动员在比赛中会燃烧 800 卡路里的热量，平时要训练 4~8 小时才会消耗这些卡路里。美国滑雪队的主厨阿伦·特兰（Allen Tran）说："吃不好的话，训练效果也达不到最好。"对每项运动来说，关键是营养成分的比例。以力量为基础的运动，蛋白质很重要；强调耐力的项目，碳水化合物的比例很重要。

有些奥运选手有特殊的饮食习惯，比如，一天吃 16 根香蕉以维持钾含量、训练后吃 50 块寿司或特殊的液体饮料等。通常，男性成年人每天要消耗 2 000~2 800 卡路里，而奥运选手在比赛期间每天要消耗 6 000~12 000 卡路里。

食物能为身体提供能量，每个运动员都有特殊的食物需求。例如，一个 250 磅的雪橇运动员可能需要像牛排这样的高蛋白质食物，像越野滑雪者这样的耐力运动员则需要碳水化合物来维持体力。

运动员的力量和耐力似乎是无止境的。运动员的饮食是专家经过详细计算后得出的……碳水化合物和蛋白质的百分比、液体的数量，以及正餐和零食的时间。

有些运动员在训练时故意增加体重以减少受伤或生病的概率，但在实际比赛中会减重。对大多数奥运选手来说，这些特殊的饮食习惯是他们的日常习惯。有些运动员每天只吃两顿大餐，有些运动员每天可以吃 4 顿饭，每顿饭间隔 4 小时。每顿饭都是为了满足不同的日常饮食需求而设计的。

在奥运村就餐就是一种烹饪享受：超过 500 种不同的菜式，运动员们有机会享用来自其他国家的美味佳肴。运动员们根据他们的饮食要求，选择自己喜爱的食物。奥运村的所有食物对村民是免费的。

由于特殊的训练和饮食习惯，运动员们需要补充维生素。运动员们有责任自己确认他们口中的东西不是国际奥委会或其他体育管理机构禁止的物质。

➤ 奥运村

奥运会选手清楚自己国家的食物质量，但是对主办奥运会的城市或国家提供的食物质量总是存在一些担忧。奥运会一直为奥运村的所有运动员提供高质量的食物而感到荣耀。但是，当运动员离开奥运村时，食物的质量和成分都是未知的，水也许是不能饮用的。

由于恐怖主义的威胁，要对供应商/分销商运送到仓库的食品进行安全检查。当地政府的卫生部门确保和验证质量；在历届奥运会上有工作经验的行政总厨负责监督餐饮准备工作；注册营养师和翻译官们每天 12 小时在餐厅，回答各种问题。有的注册营养师具有运动营养学的研究生学位。

通常，奥运村的餐厅可以提供超过 550 种食谱的"世界菜单"，可以满足特殊的饮食和宗教要求。每个食品供应站都会提供图片式的菜单，帮助运动员确认所提供的食物。还有一些地方会提供翻译设备、字典、电脑及打印机等来帮助鉴别食物的营养成分。对奥运选手来说，维持严格的营养饮食最困难的就是找到能提供所需热量和营养的食物。此外，食堂可以为比赛场馆准备盒饭。

➤ 支持可持续发展

当伦敦申办 2012 年奥运会时，它承诺这将是有史以来可持续性最强的奥运会。具体来说，它能促进本地、季节性和有机农产品的消费。在奥运会之前的 4 年期间要为建筑工人提供 130 万顿饭，以及在 60 天内为参加奥运会的人（包括游客）提供 1 400 万顿饭，这些都需要提前做好准备。

建筑工人的食物由奥林匹克运输管理局（Olympic Delivery Authority，ODA）负责。ODA 与多达 12 个承包商合作，每个承包商自己负责餐饮。ODA 提供食物，尽管当时它并没有这类内部采购政策。

奥运会期间的食物由主办奥运会的奥组委负责。伦敦奥组委希望所有的食品供应商都能提供健康的、来自本地的新鲜食品。推动奥运后的可持续发展是非常重要的。

国际奥委会有权决定奥运赛事的主要赞助商。根据国际奥委会的规定，主要赞助商拥有在奥运村和奥林匹克公园设置运营点的权利，但它们并不一定设置运营点。奥运会的两个主要赞助商是麦当劳和可口可乐。在悉尼，麦当劳在奥运场馆内运营了 7 家餐厅：两家为奥运村运动员服务，两家为媒体服务，3 家为公众服务。其他的食品供应商也可以设置运营点，但麦当劳有"排外权"，可以阻止其他食品供应商销售汉堡包、薯条或如蛋挞之类的食品，这些食品被认为与麦当劳的产品相似。但是，这种安排不会影响与麦当劳不一样的食品的销售。此外，可口可乐有权将其公司品牌放在所有场馆的所有菜单上。

在过去的奥运会中，公众批评麦当劳和可口可乐没有提供健康的产品，不应该成为食品和饮料的赞助商。伦敦奥组委希望所有的餐饮商和主要的赞助商（包括麦当劳和可口可乐）积极主动地使用当地季节性的健康有机产品，促进健康饮食、体育和福利之间的联系。这样做的重点在于健康的生活方式。

随着奥运会比赛项目和游客数量的增长，对餐饮的需求也开始增加。使问题变得更加复杂的是，需要满足奥运村所有运动员的饮食要求。1996 年亚特兰大奥运会结束后，人们才开始重视餐饮预算。在伦敦赢得 2012 年奥运会主办权两年后，预算就比原来的估计翻了两番。

由于食品服务的复杂性和可持续性的要求，伦敦奥组委计划与"大餐饮商"（Master Caterers）合作。这些餐饮商有参与奥运会的经验，能够管理自己的分包商。在悉尼奥运会上，有 8~12 家大餐饮商、400 家个人餐饮商及 700 家餐饮服务机构。世界上最大的餐饮提供商之一是爱玛客（Aramark），它曾 13 次参与奥运会的餐饮服务工作。在雅典奥运会期间，爱玛客为教练、志愿者和运动员提供了 75 000 顿餐饮。

▶ 公平贸易认证

奥运会购买的食品对其他国家供应粮食的农民和分销商产生了国际社会影响。表 21-9 介绍了 1996 年亚特兰大奥运会的食品清单，包含大量的水果、蔬菜、肉类和鱼类，以摄取足够的蛋白质、脂肪和全谷类食物。不是所有的主办城市或国家都有能力提供所有食物的。

表 21-9 1996 年亚特兰大奥运会的食品清单（33 天）

食　物	数　量
水	550 000 加仑
牛奶	70 000 加仑
意大利面	52 000 磅（千重）

续表

食　物	数　量
米	34 000 磅（干重）
牛肉	28 000 磅
幼禽	150 000 磅
奶酪	90 000 磅
鸡蛋	576 000 个
人造黄油	32 800 磅
黄油	30 000 磅
面包卷	20 000 卷
苹果	750 000 个
桃	226 000 个
草莓	23 342 品脱
西红柿	17 988 磅
芦笋	15 498 磅
西瓜	15 500 个
豆芽	2 800 磅
葡萄干	800 磅
生菜	9 300 头
香芹	10 827 束

如果进口食品遵守道德贸易标准，如获得国际公平贸易认证，奥运会将促进国际社会的团结，正如体育活动带来的一样。公平贸易协定包括咖啡、茶、水果、果汁、糖、巧克力和其他进口原料的食品。麦当劳已经在美国的 600 家分店提供经过公平贸易认证的咖啡。

▶ 食物的成本

虽然奥运村的食物对运动员、教练和官员是免费的，但游客是需要购买的。在伦敦奥运会上，参观奥林匹克公园的游客觉得食物有点贵。表 21-10 和表 21-11 介绍了 2012 年伦敦奥运会上各种饮料和零食的价格。

表 21-10　饮料价格表　　　　　　　　　　单位：美元

饮料种类	价　格
啤酒	11.30
可口可乐	3.60
水	2.80
茶	3.13
咖啡	4.00
白酒	7.50

表 21-11　零食的价格　　　　　　　　　　　　　　　　　　　　单位：美元

零　　食	价　　格
鸡肉卷饼	10.15
有鸡肉和蘑菇酱的意大利面	10.15
10 寸比萨饼	11.75
炸鱼薯条	13.30
热狗	9.23
2 小袋薯片	4.70
松饼和饼干	7.82

▶ **可持续发展食物**

如前所述，当伦敦申办 2012 年奥运会时，它承诺这将是有史以来可持续性最强的奥运会。目标是留下一个可持续发展的遗产，不仅是为了奥运会，也是为了整个社会。伦敦奥组委制定的可持续性要求包括：

- 在奥运会建设阶段和奥运会期间，合同规定的最低标准是使用 75%的未加工食品、50%的本地食品和 30%的有机食品。
- 鼓励食品商店采购 100%的英国蔬菜和 80%的英国季节性水果。
- 65%的食品应该是素食或纯素食，肉类的菜肴中要少用肉类，肉类和奶制品应该是 100%有机的且来自英国。
- 必须使用经过海洋管理委员会认证的鱼类。
- 所有进口的茶叶、咖啡、巧克力、水果和果汁都应该经过公平贸易认证。
- 应该尽量减少食品包装，利用和回收所有的废物：100%的有机肥、100%的重复使用或回收包装。
- 所有奥运场馆应该安装免费饮用水喷泉。
- 所有的场馆在建设阶段和运营阶段都应该允许地方的中小型企业提供餐饮。
- 在奥运会之前和比赛期间，应该组织一些有影响力的食品营销活动，鼓励和告知公众健康饮食的优点及其在体育运动中的作用；了解本地季节性的有机农产品的可用性；各种饮食习惯对当地和全球环境的好处。这应该包括高调地推广运动员的健康饮食和可持续的食物。
- 所有的餐饮员工都应该接受有关新鲜和健康菜肴的培训，并将其传达给他们现在和未来的顾客，这给他们留下了一份可持续的饮食文化遗产。

未来，为奥运会选手提供饮食要依赖餐饮商、供应商和赞助商之间的伙伴关系，重点是健康的生活、了解有关营养的知识、关注我们摄入的食物的可持续性。

🔍 **问题**

回答下列关于在奥运村给奥运选手提供饮食的问题。
1. 谁对为奥运会运动员提供一体化的管理负有最终的责任？

2. 关于范围管理，如何定义工作说明书？换句话说，谁决定食物的种类、每种食物需用量、特别的准备说明等？
3. 有必要对时间进行权衡分析吗？
4. 有必要对成本进行权衡分析吗？
5. 如何进行质量管理？
6. 考虑到运动员来自 200 多个国家，如何进行沟通管理？
7. 谁负责食品的采购管理？
8. 如何进行人员配置？
9. 奥运会选手面临的主要风险是什么？

奥林匹克（D）：管理奥运场馆的健康风险

奥运会项目与其他类型的项目具有许多共同的特点。具体来讲，它们都会受到企业环境因素的影响。然而，企业环境因素与我们所熟悉的形式不同，并且可能导致更大的风险。本案例重点研究的是在平时训练和比赛时，会影响运动员健康和安全的企业环境因素。

运动员的健康和安全可以从几个方面来分析。自 1970 年以来，奥运会和其他体育赛事就受到恐怖主义威胁的影响。这些威胁包括在比赛期间对运动员、官员、观众和游客的袭击。在索契冬奥会上，俄罗斯政府指派了 4 万多名安保人员及军方人员和各种设备来保障安全。在巴西里约热内卢奥运会上，共有 8.3 万名安保人员。

国际奥委会、当地的奥委会和东道国都努力保证参与者和游客的健康与安全。但有时，参赛运动员的健康可能受到当地环境的威胁，而非恐怖主义。举个例子来说，寨卡病毒会给运动员带来哪些风险？如果发现水资源被细菌和病毒污染了，那么水上场馆的运动员会面临哪些风险？接下来，我们将讨论这些风险问题。

▶ 寨卡病毒

寨卡病毒是一种由蚊子传播的病毒，在巴西似乎很普遍，能引起出生缺陷。寨卡病毒已经存在几十年了，但直到最近才发现它与出生缺陷和神经系统症状有关。目前还没有疫苗和治疗方法，因此抗击疫情主要集中在根除蚊子种群和防止蚊虫叮咬方面。这不仅是巴西里约热内卢的官员们要解决的，也关系到奥运会的运动员和观众。

根据世界卫生组织的数据，孕妇和可能怀孕的妇女感染病毒的风险最大。但是任何人都可能感染病毒并成为病毒携带者，把病毒带回他们的国家。因此，有的国家考虑退出里约热内卢奥运会。最终虽然没有团队退出，但一些运动员确实提出了对寨卡病毒的担忧。

是否参加奥运会的决策由运动员自己做出。美国奥委会聘请了传染病专家，帮助运动员确定风险并决定是否参加比赛。

里约热内卢预计有 50 万名游客，包括来自北美的 20 万名游客、1 万名运动员及随行的教练、训练员和官员。然而，如果有人感染后回到他的国家（气候更温暖），那么病毒传播的概率会大大增加。

2016 年里约热内卢奥运会是在 8—9 月举行，是巴西的冬季。凉爽的天气有助于减少携带病毒蚊子的数量。此外，巴西政府还采取了各种措施控制蚊子，检查每个奥运场馆可能存在的积水坑，因为水坑是蚊虫滋生的温床。

奥运官员还需要应对运动员对寨卡病毒的恐惧心理：驱蚊剂作为对抗蚊子的主要防御手段，鼓励尽可能减少手臂和腿的暴露，不要在睡觉的房间里打开窗户或门。

▶ 关塔那摩湾（Guanabana Bay）

2016 年夏季奥运会的赛艇、帆船、风帆冲浪、皮划艇、马拉松和铁人三项比赛的比赛场地由关塔那摩湾和其他 50 条水道组成。这些比赛项目需要在严重污染的水中进行，水中可能感染了细菌和病毒。此外，水中可能有巨大的漂浮物残骸，包括家具、死亡的动物等。某些水道也是传播寨卡病毒的蚊子滋生地。

30 多年来，未经处理的厕所和淋浴间的水及水槽的排泄物，都经由各条河流或小溪排往关塔那摩湾。里约热内卢的 1 200 万名居民中，有超过 70%的废物未经处理流入了这些水域。污染和垃圾不仅出现在水里，而且出现在沿岸海滩。

甚至在奥运会开始之前，在关塔那摩湾训练的几名运动员因受到了水中细菌和病毒的感染，导致腹泻、发烧和呕吐。接触粪便会导致甲型肝炎、痢疾、霍乱、呼吸道疾病和其他疾病，甚至心脏和脑部病变。为了准备奥运会，一名德国运动员在奥运会前参加了里约热内卢举办的帆船比赛而遭受感染，因此他必须在柏林的一家医院接受 MRSA 的治疗。MRSA 是一种食肉细菌。

巴西奥运会的组织者曾在 2009 年申办奥运会时承诺，80%排往海湾的污染能在奥运会开始前得到控制。作为奥运项目的一部分，巴西承诺建立 8 个处理设施过滤大部分的污水，防止大量的家庭垃圾流入海湾。事实上，只有一个处理设施在奥运会开幕之前建成。

一些人认为里约热内卢赢得奥运会举办权能促进海湾地区的清理工作。但现在巴西官员表示，按照目前的投资速度，即使有额外的资金可用，至少还要再过 10 年才能降低污染水平。清理目标变成了令人尴尬的失败。联邦警察和检察官们正在调查是否存在犯罪行为，人们质疑自 20 世纪 90 年代初以来，用于改善污水处理和清理关塔那摩湾的数十亿美元用在了哪里。

巴西几十年来一直试图清理其水域，但遇到了管理不善和腐败问题，这些问题还耽误了奥运设施的建设。据《独立报》(*The Independent*)的一篇报道称，2016 年奥运会的筹备工作在很多方面都陷入了困境，因此奥委会官员们秘密会面，建议将奥运会迁至伦敦。巴西奥委会官员表示没有这样的"B 计划"。

对一些运动员来说，冒这个险是值得的。因为他们有机会获得一枚金牌，并赢得国际声誉和认可。超过 1 万名运动员参加了里约热内卢的比赛，近 1 400 名运动员接触了被细菌和病毒污染的水。

早在 2014 年的研究表明，在海湾发现的一些细菌是对大多数药物具有抗药性的"超级细菌"。两项后续研究也证实了这些发现，一项是在 2015 年进行的，另一项是在奥运会前几周进行的。超级细菌可以引起难以治疗的泌尿、胃肠、肺部和血液感染及脑膜炎。根据疾病控制中心的说法，这些细菌能导致半数的感染者死亡。

还有一种风险是运动员虽然不会因为接触到细菌而立即患病，但会成为细菌携带者并将耐药细菌带回本国，导致他人感染。奥运会海滩场馆的观众也一样。弗拉门戈海滩（Flamengo Beach）90%的水样和科帕卡巴纳海滩（Copacabana Beach）10%的水样都出现了超级细菌。最受游客欢迎的海滩——伊帕内玛（Ipanema）和利布隆（Leblon），分别在50%~60%的时间里对超级细菌呈阳性反应。超级细菌对个人健康的直接威胁取决于个人免疫系统的状态。这些细菌是可以进入人体成为微生物潜伏，然后在一个人的免疫系统因其他原因受到损害时开始攻击的。

▶ 水测试

关于水测试，必须回答两个问题：
(1) 应该检测哪些病原体，细菌、病毒或者两者都有？
(2) 应该在哪里进行测试？

病原体是细菌、病毒或寄生虫等感染性病原体，它们可以在宿主体内引起疾病。里约热内卢奥组委遵循世界卫生组织的"Safe Recreational Water Environments"指南，定期进行微生物水质检测。尽管测试结果显示符合指南的标准，但争论的焦点在于重点测试的是细菌的水平，而不是会带来更大健康风险的病毒。水测试可以显示出粪便细菌的安全水平及其他危险的病毒。

美联社进行的一项调查发现，许多地方的水都有致病病毒，是南加州海滩平均水平的170万倍，足以导致海滩关闭。美联社另一个对关塔那摩湾和其他水域长达十年的分析数据显示，虽然低于巴西相关法律规定，但污水污染指标持续上升且远远超过可接受范围。事实上，巴西法律比美国或欧洲法律宽松很多。由于与污染的水接触几乎是不可避免的，因此感染的概率很高。

由于大部分废物进入了靠近海岸的水道，因此人们认为，如果你在远离海岸的深水水域航行时，感染病原体的风险就会消失。然而，在关塔那摩湾海岸一公里处（选手以高速度竞争且身体被完全浸透）发现的病毒数量等于在靠近污水来源的海岸线上发现的病毒数量。一些测试显示，病原体水平是巴西法律允许的16倍以上。这些结果表明，在环礁湖或更深入的海湾地区进行比赛将更安全。"美国水传播病毒风险评估专家克里斯蒂娜·梅纳（Kristina Mena）对美联社的数据进行了研究并估计，如果国际运动员只摄入三勺水，那么他们被感染的概率为99%，虽然一个人是否会生病取决于他自身的免疫系统和其他因素。"

国际帆船联合会报道，超过7%的选手在参加8月中旬的关塔那摩湾奥运热身活动后病倒，但是联邦没有全面统计有多少运动员在两周后生病，病原体的潜伏期一般是两周。某些参加水上运动的运动员通过穿戴特殊的衣服甚至面具来预防感染。奥地利选手大卫·胡塞尔（David Huss）说他和他的队友们采取了这样的预防措施：当他们被海浪溅泼时，立即用瓶装水清洗他们的脸，并在他们返回海岸时立即淋浴。但是大卫·胡塞尔说他已经病了好几次了。

▶ 结论

许多运动员觉得这是不公平的，他们努力工作多年，为自己的国家做出了牺牲。尽管有风险，大多数运动员仍有望在这个环境中竞争赢得奥运金牌的机会。他们接受了这些风险，在适当的地方采取了预防措施，并在潜在的危险水域中进行比赛。在我们了解到受污染的水道所造成的真正健康问题之前，奥运会可能已经结束多年了。

🔍 问题

1. 如果你是组织比赛的项目经理，请考虑健康风险可以量化吗？
2. 项目经理能做些什么来降低健康风险呢？
3. 由于健康风险的考虑，里约热内卢奥组委会建议取消哪些奥运项目？
4. 国际奥委会会取消里约热内卢奥运会的某些比赛项目吗？
5. 如果你是奥运会运动员，这是你唯一的竞争机会，你是否会接受健康风险？
6. 奥组委能做些什么来帮助减轻风险？
7. 运动员能做些什么来减轻风险？
8. 从项目管理的角度来看，举办这些能带来健康风险的比赛会违反 PMI 的行为准则和职业责任吗？

以上问题很多都是假设的，可以进行课堂讨论。因为不知道奥运会开始前无法确定健康风险造成的结果，因此我们只能推测可能发生的情况。这些问题的答案可能不止一个。

第 22 章

产业特性：商用飞机

设计和开发一架长途飞行商用飞机的成本高达数十亿美元。通常，一架飞机的预期寿命是几十年，一名项目经理的整个职业生涯可能都花费在一架飞机上。

1970 年，波音推出 747 型飞机，预期销售 400 架。波音至今已经售出了 1 523 架，拿到了 51 个订单（可能更多），波音 747 垄断长途飞行市场近 40 年。到 2030 年预计将有 40 亿人次乘飞机出行，波音和空客之间的竞争也在加剧。表 22-1 介绍了三种用于中长距离飞行的飞机数据。

表 22-1 用于中长距离飞行的飞机数据

型　号	订单数量（个）	交付数量（架）
波音 777	1 893	1 424
波音 787	1 161	445
空客 A380	319	193

为了节省发动机的耗油量、采用更先进的技术及满足客户对设施的需求，飞机制造商要持续设计新的飞机。正如预期的那样，任何新技术都会带来风险，尤其是安全风险。模拟和地面测试无法识别所有的安全风险，只有通过商用飞机的实际飞行才能提出和解决安全问题。对于项目经理来说，安全可能是项目中最重要的约束条件。

波音 787：梦幻客机的电池问题

▶ 约束条件：安全

我们通常讨论的三重约束条件是指时间、成本和范围，但是也有其他的约束条件。当涉及人类生命时，安全可能成为最重要的约束条件。安全有多种表现形式。在信息技术项目中，安装安全协议用于确保专有数据不会泄露。食品和保健产品生产商关心产品的仿冒和消费者的安全保护。生产商们担心消费者能不能以安全的方式使用他们的产品，像迪士尼这样的公司就考虑了主题公园游乐设施的安全。大多数公司宁愿取消项目或让项目失败，以免因违反安全规定而引发诉讼问题，尤其是面临生命安全问题时。

▶ 波音 787 梦幻客机的决策

波音 787 梦幻客机是一种远程中型宽体、双引擎喷气式客机，通常配有三舱，座椅配置能容纳 242~335 名乘客。它是波音最省油且具有开创性的一种客机，机身结构使用复合材料（碳纤维、铝和钛），电气系统的主要材料采用锂离子电池。使用 787 的航空公司的维修成本和更换成本明显降低，预计 787 客机的成本将比其他飞机低 10%，787 客机的燃油效率比波音 767 高出 20%。

为了实现股东价值最大化，波音决定将 787 客机的 70%的工作进行外包，而不是像波音 737 和 747 飞机的 35%~50%。预计这可以把开发时间从 6 年缩短到 4 年，开发成本从 100 亿美元降低到 60 亿美元。波音组装成本的降低意味着波音的供应商会承担大部分财务风险，因为他们将负责更多的装配工作。

最长的 787 型飞机可以飞行 8 000~8 500 海里，足够覆盖洛杉矶—曼谷航线或纽约—香港航线。其巡航速度为 0.85 马赫，相当于每小时 561 英里。截至 2016 年 8 月，已有 64 家客户订购了 1 161 架 787 梦幻客机，波音交付了其中的 445 架。

航空行业花了十多年的时间、300 亿美元设计一架新型商用飞机。即使在设计和制造阶段，仍存在一些隐藏的安全问题没有得到解决，而验证安全问题的唯一可行方法是使用商业飞机。波音不得不七次推迟 787 飞机的上市日期，而最初的几架飞机在三年后才交付使用。据报道，波音在 787 项目上花费了 320 亿美元。

波音和空客希望避免在飞机被投入使用以后，为了解决安全问题花费数十亿美元，这也是消费者所期望的。波音和空客也遵守了这一规定，就像它们在应对 787 梦幻客机和 A380 的电池问题一样。

▶ 创新难题

在波音 787 梦幻客机服务的第一年（2011 年），至少有四架飞机受到锂离子电池电力系统问题的困扰。新飞机设计的第一年，出现问题是很常见的。第一年遇到的问题包括：

（1）2011 年 11 月 1 日：起落架未能展开。
（2）2012 年 7 月 23 日：发动机部件中的腐蚀风险。
（3）2012 年 12 月 4 日：燃油管路接头泄漏。
（4）2012 年 12 月 4 日：一台发电机失灵。
（5）2013 年 1 月 7 日：驾驶舱在检查期间出现烟雾。
（6）2013 年 1 月 8 日：左翼缓冲槽排气口有缺陷。
（7）2013 年 1 月 9 日：指标错误显示刹车存在问题。
（8）2013 年 1 月 11 日：发动机漏油。
（9）2013 年 1 月 11 日：驾驶舱大屏幕上出现裂纹。

全日空 787 的电火及维修工人在日本航空降落在波士顿罗根国际机场 787 的相似电火等事件后，美国联邦航空管理局（Federal Aviation Administration，FAA）命令对波音

787梦幻客机的设计和制造过程进行检查。5天内发生了5起涉及飞机的事件,其中大部分涉及电池和电力系统的问题。这是继1979年美国航空公司(American Airlines)的191号航班失事导致DC-10s全部停飞之后,第一次波音787飞机全部停飞。据报道,飞机在飞行10万小时内发生了两起主要的电池热失控事件,这大大超过了波音预测的1 000万小时的飞行时间。

2012年12月,波音首席执行官詹姆斯·麦克约尼(James McNerney)对媒体说,这些问题并不比公司在推出其他新机型时带来的问题更大,如波音777。然而,2013年1月7日在波士顿洛根国际机场,日本航空公司一架空的787由于电池过热造成了一场火灾。1月9日,美国联合航空公司公布6架787中的一架发生了与日航一样的事故,也是由于同一区域的电池过热造成的。随后,美国国家运输安全委员会展开了一项安全调查。

2013年1月11日,美国联邦航空局宣布全面调查787的关键系统,包括飞机的设计、制造和装配。美国运输部部长雷·拉胡德(Ray LaHood)表示,政府正在"寻找根源"来解决近期的问题。联邦航空局局长迈克尔·韦尔塔(Michael Huerta)说到目前为止还没有发现任何证据表明787客机不安全。日本交通运输部也参与了此事的调查。

2013年1月16日,全日本航空公司(全日空)客机在日本的高松岛机场紧急迫降。机组人员接到电脑警告,其中一个电气隔间里有烟雾。全日空说驾驶舱出现的错误信息是电池故障导致的。乘客和机组人员使用紧急滑梯疏散。据报道在装有电池的电气隔间里没有灭火系统,只有烟雾探测器。

美国监管总部设在美国的航空监管机构于2007年批准了波音787飞机的安全调查,同时美国联邦航空管理局也对787客机进行了审查。此外,参议院委员会准备对航空安全认证程序进行听证。然而,美国联邦航空管理局的一名发言人对该组织2007年的安全认证进行了辩护,称"整个航空系统是经过设计的,即使发生最坏的情况,也会有其他系统来防止这种情况对飞机的干扰"。

2013年2月12日,《华尔街日报》报道称:"航空安全调查人员正在检查波音的锂离子电池中是否存在被称为树枝状结构的微观结构,正是它导致了这两起事件,也造成了787于一个月前被迫停飞。"

2013年1月16日,两家日本航空公司——全日空和日航都宣布因为涉及多起787飞机的事故(包括紧急着陆)后,它们选择停飞787客机。这两家航空公司运营着迄今交付的50架梦幻客机中的24架。据估计,每天停机的费用为110万美元。

2013年1月16日,美国联邦航空管理局发布了一项紧急适航指令,要求所有美国航空公司在对电气系统进行修改之前将所有波音787客机停飞,以降低电池过热或着火的风险。这是美国联邦航空管理局自1979年以来首次停飞客机。美国联邦航空管理局还宣布计划对787的关键系统进行全面审查,重点是锂钴氧化物锂电池(LiCoO2)的安全性。2005年,LiCoO2电池是唯一可用的锂电池,所以787决定采用这种电池。后来,出现了新的、更安全的电池,如锂铁磷酸盐(LiFePO),在散热过程中提供较少的反应能量。美国联邦航空管理局在2007年批准了一种787型电池并附带了9个"特殊条件"。美国联邦航空管理局批准的电池(通过了移动电源解决方案)是由Rose Electronics使用Kokam电池制造的,但在787中安装的电池是由Yuasa制造的。

1月20日，美国国家运输安全委员会宣布，超电压并不是波士顿事件的起因，因为电压没有超过32伏的电池限值，而且充电也通过了测试。电池有短路和热失控的迹象。尽管如此，在1月24日，美国国家运输安全委员会宣布它还无法确定波士顿火灾的原因。美国联邦航空管理局不会允许美国787梦幻客机再次飞行，直到发现问题并修正。在当天的新闻发布会上，美国国家运输安全委员会主席黛博拉·海斯曼（Deborah Hersman）说，国家运输安全委员会已经发现了多重安全系统失灵的证据，这些系统旨在预防这些电池问题。此外，他指出飞机上绝对不会发生火灾。日本运输安全委员会1月23日表示，全日空客机的电池在日本最大电压达到31伏（低于波士顿日航787达到的32伏极限），但突然莫名地降至接近零。所有的零部件在热失控前都有热损伤的迹象。在事故发生之前，全日空和日航已经更换了几台787型电池。2013年1月29日，日本运输安全委员会批准了 Yuasa 工厂质量控制。美国国家运输安全委员会继续寻找波士顿电池的缺陷。

业内专家对停飞的后果产生了分歧：空客相信波音能解决这些问题，航空公司不会更换飞机类型；其他专家则认为这个问题"代价高昂"，"可能需要一年的时间"来修复。

美国联合航空公司是唯一一家在美国国内采用梦幻客机的航空公司，它拥有6架梦幻787客机。智利民用航空总局（Directorate General of Civil Aviation）停飞了LAN航空公司（LAN Airlines）的三架787客机。印度民用航空总局（Indian Directorate General of Civil Aviation）要求印度航空（Air India）停飞6架梦幻客机。日本交通运输部在美国联邦航空管理局的声明发布后，正式宣布停飞的消息。欧洲航空安全局（European Aviation Safety Agency）也听从了美国联邦航空管理局的建议，停飞了仅有的两架787客机，这两架飞机由波兰航空公司运营。卡塔尔航空（Qatar Airways）宣布将停飞5架梦幻客机。埃塞俄比亚航空公司是最后宣布对其4架梦幻客机进行临时停飞的运营商。

截至2013年1月17日，交付的所有50架飞机都已停飞。1月18日，波音宣布暂停787客机的交付，直到电池问题得到解决。2月4日，美国联邦航空管理局表示将允许波音对787飞机进行试飞，以收集更多数据。

4月19日，美国联邦航空管理局批准了波音为波音787客机电池的新设计，这将使拥有787飞机的8家航空公司开始进行维修。维修涉及电池控制和排气系统。新的设计能提供更多的保护，但会增加超过150磅的飞机重量，这是为了确保安全的必要方式。每架飞机的维修费用为46.5万美元，波音派出了超过300人的10个团队进行维修，每架飞机维修大约需要5天的时间。

全日空航空公司运营了17架梦幻客机，预计在两周的时间内每架飞机会造成868 300美元的损失，它将与波音讨论赔偿损失的问题。预计其他航空公司也将寻求赔偿。

▶ 结论

波音成功解决了电池问题，787客机的销售情况良好。空客和波音都明白客户信心的重要性。如果飞机客户对飞机制造商交付安全飞机的能力失去信心，制造商将失去大量的业务。飞机的零部件超过10万个。在A380飞机上，仅机舱区域就有超过2.3万个零部件。考虑到设计和测试这些飞机需要至少10年时间、花费数十亿美元，要模拟所有可能的问题是不现实的。演习也不能模拟所有可能的情况，所有部件和系统的可靠性只有在飞机运行时才能被确认。A380的测试比其他任何飞机都要多。然而，尽管进行了测试，可能还需要一段时间，才能解决所有问题。因为涉及生命安全，空客将花费数十亿美元来纠正所有潜在的问题。

- 新飞机的设计和开发总是存在风险，典型的风险包括：
- 创新风险：使用新的且未经证实的技术。
- 外包风险：期望供应商和合作伙伴参与设计与开发的风险。
- 分层外包风险：要求供应商和合作伙伴管理和整合较低层次供应商的工作。
- 离岸风险：关键部件的组装远离最终组装工厂。
- 计算机沟通风险：期望通过计算机来代替面对面的交流。
- 劳动关系风险：做出与外包有关的关键决策者并不参与实际的工作。
- 高管散漫的风险：存在一些不想参与新飞机日常设计活动的高管。
- 项目管理技能风险：拥有一个缺乏关键技能的项目团队，如供应链管理。

经验教训：

波音787项目提供了很多经验教训：

- 对新技术，应该强制进行测试。在波音787项目中，验证电池所需的测试数量是不够的。
- 制造方面的缺陷、测试不充分及对创新电池的缺乏理解都导致了波音787飞机的停飞。
- 波音787项目的首席工程师迈克·瑟梅特（Mike Sinnett）在众议院运输委员会航空小组委员会的听证会上说："我们改进了测试锂离子电池的技术。"听证会的标题是"从波音787事件中吸取的教训"。
- 对供应商提供的产品进行严格的质量控制应该是强制性的要求。选择供应商只基于质量也是一种风险，因为还存在其他因素。
- 无论纠正问题的结果如何，尤其是面对生命安全时，新飞机的设计和制造就是基于成本和质量的合理问题；供应商的选择过程应该是透明的，不受商业或政治问题的影响。
- "好飞机的最大敌人是那些干涉购买最高品质飞机的人。"
- 这些问题中有许多是由于波音决定大幅增加从外部承包商那里采购零部件的比例而导致的，如韩国制造的翼尖、德国的机舱照明、瑞典的货运舱门、新泽西的逃生滑梯、法国的起落架等。这个决定适得其反，外包部分导致了3年的工期延迟、零件装配不当、用来连接小零件的垫片没有正确连接。许多飞机都不得不进行大量的返工。公司最终收购了一些供应商，使业务回归。所有的新项目，尤其是像梦幻客机这类的项目，都面临着暂时性的问题，但波音787的困境仍在继续。工会指责该公司过度依赖外包。

第 22 章　产业特性：商用飞机

- 美国联邦航空管理局的谨慎控制和正确态度。美国联邦航空管理局应该对飞机制造商保持一种不妥协的态度，确保在颁发证书之前遵守安全协议。
- 梦幻客机的问题不只是波音的问题，还存在外包及监管机构之间关系过于亲密的问题。近年来，监管机构与监管机构之间的关系导致汽车、食品和金融服务等行业的问题。
- 咨询顾问、前航空公司高管罗伯特·曼恩（Robert Mann）说，波音的影响力给美国联邦航空管理局批准梦幻客机施加了压力，尽管它的设计和制造过程都是激进的。
- 设计新飞机的最终目标应该是增加股东价值。
- 当目标是股东价值最大化（尤其是短期内）时，往往会带来不必要的风险。一个好的机会也许变成一场潜在的灾难。

问题

1. 安全是否应该被认为是项目的一个约束条件？安全是否比时间、成本和范围更重要？
2. 波音 787 项目的项目经理是否有权决定如何定义、测量和报告安全？
3. 除了电池问题，商用飞机制造商还考虑了哪些其他类型的安全问题？
4. 在设计新飞机时必须遵循安全标准还是项目团队制定的安全协议？
5. 为什么飞机购买者在订购新飞机时担心安全问题？

空客 A380

序言

空客 A380 飞机是由空客生产的双层、宽体、四引擎喷气式客机，这是第一架能够运载近 900 名乘客的客机。它拥有有史以来最宽敞的内部空间、最大的机翼和最强大的发动机。除了超音速协和飞机，没有其他的民航客机能引起如此大的热情、如此多的争议、如此强的迷恋。A380 不仅具有卓越的工程特性，从管理和教学的角度来看也非常有趣：

- 从这类规模的项目中学到的经验教训。
- 飞机市场不同的情景和策略。
- 空客与波音在各个细分市场的竞争。
- 能够创造双层搭载乘客的能力。
- 在世界最繁忙的机场，通过占用更少的空间来缓解拥堵的能力。

▶ A380 项目的历史和动机

在新飞机的初步设计阶段,第一步是"市场调查"。这一阶段很重要,因为它与飞机的成功密切相关。新设计要比市场上现有的飞机更好。此外,必须确定市场是否愿意接受新飞机,即是否存在新需求。新飞机必须具备比其竞争对手更吸引人的特性,而且市场应该处于成长阶段;否则,新的设计不太可能成功。因此,仔细地研究 A380 引入市场的动机,以及 A380 与其他产品的不同之处是一件很有趣的事情。

从 A380 项目的规模来看,它的设计是一个很漫长的过程。1988 年夏天,位于法国图卢兹的空客新产品开发和技术分部的一组高级工程师开始考虑建造一架能够承载 800 多名乘客的巨型飞机。这个被称为"超级大容量飞机"的项目,对于包括空客的领导层在内的其他飞机制造部门来说完全是未知的。项目负责人让·罗德(Jean Roeder)是 A330 和 A340 概念背后的杰出工程师,他认为这个项目是空客必须做的。长期以来,波音受益于波音 747 对行业的垄断。"空客当时正在努力争取 30%的市场份额,我们认为如果我们不能在项目中得到一套完整的飞机,这在短期内是不可能的。"罗德说。

1988 年 10 月,罗德要求与空客总裁让·皮尔逊(Jean Pierson)和首席运营官赫伯特·弗洛斯多夫(Herbert Flosdorff)开会讨论新项目。罗德提出了一个概念模型,"皮尔逊很惊讶,他没有料到这个项目这么大。"罗德说。但是,皮尔逊立刻看到了可能性和风险。因此,这个想法在接下来的两年里仍然是一个秘密。空客首先在公司内部讨论这个项目并开始进行市场调查,以评估是否存在比波音 747 更大的飞机市场。戴姆勒·克莱斯勒(Daimler Chrysler)和英国航空航天公司(British Aerospace)是空客的两个合作伙伴,它们希望与波音合作,因为它们担心发生大型新飞机的竞争风险。早些时候,麦道的 DC-10 和洛克希德的 L-1011 之间的竞争同时削弱了两家公司,并且导致洛克希德公司完全退出了商用航空领域。波音想要制造一架比 747 更大的飞机,目的是补充而不是取代它,但是短期内似乎很难完成。同时,波音可以利用超大型客机 747 的垄断获得的巨大利润削减其他飞机的价格,例如,用 737 与空客直接竞争。因此,1995 年,空客最终决定独自工作。一年后,被称为"A380 之父"的德国资深工程师尤尔根·托马斯(Jurgen Thomas)被委任领导该项目。

在与潜在客户进行了一系列的会议之后,空客确认存在新型飞机——能够承载 550~650 名乘客、飞行距离达 9 000 英里的巨大市场。2000 年 12 月 19 日,A380(之前被称为 A3XX 或"21 世纪旗舰")获得了 6 家大航空公司的 50 个确定订单和 42 个可选订单。这 6 家航空公司包括阿联酋航空、新加坡航空、澳洲航空、法国航空、卡塔尔航空和大韩航空。2005 年 4 月 27 日 10 点 29 分,空客 A380 在图卢兹首次飞行;2007 年 10 月 15 日,空客向新加坡航空公司交付了第一架空客 A380-800 飞机;同年 10 月 25 日,编号为 MSN-003 的飞机在新加坡和悉尼之间进行了首航。乘客座位如图 22-1 所示。

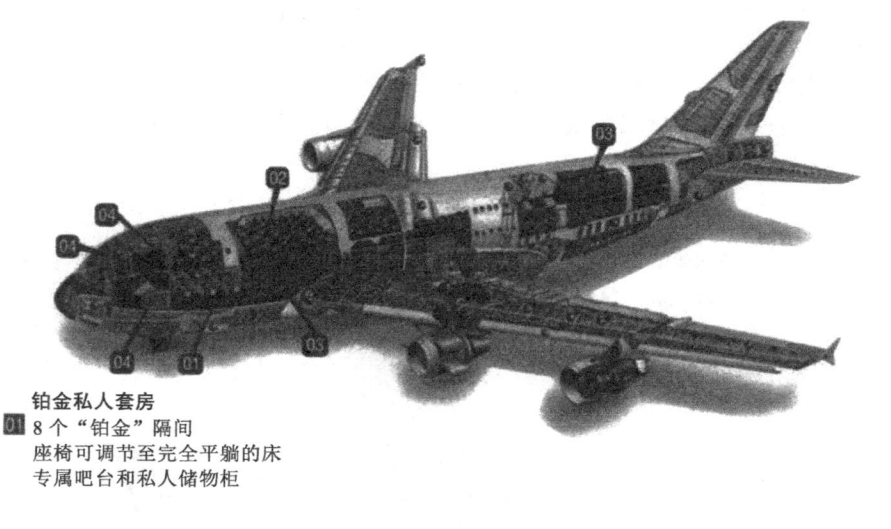

铂金私人套房
01 8 个"铂金"隔间
座椅可调节至完全平躺的床
专属吧台和私人储物柜

头等舱
02 70 个座位
可调节的座位可以平放
所有座位都有通道

经济舱
03 428 个座位，76 个在上甲板，352 个在主甲板
可调的座椅头枕
9 个数字宽屏电视

迷你酒吧
04 70 个座位
乘客既可以坐在吧台的舒适椅子上，也可以坐在豪华沙发上，还可以品尝他们最喜欢的酒

图 22-1　空中客车 A380-800 超大型客机座位

▶ 空客 A380 与波音 747

尽管有传言称 A380 飞机超重并难以达到各种性能指标，但空客还是推出了这款令人惊艳的飞机。A380 是"最环保"的长途客机，每名乘客在 95 英里内燃烧的燃油少于 1 加仑，相当于小型涡轮增压柴油汽车的燃料消耗量。根据空客披露的数据，在同样的巡航马赫数（Ma =0.85）下，A380 的每座舱位的成本比 747-400 低 20%。此外，由于采用了 25% 的复合机身和先进的航空电子设备，它的维护成本更低。

空客 A380 是世界上最大的客机，翼展比波音 747-400 宽得多（见图 22-2）。A380 上层甲板沿机身的整个长度延伸，宽度则相当于一架宽体飞机。这使得 A380-800 机舱的可用面积为 5 920 平方英尺，比之后的大型客机——波音 747-8 高出 40%，可以提供典型的 555 人三级配置或多达 853 人的全经济舱配置。从大小来说，A380 的性能比波音 747 更出色，因为它的机翼非常高效。具体来讲，A380-800 的起飞和降落分别需要 2 990 米和 2 103 米，这意味着比 747-400 还要少 550 米和 150 米。此外，A380 拥有最安静的机舱和非常平稳的飞行。

空客 A380 项目的空间规划极其复杂。为了提供这些性能，空客采用了几种新技术。例如，A380 是第一架使用计算流体动力学（Computational Fluid Dynamics，CFD）的飞机，它比前一代技术复杂得多。CFD 不能完全替代风洞试验，风洞仍然是设计验证和实际完成三维飞行器设计的核心工具，但通过使用 CFD，可以显著降低实验次数和整体成本。CFD 使工程师能够在使用风洞之前设计并预先选择可实现的概念。用于 A380 的软件可以在某些领域模拟复杂的流动行为，例如，机翼和引擎机舱（发动机罩）之间可能出现的阻力问题。此外，A380 是第一架使用中心翼盒的客机。中心翼盒用于连接机翼与机身，主要由碳纤维复合材料制成。采用这种方式，可以从 10 吨重的机翼箱中节省出 1 吨的重量。

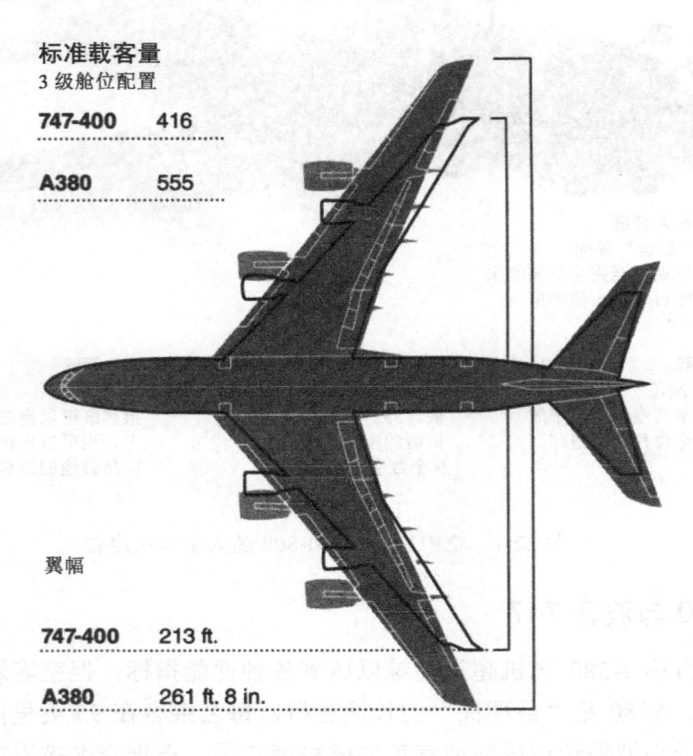

标准载客量
3 级舱位配置
747-400　　416
A380　　　555

翼幅
747-400　　213 ft.
A380　　　261 ft. 8 in.

图 22-2　空客 A380 与波音 747-400

▶ 空客 A380 的设施

由于 A380 的尺寸，它能为乘客提供其他飞机无法提供的特殊便利设施，其中 A380 中受欢迎的是机上休息室。

- 阿联酋航空公司的空客 A380 为头等舱和商务舱乘客提供了高级酒、香槟、鸡尾酒和啤酒，还有专门的酒保提供各类热饮和冷饮。
- 卡塔尔航空休息室看起来更像一个高管俱乐部，而不是飞机。商务舱和头等舱的乘客可以享受到一系列的"五星服务"——储备丰富的吧台、皮革座椅和鲜花，这些都能让你感受不一样的飞机环境。
- 对那些想要获得放松或社交的阿提哈德航空公司的头等舱和商务舱乘客来说，有一个"大厅"是非常棒的。这个灵感来自精品酒店的私密空间。大厅是一个在飞行状态、能提供完整服务的休息室，配有一组半圆形的皮沙发和一个大的电视屏幕。

- 大韩航空公司的 A380 飞机配备了"天堂酒吧",这是一个为头等舱乘客提供的放松空间。别致的室内设计、精致的灯光、令人印象深刻的空中休息室,营造出完美的氛围。这是在品尝特制鸡尾酒时放松和休息的地方。

不过只有阿联酋航空和阿提哈德航空可以炫耀自己拥有头等舱、私人套房和淋浴喷头。所有套房都配备了齐肩高的隐私门,可以用来阻挡其他乘客的目光,让套房真正成为空中的私人房间。两家航空公司都有带 SPA 功能的淋浴设备,不同之处在于可以享受的乘客比例。阿联酋航空 1/7 的乘客可以享受淋浴,阿提哈德航空则是 1/9。当 A380 于 2005 年亮相时,人们对内部设施的期望非常高。人们讨论了机上购物、全方位服务的酒吧、可以上网的休息室、能让孩子们远离过道的游戏室、让疲惫不堪的父母放松身心的水疗中心,甚至拉斯维加斯式的赌场。但是,也许航空经济学的现实让这样的梦想成真了。

▶ 空客与波音:两种不同的愿景

空客决定建造 A380 客机的决定是基于采用航空方式旅行的乘客年增长率约为 5%(见图 22-3),全球 100 条增长最快的长途航线中有一半连接了香港—伦敦和纽约—东京这两个大型枢纽。因此,空客认为未来的航空旅行属于大型港口的大型飞机时代。

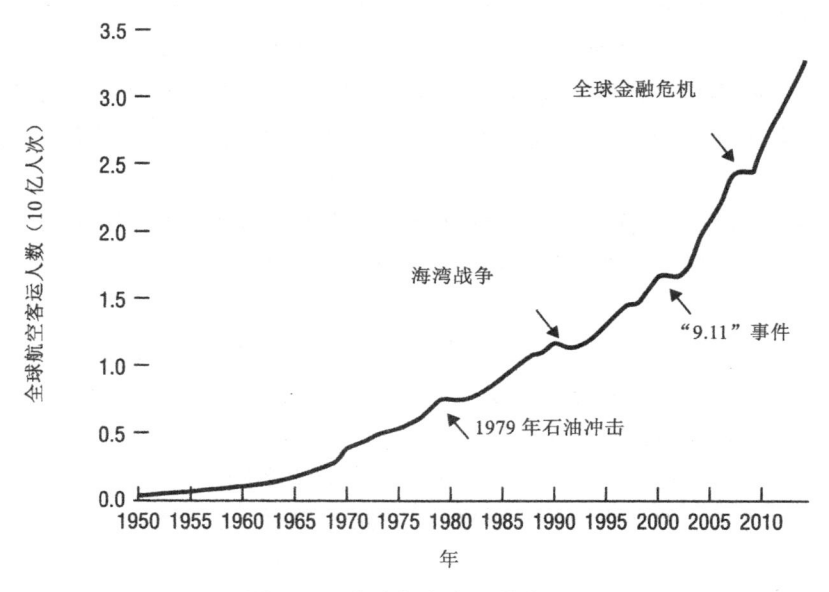

图 22-3 全球航空客运趋势

相比之下,波音得出了截然不同的结论。波音认为长途飞机市场受到日益普及的双引擎飞机的影响,已经变得支离破碎。例如,像自己的 777 这类的新一代飞机(1995 年推入市场)只有两个引擎,能够携带超过 350 名乘客(三级舱位)飞行超过 10 000 英里。波音表示,波音 747 和 A380 都不再是"小产品",取而代之的是"轮毂"系统,即乘客可以乘坐波音 747 或 A380 客机飞往大型枢纽机场，然后再乘坐短途航班前往目的地。波音坚持认为乘客们希望更便利地乘坐飞机，主要的交通将从大的枢纽机场转移到次要机场。因此，当欧洲的工程师们在开发 A380 时，波音的同行们正在研究其他的设计方案。结果就是 2011 年，波音推出了 787 梦幻客机：碳复合机身、电子系统、更高效的发动机、飞行更长的距离及消耗更少的燃油。

当波音 777 投入服务时，航空公司担心乘客们不会接受乘坐两个引擎的飞机飞越大洋（尽管飞机通常只会启用一个引擎，在紧急情况下才会启用另一个引擎）。不过，出于对高旁路涡扇发动机的可靠性和功率的信心，人们还是打消了疑虑。正式认识到了这个市场的机遇，空客开发了一款名为"A350-XWB"的远程节能飞机，于 2015 年投入使用。

▶ 项目集经理和项目经理

到目前为止，我们已经讨论了由高层做出的决策。然而，当一个项目或概念产生并准备执行时，公司的每个人都要扮演一个重要的角色。工程师、技术人员、工人和其他人以他们的热情和奉献确保项目以最好的方式实现。其中，两个关键人物扮演着至关重要的角色：项目集经理和项目经理。

项目经理是管理项目集中的单个项目。他负责协调时间、预算和资源，给团队成员分派任务。项目经理向项目集经理报告项目的进展和对初始项目计划的更改。项目集经理的职责范围更广，他要监督多个项目团队，并且对整个项目集的最终成果负责。项目集包含若干个项目，项目集经理必须监控这些项目并了解每个项目与项目集成功之间的关系。

图 22-4 显示了航空航天业中典型的项目集经理和项目经理在组织结构图中的位置。具体地说，飞机的每个主要部件（机身、机翼等）都有一个组织结构，就像在图的左边展示的那样。

在这个图中，客户的角色是被动的（换句话说，他只是负责接收最终的产品）。事实上，客户可以在整个飞机的开发过程中发挥积极的作用。A380 的最大客户——阿联酋航空公司总裁蒂姆·克拉克（Tim Clark）提出了为头等舱乘客安装两个淋浴设备的想法。空客的工程师们认为这个想法很疯狂，因为它需要更多的燃料。但是，蒂姆·克拉克不理会他们的反对意见。他认为淋浴功能能让 A380 与其他飞机区别开来。

图 22-4 所示的组织结构只提供了整个组织的粗略概念。实际上，这个结构要复杂得多。具体来说，许多团体都要同时参与同一任务。因此，会存在多个项目经理。也正是出于这个原因，信息和知识在团队之间相互交换是至关重要的，尤其是在空客这样的公司中：来自四种不同国家文化的相关人员必须在大型项目上共同合作。如果缺乏沟通和协调，很容易产生严重的问题。

第 22 章 产业特性：商用飞机

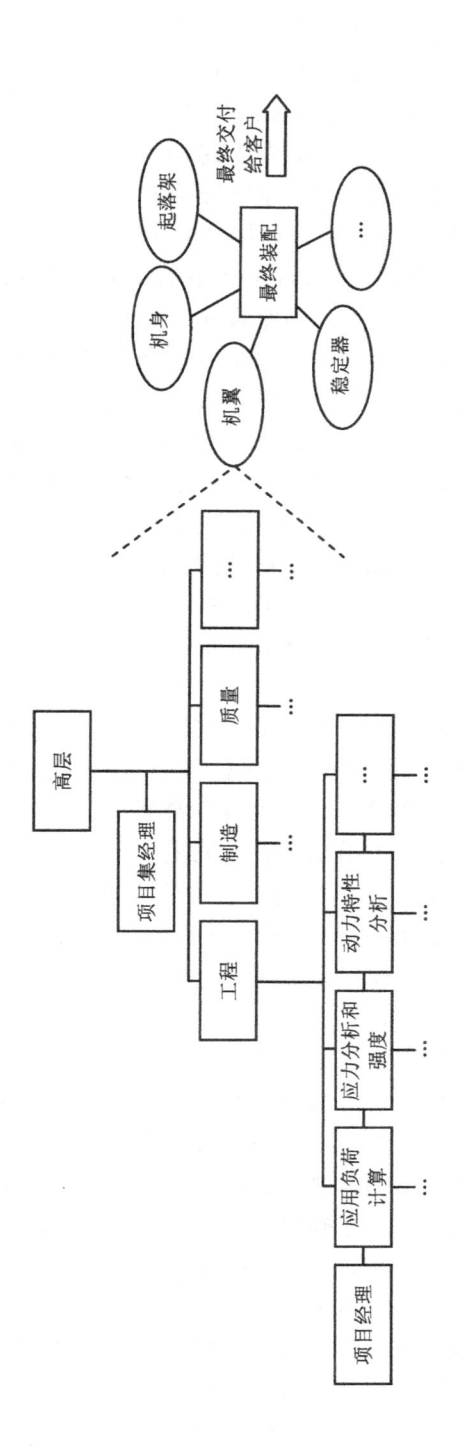

图 22-4 典型的飞机项目组织结构

2006年秋天，在德国汉堡的空客工厂生产的预装配线束被送到图卢兹的装配线上。工人们发现飞机上的安全带不合适，原因是汉堡工厂在设计时使用旧版本计算机辅助三维交互应用（Computer-Aided and Three-dimensional Interactive Application，CATIA）软件。遗憾的是，版本造成了大量的兼容性问题，也导致了大量的设计问题。例如，按特定长度制造的导线被证明太短了。对一架需要超过10万根电线的飞机来说，这类问题的修复成本很高。因此，空客被迫重新设计配线系统。结果，整个项目遭受了严重的挫折：比原定计划晚了几个月，接下来四年的预计损失达到61亿美元。尽管订购A380的航空公司没有取消订单，但空客的声誉严重受损，空客面临着对其组织结构和管理方式的严厉批评和质疑。曾与该公司的德国分布业务密切接触的Tecop国际航空咨询公司（Tecop International Aviation Consulting）首席执行官汉斯·韦伯（Hans Weber）表示："空客各个分部都有自己的常用软件、方法、程序，但空客从未成功地将所有这些统一起来。"另一些人（如克拉克）批评了项目进度安排。他认为这个项目的进度安排类似于小型飞机，并没有考虑到大型项目的复杂性。空客欧洲工人委员会（European workers' committee）主席、法国联合部队的代表让-弗朗戈伊斯·内珀（Jean-Francois Knepper）说："通常情况下，从宣布推出新飞机到交付需要4~5年的时间。空客以前从未制造过这么复杂的飞机，但管理人员既没有采取预防措施，也没有在交货计划中增加弹性考虑。"空客大型飞机部门的主管托马斯（Juren Thomas，也被称为A380之父）在20世纪90年代末说："这是非常重要的也是让人非常担忧的。首先造成了可怕的经济损失，其次造成了公司的信誉问题。"不过2007年10月15日，空客还是将第一架飞机成功交付给了新加坡航空公司。

尽管这样的错误是无法想象的，但遗憾的是，它们并不罕见。航空航天史上最著名的例子之一就是美国航空航天局在1999年的火星任务中造成轨道器丢失的度量事故：一架价值1.25亿美元的火星轨道飞行器丢失，因为洛克希德·马丁公司（Lockheed Martin）的工程团队使用了英制的度量单位，美国航空航天局团队则使用传统的标准系统。具体来讲，经过近10个月的火星之旅后，探测器发射了引擎将自己送入轨道。"人们有时会犯错误，"美国航空航天局太空科学副署长爱德华·维勒（Edward Weiler）在一份书面声明中说，他还补充说："这不是失误，是美国航空航天局系统工程及系统检测和平衡的失败。这就是我们失去飞船的原因。"

这是一个重要的经验教训，项目经理必须牢记：如果团队之间缺乏协调和沟通，那么某个团队的成功并不能保证整个项目的成功。此外，正如爱德华·维勒所建议的，在一个大型且具有挑战性的项目中，必须制定一些错误防范措施，防止单个团队犯错误造成的影响。这类问题只能通过团队内部和团队之间的检查和平衡来避免，如某个团队的工作由其他团队检查。项目经理的任务是确保这样一个复杂的结构是有效的。

新技术的使用往往会引起各类问题。2013年年初，包括澳洲航空和汉莎航空（Lufthansa）在内的几家航空公司发现A380机翼出现了一些裂缝，这是由于材料、装配及将新材料用于现有设计过程导致的，即飞机机翼内部的金属和碳纤维复合材料的界面出现了问题。空客的首席执行官汤姆·恩德斯（Tom Enders）解释说："我们认为我们完全理解材料的属性及碳纤维和金属之间的界面，但是我们错了，我们其实一点都不了解。空客没有进行正确的设计控制，也没有预测可能出现的问题。"空客立即对 1/3 的 A380 进行了短期维修，并计划实施更长期的维修（要求每架飞机停飞八周）。同年，波音在其 787 梦幻客机的机身上出现复合材料分层制造质量问题。波音表示，该问题是一种"简单的修复"，并提出不存在"短期安全问题"。每架飞机只需要 10~14 天的维修时间，不会影响未来的交付。

业内专家表示，新飞机在最初几年的飞行中出现意外故障并不罕见。这些错误通常会很快被识别和消除。因此，他们认为这些问题是无法避免的。企业必须有正确的态度，并立即给予客户帮助。

▶ 销售数据和 A380 的未来

表 22-2 总结了截至 2016 年 8 月 31 日，全球所有订购 A380 的航空公司的数据。正如数据显示，A380 的最大客户显然是阿联酋航空，它已经订购了几乎一半的 A380。

表 22-2　A380 的订单及航空公司的交付数据

公司名称	服务时间	订单数量（个）	已交付数量（个）
A380 的客户			
阿联酋航空	2008	123	115
新加坡航空	2007	24	24
澳洲航空	2008	12	12
汉莎航空	2010	14	14
法国航空	2009	10	10
英国航空	2013	12	12
阿提哈德航空	2014	10	10
大韩航空	2011	10	10
卡塔尔航空	2014	10	10
韩亚航空	2014	6	6
马来西亚航空	2012	6	6
泰国国际航空	2012	6	6
中国南方航空	2011	5	5
全日空航空	2019	3	
合计		251	242

这些年以来，几家航空公司进行了其他的选择。维珍航空（Virgin Atlantic）一再推迟接受飞机的交付，最终没有接受这个机型，而是把 A350 确定为维珍航空的"未来旗舰"机型。这个决定的背景是与全金属、四引擎的 A380 相比，双涡轮 A350 的运行成本更低，而且当维珍公司采用更大的波音 747 客机时，它也将不再是一个挑战。出于同样的原因，阿联酋航空总裁蒂姆·克拉克一直在推动空客开发一款 A380neo，以提供更高效的发动机。可以的话，阿联酋航空愿意将其 A380 飞机的数量增加到 200 架，但空客希望在启动前增加更多的客户。此外，正如空客首席执行官布里斯·布利耶（Fabrice Bregier）2015 年所说，如果油价保持低位，节能选择就不会那么具有诱惑力了。参考每

个座位的运行成本：A380 大约为 50 美元，747-40 为 90 美元，波音 777-300ER 为 44 美元。

不可否认的是，A380 的订单数量没有达到空客的期望。从 2000 年开始，就像我们看到的那样，A380 仅获得了 251 个订单，不到预计的 1 200 架。没有一家美国航空公司订购，而且仅从中国市场获得了 5 个订单（中国将在 20 年内成为全球最大的航空市场）。对空客来说，要收回 250 亿欧元（280 亿美元）的花费将需要很多年，更不用说飞机经过协商后的价格是 4.326 亿美元。

近年来，随着波音 787 和 A350 等更灵活的双引擎喷气式飞机的推出，A380 的需求也随之减少，波音 787 和 A350 的订单总量分别为 1 161 架和 810 架。一些迹象似乎证实了空客关于航线枢纽（Spoke-Hub）模型的想法，但目前看来还不够，例如，2014 年英国航空用两架 A380 客机替换了伦敦和洛杉矶之间的 3 架 B777 航班。这带来了 19%的低票价、5%的高级机票，减少了 7%的非高档座位及 1%的总座位。同时，在每个机场还减少了两个宝贵的停机位。总体来说，航空公司似乎更青睐相对较小的双引擎喷气式飞机，它们可以绕过大型航空枢纽，直飞到最终目的地。航空公司的经理们受过风险规避的训练，许多人认为 A380 飞机风险更大。

布利耶认为 A380 启动太早以至于不能适应市场需求，可能比正确的时间早了 10 年。然而，他仍然相信航空公司需要大型飞机。也就是空客全球市场部门预测在 2016—2035 年，空中运输将以每年 4.5%的速度增长。因此，一架能够承载 500~600 人的飞机将是航空公司的首选方案，并且不可避免地在未来变得更加重要。因此，布利耶宣布为了与当前的 A380 需求保持一致，到 2018 年 A380 的产量将从目前的每月 2.5 架降至每月 1 架。波音早些时候做出了类似的决定：从 2016 年 9 月开始，波音 747 的生产速度将降至每月 0.5 架。空客管理层正寻求降低生产成本，以使 A380 维持较低的生产水平。换句话说，主要目标是保持 2015 年实现的 27 个交付的盈亏平衡点时的较低的生产水平，那么当市场需要的时候可以随时生产。在这个问题上，布利耶非常明确地说："采取这个谨慎但积极的步骤是因为我们正在建立我们新的行业规划目标，从而满足目前的商业需求，但我们将保留所有的选择，确保从未来的 A380 市场中获益，我们认为这是……一个假设。"此外，他还强调了自己对 A380 的信心："我们正在对 A380 进行维护、创新和投资，使今天和未来的乘客爱上 A380。A380 飞机在这里等着你！"

▶ 结论

所有人都同意，是朋友和敌人成就了 A380 的非凡。一直以来，一些人认为 A380 是一艘"豪华游轮"，拥有空前的赚钱潜力；另一些人认为这是一个巨大的"摆设"，不仅经济上有问题，成功的机会也很渺茫。

这个项目有一个有趣的地方：A380 带来的吸引力和兴趣。世界上大多数人都渴望乘坐 A380，为什么呢？因为它是世界上最大的民用飞机。因此，人们对乘坐 A380 很感兴趣，也因此获得了更多的乐趣。A380 是空客的广告。2015 年，A380 在全球航空乘客中的受欢迎程度有所上升，被《环球旅行》（Global Traveler）的读者评为世界上最好的飞机。这是波音第一次失去这项荣誉，所以对空客就显得尤为重要。

借用乘客对 A380 的喜爱，空客推出了网站"I Fly A380"（www.iflya380.com）。正如空客数字转型官马克·封丹（Marc Fontaine）解释的那样："如今的订票系统无法让乘客轻易地选择自己喜欢的飞机。为了填补这一空白，我们决定放宽对 A380 飞机的访问条件。这是第一次将飞机类型作为预订服务的标准。这种无缝的体验是 A380 的胜利，是航空公司的胜利，也是乘客的胜利。A380 是乘客最喜欢的飞机，60%的乘客愿意选择它出行。"通过 A380 的"Love at First Flight"营销活动，空客不仅能继续维护与航空公司的关系，而且还与喜欢他们飞机的乘客进行了接触。

然而，空客在 2019 年 2 月 14 日宣布，由于未能获得后续订单，将停止生产 A380 超大型客机。最后一架 A380 将于 2021 年交付。这一决定是在 A380 的最大客户阿联酋航空将 53 架飞机的剩余订单降至仅 14 架后做出的。取而代之的是，阿联酋航空将订购 70 架较小机型的 A330 和 A350 飞机，这凸显了更小、更高效的飞机的使用趋势，也正是这种趋势使得 A380 机型没有了市场。空客前首席执行官汤姆·恩德斯说："尽管我们近年来与其他航空公司进行了各种销售努力，由于这一决定我们没有大量的 A380 机型的积压，因此也没有必要再维持生产。"不过他又指出，"A380 在未来很多年仍会在天空翱翔，空客也将继续全力支持 A380 运营商。A380 不仅是一项杰出的工程和工业成就。世界各地的乘客都喜欢乘坐这架伟大的飞机。因此，今天的声明对我们和全世界关注 A380 的人来说都很痛苦。"自 2007 年第一架飞机在法国图卢兹的装配线下线以来，A380 的乘客已超过 1.9 亿人次，并且这些年来它的受欢迎程度有所上升。

在冠状病毒大流行期间，发生很多"有趣且奇怪"的事情：由于航班基本停飞，新加坡航空找到了新筹集资金方式，将停在樟宜机场的两架双层空客 A380 飞机用作临时餐厅。该活动只举行了两个周末（2020 年 10 月 24 日至 25 日和 2020 年 10 月 31 日至 11 月 1 日）。在 A380 的用餐体验中，乘客登上飞机，在飞机上吃饭。"A380@樟宜餐厅（"Restaurant A380 @ Changi"）"活动的价格体现了乘客预订机票的客舱级别。根据 COVID-19 的指导指南，飞机上只有一半的座位可用。经济舱票价为 40 美元，高级经济舱为 71 美元，商务舱为 236 美元。真正想享受 A380 豪华体验的乘客可以以 473 美元的价格预订一间套房。

每个舱位都有著名厨师设计的特别菜单供客人选择。此外，正如该航空公司网站上所宣传的那样，订购服务的客人可以报名参加一场专属的餐前餐厅之旅，甚至有可能参观驾驶舱在内的私人访问区域。最初，新加坡航空计划只举办一次活动，但在预订开始后 30 分钟内，所有的门票都售罄，因此考虑增加一次活动。

这家顶级航空公司在 2020 年第二季度净亏损 8.25 亿美元、裁员 1/5。举办餐厅活动只是它寻求盈利的方式之一，其他活动还有参观培训设施（美容工作室和飞行模拟器）。新加坡航空首席执行官吴卓丰先生说："随着 Covid-19 的爆发，新加坡航空集团运营的航班数量大幅减少，因此我们创造了独特的活动，使我们能够在此期间与我们的客户接触。"这些举措被称为"创意概念"，它向我们展示了创意在商业中的重要性。

根据本案例，我们可以获取的最后一个经验教训是：考虑到对飞机行业等市场的长期项目进行预测相当复杂，请记住在做出决定时，必须清楚地了解所有的情况，包括竞争对手可能采取的反击措施。大约 20 年前，当空客开始研发 A380 时，机场拥堵是一个日益严重的问题。空客花了 250 亿美元开发并推出了这款超大型喷气式飞机，比竞争对手波音的机型大出约 50%。但事实证明，解决机场拥挤问题的办法不是大飞机，而是各种在不那么拥挤的机场飞行的小型飞机。航空公司通过提供维护成本更低的飞机直航来降低成本，有的是因为它们停留在机场的收费更低，有的是因为这类飞机燃烧的汽油更少。信用评级机构 Scope Group 的分析师弗兰克·奈舍（Frank Netscher）说："A380 是上一代的飞机，燃料不是大问题。所有的新机型都只有两个引擎，而不是四个引擎，这不是偶然的。"从商业的角度来看，A380 并没有那么幸运，但它获得的掌声和独特的魅力会延续下去。

问题

1. 影响 A380 成功的企业环境因素是什么？它们的重要性如何？
2. 空客决定推出 A380 有哪些风险？
3. 空客在四个国家有多处需要相互合作的地点，这会出现什么风险？特别是在文化方面。
4. 当空客允许每个潜在买家定制其设施时，它要面临哪些风险？
5. 油价会如何影响 A380 的成功？
6. 当客户延迟或取消订单时，对项目进度造成了哪些影响？
7. 从成本的角度来看，为什么连续生产对空客来说很重要，而不是周期性的生产？
8. 从 CATIA 的布线和配置中学到了什么？
9. 便利设施和范围的变更是否会对空客的轮毂-辐条概念或波音点对点的概念造成巨大的影响？

第 23 章

敏捷开发与 Scrum 项目管理

> 在过去的 20 年里，高管们不仅见识到了项目管理的好处，还明白了项目管理已经成为企业的战略能力。因此，高管们越来越信任项目经理，也给了他们更多的权利来开展业务和制定与项目相关的决策。
>
> 这种信任为开发更精简的项目管理方法提供了舞台，如敏捷和 Scrum。这些新方法更像框架，而不是固有的程序化方法，允许项目经理自由地定制项目管理方法，以满足客户的需求。但是，任何新的方法总会存在一些必须解决的障碍，特别是当人们处在"舒适区"的时候。

敏捷（A）：了解实施风险

在过去的 10 年中，许多信息技术公司已经将它们的系统开发生命周期方法论转变为更灵活的框架方法体系，如敏捷和 Scrum。这些灵活的框架方法体系基于 2001 年 2 月推出的"敏捷宣言"，它包含四种核心价值：

（1）个体和互动高于流程和工具。
（2）工作的软件高于详尽的文档。
（3）客户合作高于合同谈判。
（4）响应变化高于遵循计划。

框架中的角色是敏捷大师（Scrum Master）——面向客户和开发团队的产品所有者。该框架允许客户在整个项目期间参与的同时，不断变更范围。工作被分解为 2~4 周的冲刺，在冲刺期间，团队实施需要完成的任务。

没有严格的形式方法、不需要非常详细且昂贵的前期规划，以及常常用不上的文档，项目能迅速适应客户的商业模式，而不是承包商的商业模式。用客户的方式做生意，以及持续的和开放的沟通被认为是获取项目成功、提升客户满意度、实现商业价值的主要动力。此外，这类做法还能带来大量的后续业务。

其他领域也慢慢发现了 IT 项目的成功率，但是在这些灵活的方法体系应用于其他类型项目之前，需要解决以下问题：

- 灵活的方法体系是否适用于大型复杂的项目？

- 如果工作不能被分解成一个个小冲刺（Small Sprints），该怎么办？
- 如果客户或企业所有者无法确保项目的资源，该怎么办？
- 如果客户不想在整个生命周期内持续沟通，该怎么办？
- 如果客户提前想要详细的规划，该怎么办？
- 如果客户说项目开始后不允许进行范围变更，该怎么办？
- 如果客户不允许进行时间、成本和范围权衡分析，该怎么办？
- 如果客户使用的是固有的、程序化的方法体系，该怎么办？
- 如果你的方法体系不能与客户的方法体系保持一致，该怎么办？
- 如果在竞争性投标中，客户既不了解或清楚敏捷开发或 Scrum，也不希望在项目中使用，该怎么办？
- 如果客户希望你在项目中使用他所使用的方法体系，该怎么办？
- 如果你是项目的其中一个承包商，承包商必须相互合作，但每个承包商都有不同的方法体系，该怎么办？
- 使用灵活的方法体系或框架是否会妨碍你竞标合同？
- 你的公司是否具备多种方法体系（基于项目的类型）？

▶ 雷姆科公司的挑战

雷姆科公司（Remco）的高层对他们参加的一天培训项目非常满意，他们了解了在某些项目中使用敏捷开发和 Scrum 的好处。雷姆科公司能为公共部门和私营部门客户提供产品和服务，但所有的合同都是通过竞争性投标获得的，公司所提供的任何产品和服务都不需要 IT。敏捷和 Scrum 在内部 IT 项目中证明是成功的，但是对于是否可以将同样的方法用于客户的非 IT 相关项目存在疑虑。还有些人担心客户是否会为敏捷开发和 Scrum 买单。

雷姆科公司意识到了敏捷开发和 Scrum 的市场增长需求，它最终会影响其核心业务，而不仅仅是内部的 IT 业务。在雷姆科公司的 IT 组织要求下，组织了一个为期一天的培训项目向高级管理层介绍使用敏捷开发和 Scrum 的好处，以及这些技术如何应用于组织的其他地方。高级管理层离开研讨会时，对他们所学到的感到满意，但仍担心如何在整个组织中实施及会面临哪些风险。此外，他们也担心客户的反应及对雷姆科公司业务的影响。

▶ 灵活性需求

雷姆科公司和大多数其他公司一样，第一次认识到对其产品和服务进行项目管理的需求。因为高级管理层担心项目经理会制定本应由管理层制定的决策，所以制定了一个基于 8 个生命周期阶段的严格项目管理方法体系：

（1）初步规划
（2）详细规划
（3）原型开发
（4）原型测试
（5）生产

（6）最终测试和验证

（7）安装

（8）合同关闭

该方法为管理人员提供了标准化的方法、如何控制工作的方法，但也产生了大量的文档。

随着项目管理的成熟，高级管理层越来越信任项目经理。需要的话，项目经理可以自由地使用必要的标准方法。举个例子，如果方法体系中要求制订一个风险管理计划，但项目经理可以决定这个计划是不必要的，因为这个项目风险等级很低。项目经理现在有一定程度的自由，而固化的方法体系正在慢慢成为一种灵活的方法，能适应客户的各种业务模型。

即使有了灵活性，但项目团队的自由程度仍有限。如图 22-1 所示，雷姆科公司的方法体系、典型的客户方法体系和敏捷方法体系之间的重叠很少。雷姆科公司意识到，如果使用敏捷项目管理方法，重叠会显著增加，也会带来更多的业务。但同样也存在风险，需要向项目团队提供更多的授权。

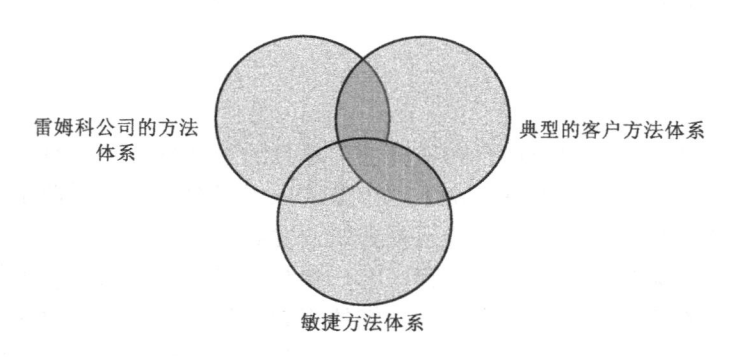

图 23-1　方法体系的重叠

价值的重要性

雷姆科公司的项目管理团队花了相当多的时间试图说服高层管理者，一个项目的成功不能仅仅通过满足时间、成本和范围的三重约束条件来衡量。他们认为成功的真正定义是当为客户创建商业价值的时候，客户能在其他的约束条件中认识到价值。正如敏捷宣言中所指出的，有效的客户—承包商沟通可以帮助实现这种情况。

培训课程帮助强化了项目经理的观点，即衡量和理解项目价值是重要的。当项目的可交付成果的价值对客户至关重要时，敏捷开发和 Scrum 被证明是最好的技术，无论是内部客户还是外部客户。

雷姆科公司的项目管理经验很大程度上基于传统的瀑布式方法，即项目的每个阶段必须在上一阶段完成之后开始。这就产生了图 23-2 的价值衡量问题。在传统的瀑布式方法中，通常在项目最后衡量项目的价值。从风险角度来看，这种方法的风险较大，因为无法保证在项目结束时能够获得所需的价值，也无法提供相应的预警信号。

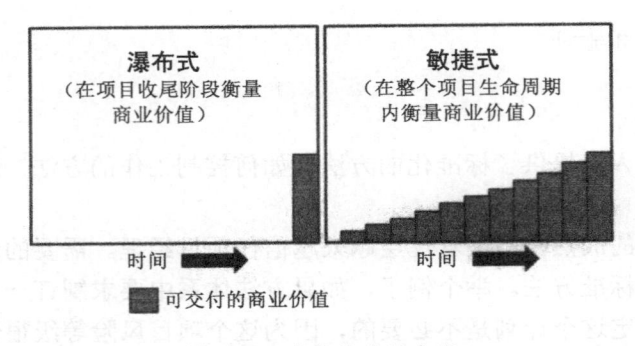

图 23-2 商业价值的实现

使用敏捷方法时，随着项目的进展，价值会逐步实现，无法实现最终商业价值的风险则会大大降低。这种方法还能减少项目结束时测试和验证所需的时间。在快速变化的项目中，敏捷开发和 Scrum 方法通常被认为具有内置的风险管理功能。尽管仍有必要采用其他的风险缓解方法，但这种风险应对方式的好处是能说服高级管理层在管理项目时考虑使用敏捷方法。敏捷和 Scrum 被认为能帮助应对传统的进度滞后、成本超支和范围蔓延等风险问题。

▶ 客户参与

几十年来，针对公共部门项目和私营部门项目的管理培训建议是，为了避免干涉项目，客户应该尽可能地远离项目。由于这个原因，大多数客户都采取了消极的角色，因为如果项目失败，积极参与项目可能限制其职业发展。

雷姆科公司的某些私营部门项目存在客户参与，但与政府部门有关的项目没有客户参与。公共部门希望在竞标过程中看到详细的规划文件、在项目的生命周期中偶尔发布的状态报告及最终的可交付成果。在项目执行过程中的任何问题都是由雷姆科公司负责解决的，很少或不需要客户介入。

雷姆科公司明白，没有适合所有项目的管理方式。敏捷开发可能不适用于大型项目，这类项目更适合使用传统的瀑布式管理方法。我们需要理解，有时候瀑布式方法会优于敏捷开发。

对采用敏捷开发和 Scrum 管理方式的小项目来说，在项目的整个生命周期中，需要客户和管理团队的共同合作。对不熟悉敏捷开发和 Scrum 的组织来说，这很困难，因为它要求客户在项目的生命周期内投入专用资源。如果客户不理解这么做的好处，那么他可能认为这会产生额外费用。此外，这可能严重影响竞争性投标和采购活动，使雷姆科公司难以赢得政府合同。

▶ 范围变更

传统的项目管理需要定义完善的需求建议书和详细的项目计划书，范围变更是通过变更控制委员会（Change Control Board，CCB）来处理的。因为在项目启动和规划上耗费了大量的时间和资金，因此要最小化范围变更。遗憾的是，大多数项目并不是这样的，尤其是大型、复杂的项目。当需要提交范围变更申请时，对 CCB 来说，编写报告是一项代价高昂且耗时的工作，即使变更请求未被批准。

敏捷开发和 Scrum 需要客户的积极参与，进行频繁且费用大幅降低的范围变更，特别是对那些需求不断变化的项目。这种方式不仅可以在不影响下游工作的情况下及时做出变更，还可以为客户提供所需的商业价值。

▶ 状态报告

无论是采用敏捷管理方式还是瀑布式管理方式的项目，都要经过启动、规划、执行、监督和控制、收尾 5 个过程组。但是在每个领域中花费的时间和精力，以及某些部分重复的次数是可以改变的。糟糕的是，政府机构经常强制要求提供标准化的报告文件，如甘特图和其他的时间管理技术等。客户可能不高兴，因为你采用 Scrum 板和用户故事的方式介绍项目状态。

政府机构倾向于使用标准化的合同模型，认为投标方在标书采用的敏捷开发或 Scrum 方法违反了他们的采购政策，因此判定雷姆科公司未对招标文件做出响应。

▶ 会议

雷姆科公司的高级管理层担心的一个问题是敏捷开发和 Scrum 的会议数量及出席人数。产品所有者和 Scrum 大师参与会议，有时也包括项目团队在内，会增加项目的间接费用。采用瀑布式的方法总是会产生大量的行动任务，通常需要几个月的时间和更多的会议来解决。采用敏捷开发和 Scrum，行动任务数量很少，也能快速得到解决，因为团队成员有权力做出决定并实施变更。此外，这种方式能容易且及时地提供有价值的可交付成果。还有一些技术可以减少会议花费的时间，如制定会议议程或制定会议指南。

敏捷开发和 Scrum 适合不同背景、信仰和工作习惯的人组成的自管理的团队。但是如果没有一个明确的领导者，就有可能出现冲突和错误的决策。如果不能让团队都明白，他们要一起努力实现一个共同的目标，就会发生混乱。人们必须相信团队做出的集体决策要比瀑布式方法的个人决策好。当团队成员不仅有技术能力而且了解整个项目时，制定决策就变得更加容易。有效会议能尽早告知团队成员某些约束条件可能无法满足，从而使他们有足够的时间制订应对方案。相比瀑布式方法，这种方法需要更多的信息和衡量指标。有时，会邀请高级管理层参加这些会议，特别是涉及企业环境因素时。

▶ 项目人数

瀑布式方法要耗费大量的时间制定规划，因为他们认为在项目启动时必须制订要严格遵守的详细计划，并且在项目执行过程中使用最少的资源。于是，当出现风险和不可预测事件后，需要不停地召开会议和重新制定规划。这不仅耗时耗力，甚至需要赶工。

使用瀑布式方法，特别是在竞争性招标过程中，客户可能要求备份数据或支持数据，以解释为什么项目人员需要全职而不是兼职。某些政府机构认为，过多的全职人员会增加项目的成本。

使用敏捷开发和 Scrum 团队，项目的范围会随着项目的进展而改变，并且在各个迭代之间持续地进行规划。这种方法的成功是建立在使用全职人员基础上的，这些人员不会参与其他项目。项目人员经常通过各种项目作业进行轮换，因此，知识并非掌握在少数人手中。此外，团队可以自我指导，在不需要外部资源的情况下有权（且有能力）制定大多数决策。采用这种方法的结果是快速获取反馈信息、方便获取最佳实践和经验教训，以及快速做出决策。让具有不同背景的干系人制定决策是敏捷方法的优势。但是，如果客户在竞争性投标活动中缺乏敏捷开发和 Scrum 知识，这种方法可能对采购造成损害。

现在，雷姆科公司似乎意识到了许多关键问题，决定将项目管理方式转换为敏捷方法。这并不容易。

问题

1. 考虑到雷姆科公司面临的问题，它应该从哪里开始？
2. 如果客户不同意使用敏捷开发或 Scrum 方式，该怎么办？
3. 当员工意识到缺乏正式的敏捷开发和 Scrum 职位且头衔是无意义的，雷姆科公司应该如何引导员工的职业发展？如果员工觉得被分配到敏捷开发或 Scrum 团队并不是职业发展的机会，该怎么办？
4. 如果具有关键技能的员工被分配到更高优先级的项目，或者被要求在一段时间内完成多个任务，那么对敏捷团队来说，这会造成多大的损害？
5. 如果某个员工不愿意遵循敏捷方法，你该如何处理？
6. 在缺乏领导者的会议中，你如何解决由于个性导致的冲突？
7. 与瀑布式方法相比，敏捷方法能更快地适应变化吗？
8. 自组织团队的概念是否会对雷姆科公司的文化带来挑战？
9. 公司的某些团队使用敏捷开发方法，另一些团队使用瀑布式方法，这可能吗？

敏捷（B）：项目管理思想

简（Jane）已经做了 15 年的项目经理，她的所有项目都是采用的传统项目管理实践方法。现在，她被要求使用敏捷方法来管理项目，而不是她习惯的传统项目管理方法。她开始对自己是否能改变作为项目经理的工作方式感到怀疑，虽然这会对她的职业生涯产生严重影响。

▶ 三重约束条件

简认为在项目正式启动前需要明确定义并充分理解项目范围（甚至在微观层面上）。有时，项目 30%～35% 的花费用在项目定义和规划上。简认为花费大量的金钱来规划项目是必要的，因为这种方式能显著减少下游范围的变化，而变化会导致成本和进度基准的调整。

高级管理层坚持认为所有的产品范围都必须完成，这意味着，即使高级管理层已经建立了目标预算和完工日期，但项目经理也可以根据详细的范围定义更改时间和成本目标。为了达成范围需求，时间和成本可以是弹性的。

第 23 章　敏捷开发与 Scrum 项目管理

如果采用敏捷项目管理方式，简的工作方式也要做出很大的改变。高级管理层正在制定项目预算和完工日期（这两个约束条件不能改变），他们问简在这种情况下能完成多少任务。

▶ **规划与范围变更**

简习惯制定整个项目的详细规划。当需要进行范围变更时，高级管理层通常允许延长工期，也会增加成本。但是，这种方式将改变了。

现在，仅是在项目开始时制定粗略的高层次规划。详细的计划是逐阶段迭代和递增的。在每个阶段的最后会制定下一阶段的详细规划。简很清楚项目的预期成果是逐步实现的。

▶ **指挥权和控制权**

在简 15 年的职业生涯中，随着她在项目管理方面积累的知识越来越多，她也变得越来越像一个实干家，而不仅仅是一个单纯的经理。她会积极参与规划过程，并为团队提供持续的指导。有时，她会自己制定某些项目的所有规划。

使用敏捷项目管理，简只需要参与高层次的规划，具体的细节将由团队提供。这意味着简不仅不再拥有完整的指挥权和控制权，还必须与团队一起工作，授权他们制定日常所需的决策，以便完成阶段任务。此外，项目人员配置也受到了影响：简需要为她的项目配置人员，这些人员的职能经理认为他们能够在授权的环境中很好地工作。

现在，简的主要职责是与业务经理和客户紧密合作，验证更新的解决方案。作为项目经理，简只在特殊情况发生时才会积极地参与到团队中，如范围变更导致了对其他约束条件的更改。

▶ **风险管理**

传统的项目管理方式的风险管理集中在满足时间、成本和范围的三重约束条件。但是敏捷项目管理，预算和进度是固定的，最重要的风险是创造商业价值。然而，在使用迭代和增量的同时，商业价值的衡量也是通过迭代和增量进行的，这样还可以降低商业价值的某些风险。

🔍 **问题**

1. 从这一点出发，简运用敏捷项目管理方式容易吗？
2. 如果简能改变，需要多长时间？
3. 简在某些项目上是否仍需使用传统的项目管理方式？
4. 给团队授权始终是一个问题。简如何知道是否可以给团队授权？

敏捷（C）：管理和报告项目敏捷性

在过去的 5 年里，琳达（Linda）一直是公司项目管理办公室（Project Management

Office，PMO）的负责人。所有项目都采用传统的项目管理方式及 PMO 制定的单一项目管理方法体系进行管理，不过方法体系是不断更新的。现在，由于公司的几个项目中采用了敏捷项目管理技术，她所在的 PMO 的许多活动都将面临改变。

过去 10 年，敏捷项目管理实践技术得到了快速增长。不仅在 IT 领域，其他类型的项目中也是如此。运用在 IT 项目中的大部分敏捷项目管理原则应用于非 IT 项目时也能取得良好的成效。虽然这一切听起来不错，但快速增长也带来了不少令人头疼的问题。琳达理解使用不同方法所带来的变化，但是她最头疼的问题是衡量指标的制定。仅仅使用时间、成本和范围衡量项目是不够的，那么还需要哪些衡量指标来跟踪和报告项目的敏捷性？

项目管理流行一句古老的格言："你无法衡量的，也是你无法管理的。"为了在项目中使用敏捷技术，琳达明白她必须制定度量标准用于确认已经实现的价值及敏捷方式执行的正确性。幸运的是，随着敏捷技术的发展，衡量技术也正在快速发展。琳达相信任何事情都可以被衡量，并且存在很好的绩效衡量指标。

▶ 疯狂的衡量指标

琳达确信，她最大的挑战将是衡量指标的制定仅是为了制定指标而制定，而不是为了真正的需求而制定。琳达知道，太多的衡量指标和太少的衡量指标都是有利有弊的。琳达疑惑该选择什么样的衡量指标。

衡量指标太多的结果：

- 我们需要从重要的工作中窃取时间来衡量和报告这些指标。
- 我们提供了太多的数据，干系人和决策者发现很难确定哪些信息实际上是重要的。
- 我们提供的信息很少或没有价值。
- 我们把宝贵的时间浪费在不重要的事情上。
- 太多的度量标准会为干系人和企业所有者带来不必要的问题，并最终带来微观管理环境。

- 衡量指标太少的结果：
- 我们可能无法提供正确的信息，因此干系人很难根据证据和事实做出明智的决定。
- 在项目结束之前，项目干系人可能对正在发生的事情感到困惑。
- 干系人和企业所有者可能对项目的真实状态产生误解，这会降低客户的满意度，并有可能失去后续的工作。

传统项目管理会使用瀑布图（Waterfall Charts）。琳达的报告总是围绕时间、成本和范围这些衡量标准来做。挣值测量系统的使用就使得指标的数量很快增加到 12～15 个。琳达担心当出现一种新的方法时，如敏捷开发和 Scrum，就会出现更多的衡量指标。人们相信制定的衡量指标肯定比实际需要的多得多。

琳达查阅了大量介绍敏捷项目管理的书籍和文献，指出在报告中要提供 10～20 个指标，甚至有的书籍中认为需要提供多达 50 个不同的度量标准。此外，关于指标的重要性出现了严重分歧。在新方法或新技术刚开始使用的时候，琳达觉得可以存在过多的指标，直到她能够过滤掉那些无法提供具有信息价值的指标。随着公司越来越熟练地使用新方法或新技术，报告所需的指标数量会慢慢减少。

好的衡量指标选择过程能帮助减轻衡量指标过多带来的影响，缓解琳达的部分恐惧。琳达清楚 PMO 和组织所有者需要使用哪些指标：职能管理人员需要固定的指标，PMO 需要能提供帮助的指标。

▶ 衡量指标管理

好的指标管理程序可以最大限度地降低过多衡量指标带来的损害，但不能完全消除这些损害。琳达建立了一个四步骤衡量指标管理程序，由 PMO 提供支持，用于所有需要敏捷概念的项目。

（1）识别指标
（2）选择指标
（3）衡量指标
（4）报告指标

之后，琳达向她的 PMO 团队发送了一份备忘录，解释她对指标管理的想法：

> 度量识别是对基于事实或证据的决策所需的度量标准的认可。现在的项目管理方法体系，如敏捷和 Scrum，更像框架或弹性的方法体系，而不是固定的方法体系。这些弹性的方法体系能根据项目的需求或企业所有者的需要进行定制。我们的外部客户更愿意与有弹性方法体系的承包商一起工作，因为这种方法可以根据客户的业务模型进行定制，而不是使用一种仅支持我们业务模型的固定方法体系。弹性的方法体系能适应未来的各种情况，我们必须提前做好准备。
>
> 涉及弹性的方法体系时，标准化的衡量指标概念会慢慢消失。每个项目都可以有一组独特的衡量指标，也可以是项目某个部分的指标是唯一的。干系人和企业所有者的需求可能是不同的，会在支持项目时做出不同的决定。因此，在项目启动时询问每个干系人和企业所有者希望获得哪些衡量指标是不错的做法。同一项目的不同干系人会根据他们的需求及他们想获取的信息，提出不同的衡量指标。
>
> 选择指标是指决定哪些衡量指标是真正需要的。有的公司会制定并维护指标库，向干系人和客户展示衡量指标。通常，客户会先响应说"我希望在我的项目中获得库中所有的指标"。我们必须创建一个指标库，但要用正确的方法使用它。

解决过多衡量指标问题的第一步是选择指标，选择指标的原则包括：

- 跟踪、测量和报告指标是要花费成本的，即使我们使用的是仪表报告系统而不是书面报告。
- 如果好的项目管理方法（如敏捷开发或 Scrum）的目的是减少或消除不必要的浪费，那么就要尽量减少指标的数量。
- 我们应该鼓励指标观察者选择他们真正需要的指标，而不是他们想要的指标。这是完全不同的！

- 使用那些看起来很好但无法提供信息价值的指标是一种浪费，尤其是对决策制定来说。这是我们必须避免的。

选择难以衡量且成本高昂的指标是没有意义的。我们可以从指标所有者那里获得支持，他们负责跟踪指标在各个项目的使用情况，并找出改进指标衡量和报告的方法。这些信息将定期提供给 PMO，然后在指标库中更新。当所需的测量数据并非来自我们的计算机信息系统时，指标衡量就变得极其昂贵。

文书工作对大多数项目经理来说是最耗费精力的。项目管理方法的未来是创建一个无纸化的项目管理环境。这并不意味着我们将 100%无纸化，因为有些报告是强制性的。但它确实让我们认识到，需要减少不必要的文书工作。这样做的话，我们会严重依赖仪表板报告系统。

可以根据干系人或客户的选择定制他们的仪表板。虽然这种方式看起来会产生额外的费用，但是我们也要看到，一旦仪表板设计完成，我们使用 Excel 更新信息的速度就会快得多。虽然定制化的仪表板报告系统最初会造成额外的费用，但我们还必须考虑它对提升业务部门、干系人和客户满意度产生的长期影响。

前文提到过，弹性的方法体系可能有多达 50 个指标，可以强制用户在仪表报告系统中选择他们想要的指标。一个典型的仪表板屏幕空间有限，也就是通常只能显示 6～10 个指标，因此这些指标最好在视觉上令人赏心悦目且容易理解。请记住：告诉干系人或客户，我们只能提供一个（也只有一个）仪表板屏幕，他们需要选择自己实际需要的指标。

▶ 爱恨交织的关系

琳达希望确保她的公司不会像其他公司那样，以一种爱恨交织的关系来对待衡量指标，特别是与敏捷性相关的指标。她想要的指标可以用来跟踪团队绩效、报告商业价值的实现程度、识别减少浪费的方式。琳达还希望指标可以用来识别"疼痛点"，或者能给业主、干系人或客户带来不满的情况，然后团队会寻找减少或消除"疼痛点"的方法。

当衡量指标成为用于强制执行某种行为的武器时，就会出现讨厌的关系。虽然好的衡量指标可以驱动团队工作，但是如果管理人员使用它们来与另一个团队进行竞争，那么就会造成一种令人讨厌的关系。此外，如果指标被用于员工绩效评估，也会出现令人讨厌的关系。琳达从她的研究中发现这种令人讨厌的关系出现是因为：

- 衡量指标被看作业绩评估的开始。
- 衡量指标不是评估一个人贡献的结果，它很难确认某个人的贡献。
- 不利的指标可能是由于超出员工控制的情况导致的。
- 员工在绩效评估期间可能捏造或篡改指标中的数字。
- 实施绩效评估的人不明白衡量指标不为人知的真正价值，干系人无法及时获得项目真正状态的信息。
- 同一个项目的团队成员可能最终会相互竞争而不是协作，项目的最终成果可被优化。

▶ 琳达的结论和建议

琳达认为她仅仅识别了衡量指标的表层问题。任何项目管理技术都需要衡量指标，包括敏捷开发和 Scrum。然而，考虑到识别的指标数量，她必须建立一套指导方针以避免过多的指标和爱恨交织的关系。琳达准备了如下清单：

- 选择需要的指标而不是想要的指标。
- 选择的指标适用于大多数干系人、客户和业主。
- 确保指标的信息能提供用于决策的证据和事实。
- 确保指标是用来使用的，而不是为了展示。
- 不要选择数据收集费时且代价昂贵的指标。
- 不要选择造成浪费的指标。
- 指标选择的目的不是用于绩效评估，也不是与另一个团队进行比较。
- 确保所选的指标不会降低项目团队士气。

🔍 问题

1. 指标的识别和选择过程应该是结构化的过程吗？
2. 以下较好的情况是：先允许甚至鼓励过多的指标，然后再减少指标的数量；让指标数量稳步增长。
3. 对小型项目而言，多少指标数量是合适的？
4. 对敏捷项目管理而言，多少指标数量是合适的？

反侵权盗版声明

电子工业出版社依法对本作品享有专有出版权。任何未经权利人书面许可，复制、销售或通过信息网络传播本作品的行为；歪曲、篡改、剽窃本作品的行为，均违反《中华人民共和国著作权法》，其行为人应承担相应的民事责任和行政责任，构成犯罪的，将被依法追究刑事责任。

为了维护市场秩序，保护权利人的合法权益，我社将依法查处和打击侵权盗版的单位和个人。欢迎社会各界人士积极举报侵权盗版行为，本社将奖励举报有功人员，并保证举报人的信息不被泄露。

举报电话：（010）88254396；（010）88258888
传　　真：（010）88254397
E-mail：dbqq@phei.com.cn
通信地址：北京市万寿路173信箱
　　　　　电子工业出版社总编办公室
邮　　编：100036